國家"雙一流"擬建設學科"南京大學中國語言文學藝術"資助項目

江蘇高校優勢學科建設工程"南京大學中國語言文學"資助項目

江蘇省 2011 協同創新中心"中國文學與東亞文明"資助項目

第二十輯　｜　張伯偉　編　｜

域外漢籍研究集刊

中華書局
北京　2020

圖書在版編目(CIP)數據

域外漢籍研究集刊.第 20 輯/張伯偉編. —北京:中華書局,
2020.12
ISBN 978-7-101-14900-5

Ⅰ.域…　Ⅱ.張…　Ⅲ.漢學–研究–國外–叢刊
Ⅳ.K207.8-55

中國版本圖書館 CIP 數據核字(2020)第 221703 號

書　　名	域外漢籍研究集刊　第二十輯
編　　者	張伯偉
責任編輯	潘素雅　羅華彤
出版發行	中華書局
	(北京市豐臺區太平橋西里 38 號　100073)
	http://www.zhbc.com.cn
	E-mail:zhbc@zhbc.com.cn
印　　刷	北京市白帆印務有限公司
版　　次	2020 年 12 月北京第 1 版
	2020 年 12 月北京第 1 次印刷
規　　格	開本/710×1000 毫米　1/16
	印張 33¼　插頁 2　字數 500 千字
國際書號	ISBN 978-7-101-14900-5
定　　價	128.00 元

目　次

綜合研究

域外漢籍研究集刊　第二十輯
2020 年　頁 3—36

萬曆朝鮮之役明軍將士群體與指揮體制 *

孫衛國

　　萬曆朝鮮之役，持續七年（1592—1598），是近世東亞史上一場影響深遠的戰争，也是中、日、韓三國學者都相當關注的問題。① 不過，相對于日、韓，中國學術界相關研究稍顯不足。不僅對於戰争中許多史實的認識模糊不清，就是明軍將士的人數，也不甚清楚。儘管在宋應昌《經略復國要編》和邢玠的《經略禦倭奏議》中，②都有調兵奏摺，但在《明實録》、清官修《明史》等明、清史籍中，都没有詳細的數字。僅朝鮮史籍有所載録，可資參考。

---

* 本文係 2019 年國家社科基金項目“東亞視野下萬曆朝鮮之役研究”（批准號：19BZS025）的階段性成果。

① 日、韓學術界組織“日韓歷史共同研究委員會”，就這場戰争，舉行過多次共同研究學術研討會，2005 年他們曾就兩國學術界研究狀況開過一次學術討論會，分别由六反田豐和朴哲珖宣讀了相關論文，介紹兩國研究狀況。在 2005 年出版的共同報告書中，截止 2004 年，公開發表論文和出版著作，韓國 393 種、日本 502 種。參見六反田豐等著：《文禄・慶長の役（壬辰倭亂）》（研究綜述）；朴哲珖：《壬辰倭亂（文禄・慶長の役）研究の現狀と課題》。文章參見網址：http://www.jkcf.or.jp/projects/kaigi/history/first/1—2/。中國學術界的研究狀況，參見孫衛國、孫中奇《近百年來中國對萬曆朝鮮之役研究的回顧與總結》，《史學月刊》2020 年第 1 期，頁125—136。

② （明）宋應昌《經略復國要編》，臺北：臺灣華文書局，1968 年。近期，鄭潔西、張穎的點校本由浙江大學出版社出版。（明）邢玠《經略禦倭奏議》，收入經莉等編《禦倭史料彙編》第四、五册，北京：全國圖書館文獻縮微複製中心影印，2004 年。

日本參謀本部編《日本戰史·朝鮮役》一書中，①對於侵朝日軍的情況，無論是將領還是其所統轄的士卒數目，都有非常詳盡的介紹。對於明軍人數略有涉及，主要介紹了丁酉後期明四路軍的人數，其餘則未曾涉及。中國學術界雖有論著偶有論及，②尚未見系統全面的考察。筆者不揣淺陋，試以中朝史料爲基礎，以相關研究爲背景，力求對此問題進行考察，進而對戰爭期間明軍隊指揮體制，略加探究，以就教於海内外方家。

一、明東征將士人數與將士群體考

萬曆朝鮮之役中，明朝到底出動了多少軍隊，明清史籍中找不到答案。萬曆二十七(1599)年九月初九，戰爭結束，明神宗論功行賞時，没有提及有多少明軍將士出征，《明神宗實録》中没有數字。③ 清官修《明史·朝鮮傳》曰："自倭亂朝鮮七載，喪師數十萬，糜餉數百萬，中朝與屬國迄無勝算，至關白死而禍始息。"④只有一個模糊的"喪師數十萬"的説法，但到底多少士卒，未見説明。在其他明清史籍中，如《萬曆三大征》《兩朝平攘録》《國榷》

①[日]日本參謀本部編《日本戰史·朝鮮役》，東京：村田書店，大正十三年(1924)初版，昭和五十三年(1978年)複刻本。隨後，在日本學者的相關研究著作中，對於此問題都有詳盡的討論。

②關於明東征將士人數等問題，中國學者尚無全面系統的考察，只在某些論著中偶有涉及。如柳樹人《壬辰抗倭戰争》(收入延邊歷史研究所編《延邊歷史研究》第二輯，1987年)，在日、韓相關書籍基礎上，對於明軍兩次出兵的人數有所提及。孫文良《明代"援朝逐倭"探微》(《社會科學輯刊》1994年第3期)，參考《思庵實紀》一書的材料，提及過明軍人數與糧餉數目。萬明《朝堂與戰事之間：明朝萬曆援朝之戰官將群體的初步考察》(《煙臺大學學報》2017年第3期)以《宋經略書》爲據，分兩個階段討論了戰争期間各個將士群體。孫衛國在《李如松之東征及其後裔流寓朝鮮考》(《人文雜誌》2014年第1期)，考察了平壤大捷時期，明軍人數問題。劉永連、段玉芳《萬曆援朝抗倭戰争明軍兵力考》(《朝鮮·韓國歷史研究》2016年第17輯)，以明朝史料爲據，重點考辨了征調兵力人數。

③《明神宗實録》卷339，萬曆二十七年九月乙卯，臺北："中研院"歷史語言研究所，1967年，頁6288—6292。

④(清)張廷玉等《明史》卷320《朝鮮傳》，北京：中華書局，1974年，頁8299—8300。

《明史紀事本末》《明通鑑》等，都未見論及過此問題。所幸朝鮮王朝留下了數種資料，對此問題有相當詳細的記載，給我們探討此問題提供了可能。

相對于明、清王朝，朝鮮王朝對這場戰爭的記述更爲重視，不僅《朝鮮宣祖實錄》中載錄相當詳細，還出現多種專題史書。對於明出征將士的情況，戰爭結束不久，"宣祖大王因經筵官建白，令朝臣撰輯先後天朝將官征倭事迹"，①指令海平府院君尹根壽主持此事。拖了一段時間，尹根壽才上交史稿，宣祖"以多浮辭"，並不滿意，遂指令申欽（1566—1628）重編。事實上，戰爭期間，申欽一直在跟明軍將士打交道。宣祖二十五年（萬曆二十年，1592）十二月，申欽接替丁懱回家的李好閔，專管接待明軍將士，②遂長期擔任此職，對明軍情況十分瞭解。當時有人評價申欽："此人久在備邊司，往復中朝大小事，知之甚悉，求之名流，鮮有其比。"③宣祖二十八年（1595）三月，他曾作爲書狀官前往北京，請求明廷册封光海君爲世子。④《朝鮮宣祖修正實錄》稱他："才氣過人。"⑤戰爭結束以後，由申欽來編輯明朝來援將士的史書，乃最合適的人選。乙巳（1605）春，申欽完成史稿，"蓋舉其征討曲折，將官往來年月，兵糧多少，以便一時睿覽而已。"⑥遂上交正本，自留底本。壬戌（1622）秋，申欽對自留本加以修改，題爲《天朝先後出兵來援志》《天朝詔使將臣先後去來姓名》等篇章，錄入他的文集《象村稿》之中。《象村稿》中涉及明軍援朝戰爭的，還有《壬辰倭寇構釁始末志》《本國被誣始末志》《本國被兵志》《諸將士難初陷敗志》等多篇文章，一併構成"征倭志"，成爲研究這場戰爭非常重要的第一手資料。

---

① ［朝］申欽《象村稿》卷39《〈天朝詔使將臣先後去來姓名〉識》，韓國民族文化推進會編刊《影印標點韓國文集叢刊》，1991年，第72册，頁291。

② 韓國國史編纂委員會編《朝鮮宣祖修正實錄》卷26，宣祖二十五年十二月丁亥，《朝鮮王朝實錄》影印本第25册，漢城：探求堂，1981年，頁632。

③ 《朝鮮宣祖修正實錄》卷51，宣祖二十七年五月庚辰，《朝鮮王朝實錄》影印本第22册，頁263。

④ 《朝鮮宣祖修正實錄》卷61，宣祖二十八年三月庚子，《朝鮮王朝實錄》影印本第22册，頁469。

⑤ 《朝鮮宣祖修正實錄》卷118，宣祖三十二年十月戊子，《朝鮮王朝實錄》影印本第23册，頁693。

⑥ ［朝］申欽《象村稿》卷39《〈天朝詔使將臣先後去來姓名〉識》，頁291。

　　隨後,申炅(1613—1653)于仁祖二十七年(1649)開始編撰《再造藩邦志》,書未成而卒,其子申以華在孝宗十年(1659)編校完成,書中對明東征將士的情況有所載録,據其自序稱,主要是以申欽《象村稿》中的"征倭志"爲史源。1830年左右,吳慶元編《小華外史》,在《小華外史·續編》中有《王人姓名記》,基本抄録申欽《天朝詔使將臣先後去來姓名》,只是調整了有關人物的順序,新加上了"兵部衙門"一欄,内容上並没什麽改變。此外,李肯翊《燃藜室記述》、不著撰人《宋經略書》和千萬里《思庵實紀》①等書籍中,皆談到有關明代諸將及所統兵卒人數,雖詳略不一,但大體相似。因此,朝鮮王朝幾種相關史料中,以申欽所撰的最早,藏於朝鮮王室的正本,未見流傳。② 申欽文集《象村稿》,最早1630年由朝鮮寶蓮閣刊印,故文集中"征倭志",成爲朝鮮後人討論這個問題最重要、最直接的史料來源。從篇幅上講,《小華外史·續編》之《王人姓名記》,與其相當,内容並無不同。其他幾種,内容比較簡單,皆大同小異。

　　就明東征將士的總人數來説,各書皆有載録。現據申欽《象村稿》、李肯翊《燃藜室記述》、吳慶元《小華外史·續編》和千萬里《思庵實紀》的記載,列表清單如次:

表一　朝鮮諸家史籍所載明軍將士與糧餉總數目一覽表

史籍名稱	壬辰將士	丁酉將士	將士總數	糧餉數目	史料出處
《象村稿》	3319＋43500	142700	221500	10萬石糧、4萬銀。	《象村稿》卷39《天朝詔使將臣先後去來姓名》,頁269—291
《燃藜室記述》			221500	共883.5萬兩白銀、本色米數十萬斛。	《燃藜室記述》卷17《亂中時事總録》,頁375—376

①參見[朝]李肯翊《燃藜室記述》,朝鮮古書刊行會編刊《朝鮮群書大系續》,1913年;佚名《宋經略書》,臺北:珪庭出版社刊《中韓關係史料選輯》影印本,1980年;千萬里《思庵實紀》,朝鮮刊本,1846年。

②筆者在大阪府立圖書館中,找到一種版本,題爲《征倭詔使將臣録》,申欽所著,内容相同,單獨成書,疑爲初本。

續表

史籍名稱	壬辰將士	丁酉將士	將士總數	糧餉數目	史料出處
《小華外史》			221500	各類銀 883.5 萬兩、本色米數十萬觔、賑米 12 萬石。	《小華外史》卷 5《續編》，頁 9a
《思庵實紀》	55500	143500	234000	米 54 萬石、銀 15.9 萬兩、蜀錦 397120 匹、金 33 萬兩。	《思庵實紀》下篇《東征時軍兵賞賜糧米金銀蜀帛總錄》，頁 20—21

　　從上表可知：第一，明軍將士總數，前三種史料所載相同，皆是 221500 人，其出處應該皆來自申欽文集。《思庵實紀》稍有差別，爲 234000 人，多出 12500 人，出入差別也是可以接受的，所以明軍總數應該不超過 234000 人。第二，有關壬辰與丁酉兩次出兵人數，只有申欽《象村稿》和《思庵實紀》有載錄，也略有不同。申欽將壬辰前後兩次出兵人數都列出，一是祖承訓首次援朝人數 3319 人，二是李如松攻平壤之軍隊人數 43500，一共 46819 人。《思庵實紀》則是 55500 人，差別有 8681 人。申欽這個數目只是參加兩次平壤之役的明軍士卒人數，隨後還有一句，“追到者八千人”①，加上這 8000 人，兩者就没什麽差别了，因而可以説没有多少出入。《朝鮮宣祖修正實録》也説：“攻破平壤，用四萬三千五百名，追到軍兵八千名。”②因而其所載數目皆同。丁酉援朝明軍人數，兩書記載都是 14 萬多，差別不到 1000 人，也在允許的範圍之內。第三，差別比較大的是明軍糧餉數目，乃是各自關注的項目不同，此數目今存而不論，留待以後再專門討論。

　　明軍將士總人數大體如此，而各路將士具體人數如何？其統屬關係如何呢？申欽《象村稿》是最早的記録，吳慶元《小華外史》對其順序略有調整，但内容與各將所統數目，並無不同。故以這兩部書爲基準，並參稽其他史料，將明軍各部將士及其所屬關係，列表如次，以見其詳細情況。

---

① ［朝］申欽《象村稿》卷 39《天朝詔使將臣先後去來姓名》，頁 269。
② 《朝鮮宣祖修正實録》卷 34，宣祖二十六年正月丙寅，《朝鮮王朝實録》影印本第 21 册，頁 602。

表二　申欽《象村稿》與《小華外史·續編》所載明軍將士情況表①

所屬	將領姓名	職務職掌	士卒來源	統兵人數	赴朝時間	備注
兵部衙門	石星	尚書				
	常鶴	都司			乙未九月	赴朝調查
詔使衙門	薛潘				壬辰六月	奉敕赴朝
	司憲	行人			癸巳十月	
祖副總兵以下諸將官	祖承訓	副總兵	遼兵	7000（丁酉）	三度赴朝參戰	李成梁家丁出身
	郭夢徵	參將	遼兵	500	壬辰六月	
	王守臣	遊擊	遼兵	300	兩度赴朝	
	史儒	遊擊	遼兵	1000	壬辰六月	首次平壤之役中，全部戰死
	戴朝弁	遊擊	遼兵	1000	壬辰六月	
	馬世隆	千總	遼兵		壬辰六月	
	張國忠	千總	遼兵		壬辰六月	
宋經略以下諸官一時往來各衙門	宋應昌	經略			癸巳三月至九月	宋應昌爲壬辰援朝明軍最高指揮官，下爲宋經略票下官
	王承恩	都督僉事	薊鎮馬兵	500		
	王汝征	遊擊		2000	壬辰十二月	
	張九經	旗鼓官			兩度赴朝	
	蘇國賦	參將				

①《小華外史·續編》幾乎全文抄録申欽《天朝詔使將臣先後去來姓名》，只是加了“兵部衙門”一欄，下面欄目個別人物有所調整，其餘皆抄自申欽之書。《小華外史·續編》末尾還附了“己未深河監軍”“丁卯東援都司”“丁丑東援舟師將官”數人，跟朝鮮之役無關，故不録。另有《宋經略書》，作者不詳。分“經略以下文官各衙門”“武臣以下各衙門行迹”，介紹了宋應昌、邢玠、楊鎬以下的經略、經理等主要文官，並及李如松、董一元、麻貴、劉綎等以下武將的生平事迹及其在朝鮮戰場上的主要戰績。但没有提及其所率兵力人數及來源，也是瞭解明軍文武百官的一部重要資料，没有超出申欽《天朝先後出來援表》，可以説三者同源異流。《宋經略書》比較簡單，未談及每位明將領所帶兵力數目，所收録的將領人物也比較少。《再造藩邦志》摘録《象村稿》資料，簡要介紹了主要將官姓名、籍貫及所領兵馬數目。

續表

所屬	將領姓名	職務職掌	士卒來源	統兵人數	赴朝時間	備註
宋經略以下諸官一時往來各衙門	劉黃裳	經略贊畫				
	袁黃	經略贊畫				
	周維翰	監軍			癸巳二月至六月	
	韓取善	監軍			癸巳二月至七月	
	艾維新	管餉催運			癸巳正月至七月	
	賈維鑰	查驗軍功			兩度赴朝	
	鄭文彬	管糧同知	家丁	50	兩度赴朝	
	王君榮	管餉銀			壬辰十二月至癸巳九月	
	趙如梅	管糧	家丁	80	兩度赴朝	
	胡澤	與日交涉			三都赴朝	
	沈思賢	與日交涉			兩度赴朝	
	陶良性	管軍餉			三度赴朝	
李提督以下諸官一時往來各衙門	李如松	提督	薊遼馬兵		壬辰十二月至癸巳十月	壬辰明軍最主要的將領
	方時春	中軍參將	遼兵			
	李寧	參將/副總兵	家丁出身,遼兵	1000;2000	壬辰、丁酉兩度赴朝	李提督票下官。李寧戊戌戰死
	李逢陽	旗鼓官、指揮	遼兵		壬辰、丁酉兩度赴朝	
	李有聲				碧蹄館爲救李如松戰死	
	韓宗功	備禦	遼兵			
	楊元	副總兵	遼兵	2000	兩度赴朝	丁酉南原失守被梟首
	李如柏	副總兵	遼兵	1500	兩度赴朝	
	張世爵	副總兵	遼兵	1500	與提督同進退	

續表

所屬	將領姓名	職務職掌	士卒來源	統兵人數	赴朝時間	備注
李提督以下諸官一時往來各衙門	查大受	副總兵	馬步兵	3000	與提督同進退	平壤、碧蹄館兩役功臣
	葛逢夏	遊擊	保直馬兵	2000	壬辰十月至甲午正月	久住義州
	佟養正	副總兵	遼兵		兩度赴朝	壬辰久住義州；丁酉管糧餉
	楊紹先	參將	遼馬兵	800		
	王有翼	副總兵	遼馬兵	1200	壬辰十二月至癸巳五月	
	孫守廉	副總兵	遼馬兵	1000	壬辰十一月至癸巳五月	李如松親信隨從
	王維貞	副總兵	遼馬兵	1000	壬辰十一月至癸巳七月	
	高策	副總兵	薊遼馬兵	2000；2500	兩度赴朝	
	趙之牧	參將	遼馬兵	1000	壬辰十二月至癸巳四月	
	李芳春	參將；副總兵	薊遼馬兵	2000；2000	兩度赴朝	申欽作馬兵 1000
	李如梅	參將；副總兵	薊遼馬兵	1000；1470	兩度赴朝	
	李如梧	參將	遼馬兵	500	壬辰十二月至癸巳十月	
	張應種	參將	馬兵	1500	壬辰十二月至癸巳四月	
	駱尚志	神機營左參將	南步兵	3000		平壤之役功臣

續表

所屬	將領姓名	職務職掌	士卒來源	統兵人數	赴朝時間	備注
李提督以下諸官一時往來各衙門	張奇功	參將；管運糧餉	大寧營馬兵	1000	先催運糧餉；後率兵前來	與沈惟敬善
	陳邦哲	參將	山西兵	1000		
	吳惟忠	遊擊；副總兵	浙步兵	1500；3990	兩度赴朝	朝鮮服其軍紀嚴，戰功高
	錢世楨	遊擊	山東馬兵	1000	壬辰十二月至癸巳九月	
	谷燧	遊擊	大同馬兵	1000	壬辰十二月至甲午正月	
	周弘謨	遊擊	宣府馬兵	1000	兩度赴朝	病卒
	方時輝	遊擊	薊鎮馬兵	1000	壬辰十二月至癸巳十月	李如柏票下官
	高昇	遊擊	馬兵	1000	壬辰十二月至癸巳十月	
	王問	遊擊	馬兵	1000	壬辰十二月至癸巳十月	
	梁心	遊擊	馬兵	1000	壬辰十二月至癸巳十月	
	趙文明	遊擊	馬兵	1000	壬辰十二月至癸巳六月	
	高徹	遊擊	馬兵	1000	壬辰十二月至癸巳六月	
	任自强	副總兵	宣府兵	1000	兩度赴朝	
	李平胡	副總兵	遼馬兵	800	壬辰十二月至癸巳十月	獿人，李成梁養子

續表

所屬	將領姓名	職務職掌	士卒來源	統兵人數	赴朝時間	備注
李提督以下諸官一時往來各衙門	施朝卿	遊擊	山西馬兵	1000	壬辰十二月至癸巳六月	
	楊五典	副總兵	遼馬兵		兩度赴朝	
	宋大斌	副總兵	遼馬兵	1000	癸巳正月至甲午正月	
	戚金	遊擊/副總兵	浙步兵	1000	癸巳正月至甲午正月	
	劉綎	副總兵;總兵	川步兵	5000	兩度赴朝	川貴漢土兵
	熊正東	守備			壬辰出來	
	傅廷立	管糧官				把截義州
	毋承宣	千總			癸巳出來	稍探
	張三畏	指揮僉事	遼兵		兩度赴朝	管糧官
	黃應暘				兩度赴朝	探聽情況
	譚宗仁				壬辰十二月至丙申二月	沈惟敬助手
	謝用梓	參將			兩度赴朝	假稱天使出使日本
	徐一貫					
	李大諫		浙兵		兩度赴朝	
	吳宗道		浙兵		數度赴朝	癸巳後久住朝鮮
	提到名字的還有:樓崇政、李郁、鄭自知、胡鸞、周易、李杜、吳希漢等七人以李提督聽用官來去;樓大有、吳夢豹、李鎮、甯國胤等四人,或以指揮,或以都司,隨提督一行來去。					
顧孫兩經略衙門	顧養謙	經略			主事遼東,未渡江	第二任經略,主持和議
	孫礦	經略			主事遼東,未渡江	第三任經略

續表

所屬	將領姓名	職務職掌	士卒來源	統兵人數	赴朝時間	備注
封倭冊使諸官一行往來各衙門	李宗誠	都督僉事			乙未四月	冊封正使，釜山逃歸
	楊方亨	都督僉事			乙未四月至丁酉正月回	由冊封副使改正使，前往日本冊封
	沈惟敬	遊擊	家丁	32	多次入朝、日交涉	冊封副使，封貢敗而棄市
	金嘉猷				死于冊封日本時地震	
	吳邦彦				送馬赴日	
	王世賢	把總			隨李宗誠逃歸	冊使票下官
	王吉	護敕官				
	徐志登	護敕官				
	留名者尚有：王承烈、陳金、楊貴禄、項汝變、俞承宗					
	陳雲鴻	遊擊			甲午十月至丙申	陪侍楊方亨赴日並一同返回
	胡大受	遊擊			乙未七月至十二月	
	余希允	策士			與申忠一赴建州	
	葉鱨	軍門委差			丙申正月至丁酉二月	
	王俠吉	同知			管糧	
邢軍門以下諸官一時往來各衙門	邢玠	經略			丁酉十月至戊戌	邢軍門票下官，還有張九經、李大諫等票下官
	戴延春	都督僉事			戊戌七月赴朝	
	蔣弘濟	旗鼓官				
	楊廉	參將	騎兵	990		
	龐渤	旗鼓官				
	葉思忠	遊擊				
	喬一麟	遊擊				
	宗應魁	指揮				

續表

所屬	將領姓名	職務職掌	士卒來源	統兵人數	赴朝時間	備注
邢軍門以下諸官一時往來各衙門	張彥池		山東兵			
	張隆		馬兵	760		
	董用威	遊擊	夷兵	300		
	斯天爵	千總	馬兵	700		
	王成	千總	步兵	1150		
	王宗義		馬兵	980		
	蔡仲宇	指揮	遼馬兵	760		
	李國輔	千總		880		
	於承恩	把總	銃手與長箭手	300		
	董漢儒	管糧餉				朝鮮德之
	丁應泰	軍門贊畫			兩度赴朝	誣楊鎬島山之戰,朝鮮惡之
楊萬兩經理以下諸官一時往來各衙門	楊鎬	經理			丁酉六月至戊戌六月	以島山之戰,被丁應泰劾罷
	彭友德	副總兵				楊經理票下官
	李開先	旗鼓官	馬兵	1520		
	李逢陽	指揮僉事				
	劉仲武	指揮	馬兵	100		
	李友勝	千總	遼兵	800		
	李益喬	千總	馬兵	1290		
	章煥然	中軍	遼兵			
	黃應暘	中軍	寬甸兵			
	萬世德	經理			戊戌十一月至庚子十月	萬經理票下官。李開先先爲楊鎬旗鼓官,後爲萬世德旗鼓官
	俞尚德	副總兵	宣府兵		戊戌十一月至己亥正月	
	孫邦禧	中軍			戊戌十一月至庚子十月	

所屬	將領姓名	職務職掌	士卒來源	統兵人數	赴朝時間	備注
楊萬兩經理以下諸官一時往來各衙門	郭朝亨	把總	馬兵	550		
	鄭全斌	千總	步兵	2000		
	王在紹		馬兵	380		
	洪居高	指揮	馬兵	230		
	陳效	勘察軍務				己亥二月暴卒,傳言爲劉綎鴆死
	陳御史票下官:潘嘉言、梁材、惠虞、沈思賢					
	徐觀瀾	勘察軍功				朝鮮服之
	楊應文	勘察軍功			己亥閏四月初二渡江查勘	
	蕭應宮	山東按察使				整飭海防,因伸救沈惟敬被削職。劉爲蕭按察票下官
	劉天秩	按察中軍				
	張登雲	河南布政使	督運火器		丁酉四月至七月	
	王士琦	西路監軍			戊戌六月次年四月	
	王士琦票下官有:左維、高淩翰;吳從周率步兵 3000,隨從左右					
	梁祖齡	東中路監軍			戊戌	
	杜潛	山東按察司副使協理海防			己亥四月至庚子十月	
	杜潛票下官:梁守忠,原南兵吳惟忠部將					
	徐中素	東路監軍			戊戌五月至六月	
	徐監軍票下官:鄒良臣,領馬兵 2790 人隨侍左右					
	韓初命	管糧同知			戊戌八月至庚子十月	
	吳良璽	鹽運同知			戊戌六月至己亥三月	
	十六位管糧官:黎民化、李培根、宋一魁、黃三台、吳瑞麟、羅敷教、吳道行、沈有孚、王三善、秦自治、劉正倫、王官生、黃繼後、趙子政、王立民、梁瑞					

續表

所屬	將領姓名	職務職掌	士卒來源	統兵人數	赴朝時間	備注
四路提督以下諸將官及善後留住將官一時往來各衙門	董一元	禦倭總兵	中路大軍		丁酉十二月至己亥四月	進剿泗川不利
	董提督票下官：中軍守備方時新（戊戌十月病卒）、葉思義					
	麻貴	副總兵；總兵	東路大軍		兩度赴朝	
	張維城	指揮僉事	馬兵	1620		麻提督票下官，還有龐渤
	沈棟	參將				
	鄭印	都司	馬兵	2500		
	梁贇	千總	馬兵	500		
	王勘定			500		
	盧世卿	守備				劉提督票下官，此外尚有參將吳文傑、府佐李培、汪京
	陳以竺	管火器				
	周敦吉	指揮同知	夷兵	3140		
	陳大綱	千總	步兵	390		
	陳璘	總兵	水兵		戊戌六月	
	陳九經	坐營都司	水兵	2000	陳璘之子	陳都督璘票下官
	沈璨	坐營指揮中軍	步兵	2000		
	張汝文	千總	狼土兵	4590		
	王元周	遊擊	水兵	2000	戊戌九月至己亥三月	
	李成勳	總兵提督			己亥七月至庚子十月	善後而留任
	梁朝選	中軍	沙兵			李提督成勳票下官
	賈祥	都司			己亥六月至庚子七月	
	周以德	守備		3020		
	周冕	旗鼓官	浙兵	3000；2500		
	陳希聖	千總				

所屬	將領姓名	職務職掌	士卒來源	統兵人數	赴朝時間	備注
四路提督以下諸將官及善後留住將官一時往來各衙門	李新芳	千總	馬兵	3750	戰死南原	楊副總兵元票下官
	蔣表、毛承先，皆戰死于南原					
	李樂	把總	遼家丁	600		李寧票下官
	陳國寶	指揮	馬兵	1000		李芳春票下官
	吳廣	副總兵	狼兵	5500		
	曹希彬	副總兵	步兵	2890	己亥三月回	
	曹副總兵票下官，王名世以中軍出來					
	解生	副總兵	大同馬兵	2500	壬辰十二月至己亥八月	
	鄧子龍	副總兵	水兵	3000		露梁海戰戰死
	盧繼忠	參將	馬步兵	2770	丁酉十一月至戊戌三月	
	楊登山	參將	馬兵	1200	丁酉十一月至戊戌三月	
	李寧	參將	馬兵	2640	丁酉十一月至戊戌三月	
	王國棟	參將	馬兵	2120	戊戌正月至己亥二月	
	楊紹祖	參將	馬兵	1780	戊戌六月至己亥二月	
	陳愚聞	參將	馬兵	1490	丁酉十月至戊戌六月	
	王之翰	遊擊	川步兵	4000	戊戌六月至己亥四月	
	頗貴	遊擊	馬兵	2800	丁酉八月至己亥三月	
	柴登科	遊擊	馬兵	1350	丁酉九月至己亥四月	
	茅國器	遊擊	步兵	3100	丁酉九月至己亥十月	

所屬	將領姓名	職務職掌	士卒來源	統兵人數	赴朝時間	備注
四路提督以下諸將官及善後留住將官一時往來各衙門	葉邦榮		浙兵	1500		
	葉朝桂	千總	步兵	240		
	陳愚衷	遊擊	馬兵	1900	丁酉六月來，九月被拿	守全州，不救南原，下獄充軍
	秦得貴	遊擊	宣鎮馬兵	660	丁酉十一月至己亥二月	
	傅良橋	遊擊	步兵	2000	戊戌九月至己亥三月	
	許國威	遊擊	步兵	1160	戊戌三月至己亥四月	與楊鎬善
	司懋官	遊擊	步兵	3100	戊戌六月至己亥三月	標下陳信領步兵330
	牛伯英	遊擊	薊鎮馬兵	600	丁酉七月至己亥四月	
	馬呈文	遊擊	馬兵	2000	戊戌八月至己亥正月	泗川之敗，兵敗擬斬
	師道立	遊擊	步兵	2480	戊戌五月來	泗川之敗被革職
	李化龍	遊擊	馬兵	2500	丁酉十月赴朝	島山之戰被革職
	陳蠶	遊擊	步兵	3000	戊戌十月至己亥三月	
	楊萬金	遊擊	馬兵	1000	丁酉十月赴朝	島山之戰傷重死
	擺賽	遊擊	夷馬兵	3000	丁酉八月赴朝	島山之戰功大，後病死
	盧得功	遊擊	馬兵	3000	丁酉十一月至戊戌十月	泗川戰死
	郝三聘	遊擊	馬兵	1000	戊戌八月赴朝	泗川潰敗被斬
	陳寅	遊擊	步兵	3850	丁酉十月至己亥四月	島山之戰負傷
	沈懋	遊擊	水兵	1000	戊戌十月至己亥四月	
	福日昇	遊擊	水兵	1500	戊戌九月至己亥四月	

所屬	將領姓名	職務職掌	士卒來源	統兵人數	赴朝時間	備注
四路提督以下諸將官及善後留住將官一時往來各衙門	薛虎臣	指揮同知	馬兵	3000	丁酉十二月至己亥四月	
	俞明德、塗明宰、盧應奎、茅明時、程鵬起、白礦等六人或聽用，或管糧同去					
	張榜	指揮僉事	步兵	4600	己亥至庚子	
	白斯清	遊擊	水兵	1600	己亥四月至庚子三月	
	藍芳威	指揮僉事	南兵	3300	戊戌正月至己亥七月	
	徐成	遊擊	水兵			因病回，戚金代
	戚金（季金）	遊擊	水兵	3200	丁酉十月至己亥四月	
	塗寬	遊擊	步兵	850	丁酉十月至戊戌八月	
	安立本	遊擊	馬兵	2500	丁酉十月至戊戌三月	
	梁天胤	遊擊	水兵	2000	戊戌七月至己亥四月	
	王國威	遊擊	沙兵	1000	戊戌十月至庚子二月	
	張良相	遊擊	水兵	1500	己亥至庚子十月	
	李天常	千總	水兵	2700	戊戌至庚子十月	
	李香	遊擊	南兵	3600	庚子十月回	
	萬邦孚	遊擊	水兵	2200	己亥四月至庚子	
	薑良棟	把總	馬兵	800	戊戌九月至庚子四月	萬世德票下官
	李應昌	守備	水兵	1000	己亥八月至庚子十月	
合計	總人數：230642；北兵：119372；南兵：73810；水兵：21700					

這個表格乃以《象村稿》和《小華外史・續編》爲准而編成,從中可見明軍將士的基本情況。從這個表中,可以看出幾點:

第一,從宣祖指令申欽重編明將士名録開始,目的性就很强,意在使朝鮮世代銘記明朝對朝鮮的"再造之恩",尊明意味明顯,故按照時間順序,出征先後,將明軍將士分爲幾個群體,予以叙述。吳慶元編纂《小華外史》時,他對於申欽所設定的人物排序,頗覺不滿,認爲還不够體現尊明之意,故而他要重編。其曰:

> 宣廟命撰進《天朝征倭諸將姓名記》,象村申公掌其事。今見其序次者,尚書石公與沈惟敬同傳,而反居其後;遊擊史儒隨祖承訓先來,而闕而不載。噫!石公慨然主援,三上自菑之書,又對我使,往往流涕。其爲我之誠懇乃如此,竟以封事敗,遂至於瘐死。《詩》云"如可贖兮,人百其身"者,即我東人之謂。我不能叩閽申救,如楊經理之爲,以答一言救己之托,其孤負公大矣,區區祠饗,曷足稱焉!公之樹德於我,永垂於世者,惟賴此篇之存。而玉石相混,糠粃在前,則將使志士致慨於今日!是以不揆僭妄,敢以"兵部衙門"四字,特揭卷首,大書尚書之名;採入史儒等十數人,補其闕遺。又以監我之軍、援我之難、死我之地者,同編於後。①

這篇《書後》雖然出自吳慶元公子吳顯相之手,但真實反映了吳慶元重新編排人物順序的動機。爲了突出石星的功績,表達對石星的尊敬,特設"兵部衙門"一欄,以石星居首,體現出在朝鮮人心目中明朝"再造之恩"的具體實施者首推兵部尚書石星。儘管石星並没有到朝鮮前綫去衝鋒陷陣,但他是明廷力主出兵救援的關鍵人物。封貢議和失敗,他被下獄,最終瘐死獄中,令朝鮮君臣世代深感愧疚。朝鮮一方面爲石星設立牌位,予以祭奠,後來在漢城東、南關王廟中,也設立他的牌位,與李如松、邢玠等同爲關廟中的陪祀。另一方面,各類史書中編造各種有關石星的神話,甚至後來流傳一説:石星之所以力主救援朝鮮,乃因爲朝鮮通譯洪純彦曾在青樓救過一名年輕女子,此女子後來成爲石星的繼室,故而他力主救援,也是爲了

---

① [朝]吳慶元《小華外史續編》卷1《題王人姓名記卷後》,朝鮮刊本,明崇禎五年戊辰(李太王五年,1902)序刊本,頁54a—b。

報答朝鮮之恩情①。如斯傳説，不足爲據。② 在朝鮮相關史書中，尊崇石星，自然是首先需要做到的，這也是吳慶元設立“兵部衙門”的出發點，所以通篇的目的乃銘記明朝將士的戰功，以表達尊明感恩之情。

　　第二，表格中所立欄目，完全按照《小華外史》所劃分的群體而排列。除了“兵部衙門”、“詔使衙門”兩欄外，其餘主要將領，根據出兵先後順序，依次爲“祖副總兵以下諸將官”、“宋經略以下諸官一時往來各衙門”、“李提督以下諸官一時往來各衙門”、“顧、孫兩經略衙門”、“封倭册使諸官一時往來各衙門”、“邢軍門以下諸官一時往來各衙門”、“楊、萬兩經理以下一時往來各衙門”、“四路提督諸官及善後留住諸官一時往來各衙門”等八組，完整呈現了援朝明軍的先後次序及最重要衙門。前面兩組來自明廷，兵部主管此事，石星是援朝戰爭最主要的宣導者和支持者，故而居首；詔使亦代表著明廷，左右著朝鮮戰事的關鍵。“祖副總兵以下諸將官”，乃是壬辰六月，祖承訓率領數千人前往救援，平壤一戰，大敗而歸，不少將領戰死，故按照時間順序，先予以介紹。壬辰援朝，宋應昌爲經略，李如松爲提督，率大軍赴朝，故接著介紹這兩個衙門主要官員與將領。封貢和談時期，主要是顧養謙、孫礦兩經略負責；封倭册使，則指封貢和談前往日本册封諸臣；故中間的兩組人員，系封貢和談中，明廷參與的主要人員。最後三組則是丁酉援朝時期以邢玠、楊鎬、萬世德及四路進攻時期的四提督下的主要將領情況。這樣按照時間順序，一一加以介紹，清晰地呈現出明軍將士情況。就選取將領人員的標準來看，同一時期，以將領職位的高低來排序，武將而言，總兵、副總兵、參將、遊擊、守備、千總、把總等等，總兵、副總兵、參將、遊擊大多加以列出，守備以下則未必齊全。這樣對於七年戰爭期間，明軍將士文

---

① 參見［朝］尹行恁《碩齋稿》（韓國民族文化推進會編刊《影印標點韓國文集叢刊》第287 册，2002）卷 9《海東外史·洪純彥》，頁 150。［朝］朴趾源《燕岩集》（韓國民族文化推進會編刊《影印標點韓國文集叢刊》第 252 册，1999）卷 14《熱河日記·玉匣夜話》，頁 302。

② 參見孫衛國《朝鮮史料視野下的石星及其後人事迹略考》，《古代文明》2012 年第 4期。文中對於朝鮮有關石星的傳説進行了分析。考證出朝鮮現存最早關於石星後妻被洪純彥拯救的記録，出現在戰爭結束五十年以後，當事人洪純彥及相關燕行録中並無半點記録，因而不可信，只是朝鮮後人一種故意編造。

武百官的情況，就一清二楚了。其所統士卒人數也列入表中，因爲不少將士兩度赴朝，所以表中出現兩個數字，乃是其兩次分別所帶兵馬人數。

第三，把這個表格中的兵力人數全部相加是 230642 人，跟《思庵實紀》所載數目差不多，比申欽《象村稿》《小華外史》等所載 221500 人稍多，相差不大，説明資料基本可信。而且因爲每位將領所率領士卒的兵種與來源也都有説明，這樣也就給我們進一步考察提供了幫助。儘管還有不少將領名下兵力數目不清楚，有的數目也可能不大準確，但總體數目應該和實際情況出入不大。表格中，凡是遼兵、山西兵、宣府兵等北方兵，以馬兵居多。南兵、夷兵基本上是步兵和水兵。從人數上看，北兵居多，超過一半，明軍騎兵在數量上占優。以南兵和京營兵爲主的步兵，則主要是用火器爲武器，專門有車兵、銃手，這是明軍攻城的關鍵力量；以步兵爲主的南兵不足四成，水兵大約一成，也就是説步兵和水兵加起來不足五成，這是明軍在朝鮮戰場上的總體情況。

二、明軍將士群體來源分析

萬曆朝鮮之役戰爭期間，明軍將士的總體情況，在前表二中呈現出來。爲何會出現這種狀況？ 具體到壬辰和丁酉兩次出兵，前後有何不同？ 引起這種不同的根源何在？ 這是需要進一步考察的問題。在宋應昌《經略復國要編》和邢玠《經略禦倭奏議》中，有相當多奏疏，論及徵調士卒。作爲當時最主要的兩位徵調官，他們的奏疏還原了當時徵調的情況，可以探知形成這樣特點的背後根源。下面以他們的奏疏爲主要依據，並結合朝鮮方面史料，對明朝將士群體的具體情況，略作探討，亦借此窺視當時明朝軍隊的狀況。

表格中顯示各路兵馬的來源，之所以出現這種情況，係當時明朝軍事體制所決定的。壬辰倭亂，事出突然，朝鮮措手不及，節節敗退，兩個月內，三京淪陷，大半國土淪喪。明朝也頗感意外，萬曆二十年（1592）四月戰爭爆發，九月宋應昌才走馬上任，前往遼東徵調士卒，籌集糧餉。十二月二十五日，提督李如松方率大軍渡過鴨綠江，前往朝鮮征討，準備時間長達半年之久。之所以時間如此長，一個重要原因就是軍隊徵調不易。徵調士卒，主要有幾個來源。

　　第一，九邊兵。在所有兵力之中，九邊兵最重要，也是北兵最主要來源。明朝當時最重要的軍事體系是衛所制。洪武二十三年（1390），全國共有內、外衛 547 個，所 2563 個。根據衛所兵力設置的要求，每衛 5600 人，所 1200 人，原則上明朝全國軍隊有數百萬，加上南、北二京的京營兵，數量就更多。因此明朝主力部隊是衛所兵。嘉靖以來，"南倭北虜"問題嚴重，衛所主力部隊集中于九邊，以抵禦北部的蒙古人。南方爲了抗倭，形成了以募兵制爲主體的南兵，以戚繼光的"戚家軍"爲代表。進入萬曆年間，明朝軍隊的情況並無特別變化。南方倭寇基本掃除，戚家軍被調往薊鎮防守，武器以火炮、火銃等爲主。這是戰前明朝兵力的大致狀況。

　　九邊是明初沿長城防綫陸續建立的九個軍事重鎮，分別是遼東鎮、薊州鎮、宣府鎮、大同鎮、太原鎮（山西鎮或三關鎮）、延綏鎮（榆林鎮）、寧夏鎮、固原鎮（陝西鎮）、甘肅鎮。嘉靖年間又在北京附近設立昌平、真保二鎮，故後來稱爲"九邊十一鎮"，構成明代北部最重要的邊防重鎮，也是明朝衛所軍精銳部隊所在地。宋應昌徵調士卒以九邊爲主，他在《報進兵日期疏》中言："徵發各路軍兵，自薊鎮來者，自保鎮來者，自宣府、大同二鎮來者，近不下千餘里，遠不下二千餘里。"[1]在另一篇奏疏中，他提到與李如松決定分三路進攻平壤，其軍隊佈置如下：

　　　　臣以爲謀既僉同，事宜速舉，乃與如松，將大兵分爲中陣、左、右兩翼。以副將楊元將中軍分統，原任參將楊紹先領寧前等營馬兵三百三十九名，標下都司王承恩領薊鎮馬兵五百名，遼鎮遊擊葛逢夏領選鋒右營馬兵一千三百名，保定遊擊梁心領馬兵二千五百名，大同副總兵任自強並遊擊高昇、高策共領馬兵五十名，標下遊擊戚金領車兵一千名，共統一萬六百三十九名。以副將李如柏將左軍，分統原任副總兵李寧、遊擊張應種領遼東正兵、親兵共一千一百八十九名，宣府遊擊章接領馬兵二千五百名，參將李如梅領義州等營軍丁八百四十三名，薊鎮參將李芳春領馬兵一千名，薊鎮原任參將駱尚志領南兵六百名，薊鎮都司方時輝領馬兵一千名，薊鎮都司王問領車兵一千名。宣府遊擊周弘謨領馬兵二千五百名，共統兵一萬六百三十二名。以副將張世爵將右軍，分統本官並遊擊劉崇正領遼陽營並開元參將營馬軍一千五百

<hr />

[1]（明）宋應昌《經略復國要編》卷 4《報進兵日期疏》，頁 305—310。

三十四名,原任副總兵祖承訓領海州等處馬軍七百名,原任副總兵孫
守廉領瀋陽等處馬軍七百二名,原任加衛副總兵查大受領寬甸等處馬
軍五百九十名,薊鎮遊擊吳惟忠領南兵三千名,標下都司錢世楨領薊
鎮馬兵一千名,真定遊擊趙文明領馬兵二千一百名,大同遊擊谷燧領
馬兵一千名,共統兵一萬六百二十六名。一應軍機悉聽提督李如松居
中指麾。贊畫劉黃裳、袁黃隨軍,彼此籌畫謀議,其餘將佐等官,分別
調度有差,俱於十三、十六、十九等日,臣親拜師告戒,宴賞各官,拔營
齊進。及續到薊鎮應調步兵二千八百餘名,併發軍前聽用。①

這是宋應昌彙報的明軍人數,分左、中、右三路進軍,每路大軍都是 10600
人左右,三路大軍一共 31897 人,再加上隨後到的 2800 人,一共 34697 人。
這裏只是三路大軍的人數,尚未包括李如松所率領的親兵,其親兵數目至
少 1000 人。從士卒來源看,基本上是九邊兵,分別從遼鎮、薊鎮、宣府、大
同等地徵調來的。這是當時明朝最精銳的部隊,宋應昌在這裏所提出的
34697 員,疏中的數目應是確切資料。而前面表格中的數目,壬辰援朝明軍
人數是 50930 人,減去劉綎未到的 5000 人,再減去跟隨宋應昌在遼東的標
下官軍,以及京營的神機營與南兵數目,還剩 36770 人,與宋應昌所提的數
字差 2073 人,加上李如松親兵數目,相差無幾。兩相對照,基本相同,說明
申欽所寫的兵力數目可信。

　　儘管丁酉再亂之時,明朝事先已想到日軍會再度侵略,但邢玠徵調各
路軍馬之時,還是頗爲緊急,九邊兵依然是首選。因爲士卒相對集中,距離
也最近,尤其是遼兵,宣府、大同等山西兵、薊鎮兵等,都是首先考慮徵調的
對象。邢玠在奏疏中説:

　　　　臣先後調兵五萬……永、薊、密三道募兵六千,尚未得完,其餘先
調薊、遼、保定、宣大並浙江水陸兵,即督催俱齊,亦不滿三萬……臣五
月間,曾照先年並前督臣孫(礦)題議宣大、山西挑選一萬二千之數,除
已發六千,再求添調前來……但路遠恐緩不及事,容臣先將薊鎮馬步
官兵之內,抽調四千,內用馬兵一千,應於東西兩協營各有馬兵三千內
挑選各五百。②

────────────────

① (明)宋應昌《經略復國要編》卷 4《報進兵日期疏》,頁 307—310。
② 邢玠《經略禦倭奏議》卷 2《增調宣大薊遼馬兵覓調閩海商船疏》,頁 71—73。

此處乃調宣府、大同、山西、薊鎮兵之情況。從中看出，其調兵原則，並非將一地之兵全部調往前綫，而是抽調選擇，從每部兵力中，抽調一部分，或一半、或三分之一、或四分之一，視所抽調兵的地方形勢以及兵種情況的不同而有別。具體數目是：山西兵 12000（已發 6000，未到 6000）、薊鎮 4000（1000 馬兵、3000 步兵）等。

九邊各鎮本來就有防守重任，現在大批軍隊調往朝鮮，防守力量減弱，急需補充新人。邢玠遂指令防守相對比較輕鬆的宣大總督，將兵力調往薊鎮，填補調往朝鮮兵力的空缺。對於薊鎮調兵情況，邢玠特別考慮："薊鎮係陵、京重地，前後調發已多，邊關不可久虛，急行宣大督撫將應調征倭兵馬六千，以四千作速如數調發，限八月終旬赴薊門代守邊臺。以二千限九月終，速赴朝鮮征剿。合用行月二糧及安家等項，赴薊者，照入衛班軍事例；赴朝鮮者，照東征事例，聽彼中督撫轉行該道如數借給，徑自奏報，聽該部開銷補還。"①薊鎮位置重要，其防守則不能懈怠，但主力部隊被調往朝鮮，遂指令宣大總督調兵四千前往薊鎮協防。遼鎮的情況亦類似："遼鎮征倭援兵，先經題調七千，今已調三千，又該經理撫臣調發標兵一千五百名尚未及前數。但該鎮孤懸，虜騎不時衝突，難以如數抽取合量，于寧前道調發二百，分巡道四百，海蓋道四百，分守道五百，共一千五百名。亦聽臣另疏選謀勇將管統領，照例給予安家犒賞，限文到半月以裏過江，聽臣調度。"②邢玠特別強調其餘各鎮調兵填補遼鎮與薊鎮空缺兵力的重要性："兩處兵馬，系干萬分緊急，時不容緩，且毫不可少。尤期各該督撫同心共濟，勿分彼此，依期嚴督各鎮守、宣府分守，口北、大同分巡，冀北、山西、雁平、薊、遼、密、薊、永、寧前守巡海、蓋，各該道總提調選發。各撫臣仍將起行日期具奏，方克有濟。"③特別強調各官員的責任，要求通力合作，彼此幫助。

丁酉援朝時，朝鮮君臣感覺以九邊兵爲主體的北兵不如南兵。宣祖三十年(1597)六月十八日，尹鬥壽曰："吳惟忠軍丁似勝楊兵矣。"柳成龍曰：

————————

①邢玠《經略禦倭奏議》卷 2《增調宣大薊遼馬兵覓調閩海商船疏》，頁 73—74。
②邢玠《經略禦倭奏議》卷 2《增調宣大薊遼馬兵覓調閩海商船疏》，頁 74—75。
③邢玠《經略禦倭奏議》卷 2《增調宣大薊遼馬兵覓調閩海商船疏》，頁 75—76。

"遼兵所恃,只是短劍,恐難制勝矣。"①八月十五日,朝鮮君臣又議論北兵,左副承旨金信元曰:"北兵長技,惟在於馬,而圍城之中,既無用武之地,必有援兵,可以得全。李福男今雖下去,驅此殘卒,何能有爲?楊元,北將也。只知禦獍,未曾嘗倭,深可慮也。都督若不分送一枝,南原之圍,恐未易解也。"國王進而説:"都督亦是北將,豈知禦倭?都督亦可疑也。"②朝鮮君臣感覺北兵不大適合禦倭,武器不大適合,也没經驗。邢玠調兵之時,也考慮到這種情況,從比例上來説,增大徵調南兵,同時增加徵調水兵,這樣九邊兵比起壬辰時期,比例降低了。上面表格二中看,第二次徵調九邊兵一共有 61100 人,出征總人數超過 14 萬,九邊兵已不足一半,儘管絶對數目比第一次多了不少,在整個明軍所占比例降低了,但其重要性依然不能忽視。

第二,南兵與京營兵,以步兵、水兵爲主。壬辰援朝之時,以九邊兵爲主,儘管也有南兵參加,所徵調的南兵主要是已經移駐薊鎮的浙兵,也就是戚繼光曾經訓練的部隊,因爲他們已經駐紮薊鎮,從大範圍來説,應該屬於九邊兵,只是因爲他們主要是步兵,且使用武器不同,加上主要是來自浙江、福建等南方地區,所以還是稱爲南兵。在李如松所指揮的平壤之役中,南兵和京營兵,主要使用火炮、火器等武器,只有吳惟忠率領的浙兵 1500 人、戚金率領的 1000 人、駱尚志的 3000 人、王必迪的 1500 人,一共 7000 人。劉綖所統領的川兵 5000 人還没有趕到。儘管南兵人數不多,但在攻打平壤過程中起了關鍵性的作用。

火炮兵中京營兵相當重要。明初立五軍都督府,隨後置三大營,分爲五軍營、神機營、三千營,後改爲十二團營,護衛北京安全。從防守的重要性來講,京畿是最重要的地區,最爲重點防護的地方,京營火炮最多,武器最好,是明軍攻城最有威力的武器。在平壤大捷中,就曾發揮過重要作用。丁酉再度援朝,邢玠特别指令:

其步兵三千,查遵化右營原有兵二千七百名,於内挑選一千;遵化輜重營原有兵二千二百餘名,於内挑選五百;三屯車前車後營,共有兵

①《朝鮮宣祖修正實録》卷 89,宣祖三十年六月丁丑,《朝鮮王朝實録》影印本第 23 册,頁 250。
②《朝鮮宣祖修正實録》卷 91,宣祖三十年八月癸酉,《朝鮮王朝實録》影印本第 23 册,頁 280。

五千名,於内挑選一千;建昌車營原有兵二千二百余名,於内挑選五百以上官兵。①

再度徵調京營車兵、炮兵,儘管人數並不多,卻是攻城掠地的主力部隊,與掌握火器的南兵結合,在戰爭中起了決定性的作用。

南兵,也就是浙、閩、粤等地徵調而來的士卒,以步兵爲主,大多是由戚繼光所操練的原來的禦倭部隊。這部分軍隊掌握當時最先進的火器,火槍、火炮部隊是明朝戰鬥力最强的部隊。人數雖然不多,但是在關鍵時候起決定性作用,朝鮮君臣對南兵的評價也是最高的。宣祖二十五年(1592)八月,南兵尚在來朝鮮之路上,司諫李幼澄即向國王彙報:"臣路上見南兵來到,皆是步軍,所持器械,皆便捷,多帶倭銃筒火炮諸具。其人皆輕鋭,所著巾履,與遼東、北京之人不同。有駱遊擊者領來,其人善使八十八斤大刀,力舉八百斤,號爲駱千斤云。"②有朝鮮大臣説:"南兵一當百云。"③平壤之役過後,朝鮮君臣瞭解到南兵的英勇表現,深感敬佩,《朝鮮宣祖修正實錄》都説:"是戰也,南兵輕勇敢戰,故得捷賴此輩。"④但是在獎勵軍功之時,"李提督如松……凡用軍議功之際,右北軍而退南兵"。⑤ 朝鮮君臣甚爲南兵不平。在隨後跟明將討論時,朝鮮大臣每每稱頌南兵的重要性。宣祖二十六年(1593)十一月奏聞使盧稷對經略孫礦説:"本國形勢險阨,不宜於馳騁,必用南兵之備諳禦倭者,然後可以取勝。"⑥宣祖二十九年(1596)十二月十二日,李德馨也説:"賊之所畏憚者,惟在南兵。小邦所望,亦欲得

①邢玠《經略禦倭奏議》卷 2《增調宣大薊遼馬兵覓調閩海商船疏》,頁 73。
②《朝鮮宣祖修正實錄》卷 29,宣祖二十五年八月庚子,《朝鮮王朝實錄》影印本第 21 册,頁 532。
③《朝鮮宣祖修正實錄》卷 31,宣祖二十五年十月乙巳,《朝鮮王朝實錄》影印本第 21 册,頁 555。
④《朝鮮宣祖修正實錄》卷 34,宣祖二十六年正月丙寅,《朝鮮王朝實錄》影印本第 21 册,頁 601。
⑤《朝鮮宣祖修正實錄》卷 37,宣祖二十六年四月乙巳,《朝鮮王朝實錄》影印本第 21 册,頁 691。
⑥《朝鮮宣祖修正實錄》卷 82,宣祖二十九年十一月甲寅,《朝鮮王朝實錄》影印本第 23 册,頁 116。

一枝南兵,屯據要害,以張聲勢。"①故朝鮮國王特別移咨經略邢玠,"爲乞急調南兵,星夜赴援事",其中特別提到:"小邦地形,素稱不便馬兵,而倭賊所畏,惟在南兵。"②希望盡可能多徵調南兵前來。所以,丁酉再援之時,除了駐守薊鎮的浙兵之外,從浙江、廣東、福建等地大批徵調南兵前來,在前面的表二中,超過 30000 人,成爲一支不可或缺的重要力量。

　　丁酉再援之時,邢玠吸取第一次没有水兵的教訓,提出必須要派水兵前來,水陸夾攻,才能取得更大的勝利。水兵以廣東、福建、浙江水兵爲多,遂大肆徵調南方水兵。邢玠指出:"倭所依者水,而水戰卻不利。正兵之用,須東西各水兵一枝,各色作用,牽其回顧,而陸兵方可衝突。仍一枝屯南原,以捍全羅;一枝屯大邱,以扼慶尚;一枝屯慶、羅之中,如晉州、宜寧等處,以爲中堅,然後分向釜山、機張。兩陸路與水兵東西,四面齊發,此正著。"③既有如此設計,徵調之時,重點考慮水兵。邢玠在奏疏中特別强調:

　　　　伏乞皇上軫念時勢最急,水兵最要,敕下兵部馬上差人守催,先調吳淞水兵一千、福建一千及南京三千,星夜兼程前來,以憑分防緊要水路,庶王京之守可堅,而内地尤可恃以無恐矣……查得八月三十日,該本部題爲緊急倭情事,增調吳淞、福建水兵各一千名。九月初二日,該本部題爲投報海嶼人船等事,議調梁天胤江北水兵五千名。九月初六日該本部題爲島夷未靖等事,增調浙江、廣東水兵各三千名,連前已逾二萬一千之數,合行一併分投馳催。④

　　可見,當時已調任水兵總數 21000 人,主要來自于浙江水兵、吳淞水兵、福建水兵、廣東水兵等,這是朝鮮戰場上明水兵的來源。但並不是全部,另有"陳璘所統廣兵五千一百名"⑤,邢玠奏疏中,所反映明水兵人數26200 名;而前面表格二中的水兵人數相加一共是 26700 人,基本相當,也

①《朝鮮宣祖修正實録》卷 83,宣祖二十九年十二月甲戌,《朝鮮王朝實録》影印本第 23 册,頁 129。

②《朝鮮宣祖修正實録》卷 83,宣祖二十九年十二月辛卯,《朝鮮王朝實録》影印本第 23 册,頁 141。

③邢玠《經略禦倭奏議》卷 2《申明進止機宜疏》,頁 34—35。

④邢玠《經略禦倭奏議》卷 2《守催閩直水兵並募江北沙兵疏》,頁 137、141—142。

⑤邢玠《經略禦倭奏議》卷 4《催發續調兵馬疏》,頁 236。

反映申欽所載數目準確。丁酉援朝期間,明水軍是非常重要的一支部隊,水陸配合,大大提升了明軍的戰鬥力。

水兵之外,邢玠特別强調兵船的重要性,因爲朝鮮水兵損失慘重,兵船所剩不多,而福建兵船大且堅固,"征倭所用,非福船之大而堅者,不足以收衝犁之功;非福船之輕而捷者,不足以成追擊之效。是必不可不用,而必不可不來者。"①希望福建巡撫徵集不少於五十艘福建兵船,以供水軍之用。調兵之時,亦須選將。當時以爲陸戰之將尚多,水兵之將甚缺,副總兵鄧子龍自薦前往,"原任副總兵鄧子龍稟稱,生平慣於水戰,立功半屬鯨波,且有橫海搗虛誓不與賊俱生之志,以補楊文員缺,似屬相應。"②果真批准鄧子龍戴罪立功,前往朝鮮爲水軍副總兵。丁酉最後階段,與日軍決戰之時,明軍四路進攻,陸上三路進攻都受挫。水軍提督陳璘與朝鮮水軍將領李舜臣配合作戰,連連取勝,最後在露梁海戰,擊毀日軍大批戰船,儘管李舜臣與鄧子龍都戰死,但給予日軍以沉重打擊,島津義弘的部隊損失慘重,中朝水軍聯合作戰,取得了露梁大捷,爲戰爭的最後勝利,畫上了一個圓滿的句號。

第三,川兵與夷兵。從地域上來説,川兵與夷兵,皆來自南方,應屬於南兵的一部分,只是因爲南兵一般指閩、浙、粤兵,主要是步兵和水兵,以使用火器爲主。而川兵與夷兵相對來説有些特殊性,故而單獨來講。這支部隊由劉綎統領,既有步兵,也有馬兵。壬辰援朝之時,因爲從四川出來,路途遙遠,當劉綎率兵五千,趕到朝鮮時,平壤已經收復,幾次關鍵性戰役,他們並没有趕上。後來封貢和談進行之時,他們在朝鮮暫時留下來,並没有跟隨宋應昌、李如松于萬曆二十一年九月、十月份回國,他們成爲留守朝鮮的明軍。後來,因爲糧餉供應不繼,劉綎率領這支部隊也回到了遼東。

丁酉之時,再調川土兵入朝,"惟是續調川省土兵一萬",③邢玠特別上疏,論及徵調西南土兵的用意:首先是因爲明衛所軍隊士卒不足爲用,兵力不濟,只得考慮以其他士卒補充。而西南土兵,"議選調川東施州衛八司、酉陽石砫土司、邑梅、平茶二長官司、湖廣永順、保靖土司兵一萬名,不足,

①邢玠《經略禦倭奏議》卷2《增調宣大薊遼馬兵覓調閩海商船疏》,頁76—79。
②邢玠《經略禦倭奏議》卷4《催發續調兵馬疏》,頁239—240。
③邢玠《經略禦倭奏議》卷2《申明進止機宜疏》,頁41。

再于叙馬瀘道屬土司土婦奢世續下選補，分爲三營。令參遊吳文傑等三員各領一枝，而以臨洮大將劉綎統之，以川東副使王士琦監之，並用府佐吳良璽、李培、汪京三員隨營查督，然土兵必須土官隨行，如無土官，必不可入選。行分作三截，將官專管約束，文官稽查虛冒，更請將刑部尚書蕭大亨速補本兵，以便調度。"①徵調西南土司兵，由能幹將領統轄管理，嚴格約束，使之統屬于劉綎。之所以選調這部分土兵，邢玠自陳其理由：

> 臣所議調者，夷司之土兵也；該省所用以防虜者，民間之軍兵也。軍兵勢不可調，臣亦未敢輕議。土兵則土司所以自衛，其人以兵爲業，以戰爲事，以立功報朝廷爲榮。先年調征九絲膩乃黃中等處，累立戰功。即征倭、征虜，亦皆調之，及其〔戰〕勝凱旋，各歸其業。非若四方無籍之徒，原無歸著者比。臣在川、貴時，知之甚悉。而或者謂其悍而難制，是在馭之耳。夔州水路至荆州只三四日程耳，由襄陽而河南、而南隸，與浙兵赴遼，地理亦不甚相遠也。請將已准發六千員名，分爲二營，先後進發。續選三千三百名爲一營，挨次起行。文武將吏，以各兵之擾不擾爲功罪。②

西南土司兵，生平"以兵爲業""以戰爲事""以立功報朝廷爲榮"，作戰英勇，是一支征倭的精幹部隊。而且戰爭結束以後，他們回歸家鄉，繼續從事原來的職業，也不擔心有什麼後果。只是在徵調過程之中，要做到嚴格約束，地方供應物資必須及時充足，以防意外發生。後來徵調去了朝鮮，主要有西南夷兵、狼兵、土兵等，皆屬於劉綎所率領的部隊當中，將領有擺賽、頗貴等，作戰英勇，還頗受朝鮮人稱頌。事實上，在劉綎的部隊裏面，除了土兵、夷兵之外，甚至還有緬兵、暹羅兵、黑人兵等等來自外國的士卒，他們都充當劉綎的家丁。③

　　此外，還必須注意到，每位將領都有自己的家丁，也就是將領的貼身侍衛。這些家丁在戰鬥中，除了與敵作戰之外，保護主將的人身安全，關鍵時候挺身而出，對於將領來說至關重要。宋應昌在奏疏中曾提到，各級將領

---

① 《明神宗實録》卷 310，萬曆二十五年五月癸巳，頁 5791—5792。
② 《明神宗實録》卷 311，萬曆二十五年六月甲戌，頁 5808—5809。
③ 參見鄭潔西《萬曆朝鮮之役明軍中的外國兵》，《登州與海上絲綢之路——登州與海上絲綢之路國際學術研討會論文集》，北京：人民出版社，2008 年。

所統領的家丁總數有 2637 人①，人數少則二三十，多則數百，甚至更多些。明代的衛所之中，往往兵將分開；平時將不統兵，兵不屬將。戰時，臨時調度，這樣兵將互不熟悉，彼此之間也没有依存關係。戰爭之中的協同作戰能力，就很受影響。士卒一般皆只聽命於自己的直接長官，所以領兵主將很多事情，只能依靠自己的家丁處理。碧蹄館之役中，儘管李如松所率領的明軍只有數千人，而日軍數萬，雙方死傷人數卻相當。從最後結果來看，應該是明軍勝利了，但是李如松從此卻不再堅持主戰，關鍵是在這場戰爭中，他的隨身家丁損失殆盡，"提督標下李有昇勇士八十余人俱砍死……提督僅免"，②失去家丁的保護，李如松心態發生極大的變化，他從此無心再戰。明軍也從此改變了戰略方針，由主戰轉向了封貢和談。島山之戰時，"（陳愚聞）以先鋒分守東南隅，領家丁先登，手自斫賊。又放大炮及火箭，破賊舡。經理獎其壯勇，以城北地險，命移其軍攻之。愚聞先入柵中，家丁戒其輕進，不從。已而中丸舁歸，得不死。"③這都是家丁保護主將鮮活的事例。同時，還有票下官，乃直接聽令于主將的親信部隊，也是主將的核心依靠力量，少則數百，多則數千。

綜上所述，明軍將士最主要有三部分來源：九邊兵、南兵與西南夷兵，從總體人數上講，九邊兵爲代表的北兵超過一半，以騎兵爲主，尤其是壬辰援朝時的主力；南兵與京營兵以步兵爲主，使用火器、火炮，是攻城的利器。丁酉明軍再援之時，除繼續徵調九邊部隊之外，經略邢玠力主成立以南兵爲主的水兵部隊，加上朝鮮君臣敦促多徵南兵，故加大了南兵的比例；同時調集西南土司兵，增强戰鬥力。實際上當時明軍最精鋭部隊，全都抽調前往朝鮮，成爲抗倭的主力部隊。從經略宋應昌、邢玠奏疏中所得到的有關明軍士卒的數字與申欽等所記録的明軍士卒數目，儘管並不能找到總數，但就某些部分來講，基本相同，說明申欽等朝鮮人所載明軍將士數目是真實有效的。

①（明）宋應昌《經略復國要編》卷 6《議乞增兵益餉進取王京疏（十六日）》，頁 506。
②［朝］申欽《象村稿》卷 38《天朝先後出兵來援志》，頁 257。
③［朝］申欽《象村稿》卷 38《天朝先後出兵來援志》，頁 263。

三、明東征軍事指揮體制的特點及其影響

　　明軍兩次援朝，從全國不同地區，徵調不同類別的軍隊，奔赴朝鮮，征討日軍。壬辰時期五萬余將士，丁酉時期超過十萬，這麼龐大的部隊，明朝將領如何實施有效指揮？明廷採取怎樣的措施？其軍事指揮體制有何特點，從而能調動將士的戰鬥力，有效配合，以實現征討目的？

　　從軍事指揮體制來看，壬辰時期，明廷特設經略統領全域，提督前綫指揮，這樣一種文、武二分的經略與提督配合的體制，可以説是明代軍事指揮體制上的一種創新。儘管"經略"一名早在永樂十年（1412），就有侍講楊榮經略甘肅，①但當時既非常設官名，亦非軍事最高指揮官，把經略作爲重大戰爭最高的指揮長官，乃從宋應昌開始。宋應昌于萬曆二十年（1592）八月，由工部右侍郎改兵部右侍郎，"經略備倭事宜"，②《明史》直接指出："經略之名，起于萬曆二十年宋應昌。"③《萬曆野獲編》有如斯説明：

　　　　近年朝鮮告急，廷遣侍郎宋應昌往援。時以總督爲不足重，特加經略之號……當倭事起時，宋素無威望，物論無以闑外相許者，一旦特拔，議者蝟起，且謂事權過隆……若宋所帶贊畫二主事，亦特賜四品服以示重。④

因爲當時宋應昌人微言輕，在他走馬上任之時，明廷特命他爲經略，以增強其權威。神宗下旨："經略關係重大，應昌忠勇任事，督撫官毋得阻撓，將領以下一聽節制，違者以軍法行。"⑤賦予他很大權力，作爲文臣，可以節制諸將。這樣作爲經略的宋應昌就成爲明軍在朝鮮戰場上的最高統帥，提督李如松以下皆受其節制。

　　因此，萬曆朝鮮之役中，從最初開始，明朝就奠定了這樣的指揮體制：兵部主持，由文官出身的經略運籌帷幄，統領監督，最高武將加職銜提督，率軍

---

①參見（清）龍文彬《明會要》卷34《職官六·經略》，北京：中華書局，1956年，頁600。
②《明神宗實録》卷251，萬曆二十年八月乙巳，頁4681。
③《明史》卷73《職官志》，頁1773。
④（明）沈德符《萬曆野獲編》卷22《經略大臣設罷》，北京：中華書局，1959年版，頁563。
⑤《明神宗實録》卷251，萬曆二十年八月壬子，頁4684。

衝鋒陷陣,彼此分工合作,盡可能地調動各方面的積極性,發揮明軍的戰鬥力。經略宋應昌戰前主要調集兵馬,籌集糧餉,協調各個部隊的行動,居中調度。在平壤大捷前後,他一直居於遼東。之所以如此,他給提督李如松解釋道:"不佞所以暫憩遼陽者,因兵馬、火器、糧餉等事,非不佞親促之,未免濡遲……"①他曾言:"劄提督專管兵馬,而臣所經略,不止兵馬,兼督糧餉。"②調動兵馬,籌集糧草,保證後勤供給,是他最重要的職責。這樣,壬辰時期,宋應昌爲經略,李如松爲提督,形成文、武二分的指揮體制。李如松是前綫軍事行動最主要的指揮官,職銜上不如宋應昌高,一定意義上也受到牽制。平壤大捷之後,他們二人矛盾加深,對於軍事行動多少有些影響。

丁酉時期,明廷在制度上作了調整。經略依然是地位最高的指揮官,同時設立由文官擔任的經理,分擔經略的有關職掌,成爲朝鮮前綫明軍的最高指揮官。邢玠在奏疏中,特別强調加重將領職銜的重要性,爲請求給麻貴加提督銜,他上疏説:

> 大將乃三軍之司命,外夷之觀瞻,所係匪輕,是故其事權必重,其體統必隆,然後威行而令肅。今照備倭總兵官麻貴擁旄仗節,特奉簡書,以專閫外之權。其體統已自隆重,但查往日征倭俱係提督職銜,昨添調總兵官劉綖,已照例授以提督。兩將並馳,似當一例。伏乞敕下兵部將總兵官麻貴,仍加提督南北官兵禦倭總兵官,換給敕書行令欽遵任事,庶大將體統既隆,而威令自肅矣。③

事實上,壬辰援朝時,只有李如松一人爲提督;丁酉再援之時,出現四位提督,征戰之權分散,不再專斷於一人,這樣也就改變了壬辰時期,提督與經略分庭抗禮的局面。在整個戰爭期間,明軍先後有四位經略:宋應昌、顧養謙、孫礦、邢玠。顧養謙與孫礦爲經略的時期,因爲處於封貢和談之時,他們倆都没去朝鮮,只是在遼東主持相關事務。宋應昌也是在平壤大捷之後,才渡江赴朝的;邢玠戰前也主要在遼東主持籌糧、調兵,很晚才去朝鮮。因爲經略主要在後方籌備糧草,調集兵馬,作爲最高指揮官的經略遲遲不到朝鮮戰場,也造成一些問題,所以丁酉時期,明朝新設立了一個經理職位,以彌補經

①(明)宋應昌《經略復國要編》卷 5《與平倭李提督(二十日)》,頁 411。
②(明)宋應昌《經略復國要編》卷 9《議經略提督不必屯駐一處疏(二十一日)》,頁 776。
③邢玠《經略禦倭奏議》卷 2《請加麻貴提督職銜並取董一元參替疏》,頁 89—90。

略不在戰場上的弊病，先後以楊鎬、萬世德爲經理，統領前綫軍務，這樣就彌補了壬辰時期軍事指揮體制的弊病。對於前綫衝鋒陷陣的將領，把武將提督一分爲四，設立四個提督，分別是：中路提督董一元、西路提督劉綖、東路提督麻貴、水軍提督陳璘，分工合作，力求做到既有統屬關係，又有相對獨立的自由。這種體制後來被承繼，在薩爾滸之戰時，基本效仿，成爲明朝後期一套重要的軍事體制。所以根據戰事情況的不同，明朝軍事指揮體制盡可能調整，以便能够更好地滿足軍事需要。

　　同時，從前面表二中，充分體現了明朝軍事體制中的文武關係。運籌帷幄，是文官之事；衝鋒陷陣，是武將之責，但是最終權力還是由文官掌管。不僅最高級别的長官是文官出身的經略，而武將在前綫表現如何，還需要得到文官監軍的監督，朝廷派往前綫有各種各樣由文臣擔任的監軍。前面表二中，平壤大捷前後，既有監軍周維翰、韓取善，亦有查驗軍功的賈維鑰。丁酉四路進軍前後，明廷派丁應泰、陳效、徐觀瀾、楊應文等前往勘會軍功。一名小小的監軍，可以鬧翻整個戰場，丁應泰只不過是一名小小的主事，但他一紙疏文，不僅經理楊鎬被罷，整個朝鮮戰場上幾乎人人自危，朝鮮國王都被牽連，受到彈劾，成爲其揮之不去的夢魘。① 戰争結束之時，武將功勳如何，也需要由文臣勘定，所以整個朝鮮戰場，恰好深刻地反映了明朝文臣武將的關係以及複雜的軍事政治體制。

結　語

　　綜上所述，萬曆朝鮮之役，持續七年，明廷兩次派大軍前往征討，其士

---

① 有關丁應泰事件，研究成果甚多，中日皆發表了相關論文。參見王崇武《論萬曆征東島山之戰及明清薩爾滸之戰：讀〈明史·楊鎬傳〉》，《"中研院"歷史語言研究所集刊》(1948)四月，第 17 期；李光濤《丁應泰與楊鎬——朝鮮壬辰倭禍論叢之一》，初刊於《"中研院"歷史語言研究所集刊》第 53 本第一分册，1982 年，又見於氏著《明清檔案論文集》(臺北：聯經出版事業公司，1986 年)，頁 785—811。李啓煌《慶長の役の最末期における"丁応泰誣奏事件"と日·明將らの講和交涉》，《日本史研究》(389)1995 年 1 月，頁 30—53；鈴木開《丁応泰の変と朝鮮——丁酉倭亂期における朝明関係の一局面》，《朝鮮學報》(219)2011 年 4 月，頁 39—71；孫衛國《丁應泰彈劾事件與明清史籍之建構》，《南開學報》2012 年第 3 期，頁 74—86。

卒主要來自于九邊兵、南兵、京營兵、西南土司兵等；兵種而言，以馬兵、步兵、水兵爲主。壬辰援朝時期，以九邊兵爲主，總兵力超過 5 萬人；丁酉再援之時，九邊兵依然重要，但增加了南兵人數，新添水兵，第二次總兵力超過 14 萬人。朝鮮王朝申欽等人所記録的明軍人數，與明經略宋應昌、邢玠等留下的奏疏所談及的明軍數目，基本相當，真實可信。七年戰争期間，明軍總人數超過 23 萬人。第一次援朝之時，形成以文臣擔任的經略和武將出身的提督，文、武二分的配合體制；丁酉時略有調整，經略依然是最高指揮官，新設經理成爲前綫最高指揮官，將四路進攻主將，皆升爲提督。經略運籌帷幄，經理前綫指揮，四路提督各自作戰，分工合作，但最終都受制於地位低下的文官監軍的監督，體現了明後期軍事指揮體制的特徵。

（作者單位：南開大學歷史學院）

域外漢籍研究集刊　第二十輯
2020 年　頁 37—66

南山律宗資持派"折蓬之辯"始末詳考 *

——以日本所藏律宗文獻爲中心

國　威　張耀月

在南山律宗資持派的歷史上,共發生過兩次較爲重要的論戰,第一次肇始於北宋後期,以元照(1048—1116)和支持《會正記》的妙生(？—1110)爲對立雙方,宣告了資持派的誕生及其與會正派的分裂,另一次則是南宋中葉資持派内部的鬥争,主要人物是上翁妙蓮和鐵翁守一,以《教觀折蓬》《蓬折直辨》和《蓬折箴》爲主要文獻載體(職是之故,本文將此次論争稱爲"折蓬之辯"),體現了資持後裔在整理、總結祖師思想上的不同觀點和路綫。不過,受限於律宗發展大勢、二人的理論水平以及文獻散佚等原因,此次論戰的規模和影響皆不可與第一次同日而語,故在中國律宗史上絶少提及。實際上,這一事件不但促進了若干重要律學議題的深入探討,而且由此所催生的觀點和文獻隨著求法僧東傳日域,對於律學的進展及資持派的擴張都有一定積極意義。爲了還原此次論戰的原委,本文以日本所藏妙蓮和守一的撰述及日本僧人所著律宗文獻爲主體,同時參考宋元方志和别集等,對論戰雙方的生平、著作進行詳細考察,並探討這一事件的始末經過及其對中日律宗的影響。

一　妙蓮與守一之生平

經過近百年的發展,逮至南宋中後期,資持派的主要議題已經從亦步

---

* 本文爲 2017 年教育部人文社科基金青年項目"南山律宗資持派文獻整理與研究"
(17XJC730001)的階段性成果。

亦趨地疏解祖師撰述變成了系統地鈔纂總結,而其理論中心也從杭州轉移至明州,作爲資持派第六世代表的上翁妙蓮與鐵翁守一便都主要活動在明州及毗鄰的台州等地。不過,由於二人身後正逢宋元之際的動亂,故保存下來的傳記資料並不多,主要爲日本僧人所撰《律宗瓊鑑章》《傳律圖源解集》和《律苑僧寶傳》。其中,記載最爲集中的是《律苑僧寶傳》,是書卷九《宋湖心廣福寺妙蓮律師傳》及《宋日山寺鐵翁一律師傳》分別介紹了二人之生平。我們首先從妙蓮的傳記入手,梳理一下其生平事迹:

> 上翁妙蓮律師,未詳何許人,石鼓法久律師之嫡子也。三藏玄理,莫不淹貫。開法湖心廣福寺,聲稱浹遠,毱侶競奔,蔚然繁盛。嘗與鐵翁一公抗論宗義,人壯之。景定三年正月三日,寂于極樂庵,春秋八十有一,坐若干夏。有《蓬析直辨》一卷,得法弟子行居等若干人,本邦真照律師,嘗航海求法,從師受學云。①

由於《律苑僧寶傳》成書較晚(貞享四年,即 1687 年),所能參考的早期資料並不多,且較爲零散,故作者經常以評價性的套語來串聯關鍵信息。根據這一特徵,妙蓮傳中"三藏玄理,莫不淹貫"及"聲稱浹遠,毱侶競奔,蔚然繁盛"等類似的表述在他人傳記中也經常出現,明顯屬於揣度式的套話,對於考察其生平並無太大幫助。這段記載的核心信息可以提煉爲五點:師承、駐錫地、卒年、著作和弟子。妙蓮的老師爲石鼓法久,這在《律宗瓊鑑章》《傳律圖源解集》等文獻中皆得到印證,但本傳徑稱其爲"嫡子",進一步確認了其與法久的緊密關係。學成之後,妙蓮開法於明州的湖心廣福寺,之後又住極樂庵。《律宗問答》中有一位智瑞律師,其駐錫地爲"會稽極樂院"②,不知妙蓮所住,是否即爲此地? 至於妙蓮的卒年,《律宗瓊鑑章》只謂"景定三年",而本傳及《傳律圖源解集》則更加精確——"景定三年正月三日",根據卒年"景定三年(1262)"及去世時的年齡"八十一"來推算,妙蓮應生於宋孝宗淳熙九年(1182),正值資持派聲威煊赫之時。對於妙蓮的撰述,本傳只録《蓬析直辨》("析"當爲"折"之誤),實際上,其現存著作有《蓬折直辨》和《蓬折箴》兩種,只不過後者是前者的修訂本,實質内容差異並不大。妙蓮的得法弟子爲行居,日本的真照亦曾師事之。從上述分析可知,

①[日]慧堅《律苑僧寶傳》卷九,《大日本佛教全書》,第 105 册,頁 234 下欄。
②[日]俊芿問,(宋)了然、智瑞等答《律宗問答》卷上,《卍新纂續藏經》,第 59 册,頁 707c 欄。

《律苑僧寶傳》中妙蓮傳的主體資料基本來源於《律宗瓊鑑章》和《傳律圖源解集》，只是稍加整合而已。

日本現存文獻所能提供的信息基本不出以上幾點，而筆者在元代的明州志書《至正四明續志》中則有新的發現，該書卷一〇載：

> 湖心廣福寺，見前志。朱翌有《廣生堂記》，今載集古類。僧曇噩言，寺昔有名僧二人，曰處真……曰妙蓮，慈溪人，再住湖心，其學見於行事，不爲空言。史忠獻、曹泰宇皆尊事之。宋理宗時，錢塘潮悍橫不可遏，詔起蓮治之，蓮跌（趺？）坐呪施，潮遂循故道。①

據此可知，妙蓮的本貫爲明州境內的慈溪，與其交游者既有奉化名士曹泰宇，又有宰相史彌遠。另外，妙蓮善於禳解咒術，曾奉詔禳治錢塘潮患，這説明其在廟堂之上亦有一定知名度。理宗一朝，資持派方興日盛，在杭州，不僅有明慶聞思律師入内廷講律，而且敕準南山三大部和靈芝三記入大藏，明州的妙蓮也與皇帝大臣常有來往，且曾小住杭州靈芝寺。以理度之，聞思與妙蓮作爲兩地分執律宗之牛耳者，似亦當有交集，惜文獻無載，難以詳考。

對於妙蓮之法臘，《律苑僧寶傳》僅以"坐若干夏"含混帶過，實際上並未提供任何信息，其他文獻亦無記載。但妙蓮在《蓬折箴》中曾謂："妙蓮下壇時，日本苾法師來，略得識面，惜乎不曾與言。"②所謂"下壇"，此處當指受具足戒而言。雖無明確時間，但應是俊苾在明州期間。又據《泉涌寺不可棄法師傳》："明年（1200）春起單，復往四明，依止景福寺如庵律師諱了宏，以日兼夜，除睡忍勞，僅跨三年，能讀律部。持犯開遮，無不精通。又嘉泰二年（1202）十月初五日，離四明去。"③故妙蓮受具，亦當在慶元六年（1200）至嘉泰二年（1202）之間，已值弱冠，亦符合宋代政府對出家年齡的規定。

綜合以上文獻及分析，可將妙蓮一生的行迹歸納如下：

---

① （元）王元恭《至正四明續志》卷一〇，明刻本，葉三左。
② （宋）妙蓮《蓬折箴》，《卍新纂續藏經》，第 60 冊，頁 91c 欄。
③ ［日］信瑞《泉涌寺不可棄法師傳》，《大日本佛教全書》，第 115 冊，頁 521 下欄。

排序	文獻篇名	題記	備注	所在地
1	《蓬折箴》	余紹定間(1228—1233)退自三山，叨濫湖心座司①。		四明廣福寺
2	《蓬折箴》	淳祐(1241—1252)初，於滄洲方丈忽得《終南家業》②。	"滄洲"即爲湖心廣福寺，見下文考證。	四明廣福寺
3	《蓬折箴》	今寶祐甲寅(1254)元宵後十日於靈芝絶筆云耳③。		杭州靈芝寺
4	《蓬折箴》	乙卯(1255)十月旦，滄洲祖關上翁妙蓮云爾④。		四明廣福寺
5	《增福寺真照律師傳》	遂以正元初航海入宋，當理宗開慶元年(1259)也。依妙蓮律師於廣福、行居律師於竹林，日夕咨叩罔怠，而生平疑滯於是散決。		四明廣福寺
6	《宋湖心廣福寺妙蓮律師傳》	景定三年(1262)正月三日，寂于極樂庵，春秋八十有一，坐若干夏。		極樂庵

在受具之前，妙蓮的行迹已不可考，但應是追隨石鼓法久習律，得法後駐錫於三山，此處之"三山"當指慶遠庵，法久在《阿彌陀經義疏聞持記》跋文中自述：

> 此記足庵宗師淳熙年間撰，至"東方佛現通"一科，示疾停筆，因而順寂，不及全秩，聞者無不嗟惜。雖《圓修》《超玄》二記行世，諸方講解，病其文理未明，罕有承用，由此疏亦湮塞。余寓疏三山慶遠庵，因講次，二三子有請，故爲續其後。誠爲狂簡，有玷於前，又豈非青蠅附於驥尾，亦其一日千里也。嘉定丁丑(1217)上春中澣石鼓法久誌。⑤

---

①（宋）妙蓮《蓬折箴》，《卍新纂續藏經》，第 60 册，頁 80a 欄。
②（宋）妙蓮《蓬折箴》，《卍新纂續藏經》，第 60 册，頁 80a 欄。
③（宋）妙蓮《蓬折箴》，《卍新纂續藏經》，第 60 册，頁 91b 欄。
④（宋）妙蓮《蓬折箴》，《卍新纂續藏經》，第 60 册，頁 91c 欄。
⑤（宋）元照述，戒度注《阿彌陀經義疏聞持記》卷下，《卍新纂續藏經》，第 22 册，頁 538a 欄。

考嘉靖《蕭山縣志》卷六有慶遠庵：“慶遠庵，在龍門山，宋乾道中建。”①但蕭山素無“三山”之稱，故不太可能爲此處。《阿彌陀經義疏聞持記》書末有一段刊記，爲我們提供了綫索：

> 大宋國慶元府定海縣太丘鄉安期管三山里居住奉佛柯仲瑜，妻王氏百二十四娘妙一曁家春等，捨官會三十貫，命工刊此記文全帙功德，保安家眷，成就吉祥，現生福壽彌高，臨終往生安養，四恩三有，法界冤親，俱出輪回，同生净土。大歲丁丑嘉定十年四月既望日誌。②

法久完成此書在嘉定十年（1217）正月，同年四月便已由民間刊板印刷，説明慶遠庵很可能與刊板之地定海縣有直接聯繫，故日本學者西谷功據此認爲“三山”所指即爲定海縣太丘鄉的三山里（今舟山桃花島）③。不過，現存寧波、舟山等地的方志中皆無慶遠庵的記載，另外，寺庵前所冠之地名，習慣上皆爲標志性的山川或較大範圍且知名度較高的名稱，如嵩山少林寺、西湖靈芝寺等，從未見以“里”命名者，故暫存疑。但不論慶遠庵在何處，妙蓮應是接替其師法久住於此庵。離開之後，妙蓮又駐錫湖心廣福寺三十餘年，期間還曾到資持派祖庭杭州靈芝寺小駐，最後寂於極樂庵。

關於鐵翁守一的生平，現存資料亦不多，最爲全面的仍推《律苑僧寶傳》，是書卷九《宋日山寺鐵翁一律師傳》：

> 律師名守一，鐵翁其號也。天假聰敏，儁思奇拔。從景福如菴宏律師學毘尼，大小諸部，鑒徹幽疑。由是聲譽四馳，道欽七衆。開法于日山、廣福諸刹，參扣之徒繼踵而至。紹定中，行重受于巾峰，歸仰者益衆。若本邦曇照律師亦登其壇席。師依《法華》開顯之意，立以白四受具者不增受菩薩戒之義，謂一發圓體則三聚具備，焉更受之爲？上翁妙蓮爲《蓬析（折）直辨》難之，成立增受之義，蓋雖發圓體，願且未圓故也。師復作《教觀析（折）蓬》以釋難，且示衆曰：“須體祖師圓義，教彼受者，圓發三誓，圓納三聚，圓成三行，不可又依《善戒》四級而云壇

①（明）林策修，張燭纂《蕭山縣志》，明嘉靖刻本，卷六，葉十一左。
②（宋）元照述，戒度注《阿彌陀經義疏聞持記》卷下，《卍新纂續藏經》，第 22 册，頁 538a 欄。
③［日］西谷功《“滄洲”と入宋僧——南宋代における一律院の所在とその宗教的空間》，《プロジェクト研究》第 8 卷，2012，頁 61。

上所受且爲大戒方便。非唯屈喪祖懷，抑致異宗謗辱。"師後不詳所終。門人行枝等若干人。平生著述有《終南家業》三卷、《會元》《教觀析(折)蓮》等若干卷。淳祐中，劉厚南作偈書《家業》後曰：南山千峰雄，弘律萬法宗。山乎有時頹，此律終無窮。激照開法渠，大智恢家風。一燈續一燈，分付龜山翁。

　　贊曰：妙蓮、守一二公，均以南山爲宗，而其所立義，如枘鑿之不相合，故後學互相是非，莫克有定。本朝菩提空師，張"七難"，攻一以扶蓮，其說固善矣。雖然，予披味《終南家業》，一之義亦不爲非理。學者宜虛心平氣而評之可也。①

傳中除了記載守一的師承、駐錫地、撰述等信息外，還著重介紹了其部分律學觀點及與妙蓮的論爭，並透露了此次論爭在日本的餘響。不過，就生平經歷來說，仍嫌簡略，幸好守一現存的作品多有紀年和寫作地點，依序排列之，從中可考大端。

排序	文獻篇名	題記	備注	所在地
1	《答日本芯法師教觀諸問》	日本芯師爲法之切，於慶元間（當爲慶元六年，即 1200 年）泛舶東來。彼時先師如庵開法景福，芯即依學，十有餘年……於是作疑，而激學者。余嘗會語，扣知彼懷，而非實疑也②。	守一與俊芯皆於景福寺從如庵了宏習律，故此次交往亦當在景福寺。	四明景福寺
2	《枒然夢庵持犯四難》	嘉定癸酉(1213)春，滄洲出③。		四明廣福寺
3	《戒光寺開山曇照業律師傳》	值寧宗嘉定七年(1214)，時鐵翁一律師踞巾峰，名高當代④。	"巾峰"當爲台州之巾子山	疑爲台州明慶塔院

①［日］慧堅《律苑僧寶傳》卷九，《大日本佛教全書》，第 105 册，頁 234 下欄。
②（宋）守一《終南家業》卷上，《卍新纂續藏經》，第 59 册，頁 727b 欄。
③（宋）守一《終南家業》卷下，《卍新纂續藏經》，第 59 册，頁 760b 欄。
④［日］慧堅《律苑僧寶傳》卷一一，《大日本佛教全書》，第 105 册，頁 252 上欄。

續表

排序	文獻篇名	題記	備注	所在地
4	《論僧體》	嘉定八年(1215)仲秋,在滄洲圓潔齋出①。		四明廣福寺
5	《律藏結集分部圖》	嘉定丙子(1216)寒食前五日四明滄洲小比丘守一排叙②。		四明廣福寺
6	《三觀塵露》	嘉定庚辰(1220)仲秋,滄洲座司出③。		四明廣福寺
7	《辨二止並八九名義》	寶慶三祀(1227)仲冬,於靈芝爲客書④。		杭州靈芝寺
8	《答日本芿法師教觀諸問》	庚寅(1230)中制,日山述⑤。		台州日山
9	《雜心論出三有對文》	紹定庚寅(1230)秋,丹丘日山出⑥。		台州日山
10	《重受戒父》	紹定癸巳(1233)冬,日山迷⑦。		台州日山
11	《重釋事鈔持犯篇通塞文》	嘉熙己亥(1239),日山出⑧。		台州日山
12	《重答欽師境想問》	嘉熙己亥(1239),台州日山叙⑨。		台州日山

①(宋)守一《終南家業》卷中,《卍新纂續藏經》,第59册,頁748c欄。

②[日]重慶《傳律圖源解集》卷上,《大日本佛教全書》,第105册,頁64。

③(宋)守一《終南家業》卷下,《卍新纂續藏經》,第59册,頁727b欄。

④(宋)守一《終南家業》卷下,《卍新纂續藏經》,第59册,頁755b欄。

⑤(宋)守一《終南家業》卷上,《卍新纂續藏經》,第59册,頁727b欄。

⑥(宋)守一《終南家業》卷中,《卍新纂續藏經》,第59册,頁750c欄。

⑦(宋)守一《終南家業》卷中,《卍新纂續藏經》,第59册,頁737c欄。"重受戒父"疑爲"重受戒文","迷"字疑爲"述"之形誤。

⑧(宋)守一《終南家業》卷下,《卍新纂續藏經》,第59册,頁756c欄。

⑨(宋)守一《終南家業》卷下,《卍新纂續藏經》,第59册,頁756c欄。

續表

排序	文獻篇名	題記	備注	所在地
13	《論心用雙持犯結制罪》	嘉熙庚子歲(1240),佛忌日誌①。		台州日山
14	《四靜要論》	嘉熙庚子(1240)季夏,在丹丘日山出②。		台州日山
15	《戒體正義直言》	嘉熙庚子(1240)冬,日山出③。		台州日山
16	《衣制格言》	嘉熙辛丑(1241)春,日山云④。		台州日山
17	《略議第七非體》	淳祐壬寅歲(1242),華嚴閣下出⑤。		未詳,疑爲慈溪福源寺
18	《辨略教結犯》	向在日山曾出,今於福源又書⑥。	時間未詳	慈溪福源寺
19	《福源鐵翁律師像吉祥嗣法大宗師請》	《西岩了慧禪師語録》卷二,無題記。	時間未詳	慈溪福源寺

　　根據上述文獻,可將守一的生平劃分爲四個階段:明州景福寺時期、明州廣福寺時期、台州日山時期、慈溪福源寺時期。寧宗慶元年間(1195—1200)之前,守一當在明州景福寺隨如庵了宏習律,大約於嘉定年間(1208—1225),駐錫於四明湖心廣福寺,期間還曾至台州巾子山開壇授戒,之後短期游訪靈芝寺,從紹定(1228—1233)初至嘉熙(1237—1240)末的十餘年間,守一據台州日山著書立說,晚年又移席於慈溪福源寺,可能最終亦

①(宋)守一《終南家業》卷下,《卍新纂續藏經》,第 59 册,頁 753c 欄。
②(宋)守一《終南家業》卷中,《卍新纂續藏經》,第 59 册,頁 745b 欄。
③(宋)守一《終南家業》卷中,《卍新纂續藏經》,第 59 册,頁 743a 欄。
④(宋)守一《終南家業》卷中,《卍新纂續藏經》,第 59 册,頁 747a 欄。
⑤(宋)守一《終南家業》卷下,《卍新纂續藏經》,第 59 册,頁 767a 欄。
⑥(宋)守一《終南家業》卷下,《卍新纂續藏經》,第 59 册,頁 768a 欄。

卒於此處。

關於守一的生年,《大悲菩薩并弟子行狀集・戒光寺開山曇照律師行業記》載:"釋曇照,字法忍,一名浄業,後鳥羽院御宇文治三年丁未六月十八日誕質……順德院御宇建保二年二月八日,立洛陽,遂入宋朝之顯孝,遇日山寺守一律師號鐵翁,歲三十二,重受學律,師時歲二十八。"①曇照生於文治三年(1187),建保二年(1214)入宋,時年二十八歲。而當時守一爲三十二歲,故其生年當爲淳熙十年(1183),較妙蓮小一歲。至於其卒年,史無具載②,僅可根據若干零星資料作一大概推測,《律宗瓊鑑章》:"妙蓮與守一立義不同,互施虬文,破立往復。守一早從物故,妙蓮久弘法教。"③《關東往還記》背面所記律宗系譜中亦印證此説:"守一與妙蓮同時弘律,義途各別,互諍金玉。守一年少而先從物故,妙蓮久存八十一年。"④又妙蓮《蓬折箴》:"吾宗有鐵翁者,自謂實學,好揚名於後世,高則不高,名品非名,鳥鼠之喻可也。羊(年?)齒右吾之後,聞律亦未我先。"⑤則守一去世較早,但具體卒年僅可從側面推斷:日本律僧真照於理宗開慶元年(1259)入宋時,隨妙蓮及行居習律。仔細考量之下,真照的選擇其實很不尋常,因爲真照曾學律於曇照的弟子浄因,而曇照入宋時師從守一,歸國後在日本律學界引起了很大反響,故似乎守一才應是真照的第一選擇。但真照在宋三年,一直未提到守一。之所以出現這種情況,最大的可能便是守一當時已經去世。因此,守一的卒年,當在開慶元年(1259)之前。另外,妙蓮《蓬折箴》多以第二人稱出之,似乎是致守一的書信,故在此書創作時的寶祐三年(1255),守一當仍存世上。因此,其卒年應在寶祐三年(1255)至開慶元年(1259)之間,報齡大概爲七十歲左右。

在守一的生平之中,還有兩個問題需要澄清,一是《雜心論出三有對

①[日]覺盛集《律宗新學作持要文》,《日本大藏經》,第35册,頁558下欄。
②日本學者西谷功推算守一的生卒年爲(1183—1254?),但不知所據,姑聊備一説。見氏著《"滄洲"と入宋僧——南宋代における一律院の所在とその宗教的空間》,《プロジェクト研究》第8卷,2012,頁62。
③[日]凝然《律宗瓊鑑章》卷六,《大日本佛教全書》,第105册,頁36下欄。
④[日]奈良國立文化財研究所《西大寺睿尊伝記集成》,京都:法藏館,1977,頁96。
⑤(宋)妙蓮《蓬折箴》,《卍新纂續藏經》,第60册,頁80a欄。

文》和《四諍要論》中提到的"丹丘日山","丹丘"實際上就是台州的別稱,如洪頤煊《台州札記》卷一"丹丘"條載:

> 孫綽《游天台山賦》:"仍羽人於丹丘,尋不死之福庭。"《神異記》:"余姚虞洪入山采茗,遇一道士,牽三青羊,引洪至瀑布山,曰:'吾丹邱子也。'"孟浩然《將適天台》詩:"羽人在丹丘,吾亦從此逝。"皆不言所在。《吳越備史》:"王名佽,開運四年(947)三月出鎮丹丘。丹丘即台州。"曾宏父《鹿鳴宴》詩:"三郡看魁天下士,丹丘未必墜家聲。"皆以"丹丘"如"赤城",爲台州一郡之總名。①

因此,"丹丘日山"就是"台州日山"。二是日山的確切位置及守一所住之寺的名稱。據《赤城志》卷一九:"日山在縣西五里,以其面東朝日,視諸峰獨高,故名。"②此處之"縣"指臨海縣(今臨海市),當時爲台州府治。或以爲守一所住之寺即因山爲名,稱日山寺,如前引《大悲菩薩并弟子行狀集·戒光寺開山曇照律師行業記》謂曇照"遂入宋朝之顯孝,遇日山寺守一律師"。又《元亨釋書》卷一三《釋俊芿傳》:"芿就律部出五十三問,時之律匠皆爲難答,而莫不把玩誦憶。臨安府不空教院了然、芝崿淨懷、淨梵妙音、會稽極樂院智瑞,各送答釋,皆不合芿意。歸朝後,日山寺守一作答釋寄送。"③曹勛《天竺證悟智公塔銘》亦載:

> 台州守參政謝公聞師道譽,請住祥符。殿撰劉公問"教中一句,如何舉揚",師曰:"文詮不到,即事爲真。"劉未曉,師曰:"現前諸法。"劉曰:"猶是合頭語。"師曰:"是誰喚作?"劉俯首未答,師曰:"離鈎三寸,不犯烟波。"劉大喜,即日親制疏,請住鴻祐寺。士夫欲其近城,又移住日山寺。④

似乎"日山寺"之稱幾可坐實。然而,遍查台州志書,日山自古僅有一寺,即顯孝南山寺(亦即《大悲菩薩并弟子行狀集·戒光寺開山曇照律師行業記》所謂"宋朝之顯孝"),《赤城志》卷二七:"顯孝南山寺,在縣西五里日山,舊

---

① (清)洪頤煊《台州札記》卷一,道光十三年(1833)抄本。
② (宋)陳耆卿《赤城志》卷一九,《景印文淵閣四庫全書》,第486册,頁746下欄。
③ [日]師煉《元亨釋書》卷一三,《大日本佛教全書》,第101册,頁293上欄。
④ (宋)曹勛《松隱集》卷三五,《景印文淵閣四庫全書》,第1129册,頁540下欄。

名永明,嘉祐八年建。嘉定三年,錢丞相象祖家奏以教爲律,遂改今額。"①
則此寺建於宋仁宗嘉祐八年(1063),初名永明,爲教寺,嘉定三年(1210)改
爲律寺,稱顯孝南山寺。而守一於紹定年間(1228—1233)移席日山,其時
此寺早已改爲律宗寺院,故守一所住,當即顯孝南山寺,"日山寺"應該只是
俗稱而已。《台州府志》卷八六《日山造塔磚識》以金石材料佐證了日山建
寺之原委:

> 　　右磚凡十一品,各高一尺五寸,廣七寸五分,厚二寸上下。端文曰
> "日山造塔磚,至和三年(1056)記",面鑴舍人姓名及磚之片數。舊在
> 臨海縣西五里日山。宋氏藏一品,盧氏藏十品,又李氏亦藏有十品,僅
> 有姓名片數而無年月。案《嘉定志》,日山在臨海縣西五里,以其面東
> 朝日,視諸峰獨高,故名。至和爲仁宗第八改元,是年九月又改嘉祐。
> 塔蓋造於九月以前,故稱三年也。後八年,復建寺其下,曰永明。嘉定
> 三年,錢丞相象祖奏改顯孝南山寺。今廢不存,塔亦毀。道光初,西湖
> 僧六舟來台,講求古磚,郡中嗜古者争取以去,一時盡焉《台州金石錄》。
> 今案,日山塔舊志不載,得此足以補之。又洪氏拓本兩端復有"日山造
> 塔磚天地父母種來"字,其文尤奇。②

則日山於至和三年(1056)先有磚塔,後八年塔下建永明寺,至南宋寧宗時
又改爲顯孝南山律寺。如今臨海市西台金高速麒龍頂隧道南口處仍保留
著"日山前""日山後"之地名,而在日山前附近,現仍存一南山寺,但規模較
小,已非往日舊觀。另外,守一晚年所住之福源寺,其實與資持派也頗有淵
源。北宋時期,寺僧戒深曾發願造三聖立像,像成後請元照作記:

> 　　四明慈溪靈龜山福源蘭若釋子戒深,自入道稟具,常持是經,而篤
> 志净業,有年數矣。以謂脩一己不若誘諸人,振一時不若存諸久,於是
> 糾募衆信,躬往錢唐,命工雕造三聖立像。江山千里,往返經營,歷涉
> 數載,始獲完就。所費幾一千緡,立于城南開元寺經藏院之懺室。四
> 衆具瞻,歎未曾有。一日拏舟度江,抵於芝園蘭若,解囊結夏,拈香稽

①(宋)陳耆卿《赤城志》卷二七,《景印文淵閣四庫全書》,第 486 册,頁 816 下欄。
②喻長霖《台州府志》卷八六,民國二十五年(1936)鉛印本,葉一左。另見(清)黃瑞輯
　《台州磚錄》卷五,《石刻史料新編》,第一輯,第 15 册,頁 11238 上欄。

首，請文爲記。予忝屬意此道，故樂爲書之。①

則此寺不僅具備濃厚的浄學氛圍，而且與資持派祖師元照亦有交集。實際上，福源寺至遲在南宋寶慶年間（1225—1227），就已經成爲律宗道場，《寶慶四明志》卷一七載：

> 靈龜山福源院，縣西六十里，舊名永安，唐廣明元年建，皇朝寶元二年改賜今額，景祐二年縣尉宋演記。院之東南有基法師骨舍利石塔，内翰楊億嘗爲真贊，中丞舒亶游此寺，有詩云：一橋云借路，雙沼月分秋。後更禪刹，今改爲律院。常住田二百一十七畝，山一百五十畝。②

因此，福源院既是律宗道場，又有浄學傳統，確爲資持徒裔歸老的理想之處。關於福源院的宗派歸屬，《四明尊者教行録》卷五收録知禮《上永安持山主書》三札，第一札文末有小注："永安即慈溪福嚴禪院舊額也。"③將其與前引《寶慶四明志》卷一七的記載相對比，可知福源院與福嚴院雖寺額有異，然實爲同一寺。"持山主"爲知禮的法侄，且知禮在書信中又有"裨住持興盛，教觀流通"的囑望④，故當爲台僧無疑。而福源院（其時尚名永安院）在北宋中前期則應屬天台宗道場，由於資持派與台宗一向關係密切，故元照與此寺僧人戒深頗有往還。後來，福源院經歷了兩次宗派屬性的變化，從《四明尊者教行録》的記載來看，在宗曉（1151—1214）編纂此書時，福源院已更爲禪寺，而到了寶慶年間（1225—1227），再革爲律院。

最後需要指出的是，在妙蓮與守一的履歷中，"滄洲"都是非常重要的一個關鍵詞，二人的很多作品都完成於此處，但具體所指爲何，却仍有爭議。張如安《南宋寧波文化史》推測"滄洲"可能爲湖心寺的滄洲閣，但又不能十分確定⑤。西谷功則認爲"滄洲"在四明境内，並且很可能是如庵了宏所駐錫的景福寺⑥。經過文獻梳理與實地調查，筆者認爲張如安的觀點較

---

①（宋）元照《補續芝園集》，《卍新纂續藏經》，第 59 册，頁 668c 欄。

②（宋）羅濬《寶慶四明志》卷一七，《景印文淵閣四庫全書》，第 487 册，頁 283 上欄。

③（宋）宗曉《四明尊者教行録》卷五，《大正藏》，第 46 册，頁 906a 欄。

④（宋）宗曉《四明尊者教行録》卷五，《大正藏》，第 46 册，頁 906b 欄。

⑤張如安《南宋寧波文化史》，杭州：浙江大學出版社，2013，頁 778 注①。

⑥［日］西谷功《"滄洲"と入宋僧——南宋代における一律院の所在とその宗教的空間》，《プロジェクト研究》第 8 卷，2012，頁 57—72。

爲接近事實,但亦不太準確,"滄洲"並不僅限於滄洲閣,而應代指整個湖心廣福寺,理由有三:

第一,廣福寺獨特的地理環境。廣福寺因位於明州月湖(因在城之西,故亦稱西湖)之中心,故稱湖心寺,而"滄洲"則當指月湖中的島嶼或岸邊。月湖有十景,號爲"十洲",時人吟詠中多以"滄溟""滄波""滄浪""滄洲"等稱之,如陳瓘《烟嶼》:"靄靄紛紛緣底事,故來波上罩層沙。莫教散入滄溟去,却恐能迷上漢槎。"①舒亶《柳汀》:"困倚滄波綠動搖,冷烟疏雨共蕭條。誰將輕薄嬌春態,强拂人頭向市橋。"②舒亶又有《和新開西湖十洲什》及《松島》詩:"洗出烟華紫翠匀,再將絕景付重闉。千山有影螺垂地,一水無塵鏡照人。香瀲釣筒萍雨夜,綠搖花塢柳風春。杖藜盡日滄浪興,時有幽人岸白綸。"③"亭亭古幹對滄浪,雨洗風飄老吹香。晚歲何人同寂寞,水西我有讀書堂。"④王亘《月島其八》:"夕陽盡處見滄洲,一片清光水國秋。應是玉真梳洗罷,菱花臺上不曾收。"⑤可見,將月湖中的島嶼或岸邊稱爲"滄洲",是由此地的自然環境決定的。而如今月湖公園內的古湖心寺遺址,正坐落在月湖中的島嶼上,四望皆水,頗副"滄洲"之名。

第二,即張如安提到的,廣福寺內有滄洲閣,這是指向"滄洲"在月湖的堅實證據,宋代朱翌《廣生堂記》:

> 敷文閣直學士趙公伯圭守四明,仁質慈厚,術智通練,府不生事,野不見吏,不外取,不費出,菽麥既登,秋稼倍常,颶風駭浪不作,海行矴宿,席展枕安。稚耋誦公撫我似邵父杜母,乃復放生池於西湖,仰祝無疆聖壽,以廣福院奉香火。衆寓客月七日帥郡人挈水族,合誦經咒,梵唄鐃鼓,縱之湖,脱砧幾鼎鑊,其樂宜如何?銜懷恩施,口不能言耳。又刻朝廷條禁,列石湖四旁,命住持處真度滄洲閣後爲堂,供佛作證。真戒律精修,檀施效力,堂成,乞名於桐鄉朱翌,名之曰廣生。⑥

---

① (宋)張津《乾道四明圖經》卷八,清刻宋元四明六志本,葉四十二右。
② (宋)張津《乾道四明圖經》卷八,清刻宋元四明六志本,葉四十右。
③ (宋)張津《乾道四明圖經》卷八,清刻宋元四明六志本,葉三十一右。
④ (宋)張津《乾道四明圖經》卷八,清刻宋元四明六志本,葉四十一右。
⑤ (宋)張津《乾道四明圖經》卷八,清刻宋元四明六志本,葉三十九左。
⑥ (元)王元恭《至正四明續志》卷一一,明刻本,葉十四右。

可見，西湖廣福院（即廣福寺）内本有滄洲閣，閣名亦應取自周邊自然環境。

第三，日藏宋版《無量壽佛贊注》保存了一則宋人樓澤所作跋語：

> 澤録録（碌碌？）餘生，與世浮沉，烏知有所謂安養徑捷法門？曩嘗沿幹慈水，邂逅懸胥徐鑑者，精進此道，因得觀發。自此幡然有驚，謝去塵緣，寓於滄洲之等觀，憶念修習，朝夕不敢墮。寒暑不知變者，蓋有季矣。凡有禮念，必先嚴誦大智律師之贊語。續得拙庵度律師注解斯文，文義明白。深恐湮没，敬募同志，用鏤諸板。誓與見聞，咸希極證。吁！唯心本性，固人人之所具，敢問諸人，十二時中，所謂心，所謂性，是何面目？嘉定辛未季夏月望，唯心居士樓澤法名正因謹跋。①

可知樓澤曾居滄洲習大智律師及戒度律師之净土學。而湖心廣福寺正是戒度宣講元照《觀無量壽佛經義疏》的大本營，《律苑僧寶傳》卷九《宋拙庵度律師傳》載：“律師名戒度，號拙庵，史不詳氏族鄉里。天資嚴厲，識量清遠。毘尼之學無所不通，又習天台之教，深究幽旨。某年中，用大智新疏講《觀經》於湖心，四方學士，莫不悦服。”②綜合以上材料可知，所謂“滄洲”，即爲月湖之中的小島或岸邊，實際上就是指廣福寺。因此，守一與妙蓮曾先後任職於湖心廣福寺座司③，而此寺也成爲二人生平中極爲重要的地理坐標。

---

① （宋）元照撰，戒度注《無量壽佛贊注》，《卍新纂續藏經》，第 74 册，頁 75a 欄。

② ［日］慧堅《律苑僧寶傳》卷九，《大日本佛教全書》，第 105 册，頁 232 下欄。

③ 西谷功舉俊芿《殿堂房寮色目》中“賓司爲知客之居處”和“堂司爲維那之居處”的記載，認爲“座司”當爲“首座之居處”，即座司等同於首座，見氏著《“滄洲”と入宋僧——南宋代における一律院の所在とその宗教的空間》，《プロジェクト研究》第 8 卷，2012，頁 71 注 5。據王大偉《宋元禪宗清規研究》，宋元時期的首座相當於僧衆之“班長”，既有德行上的表徵作用，又有行政上的管理職能。（北京：宗教文化出版社，2013，頁 123）但在《增修教苑清規》卷一，座司的職責明顯與首座不同：“住持如到公宇隨官祝贊，首座偏位跪，堂司行者跪進提爐，座司茶頭跪進香合。”（《卍新纂續藏經》，第 57 册，頁 301c 欄）説明座司與茶頭的職能應比較接近，甚至茶頭可能就是座司下的列職之一。《律苑事規》卷五亦有同樣規定：“或住持受州縣關請不在，而前堂首座偏位跪，爐堂司行者跪進手爐，復跪接爐，座司茶頭跪進香合。”（《卍新纂續藏經》，第 60 册，頁 110b 欄）因此，座司似乎應是負責寺院飲食等相關事宜的機構，與典座類似。如此，座司就不是“首座之居處”，而是“典座之居處”，典座應爲座司的首領。

二、妙蓮與守一之著述

在元照的提倡和垂範下,講說與著書成爲資持派的傳統,歷代弟子皆孜孜從事於斯,用欽、道標、則安、戒度、法久、了宏等人皆有著作或法語傳世。至第六世的妙蓮和守一,撰述的數量和質量又達到了一個高峰。尤其是鐵翁守一,其作品的體例不再局限於逐句逐字注釋祖師經典的方式,而轉爲按主題鈔撮章句,以此對律學進行集大成式的總結歸納。這種做法雖然仍以祖師言教爲圭臬,但通過章句間的重新組合,大大挣脱了文獻形式的束縛,更加有利於個人見解的發揮,《律宗會元》和《終南家業》便是這方面的代表。

《律宗會元》,共三卷,題"台州日山嗣祖比丘守一謹集"①,可見其纂成於守一卓庵日山之時。陳士強《大藏經總目提要‧律藏》將其成書時間限定於慶元六年(1200)至嘉熙三年(1239)之間②,跨度較大。實際上,據守一所撰《三觀塵露》,其於嘉定十三年(1220)還寄迹於四明湖心廣福寺③,故《律宗會元》之成,不會早於是年。此書流布最廣的版本,是《卍續藏》的排印本。由於《卍續藏》一般不注底本,故不知所從來,但《佛書解説大辭典》卷一一謂藏於京都大學圖書館④。據筆者調查,京都大學圖書館的確藏有《律宗會元》寫本一册,正是《卍續藏》所用底本。但此書現存最早的版本應是香港大學馮平山圖書館所藏元至正二十六年(1366)王景輝刊本,此本共三册,左右雙邊,黑口,黑雙魚尾,每半葉十行,行二十字,小字雙行夾注,有界欄,卷首有釋題,釋題後有刊記,全文爲:

> 鐵翁律師纂集大部要文,分爲十門,遂成四卷,目之曰《律宗會元》。舊板刊於台州日山寺,年代渺邈,俱已蠹朽。今兹募緣重刊于四明湖心,務在流通,庶幾學者誦而習之,則一律藏不待講説泮然冰釋

---

① (宋)守一《律宗會元》卷上,《卍新纂續藏經》,第60册,頁1a欄。
② 陳士強主編《大藏經總目提要‧律藏2》,上海:上海古籍出版社,2015,頁337。
③ (宋)守一《終南家業》卷下,《卍新纂續藏經》,第59册,頁727b欄。
④ [日]小野玄妙主編《佛書解説大辭典》卷一一,東京:大東出版社,昭和八年(1933)至昭和五十六年(1981),頁208。

矣。時至正丙午十一月下浣謹誌。①

刊記左下端有"王景輝刊"四字。全書共分爲十門，除三、六、九外，其餘各門文末皆刻有助緣施財的僧人名姓。這一版本雖然皆著録爲十卷，但實際上厘爲四卷，與通行本略有出入。從刊記來看，《律宗會元》早在宋代已經刊板，書板元末仍存，只是蠹朽較爲嚴重，故於四明湖心廣福寺重新開板。由於此書留存的版本較爲稀少，而元刊本又流通不廣，故疏於校勘，僅《卍續藏》中有編者所加按語三十餘條，具有一定的參考價值。關於此書之内容，《佛書解説大辭典》《續修四庫全書總目提要·子部·釋家諸宗類》和《大藏經總目提要·律藏》皆有介紹，主要從教本、觀法、心境、戒法、戒體、戒行、戒相、持犯、悔罪、三歸十個主題來論述南山律宗的理論。值得注意的是，卷首的《十門總目隨門略釋》分别概括了各個主題的内容和基本觀點，是爲全書之提要。因其内容精要、體例明晰，故《律宗會元》一經成書，便成爲律宗初學者的入門讀物，元代《律苑事規》所附《習讀儀》即要求："新來兄弟，酉（首？）先熟讀《律宗會元》及諸序文，請益師處，説通義路，方可引科。"②另外，此書在日本佛教界——尤其是真言律宗和天台宗——也具有一定影響，故《續修四庫全書總目提要》稱其"是將元照弘律之本意，發揮無餘矣"③。

　　守一的另一部代表作品是《終南家業》。此書共收録二十篇文章，其中有紀年的作品爲十五篇，創作年代從嘉定六年（1213）直至淳祐二年（1242），跨度至少爲三十年。因書中最晚的紀年爲淳祐二年，而妙蓮在《蓬折直辨》中亦謂："淳祐初，余於滄洲方丈忽得《終南家業》。"④故此書之成，當在淳祐二年或稍晚。另外，根據卷首"四明鐵翁宗師述，門人行枝編"的

①http://fpslidx. lib. hku. hk/exhibits/show/fpslidx/bookdetails？ RID＝386，2017 年12 月 20 日。另見［日］阿部隆一《"中華民國國立中央圖書館"等藏宋金元版解題：中國訪書志三》，《斯道文庫論集》第 13 輯，1976 年 7 月，頁 295。

②（元）省悟《律苑事規》卷十，《卍新纂續藏經》，第 60 册，頁 144b 欄。

③中國科學院圖書館整理《續修四庫全書總目提要》（稿本），濟南：齊魯書社，1996，第26 册，頁 757 上欄。

④（宋）妙蓮《蓬折直辨》，《卍新纂續藏經》，第 60 册，頁 69a 欄。

題名①,此書並非完成於守一卓庵日山時期,而是應在移席慈溪福源寺之後,因慈溪亦屬四明,故可稱"四明鐵翁宗師"。是書最後一篇文章《辨略教結犯》便明確作於福源寺:"向在日山曾出,今於福源又書。"②故可佐證此説。目前通行的《終南家業》,亦爲《卍續藏》的排印本,根據《佛書解説大辭典》卷五提供的綫索,其底本當爲藏於京都大學圖書館的寫本③,即日僧宗覺於寶永六年(1709)的校訂本④,卷末有題記:"以洛北觀音寺之本補寫上本一卷,因以彼本校讎悉竟,則亦句讀訓點畢。時寶永六季龍集己丑無射十六日。老比丘宗覺誌。"⑤關於此書之内容,《佛書解説大辭典》《續修四庫全書總目提要》和《大藏經總目提要·律藏》皆有簡單介紹,但只是羅列各章篇目,缺少深入分析,其中《續修四庫全書總目提要》還將妙蓮誤記爲如庵了宏的弟子⑥。大體上來看,此書各卷有不同的重點,上卷主要討論觀法,中卷重在儀軌與戒體,下卷則分析持犯。如果説《律宗會元》還是以剪裁祖師疏記的方式來整合律學體系,那麼《終南家業》則更加直接地發表個人觀點,由此也直接招致了妙蓮的攻詰。

從"會元"與"家業"的命名來看,守一是以律學的集大成者而自居的,妙蓮也從反面證明了這一點:"鐵翁宗師,生平自任,輕視同途,特撰《家業》爲名,自欲發揚己見,意謂盡理,期廣流傳。"⑦在時人眼中,這兩部作品也能够代表鐵翁守一甚至當代律學的最高水準,如無準師範的弟子西岩了慧禪師(1198—1262)曾爲守一畫像作贊語,其中就高度評價了這兩部著作:

> 硬如生鐵,軟似綿團。凜歲寒節操,縛自己生冤。著《律宗會元》,真破律之宗主。集祖師家業,乃謗祖之師門。口過甚大,名德愈尊,是所謂起南山正派,流傳萬世,滔滔不盡之福源。⑧

①(宋)守一《終南家業》卷下,《卍新纂續藏經》,第 59 册,頁 717c 欄。

②(宋)守一《終南家業》卷下,《卍新纂續藏經》,第 59 册,頁 768a 欄。

③[日]小野玄妙主編《佛書解説大辭典》卷五,頁 149。

④陳士强主編《大藏經總目提要·律藏 2》,頁 348。

⑤(宋)守一《終南家業》卷下,《卍新纂續藏經》,第 59 册,頁 768b 欄。

⑥中國科學院圖書館整理《續修四庫全書總目提要》(稿本),第 37 册,頁 519 上欄。

⑦(宋)妙蓮《蓬折直辨》,《卍新纂續藏經》,第 60 册,頁 77a 欄。

⑧(宋)修義等編《西岩了慧禪師語録》卷二,《卍新纂續藏經》,第 70 册,頁 501b 欄。

從了慧的贊語中可以看出，這兩部作品雖然在律學史上具有重要意義，但也引發了較大的争議。可見，在律宗偏於保守的學風下，提出異於祖師的見解是要承受很大壓力的。

日本大阪的野中寺還藏有一卷《教誡律儀序解》，題"宋守一"撰，故亦應爲守一的作品①。此書爲寫本，是疏解道宣《教誡新學比丘行護律儀》之序文的作品。

目前，守一僅有上述三部作品傳世，但其可考、可輯的撰述至少還有以下幾種：一爲《律部結集分部圖》，二爲《教觀折蓬》，三爲《十門口義》，四爲《事鈔序解》，五爲《資持序解》，六爲《濟緣序解》，七爲《行宗記序解》，八爲《五門料簡》，九爲《圓教五門應法序》。

在《終南家業》卷中，有一篇名爲《論分部》的文章，題下注"有圖別行"②，可知守一尚有《分部圖》，但既別行，故未與《終南家業》一起保存下來。幸好此圖並未亡佚，而是保存在日本文獻《傳律圖源解集》中，名爲《律部結集分部圖》。在圖中，守一以圖表譜系和文字相結合的形式，梳理了律藏結集及分化的脉絡和時間節點。文末的題記透露了創作此圖的時間和地點："嘉定丙子（1216）寒食前五日四明滄洲小比丘守一排叙。"③而《論分部》的小序則謂：

> 守一於丙子歲，寄迹滄洲，通究諸典，因示小圖，以備自忘。有不同意，執爲諍端，盈文斥逐，繼有黜訛，略與辨明。時有高範，亦順彼情。然善誘抑揚，雖無可不可，恐後學相循，有傷教化，再伸管見，問答釋通，識者幸無誚焉。④

兩處記載契若符節，説明《律部結集分部圖》正是《論分部》中提到的別行之圖。圖作於先，因時人頗有異議，故又撰文以伸之。

守一另一部亡佚的作品是《教觀折蓬》，《律苑僧寶傳》中的守一傳記曾有提及，只是誤爲《教觀析蓬》。妙蓮《蓬折箴》亦有記載："後聞有《折蓬》之作，欲見無由。近因所見引之盲，修習爲徒，殊非静子，自無見解，任拘牽

---

①［日］德田明本《律宗文獻目録》，京都：百華苑，1974，頁40。

②（宋）守一《終南家業》卷中，《卍新纂續藏經》，第59册，頁747a欄。

③［日］重慶《傳律圖源解集》卷上，《大日本佛教全書》，第105册，頁64。

④（宋）守一《終南家業》卷中，《卍新纂續藏經》，第59册，頁747a欄。

行,廣印流通,偶得一家本,初讀之甚令人疑,次讀之可令人笑,再讀之極令
人憂。"①"見引之盲"當指守一的追隨者,他們可能出於信仰,私人籌資刊
刻了《教觀折蓬》,故有"家本"之稱。可見,此書在當時已經刊印,且流通較
廣。《蓬折箴》的初稿完成於寶祐二年(1254),結合"近因所見引之盲……
偶得一家本"的記載,可知《教觀折蓬》當刊行於此年之前不久。是書雖佚,
但妙蓮曾徵引數十處,從中可考大端,其主要內容是回應妙蓮對"吾祖弘
律,以妙觀爲本"的質難,並進一步申說"白四納大"等觀點。

　　至於《十門口義》和《事鈔序解》,皆著錄於《律宗文獻目錄》"律疏部",
前者共二卷,爲元德四年(1332)寫本,藏於稱名寺金沢文庫,在照遠《資行
鈔》中亦存若干引文;後者共一卷,已佚,僅在英耀所撰《律宗三大部編目具
書論義注文》中著錄而已②。

　　《資持序解》《濟緣序解》和《行宗記序解》亦見《資行鈔》之稱引③。《五
門料簡》則見於《三宗綱義》之引文④。另外,凝然在《律宗瓊鑑章》中還提
到了一篇名爲《圓教五門應法序》的文獻:"大智律正門人等,各解注《戒本
序》,注《羯磨序》《資持記序並五例》《行宗記序》《濟緣記序》,及《十業章圓
教五門應法序》等,乃則安、道言、戒度、道標,乃至後代守一等也。"⑤雖未
明言此爲守一的作品,但在《終南家業》中,守一本人也有提及:"種子之義,
如《釋圓教五門並解十業章》及答芿師文,已爲辨明。恐不見彼,更略示
之。"⑥故此文作者當爲守一無疑。

　　上述作品共同構成了鐵翁守一的律學理論,即重視觀法,以唯識妙觀
爲弘律之本,突出了心性在戒律中的作用和地位。雖然無法確認守一是否
受到了當時流行的禪學和陸學的影響,但三者重視本心的路數則是相當一
致的。守一的作品及理論在當時的律學界引起了不小的風波,不過客觀上
也促進了律學的深入討論,從而書寫了律學史上的重要篇章。

---

① (宋)妙蓮《蓬折箴》,《卍新纂續藏經》,第 60 冊,頁 81c 欄。
② [日]德田明本《律宗文獻目錄》,頁 26。
③ [日]照遠《資行抄》,《大正藏》,第 62 冊,頁 272c 欄、頁 263c 欄、頁 264a 欄。
④ [日]清算《三宗綱義》卷四,《日本大藏經》,第 36 冊,頁 132 上欄。
⑤ [日]凝然《律宗瓊鑑章》卷六,《大日本佛教全書》,第 105 冊,頁 29 上欄。
⑥ (宋)守一《終南家業》卷中,《卍新纂續藏經》,第 59 冊,頁 741b 欄。

　　守一的作品不僅森成條章，而且鬱爲卷帙。相較之下，上翁妙蓮流傳下來的作品則僅有《蓬折直辨》和《蓬折箴》兩種，其中，後者又是前者的修訂版，則實際上只有一種而已。其作品數量較少的原因，可能即前引《至正四明續志》卷一〇提到的，妙蓮“其學見於行事，不爲空言”，故不樂著述。《蓬折直辨》作於宋理宗寶祐二年（1254）杭州靈芝寺，是反駁守一《教觀折蓬》的論戰文。之後妙蓮又做了若干修訂，最後命名爲《蓬折箴》。一年之後，有日本求法僧至湖心寺，抄録一本，妙蓮又撰跋以贈之，遂成今天所見《蓬折箴》的面貌。因此，二書的主體内容基本相同，只是《蓬折箴》卷首多一小序，卷尾多一跋文，抨擊守一的用語似乎也更尖刻。值得注意的是，《蓬折直辨》提到守一時，皆使用第三人稱，故應爲公開發表的文章，而《蓬折箴》中對守一的稱謂則是“汝”“老兄”等，可能妙蓮曾將《蓬折直辨》改寫爲書信，寄予守一，故《蓬折箴》中尚留有痕迹。二書的通行本皆爲《卍續藏》本，據《佛書解説大辭典》，其所用底本藏於京都大學圖書館，二書合爲一册，《蓬折箴》附於《蓬折直辨》之後①。《卍續藏》本文字錯訛頗多，《蓬折箴》尤甚，如“教”字多誤爲“發”字，甚至出現大段文字倒亂的現象，可惜筆者目前尚未獲取底本影印件，故無法確定到底是古時抄刻不慎所致還是《卍續藏》排印時過録不精的原因。不過，由於二書内容大體一致，故對校之下，尚可達意。另外，日僧清算所撰《三宗綱義》卷四引用了一篇名爲《範法師問》的文獻，旁有小注：“妙蓮造。”②則亦應爲妙蓮的作品。但原文已佚，從清算的引文來看，主旨大概是僧衆應次第受具足戒和菩薩戒，與《蓬折直辨》和《蓬折箴》中的觀點大體相同。“範法師問”的名稱頗令人費解，因有日本範法師曾問律於妙蓮，故可能爲“範法師問”或“答範法師問”之訛。

　　至於守一和妙蓮的作品爲何會冠以“折蓬”和“蓬折”之名，三部書中都沒有給出直接説明，但據筆者推測，可能是來自於《莊子·逍遥游》中“蓬

---

① ［日］小野玄妙主編《佛書解説大辭典》卷十，頁 135。另見 https://kuline. kulib. kyo-to－u. ac. jp/? action＝pages_view_main&active_action＝v3search_view_main_init&block_id＝251&direct_target＝catdbl&direct_key＝％2552％2542％2530％2530％2530％2531％2537％2535％2536％2535&lang＝japanese♯catdbl－RB000 17565，2017 年 12 月 21 日。

② ［日］清算《三宗綱義》卷四，《日本大藏經》，第 36 册，頁 135 下欄。

心"的典故，《逍遥游》謂："今子有五石之瓠，何不慮以爲大樽而浮乎江湖，而憂其瓠落無所容？則夫子猶有蓬之心也夫！"成玄英疏："蓬，草名。拳曲不直也……而惠生既有蓬心，未能直達玄理，故妄起掊擊之譬，譏刺莊子之書。"①佛教撰述中亦多有使用這一典故者，如《北山録》卷一〇："如崔皓率己專斷，以貽君親之戚魏武以惡疾而終，崔皓戮尸者也，安得崔也謂之忠孝乎？今有蓬心之士，尚欲與崔，何其昏也與者，許也！"②再如《宋高僧傳》卷一五《唐蘇州開元寺辯秀傳》："嘗謂人曰：昔聞西方之行是有相大乘，此乃蓬心不直，非達觀之説。何邪？夫出言即性，發意皆如，而一色一香，無非中道，況我正念乎？"③守一的用意與此相似，他認爲妙蓮之所以修書質難，是因爲其心性如蓬草一樣曲折，未能認識到自己理論的精微之處，故需要著書申説以折其心。妙蓮則因勢利導，借彼之名而反擊，這才會有"彼既曲拆（折？），故當直辨"的題注④。書中雖没有直接説明，但部分詞句似可佐證此説，如《蓬折直辨》引《教觀折蓬》："又云：爲見講學，蓬心曲見，埋没祖乘。"⑤再如《蓬折箴》："如上祖文，正意雖顯，彼用蓬心，曲巧穿鑿，恐惑後昆，未説斜正，更引疏鈔，重加釋顯。"⑥都是將對方的認知水平貶爲"蓬心曲見"。因此，這三部作品的命名，很可能是基於《莊子》中的典故。不過，由於書中没有直接證據，故以上只是筆者的臆測，也不能排除其他可能，如明代刑侗所撰《右軍都督府都督僉事鎮守保定總兵官尹公墓志銘》就使用了"折蓬"的譬喻："見白鵰、鶉尾而睨焉，寸寸折之，如折蓬蒿，曰：'安用此蒲弓葦矢乎！'"⑦意爲普通的箭杆在尹總兵手裏如同蓬蒿一樣被寸寸折

① （清）郭慶藩輯，王孝魚整理《莊子集釋》卷一，北京：中華書局，1961，頁 39。

② （唐）神清《北山録》卷一〇，《大正藏》，第 52 册，頁 632c 欄。

③ （宋）贊寧《宋高僧傳》，頁 365。

④ （宋）妙蓮《蓬折直辨》，《卍新纂續藏經》，第 60 册，頁 69a 欄。

⑤ （宋）妙蓮《蓬折直辨》，《卍新纂續藏經》，第 60 册，頁 83c 欄。

⑥ （宋）妙蓮《蓬折箴》，《卍新纂續藏經》，第 60 册，頁 84b 欄。

⑦ 楊豫修，郝金章纂：《齊河縣志》卷三三，民國二十二年（1933）鉛印本，第十二葉右。白鵰、鶉尾皆代指箭矢之類型，如宋代華岳《翠微北征録》卷八"弓箭制"條下："箭翎六：阜鵰，白鵰，野雉，鴻鵠，鵝鸛，雁鷲。"（清光緒刊本，第二葉右）再如《初學記》卷二二"羊頭鶉尾"條："揚雄《方言》曰：'凡箭鏃三者謂之羊頭，其廣薄而長薄謂之錍'。《魏百官志》曰：'三公拜賜鶉尾、骹箭十二枝。'"（中華書局，1962，頁 534）

斷。因此，三部作品所取者也可能是“易斷”及“寸折”之意，即對方的觀點如蓬草一樣站不住脚，故逐條批駁而不使遺漏。另外，由於“蓬”與“蓮”字形相近，故也要考慮是否應爲“折蓮”，即折沮妙蓮之意。不過，由於史傳及妙蓮的作品當中皆作“蓬”，則此種可能基本可以排除。總而言之，不論其命名的來源爲何，這三部作品會同《律宗會元》《終南家業》等文獻，共同導演了一齣激烈而曠久的“折蓬之辯”，不僅奠定了妙蓮和守一在宗派上的歷史地位，也爲戒律思想史增添了濃墨重彩的一筆。

三、“折蓬之辯”的始末、主題及影響

前文對妙蓮、守一二人的生平和撰述進行了史學及文獻學的静態考察，下面，我們將注意力集中於“折蓬之辯”的事件本身，一方面勾勒出其動態發展的始末緣由，一方面探討此次論争對後世律學走向所産生的影響。

在此次論戰發生之前，妙蓮與守一的關係雖不算融洽，但至少維持著表面上的和合。首先，二人在師承上是有淵源的。妙蓮從學於石鼓法久，守一爲如庵了宏的弟子，而法久與了宏則同學於竹溪法政。據妙蓮所説，其師法久對守一也比較了解：“吾宗有鐵翁者，自謂實學，好揚名於後世，高則不高，名品非名，鳥鼠之喻可也。羊(年?)齒右吾之後，聞律亦未我先，性好攻異，評薄前人，爲先師所惡，每謂彼輕狂，出言無度，有束篋之詣。”①雖然評價不高，但只有在熟知其人的基礎上才能形成這種較爲深入的認識。其次，妙蓮與守一曾多次相會並有書信往來。如妙蓮任職於湖心寺座司時，守一曾來相訪，並贈以文稿：

> 余紹定間退自三山，叨濫湖心座司。一日忽來相訪，袖出所撰文稿一卷，口謂求證，意在程伎，素知彼不識分量，妄作可婳，説妙談玄，既無尺寸，如遠方村民誇於上國，醜婦説少時容皃，略無羞灑。余正若醒人陪於醉漢，只不苦較其是非，置於案上經乎載，後作一書，略示幾件太叨濫處而送還之。②

妙蓮雖對其文章不以爲然，但仍禮節性地覆信作答。再如，妙蓮讀到《終南

①(宋)妙蓮《蓬折箴》，《卍新纂續藏經》，第60册，頁80a欄。

②(宋)妙蓮《蓬折箴》，《卍新纂續藏經》，第60册，頁80a欄。

家業》中的《受緣重關》,大爲不滿,便修書規諫:

> 邪風一鼓,滿座生疑。《善戒》正［經］,無人敢道,減(滅?)法謗祖,
> 盲瞽來蒙,是可忍也,孰不可忍,便當力破以救祖乘。妨彼訓蒙,聊作
> 一書,具禮設諫。問答率略,照彼所爲,故不介意。後每相見,略無擊
> 節,自謂聞義能徙,宗中之幸。①

而守一當時僅草草回應,但其後二人又多次會面,只不過亦未談及律宗的
理論問題。無論如何,較爲頻繁的往來和較爲激烈的思想碰撞,已經爲後
來的論戰準備了充足的現實條件。

結合《蓬折直辨》和《蓬折箴》的記載及前文文獻考訂的結論,我們可以
大體梳理出"折蓬之辯"的過程和重要節點:

首先,在紹定年間(1228—1233),守一至明州湖心廣福寺拜訪妙蓮,並
贈文稿以求指教。妙蓮初未以爲意,一年之後方修書提了若干意見。所據
爲《蓬折箴》,已見前引,此不贅。

其次,嘉熙三年(1239)或稍後,《律宗會元》成書。妙蓮粗覽之下,認爲
書中正文皆采自祖師疏記,頗有利於初學者,但守一所加科判、注釋、按語
等則問題猥多,不足爲訓。所據爲《蓬折直辨》的記載:

> 《會元》列門諸文觀法,題下注字,急宜去之,恐恒(誤?)新學,以致
> 忌(妄?)戒。正文誦習,甚益初機,私立標科及諸子注,多徇己見,未可
> 全依。余年老灰懶,無心納續,加我數年,可爲糾正。②

不過,妙蓮的這些看法似乎僅僅是腹議,並沒有反饋守一或公開質難。

再次,淳祐初(最可能爲淳祐二年,即 1242 年),妙蓮在廣福寺看到了
《終南家業》,讀至首章"吾祖弘律,以觀妙爲本",大不以爲然,或許即因不
滿而中斷了披閱。後偶然間又讀到此書的《受緣重關》一文,認爲大忤祖
道,於是"聊作一書,具禮設諫"。根據前引《蓬折直辨》的記載,守一對妙蓮
的駁詰含糊帶過,後來二人見面亦未再提及。在表面看來,此事似乎已經
不了了之,實則潛流涌動,雙方的矛盾一觸即發。

又次,在淳祐二年(1242)至寶祐二年(1254)之間的某一年,守一作《教
觀折蓬》正式回應妙蓮的"禮諫",且言辭似較激烈。妙蓮隨後亦撰《蓬折直

---

① (宋)妙蓮《蓬折直辨》,《卍新纂續藏經》,第 60 冊,頁 70a 欄。

② (宋)妙蓮《蓬折直辨》,《卍新纂續藏經》,第 60 冊,頁 70a 欄。

辨》進行反擊：“復聞有《折蓬》之作，廣予流行。偶得一本，初讀之甚令人疑，次讀之不(可?)令人笑，再讀之極令人憂。據彼折説，何足爲破？竊慮傳布後昆，致成重害，未免饒舌，聊述所知示將來。”①值得注意的是，妙蓮此次回擊的内容共流出《蓬折直辨》和《蓬折箴》兩個不同的版本，且前者爲第三人稱，而後者則多使用第二人稱。之所以存在此種現象，據筆者推測，應該是妙蓮前後撰寫了兩個文本，一個公開發表(《蓬折直辨》)，另一個則函付守一(《蓬折箴》)。從命名上來看，“辨”字較爲中性，對立雙方是平等的，而“箴”字則是“規勸、告誡”之意，主從分明，隱然以真理和正統而自居。故兩篇文章雖然内容相同，用途和立場却是有差别的。面對妙蓮這篇措辭強烈的檄文，不知守一是否曾作回應，至少在現存文獻中無迹可徵，也許因爲守一當時已經步入了人生的最後階段，故再也没有精力來延續這場論戰了。

最後，寶祐三年(1255)，有日本範法師至廣福寺向妙蓮請教南山宗旨，妙蓮贈予《蓬折箴》，並補撰了一則跋文。《蓬折直辨》與《蓬折箴》隨之東傳，並引發了日本律學界的波動。

綜上可知，這次論戰醖釀於守一的文稿，潛滋於《律宗會元》，肇端於《終南家業》，激化於《教觀折蓬》，最後隨著《蓬折直辨》和《蓬折箴》的成書而達到頂峰。當然，考慮到二人齟齬已久，而活動區域、交游圈子又近乎重合，他們之間可能也發生過其他或隱或顯的衝突，如守一曾作《律部結集分部圖》，但其中觀點受到一些批評：“守一於丙子歲，寄迹滄洲，通究諸典，因示小圖，以備自忘。有不同意，執爲静端，盈文斥逐，繼有黜詐，略與辨明。時有高範，亦順彼情。”②其中的“不同意”者或“高範”，是否包括妙蓮？恐怕不能排除這種可能。只是因缺少直接證據而無法坐實，故聊以備遺而已。

在論戰的過程中，二人從理論觀點到個人的品性能力，都向對方展開了激烈的批駁和攻擊。如守一譏諷妙蓮才學有限，無法深達祖師之意：“議論非一日矣，撿文非不明矣，思慮非不細，如是留心，技止此耳。”③而妙蓮的回擊則更加尖刻：

①(宋)妙蓮《蓬折直辨》，《卍新纂續藏經》，第 60 册，頁 70b 欄。
②(宋)守一《終南家業》卷中，《卍新纂續藏經》，第 59 册，頁 747a 欄。
③(宋)妙蓮《蓬折箴》，《卍新纂續藏經》，第 60 册，頁 82b 欄。

　　　　吾宗有鐵翁者，自謂實學，好揚名於後世，高則不高，名品非名，鳥鼠之喻可也。羊（年？）齒右吾之後，聞律亦未我先，性好攻異，評薄前人，爲先師所惡，每謂彼輕狂，出言無度，有束篋之誚。余雖知彼天性且爾，品可住其勤，使學而知之。惜乎曾未經遠，勃興慢習，初無正傳，唯自師心，妄生穿鑿，戕賊祖教，傍若無人，規攝愚徒，斐然著撰，甚多紕繆，略不缺疑，若較之於祖道，未嘗染指，叨名叨位者，彼亦粗有取焉。①

類似的議論在二人作品中還有多處，可見構訟之劇、矛盾之深。不過，這種意氣之爭並不具備超越時空的永恒價值，此番論戰中更應被銘記和思考的，是參與雙方的思想交鋒及理論貢獻。

　　妙蓮和守一在律學理論上爭訟的焦點，主要集中在以下幾個方面：

　　（一）何爲律本。守一認爲，律學之本在於觀法，故於《終南家業》卷首便宣稱"吾祖弘律，以妙觀爲本"②，此"妙觀"指的就是唯識觀法。實際上，基於唯識思想的"南山三觀"是由道宣所提出，即性空觀、相空觀和唯識觀。性空觀的作用是"了知諸法皆由因緣和合而生，性空無我，無有自性，以此照了自心"，相空觀是"照見諸法本相是空，猶如幻化，而衆生愚昧妄以爲真，以此觀照事用"，唯識觀則是"了達外境本無，皆由妄心所生，境即是心，唯心所變，唯識所現"③。道宣立"南山三觀"，一方面是爲了給行者提供一套由淺入深的修觀方法，另一方面也是判釋《四分》分通大乘的需要。守一對"南山三觀"的理論體系並沒有實質性的推進，只是將其地位提升到了無以復加的高度，其論證思路爲首先將三觀（能）與空假中三諦（所）聯繫起來，其次在《行事鈔》《羯磨疏》等祖師撰述中尋章摘句，將"觀事是心""諸法外塵本無，實唯有識"等表述作爲支撐。對於守一的觀點，妙蓮十分不滿，他認爲，律學的根本應在戒法，因宣祖在《羯磨疏》中已有明確説明："此之戒法，出家本務，素非懷大，定難容納，深有由矣。"④又引元照《濟緣記》爲證："教即律藏，律由戒生，故戒爲律本"。⑤ 因此，佛陀所制定的戒律條文，

────────────

①（宋）妙蓮《蓬折箴》，《卍新纂續藏經》，第 60 册，頁 80a 欄。
②（宋）守一《終南家業》卷中，《卍新纂續藏經》，第 59 册，頁 717c 欄。
③署釋學誠《南山律簡史及其教理行果》（三），《法音》，2016 年第 6 期，頁 22—23。
④（宋）妙蓮《蓬折直辨》，《卍新纂續藏經》，第 60 册，頁 69c 欄。
⑤（宋）妙蓮《蓬折箴》，《卍新纂續藏經》，第 60 册，頁 80c 欄。

才是律學及律宗的根基,而觀法只是持戒的助緣。不過,妙蓮也承認,守一此説應是爲了回應其他宗派對律宗"縛於事相"的批評,從而提升本宗的理論品格:"斷彼爲心,欲顯吾宗非事相之學,謂能除究,超拔苦賢,豈知翻爲不識心境,弄巧成拙。"①但"盡將解慧而爲觀行"②,乃至將其作爲律學之本,則誇大了觀法的地位與作用,是不符祖意的。

(二)白四是否納大。"白四"指白四羯磨,又稱"一白三羯磨",是僧團行事中最嚴格、最慎重的一種程序。授具足戒即采用此種方式,先由羯磨師向大衆告白某人出家乞戒之要求,然後三問僧衆贊成與否,衆人無異議,方可得戒。"大"指大乘菩薩戒,"白四納大"意爲以大乘心受具足戒,同時就具備了大乘戒,故後續不需再重受菩薩戒。守一一貫重視心性,因此,他認爲只要在受具足戒時發大心,即可同時納大戒,無須更受菩薩戒。妙蓮則極力反對此説:

> 吾祖聖智,若依當分小乘而受隨者,猶在半途,未爲究竟,或令初步直造大方,依大乘經受菩薩戒,時長行遠,力量未充,大行難行,終成退墮。所以深鑑機宜,用大乘心受聲聞戒,非令數寶,實便成功,進大有由,不致中輟,漸漸修學,成佛有期。若非究我祖乘,須信投心無地,窮理盡性,唯在世尊。始自鹿野苑中,歷於方等般若,大機既發,開顯是時,斷送聲聞,入大乘境界,却云即此便是,更不須受。然則既發大心,期向深遠,既納小戒,戒行易成,大小相資,終成佛道。非獨終南聖師,亦出法正部主。權實二智,本起佛心,巧設教門,曲被我等,不窮佛祖,妄鑿愚情,如此狂迷,何稱善解?③

如果僅以小乘心受聲聞戒,則不能達至究竟,成就佛果;但如果直接以大乘心受菩薩戒,則又擔心行者力有未逮,失却信心,最終半途而廢。因此,最好的方式是以大乘心受聲聞小戒,大心可期深遠,小戒容易成就,"大小相資,終成佛道"。不過,即使如此,也須更受菩薩戒,不能以三戒圓成來否定三戒的授受次第:"又復須知,圓不礙次,次不礙圓,若據佛意,始終在圓,但以機緣未了,故以三戒迭爲方便,令歸大乘。"④爲了支撐自己的觀點,妙蓮

①(宋)妙蓮《蓬折箴》,《卍新纂續藏經》,第60册,頁80b欄。

②(宋)妙蓮《蓬折直辨》,《卍新纂續藏經》,第60册,頁78a欄。

③(宋)妙蓮《蓬折直辨》,《卍新纂續藏經》,第60册,頁70c欄。

④(宋)妙蓮《蓬折直辨》,《卍新纂續藏經》,第60册,頁71b欄。

又舉靈芝祖師關於聲聞戒體與菩薩戒體"體同緣異"的論點，二者雖然"體同"，但發心所緣境是不一樣的，這就説明菩薩戒需單獨授受，而不能在受取具足戒時一同獲得。

（三）分通是否爲大乘。道宣在判釋《四分律》的地位時，並没有將其直接等同於大乘，而是表述爲"分通大乘"，即《四分律》雖然分通大乘精神，但本質上仍是聲聞小乘律。這一觀點應該説是律宗自古迄今的共識，但守一却認爲既然已判南山宗爲圓教，那麼就要一圓到底，"雖本分通，終爲教局，立圓決教，成於分通。"①"分通大乘"變成"分通爲大乘"，《四分律》就直接躋身於大乘教了。由於這一問題是由"上品發心受大"而引發的，故妙蓮也從這一角度進行回擊：其一，上品所受，仍是小戒，而非大戒；其二，上品發心，本身就圓聚三戒，無須再區分爲"分通"與"圓決"；其三，分通乃是"義通"，而非"教通"，正如《濟緣記》所謂"義雖通大，教終局小，不可濫通，故須別立"也②。當然，守一對於"分通大乘"的推進並非偶然，亦不突兀，而是淵源有自，其師如庵了宏便有相似的論調，《南山北義見聞私記》所録《如庵入景福語（四月初五）》載：

間有南山教主澄照祖師，迹降隋朝，化行唐室，操觚染翰，索穩（隱？）鉤深，精三部之雄文，杭諸家確論，五乘並駕，七衆俱沾（沾？），攝僧護教之儀，横提綱要，日用時須之務，曲盡規猷，究出世之本懷，得如來之化。然而教藴分通之義，不在偏乘，部含權實之宗，終歸一實。故於《業疏》特立圓宗，了偏乘而儘是大乘，即諸相而無非實相，故祖師道"今識前緣，終歸大乘，故須域心於處矣"。況《智論》稱毘尼即大乘學，《勝萬（鬘？）》以八十誦即尸羅波羅蜜，《涅槃》明菩薩持息世譏嫌與性重無別……③

---

① （宋）妙蓮《蓬折直辨》，《卍新纂續藏經》，第 60 册，頁 72c 欄。
② （宋）妙蓮《蓬折直辨》，《卍新纂續藏經》，第 60 册，頁 72c 欄。
③ ［日］西谷功《〈南山北義見聞私記〉の研究——附翻刻》，平成 26—27 年度東京大學東洋文化研究所附屬東洋學研究情報センター公募研究"中世寺院における宋代仏教文化受容の統合的研究"研究成果報告書，2016 年 3 月，頁 139。了宏此處所論有誤，"稱毘尼爲大乘學"的實爲《勝鬘經》，"以八十誦即尸羅波羅蜜"者才是《大智度論》，元照《濟緣記》卷三、守一《終南家業》卷一、《律宗會元》卷三皆謂"《智論》以八十誦即尸羅波羅蜜，《勝鬘》謂毘尼即大乘學"。只是不清楚致誤之由是了宏記憶有誤還是文本流傳過程中出現了倒乙。

可知“分通爲大乘”的思想並非守一自創，而是承襲於了宏。只是了宏並未將其形之於撰述，故影響不廣。

以上問題在《蓬折直辨》和《蓬折箴》中既有集中體現，又貫穿全文，是“折蓬之辯”的主要内容。另外，化制、受隨、因果等也是二人爭論的焦點。這些問題雖然分屬不同的層面，但基本都是圍繞著律本與受戒兩個主題展開。從立場上來説，守一多新解，時與祖師相左，而妙蓮則主承襲，更加忠於師説；從傾向上來看，守一重心性的理論超越性，妙蓮則重行事的規範性。此次論爭雖有矜才使氣、師心自用的成分夾雜其中，孰優孰劣暫且不論，但二人的最終目的都是爲了弘闡律宗，並且確實促進了對於律學的新思考，在沉悶已久的律學理論界掀起了一波微瀾。

南山宗肇造之初，祖師道宣是一位“動而世爲天下道，行而世爲天下法”的偶像式人物，其一言一行都能引領佛教之風氣，故當時律宗的地位及影響可謂舉足輕重。及至北宋，宗脉漸顯衰相，但尚有大智律師講撰不輟，其領導的靈芝僧團在南方尤其是兩浙地區仍是一股重要的信仰勢力。到了南宋時期，律宗已然式微，宗中再無人能以律學撼動禪、教，故守一與妙蓮的爭論實際上也只停留於本宗的喃喃自語。不過，這次“折蓬之辯”對律宗及律學還是發揮了一定作用，但由於可供參考的資料太少，我們已很難考察其直接影響，只能通過與後續史實的對照而做一些推斷：

首先，它一定程度上影響了中國後世律學的走向。由於妙蓮有祖師撰述的支撐，又長期駐錫於律學重鎮湖心廣福寺，存世亦久，故在這次爭論中稍稍占據上風，而在律學之本的討論中戒法勝過觀法，也使事相的重要性超過了理論。在此次爭論之前，南山宗仍保持著事理雙運的學風。但自此之後，律學理論逐漸衰微，禮誦、事懺則成爲宗學主流。元代的律宗著作目前僅有《律苑事規》傳世，亦爲事相之學。雖然無法確定這是否爲“折蓬之辯”的直接影響，但考慮到内容及時間點的契合，恐怕亦非毫無聯繫。妙蓮之後，其弟子行居先後於廣福寺、竹林寺弘律。行居的思想主張不詳，但日本金沢文庫藏有宋版《關中創立戒壇圖經》一部，其刊記即爲行居所題，而《關中創立戒壇圖經》亦屬事相制度一類，故其思想應上承乃師。作爲宋元之際的毗尼宗師，妙蓮與行居對於律學的嬗變無疑起到了推波助瀾的作用。

其次，引發了日本律學界的討論。建保二年（1214）及天福（1233—

1234)初年,日僧曇照兩次入宋,並隨守一習律。正元(1259—1260)、弘長
(1261—1264)之間,日僧真照入宋,依妙蓮及其弟子行居習律,而妙蓮贈以
《蓬折箴》的範法師,也是日本僧人。因此,"折蓬之辯"的文獻和思想很快
就傳入了日本。當時很多律宗撰述——如清算(1288—1362)撰於文保二
年(1318)的《三宗綱義》和撰於延文二年(1357)的《靈峰記》(後者現藏龍谷
大學)、湛睿著於康永元年(1342)的《律宗要義抄》(現藏金沢文庫)、照遠撰
於康永三年(1343)至貞和五年(1349)之間的《資行鈔》等——皆曾徵引二
人的著作①,故這批文獻在日本的流傳和影響較之中國更廣。一直到江户
時代(1603—1867),由此引發的討論仍宛延不息,慧堅在《律苑僧寶傳》中
雖以息事寧人的態度進行調停,但反而透露了牽連之廣、構訟之深:"本朝
菩提空師,張《七難》,攻一以扶蓮,其説固善矣。雖然,予披味《終南家業》,
一之義亦不爲非理。學者宜虛心平氣而評之可也。"②總而言之,"折蓬之
辯"雖然未能在歷史上留下太多細節,但仍然或隱或顯地影響了漢傳佛教
律學,是律宗思想史上具有轉折意義的重要事件。

　(作者單位:四川大學中國俗文化研究所;四川大學文學與新聞學院)

---

①[日]道津綾乃《金沢文庫保管「律宗要義抄」について》,《印度學佛教學研究》第五十
　三卷第 2 號,2005 年 3 月;[日]大谷由香《南北朝期における律宗義について——
　附・清算撰「靈峰記」前半部分翻刻》,《佛教學研究》第六十四號,2008 年 3 月。
②[日]慧堅《律苑僧寶傳》卷九,《大日本佛教全書》,第 105 册,頁 235 上欄。

域外漢籍研究集刊　第二十輯
2020 年　頁 67—78

18 世紀日朝筆談中的醫學世界

——以《朝鮮筆談》《桑韓筆語》爲中心

邢永鳳　馬步雲

　　從 17 世紀江户開府之初至 1811 年，歷時 200 多年的朝鮮通信使，成爲日朝關係史上的友好象徵。同時，日朝雙方留存的衆多行使録、唱和集、筆談等文獻，成爲研究這一時期日朝關係史乃至東亞關係、東亞文學、文化以及東西交流的重要史料。

　　關於朝鮮通信使，日本及朝鮮已經有著多年的研究歷史，而國内這方面的研究，才方興未艾。在現有研究成果中，關於日朝兩國文人、學士間的詩歌唱酬，以及日朝的相互認識等，已有較多的先行研究①，而關於日朝筆談中醫學方面的研究，還未引起足夠的重視②。

　　實際上，日朝筆談中的醫學交流，内容相當豐富，包含了日朝多層信息。更爲有趣的是，日朝的醫學交流中，除了以往研究中所關注的中醫文化之外，朝鮮醫學集大成的《東醫寶鑒》、荷蘭醫學抑或是西洋醫學也參與

---

①中國方面代表性的研究成果有：張伯偉《漢文學史上的 1764》，《文學遺産》，2008 年第 1 期；葛兆光《文化間的比賽——朝鮮赴日通信使文獻的意義》，《中華文史論叢》，2014 年第 2 期；韓東《十八世紀朝日文人的“文會”與“文戰”——以筆談唱和集資料爲中心》，《北京社會科學》，2017 年第 6 期等。

②梁永宣教授從醫學專業視角關注到日朝交流中的醫學交流問題，與其弟子發表了不少與此相關的研究成果。對前近代中醫在日本傳播以及在各自國家的應用等做了比較詳實的分析，具有很大的參考價值。另外，韓東《十八世紀朝鮮通信使筆談中醫日醫員的醫學對話》，發表于《外國文學評論》2018 年第 2 期，也具有很大的參考價值。

到了 18 世紀的日朝、乃至東亞的醫學交流中。面對荷蘭醫學、西方的文化與器物，日本與朝鮮各自反應如何？ 反復出現在筆談交流中的《東醫寶鑒》①，在日本流傳狀況如何？ 另外，在日朝筆談交流中，日朝雙方各自的文化心態又是怎樣？ 這些問題似乎至今還未引起足够的關注②。

而這些問題説明了近世的東亞醫學交流中，不僅有東亞内部的“環流”，即中、日、朝之間的多向互動。同時不可忽視的是，來自外部的異質世界——西洋世界的西洋醫學，已經參與到東亞世界，並對東亞世界産生了不小的影響。

本文以 18 世紀中葉朝鮮通信使與日本醫者的筆談文獻《朝鮮筆談》③《桑韓筆語》④等文獻爲中心，考察那一時期日朝醫學交流的實像，以及其背後的社會動向、文化心態等問題。

一　《東醫寶鑒》在日本⑤

在有關醫學的筆談文獻中，《東醫寶鑒》一詞出現的頻率極高，試舉例之：

> 貴邦人許浚所著《東醫寶鑒》我國既刊行焉，而有不可識者若干，左書之，願示其形狀⑥。

---

① 《東醫寶鑒》由朝鮮著名醫家許浚編著，1610 年完成。該著作在 2009 年被聯合國教科文組織列入世界記憶文化遺産名録。

② 關於《東醫寶鑒》在日本的研究成果有：貫井正之《東亞文化交流——許浚著東醫寶鑒與日本的受容》，《名古屋外國語大學學部紀要》，33 集，名古屋外國語大學，2007 年。

③ 《朝鮮筆談》是延亨（1748）年，朝鮮通信使的醫官、醫員與日本醫官野吕元丈之間的對談集，以寫本形式流傳，此次採用了内閣文庫的藏本。

④ 《桑韓筆語》是寶曆十四年（1764）江户醫官山田正珍（號圖南）與朝鮮通信使一行的筆談。由尚古堂於寶曆甲申年春出版，此次採用了藏在日本東北大學狩野文庫的版本。關於山田正珍的簡介請參見梁永宣《日本〈桑韓筆〉語中的日朝醫學交流背景與内容》，《醫古文知識》，2005 年第 4 期。

⑤ 關於《東醫寶鑒》在中國的研究情況，具體請參閱黄英華、梁永宣《中國對東醫寶鑒的認識與研究》，《中醫文獻雜誌》，2015 年 5 月。

⑥ 山田正珍《桑韓筆語》01。

《東醫寶鑒》本草卷藥品名題之上或有置唐一字者，不知何故耶①。

按《東醫寶鑒》云，貴邦梓楸共有，今所在多有之耶。②

桔梗、薺苨、沙參，貴邦四時蒔以爲菜，見《東醫寶鑒》，至今然耶。③

《東醫寶鑒》貴國無枇杷雲，今尚然耶，此邦盛熟，今方如此，收核歸國植之，則必生矣④。

在日朝醫者的筆談內容中，《東醫寶鑒》所記載的有關植物、藥品、醫方等內容，無數次出現在筆談中，幾近成爲日本醫者的必問書籍。遠高於對日本漢醫產生重要影響的中醫醫典如《本草綱目》《素問靈枢》《傷寒雜病論》等。這一點值得我們注意。

《東醫寶鑒》是朝鮮著名的醫藥學巨著。作者許浚（1546—1615），是朝鮮的著名醫學家，官至國王御醫，正三品，死後被追認爲正一品輔國崇禄大夫。鑒於壬辰倭亂造成的朝鮮社會醫書嚴重缺乏、百姓無醫可就的情況，宣祖於 1596 年命令內醫院許浚等 3 人編纂醫書，歷經波折，在光海君的援助下，此書終於 1610 年完成，1613 年光海君將此書命名爲《東醫寶鑒》，同年在朝鮮出版。《東醫寶鑒》引用中國歷代醫書古籍 190 多種，以中文分類彙編爲 25 卷，其中目録 2 卷，正文 23 卷，書分爲內景篇 4 卷，外形篇 4 卷，雜病篇 11 卷，湯液篇 3 卷及針灸篇 1 卷。

其具體內容正如李廷龜在《東醫寶鑒》序言中所言："始自內景外形，分爲雜病諸方，以至脈訣症論，藥性治法，攝養要義，針石諸規，靡不畢具，井井不紊，即病者雖千百其候而補瀉緩急，泛應曲當，蓋不必遠稽古籍，近搜旁門，惟當按類尋方，層見疊出，對症投劑如符左契，信醫家之寶鑒，濟世之良法也"⑤。

可見，此書並非單純的中醫理論書，而是從多部中國醫學典籍中摘録多種病症的成因、症候、治療、方劑、藥物、針灸以及經絡學等內容，而更重

_____

①山田正珍《桑韓筆語》03。
②野呂元丈《朝鮮筆談》寫本上 11 表，內閣文庫藏。
③野呂元丈《朝鮮筆談》上 17 裏，內閣文庫藏。
④野呂元丈《朝鮮筆談》下 1 表，內閣文庫藏。
⑤許浚《東醫寶鑒》李廷龜序，1613 年，朝鮮內醫院初刻本。

視實用性的具體方劑，以及具體治病的臨床經驗①，被公認爲朝鮮醫學的最高成就。

日本關於《東醫寶鑒》的最早記載，見於 1636 年的朝鮮通信使與日本的筆談文獻《朝鮮人筆談》中，朝鮮醫官白士立與日本醫官野間三竹（字静軒）的醫事問答中，就提及了《東醫寶鑒》一書②。

1663 年（寬文三年）此書流傳到日本。據田代和生的研究，幕府通過對馬藩向朝鮮索要《東醫寶鑒》的事情也屢有發生，僅 1660—1690 年間就達 5 次之多③。

幕府第八代將軍德川吉宗對此書也非常渴望，1717 年就令對馬藩提供其所藏的《東醫寶鑒》。據説德川吉宗對朝鮮人參的所求與本地化生產，都與《東醫寶鑒》有著密切的關係。1722 年，出於濟世救民以及發展日本醫學的目的，德川吉宗下令由幕府出版發行《東醫寶鑒》的日本版，1724 年，《官刻訂正東醫寶鑒》正式出版發行，擔任此次出版事業的幕府醫師源元通在此書的跋文中寫道：

> 謹承上命，大君親政，法令整備，其教化遍行天下，臺尤慮醫事藥物。（東醫寶鑒）撰述歷代諸賢之書，選出治例，歸集方劑成 25 卷，此書實保民真心，醫家秘寶。今大君決斷刊行此書，實願與乏藏書之醫家，用於診療、全報疾苦民衆之生死。系醫業者，若深藏此書於胸中，用於治療，奏其功效，民命當久矣。醫家當愛人之命，寄仁與民，莫違大君之旨，若此庶民得大幸矣④。

可以看出，正是由於德川吉宗對醫藥、醫書的重視⑤，此書才得以在日本出版，出版者也認爲此書當爲"醫家秘寶"，是民之大幸。

《東醫寶鑒》在日本的流傳與出版，使得這部在當時集中、朝醫學精華的中醫寶庫，在日本有著廣泛的讀者，這在與朝鮮通信使進行筆談的醫官無一例外都提到《東醫寶鑒》一書的事實，足以得到證明。無疑，在 18 世紀

---

① 三木榮《朝鮮醫學史及疾病史》，1963 年，頁 184。
② 吉田忠《朝鮮通信使的醫事問答》，《東北大學日本文化研究所研究報告》24 集，1998 年。
③ 田代和生《江户時代朝鮮藥材調查研究》，慶應義塾大學出版會，1999 年。
④ 《訂正東醫寶鑒》23 跋文條。
⑤ 德川吉宗重視醫書的同時，也非常注重引進醫生，此時期有不少中國醫生被請到日本。

的日本醫家看來,《東醫寶鑒》是他們的必讀書目,關於中醫藥知識、驗方等多從此書獲得。因此,在朝鮮的醫官來日之際,各地醫官甚至儒學者都尋找各種機會向朝鮮醫官當面請教《東醫寶鑒》的所記內容。其後,由日本醫官編纂、以《東醫寶鑒》爲藍本的醫書不斷問世。

幕府醫官丹羽元機(字正伯、良峰)多次參加 1748 年朝鮮通信使筆談,並著有筆談録《兩東筆語》3 卷,他根據《東醫寶鑒》一書,撰有《東醫寶鑒湯液和名》2 卷,另外,樸方貫著有《東醫寶鑒湯液篇藥名韓稱》1 卷,小田幾五郎譯《東醫寶鑒湯液篇諺字和解》。另外,丹羽元機以《東醫寶鑒》爲底本,出版了《觀聚方要補》10 卷,《救急選方》2 卷。1730 年,與朝鮮通信使多有筆談且留下筆談文獻的醫官林良以之子林良適與丹羽正伯共同編纂面向普通百姓,防病防災的大衆本《普及類方》。另外,1711(正德元)年,第八次通信使的良醫奇鬥文,與日本醫官北尾春圃的筆談記録《桑韓醫談》2 卷刊行後,北尾的其他醫書成爲日本醫師爭相閱讀的重要醫學書籍。

《東醫寶鑒》在日本流傳如此之廣,影響深遠,這一方面源於《東醫寶鑒》集中國、朝鮮中醫學之精華,又有著明顯實用性特徵。《東醫寶鑒》與《本草綱目》《素問》《傷寒雜病論》等中醫名著一樣,成爲日本醫官的必讀書目。但《東醫寶鑒》驗方數量衆多,這對重視實用性的日本醫者而言,更具有利用價值,因此受到廣泛歡迎。另一方面,這一時期德川吉宗進行享保改革,提倡殖産興業,推行本草的國産化等政策,對醫藥、藥材、本草非常重視,也促進了與之相關的醫學書籍的出版發行。另外,《東醫寶鑒》在日本流傳過程中,催生出上述日本人編纂的醫學相關書籍,這無疑促進了日本醫學的發展。

二 "大西之法,勝於唐法遠矣"

《朝鮮筆談》的作者野呂元丈,在與通信使醫官進行筆談時,雙方曾就兩國的疾病治療之法,進行過對談。內容如下:

醫員探玄:《素問》云,四方之病,治各不同,貴國之治何以爲之耶?

元丈:《素問》異法方宜之論,是就本國九州方土以爲説耳,非可遍行於天下萬國之法也。自夫世界萬國之廣大視之,則支那亦一彈丸地而已。自其國視之,則吾邦亦有四方之治不同者,實不可據以爲法矣。

　　　　此邦醫治,有吾古昔傳之法,又有依唐法者,湯藥針灸從宜行之。
若癰腫金瘡外治之科多用大西之法,勝於唐法遠矣。①

　　在日朝的醫學筆談中,日本醫官、儒者多向朝鮮醫官請教中醫書籍、中
醫藥物、一切以唐法或《東醫寶鑒》爲賴。但此次的筆談中,卻出現了“大西
之法”。不僅如此,野呂元丈還認爲,外治之科中,“大西之法”還具有絶對
的優勢。這種全新的筆談内容,讓朝鮮醫官無法作答。受德川吉宗之命與
朝鮮醫官進行筆談野呂元丈等日本醫官,所言的“大西之法,勝於唐法遠
矣”的論斷從何而來?

　　野呂元丈在與朝鮮人筆談時,他自我介紹到:僕醫官也,而學本草,故
持來草木枝葉,欲問諸君見教②。同時野呂元丈還有另外一個身份,他是
江户最早學習荷蘭語的人物。關於此,杉田玄白在其著名的《蘭學事始》中
這樣寫道:

　　　　然江户初學此者誰也,御醫師野呂元丈、老御儒者青木文藏兩人
乘上命。據此兩人志於學此。然僅從每春荷蘭人禮拜時,滯留期間隨
其通事,無法深入學習,雖經數年,僅能書寫其二十五字。但這便是江
户學習荷蘭的濫觴③。

　　由此可知,野呂元丈是日本江户最早學習荷蘭語、最早接觸西方的人
物。時間約在 1740 年左右。另據《荷蘭商館日誌》的記載,野呂元丈還多
次前往江户的荷蘭商館“長崎屋”,與前來江户觀見將軍的荷蘭商館人員進
行筆談。荷蘭商館 1744 年的日誌中記載到:

　　　　午後,一名將軍醫師與兩名儒者來訪,他們攜來藥草之書,要求讀
與他們,通過通事今村源右衛門給他們進行了講解説明。

　　　　上午,前天約好的醫師與兩名儒者來訪並共進午餐,之後他們詢
問有關外科的問題,一直到夜裏九點才離去。

　　　　整整一天忙於應付來訪醫師們的無聊的問題,他們傍晚方
離去④。

---

①野呂元丈《朝鮮筆談》上,12 表。

②野呂元丈《朝鮮筆談》2 裏。

③杉山玄白《蘭學事始》社會思想社刊,1974 年,頁 25。

④轉引自今村英明《野呂元丈與阿蘭陀通詞今村源右衛門明生》,《洋學》14,2005 年。

據今村英明的研究,去拜訪荷蘭商館長的是野呂元丈,與他同去的儒者是青木文藏。他携帶的藥草書籍是《草木誌》。很明顯,作爲江户醫官的野呂及青木,他們拜訪荷蘭人的根本目的在於學習荷蘭的醫學。草藥之學、荷蘭的外科醫學是野呂最爲關心的問題,在此過程中,野呂元丈獲得了他所需要的西醫學知識。

另外,野呂元丈還與當時有名的荷蘭語通事今村源右衛門明生有過密切的交往①。多次拜訪、交流之後,野呂元丈於 1744 年翻譯完成了《阿蘭陀本草和解》一書。同時,野呂元丈與荷蘭商館及荷蘭通事的交流一直持續一二十年,且關係非常密切。1760 年 4 月 18 日商館長日誌中記載到:

> 將軍的儒者青木文藏與將軍的醫師野呂元丈,前來祝賀我們順利完成了將軍的謁見。我們給他們甜葡萄酒與蜜餞,他們滿意而歸②。

與荷蘭人以及荷蘭語同時長達近 20 年的交往中,野呂元丈不僅擁有了豐富的蘭學、荷蘭醫學知識,同時使得他對世界的認識發生了很大的變化。在與朝鮮醫官的筆談中,野呂元丈用"天下萬國""世界萬國"等概念,解構了"中國中心"的世界觀。同時,野呂元丈還強調,在外科方面,中醫的治療方法遠遠不及大西之法。這也使得中醫在日本的地位遭遇到來自異質世界的挑戰。

縱觀這一時期,日本與西歐世界的相遇,使得日本人對外部世界的認知發生了很大變化,如西川如見的《華夷通商考》《增補華夷通商考》的流通,使得海外知識已經廣爲普及,1713 年新井白石的《西洋紀聞》《采覽異言》等書,雖然没有公開發表,但也廣泛流傳,成爲知識分子的必讀書③。新的地理知識、新的科學知識的湧入,使得日本人對外界的認識,尤其是對中國的認識,發生了巨大的變化。以杉田玄白爲代表的蘭學家,明確反對一直以來以中國爲中心的世界認識:

> 腐儒庸醫,從支那之書,視其國爲中土。地本爲一大球,萬國配居

---

①據今村英明的研究發現,野呂與荷蘭通事之間有 3 封信函,裏面記述了野呂與今村的交往經過。荷蘭通事今村源右衛門明生爲野呂置辦西洋藥材、香料等具體過程。具體請參照今村英明《野呂元丈與阿蘭陀通詞今村源右衛門明生》,《洋學》14,2005 年。
②見前引今村英明論文,頁 95。
③宮崎道生《新井白石的世界》吉川弘文館,1972。

於此,所居之處皆爲中心,豈有中心之國,支那亦海東一隅小國矣①。

野吕元丈的世界認識與那一時期的國内形勢有關,也更與其直接與荷蘭人、荷蘭通事的交往有關。他對朝鮮通信使稱外科方面"大西之法,勝唐法遠矣"的斷言,正是他多年學習荷蘭語、西方醫學、以及一直與荷蘭人交往的結果。

另一方面,朝鮮醫官對野吕元丈關於"大西"的言論,没有任何回應。是出於他們對西洋的一無所知? 還是他們對異質文化的排斥? 真相又如何?

事實上,朝鮮通信使與西洋的接觸,是始於1631年的燕行使節鄭鬥源在山東半島與在華傳教士陸若翰的相遇。此後,很長一段時間,燕行使對在華的西方傳教士表現出極大的興趣,多次參觀傳教士在北京的教堂②。洪大容、李德懋都在其燕行記録中對此有詳細的記載。③ 同時,燕行使在與中國人的筆談中,也曾有遍求日本出版的醫學書籍的記載。

　　余在漠北,問大理尹卿嘉銓曰:近世醫書中,新有《經驗方》,可以購去者乎? 尹卿曰:"近世和國所刻《小兒經驗方》最佳,此出西南海中荷蘭院。又西洋《收露方》極精,然試之多不效。大約四方風氣各異,古今人稟質不同,尋方診藥,又何異趙括之談兵乎"……餘既還燕,求荷蘭《小兒方》及西洋《收露方》,俱不得④。

從以上記録可以看出,朝鮮通信使已經在中國搜尋西洋的書籍。但在來日的朝鮮良醫與日本醫官、儒者的筆談中,没有表現出他們對日本醫書的興致。同時,對於野吕元丈所言"遠勝唐法"的西法,也没有絲毫的反應。這背後的原因耐人尋味。

另外,朝鮮通信使與日本人的筆談過程中,有互相贈送禮品的習慣。尤其是朝鮮贈給日本人朝鮮藥物幾乎成爲慣例⑤,朝鮮與日本之間交換的

---

① 杉山玄白《狂醫之言》日本思想大系,岩波書店,1971,頁230。

② 葛兆光《鄰居家的陌生人——清朝中葉朝鮮使者眼中北京的西洋傳教士》,《中國文化研究》,2006夏之卷。

③ 楊雨蕾《朝鮮燕行使臣與西方傳教士交往考述》,《世界歷史》,2006第5期。

④ 朴趾源《熱河日記》,頁374—375。

⑤ 關於幾次醫學筆談中贈送的具體藥物請參照:李敏、黄華英、梁永宣《18世紀日朝外交中的藥物饋贈考述》,《中醫藥文化》,2016年第1期。

禮物主要是朝鮮的蠟藥，以清心丸、蘇合丸等爲主。日方多是紙扇、也有藥物如赤龍丹等。但野呂元丈贈送給朝鮮通信使的卻是西洋之物，且看以下筆談內容：

> 元丈：此一玉壺阿（荷）蘭人年來貢於東都葡萄酒也，僕每會於其客舍，討論西洋產物，而遂所得也。數勺殘酒誠不足助清興，然其遠方之物攜來勸之。葡萄美酒夜光杯，快飲一杯幸哉。

> 活菴：遠方之酒極可貴也，僕不飲，愛其清香，快飲一盅，胸海灑落，不啻上池水。公莫非長桑君來飲秦越人者乎①。

這一段對話中，野呂元丈所言及的葡萄酒，與上述荷蘭商館日記中的內容，"將軍的儒者青木文藏與將軍的醫師野呂元丈，前來祝賀我們順利完成了將軍的謁見。我們給他們甜葡萄酒與蜜餞，他們滿意而歸"②的記載完全一致。有趣的是，野呂元丈將荷蘭人送與他們的葡萄酒又帶到了筆談現場，並與朝鮮醫官共飲。除了與朝鮮人共飲西洋的葡萄酒之外，野呂元丈還將西洋的碧壺、玉杯一同贈與了朝鮮良醫活菴。

> 活菴：昨日留置碧壺、玉杯，深謝厚意。

> 元丈：昨日留置杯、壺，褒獎過當，卻以慚汗，雖是細物，西洋遠產，聊呈之耳③。

對日本的所謂"西法"毫無興趣的朝鮮良醫、醫官，對野呂元丈所提供的西洋美酒、西洋特產表現出了極大的興致。這又是如何理解？也許下面這段話，道出了他們的心聲。

> 紅毛《本草》，按圖則是，觀字則非，橫行爲書記，不直下，固不可讀也。革飾表袟，異形殊類，惟應爲奇玩焉耳④。

在以中醫爲宗的醫官看來，西醫，只能算作"奇玩"而已。這在前述朴趾源與中國大理卿的會談中，也有類似之感。大理卿否認了荷蘭院的醫方，而朝鮮醫官對荷蘭的醫方、西法不作任何的評述，原因也蓋源於此。

---

①野呂元丈《朝鮮筆談》下，6 裏。

②見前引今村英明的論文，頁 95。

③野呂元丈《朝鮮筆談》下，15 裏、16 表。

④望月三英《醫官玄稿》卷一，見日本國立國會圖書館資料庫。

結　語

　　日朝筆談文獻中的醫學筆談,讓我們看到了當時東亞世界豐富多彩的醫學交流圖景。《東醫寶鑒》作爲東亞文化中具有代表性的中醫文化的縮影,它是以中國的歷代醫書古籍爲基礎,經過朝鮮醫家的編纂又成爲朝鮮中醫學的最高代表。1613 年《東醫寶鑒》刊行後,初刻本藏於韓國首爾大學的奎章閣,之後在朝鮮(12 種)、中國(16 種)、日本(2 種)等國有 30 多種不同刊本。可以看出,以《東醫寶鑒》爲載體的中醫文化在東亞内部形成一個環流,這個環流中既有對傳統醫典的吸收與傳承,又有本地化過程中的創新。日本吸收、接納《東醫寶鑒》的過程中,出版了前述各種中醫書籍,便是最好的證明。

　　同時,在考察日朝筆談的具體内容的同時,是否還應關注到另外一個層面的内容,那就是日朝筆談時,雙方醫者的文化心態如何①。

　　在朝鮮醫官看來,醫學方面他們遠超日本,從日本醫官動輒尋求《東醫寶鑒》所載内容的詢問中,他們得到了極大的滿足。醫談的主要内容,也的確是朝鮮醫官施教,日本醫官求教。所以筆談過程中朝鮮醫官對日本的醫學發展水準、醫道等持批判態度較多。

　　而另一方面,日本醫官野吕元丈在筆談中,對中醫經典《素問》内容的否定,對世界的全新詮釋與認知,似乎要瓦解那一時期中國世界中心的地位,這也體現在野吕元丈送與朝鮮醫官的西洋禮物上。在此,産自西洋的葡萄酒也好,玉杯、玉壺也罷,完全有別於之前日朝之間的禮物。西洋物品所具有的價值,是否解放了日本人在朝鮮與醫學面前的弱勢地位?他以有別於東亞世界固有的價值屬性,巧妙地解構了中醫藥物的權威性。這,抑或正是蘭學學者野吕元丈所追求的目標。

---

①葛兆光認爲,日朝通信使的交流無論在政治上還是文化上,實際上是兩國文化間的比賽與競争。詳細請參照葛兆光《文化間的比賽——朝鮮赴日通信使文獻的意義》,《中華文史論叢》,2014 年第 2 期。筆者也認爲,在日朝之間,雖然也有充滿友好的詩文唱酬,但兩國文人之間明裏暗裏的文化較量一直都存在。另一方面,這種文化比賽、文化較量中也有對傳統文化的繼承與創新的成分。

　　而在日朝筆談的年代，日本的蘭學正在蓬勃發展，而之後誕生的蘭學家、洋學家的世界認識、明顯發生了東西易位，日本人追求西洋的腳步再也沒有停息。

　　綜上所述，通過日朝兩國的醫學交流片段，我們可以發現，中醫學知識與具體的治療實踐，在東亞世界有著不可撼動的地位，但同時也已經隱藏著兩國醫者對於蘭學、西學的不同態度與認知，這也似乎在預言著兩國在18、19 世紀不同的發展態勢。

　　這其中的悖論在於應對"大西之法"、應對來自西方的挑戰，成爲之後東亞各國無法擺脱的命運。

（作者單位：山東大學外國語學院）

日本漢籍研究

域外漢籍研究集刊　第二十輯
2020 年　頁 81—96

室生寺本《日本國見在書目録》
鈔注體例及書名新證

陳　翀

　　室生寺舊藏藤原佐世撰《日本國見在書目録》,自江户末期發現以來,現已成爲我們研究宋前書籍最爲重要的文獻之一。然而,筆者在通過對原本調查及使用日本古典保存會 1925 年縮印本進行模寫時,發現海内外先賢們對於此本的鈔寫時間及體例之認識均存在着重大失誤。簡而言之,此次通過原本調查及相關史料查證,基本可以得出以下兩個新結論:

　　(1)通過對室生寺本卷末文字的考證,我們可以基本確認,此本非先人所認定的平安鈔本,其鈔寫時間不會早於日本嘉吉文安時期(1441—1448),如按時期來區分的話應重新定性其爲室町時期(1336—1537)鈔本。其原本鈔撰者及該本鈔寫者應該是與明經博士清原家及菅家有着比較密切關係的某位博士或學僧。

　　(2)通過對室生寺本之鈔寫體例的釐清及日本古代公家日記對"見在書"史料的收集考證,可知此本至少原鈔有《日本國見在書目録》及《本朝見在書目録》兩種漢籍書目,其書名總稱爲《外典書籍目録》。這兩本書目乃是日本古代貴族及公家之勘定年號、命名、及陣定文書時的一部重要的出典書目。

　　有關第一點之室生寺本鈔寫時間的重新釐定,拙稿《室生寺本〈日本國見在書目録〉鈔寫時間考——以〈玉海〉東漸爲綫索》一文中已經有了詳考,此處就不再贅言①。本文擬集中就第二點之《見在書目》書名、室生寺本之

①文收劉玉才、潘建國主編《日本古鈔本與五山版漢籍研究論集》,北京大學出版社,2015 年 6 月,頁 133—145。又,本文屬於 JSPS 基盤(C)16K02588 研究成果之一。

鈔寫體例及公家日記所見相關記録做一些考證，以便釐清至今仍爲懸案之《日本國見在書目（録）》《本朝見在書目（録）》及“見在書目（録）”三者間的真正關係。

一

有關《日本國見在書目（録）》《本朝見在書目（録）》及“見在書目（録）”三者之關係，前人研究雖多，但大多自相矛盾，還没有得出一個令人信服的觀點。最近，孫猛先生在前人論述的基礎上予以了重新考證，並歸納出以下之三點推論①：

（1）《日本目》與《本朝目》一脈相承，但兩者不是同書異名的關係。《本朝目》、原本《日本目》、今本三者具有密切的因承關係，然而是各不相同的文本。

（2）上列内證《東觀漢記》條的“今本朝見在”、《後魏書》條的“本朝見在書”等的表述，應當用“名詞解讀法”來理解，這些表述是《本朝目》原有的文字，保留在《日本目》中，它們跟今本尾題相呼應，可以説《日本目》出於《本朝目》，但不能因此而説《日本目》原來的書名應該是《本朝目》，或者以爲書名當以《本朝目》爲“首選”。

（3）改《本朝目》爲《日本目》，乃藤原佐世所爲，不是“後人所改”。

平心而論，相對於此前學者之大多不經詳考便擅下結論，孫猛先生的考證可謂相當嚴謹。然而即使如此，對於其所得出的以上這三個觀點，我們不得不説還是有待商榷，難以贊同。究其緣由，一是孫猛先生没有看破森立之對此書鈔寫年代判定之詐，依舊誤認其爲平安鈔本；二是仍受前輩學者之影響，將“本朝見在書目録”不加檢討就視爲室生寺本《日本國見在書目録》之“尾題”。這也就導致最後的結論差之毫釐，失之千里了。

如果撇開前人諸學説之先入爲主的影響，就事論事，仔細地確認一下室生寺本的鈔寫形態，就不難判斷出此鈔本原來並非《日本國見在書目録》單本之鈔寫本。按，今存室生寺本爲粘葉裝，現存四十七紙。每紙高九寸

---

① 參見孫猛《〈見在目〉書名之檢討》，《日本國見在書目録詳考》下册，上海古籍出版社，2015 年 9 月，頁 2221—2230。又，下凡是同引此文處不再一一標注。

三分、寬五寸七分；每頁六行，白綫爲界①。首先，如圖 1 所示，室生寺本第 1 頁，也就是表紙中書有"外典書籍目録"六個大字，左下角同一筆迹書"室生寺"三字；表紙背面，也就是第 2 頁留白，由此可知第一張紙乃是此鈔本之封面。從封面所書"外典書籍目録"之書名，可推知此本原當是鈔録了複數外典書籍目録的一部目録集成。這頁表紙的存在，可謂是我們判斷室生寺本之原本書籍形態之最爲重要的綫索。可惜以前在議論這一問題時先哲們大多對此視而不見，一開始就將室生寺本與《日本國見在書目録》畫上了等號。

接下來再來確認一下第二紙，也就是第 3 頁（圖 2），其首題"日本國見在書目録"，以下爲《日本國見在書目録》具體書目。第 4 頁以後紙面紙背皆書本文，直至第 47 紙之紙背、也就是第 94 頁。第 94 頁（圖 3－2）鈔完《日本國見在書目録》書目之後隔一行書"本朝見在書目録"，下小字注"其後渡來數卷"。第 95 頁（圖 3－1），也就是最後一頁第一行頂格書"太宗平王充"一段注文，後再隔一行録"七緯"書目②。

要之，如果單從此鈔本的書寫形態來看，我們不難判斷出室生寺本原來是一部鈔録了至少一部以上的外典書目集成書，第一部鈔寫的是藤原佐世所撰的《日本國見在書目録》節略本，第二部當是鈔寫了藤原佐世以後新渡來漢籍之目録，也就是此後新編的《本朝見在書目録》。只是遺憾的是室生寺本"七緯"以後部分已經散脱。不過，從"本朝見在書目録"之後所附注文可以看出，此後的書目與前《日本國見在書目録》所遵《隋書·經籍志》的二十一分類有所不同，採用的乃是唐宋時期之經史子集的四部分類。這也是我們判斷《日本國見在書目録》與《本朝見在書目録》乃是兩種不同時期之"見在書目録"的一個重要佐證③。

------

①對於此本書籍形態之介紹，還可參見古典保存會大正十四年複製本（縮寫本）末附山田孝雄《帝室博物館御藏 日本國見在書目録 解説》，又此複製本雖改成了折本裝，但還是比較忠實地保留了原本形態。

②末頁之紙背不書字，現爲此書之封底。然此封底頁與紙面紙型稍有不同，極有可能是後人所貼補。於此還有待今後作進一步的確認。

③相關考證參見前舉拙文《室生寺本〈日本國見在書目録〉鈔寫時間考——以〈玉海〉東漸爲綫索》。

圖 1

日本國見在書目録
合卅家
正五位下行陸奧守兼上野權介藤原朝臣佐世
奉　勅撰
一易家　二尚書家　三詩家　四禮家　五樂家　六春秋家　七孝經家
八論語家　九異説家　十小學家　十一正史家　十二古史家　十三雜史家　十四覇史家

圖 2

本朝見在書目録

七緯
易緯　書緯　詩緯　礼緯
樂緯　孝經緯　春秋緯

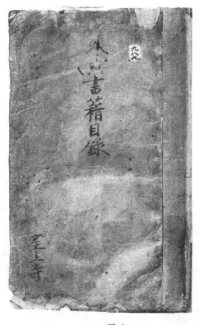

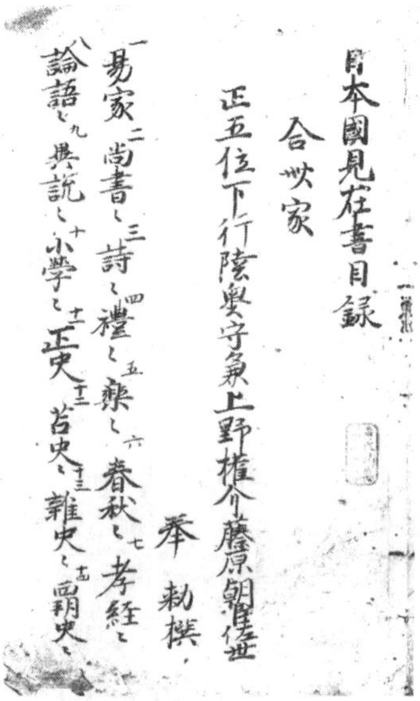

圖 3－1

圖 3－2

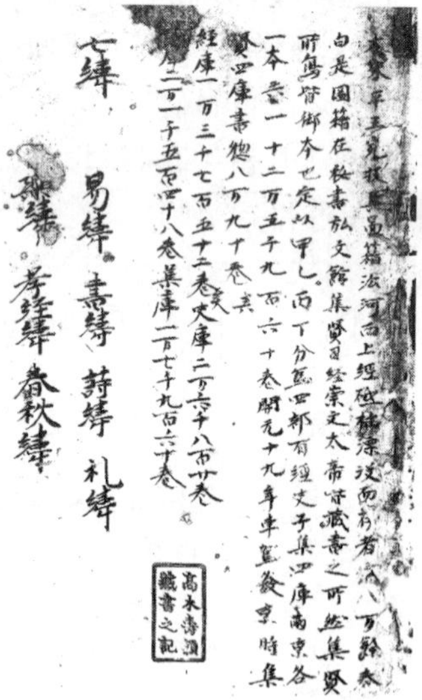

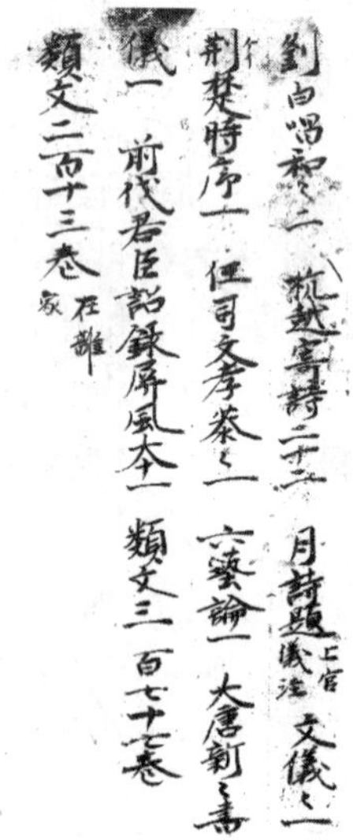

二

　　太田晶二郎先生曾指出，室生寺本《日本國見在書目録》書見有"本朝書目"的三則注文，然其卻是採取了一種所謂的"名詞解讀法"來將這些注文用作了"本朝見在書目録"非書名的佐證①。此後，孫猛先生在太田學説延伸的基礎上對這三則史料予以了重新的考證，其所舉注文如下：

　　　　内證之一：史部正史家著録《東觀漢記》一百四十三卷，注曰："右《隋書·經籍志》所載數也。而件《漢記》，吉備大臣所將來也。其《目録》注云'此書凡二本，一本百廿七卷，與《集賢院見在書》（案：指《集賢院見在書目録》）合；一本百四十一卷，與《見書》（案：亦指《集賢院見在書目録》）不合。又得零落四卷，又與兩本目録不合。真備在唐國多處營求，竟不得其具本，故隨寫得如件。'今本朝見在百卅二卷。"（0416）

　　　　内證之二：史部正史家著録《後魏書》一百卷，隋著作郎魏彦深撰。注曰："右《經籍志》（案：指《隋志》）所載數也。而本朝見在書收魏延深相雜纔六十卷也，其餘未知所在。今爲待後來，全載本數。"（0428）

　　　　内證之三：經部小學家著録《桂苑珠叢》十卷，注曰："李思博撰。第一帙。件本一百卷，而《見在》只第一帙，其餘未知在否云云。"
　　（0298）

因本文先已介紹了孫猛先生的結論，有關這三則資料的具體考證，此處就不再詳細轉述。簡而言之，孫猛先生大致認同太田觀點，認爲這三則"附注"均是出自於藤原佐世之手，且指出前"兩條附注既然出藤原佐世之手，他又不可能在自己所編撰的《本朝目》裏提到自己所撰寫的《本朝目》，所以，附注中的'本朝見在''本朝見在書'，只能是一般名詞，'本朝'指的是地點，'見在'指的是時間，就是'本朝現在實存圖書'的意思，均不能打上書名號"。

　　然而，《日本國見在書目》的編撰者藤原佐世生於日本承和十四年（847），卒於昌泰元年（898），此時大唐尚在，日本與唐締結有朝貢關係，並

_____

① 參見太田晶二郎《日本漢籍史札記·日本國見在書目録編纂の精神》，《太田晶二郎著作集》第一册，吉川弘文館，1991 年 8 月，頁 313—316。

且不定期地向唐王朝派出遣唐使。因此，這一時期日本對內對外均稱"日本（國）"，如其國史就相繼被命名爲《日本書紀》《續日本紀》《日本後紀》《續日本後紀》①。907年唐王朝滅亡之後，日本還與南方諸國如吳越（吳越對外一般稱大唐吳越，表面上維繫着大唐政權之存在）保持着一定的來往，依舊自稱"日本國"。直到吳越被滅之後，日本才基本上中斷了與大陸政權的外交關係，與之後的北宋王朝一直没有建立國交，甚至拒絕認可北宋政權的正統地位。也就是説，要晚到979年北宋統一大陸之後，日本才正式脱離了東亞朝貢體系，封海鎖國，並衍生出了"本朝"這一政治概念：對國内稱"本朝"，對外國及某些佛教場面内則仍按舊例沿用"日本"。也正因如此，十世紀末以後，也就是平安中後期所編撰的書籍開始不用"日本"而改用"本朝"命名，如藤原明衡（989—1066）晚年所編撰的《本朝文粹》《本朝秀句》，爾後鎌倉時期據傳爲滋野井實冬（1243—1303）編撰的《本朝書目録》等等。另外，大江匡房（1041—1111）在續寫慶滋保胤（933—1002）《日本往生極樂記》時，亦將書名改爲《本朝往生傳》，也正是反映了這一時期因政體變化而導致書籍命名之嬗變的一個典型例子。如此一來，尚在大唐政權朝貢體系下的藤原佐世，是否有先見之明率先使用"本朝"一詞用作書名，顯然有必要打上一個大大的問號②。

　　其實，要解決這一問題，還得回到室生寺本之文本及其書寫格式上來。接下來，就讓我們參照本文所附室生寺本這三則注文的原圖來做一些細緻的考證。首先，室生寺本所鈔寫各書目底下的雙行小字夾注，根據與《弘決

---

① 平安時期的日本國史現在雖然被統稱爲"六國史"，然之後的《文德天皇實録》及《三代實録》僅停留在"實録"階段，還没有被整理成正式的國史。

② 對於"本朝"一詞，作者曾對《大日本古文書　編年文書》（收録日本大寶二年〔702〕至寶龜十一年〔780〕古文書，主要是正倉院文書）及《平安遺文》（竹内理三編，東京堂出版，1947）做過調查，還未發現唐王朝時期日本古文獻包括漢詩文中有用"本朝"來稱日本政權的用例。唯卷八收《東寺所藏文書》（文書號碼：4327）録大同元年（806）十月二十二日文書見録有"廿四年仲春十一日大使等旋軔本朝，唯空海孑然准敕，留住西明寺"，頁3237。又同卷收《常曉和尚請來目録》（文書號碼：4446）録承和六年（839）九月二日文書云："廿一日准敕離州，却赴本朝"，然按上下文語義此處本朝應該是指長安，頁3325。又本調查還參考了東京大學史料編纂所網站的奈良時代古文書及平安遺文的檢索。

外典鈔》等書籍的對比,基本可以肯定其爲藤原自注。要之,孫猛先生所舉
內證之三《桂苑珠叢》題下小字夾注屬於底本原有的藤原自注。只是非常
遺憾的是,孫猛先生的此處考文,並非忠實地根據室生寺本原文,而極有可
能是參考了狩谷棭齋或太田晶二郎的臆改,以致在文字判斷上出現了一個
重大的誤鈔。按,室生寺本《桂苑珠叢》題下小字夾注原文應如下(圖6,下
劃綫及括號內文字爲筆者所加,下同):

　　　　李思博撰第一帙件本一百(此處改行)卷而見在旦第一帙其餘未
　　知在否云云。

考狩谷棭齋所據《日本國見在書目録》並非室生寺原本,而是書工所製
的摹寫本,因此,其所用的底本不但在內容上出現了大量的鈔脱,具體到文
字上亦出現了很多訛誤。如圖7—1所示,狩谷棭齋所據覆鈔本之"呂"字
當時是被鈔寫成了"品"字,文意不通,狩谷棭齋無奈將其擅改成了"只"字,
而後太田晶二郎亦將此處臆改成"只",孫猛先生或是因襲兩人之誤。然
而,如圖7—2、7—3所示,此後小長吉惠吉、矢島玄亮均未採用狩谷棭齋考
文,而是按室生寺原本依舊將此字録爲"呂"字①。而正是這一字之差,導
致太田及孫猛先生對此文的闡釋完全乖離了原文之本來意思。

室生寺本的這個"呂",按照其本字意來解也是不通的。然而,如果對
室生寺本鈔寫方法有些了解的話②,就不難推測出此字應該是"筥"的省筆
字。"筥",也就是平安文人用來裝書用的"書匣"③。要之,這則注文的意
思應作如下之解:"李思博撰。(今存)第一帙。這個本子(原來)有一百卷。
但現在(裝此書的)書匣只有第一帙,其餘不知所在。云云。"文末"云云"二

――――――――――

① 狩谷棭齋《日本見在書目證注稿》,收《狩谷棭齋全集》第七册,現代思潮社1978年覆
　刻《日本古典全集》版,頁78;小長吉惠吉《日本國見在書目録解説稿》,小宮山書店,
　1956年12月,頁98(目録第6);矢島玄亮《日本國見在書目録—集證と研究—》,汲古
　書院,1984年9月,頁74。又,上舉太田晶二郎論文亦作"只",其注八云:"'只'原作
　'呂',以意改之",頁315。
② 於此可參考拙文《〈日本國見在書目録〉所見〈玉臺新詠集〉考》中的相關考證,《國際漢
　學研究通訊》第6期,北京大學出版社,2013年1月,頁124—128。
③ 有關平安時期書籍保存形態之考證,可參考拙文《試論鈔刊轉換時期及作品首數誤録
　之問題——以白氏文集卷十五、卷六十二等爲例》,文録《中國唐代文學學會第十九屆
　年會暨唐代文學國際學術研究會論文集》下册,頁267—282。

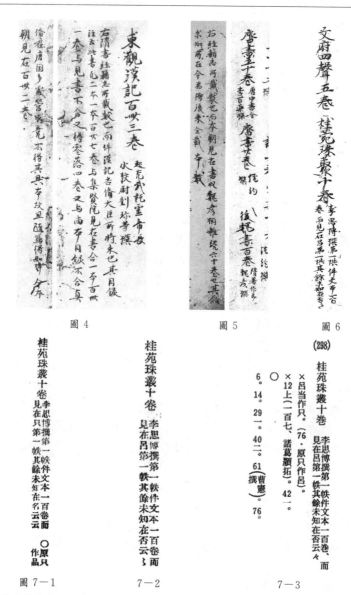

圖4　　　　　　　　圖5　　　　　　　圖6

(298)

圖7－1　　　　　　7－2　　　　　　　7－3

圖4　左圖原鈔寫於室生寺本第30頁第4、5、6行，右圖原鈔寫於室生寺本第31頁第1行。

圖5　左圖原鈔寫於室生寺本第31頁第6行，右圖原鈔寫於室生寺本第32頁第1行。

圖6　原鈔於室生寺本第24頁第1行。

圖7－1　爲狩谷棭齋考文，7－2　爲小長谷惠吉考文，7－3　爲矢島玄亮考文。

字,則顯示了原注此後應當還有一大段文字,只是鈔寫者認爲其意義不大,便將其省略掉了。由此我們可以再次確認書名下夾注乃鈔寫者所轉録的藤原自注,因此其省略原文時才會按慣例在句末添上"云云"二字。而且,從這則注文還可推知,藤原佐世在撰寫《日本國見在書目》時,確實是有對大學寮所藏漢籍進行過原書之核對,並非紙上談兵,隨意據各種目録匯鈔而成。

如上所考,我們基本可以確定,藤原佐世在撰寫《日本國見在書目》時對各類書籍所作的注解乃是採取了一種書名下小字夾注的書寫格式,而室生寺本鈔寫者在鈔寫時雖屢有節略,但在書寫格式上基本上還是嚴格地遵循了原書的書名下夾注的體例。也就是説,如果前兩則"附注"如前人所判斷,爲藤原佐世自注的話,其也應當按通例採取這種書寫格式。

先來看看圖4所録《東觀漢記》的鈔録格式,此處先鈔録書名及卷數之"東觀漢記百冊三卷",下用小字夾注録藤原佐世自注"起光武訖靈帝長水校尉劉珍等撰",下空五格,另起行頂格寫雙行小字注"右隋書經籍志所載數也而件漢記吉備大臣所將來也其目録(此處改行)注云此書凡二本一本一百廿七卷與集賢院見在書合一本百冊",再改行頂格單行寫"一卷與見書不合又得零落四卷又與兩本目録不合真",然後改頁再用雙行小字頂格書寫"備在唐國多處營求竟不得其具本故隨寫得如件今本(此處改行)朝見在百卅二卷"。室生寺本鈔寫者在藤原佐世自注之下故意留五字空白而另改行頂格書"右隋書經籍志"之文,顯然其意無他——正是以示區別,爲了顯示此注非原有書名下藤原自注。

而圖5所録《後魏書》條其實亦是遵循了這一鈔寫格式。此處仍是按原書先録"後魏書百卷",下用小字夾注鈔藤原佐世自注"隋著作郎魏彦撰"。因此處已到頁尾,故接着改頁,另起第一行頂格寫雙行小字注"右經籍志所載數也而本朝見在書收魏延相雜纏六十卷也其餘(此處改行)未知所在今爲待後來全載本數"。這裏雖然因爲剛好書寫到紙末而沒有在藤原自注下留空格,然此後"右經籍志"之"右"字,還是表明了以下文字乃是另起一行之注而非書名下夾注。要之,這一"右"字,與前條一樣,均是室生寺本鈔寫者有意用來區別藤原自注的一個不可忽視的重要指標。

通過書寫格式的確認,我們基本可以判定,這兩則另起行頂格書的"附注",決不可能是藤原自注,與"本朝見在書目録"後録的一大段文字一樣,當是後人所寫的"補注"。而且,通過下文考證可知,這些"補注",恰恰是因

《日本國見在書目録》與《本朝見在書目録》所録卷數有所不同，才被室生寺本鈔寫者（或是室生寺本所用底本之鈔撰者）有意補入的。

　　此處讓我們再來對上面的這兩則"補注"之内容做一些具體的考證。首先，《東觀漢記》條，後人之所以要對這一書目進行"補注"，蓋是因爲其後之《本朝見在書目録》所録爲"百冊二卷"，與《日本國見在書目録》之"百冊三卷"稍有不同。此人先是翻閲了《隋書·經籍志》，確認其與《日本國見在書目録》所録相吻合，之後又調閲了此書傳來者吉備真備（695—775）所留下的漢籍目録，吉備目録上有注文解釋云其當初傳來有兩本，一本爲"百廿七卷""與集賢院見在書合"，一本爲"百冊一卷"，與"見書"，也就是前文之"集賢院見在書"不合，另有"零落四卷"，與"兩本目録不合"。按，唐玄宗於開元十三年（725）改集仙殿爲集賢殿，改麗正修書院爲集賢殿書院，以宰相一人兼集賢院學士，並配置直學士、侍讀學士、修撰官等，專職搜校經籍，搜羅圖書。此處《集賢院見在書》當就是指集賢殿書院所存書目録。考吉備真備曾兩次入唐，第一次爲716年，在唐十七年，於733年歸國，734年回到平安京。第二次爲752年，入唐兩年，754年歸京。不過，《續日本紀》録有吉備真備第一次入唐傳來的書目及物品單，其中並沒有《東觀漢記》①，是知此書或是吉備真備第二次入唐時所傳之書。那麼，爲何《日本國見在書目録》會與後來的《本朝見在書目録》出現一卷之差異呢？通過"補注"所轉録吉備真備目録注所云"又與兩本目録不合"一文或可以推測出，這極有可能是《日本國見在書目録》所録書還包括了一卷目録，而之後《本朝見在書目録》所録書只是將原有目録散佚了而已。當然，文獻無徵，這也只能算是筆者的一個推測罷了②。

　　《後魏書》之"補注"亦是出自同一緣由——説明《日本國見在書目録》

①收《新訂增補國史大系》第二卷，原文如下："入唐留學生從八位下下道朝臣真備獻《唐禮》一百三十卷、《太衍曆經》一卷、《太衍曆立成》十二卷、測影鐵尺一枚、銅律管一部、《鐵如方響寫律管聲》十二條、《樂書要録》十卷、弦纏漆角弓一張、馬上飲水漆角弓一張、露面漆四節角弓一張、射甲箭二十隻、平射箭十隻。"吉川弘文館，1966年，頁137。

②這或與平安中後期博士家所必讀之"三史"由《史記》《漢書》《東觀漢記》改爲了《史記》《漢書》《後漢書》不無關聯。因爲《東觀漢記》不再是常用之書籍，因此才會出現目録之脱落而沒有予以補寫的特殊情況。

所録卷數與《本朝見在書目録》有所不同。《後魏書》藤原佐世録爲百卷,然《本朝見在書目録》録"魏延相雜纔六十卷也,其餘未知所在,今爲待後來全載本數"。通過與《經史歷》的對照可知,平安中期以後大學寮文人乃是改用唐末宋初傳來的百三十卷"唐摺本"《後魏志》爲定本①。而之前的唐鈔百卷本《後魏書》或是因爲不常使用,到了編寫《本朝見在書目録》之時只剩下零零散散的六十卷,餘卷不知道被挪放到什麽地方去了。不過,《本朝見在書目録》爲了標明其原卷形態,仍是並録了其爲"百卷",又在書名下做了説明,以待以後有機會尋撿配齊。

三

　　綜上考證,我們基本可以判斷,今存室生寺本《外典書籍目録》,本來是一部鈔寫了《日本國見在書目録》及《本朝見在書目録》(甚至更多)的外典書目録集成。只是非常遺憾的是,今存本脱落了《本朝見在書目録》"七緯"以後的全部文字,以致於後人將本是接續下文的書名之"本朝見在書目録"誤認爲了前一部《日本國見在書目録》的尾題。

　　《本朝見在書目録》雖然現已不存,然其所録書目當與之後的《經史歷》所録經史兩部的書目有所重疊。只是《經史歷》所録的是平安後期文人之最常用的書目,因此上兩則補注所提到的平安後期不再常使用的《東觀漢記》及百卷本《後魏書》均不見録,無法對證,此處姑且存疑。不過幸運的是,我們還是可以通過廣橋經光(1213—1274)的日記《民經記》中的相關記録來確認《本朝見在書目録》的存在。兹將《民經記》中"見在書"相關史料轉録於下②:

　　　　①卷八"寬元元年(1243)二月二十六日(改元定記)"條:裏書云(廿六日下)今夜民部卿談云:"文字殊有子細云云。文應モトロクヘシト相讀有訓,被憚此事歟,文身斷髮變身之事也,誠先先有沙汰歟,

---

①於此可參考拙文《三善爲康撰〈經史歷〉之文獻價值叙略——兼論唐末五代大規模刻書之可能性》所整理的《日本國見在書目録·經史歷·北宋監本》對照表,文載《域外漢籍研究集刊》第6輯,中華書局,2010年5月,頁321—344。

②《大日本古記録 民經記》,東京大學史料編纂所編纂,岩波書店,1975年,第八册,頁210—211、350,第九册,頁144。

文字之舊難即是等也。"式部大輔云："春秋内事用引文之條不審,見在書目録内無之,春秋末文歟,仍内々相尋(清原)賴尚眞人之處,件書不知名字云云,太平御覽引文書也,件目六〔按,此字爲"録"之同音略寫字,下同〕端載之也,然未渡之書歟,爭可用引文乎。自太平御覽書出之歟,所爲不審,所爲不審。"藤相公云："此書事不審之間,問答勘者之處,先年見此書之由有答,其上勿論由存之處,誠以不審,不審。"

　　②卷八"寶治元年(1247)二月二十八日(改元定記)"條:建正,桓子新論(件書在見在書目六内)曰："考合古今,獲聖代事,建正朔制度,招選後傑。"

　　③卷九"文永元年(1264)二月二十八日(改元定記)"條:長禄,韓非子,見在書目六之外歟,爲引文無例之由,大夫右幕被命。

史料①記録了因文章博士藤原經範所提出的"文應"之出典勘定文所引發的議論。查藤原經範對"文應"出典提示爲："春秋内事曰:伏羲氏以木德,推列三光,建分八節,以文應氣。"在當晚的合議中,式部大輔指出《春秋内事》未見載於"見在書目録",不知是何書,因此私自詢問了與幕府比較接近的清原賴尚(1196—1264),得知此書載於《太平御覽》引書目録,而此引文亦出自《太平御覽》所引《春秋内事》①。式部大輔及藤相公均認爲《太平御覽》亦未載入"見在書目録",是"未渡"之書,怎麼可能採用其中引文作年號出典? 因此反復强調此舉不妥,"所爲不審,所爲不審""誠以不審,不審"。

衆所周知,《太平御覽》是北宋初太平興國年間(976—983)編纂的一部大型敕撰類書,1179 年,南宋朝廷將此書之部分刻本贈送給平清盛(1118—1181),平清盛又將此書奉獻給了安德天皇(1180—1185)。而後,此書全本相繼渡來,被幕府武家政權視爲立國之根基大典。筆者曾經撰文指出,由於平家政權被顛覆之後,其所渡來的書籍,尤其是《太平御覽》一直沒有能够得到京都朝廷的公卿貴族及博士家的認可。要之,此處所謂的"未渡",並非没有傳來之意,而是未被博士家勘定納入大學寮可用書目,不被認可

---

① 此引文見《太平御覽》卷七十八。

爲正式的出典用書①。考慮到《太平御覽》所編撰的時間，此處所云的"見在書目録"基本可以排除爲《日本國見在書目録》的可能性，那也就應該是指後來所編撰的《本朝見在書目録》。再附言一句，《太平御覽》雖然遲遲不爲京都貴族們所接受，但卻爲鎌倉幕府的文化醫學活動之絢爛開花作出了巨大的貢獻。有趣的是，這次被京都公卿們所否定的"文應"，卻竟然在之後1260年龜山天皇即位改元時被採用爲了正式的年號，由此亦可看出鎌倉時期幕府勢力與京都公卿之間在文化地位上的勢力消長。

　　要之，平安時期曾先後編纂過《日本國》及《本朝》之兩部《見在書目録》，《本朝見在書目録》是收入了《日本國見在書目録》之後所新渡來的漢籍，這也就與室生寺本"本朝見在書目録"題下"其後渡來數卷"一語吻合了。而此後的貴族文人則將這兩部書目略稱爲"見在書目録"，並將其作爲勘定姓名年號、奏狀文書漢語的出典書。這也可以從上引《民經記》的另外兩則史料中得到證明。②③亦是轉述改元勘定的記録。史料②轉録的是當時對於"建正"的勘文，引《桓子新論》文作出典。由於《桓子新論》是一部不常使用的書，其旁注"件書在見在書目六（録）内"，也就是特意聲明"此書被收録在見在書目録内"之意。考今存室生寺本《日本國見在書目録・二十四儒家》確實録有此書，其文云："桓子新論十七卷　後漢六安丞桓潭著"，亦由此可證史料②所云"見在書目六（録）"當是《日本國見在書目録》。而史料③之轉録文則顯示當時出現了一個誤會，或是御前陣定會議（公卿們的合議）時出現的一個記憶錯誤——《日本國見在書目録》確不見載有《韓非子》一書名，然其《二十六法家》載有"韓子十卷"，這兩者是同一書。不過，該文末用了一個"歟"來表示了對自己記憶的懷疑——如果真的是《見在書目録》未載書的話，"這樣的出典引用是沒有先例的"，爲了慎重起見，於是命令下屬官僚予以重新確認。查"長禄"這則勘文本是由文章博士菅原長成（1205—1281）所勘定的，其原文云："長禄，韓非子曰：其建生也長，持禄也久"。衆所周知，此次年號勘定最終選擇了"建長"而非"長禄"。不過，根據當時的執掌此事的關白近衛兼經

① 於此可參考拙文《平清盛の開國と〈太平御覽〉の渡來—東アジア漢籍交流史に関する一考察》，《嚴島研究》第九號，2013年3月，頁8—15；後收入拙著《日宋漢籍交流史の諸相—文選と史記，そして白氏文集》，大樟樹出版社合同會社，2019年6月，頁25—48。

（1210—1259）的日記《岡屋關白記》卷一“建長元年（1249）三月十八日”條所記，“長禄”這一年號提案最終爲文章博士菅原公良（1195—1260）所否定，不過其理由並非當初之《韓非子》乃“見在書目録”未載書，而是因爲其意太俗，其音又與古人名相諧，其勘定文云：“長禄，非連文，世俗云丈六，又通張禄先生（范叔異名也）。”①

　　考前輩學者之所以對上述書有“見在”的三則注文解釋含混不清，蓋是大家一開始就忽視了室生寺本表紙所書“外典書籍目録”的存在，武斷地將“本朝見在書目録”當成了《日本國見在書目録》的尾題②，從而導致了解釋了甲史料卻無法對證乙史料，甚至不得不創造出一種聞所未聞的“名詞解讀法”去曲解原文。其實真相極爲簡單明瞭：《日本國見在書目録》與《本朝見在書目録》乃是相繼記録平安大學寮所藏由博士家點檢認可過的兩部漢籍總目。此後的文人們又將這兩部目録略稱爲“見在書目録”，即既可指前之《日本國見在書目録》③，亦可指後之《本朝見在書目録》。

---

① 《大日本古記録 岡屋關白記》，東京大學史料編纂所編，岩波書店，1988 年，頁 172、175。不過，這個年號於 1457 年後花園天皇改元時也被足利幕府採用爲了正式年號。
② 造成這一誤解的一個重要原因是明治時期在大量製作《日本國見在書目録》摹寫本時所導致的，因爲鈔寫者的不注意，有一部分《日本國見在書目録》摹寫本的表紙被貼上了“本朝見在書目録”的題簽。這就直接導致使用這一摹寫本的學者誤認爲“本朝見在書目録”就是《日本國見在書目録》的“尾題”。對於今存《日本國見在書目録》摹寫本的研究，可參考中安真理《傳鈔本〈日本國見在書目録〉の系統について》，《日本中國學會報》第 58 期，2006 年，頁 277—291。又中安真理、孫猛《有關室生寺本流傳的資料及傳鈔本、刊本序跋、題識》，收《日本國見在書目録詳考》下册，頁 2324—2343。
③ 平安末鎌倉初期文人之所以將《日本國見在書目録》略稱爲“見在書目（録）”，還極有可能是爲了避免在國内使用“日本國”這一詞語，諸如鎌倉初期藤原孝範編《明文鈔》卷五神道部云：“唐書曰（此處改行）初隋嘉則殿書卅七萬卷唐武德初八萬卷（此處改行）開元著録五萬三千九百十五卷（此處改行）本朝（此處改行）見在書目一萬八千六百十八卷（此處改行）正五位下行陸奧守藤原朝臣佐世奉（此處改行）敕撰。”這裏的“本朝”，正如前舉太田論文所指出的一樣，是針對前面的“唐”，而“見在書目”，則是《日本國見在書目録》的略稱。爲了避免將“本朝”與後“見在書目”連接被誤解爲書名，原文“本朝”單鈔一行，後文改行鈔入下文。參見《續群書類從》第三十輯下，續群書類從完成會，1989 年訂正三版，頁 189。

　　此外，這兩部"見在書目録"，不但對平安以後的文書撰定乃至年號姓名勘文均産生了深遠之影響，甚至還影響到了和文學書目的整理。對於此，藤原清輔(1104—1177)在其所撰《和歌見在書目録》序文中指出："如斯累代遺文，諸家秘思，不載目録，争知部數。一切經、見在書，各有目録。和歌通我國詩，何無目録。是以隨見隨聞粗記，聊分八家，略收諸部，名曰《和歌現在書目録》。"①文中的"見在書""目録"，當就是本文所考證的《日本國見在書目録》或《本朝見在書目録》，也有可能是兼指兩者。不過，《本朝見在書目録》究竟編於何時，究竟有没有還原的可能性，這也關係到如何來理清九世紀末到十一世紀之間東亞漢籍傳播史的種種細節，這些問題，都還有待今後作進一步的詳考。

　　　　　　　　　　　　　　　　（作者單位：日本廣島大學文學部）

---

①見《續群書類從》第十七輯上，續群書類從完成會，1924 年，頁 232。

域外漢籍研究集刊　第二十輯
2020 年　頁 97—110

日本漢文佛典所見中國古代
佛經翻譯方法初探
——以《悉曇要訣》爲例

陶　磊

中國佛教早在南朝中後期就已傳入日本①。篤信佛教的聖德太子（574—621）曾對漢文佛典進行過深入研究，著有《法華》《勝鬘》《維摩》三經義疏②，攝政時期更致力於傳播佛教思想。至奈良時代（710—794），中日文化交流愈益頻繁，中國佛教的主要宗派先後傳入日本，形成所謂"奈良六宗"③，大量漢文佛典隨之湧入，中國譯經家創制的佛典漢譯方法也在這一過程中影響著日本佛學界。

一

日本平安時代（794—1192）的悉曇學大師明覺在《悉曇要訣》一書中比

---

① 佛教傳入日本的方式有所謂"私傳"（通過民間傳入）和"公傳"（通過朝廷傳入）兩種觀點，具體時間有公元 522 年、538 年和 552 年三說（參見屠承先《中國佛教在日本的流傳與影響》，《佛學研究》1996 年總第 5 期，頁 108）。比如村上專精在《日本佛教史綱》（楊曾文譯，北京：商務印書館，1981 年，頁 10—11）中認爲應以欽明天皇十三年（即公元 552 年）百濟進獻佛教法器、上表讚頌佛德爲標誌；末木文美士《日本佛教史》（涂玉盏譯，臺北：南周出版，2002 年，頁 32—33）則傾向於 538 年。

② 也有學者認爲"三經義疏"或爲僞作（參見楊曾文《日本佛教史》，北京：人民出版社，2008 年，頁 32—33）。

③ 即三論、成實、法相、俱舍、華嚴和律宗。

較唐以前的舊譯佛經和玄奘新譯時説：

> 直翻梵語，新譯可勝；翻譯代重，語質漸融故。文正撰義理，古譯
> 可勝；佛法義味，前勝後劣故也。所以澄觀師《演義抄》云：“若會意翻
> 譯，羅什爲最；若敵對翻譯，大唐三藏稱能。”(已上)此言尤吉。但直呼梵
> 文，云古人謬，事不可必然。從摩騰、法蘭至真諦等，皆天竺高德也，豈惡
> 呼梵文致玄奘可耶？但前代人如天竺語呼之，故有與文不諧之語；新譯之
> 人如文呼之，故與文合也。①

“《演義抄》”指“華嚴四祖”澄觀(738—839)所撰《大方廣佛華嚴經隨疏演義
鈔》(即《華嚴大疏鈔》)②，其卷十九載：

> 叡公《摩訶般若波羅蜜經序》云：“執筆之次，三惟亡師‘五失’‘三
> 不易’之誨，惕焉若屬，憂懼盈懷。雖復履薄臨深，未足喻也。辛冀宗
> 匠通鑑，文雖左右而旨不違中。遂謹受案譯，敢當此任。”故會意譯經，
> 秦朝羅什爲最；若敵對翻譯，大唐三藏稱能。③

這裏的“會意(翻)譯”和“敵對翻譯”相當於現今所説“意譯”與“直譯”。澄
觀先引東晉僧叡爲《摩訶般若波羅蜜經》所撰序文，以爲把梵語翻成漢語實
屬不易，哪怕字面上不十分切合原文，只要不違背主旨就已難能可貴。“亡
師”指道安(312/314—385)，“宗匠”則是僧叡對後來的老師、《摩訶般若波
羅蜜經》譯者鳩摩羅什(344—413，一説350—409)的尊稱。“文小左右”“旨
不乖中”八字，強調在翻譯中把握原文大意而不拘泥於文字，即是意譯的
意思。

以具體譯例看，澄觀釋《華嚴經·十行品》“(菩薩)譬如船師，不住此
岸，不住彼岸，不住中流，而能運度此岸眾生至於彼岸”④云：

> 新舊經本説喻不同，謂舊經約河水不趣兩岸、不斷中流爲喻，喻菩
> 薩以離有無悲智度眾生也；新經約船師不住兩岸爲喻，喻菩薩以無住

---

① 明覺《悉曇要訣》，《大正藏》第84册，頁535上中。引文内著重號係筆者添加，下同。
② 澄觀先作《大方廣佛華嚴經疏》(即《華嚴經疏》)60卷注解新譯《華嚴經》，後又爲弟子
　 僧叡等人撰《大方廣佛華嚴經隨疏演義鈔》(即《華嚴大疏鈔》)90卷會釋疏文。《疏》
　《鈔》不僅系統闡釋了華嚴義理，還留下不少討論梵漢對譯的珍貴文字。
③ 澄觀《大方廣佛華嚴經隨疏演義鈔》，《大正藏》第36册，頁148下。
④ 實叉難陀譯《大方廣佛華嚴經》，《大正藏》第10册，頁106下。

悲智度衆生也。

　　問：若爾，梵本豈有異耶？

　　答：梵本是一，由譯者異。謂此梵文雖云"河水"，意屬"船師"，即是於能依聲處作所依聲說。是譯者若善文義，則會意譯之爲"船師"；若但知文，則按文譯之爲"河水"。①

澄觀認爲，舊譯《華嚴經》（指東晉佛馱跋陀羅 60 卷譯本）的譯者只知道梵文的字面意思（"但知文"），一板一眼地把菩薩比作源源不斷的"河水"；而新譯本（指唐武周時實叉難陀 80 卷譯本）的譯者卻領會到了原文的深層含義（"善文義"），所以能融會貫通，把"河水"會意譯爲功能相通但更加形象生動的"船師"②。這種"換喻"式的"會意譯"也是指意譯。

　　"會意譯"也作"取意譯"。北宋華嚴僧人子璿（964—1038）在《金剛經纂要刊定記》中就把《華嚴大疏鈔》裏的"會意譯經，秦朝羅什爲最；若敵對翻譯，大唐三藏稱能"改成了：

　　敵對唐梵，則奘稱能；取意譯經，則什爲最。③

可見"會意譯"和"取意譯"可以換用，含義相同。

　　與"會意（翻）譯"相對的翻譯手法在《悉曇要訣》和《華嚴大疏鈔》中被稱爲"敵對翻譯"。澄觀在評價舊譯《華嚴經·夜摩宮中偈贊品》"譬如孟夏月，空淨無云曀"中"孟夏月"一詞時說：

　　喻言"孟夏月"者，取意譯也；梵本敵對翻，云"後熱月"。④

古印度佛教把一年分成"熱""雨""寒"三季，每季四個月。"熱季"的起止時間換算成農曆，就是正月十六日到五月十五日。"後熱月"即"熱季"最後一個月，對應四月十五日至五月十五日⑤。由於中印兩地的氣候差異，實叉難陀將"後熱月"意譯爲"孟夏月"（夏季第一個月，即四月），以期符合中國

---

①澄觀《大方廣佛華嚴經隨疏演義鈔》，《大正藏》第 36 册，頁 339 上。
②這樣做還有其語言學依據，即引文所說的"於能依聲處作所依聲說"。"能依聲"和"所依聲"是指梵語詞尾的不同形態變化（所謂"八轉聲"），分別表示"能作"和"所作"。在引文中，相對於"能作"的"河水"，"所作"者即被視爲"船師"。
③子璿《金剛經纂要刊定記》，《大正藏》第 33 册，頁 227 下。
④澄觀《大方廣佛華嚴經疏》，《大正藏》第 35 册，頁 655 下。
⑤同上。

人對時令的認知；而按梵本直譯，應作“後熱月”。所謂“敵對翻”就是“直譯”的意思①。

　　此外，《悉曇要訣》不僅引用了澄觀關於鳩摩羅什“會意翻譯”和玄奘“敵對翻譯”的論述，還深入探討了這兩種方法形成的原因。明覺認爲，這首先和漢語本身的發展有關。從漢到唐，作爲譯入語的漢語和承載佛學義理的梵語之間經歷了一個“語質漸融”的過程：所謂“語”就是指作爲表達工具的漢語，“質”則是作爲翻譯對象的佛教義理和概念。一種語言的表現力總是和這種語言所處的文化緊密相關。佛教初傳時期，漢語尚不具備充足的表現形式以應對來自異域的各種新事物、新概念。漢語本身的局限性客觀上決定了譯者很難採用直譯（“敵對翻譯”），意譯（“會意翻譯”）自然成了最合適的選擇。但隨著佛經翻譯活動的開展，很多佛教詞語“本雖梵語”而“轉唐語也”②，外來的概念在漢語語境中逐漸積累了一套相對固定的表達形式。換言之，漢語表達佛學的能力日趨完善。——正是“語”和“質”的融合，爲“敵對翻譯”提供了可能性。

　　另一方面，翻譯活動開展的形式也影響了翻譯方法。明覺指出，從前不少外來譯經家都是印度高僧，和玄奘一樣通曉梵文，他們在翻譯佛經時採用的是“師資口授，隨所唱之言詮義”③的方式。在此過程中，原本以書面形式記載的經文通過主譯者“會意”而轉換成口頭吟唱（“如天竺語

---

①慧琳《一切經音義》釋“敵對”：“杜預注《左傳》云：‘敵，對也。’又云：‘敵，當也。’《爾雅》：‘敵，匹也。’《說文》云：‘敵，仇也。’”（徐時儀校注《一切經音義三種校本合刊》，上海：上海古籍出版社，2008 年，頁 623 下）《注肇論疏》云：“凡兩物不別曰‘相是’，敵對曰‘相當’，亦猶彼此是非。”（遵式《注肇論疏》，《卍續藏經》第 96 冊，臺北：新文豐出版公司，1993 年，頁 272 上）雖然這裏解釋的是“相當”，但我們可以反推出“敵對”的意思。這句話把“敵對”的兩種含義扼要地概括了出來：一爲“相當”，二爲“相反，對立”（“彼此是非”）。“敵對翻譯”中的“敵對”顯然應取前者。關於“會意翻譯”和“敵對翻譯”更詳細的論述，參見拙文《佛經譯論中的“取意譯”與“敵對翻”》，《復旦學報（社會科學版）》2015 年第 3 期，頁 71—79。

②明覺《悉曇要訣》，《大正藏》第 84 冊，頁 558 中。

③明覺《悉曇要訣》，《大正藏》第 84 冊，頁 535 中。

呼之")①,然後根據吟唱的内容譯寫成漢文。而"新譯"時代的譯者繞開了作爲中介的口頭吟唱環節,直接翻譯梵文原本中的書面語("如文呼之")。由於"不專口授"而"以色經取悟",執著於文本,自然導致翻譯過程中"慥呼文點"②(拘泥於句讀)。概而言之,"新譯正呼文,古譯呼人唱"③,這種差别造成的結果是:以羅什譯本爲代表的"古譯"在字面上雖不完全貼合原文("有與文不諧之語"),但個中旨趣曉暢通達;"直翻梵語"的玄奘"新譯"則更忠實於原本的字面意思("與文合也")。於是澄觀分别用"會意"和"敵對"來描述這兩種翻譯方法。更進一步説,明覺認爲造成上述變化的主要因素是譯者佛學素養的差異。在他看來,"古人根利",對佛法的理解比較透徹,所以有能力用自己的表達方式來"會意翻譯";而"今人根鈍","證義等人一切皆可劣於前代",只能拘泥於文辭④。

《悉曇要訣》的上述記載,爲我們理解澄觀所説的"會意翻譯"和"敵對翻譯"提供了重要補充。

二

《悉曇要訣》卷四還提到了"正翻"和"義翻":

> 問:《金剛界儀軌》云"",《教王經》譯云"佛光";《普賢讚》云"",譯曰"辟支佛"。此事不明。"佛"是梵語,作""形,此云"覺者",何以梵語而譯梵語耶?

①這裏可能還涉及古印度各地方言的問題。古代印度分爲東、西、南、北、中五個部分,稱"五印度"或"五天竺",各地操用的語言不盡相同。澄觀在《華嚴大疏鈔》中曾以中國的南北方言作比:"秦洛謂之'中華',亦名'華夏',亦云'中夏';淮南楚地,非是中方。楚洛言音,呼召輕重。今西域梵語有似于斯,中天如中夏,余四如楚蜀。西來三藏,或有南天,或有北天,或有中天,東西各異。"他還指出:"什公是龜兹人,近於東天。實叉三藏,於闐國人,多近東北。"(澄觀《大方廣佛華嚴經隨疏演義鈔》,《大正藏》第36册,頁35上)《悉曇要訣》對五天竺各地的語言特點也進行過詳細分析。

②明覺《悉曇要訣》,《大正藏》第84册,頁535中。

③明覺《悉曇要訣》,《大正藏》第84册,頁535中。明覺在另一處説"古譯直呼人語",而"新譯隨文呼之"(頁538上),表達的也是同樣的意思。

④明覺《悉曇要訣》,《大正藏》第84册,頁535中。

答：翻譯有二：義翻、正翻也。故澄觀師《演義抄》第五云：“會意譯，羅什爲最；若敵對翻譯，大唐三藏稱能。”（文）今依正翻：“〔梵字〕”翻云“仁者”，或云“勝者”。“〔梵字〕”或譯云“最勝光”。“〔梵字〕”或可云“獨勝”。《俱舍》云“得勝果時，轉名‘獨覺’”（文），即其義也。“佛”之名號，世人皆知；“仁者”之號，世多不識。會意令知，故云“佛”耳，亦無大過。

又如“〔梵字〕”（儞［寧逸反］勿哩［二合］底），《普賢贊》云“涅槃”，實是“滅”也；云“涅槃”者，亦是會意也。又，“〔梵字〕”是“强姓子”也。《義釋》云：“阿闍梨言，宣會云‘佛子’，於義爲著也。”①（文）又，《義釋》云《經》“戲論本無故”文云：“若具存梵本，應言‘戲論故’；今以會意言之，故曰‘本無’。”②（云云）又，《大日經》題“成佛”者：“具足梵音，應云‘成三菩提’，是‘正覺正知’義；而佛是覺者，故就省文，但云‘成佛’。”③（云云）又，《吉慶讚》云“忙（引）囉（魔也）博吃芻（黨也）”，偈云“魔軍”。《義釋》云：“此中言‘魔軍’者，梵本正音‘博吃芻’，是‘羽翼’‘黨援’之義；今依古譯，會意言耳。”④（文）又，釋“行者悲念心”文云：“此中‘行者’字，梵本云‘真言者’。以偈中不可六字，故取意削之。下文頗有此例，不復煩説。”⑤（文）又，釋“鵝鴈等莊嚴”文云：“‘鴈’非正翻。梵本云‘娑（引）囉娑（上）鳥’，狀如駕鴦而大，聲甚清雅。此方所無，故會意

---

① “宣會云‘佛子’”應作“宣會意云‘佛子’”。《大日經義釋》卷四：“初句，言‘佛子諦聽’者：梵云‘矩羅’，是‘族’義、‘部’義；‘補怛羅’是‘男子’義。若世諦釋於四姓中生，皆名大族，故名‘族姓子’也。今得生如來家，于諸族中最爲殊勝，故名‘族姓子’。阿闍梨言，宣會意云‘佛子’，於義爲當也。”（一行《大日經義釋》，《卍續藏經》第 36 册，頁 618 上。——筆者注，下同）

② “戲論故”應作“戲論無戲論故”。《大日經義釋》卷四：“次句，云‘戲論本無故’者：若具存梵本，應言‘戲論無戲論故’。以一切戲論皆悉從衆緣生，無有自性；無有自性故，即是本來不生。是以釋前句云：‘即此戲論自無戲論也。’今以會意言之，故曰‘本無’。”（一行《大日經義釋》，《卍續藏經》第 36 册，頁 616 下）

③ 一行《大日經義釋》，《卍續藏經》第 36 册，頁 511 上。

④ 一行《大日經義釋》，《卍續藏經》第 36 册，頁 699 下—670 上。

⑤ 一行《大日經義釋》，《卍續藏經》第 36 册，頁 586 上。

言耳。"①(文)又,"'佛陀跋陀羅'此翻云'佛賢'""'僧伽跋陀羅'齊言
'僧賢'"(文),此亦然。又,"𑖦𑖟𑖿𑖧𑖲𑖟𑖿𑖧𑖲"此云"無量光";然譯云"無量
壽"者,亦是會意翻耳。"𑖦𑖟"國,古云"漢",新云"唐",亦是會意歟;
正云"思惟"國,彼國人多思惟故。又,"藥叉"翻云"鬼神"者,鬼神之中
一故歟。或別云"藥叉鬼神"等。②

"正翻"和"義翻"同上文提到的"敵對翻譯"和"取意翻譯"含義相仿。唐五
代景霄所撰《四分律行事鈔簡正記》云:

故諸家相承,引唐三藏譯經,有翻者,有不翻者。……就翻譯中,
復有二種:一、正翻;二、義翻。若東西兩土俱有,促③呼喚不同,即將
此言用翻彼語梵④。如梵語"莽茶利迦"此云"白蓮華",又如梵語"斫搙"
此翻爲"眼"等,皆號"正翻"也。若有一物,西土即有,此土全無;然有一
類之物微似彼物,即將此者用譯彼言。如梵云"尼拘律陀樹",此樹西土
其形絶大,能蔭五百乘車,其子如油麻四分之一;此間雖無其樹,然柳樹
稍積⑤似,故以翻之。又如"三衣"翻"卧具"等並是。(云云)⑥

如果某物在印度和中國都有,只是稱呼不同,那麼直接把梵語名稱換成漢
語名稱即可——這種翻譯方法被稱爲"正翻",即直譯。遇到"彼有此無"的
情況,論者主張用中土固有的某一類"微似彼物"之物進行對譯:比如印度
的"尼拘律陀樹",可以用外形類似的"柳樹"去譯。這種方法稱爲"義翻",
也就是意譯⑦。

在《悉曇要訣》中,明覺將"正翻"和"敵對翻譯"、"義翻"和"會意翻譯"
等而視之,並一口氣舉了十二個例子來説明"會意譯"的用法,其中大部分
都屬於我們現在説的"意譯",比如:把"矩羅補怛羅"(望族子弟)翻成"佛

①一行《大日經義釋》,《卍續藏經》第 36 册,頁 586 下。
②明覺《悉曇要訣》,《大正藏》第 84 册,頁 557 上中。
③"促"字疑衍。
④"梵"字疑衍。
⑤"積"字疑衍。
⑥景霄《四分律行事鈔簡正記》,《卍續藏經》第 68 册,頁 153 上下。
⑦關於"正翻"和"義翻"更詳細的論述,參見拙文《佛經漢譯理論中的"正翻"和"義翻"》,
　《華東師範大學學報(哲學社會科學版)》2016 年第 6 期,頁 93—100。

子",把"成三菩提"(成正覺正知)翻成"成佛",把"忙囉博吃芻"(魔之黨羽)翻成"魔軍",等等。比較特殊的是"佛"和"涅槃",這兩個詞顯然屬於音譯,但也被歸入"會意譯"。以"佛"爲例,明覺在下文中解釋説:"大唐本無佛,故亦無其名字。後聞其名,遂即云'佛',依之萬人皆呼爲'佛'。若爾,佛之名字雖本是梵語,遂爲唐語。"①也就是説,"佛"這個詞雖然一開始只是記錄梵語發音的漢字符號,但在反復使用的過程中逐漸被納入漢語詞彙。久而久之,"'佛'之名號,世人皆知",反而是"'仁者'之號,世多不識",所以就採用"佛"這個音譯詞"會意令知"。明覺在這裏使用的"會意"可以理解成"使人會意",亦即讓讀者明白意思。

三

　　《悉曇要訣》作於日本平安朝末期②,時當中國北宋中葉,去唐未遠。以往關於該書的研究主要集中在語言學(特別是音韻)方面,書中涉及翻譯問題的文字長期以來不被論者所關注③。除了上面提到的"正翻"和"義翻"、"敵對翻"和"會意譯",《要訣》卷三還記載了唐代創制或流行的另外三種重要的佛經漢譯方法:

　　　　翻依有五:一、相望翻,相形取義故;二、增字翻,和字會義故;三、會意翻,以意會義故;四、借勢翻,如羘羊開,將前而更却等;五、異事

---

① 明覺《悉曇要訣》,《大正藏》第 84 册,頁 558 中下。

② 平山久雄稱其"1101 年以後成書"(平山久雄《安然〈悉曇藏〉裏關於唐代聲調的記載——調值問題》,《紀念王力先生百年誕辰學術論文集》,北京:商務印書館,2002 年,頁 18),李無未《日本漢語音韻學史》(北京:商務印書館,2011 年,頁 91、93)則直接將成書年代標爲"1101",但又稱其"撰於 1084—1093 年之間"。以上均未説明所據爲何。尉遲治平藉常塔《悉曇要訣辯言》考訂該書作於 1073 年前後(尉遲治平《日本悉曇家所傳古漢語調值》,《語言研究》1986 年第 2 期,頁 34—35)。

③ 《悉曇要訣》共四卷,有將近一半的篇幅在討論翻譯問題。常塔《辯言》稱:"今此《要訣》,始且就字記次第論之,自第二末釋梵文通同,三、四兩卷辨新舊譯語等,至末略解八轉聲。"(明覺《悉曇要訣》,《大正藏》第 84 册,頁 502 下)

翻，於一名下一名下二義事而會取正故。”（文）①

明覺稱這段文字出自“不知題名作人”的“法相書”，而我們在“華嚴二祖”智儼作於初唐的《華嚴五十要問答》（以下簡稱《問答》）中見到了一段幾乎完全相同的記載：

> 翻依有五：一、相望翻，相形取義故；二、增字翻，加字會義故；三、會意翻，以意會義故；四、借勢翻，如羝羊鬭，將前而更却等；五、異事翻，於一名下有二義事而會取正故。②

《問答》“加字會義”，《要訣》訛作“和字會義”；《問答》“如羝羊鬭”，《要訣》訛作“如羝羊開”；《問答》“於一名下”，《要訣》“於一名下一名下”衍文。

文中舉出五種佛經翻譯術語，除“會意翻”外，餘下四種——“相望翻”“增字翻”“借勢翻”和“異事翻”在其它漢文藏經中全無記載；《問答》也只是列出這五種方法的名目，並未作進一步説明。而明覺在《要訣》中舉出了大量譯例來解釋這五種翻譯方法，尤爲值得重視：

首先，明覺指出“相望翻”“即敵對翻歟，亦云‘正翻’”③。從語義上看，“相望”有“對峙，相向”義④，確與“敵對”相類；而“相形取義”的“相形”指“相互比較，對照”⑤，也和“敵對”接近。

次名“增字翻”，“加字會義故”。明覺解釋説：

> 于諸字母或上或下加字釋義，皆增字翻也。《大論》云“‘阿’字‘本不生’”者：“‘阿提’云‘初’，‘阿耨波’此云‘不生’，故云‘本不生’。”⑥（云云）一切例之。又，“𑀲𑀅𑀼𑀡”云“世自在”，或云“世饒”：“𑀅”，“世”也；“𑀼𑀡”，“自在”也。故云爾，是正翻也。或云“觀自在”：“𑀪𑀝𑀺𑀅”是“觀”也，故云爾也，是增字翻。《華嚴音義》釋“提舍佛”云：“正云‘底沙’。依西域訓字，‘底’謂‘底邏那’，此云‘度’也；‘沙’謂‘皤沙’，此云

---

① 明覺《悉曇要訣》，《大正藏》第 84 册，頁 557 下。《要訣》卷三則説：“翻有四種：敵對翻、會意翻、增字翻、異事翻等也。”（明覺：《悉曇要訣》，《大正藏》第 84 册，頁 541 下。）
② 智儼《華嚴五十要問答》，《大正藏》第 45 册，頁 535 中下。
③ 明覺《悉曇要訣》，《大正藏》第 84 册，頁 557 下。
④ 羅竹風主編《漢語大詞典》第 7 卷，上海：漢語大詞典出版社，1993 年，頁 1153。
⑤ 羅竹風主編《漢語大詞典》第 7 卷，上海：漢語大詞典出版社，1993 年，頁 1142。
⑥ 龍樹《大智度論》，《大正藏》第 25 册，頁 268 上、408 中。

‘説’也。言説法度人也。”（文）又，釋“摩尼”云：“正云‘末尼’。‘末’謂‘末
羅’，此云‘垢’也；‘尼’云‘離’也。言此寶光浄，不爲垢穢所染也。”（文）
又，《普賢贊》“‘𑖭𑖿𑖦𑖰𑖝’云‘普賢行’”（文），加“普”字也。又，菩提流支
《不空羂索經》云“那莫姤葉洉鞞陀誐䟱野”（文），譯曰“敬禮寶髻如來”，加
“寶”字也。又，“𑖢𑖲𑖟𑖿𑖐𑖩”（補特伽羅）此云“數取趣”：𑖐�: “趣”也；今以
“𑖐”云“趣”歟，以“𑖩”云“取”歟。又，諸文“𑖡𑖦𑖂”譯曰“歸命”；正云“歸”
也，加“命”字也。又云“稽首”，加“首”字也。又，“𑖢𑖿𑖨𑖰”正云“皆”；而云
“圓”者，加字翻也，“𑖢𑖿𑖨𑖰𑖢𑖳𑖨𑖿𑖜”云“圓”也。①

明覺認爲，佛經原文“有勘得、未勘之別”，“勘得之文”只要“如梵文譯之”即
可；“未勘之文”則必須依靠譯者得“語暗推翻之”②，這就是所謂的“增字
翻”。具體而言，就是在梵文原詞的基礎上增加字母，合成新詞後再對譯成
漢語。比如在“𑖀𑖪𑖩𑖺𑖎𑖰𑖝”中的“𑖩”前增加三個字母，組成“𑖀𑖪𑖩𑖺”，意
爲“觀”，所以原詞就可以譯成“觀自在”；在“𑖢𑖲𑖟𑖿𑖐𑖩”中的“𑖐”之後增加一
個字母，組成“𑖐𑖰”，翻成“趣”，放進原詞中合譯爲“數取趣”。甚至可以把
兩種“增字翻”的結果合併到一起作爲新的譯詞，比如“阿”既可以“增”爲
“阿提”（初），也可以“增”爲“阿耨波”（不生），於是就把“阿”翻成“本不生”。

　　第三，“會意翻”。見上文。

　　第四，“借勢翻，如羝羊鬭，將前而更却等”。“如羝羊鬭，將前而更却
等”是《雜寶藏經》中的典故：釋迦牟尼同父異母弟難陀爲轉生天界享福而
精進持戒，阿難見狀便作一偈：“譬如羝羊鬭，將前而更卻。汝爲欲持戒，其
事亦如是。”③意思是説難陀發心不清浄，受貪欲驅使而持受戒律，就像準
備搏鬭的公羊那樣以退爲進，蓄勢待發。那麽，這個比喻是在描述怎樣的
翻譯方法呢？明覺舉例説：

　　　　《義釋》“天宫藏時慶”文云：“梵本‘如彼慶中’即含‘時’義。”④（文）
又，釋“如滅除在家，種種若⑤時慶”文云：“梵本但云‘滅除種種苦’，即

---

① 明覺《悉曇要訣》，《大正藏》第 84 册，頁 557 下。
② 明覺《悉曇要訣》，《大正藏》第 84 册，頁 535 上。
③ 吉迦夜、曇曜譯《雜寶藏經》，《大正藏》第 4 册，頁 486 上。
④ 一行《大日經義釋》，《卍續藏經》第 36 册，頁 366 下。
⑤ “若”應作“苦”。

含‘在家’義。”①（文）又，釋“其聲普周遍，吹無上法螺”文云：“梵音於‘普遍’字中即有‘聲’義，有‘吹發’義，又有‘令彼普遍聞’義。”②（文）又，釋“諸法無形像”文云：“梵本初句但云‘形像’，然與‘無相法’文勢相連，意明‘法無形像’也。”③（文）故《略出經》直云“諸法如影像”④，此“如”字梵本亦無。又，釋“其性調柔，離於我執”文云：“此‘我執’，梵本作‘灌頂’字。阿闍梨相傳云：此字義不相應，當云‘離於執’也。”⑤（文）又，“𑀢𑀤𑀪𑀢”譯云“如來”，或云“如去”。釋“從天下”文隨便云“如去者”、云“生迦毗羅城”隨義勢云“如來”⑥，亦是借勢也。⑦

根據引文中的例子判斷，這裏説的“借勢翻”是指根據不同語境的需要，在直譯的基礎上對譯文進行調整，包括補充（比如“滅除種種苦”，補入“在家”義；“普遍”，補入“聲”義、“吹發”義、“令彼普遍聞”義；“諸法形像”，補入“無”；“諸法影像”，補入“如”）、修正（“離於灌頂”改作“離於我執”）、互文（“如來”和“如去”互換）等，以順應譯入語的語法或語義——即引文所説的“文勢相連”“隨便”“隨義勢”。我們注意到，明覺所舉的例子幾乎都出自字數整齊的偈頌。爲了匹配譯出語的文體，就不能絕對忠實地直譯，而必須對譯文加以調整，“借勢翻”便能有效達到這一目的。

最後一種叫“異事翻”，“於一名下有二義事而會取正故”，也就是處理一詞多義的情況：

《義釋》釋“開示於三界”文云：“此中‘三界’者，梵本正云‘三世’，

---

① 一行《大日經義釋》，《卍續藏經》第 36 册，頁 367 上。
② 一行《大日經義釋》，《卍續藏經》第 36 册，頁 368 下。
③ 一行《大日經義釋》，《卍續藏經》第 36 册，頁 368 中。
④ 金剛智《金剛頂瑜伽中略出念誦經》，《大正藏》第 18 册，頁 224 中。
⑤ 一行《大日經義釋》，《卍續藏經》第 36 册，頁 303 中。
⑥ 前偈云：“如在兜率陀，天宮藏時慶。及與從天降，利益諸群生。帝釋天神衆，翊從如去者”。《大日經義釋》卷六：“‘怛佗揭多’譯爲‘如來’。又云‘如去’，謂從如實道，去至涅槃中，不復更生。故以爲名，用釋‘從天下時’。於義爲便，故互文耳。”後一偈云：“如在迦毗羅，勝宮城慶時。諸大威德天，稱歎而作禮。猶若不思議，如實善來者”。釋曰：“對前偈‘如去’之義。今以來成正覺釋之，亦於義勢爲便也。”（一行《大日經義釋》，《卍續藏經》第 36 册，頁 366 下）
⑦ 明覺《悉曇要訣》，《大正藏》第 84 册，頁 557 下—558 上。

意通過、現、未來及‘三有’也。”①（文）梵云“悉怛𑖪（三合）路迦（三世也）”（文），《大讚》云“𑖭𑖽𑗜”，《大日經》云“三世”，《略出經》云“三界”，意同。“𑖐”字有九義，若“瞿陀羅尼”“瞿摩夷”之“瞿”字，以“牛”釋之；“瞿毘陀羅”“瞿物頭”，“瞿”字以“地”釋之。是一證也。又，“𑖪𑗜”此云“水”，或云“手”：“𑖭𑖪𑗜”云“清水”，“𑖪𑖿𑖕𑖪𑗜”云“金剛手”。《華嚴音義》釋“馬腦”云：“案：馬腦，梵音謂之‘阿濕嚩揭波’：言‘阿濕嚩’者，此云‘馬’也。‘嚩’音，薄何反。‘揭波’者，‘腦’也，‘藏’也。若言‘阿濕摩揭波’，此云‘石藏’。案：此寶出自石中，故應名‘石藏寶’。古來以‘馬’聲濫‘石’、‘藏’聲濫‘腦’，故謬云‘馬腦’也。”（文）《阿彌陀經》梵本云“𑖁𑖫𑖿𑖦𑖐𑖨𑖿𑖥”（文），羅什云“馬腦”。云“珠璎”者，可云“珠貫”歟。“𑖦𑖿𑖥”此云“璎”，或云“貫數珠”，非璎而云“珠璎”。②

“𑖭𑖽𑗜”有“三世”和“三界”兩層意思；“𑖐”字有“牛”“地”等九種含義；“𑖪𑗜”可以解釋成“水”或“手”……遇到一詞多義的情況，應結合原文語境，選擇最能準確達意的義項來翻譯，這就是“異事翻”。假如選錯義項，便可能導致謬種流傳。明覺舉例説，“阿濕摩揭波”中的“揭波”有“腦”“藏”二義，由於原詞是指一種“出自石中”的寶物，故應取“藏”義；但譯者不察，誤用“腦”義，又把“阿濕摩”（石）當成了發音相近的“阿濕嚩”（馬）。於是，本該譯成“石藏（寶）”的“阿濕摩揭波”就被翻作了“馬腦”，後世以訛傳訛，一直沿用到今天。此外，“異事翻”不一定是在若干義項中選擇其中一項，也可以把不同的義項合到一起。比如“𑖦𑖿𑖥”一詞既可以用來形容漂亮的頭髮（“璎”），也可以表示串起珠子的動作，於是譯者創造性地把這兩個義項疊合起來，譯爲“珠璎”③。這種做法也被明覺歸入“異事翻”的範疇④。

――――――――――

① 《大日經義釋》卷六作“意通過、現、未，至及‘三有’也”（一行《大日經義釋》，《卍續藏經》第 36 册，頁 366 中）。

② 明覺《悉曇要訣》，《大正藏》第 84 册，頁 558 上。

③ 明覺在《要訣》卷三中還舉了“音自在”和“師子無畏”兩個例子（明覺《悉曇要訣》，《大正藏》第 84 册，頁 541 上）。

④ 《要訣》卷三還有“翻有四種”的記載，即“敵對翻”“會意翻”“增字翻”和“異事翻”，未提“借勢翻”（明覺《悉曇要訣》，《大正藏》第 84 册，頁 541 上）。

四

綜上所述,借助明覺《悉曇要訣》內的相關記録,我們得以明白《華嚴五十要問答》開列的"相望翻""增字翻""會意翻""借勢翻"和"異事翻"五種佛經翻譯術語的確切含義。其中,"相望翻"又名"敵對翻""正翻",即今之所謂"直譯";"會意翻"又名"取意譯""義翻",即今之"意譯"。此二者,在其它佛典疏論中亦有著録;但"增字翻""借勢翻"和"異事翻"則付闕如,《要訣》的記載因而尤顯珍貴,這幾種譯法在佛典漢譯過程中的運用情況亦有待深入考察。

(作者單位:復旦大學中文系)

朝鮮——韓國漢籍研究

域外漢籍研究集刊　第二十輯
2020 年　頁 113—130

略論朝鮮半島古史譜系的三種類型[*]

李碧瑶

　　朝鮮半島的古史譜系大致分爲三種類型。本文將不分地域、不分族源者謂之單系統古史譜系；將按照地域分爲南北者謂之雙系統古史譜系；將雜糅地域、族源者謂之多系統古史譜系。到目前爲止，學界專門研究朝鮮半島古史譜系的成果僅有楊軍先生的《略論朝鮮古史譜系的演變》一文。[1]楊軍先生在文中梳理了朝鮮半島古史譜系形成演變的大致脈絡，但未對古史譜系的類型進行劃分。基於此，本文擬在楊軍先生研究成果的基礎上，通過梳理各類型朝鮮半島古史譜系的發展演變過程，並探討各類型古史譜系的特點，以期進一步加深對李朝文人史觀的理解。

一、單系統古史譜系

　　朝鮮半島各類型古史譜系中，最基本的譜系即單系統譜系。單系統譜系最早由高麗後期文人李承休提出，被李朝文人繼承後，成爲李朝早期較爲流行的一種古史譜系。所謂單系統譜系，即認爲朝鮮半島的歷史爲一個

＊　本文爲 2015 年度國家社會科學基金重大項目“中國古代的‘中國’認同與中華民族
　　形成研究”(15ZDB027)階段性成果。2015 年度國家社會科學基金一般項目“中國古
　　代的‘中國’觀與中國疆域形成研究”(15BZS002)階段性成果。2016 年度教育部哲
　　學社會科學研究重大委托項目(16JZDW005)階段性成果。2017 年度國家社會科學
　　基金專項項目“漢唐東北邊疆研究”(17VGB008)階段性成果。
① 楊軍《略論朝鮮古史譜系的演變》，《黑龍江社會科學》2011 年第 2 期，頁 98—106。

單一的古史系統,自檀君朝鮮至李氏朝鮮,一脈相承,不分區域,不分族源。

李承休(1224—1300),其在代表作《帝王韻紀》中,將高麗之前的古史譜系劃分爲:

> 檀君朝鮮—箕子朝鮮—衛滿朝鮮—漢四郡—三韓(扶餘、沸流、尸羅、高禮、南北沃沮、穢貊等)—三國(新羅、高句麗、百濟)—王氏高麗①

李承休在《帝王韻紀》中提出"真番臨屯在南北,樂浪玄菟東西偏。胥匡以生理自絶,風俗漸醨民未安。隨時合散浮沉際,自然分界成三韓。三韓各有幾州縣,蟲蟲散在湖山間。各自稱國相侵凌,數餘七十何足徵。於中何者是大國? 先以扶餘沸流稱。次有尸羅與高禮,南北沃沮穢貊膺。此諸君長問誰後? 世系亦自檀君承。其餘小者名何等? 於文籍中推未能。今之州府別號是,諺説那知應不應。想得漢皇綏遠意,定黎蒸處害黎蒸"。② 認爲漢朝郡縣體系的崩潰演化出三韓(扶餘、沸流、尸羅、高禮、南北沃沮、穢貊等),同時將三韓以及朝鮮半島當時各小部族皆視爲檀君的後代,因此也就不存在地域的區別以及族群的差異。三韓之後,"辰馬弁人終鼎峙,羅與麗濟相次興",③扶餘、沸流、尸羅、高禮、南北沃沮、穢貊等經過不斷的分化組合,最終形成辰韓、馬韓、弁韓鼎峙局面,辰韓、馬韓、弁韓的基礎上,又發展出新羅、高句麗、百濟三國。"新羅始祖赫居世,……漢宣五鳳元甲子,開國辰韓定疆界"。④ 新羅在辰韓的基礎上發展而來。"麗祖姓高謚東明……漢元立昭二甲申,開國馬韓王儉城"。⑤ 高句麗在馬韓的基礎上發展而來。"百濟始祖名温祚……漢成鴻嘉三癸卯,開國弁韓原膴膴"。⑥ 百濟在弁韓的基礎上發展而來。由此將辰韓、馬韓、弁韓與新羅、高句麗、百濟分別聯繫到一起。

李承休構建的古史譜系中關於三韓與高句麗、百濟、新羅繼承關係的觀點上承新羅文人崔致遠(857—?)。崔致遠在《上太師侍中狀》中寫道:

---

①〔高麗〕李承休《帝王韻紀》卷下,朝鮮古典刊行會本,昭和十四年(1939 年),頁 1a—8a。
②〔高麗〕李承休《帝王韻紀》卷下,頁 2b—3b。
③〔高麗〕李承休《帝王韻紀》卷下,頁 3b。
④〔高麗〕李承休《帝王韻紀》卷下,頁 3b—4a。
⑤〔高麗〕李承休《帝王韻紀》卷下,頁 4b—5b。
⑥〔高麗〕李承休《帝王韻紀》卷下,頁 6b—7a。

"伏以東海之外有三國,其名馬韓、卞韓、辰韓。馬韓則高麗,卞韓則百濟,辰韓則新羅也"。① 由於崔致遠爲新羅大儒,崔致遠關於三韓與高句麗、百濟、新羅關係的觀點影響深遠。直到李朝時期,韓百謙才對崔致遠這一觀點進行批判:

> 崔致遠始謂馬韓麗也,弁韓濟也,此一誤也……崔致遠,唐昭宗時人,上溯三韓時,幾千有餘年,其出於傳聞,非耳目所及……而况崔致遠聽明才氣,固吾東方第一人,然其歷代興廢,必資聞見而知。致遠入唐遊學,時年十二,其還國纔二十八,今《唐書》所載,皆致遠遊學時所說。十二歲童子,雖所生之國,其能貫穿千年沿革而不一誤,亦未可必也。後之覽者,每以古今人不相及,必欲奉信,而不敢疑,其亦過矣。②

韓百謙認爲崔致遠所處的時代,距離三韓以及高句麗、百濟、新羅立國已過去千餘年,况崔致遠提出這一觀點時年僅一二十歲,出現錯誤也是正常情況。本文亦贊同韓百謙這一觀點。但是崔致遠的觀點影響深遠,李承休即繼承崔致遠這一觀點,並以此作爲其構建朝鮮半島古史譜系的重要環節。雖然李承休的古史譜系尚爲一個簡單的、不成熟的體系,但基本構建出朝鮮半島古史譜系的大體脈絡。

李承休構建的古史譜系中,認爲漢四郡與三韓爲繼承關係,這顯然是錯誤的,漢四郡與三韓在存在時間上並列,而非前後順序。李承休之後的部分李朝文人,繼承其單系統古史譜系,但在處理漢四郡與三韓的問題上,存在三種處理方式。

第一種爲繼承李承休的古史譜系,但在處理三韓與高句麗、百濟、新羅的關係上有所調整,代表人物爲高麗末期、李朝初期文人權近(1352—1409)。權近在《三國史略序》中寫道:"惟我海東之有國也,肇自檀君朝鮮。時方鴻荒,民俗淳朴。箕子受封,以行八條之教,文物禮義之美,實基於此。衛滿竊據,漢武窮兵,自是而後或爲四郡,或爲二府,屢更兵燹,載籍不傳,

---

① [新羅]崔致遠《孤雲集》卷一《上太師侍中狀》,《韓國文集叢刊》1,景仁文化社,1996年,頁162。

② [朝鮮王朝]韓百謙《久菴遺稿》卷上《東史纂要後叙》,《韓國文集叢刊》59,頁175—176。

良可惜也。逮新羅氏與高句麗、百濟鼎立,各置國史,掌記時事"。① 知權近構建的古史譜系爲檀君朝鮮—箕子朝鮮—衛滿朝鮮—四郡二府—三國(新羅、高句麗、百濟)—王氏高麗—李氏朝鮮,亦爲單一系統譜系。又參照權近出使明朝時所作《應制詩》中《辰韓》《馬韓》《弁韓》三首,②知權近建構的古史譜系中包括三韓,但詩中未明確三韓在權近古史譜系中的地位。幸而韓百謙在《東史纂要後叙》中記載了權近對於三韓與高句麗、百濟、新羅關係的認知:

> 崔致遠始謂馬韓麗也,弁韓濟也,此一誤也。權近雖知馬韓之爲百濟,而亦不知高句麗之非弁韓,混而説之,此再誤也……崔致遠,唐昭宗時人,上溯三韓時,幾千有餘年,其出於傳聞,非耳目所及,則與權近何異? 權近亦何異於今時之人哉? ……權近亦近世大儒,久居金馬郡,親見所謂箕準城,遂以馬韓定爲百濟,則亦庶幾乎有見矣。而終不肯大眼遠察,反生此區區附會之計。其釋弁韓在南,則乃曰:蓋自漢界遼東之地而云爾。其引弁韓苗裔在樂浪,則乃去苗裔二字,而直云弁韓在樂浪,何其穿鑿若是之甚哉? 其他平那山之平字,與弁聲相近,遂謂弁韓爲高句麗云者,則又與兒童迷藏之戲無異,直是可笑。蓋三韓僻在東南一隅之地,去中國最遠,雖堯舜揖遜而聲化不暨,楚漢交爭而干戈不擾,眕鬟晏如,長育子孫,別爲天地間一壽域,故西北避亂之人多歸之。仍成村落,各以其本管名其居,慶州之得號樂浪,亦如辰韓之或名秦韓也,後人不分此二樂浪,因以平壤爲弁韓,何其誤哉?③

由此可知,權近將三韓與新羅、百濟、高句麗的關係劃定爲新羅爲辰韓的繼承者,百濟爲馬韓的繼承者,高句麗爲弁韓的繼承者。故權近構建的朝鮮半島古史譜系仍爲檀君朝鮮—箕子朝鮮—衛滿朝鮮—四郡二府—三韓—高句麗、百濟、新羅—王氏高麗—李氏朝鮮,基本繼承了李承休單系古史譜系的脈絡。

第二種爲直接忽略漢四郡與三韓,將新羅、百濟、高句麗接於衛滿朝鮮之後。如高麗末期、李朝初期文人鄭道傳(? —1398),其在《朝鮮經國典

---

① [朝鮮王朝]權近《陽村集》卷一九《三國史略序》,《韓國文集叢刊》7,頁 196—197。

② [朝鮮王朝]權近《陽村集》卷一《應制詩》,《韓國文集叢刊》7,頁 16。

③ [朝鮮王朝]韓百謙《久菴遺稿》卷上《東史纂要後叙》,《韓國文集叢刊》59,頁 175—176。

上·國號》中談到海東各國的國號時指出："海東之國,不一其號。爲朝鮮者三,曰檀君、曰箕子、曰衛滿。若朴氏、昔氏、金氏相繼稱新羅;温祚稱百濟於前,甄萱稱百濟於後;又高朱蒙稱高句麗,弓裔稱後高麗,王氏代弓裔,仍襲高麗之號"。① 鄭道傳從國號的角度談及朝鮮半島的古史譜系,漢四郡與三韓没有國號,自然不在鄭道傳構建的古史譜系當中。鄭道傳構建的單系統古史譜系爲:檀君朝鮮—箕子朝鮮—衛滿朝鮮—三國(新羅、百濟、高句麗)—後三國(新羅、後百濟、後高句麗)—王氏高麗—李氏朝鮮,直接將高句麗接於衛滿朝鮮之後。由於鄭道傳僅從國號的角度考慮朝鮮半島歷代政權,無疑具有一定的局限性,這也是鄭道傳的觀點没有形成較大影響的原因。

第三種爲忽略三韓,將新羅、百濟、高句麗三國接於四郡二府之後。如高麗末期、李朝初期文人李詹(1345—1405)在其文集《雙梅堂篋藏集》卷22《雜著》中,分别叙述了檀君朝鮮、箕子朝鮮、魏(衛)滿朝鮮、四郡、二府、新羅、高句麗、百濟、王氏高麗的歷史。李詹構建的朝鮮半島單系統古史譜系爲:檀君朝鮮—箕子朝鮮—衛滿朝鮮—四郡二府—三國(新羅、高句麗、百濟)—王氏高麗—李氏朝鮮。② 在李詹構建的古史譜系中,四郡二府之後直接接續新羅、高句麗、百濟三國,不涉及三韓,回避了三韓與新羅、高句麗、百濟之間的關係。

但是,這種單系統的朝鮮半島古史譜系存在很大問題,單系統古史譜系無法合理解釋四郡二府與三韓的關係,無論是李承休、權近試圖將三韓與漢四郡劃定爲繼承關係,將新羅、百濟、高句麗三國接續在三韓之後;還是鄭道傳將新羅、百濟、高句麗接續在衛滿朝鮮之後,李詹將新羅、百濟、高句麗接續在四郡二府之後,通過回避三韓或漢四郡問題,來確保單系統古史譜系各環節之間的繼承性,皆存在疏漏與錯誤。事實上,四郡二府與三韓作爲朝鮮半島古史譜系中南北兩個不同系統的重要環節,無法强行融合在同一體系内,這就爲雙系統古史譜系,也就是朝鮮半島南北雙古史譜系的出現奠定基礎。同時我們從時間上看,單系統古史譜系主要流行於高麗時期與李氏朝鮮早期,無論是高麗文人還是李朝早期文人對其古史譜系仍

---

①[朝鮮王朝]鄭道傳《三峰集》卷七《朝鮮經國典上·國號》,《韓國文集叢刊》5,頁414。
②[朝鮮王朝]李詹《雙梅堂篋藏集》卷二二《雜著》,《韓國文集叢刊》6,頁345—346。

處於缺乏深入認知階段,隨着研究深入,單系統古史譜系逐漸被淘汰。

最後需要指出的是,和權近、李詹同一時期的河崙(1347—1416),在談到平壤一帶的歷史沿革時已經指出:"稽之載籍,則係箕子舊封之地,九疇之化、八條之教入人深,歷千有餘年,實爲海以東風俗之權輿矣。及其季爲衛滿奪據,漢武遣兵,逐滿置郡。後爲高朱蒙氏割據平壤,乃其所都……厥後爲王氏太祖所併"。① 河崙將平壤一帶的歷史沿革劃定爲箕子朝鮮—衛滿朝鮮—漢四郡—高句麗—王氏高麗,中間没有三韓與新羅、百濟,將高句麗接續在漢四郡之後。同時,河崙指出"至國朝(李氏朝鮮)南北一視"②,説明河崙已經有意識的將平壤一帶視作北方系統,似乎已經萌生高句麗在朝鮮半島古史譜系中處於北方系統的思想。惜之河崙的史觀没有其他參照,故我們暫將河崙視作已具有朝鮮半島古史譜系應分爲南北思想的萌芽狀態。

同時,正是由於權近對於百濟爲馬韓的繼承者、新羅爲辰韓的繼承者等問題已經得出接近歷史事實的正確認知,③這才爲韓百謙在權近等人的基礎上得出朝鮮半島古史譜系應分爲南北雙系統奠定基礎。

二、雙系統古史譜系

雙系統古史譜系是在單系統古史譜系的基礎上,對朝鮮半島古史譜系的進一步細化。前文已述,單系統古史譜系在漢四郡與三韓的問題上無法調和,李朝文人隨着對朝鮮半島古史譜系研究的深入,逐漸意識到朝鮮半島的古史譜系應該分爲南北兩個系統。

南北雙系統古史譜系主要是按照地域劃分的,代表人物爲韓百謙

---

① [朝鮮王朝]河崙《浩亭集》卷二《送西北面都巡問使平壤尹趙公詩序》,《韓國文集叢刊》6,頁457。

② [朝鮮王朝]河崙《浩亭集》卷二《送西北面都巡問使平壤尹趙公詩序》,《韓國文集叢刊》6,頁457。

③ 權近僅在處理高句麗的問題上,因無法得出確切結論,故"引弁韓苗裔在樂浪,則乃去苗裔二字,而直云弁韓在樂浪……其他平那山之平字,與弁聲相近,遂謂弁韓爲高句麗云者",而將高句麗臆斷爲弁韓之後。參見[朝鮮王朝]韓百謙《久菴遺稿》卷上《東史纂要後叙》,《韓國文集叢刊》59,頁176。

(1552—1615)。韓百謙在《東史纂要後叙》中指出：

> 我東方在昔自分爲南北。其北，本三朝鮮之地。檀君與堯並立，歷
> 箕子暨衛滿，分而爲四郡，合以爲二府。至漢元帝建昭元年，高朱蒙起而
> 爲高句麗焉。其南，乃三韓之地也。韓之爲韓，不知其所始。而漢初，箕
> 準爲衛滿所逐，浮海而南，至韓地金馬郡都焉，稱爲韓王，是爲馬韓。秦
> 之亡人，避役入韓地，韓割東界以與之，是爲辰韓。又其南有弁韓，屬於
> 辰韓，各有渠帥。《後漢書》云：弁韓在南，辰韓在東，馬韓在西，其指三韓
> 地方，亦已詳矣。新莽元年，温祚滅馬韓而百濟興焉。漢宣帝五鳳元年，
> 朴赫居世爲辰韓六部民所推戴而新羅始焉。弁韓，前史雖不言其所傳，
> 而新羅儒俚王十八年，首露王肇國於駕洛，據有辰韓之南界，其後入於
> 新羅，疑此即爲弁韓之地也。然則南自南，北自北，本不相參入，雖其
> 界限不知的在何處，而恐漢水一帶爲限，隔南北之天塹也。①

據此，我們可知，韓百謙構建的朝鮮半島古史譜系爲：

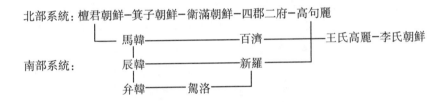

如圖所示，在韓百謙構建的朝鮮半島南北雙系統古史譜系中，北部系
統我們可以稱之爲古朝鮮系統，南部系統我們可以稱之爲三韓系統。北部
古朝鮮系統的譜系爲：檀君朝鮮—箕子朝鮮—衛滿朝鮮—四郡二府—高句
麗；南部三韓系統的譜系爲：三韓（馬韓、辰韓、弁韓）—百濟、新羅。韓百謙
指出，三韓與高句麗之間没有關係，韓百謙對崔致遠關於高句麗是馬韓的
繼承者，權近關於高句麗是弁韓的繼承者等觀點進行批駁。在韓百謙構建
的朝鮮半島古史譜系中，高句麗屬於北部系統，起源於四郡二府之地；而新
羅和百濟屬於南部系統，百濟是馬韓的繼承者，新羅是辰韓的繼承者，駕洛
國可能是弁韓的繼承者，後融入新羅之中。韓百謙指出"然則南自南，北自

---

①［朝鮮王朝］韓百謙《久菴遺稿》卷上《東史纂要後叙》，《韓國文集叢刊》59，頁 174—175。

北,本不相參入",即雙系統古史譜系的特點爲南北兩個系統之間互相没有關聯,不能强行將兩個系統進行融合。

　　韓百謙提出的這種朝鮮半島南北雙系統古史譜系無疑是最接近歷史事實的。韓百謙之後,一些李朝文人也支持韓百謙的觀點。如尹愭(1741—1826)《詠東史》詩二十五云:"三韓地域驗孤雲,復有陽村修史云。北北南南差易曉,久菴辨説足徵文。"孤雲即崔致遠,陽村即權近,久菴爲韓百謙。尹愭在注解中指出:"《東國總目》,我東漢水限其南北。北則本三朝鮮之地,後爲四郡二府,仍爲高句麗所有。南則本三韓之地,後分爲新羅、百濟所有。而崔孤雲以弁韓爲百濟,馬韓爲句麗。權陽村雖知馬韓之爲百濟,而不知句麗之非弁韓。惟久菴韓百謙著三韓辨説,所謂南自南北自北等語,可爲斷案。"①指出朝鮮半島的古史譜系,歷經崔致遠、權近等人的研究,雖取得了一定的成果,但始終存在一些問題,直到韓百謙才最終得出接近歷史事實的結論。

　　丁若鏞(1762—1836)同樣也支持韓百謙的説法,其在《別有考》中指出:

　　　　三韓之名,出於前後朝鮮皆亡之後。馬韓,箕準泛海逃去立國之地,今益山,號金馬郡是也。辰韓,新羅始祖所生之地,史稱朝鮮遺民,分居山谷,爲六村,是爲辰韓六部,今慶州是也。卞韓,或稱卞辰,以其近於辰韓也,且稱最近倭國,飲食衣服,多與倭同,似是首露王之國,今金海等地是也。然則三韓,只在兩南,或略及於忠清道,自京畿以上,元不相及。而孤雲、陽村、《勝覽》諸説,皆欲以羅、麗、濟三國,分排於三韓以此,其説皆不通。唯近時韓百謙久菴之説稍勝,其説在其文集,可考也。②

　　丁若鏞認爲,三韓位於朝鮮半島南部,與北部"元不相及"。崔致遠、權近等人試圖將新羅、高句麗、百濟與三韓一一對應的做法是行不通的,只有韓百謙的觀點才接近於歷史真相。

---

①［朝鮮王朝］尹愭《無名子集·詩稿》册六《詠東史·其二十五》,《韓國文集叢刊》256,景仁文化社,2001 年,頁 148。

②［朝鮮王朝］丁若鏞《與猶堂全書·第六集地理集》卷一《別有考》,《韓國文集叢刊》286,民族文化推進會,2002 年,頁 233。

　　此外，吳澐（1540—1617）①、李文載（1615—1689）②、尹行恁（1762—1801）③等人，也贊同韓百謙的觀點。

三、多系統古史譜系

　　多系統古史譜系指雜糅不同地域系統、不同族源系統在內的朝鮮半島古史譜系，最早構建多系統古史譜系者爲高麗僧人一然（1206—1289）。

　　一然在《三國遺事》中，構建了一個雜糅不同地域、不同族源在內的朝鮮半島古史譜系。參照楊軍先生研究，我們將一然構建的朝鮮半島古史譜系還原爲：

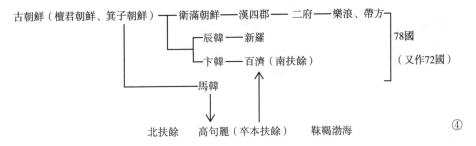

①［朝鮮王朝］吳澐《竹牖集》卷四《附韓久庵東史纂要後叙》，《韓國文集叢刊續》5，民族文化推進會，2005 年，頁 70。

②［朝鮮王朝］李文載《石洞遺稿》卷六《雜著·謾記下》，《韓國文集叢刊續》33，民族文化推進會，2007 年，頁 334—335。

③［朝鮮王朝］尹行恁《碩齋稿》卷一四《地理》，《韓國文集叢刊》287，民族文化推進會，2002 年，頁 247。

④按：本圖基本按照楊軍先生在《略論朝鮮古史譜系的演變》一文中所畫示意圖繪製，唯一的區別在於，楊軍先生繪製的扶餘系統爲“北扶餘—東扶餘—高句麗（卒本扶餘）—靺鞨渤海”，而一然在《三國遺事》中未提及東扶餘，“百濟始祖温祚，其父鄒牟王。或云：朱蒙自北扶餘逃難，至卒本扶餘”。故本文將高句麗直接接於北扶餘之後。參見楊軍《略論朝鮮古史譜系的演變》，《黑龍江社會科學》2011 年第 2 期，頁 99；［高麗］一然《三國遺事》卷二《紀異·南扶餘、前百濟、北扶餘》，東京帝國大學藏版，吉川半七，明治三十七年（1904），頁 22a。

　　一然構建的朝鮮半島古史譜系至少包括三個系統:古朝鮮—四郡二府系統、三韓系統,以及扶餘系統。一然引《魏志》:"魏滿擊朝鮮,朝鮮王準率宮人左右越海而南至韓地,開國號馬韓。"①通過馬韓與箕子朝鮮的繼承性,將古朝鮮系統與三韓系統連接起來。同時,一然引《通典》:"朝鮮之遺民分爲七十餘國,皆地方百里。"又引《後漢書》:"西漢以朝鮮舊地初置爲四郡,後置二府,法令漸煩,分爲七十八國,各萬户。(馬韓在西,有五十四小邑,皆稱國。辰韓在東,有十二小邑,稱國。卞韓在南,有十二小邑,各稱國)"②楊軍先生認爲,"一然是認爲衛氏朝鮮之後古朝鮮的疆域内興起的七十八國包括四郡二府在内,除中國直轄的四郡二府外則爲七十二國"。③然無論是楊軍先生的認識,還是歷來校勘《三國遺事》者皆認爲七十二國條的"二"當爲"八"之誤,一然通過將三韓七十餘國皆以爲"朝鮮之遺民",將古朝鮮遺民與三韓混爲一談,以此將古朝鮮—四郡二府系統與三韓系統捏合到一起。前文所述持朝鮮半島單系統古史譜系觀點者,將三韓作爲四郡二府的繼承者,其思想淵源正源於一然的《三國遺事》。

　　在一然構建的多系統朝鮮半島古史譜系中,高句麗是捏合扶餘系統與三韓系統的重要一環。首先,一然通過贊同崔致遠的觀點,認爲高句麗繼承馬韓。一然引崔致遠的觀點:"馬韓,麗也;辰韓,羅也。"自注云:"據《本紀》,則羅先起甲子,麗後起甲申,而此云者,以王準言之耳。以此知東明之起,已并馬韓而因之矣,故稱麗爲馬韓。今人或認金馬山,以馬韓爲百濟者,蓋誤濫也。麗地自有邑山,故名馬韓也。"④其次,構建以高句麗爲中心的扶餘系統。"百濟始祖温祚,其父鄒牟王。或云:朱蒙自北扶餘逃難,至卒本扶餘"。⑤又自注云:"即東明帝爲卒本扶餘王之謂也。此卒本扶餘,亦是北扶餘之别都,故云扶餘王也。"⑥從而將北扶餘與高句麗(卒本扶餘)相連接。再次,又將百濟與高句麗(卒本扶餘)通過百濟始祖温祚連接起

①[高麗]一然《三國遺事》卷一《紀異·馬韓》,頁3b。
②[高麗]一然《三國遺事》卷一《紀異·七十二國》,頁4b。
③楊軍《略論朝鮮古史譜系的演變》,《黑龍江社會科學》2011年第2期,頁99。
④[高麗]一然《三國遺事》卷一《紀異·馬韓》,頁3b—4a。
⑤[高麗]一然《三國遺事》卷二《紀異·南扶餘、前百濟、北扶餘》,頁22a。
⑥[高麗]一然《三國遺事》卷一《紀異》,頁7a。

來。"百濟，扶餘之別種……朱蒙嗣位，生二子。長曰沸流，次曰温祚。恐爲太子所不容，遂與烏干、馬黎等十臣南行……改號百濟，其世系與高句麗同出扶餘……至二十六世聖王，移都所夫里，國號南扶餘"。① 最後，一然通過北扶餘、高句麗與馬韓，卞韓、百濟與高句麗之間的關係，從而將扶餘系統與三韓系統捏合到一起。

然而，一然雜糅各系統構建的古史譜系具有很大的缺陷。一然將高句麗視作馬韓的繼承者、百濟視作卞韓的繼承者，其依據爲一然認爲高句麗立國於馬韓之地，百濟立國於卞韓之地。② 而一然將高句麗與北扶餘、百濟與卒本扶餘連接的依據爲族源。一然捏合各系統的依據本身即不統一。但是，一然構建的多系統古史譜系，不僅將古朝鮮、三韓納入其中，還將扶餘系統囊括進來，對後世産生深遠影響。

許穆(1595—1682)在一然的基礎上，提出了一種新的捏合古朝鮮系統、三韓系統與扶餘系統的古史譜系。

據許穆《記言》卷 32 外篇《東事一・檀君世家》記載：

上古九夷之初，有桓因氏。桓因生神市，始教生民之治，民歸之。神市生檀君，居檀樹下，號曰檀君，始有國號曰朝鮮。朝鮮者，東表日出之名。或曰："鮮，汕也"。其國有汕水，故曰朝鮮。都平壤。陶唐氏立一十五年，檀君氏生夫婁，或曰解夫婁，母非西岬女也。禹平水土，會諸侯於塗山，夫婁朝禹於塗山氏。後檀君氏徙居唐藏，至商武丁八年，檀君氏歿。松壤西有檀君塚。或曰：檀君入阿斯達，不言其所終。泰伯、阿斯達皆有檀君祠。

夫婁立，爲北扶餘。夫婁禱於鯤淵，得金蛙。以貌類金蛙，命曰金蛙。夫婁之世，商亡，箕子至朝鮮。後周德衰，孔子欲居九夷。

夫婁卒，金蛙嗣，徙迦葉原，爲東扶餘。金蛙末，秦并天下。秦亡人入東界，爲秦韓。漢高后時，衛滿據朝鮮，朝鮮侯準南奔，至金馬，爲馬韓。孝武時，略穢貊，穢君南閭降，初置滄海郡，用丞相弘計罷之。

金蛙傳帶素，帶素恃其强大，與句麗爭攻伐，卒爲所擊殺。其弟曷

---

① [高麗]一然《三國遺事》卷二《紀異・南扶餘、前百濟、北扶餘》，頁 22a—23a。

② [高麗]一然《三國遺事》卷一《紀異・馬韓》，頁 4a；[高麗]一然《三國遺事》卷一《紀異・卞韓、百濟》，頁 7b。

思代立,至孫都頭,降句麗,東扶餘亡。玫其年代,在莽之世。桓因、神市之世,無所考。檀君之治,自陶唐氏二十五年,歷虞夏氏,至商武丁八年,千四十八年。解夫婁之後,至曷思亡於莽之世,亦千年。亦有餘種通於晉。

金蛙悦優淳水之女,感日影照身,生朱蒙。朱蒙少子曰温祚。檀君氏之後,有解夫婁。解夫婁之後,有金蛙。金蛙之後,有朱蒙、温祚,爲句麗、百濟之祖,皆本於檀君氏。①

由此可知,在許穆構建的扶餘系統譜系中,夫婁建立北扶餘,夫婁子金蛙建立東扶餘,金蛙子朱蒙建立高句麗,朱蒙子温祚建立百濟,又由於"檀君氏生夫婁,或曰解夫婁",從而將檀君朝鮮—北扶餘—東扶餘—高句麗、百濟連接起來。"檀君氏之後,有解夫婁。解夫婁之後,有金蛙。金蛙之後,有朱蒙、温祚,爲句麗、百濟之祖,皆本於檀君氏"。這是許穆將古朝鮮系統與扶餘系統連接起來的核心。

許穆構建的古朝鮮系統與一然相同,自檀君朝鮮始,歷箕子朝鮮、衛滿朝鮮,至四郡二府止。② 許穆的創建主要在於將扶餘系統與檀君朝鮮接續,同時將三韓系統作爲古朝鮮系統的分支。

據《記言》卷 32 外篇《東事一·箕子世家》記載:

(衛)滿招納亡人,其衆益盛。迺詒準曰:"漢兵大至,請入衛。"仍襲王準。王準戰敗,南奔,滿遂據朝鮮。自箕子傳國四十一世,凡九百二十八年。王準失國,涉海至金馬,自稱馬韓王,統小國五十。後世百濟王温祚二十六年,并馬韓之地,箕氏絕不祀。自王準據馬韓,又二百年而亡,前後凡一千一百二十年。③

又據《記言》卷 32 外篇《東事一·三韓》記載:

辰韓,本秦亡人來居,亦曰秦韓,不能自立,馬韓置君而附於馬韓。

---

① [朝鮮王朝]許穆《記言》卷三二外篇《東事一·檀君世家》,《韓國文集叢刊》98,民族文化推進會,1996 年,頁 179。

② [朝鮮王朝]許穆《檀君世家》《箕子世家》《衛滿世家》《四郡二府》,《記言》卷三二外篇《東事一》,《韓國文集叢刊》98,頁 179—182。

③ [朝鮮王朝]許穆《記言》卷三二外篇《東事一·箕子世家》,《韓國文集叢刊》98,頁181—182。

弁韓，樂浪之苗裔也，附於秦韓。①

由此可知，三韓系統在許穆構建的朝鮮半島古史譜系中的位置爲，馬韓作爲箕子朝鮮的繼承者，接續箕子朝鮮。辰韓作爲馬韓的附庸，弁韓作爲辰韓的附庸，分別並列接續在馬韓之下。在許穆構建的多系統朝鮮半島古史譜系中，高句麗位於扶餘系統，與三韓系統無涉。最後，因"新羅本辰韓之地"②，知許穆構建的朝鮮半島古史譜系示意圖爲：

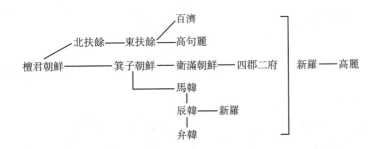

許穆構建的朝鮮半島古史譜系得到其他李朝文人的贊同。如李萬敷(1664—1732)在《息山集別集》卷4《總叙》中寫道：

自檀君、箕子、三韓、四郡、二府及三國之世，百濟并有馬韓、弁韓之地，新羅起於辰韓，而并臨屯、獩貊，句麗并樂浪、玄菟，入於遼東。及高麗興，定三韓之地。③

又在《息山集續集》卷1《詩·南風并序》中寫道：

東土九域初，君長始桓因。（上古東土始有桓因，桓因後有神市、檀君）檀世終婁蛙，（檀君之後，有解夫婁，夫婁之後，有金蛙，金蛙子朱蒙，朱蒙子温祚，爲句麗、百濟祖）舊鮮戴殷仁。（武王既平殷亂，箕子不臣，乃去之朝鮮，武王因封之。檀君之世，自唐堯二十五年，歷虞、夏至商武丁八年，是爲檀君朝鮮。箕子之後，是爲箕子朝鮮）滿土建革威，不曾漸南垠。（衛滿據朝鮮舊地，至子右渠，漢武帝平右渠，置樂

---

① [朝鮮王朝]許穆《記言》卷三二外篇《東事一·三韓》，《韓國文集叢刊》98，頁183。

② [朝鮮王朝]許穆《記言》卷三三外篇《東事二·新羅世家上》，《韓國文集叢刊》98，頁184。

③ [朝鮮王朝]李萬敷《息山集別集》卷四《總叙》，《韓國文集叢刊》179，景仁文化社，1998年，頁98。

浪、臨芚、玄菟、真蕃四郡，孝昭時，更置平州、東府二都督府。權陽村並南北分四郡二府，而韓久庵以爲四郡二府，自遼東及於漢北，漢以南，未嘗渾入，其言有據）并立三部韓，（有馬、弁、辰三韓，君長不可考）辰聚亡隸秦。（辰韓，本秦亡人來居，故亦曰秦韓）洪荒史闕文，惜哉難悉陳。①

由此可知，李萬敷的古史譜系爲：

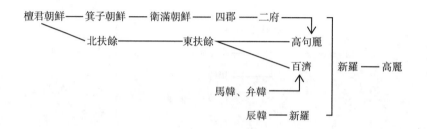

李萬敷基本繼承了許穆構建的朝鮮半島古史譜系，認爲高句麗位於扶餘系統，與三韓系統無涉。區別在於李萬敷還繼承了韓百謙"南自南、北自北"的觀點，從根本上否定了古朝鮮系統與三韓系統的關係。指出，直到"句麗并樂浪、玄菟"，"百濟并有馬韓、弁韓之地"，古朝鮮系統、三韓系統、扶餘系統才最終捏合到一起。

同樣繼承許穆古史譜系的還有李種徽（1731—1797），其在《修山集》卷11《東史世家·扶餘世家》中寫道：

扶餘之先，出自檀君，蓋檀君封支子於餘地，後世因自號曰扶餘。或曰：扶餘其始封君之名，其國在鴨江之北，地方二千里，歷檀、箕之際，或存或亡，皆臣屬朝鮮云。傳世二千餘年，至王解夫婁，遷都迦葉原，在東海濱，是謂東扶餘。國人解慕漱自稱天帝子，竊據扶餘故都。王薨，太子金蛙立，是爲王金蛙……王金蛙出遊，遇女子於優渤之水，自稱河伯女，名柳花。載與歸，爲日所炤而生朱蒙。神怪，殆非人也。王金蛙生子七人，長子帶素忌朱蒙技能，朱蒙出奔卒本。王金蛙即位，

①［朝鮮王朝］李萬敷《息山集續集》卷一《詩·南風并序》，《韓國文集叢刊》179，頁109—110。

在漢宣帝、元帝之間。元帝建昭二年,高朱蒙據卒本,國號高勾麗。三年,沸流國降于高勾麗。漢成帝陽朔元年,高勾麗國母柳花卒,以太后禮葬之,立神廟,朱蒙遣使貢方物謝之。漢鴻嘉二年,高麗王子類利逃歸。是年,高麗王朱蒙卒。明年,朱蒙庶子温祚建國河南,國號百濟。以其先出扶餘,故自號扶餘氏。①

李種徽同樣將高句麗置於扶餘系統,東扶餘之後。又通過檀君神話,將古朝鮮系統與扶餘系統連接起來。通過馬韓爲箕子朝鮮的繼承者,將三韓系統與古朝鮮系統連接起來。李種徽構建的朝鮮半島古史譜系從框架上看基本與許穆相同,李種徽的創建在於,將前文已述李承休在《帝王韻紀》中提出的扶餘、濊貊、沸流、沃沮等部族皆出於檀君的觀點再次進行强化,并提出一種古朝鮮與周邊四夷並立的説法,使得此後沃沮、濊貊諸族被堂而皇之地納入朝鮮半島的古史譜系中。②

綜上所述,多系統朝鮮半島古史譜系的特點爲,將高句麗置於扶餘系統中,高句麗與三韓系統無涉,通過檀君神話,將古朝鮮系統與扶餘系統相連接。多系統古史譜系發展到極致,不僅將扶餘系統納入朝鮮半島古史譜系,而將其他中國東北各部族皆納入朝鮮半島古史譜系。多系統朝鮮半島古史譜系更像是一種"區域史"譜系,而非"國史"譜系。③ 而維繫多系統古史譜系的核心,竟是檀君神話。

其實這種多系統古史譜系,自一然提出後,並未引起朝鮮半島文人的重視。前文已述,高麗末期至李朝早期,主流觀點爲單系統古史譜系。許穆在提出雜糅各系統在内的多系統古史譜系後,早在李朝時期,已經有文人對其進行批判。

如與許穆同時代的南九萬(1629—1693)在《藥泉集》卷 29《雜著‧東史辨證‧檀君》中批判道:

第其説妖誣鄙濫,初不足以誑閭巷之兒童,作史者其可全信此言。乃以檀君爲神人之降,而復入山爲神乎? 且唐堯以後歷年之數,中國

---

① [朝鮮王朝]李種徽《修山集》卷一一《東史世家‧扶餘世家》,《韓國文集叢刊》247,景仁文化社,2001 年,頁 515—516。
② 楊軍《略論朝鮮古史譜系的演變》,《黑龍江社會科學》2011 年第 2 期,頁 104。
③ 楊軍《略論朝鮮古史譜系的演變》,頁 105。

史書及邵氏《經世書》，可考而知也。自堯庚寅至武王己卯，僅一千二百二十年，然則所謂御國一千五百年，壽一千九百八歲，其誣不亦甚乎？《筆苑雜記》引《古記》之説，云檀君與堯同日而立，至商武丁乙未入阿斯達山爲神。享年一千四十有八歲。又云檀君娶非西岬河伯之女，生子曰扶婁，是爲東扶餘王。至禹會諸侯於塗山，遣扶婁朝焉。今按：堯之元年乃甲辰，則此稱與堯同日而立者，與戊辰歲立爲君、庚寅歲都平壤者牴牾矣。其稱商武丁乙未入山爲神者，又與周武王己卯避箕子移藏唐京者矛盾矣。龐雜如此，亦可見其肆誣也。且堯之即位之日，中國之書亦無可考，則又何以知檀君之與之同日乎？檀君立國千餘年之間，無一事可紀者，而獨於塗山玉帛之會，稱以遣子入朝，其假託傅會，誠亦無足言者矣。且其云娶河伯女者，妖異尤甚。《遺事》又云檀君與河伯女要親，産子曰夫婁。其後解慕漱又私河伯女，産朱蒙。夫婁與朱蒙兄弟也。今按：自檀君至朱蒙之生幾二千餘年，設令河伯女果是神鬼而非人，又何以知前嫁檀君、後私慕漱者必是一女，而前之夫婁、後之朱蒙，必是兄弟乎？且其言檀君之壽者，本既虛誕，而諸書錯出，亦無定説。①

在許穆之後的李瀷（1681—1763）也有過同樣的批判：“檀君爲天神子，解慕漱亦天帝子，天有兩神乎？檀君爲河伯之壻，解慕漱亦爲河伯之壻，同一河伯乎？其誕妄不可信如此。”②

由此可知，早在李朝時期，就已經有李朝文人意識到檀君神話的“妖誣鄙濫”“誕妄不可信”，建立在“虛誕”的檀君神話基礎上的朝鮮半島多系統古史譜系，則更加荒誕不經。而許穆、李萬敷、李種徽等李朝文人不僅提出多系統古史譜系，并將其發展壯大，乃至得到後世李朝文人乃至當下朝韓

---

① ［朝鮮王朝］南九萬《藥泉集》卷二九《雜著·東史辨證·檀君》，《韓國文集叢刊》132，景仁文化社，1996 年，頁 484—485。

② ［朝鮮王朝］李瀷《星湖僿説》卷二六《經史門·三聖祠》，http：//db. itkc. or. kr/dir/i-tem？ itemId＝GO＃/dir/node？ dataId＝ITKC_GO_1368A_0270_010_0160&solrQ＝query† 檀君爲天神子 $ solr_sortField† 그룹정렬_s％20 자료 ID_s $ solr_sor-tOrder † $ solr_secId†GO_AA $ solr_toalCount†1 $ solr_curPos†0 $ solr_solrId†BD_ITKC_GO_1368A_0270_010_0160

學者的贊同與支持，其根本原因無怪乎多系統説使得朝鮮半島古史譜系變得格外龐大，不僅囊括了朝鮮半島南部的三韓系統、北部的古朝鮮系統，甚至囊括了中國東北地區的扶餘系統。一個最直觀的體現就是，多系統古史譜系將扶餘系統囊括在内，李朝學者在檀君朝鮮—北扶餘—東扶餘—高句麗脈絡的基礎上，將渤海國同樣納入朝鮮半島古史譜系，甚至在朝鮮半島古史譜系中給渤海國以"正統"地位，將新羅與渤海國視作朝鮮半島歷史上的"南北朝"。① 這些皆是多系統古史譜系的負面影響。

四、餘論

綜上所述，李朝文人構建的朝鮮半島古史譜系分爲單系統、雙系統、多系統三種類型。其中韓百謙提出的朝鮮半島南北雙系統古史譜系，雖然也存在"從朝鮮當時的疆域出發構建其古史譜系，自然也就將南北兩個系統都納入到朝鮮古史譜系中來"的問題，②但即使從今天的視角來看，仍不失爲一種"區域史"視閾下審視朝鮮半島古代史以及朝鮮半島古史譜系的正確方法。"在區域史理論與方法的指導下，有關朝鮮半島古代史譜系，從地理空間上大體可分爲兩大系列，即北方系列與南方系列：北方系列包括箕氏朝鮮、衛氏朝鮮、高句麗、渤海諸政權；南方系列包括馬韓、弁韓、辰韓、百濟、新羅、伽耶、任那諸政權"。③ 韓百謙將高句麗作爲四郡二府的繼承者，置於朝鮮半島古史譜系中的北方系統，而與南部三韓系統劃清界限。可惜的是，除贊同韓百謙觀點的李朝文人外，自李氏朝鮮至今的朝鮮學者，不僅没有重視韓百謙的正確觀點，反而提出了更加複雜，雜糅族源、地域各系統在内的朝鮮半島多系統古史譜系的觀點，使得朝鮮半島古史分歧的解決更加困難，直至今日。

（作者單位：天津中醫藥大學馬克思主義學院）

---

① 楊軍《略論朝鮮古史譜系的演變》，頁 105。
② 楊軍《略論朝鮮古史譜系的演變》，頁 106。
③ 高福順《區域史視閾下的朝鮮半島古代史研究》，《經濟社會史評論》2015 年第 4 期，頁 105。

域外漢籍研究集刊　第二十輯
2020 年　頁 131—158

簪花・弓鞋・横竹

——朝鮮中國行紀中的明清女性

左　江

　　朝鮮王朝(1392—1910)建朝五百多年,與中國的明朝以及清朝一直保持著頻繁的使節往來,使臣及其隨行人員留下了大量的使行紀録,據估計,其總數當在七百種上下。這些中國行紀①,是文學作品,也是歷史文獻、社會資料,可從風景認知、風俗民情、人事交流、政治事件、宗教文化,乃至氣象氣候、科學技術等方面進行多角度研究,本文擬以其中的女性形象爲分析重點,而女性形象也可以包括衣服、首飾、妝容、行爲、婚嫁等衆多内容,但"這個群體越大,想給這個群體確定形象的人就越要冒抽象化的風險,事實上,這個形象將會越顯得是漫畫式的、圖解式的和使人驚奇的"②,朝鮮中國行紀在中國女性形象的書寫上"漫畫式""圖解式"尤爲突出,本文就選擇簪花、纏足、吃煙三點,希望能以一斑略窺全豹,朝鮮人匆匆一瞥下的中國女性,是風景,也是人事,他們對明清女性的不同描寫、不同觀感是對明清兩代不同認知的直接體現,也是明清社會變遷的間接呈現。

　　七百種左右的中國行紀很難一一徵引,我將以延安李廷龜家族的中國行紀爲主綫,結合其他的使行資料來進行分析。延安李氏是朝鮮的名門望

---

① 關於中國行紀的提法,參見張師伯偉《名稱・文獻・方法——關於"燕行録"研究的若干問題》,載《東亞漢文學研究的方法與實踐》,中華書局,2017 年,頁 209—233。本文在單獨提及明清兩朝的中國行紀時亦會用"朝天録""燕行録"來區別。

② (法)基亞著,顔保譯《人們所看到的中國》,載孟華主編《比較文學形象學》,北京大學出版社,2001 年,頁 65。

族,也是著名的文學世家,從李廷龜(1564—1635)於宣祖三十一年(1598)第一次出使中國始,到李裕宰(1854—?)在高宗三十年(1893)以書狀官出使中國止,近三百年的時間裏,延安李氏出使中國的共有 20 人 27 次。此外,李昭漢、李一相曾入質瀋陽,李晚秀、李田秀、李鳳秀、李旭秀都曾隨父兄至瀋陽或北京,則進入中國的至少有 24 人①,其中留下紀行詩文的有 12 人②。這歷八代人二百二十多年跨明清兩代的行紀資料足以勾勒出中國女性的形象變遷。

一　李廷龜的女性想象

　　朝鮮使臣出使中國的行程可以分爲兩段,朝鮮境内與中國境内。③　在國内宴請不斷,也不乏妓樂享受,但進入中國後,三五個月的時間基本處於禁欲狀態,這對富力强的使臣及隨行人員而言也是一種煎熬。所以他們進入中國後,對女性也頗多關注。

　　李廷龜第一次以陳奏副使出使中國是在萬曆二十六年(朝鮮宣祖三十一年,1598),時年 35 歲;正使李恒福(1556—1618)與書狀官黄汝一(1556—1622)都是 43 歲,三人都可謂青壯之人,對明朝女性有著美好憧憬與期待,李恒福記載一趣事云:

　　　　自渡江以後,月沙公常言燕趙多美女,兹行或得一見。海月公病下虚,日再如廁。是日午憩塔所,時當歲時,主家女年可二十餘,還自

①李一相既曾入質瀋陽,又曾以使臣出使清朝;李晚秀既曾隨父李福源赴瀋陽,又曾作
　爲使臣出使北京,統計時不重複計算。
②李廷龜家族留下的中國行紀有以下數種:李廷龜《戊戌朝天録》(1598)、《甲辰朝天録》
　(1604)、《丙辰朝天録》(1616)、《庚申朝天録》(1620)、《庚申燕行録》(1620)、《庚申朝
　天紀事》(1620)等詩文,另有遊千山、角山、醫巫閭山等遊記及與中國人的書信往還;
　李昭漢《瀋館録》(1642—1644),李一相《燕行詩》(1654),李正臣《燕行録》(1721),李
　喆輔《燕槎録》(1737、1747)、《丁巳燕行日記》(1737),李心源《丁亥燕槎録》(1767),李
　晚秀《輀車集》(1783、1803),李田秀《入瀋記》(1783),李始源《赴燕詩》(1805),李鳳秀
　《赴燕詩》(1805),李時秀《續北征詩》(1805、1812),李肇源《黄粱吟》(1816、1821)。
③參見左江《清代朝鮮燕行使團食宿考》,載《域外漢籍研究集刊》第 3 輯,中華書局,
　2007 年。

拜手，披綠紬裳紅段衣，穿繡雲履，滿頭插花，乘赤表馬入門。月沙驚
起睨視，時海公方如廁，月沙公急呼："黃書狀，黃書狀，快快來看。"海
月纔得入座，女已陞堂掩户。月沙欲激其意，故顰眉而咳曰："到處遺
矢，何事可爲。"海月咄嗟痛恨。真箇客中一場大㞦也。①

李廷龜認爲燕趙多美女，此次使行定能大飽眼福，但明朝女子一般不出門，
出門亦以紗蒙面，他想一睹美女芳容的願望也就很難實現。正月初三他們
到達塔所，恰逢主人之女回娘家。李廷龜一躍而起，目不轉睛地凝視，大聲
喊黃汝一出來觀看。李恒福看似不動聲色，卻將女子從頭到腳都看了個仔
細，花滿頭，腳踏繡雲履，身披綠綢裳紅緞衣，確是過年期間的華麗裝扮。
黃汝一因腹泄上廁所錯過了看美女的好時機，李廷龜還不忘刺激他，又是
皺眉又是咳嗽，更讓黃汝一懊惱不已。此段文字，寫三人個性如在目前，實
是非常生動的小品文。被看女子美不美不得而知，由三人的表現來看，此
女似乎美艷不可方物。

　　李廷龜在萬曆四十四年（朝鮮光海君八年，1616）第三次出使明朝，此
時他已 53 歲，副使柳澗（1554—1621）63 歲，書狀官張自好（1583—？）34
歲，三人中唯張氏比較年輕，與李廷龜第一次出使時年紀相當，對女性也就
更多期待。李廷龜記載云：

　　　　張書狀一日來話，話間戲曰："途中頻遇騎驢盛粧之女，客懷頗覺
　　眼明。而皆蒙面紗不得相見，若給錢使之捲紗則好矣云。"相與拍手。
　　翌日路上遇數三過去，或風吹捲紗，或自捲看人，雖非殊色，亦足眼明。
　　仍思書狀之語，不覺獨笑，遂口占二絶戲奉書狀。②

李廷龜也許從張自好的話語中想到了十八年前的自己，當張自好看到驢背
上未蒙面的女子時，大概也會"驚起睨視"吧。雖然這些女子"非殊色"，亦
足以令寂寞行程的旅人"眼明"。此處所見女子在李廷龜筆下即是"粉臉羞
人乍暈紅，春風吹捲碧紗籠""紅裙翠袖淡粧妍，脈脈相看瞥眼邊"，他從男
性視角著眼於女性的嫵媚嬌柔多情，但它是生動的、美好的。

　　因爲尋常百姓之家的普通女性不容易見到，李廷龜筆下的中國女性多

---

① 李恒福《白沙集》別集卷五《朝天錄》（上），《韓國文集叢刊》第 62 册，頁 433。
② 李廷龜《月沙集》卷六《丙辰朝天錄》，《韓國文集叢刊》第 69 册，頁 289。

是一些身份特殊的女子,有海州衛的當壚女:"樓上當壚女,蓮花金步搖。"①有山海關迎春戲上的遊女:"争新遊女晨粧靚,押隊優群法部開。"②有豐潤燈市上的踏歌女:"匝地香風擁珠箔,鮫裙花筓踏歌女。"③還有山海關客舍裏的壚頭娼:"半月殘粧浥淚痕,蟬衫斜嚲蹙春雲。"④這些女性有的是他親眼所見,如"遊女";也有的只是他的想象,如踏歌女。無論是現實中的還是想象中的,她們都妝容精致、服飾精美,讓讀者覺得其筆下的女子雖然出身低賤,但她們姿態優美、温柔典雅,正如他自己所言"燕趙多美女"。

李廷龜塑造的明代女性有一種富貴華麗之美,這與明代女性佩戴金銀首飾的風習相關。明代女性的首飾種類與樣式非常繁複,一副完整的頭面就包括"一支挑心,一枚分心,鬢釵一對,各式小簪子亦即小插、啄針之類的'俏簪'三對"十餘件,"繁者,添掩鬢一對,又小插、啄針若干對,若更增花鈿、頂簪、滿冠,則至二十餘事矣。金銀絲髲髻,各式金銀簪子,花鈿,耳環,可以説是明代女子盛妝的基本組成。"⑤所以當明代女子盛妝出行時,珠翠滿頭的形象也就撲面而來,在李廷龜的詩中就出現了"蓮花金步搖""珠箔"等裝飾物。如果没有太多首飾,那就"滿頭插花","用鮮花繞髻,明時亦有之"。⑥

朝鮮使臣很早就注意到明代女性"簪花"的習俗,徐居正(1420—1488)於英宗四年(朝鮮世祖六年,1460)出使明朝,其《杏林衛》云:"聞説黄雲亂塞沙,丁男征戰事干戈。村中小女渾無管,丫髻簪花學細歌。"⑦李承召(1422—1484)於明憲宗十七年(朝鮮成宗十二年,1481)第二次出使中國,

①《月沙集》卷二《戊戌朝天録》(上)之《次臘日過海州衛韻》,《韓國文集叢刊》第 69 册,頁 256。
②《月沙集》卷二《戊戌朝天録》(上)之《次山海關觀迎春韻》,《韓國文集叢刊》第 69 册,頁 260。
③《月沙集》卷三《戊戌朝天録》(下)之《正月十六夜,寓豐潤城下獨居,殊覺無聊,適會元來話,小酌罷,仰見城樓甚軒敞,仍與同登。……遂書爲長句》,《韓國文集叢刊》第 69 册,頁 263。
④《月沙集》卷三《戊戌朝天録》(下)之《春別曲五首》,《韓國文集叢刊》第 69 册,頁 271。
⑤揚之水《奢華之色——宋元明金銀器研究》卷二,中華書局,2011 年,頁 2。
⑥周錫保《中國古代服飾史》,中國戲劇出版社,2002 年,頁 417。
⑦徐居正《四佳集》詩集卷七,《韓國文集叢刊》第 12 册,頁 319。

《陽焚途中挑菜女》寫到："挑菜小鬟歌踏踏,弄芳遊蝶共飛飛。山花插髻穿雲去,行露沾衣帶晚歸。"①第一首詩雖感慨戰爭對百姓生活的破壞,但詩中女孩子與第二首一樣天真活潑,充滿生活氣息。簪花的也有其他身份的女子,如遊女,成俔(1439—1504)曾於成化十一年(朝鮮成宗六年,1475)、成化二十一年(朝鮮成宗十六年,1485)兩次到達明朝,其《過寧遠衛》云:"歇馬行人倚古樹,簪花遊女鬧康衢。"②鄭士龍(1491—1570)於世宗十三年(朝鮮中宗二十九年,1534)第一次出使明時,其《寄蔡監司》中寫到:"細馬闐街載,繁花壓髻香。"③一直到吳翽(1592—1634)於天啟二十四年(朝鮮仁祖二年,1624)出使時,仍説到:"花供野婦簪。"④所以黃汝一總結在明朝的見聞云:"婦女皆簪紅綵新花,持服蒙素者則簪白綵花。"⑤

"簪花"是明朝女性極普通的裝扮,無論是少女、村婦還是青樓女子都插花自賞,甚至連戴孝期間都會簪插白色的花。朝鮮使臣用詩文表達了對這一風俗習慣的關注,有濃濃的生活氣息,活潑潑的風情,並無貶低嘲諷之意。李廷龜筆下的女性亦如此,即使店家女、娼女這樣的特殊人群,在他的筆下也是美好的、生動的。

二　簪花的清朝女子

到了清朝,女性簪花之風更盛,"髻上插以鮮花,也爲婦女們所喜愛",除了鮮花,還有通草、絨絹、紙做的像生花。⑥ 朝鮮使臣仍然會關注中國女性"簪花"的習俗,如南龍翼(1628—1693)於康熙五年(朝鮮顯宗七年,1666)出使清朝,即云"漢女亦簪花",雖然這些景象"猶堪作詩料"⑦,卻讓人忍不住回憶舊時繁華。申晸(1628—1687)於康熙十九年(朝鮮肅宗六

① 李承召《三灘集》卷八,《韓國文集叢刊》第 11 册,頁 456。
② 成俔《虚白堂集》卷四,《韓國文集叢刊》第 14 册,頁 267。
③ 鄭士龍《湖陰雜稿》卷二,《韓國文集叢刊》第 25 册,頁 47。
④ 吳翽《天坡集》卷二,《韓國文集叢刊》第 95 册,頁 53。
⑤ 黃汝一《海月集》卷一〇《銀槎日録》,《韓國文集叢刊續》第 10 册,頁 164。
⑥ 周錫保《中國古代服飾史》,頁 488。
⑦ 南龍翼《壺谷集》卷一二《燕行録》之《閭陽途中》,《韓國文集叢刊》第 131 册,頁 266。

年,1680)年出使,詩云:"國破山河在,居民只數村。石田耕黍稷,庭户散雞
豚。卉服戎風慣,簪花舊俗存。百年興廢感,雙淚自成痕。"①雖然簪花仍
延續著明時風俗,但因服制已變,讓人不免有時代變更、百年興廢的感慨。
任相元(1638—1697)於康熙二十六年(朝鮮肅宗十三年,1687)行至瀋陽,
云"簪花少女誇雲髻"②;金昌集(1648—1722)於康熙五十一年(朝鮮肅宗三
十八年,1712)出使清朝,有詩云"髻上總簪花"③。1712年朝鮮有兩次重要
使行,一次是二月的謝恩行,副使爲閔鎮遠(1664—1727),他寫有《燕行日
記》。第二次是十一月的謝恩行,正使金昌集,寫有《燕行塤篪録》,其弟金
昌業(1658—1721)隨行,著有《老稼齋燕行日記》,此行軍官崔德中(生卒年
不詳)亦有《燕行録》。在這數人中,閔鎮遠爲閔鎮厚(1659—1720)之弟,金
昌集、金昌業亦與金昌協(1651—1708)爲兄弟,而閔鎮厚與金昌協都爲李
端相(1628—1669)之婿,即他們都是李廷龜的孫婿。由這樣的姻親關係可
以推想他們曾經看到過李廷龜的中國行紀④,而他們的燕行記載也可能會
在李氏家族中被閱讀傳播。

　　金昌業一行所見女性較多,其間還有較多互動。⑤　由於能近距離地觀

① 申晸《汾厓遺稿》卷五《燕行録》之《曹莊驛》,《韓國文集叢刊》第 129 册,頁 419。
② 任相元《恬軒集》卷一五《入瀋陽》,《韓國文集叢刊》第 148 册,頁 299。
③ 金昌集《夢窩集》卷三《燕行塤篪録》之《用老杜秦州雜詩韻,追記燕行》其十三,《韓國
　　文集叢刊》第 158 册,頁 71。
④ 吳正嵐統計金昌業《老稼齋燕行日記》中引用"月沙記"達 14 次。參見吳正嵐《金昌業
　　在燕行中的多問及其家族文化背景》,載《域外漢籍研究集刊》第 17 輯,中華書局
　　2018 年 8 月,頁 222 注釋 2。
⑤ 與李廷龜的數次使行相比,金昌業一行有多種方式遭遇清朝女性。一種是如李廷龜
　　他們那樣的途中偶遇,十二月十八日到山海關,"路中逢一女,騎驢垂面紗而來,衣袖
　　寬,裳褶細,而前三後四,是漢製也。"到關門内,"車上有二女同載,衣裳之製如門外所
　　逢者。一女美而垂面紗,一行皆注目。"(《老稼齋燕行日記》卷三,《燕行録全集》第 32
　　册,頁 471、472)第二種是朝鮮使行所到之處,女性亦會出門圍觀,如十二月初三到達
　　狼子山:"民居頗盛,女人多出門前觀光,自此始見漢女。"(同上,卷二,頁 391)第三種
　　是清朝女性會結伴出門看戲、去寺觀,或觀人喪葬,如十二月初五行至三里堡,路遇胡
　　女八九人步行去看葬禮,彼此間還有一段對話:"元建問何往,一女答曰:'爲觀高麗
　　人。'蓋戲之也。元建曰:'好生不安。'群女皆笑。"(同上,卷二,頁 399)(轉下頁注)

察了解,《老稼齋燕行日記》關於清朝女性的記載尤爲豐富,其總結出的幾點認識也較有説服力,如:"漢女皆傅粉,胡女則否。舊聞漢女有夫,雖老皆傅粉簪花,今不見盡然。關外女多美者。""男女衣服勿論奢儉,其色尚黑,而漢女不然,穿青紅袴者多。""胡女不纏脚,亦或穿靴。""漢女避人,清女不避人。"①金昌業對清朝女性的描述,涉及她們的裝飾、衣履等,有些甚至被後代燕行録搬用,如"女子被綺羅,塗粉簪花,而其夫衣服敝惡,面貌醜陋,乍見者皆認爲其奴"②一條,更像個案,而不具有普遍性,但李宜顯(1669—1745)《庚子燕行雜識》亦云:"(女子)被綺縠,塗粉簪花,而其夫則衣服敝惡,面貌醜陋,乍見皆認爲奴。"③李宜顯於康熙五十九年(朝鮮肅宗四十六年,1720)出使清朝,由文字的雷同,可見他應該見到過金昌業的《老稼齋燕行日記》。

　　進入清朝後,李廷龜家族中第一位書寫中國女性的是李正臣(1660—1727)。他對行程的具體記載,對路上建筑、碑刻的詳細描述,似乎都有著金昌業的影響,而清女與漢女之別,以及清代女性圍觀朝鮮使行隊伍的内容同樣較多出現在李氏筆下。康熙六十年(朝鮮景宗元年,1721)四月初八

(接上頁注)第四種情況是他們喫飯投宿的主人家也會有女性,且不避人。如他們回程癸巳(1713)三月初七日在千山脚下早飯,"主人亦淳厚,見我人無驚怪意,以其妻女移外炕,坐余于内炕。……其女言今月初一日在其舅家,見高麗人過去。問其舅家所在,則去此十餘里云。與向者所聞相符矣。有年少鄰女三人入來,衣服皆鮮潔,坐外炕,與主女相語。已而借孩兒所懸器而去。主女求針子於從者,得之,有喜色"。(《老稼齋燕行日記》卷九,《燕行録全集》第33册,頁411)金昌業一行所見女性較多,其間還有較多互動,如上文的兩段對話,有彼此間的逗趣,也有一般的閒聊,頗有生活情趣。甚至還有更親近的交流,如癸巳二月二十六回程至寧遠衞,"夜有一少年女來到炕門,問之,前日老嫗之孫女也。遂令解髻而視之,左右編髮,如我國之制,盤結于頂上,以簪及針子縱橫插之,使不解散。又以白布小套,如篩輪加其上,問其所以,云服姑娘之喪。姑娘,即夫母也。女之髻是胡製,而足則纏之,蓋以滿漢混俗,雜用其制也。"(同上,卷八,頁329)金昌業一行讓女子解髻的行爲頗有些無禮,但由此也的確能更充分地了解中國女子。

① 金昌業《老稼齋燕行日記》卷一,《燕行録全集》第32册,頁323—324。
② 金昌業《老稼齋燕行日記》卷一,《燕行録全集》第32册,頁324。
③ 李宜顯《陶谷集》卷三〇,《韓國文集叢刊》第181册,頁495。

日,李正臣一行到達遼東,前往觀賞白塔,引來中國人的圍觀,其中就有女性:

> 清女漢女百餘名,自作一隊,屯聚寺内,觀光使臣。其年少者施脂粉,年老者猶插釵懸珥。或遠而望之,或近而賞之,亦一奇觀也。①

作者稱爲"奇觀"的原因,是女性抛頭露面對他們的圍觀。十年前,金昌業還説"漢女避人,清女不避人",此時已是清女、漢女都不避人。李正臣注意到年輕的女性都化了妝,年老者仍佩戴釵環,"猶"的使用略有貶義。

此後,在李正臣的行程中,年老婦人佩戴首飾及女性抛頭露面這兩點一直是他批評的對象,特別是第一點,其態度簡直可以稱爲憎惡:"路間行乞之女,衣裳繼縷,飢形欲死,欲死而猶插釵懸珥,且能佩珠。老嫗亦然,不似莫甚,極可笑也。"②貧窮、年老仍佩戴首飾,在李正臣眼中猶爲不倫不類,是非常可笑的事。

關於第二點,李正臣有更多記載,如從塔山所站到連山驛站:"有九天玄女廟,此便寺也。昨日適過水陸之會,故清漢衆女雜遝罷歸者不知其數。"③當使團從望海樓出發繼續行程時,未走大路,而是行走在村落中,再次引來中國人的圍觀:"男則環擁於雙轎前後,女則或開門而觀,或據墙而窺矣。"④這兩處看似客觀叙事,並不見褒貶,那不妨看看更具體的事例。此時,李正臣已六十三歲,大概已過了對女性有所向往的年紀。當他們行至山海關時,李正臣在望海樓觀摩樓内碑刻,並讓同行人員幫忙拓碑文或記下碑中文字,此時進來一少女:"此際瓱景唐女,小年凝粧,騎驢入來庭中。鄭致道、崔翊明魂奪神迷,記事時落字頗多,還可笑也。"⑤唐女指漢人女性,此女年紀尚幼,但已是盛妝打扮,只看得朝鮮人神魂蕩漾,無法專注於手頭的工作,這在李正臣看來頗爲"可笑"。當他進入北京後,閒來無事曾總結清人風俗,其中一點即是:"路逢年少女子乘轎車者問之,則是户部

---

① 李正臣《櫟翁遺稿》卷七《燕行録》,《韓國文集叢刊續》第53册,頁104。
② 李正臣《櫟翁遺稿》卷八《燕行録》,《韓國文集叢刊續》第53册,頁139。
③ 李正臣《櫟翁遺稿》卷七《燕行録》,《韓國文集叢刊續》第53册,頁112。
④ 李正臣《櫟翁遺稿》卷七《燕行録》,《韓國文集叢刊續》第53册,頁120。
⑤ 李正臣《櫟翁遺稿》卷七《燕行録》,《韓國文集叢刊續》第53册,頁120。

尚書之女。諸王之子婦其年亦少，而去帷露坐，此處風俗滔滔皆是。"①批評之意已是顯而易見。

李正臣又云："歷觀鳳凰城、遼東城、瀋陽城、永平府、通州城、燕京，則市肆之間、街路之中，曾未見一女人或出者。余竊怪之，問之譯官。則以爲此處之俗，治家謀身之事丈夫皆當之。女子所爲者，但是炊飯造履及靴昌縷紙而已。此外所爲之事，子息抱負吮乳等事而已云。其他諸般買賣織錦刺繡等事，皆男子爲之云矣。"②這裏有兩個問題，首先是"曾未見一女子或出者"似乎與所寫女性拋頭露面相矛盾，其實不然，此處所言不見一女子是指幾處大城市的市井街道中，他所見的女子則出現在寺院廟宇、村落裏，或在乘轎乘車而行的路途中。其次是譯官的回答，又與金昌業的總結很吻合，金氏云："凡大小事役，男子悉任其勞，驅車耕田負薪之外，運水舂米種田，至織布裁縫等事亦皆男子爲之。女子則罕出門外，其所爲不過縫鞋底而已。村女則簸穀、炊飯等事或自爲之。店房中絶不見女人往來。"③兩處所言女子之事都是納鞋、做飯，而男子負責治家謀身的大大小小的事情，甚至連"織錦刺繡"、"織布裁縫"都歸之於男子。雖然李正臣説是譯官所言，但很可能也是從金昌業而來。金昌業的行紀從各方面影響到朝鮮的燕行文學，而他塑造的生動的女性群像以及人物特寫也會刺激後人對清代女性的關注。

李正臣對清朝女性的批評被其子李喆輔(1691—1770)繼承了下來，他對滿頭插花或佩戴首飾的年老女性同樣充滿譏諷。李喆輔第一次使行是乾隆二年(朝鮮英祖十三年，1737)，剛進入中國境内不久，行至松站，留宿於趙姓人家，稱："趙之妻老醜可嘔，而頭猶插鮮花，可發一笑。"④當他總結清人風俗時，又再次強調："勿論唐胡女，勿論貴賤，老少皆插花滿頭。"⑤李喆輔是李廷龜家族中最爲敵視清朝的一員，認爲清是"公然禽獸域"⑥，對

———————————

① 李正臣《櫟翁遺稿》卷八《燕行録》，《韓國文集叢刊續》第 53 册，頁 139。
② 李正臣《櫟翁遺稿》卷八《燕行録》，《韓國文集叢刊續》第 53 册，頁 139。
③ 金昌業《老稼齋燕行日記》卷一，《燕行録全集》第 32 册，頁 324。
④ 李喆輔《丁巳燕行日記》，《燕行録全集》第 37 册，頁 439。
⑤ 李喆輔《丁巳燕行日記》，《燕行録全集》第 37 册，頁 531。
⑥ 李喆輔《乘槎録》之《又次副使》，《燕行録全集》第 37 册，頁 382。

清人的批判嘲笑也就更加地不留情面。

　　爲什麽老嫗插釵簪花就是可笑的呢？第一個原因與文人的風流自賞相關。蘇軾云：“人老簪花不自羞，花應羞上老人頭。”黃庭堅云：“花向老人頭上笑，羞羞，白髮簪花不解愁。”花之美艷與人之衰老形成强烈反差，所謂“自羞”“羞羞”更多地還是一種自嘲。“白髮簪花”的典故亦常爲朝鮮文人借用，略舉數例如下：

　　　　又不見東坡居士簪花老不羞，醉行扶路從人笑。

　　　　遊絲飛絮撩亂天，老病風流敵少年。白髮簪花真可笑，坐來須倩老龍眠。

　　　　金爵猶銜返照明，輕車緩緩並街行。簪花頭上應羞老，贏得兒童拍手驚。

　　　　忽發山陰興，呼兒問酒家。清歌宜落日，白髮强簪花。①

　　自嘲的背後實際上是文人的風流自賞，當這樣的景象出現在清朝白髮婦人頭上時，則是對文人風流的破壞，也就顯得不倫不類，可笑可羞了，自然成爲朝鮮人嘲諷的對象。

　　第二個原因則與滿漢之别相關。崔德中是1712年金昌集使行的軍官，其《燕行録》中關於女性的記載亦很豐富，如：“關内清人絶無而菫有，舉皆漢人。女人或著摺裳，穿黑唐衣，頭飾花珠，且垂面黑紗，乘驢子而行者間間有之。女子則猶帶明衣制度，可愛。”②“寧遠以東多是胡女，而不分内外，露面出見。唐女則内外甚密。而胡女頭插亂花，金玉飾頭，著長衣緩緩作行，所見倍勝於唐女。而唐女或有垂面紗，著唐衣摺裳，騎驢而行者，完如畫中之女也。”③文中將“唐女”與“胡女”對立，“頭插亂花”的是胡女，不避人抛頭露面的也是胡女；唐女則仍是明代衣冠，且嚴守禮法，所以如“畫

①分别見李奎報《李相國全集》卷二《醉中走筆贈李清卿》(《韓國文集叢刊》第1册，頁304)，徐居正《四佳集》詩集卷二二《次韻金子固見寄》(《韓國文集叢刊》第10册，頁472)，鄭士龍《湖陰雜稿》卷四《洗草宴，醉乾卒爵，歸途雜記所歷》(《韓國文集叢刊》第25册，頁125)，林億齡《石川集》卷四《與朴城主民獻遊鄭生員家》(《韓國文集叢刊》第27册，頁388)。

②崔德中《燕行録》，《燕行録全集》第39册，頁483。

③崔德中《燕行録》，《燕行録全集》第40册，頁108。

中之女""可愛"。趙文命(1680—1746)更清楚地回答了簪花的問題,他在雍正三年(朝鮮英祖元年,1725)出使清朝,有詩云"可怪夷風盡染華",其中一點即是"白頭村女亦簪花"①。原來在朝鮮人看來,這是清人風習對中華文明的侵襲。沈銷(1685—1753)於雍正六年(朝鮮英祖四年,1728)出使到遼東一帶,寫下《謠俗》一首,記載進入中國後看到的景象,其中之一爲"結帔村女載花紅",他也將此歸結於夷風之熏染:"幽燕自是鮮卑地,不獨如今有此風。"②一直到1790年,柳得恭(1749—?)隨使團入清朝,仍認爲"滿洲娘子花插鬢""花憐滿女頭"③。其寫滿女云:"大觳寬衫雌滿洲,野花紅壓玉搔頭。兒啼穩放腰車裹,對客求菘了不羞。"④滿族女性才簪花似是他根深蒂固的印象。金正中在乾隆五十六年(朝鮮正祖十五年,1791)隨使團入中國,寫道:"漢女三四人滿墻環看,頗有可觀。老稼齋云:'漢女避人,清女不避人。'今漢女頭插綵花二枝,對立咫尺之地,駸駸然入於清之俗習,不知其然而自然耶。"⑤認爲漢女不避人、頭插綵花都源於滿人的負面影響。由於朝鮮人對滿人的成見,他們將他們認爲不好的風俗習慣以及違禮失禮之事都歸之於滿人,而這是對他們理想中的中華文明、天朝大國的破壞,所以他們對清朝女性特別是老嫗簪花的厭惡並不僅僅是一種審美體驗,而有著更深層的思想根源、民族情緒。風景從來不只是風景,它的背後是人事,是認知,是文化,是階層。

清代女性簪花的風氣不會因爲朝鮮人的好惡而有所改變,李坤(1737—1795)於乾隆四十二年(朝鮮正祖元年,1777)出使,其《燕行記事》非常詳細地介紹了這一習俗:

> 女子頭髮之制其樣甚多,漢女則或如男子之髻而最高,以黑繒裹頭如幅巾之制,此所謂帕。或不以巾裹頭,則必插釵簪花。或於腦上作小髻,以黑色絹作小帽以掩之,絡以玉貝,仍又簪花。……花則不分

①趙文命《鶴巖集》册二《燕行録》之《可怪》,《韓國文集叢刊》第192册,頁444。
②沈銷《樗村遺稿》卷六《燕行録》,《韓國文集叢刊》第207册,頁97。
③柳得恭《泠齋集》卷三《麻姑嶺》、卷四《口外地藏寺次次修韻》,《韓國文集叢刊》第260册,頁49、71。
④柳得恭《泠齋集》卷五《遼野車中雜詠》,《韓國文集叢刊》第260册,頁92。
⑤金正中《燕行録》,《燕行録全集》第75册,頁104。

清漢老少,凡爲女子則無不簪頭,故以至遭喪者或簪於白帽。蓋道路賣花者極多,通州之花精巧艷麗,殆勝於京師,而關外之花則麤劣甚矣。①

清朝女性無論何種髮型都簪花,無論清人漢人還是老人年輕人亦都簪花,因此一路以賣花爲業者衆多。"滿頭插花"也就成爲清朝女性的典型形象在朝鮮人的中國行紀中固定了下來。

洪良浩(1724—1802)在乾隆四十七年(朝鮮正祖六年,1782)出使,有詩云"巷女簪花看使蓋""花簪髻聳時窺客"②;朴齊家(1750—1805)在乾隆五十五年(朝鮮正祖十四年,1790)隨徐浩修(1736—1799)使團進入中國,稱"入柵雖荒絶,家家女插花"。③ 徐有聞(1762—?)於嘉慶三年(朝鮮正祖二十二年,1798)行至山海關云:"此地人多白皙,女多美艷,男勤女閒,女頭上插花,多乘車而行,治(冶)容美服,窺見使行。"④這時如南龍翼、申晸燕行録中深深的易代之感以及李正臣、李喆輔文字中的厭惡之情都慢慢淡化乃至消失了,簪花已成爲單純的民俗記載。

李氏家族燕行文字中的相關記載亦與此變化相符,李晚秀(1752—1820)於嘉慶八年(朝鮮純祖三年,1803)以正使出使清朝,其筆下的中國女性也是"村村少女插黃花"⑤,並有《插花》一詩强調其視覺感受,詩云:"金枝珠蘂五花紋,少婦家家插髻雲。獨怪前邨霜髮媼,殘葩數朵滿頭芬。"⑥雖仍以白髮老媼的花滿頭爲可怪之事,但相對於李喆輔用詞的"可嘔"、"可發一笑",其態度已相對緩和。當李肇源(1758—1832)分別於嘉慶二十一年(朝鮮純祖十六年,1816)及道光元年(朝鮮純祖二十一年,1821)出使中國時,中國女性無論老幼仍然花滿頭,"太平車上繡帷開,鬢插瓊花

---

① 李坤《燕行記事》之《聞見雜記》,《燕行録全集》第 40 册,頁 42。
② 洪良浩《耳溪集》卷六《燕雲紀行》之《發玉田》《記遼薊女俗》,《韓國文集叢刊》第 241 册,頁 101、131。
③ 朴齊家《貞蕤閣集》四集《燕京雜絶,贈别任恩叟姊兄,追憶信筆,凡得一百四十首》其一,《韓國文集叢刊》第 261 册,頁 549。
④ 徐有聞《戊午燕録》,《燕行録全集》第 62 册,頁 364。
⑤ 李晚秀《屐園遺稿》卷一二《輶車集》之《亮河路中》,《韓國文集叢刊》第 268 册,頁 546。
⑥ 李晚秀《屐園遺稿》卷一二《輶車集》,《韓國文集叢刊》第 268 册,頁 556。

抱小孩"①，"老婦簪花插，穉童吸竹横"②，"主婆年八十，插花横吸竹"。③
李肇源的描寫中已無輕視譏諷之意，即使老婦插花他也未覺"可怪"或"可
笑"，其文字更接近客觀描述，而無價值評判。

三　簪花與衣冠變易

　　朝鮮中國行紀對中國女性"滿頭插花"的形象抒寫及不同態度，與明清
易代所帶來的衣冠制度的變化有關，也與對女性的賢淑貞節等要求相關。
後面一點比較容易理解，在朝鮮人眼中，如果説老婦滿頭花是醜，那年輕女
子的滿頭花則是風情，李晚秀雖已對清朝女性的妝飾表示寬容，他也會有
這樣的疑問："試看多少簪花女，能讀床頭烈女文。"④其言下之意是插花滿
頭的女子大多已不再看烈女傳，不再接受閨訓，女性之品行也會隨之崩壞。
雖然清代女性與明代女性一樣都插花、戴首飾，但因爲朝鮮使臣對明清的
不同態度，也就帶來完全不同的認識，在明代也許是美好是神秘，喚起向往
憧憬之情；在清代就變成了做作、風情、誘惑，讓人覺得怪異好笑。
　　另一原因與明清衣冠制度的差異給朝鮮人帶來的衝擊有關。朝鮮使
臣進入中國後會不斷追問中國人對明清衣冠的看法，以此來判斷他們是否
對明還有懷念之情，是否還能稱爲中華文明的傳承，以此來拷問中國人的
靈魂。金昌業在《老稼齋燕行日記》中就一而再地追問這一問題，李氏家族
成員也未能免俗，首先提出這一問題的是李正臣，這是1721年的四月初二
日，李正臣剛入柵到達鳳城，趙明德來拜訪他：
　　　　吾指其紅帽而言曰："先王之制亦有此否？"明德曰："未也。"吾曰：
　　　"非先王之制，大國何其行之乎？"明德曰："高皇帝所行，何敢改之？"吾
　　　曰："周武王一戎衣而天下大定，武定之時雖不得不用戎衣，成康以後
　　　禮樂文物大備，此可爲後世法矣。高皇帝雖創紅纓帽馬蹄衣，聞今皇
　　　帝崇尚伎術，何乃膠守創業時制度，不復文明之治耶？"明德沈吟對曰：

――――――――――

①李肇源《黄梁吟》中《關外襍詠》之八，《燕行録全集》第61册，頁290。
②李肇源《黄梁吟》中《新民屯》，《燕行録全集》第61册，頁333。
③李肇源《黄梁吟》下《柵門》，《燕行録全集》第61册，頁410。
④李晚秀《屐園遺稿》卷一二《輶車集》之《插花》，《韓國文集叢刊》第268册，頁556。

"我人之帽與衣蓋取輕便,且關大變通。朝廷所爲,邊方寒士亦不敢質言云云。"①

李正臣比較委婉,以周爲例,認爲清人服制適合馬上打天下,現在國家安定,以文治國,就應該恢復先王之制。而所謂"先王之制"實指明代衣冠制度,這才是"文明之治"。趙明德雖有辯解,説現在清人衣冠比較輕便,這未嘗不是好事。但也認爲這是國家政策,自己不能説什麽,也算部分認同了李正臣的意見。

到李喆輔時,他對清人就不再如此客氣了,對他們的"靈魂拷問"也就更多,甚至會故意"挑之",其一詩題云:"豐潤、玉田多故家世族,今之猶稱秀才者皆是也。間數十年前見吾人猶道古慷慨,今則雖以語挑之,少無思漢之意。指吾所著而譏匔氅之可愧,則雖口稱曰然,而實無愧色,惟以販業賭利爲事,舊藏書籍亦賣盡無餘,蓋亦居然而夷矣。"李喆輔非常不友好,指著自己的衣服,説清人服飾"可愧",雖然清人説"你説得對",他覺得他們並非發自内心的認同,而是"低頭强道勝於氈",所以非常不滿,稱"漢唐文物總腥羶"。② 他這種道德綁架也會在清人面前受挫,九月初十日他行至甜水店,遇趙鶴齡,二人所聊甚多,他再次追問:

爾們男女衣服無異同,男不帶女無裳,是何制度? 答:吾俗固然,不須問也。問:吾輩衣服制度視爾們何如? 答曰:子之駭我,亦猶我之駭子,制度各異,善惡何論?③

趙鶴齡同樣很不客氣,我們的衣服就是這樣,没什麽好問的。對於李喆輔喋喋不休的追問,一定要在朝鮮與清人服飾也就是明人與清人服飾中評個高下出來,他更加不耐煩,説:你們覺得我們怪異,我們看你們也很奇怪,制度不同,有什麽好壞之分? 看多了朝鮮使臣或隨行人員對清人居高臨下的道德拷問,趙鶴齡的回答讓人頗覺痛快。雖然李喆輔在趙鶴齡處受挫,他仍然没有放棄這一拷問,其後在白塔堡遇到王符、在宋家莊遇到明將軍宋奎顯四代孫,都有關於男女服制以及剃髮作何感想的追問,他們所表

---

① 李正臣《櫟翁遺稿》卷七《燕行録》,《韓國文集叢刊續》第 53 册,頁 101。

② 李喆輔《乘槎録》之《又次副使》,《燕行録全集》第 37 册,頁 348。

③ 李喆輔《丁巳燕行録》,《燕行録全集》第 37 册,頁 442。

達出的無可奈何才更接近他的心理預期。①

　　如果説李正臣、李喆輔對清人服制表現出的是厭惡蔑視，當 1803 年、1805 年李晚秀、李始源（1753—1807）出使中國時，他們的態度已變爲“嘆”。李晚秀《嘆》云：“夫子宮墻清字題，文山祠屋碧苔漫。衣冠古制歸倡優，瓜葛相親混滿漢。”②所嘆四事都是以清易明帶來的社會及人心的變化，其中一點就是衣冠制度，明代服制只留存在戲曲舞臺上，讓人無限感慨。李始源則記載了胡人與漢人的不同反映，《遼野雜詠》其二十七云：“群胡匝遝擁征驂，羶臭熏人苦不堪。異國衣冠争拍手，箇中誰復漢儀諳。”《燕中記實》其四十一云：“看我帽袍發嘆咨，爲言方睹漢官儀。人情百世今猶古，嚴法那防腹裹悲。”③胡、漢對比强烈，在胡人眼中，朝鮮人的衣冠已淪爲被嘲笑的對象；而漢人則“發嘆咨”，似乎在清入主中原一百六十年後仍有回歸“漢官儀”的願望。二者的對立，也是社會的分化。就李始源自己而言，他對清人衣冠則有很高的接受度：“初驚服裝異，更憎面貌醜。隔夜重相看，若將與親厚。”④這是他剛入中國時的情景，雖然一開始覺得清人服裝怪異容貌醜陋，但過了一晚就已感覺“親厚”。

　　再過十年、十五年，當李肇源出使中國時，他對清朝頗多贊美之辭，其《中後所》云：“百年休養地，四海共昇平。”其《沙河道中》云：“民殷物阜看如許，唐宋歸來莫盛今。”其《乾河》云：“運氣方隆盛，誰言無百年。”⑤清朝經過百年休養生息，已是四海昇平，其國力大概已在唐宋之上。清朝還在蒸蒸日上，誰説它氣數將盡，不會超過百年的呢？

　　由李廷龜家族成員中國行紀對中國女性形象的描寫，我們看到的是朝鮮人對明清兩代的不同態度，而進入清朝後，朝鮮人的華夷觀也在發生著變化。朝鮮孝宗（1650—1659 在位）、顯宗（1660—1674 在位）、肅宗（1675—1720 在位）三朝從對明的事大義理及華夷觀出發，視清爲仇讎。孝宗以光復明朝爲己任，積極準備北伐清朝；肅宗在明亡一甲子之際的

①李喆輔《丁巳燕行録》，《燕行録全集》第 37 册，頁 447、467。

②李晚秀《屐園遺稿》卷一二《輈車集》之《插花》，《韓國文集叢刊》第 268 册，頁 562。

③李始源《赴燕詩》，《燕行録全集》第 68 册，頁 403、411。

④李始源《赴燕詩》之《渡江至鳳城雜詠》其十四，《燕行録全集》第 68 册，頁 411。

⑤李肇源《黃梁吟》下，《燕行録全集》第 61 册，頁 415、416、417。

1704 年三月戊午，以太牢祭崇禎帝，又於十二月建成大報壇，祭祀萬曆帝。① 在舉國視清爲仇敵的氛圍中，朝鮮人進入中國也就很難客觀地面對眼前的變化，明清易代是中華文明的淪喪，這讓他們痛苦、讓他們難以接受，所以其對清朝的人與事都採取批判挑剔的態度，如果十七世紀的後半葉因爲清人的高壓、防范他們只能略表感慨，不敢在文字中有太過放肆的表達，那到十八世紀，由於環境相對寬松，他們稱清爲"胡"爲"禽獸"的情況就很普遍。

　　隨著時間的推移，朝鮮人對明朝的記憶漸淡，華夷觀也在慢慢地發生著變化。另一方面清朝在康雍乾三代帝王的統治下，已發展至顛峰狀態。這使朝鮮使臣不得不睜開眼睛，面對眼前的變化。當他們對清的發展有越來越多的體會後，認同感也就越來越強烈。到十八世紀後半葉，有些朝鮮士人開始明確提出要向清人學習。此後，特別是正祖（1777—1800 在位）時期，有選擇地向清人學習的聲音在朝鮮士人間越來越強烈。進入十九世紀，隨著世界格局的變化，來自西方的威脅已越來越明顯。此時，朝鮮已不能再將自己與清朝分開來考慮存亡問題，而必須共同面對來自西方世界的威脅，終於有了"中國有事，則吾東輒相終始。亂與亂，安與安"②的清醒認識，開始有人提出"東方一體"的口號以共同對抗西方列強。③

　　我們從李廷龜家族中國行紀中選擇女性簪花一點來考察他們對中國女性的認識，可以很清楚地看到，他們的態度隨著明清易代而變化，也與朝鮮人華夷觀的轉變同步。"他們也是社會中之人，與具體的社會、歷史語境也有著千絲萬縷的聯繫，多多少少自覺不自覺地都會在這種文化大背景中來解讀異國"④，從他們的記載可由小窺大，更好地理解朝鮮與明清兩朝的

①參見陳尚勝等《朝鮮王朝（1392—1910）對華觀的演變》之《後論：事大論——華夷論——北學論》，山東大學出版社，1999 年 10 月，第 294—297 頁；孫衛國《大明旗號與小中華意識》第二章《尊周思明與大報壇崇祀》，商務印書館，2007，第 99—146 頁。
②金祖淳《楓皋集》卷一五《送桐漁李判書赴燕序》，《韓國文集叢刊》（289），第 347 頁。李桐漁相璜此次使行時間爲道光十年（朝鮮純祖三十年，1830）。
③參見左江《朝鮮士人的對清認識》，載《域外漢籍研究集刊》第 7 輯，中華書局，2011 年。
④孟華《比較文學形象學論文翻譯、研究札記》，載孟華主編《比較文學形象學》，北京大學出版社，2001 年，頁 7。

關係,而其紀行文字中展現出的中國的社會變遷、風俗變化,以及女性的生存狀態同樣是值得注意的問題。

四　弓鞋與横竹

中國女性纏足由來已久,在明代,朝鮮人很少提及此點。崔溥(1454—1504)在弘治元年(朝鮮成宗十九年,1488)因海難漂流到中國浙江境内,後經京杭大運河到北京,從北京由陸路回朝鮮,其從南到北的行程中,與中國人頗多交流,對中國也有較多了解。他比較了南北兩地女性的服裝、首飾等,但没有一字提及她們的小腳。① 朝鮮使臣亦如此,李廷龜的四次紀行文字以及與他同行的李恒福、黄汝一、閔仁伯、李埈等都没有相關記載。在朝鮮士人的朝天録中,只見到數條相關内容:

趙憲(1544—1592)於萬曆二年(1574)出使明,六月十六日渡中江狄江後開始見到明朝人,記載云:"女人俱縛其足,其趾不長。"②柳夢寅(1559—1623)於萬曆三十七年(朝鮮光海君元年,1609)出使明,其《雜詩》一首介紹明朝與朝鮮不同的風俗,其中即寫道:"男子盡箕踞,女人皆纏趾。負戴替擔肩,脂粉映老齒。"③與女性相關的有兩點,一是纏足,二是老婦人亦化妝。次年(1610),趙緯韓(1567—1649)亦出使,其《鎮東堡》云:"女兒纏足經何據,男子無聲禮不援。三代遺風豈如此,始知流俗染胡元。"④趙憲純屬記録見聞,柳夢寅要表達"隨地俗殊尚"的觀點,並無評判。趙緯韓則對女子纏足進行了批評,認爲纏足與三代遺風不相干,是没有來由的陋習,是受到了元代的影響。很明顯其觀點是錯誤的,只是因爲鎮東堡地處明朝邊界,北方後金崛起,趙氏在借題發揮罷了。

到清朝,纏足與否是區別清女與漢女的標志之一,如崔錫鼎(1646—

① 崔溥《錦南先生漂海録》卷三中有一句云:"或著鞾,或著皮鞋、鞾韈、芒鞵,又有以巾子纏腳以代韈者。"結合上下文,此應指男性的穿著,而非指女性裹足。《燕行録全集》第1册,頁598。
② 趙憲《重峰集》卷一〇《朝天日記》(上),《韓國文集叢刊》第54册,頁354。
③ 柳夢寅《於于集》後集卷一,《韓國文集叢刊》第63册,頁476。
④ 趙緯韓《玄谷集》卷五,《韓國文集叢刊》第73册,頁217。

1715)所云："纏足識漢女，捲髮看胡姬。"①到十八世紀末，更成爲唯一區別，李田秀(1759—?)於乾隆四十八年(朝鮮正祖七年，1783)曾隨伯父李福源(1719—1792)進入瀋陽，其《入瀋記》云："唐女、滿女只纏足之別，而穿著及髻樣則概無異同矣。"②這樣，女性小腳就引來朝鮮使臣與隨行人員的更多關注，在他們的燕行記載中，大多會提及漢女纏足。早期，也就是在十八世紀末之前，他們對漢女纏足有兩種態度，一是客觀陳述，未加褒貶，如金昌集云"弓鞋多漢女"③，金昌業云"胡女不纏腳"。李正臣亦問馬頭曰："清漢之女何以卞之?"答曰："漢女以頭髮北結之而裹足，清女則以頭髮上髻而不裹足云云。"④李喆輔也總結道："(唐女)足小而尖，長不滿三寸，箇箇同然。"⑤

　　一種將纏足看作明朝文化的延續。洪命夏(1607—1667)於康熙三年(朝鮮顯宗五年，1664)出使清朝，適逢清廷在討論"漢女服色禁斷一事"，他非常擔心："清國既得天下，服色不可異同，此論一出之後，漢人氣色莫不失心。大概去其華冠、解其足裹，有若剃頭者然，此乃招怨之舉，深可慮也。"⑥將女性的去冠、解足與男性的剃頭等同視之，認爲是對"華制"既中華傳統的顛覆。金錫冑(1634—1684)於康熙二十一年(肅宗八年，1683)以正使出使清朝，有詩云："已改尖靴女直粧，誰將蓮襪掩羅裳。唯應夜月鳴環珮，魂夢依依到吉陽。吉陽即古袁州，今江右地也。"⑦這首詩亦是在榛子店見到季文蘭詩作後的次韻詩，情緒比較複雜，鞋襪不同的背後是對時局變更、女性命運的感慨。

　　隨著時間推移，以裹足爲陋習的聲音越來越多，李坤同樣有對纏足的介紹：

①崔錫鼎《明谷集》卷三《椒餘錄》之《風俗通聯句五十韻》，《韓國文集叢刊》第 153 册，頁 475。崔錫鼎於康熙三十六年(朝鮮肅宗二十三年，1697)以副使出使中國。

②李田秀《入瀋記》(下)，《燕行錄全集》第 30 册，頁 401。

③金昌集《夢窩集》卷三《燕行塤篪錄》之《用老杜秦州雜詩韻，追記燕行》其十三，《韓國文集叢刊》第 158 册，頁 71。

④李正臣《櫟翁遺稿》卷七《燕行錄》，《韓國文集叢刊續》第 53 册，頁 104。

⑤李喆輔《丁巳燕行日記》，《燕行錄全集》第 37 册，頁 531。

⑥洪命夏《燕行錄》，《燕行錄全集》第 20 册，頁 321。

⑦金錫冑《息庵遺稿》卷六《擣椒錄》(上)之《復疊前韻，和副使》，《韓國文集叢刊》第 145 册，頁 207。

　　漢女其足與男子絕異，故所著皆是唐制女鞋，此所謂弓鞋也。胡
女則所著之履與男子同。……胡女日冷則或著其夫之紅帽子以禦寒，
漢女則終不著。故胡人常曰："東國則女順而男不順，中國則男順而女
不順。"蓋以中國男子皆剃髮胡服，女子則終不解裹足亦不用胡服，我
國女子環髮大足。

清朝漢人女性裹足不穿胡服，被當作不歸順清廷的象徵。作者引用清人
"東國則女順而男不順，中國則男順而女不順"之語，似亦贊同此説，實則不
然，他對纏足頗爲憎惡：

　　漢女自幼裹足，束之甚緊，便作髑髏，色醜臭惡。足端雖尖細如
針，而其脛則壅腫浮大，故常深藏祕護。袴襪之上必以色布堅裹之，晝
夜不解，雖情人不得見。或云此法出於妲己，或云始於唐時，有未能的
知。而足形之醜惡既如此，羞令人見之，又甚艱於行步，有若鬼趨雀
步，路中遇風則輒顛仆。而三寸金蓮尚且歆艷，稍大則反以爲恥。今
天下被髮已百年，惟此一節堅守不變者何也？①

李坤認爲小腳醜陋、臭惡，不良於行，對清人未廢除此陋習充滿了疑
惑。這是李坤的誤解，由上文洪命夏的記載我們可以知道，清廷亦曾有解
足之議，並且擬通過滿漢通婚改變這一習俗，徐長輔云："蓋清朝始令薙髮，
並禁纏足，女子無一應從者。康熙初，斬貴族一家而申其令，猶終不聽從。
於是始定互婚法，且令從母。母若滿人，則女不得纏足，子屬於旗下，欲其
久而成俗。然漢人之自好者，則至于今絕不相婚云。"②因纏足被賦予滿漢
對立的意義，禁纏足終究未能推行開來。

朴趾源(1737—1805)在乾隆四十五年(朝鮮正祖四年，1780)隨使團進
入中國，寫有著名的《熱河日記》，同樣對小腳充滿厭惡。他在與王民皞聊
天時談及纏足一事：

　　又曰："貴國婦人亦纏腳否？"曰："否也。漢女彎鞋不忍見矣。以
跟踏地，行如種麥，左搖右斜，不風而靡，是何貌樣？"鵠汀曰："獻賊京
觀，可徵世運。前明時至罪其父母，本朝禁令至嚴，終禁他不得，蓋男
順而女不順也。"余曰："貌樣不雅，行步不便，何故若是？"鵠汀曰："耻

①李坤《燕行記事》之《聞見雜記》，《燕行錄全集》第40册，頁41。
②徐長輔《薊山紀程》卷五附錄《風俗》，《燕行錄全集》第66册，頁571—572。

混韃女。"即抹去。又曰："抵死不變也。"余曰："三河通州之間,白頭丐
女滿髻插花,猶自纏脚,隨馬行丐,如鴨飽食,十顛九仆。以愚所見,還
不如韃女遠甚。"①

小脚"貌樣不雅,行步不便",一無是處。王民皞雖然用"女不順""抵死不
變"等民族氣節之語來爲纏足一事辯解,朴趾源仍然認爲"不如韃女遠甚"。

　　李田秀、李晚秀於 1783 年隨李福源至瀋陽,與張裕昆交流甚多,他們
亦就裹足一事向張氏了解其緣起、原因等:

　　　　書曰:漢女裹足昉自何代,出於何義? 答曰:始自六朝,蓋禁婦女
　　遠遊也。書曰:古有金蓮三寸之稱,此恐不過冶容中一事,畢竟不好底
　　風俗。張書"誨淫"二字,又書曰:"多一番情趣。"②

張氏回答裹足始自六朝、爲禁止婦女遠遊並不準確。雖然張氏認爲女性裹
小脚有"誨淫"之嫌,畢竟還是增加了一番情趣,此"情趣"指女性風姿,還是
閨房之趣,只有張氏自己明白了。但在朝鮮人看來這是"冶容",終究是"不
好底風俗"。

　　此後的朝鮮使臣同樣視纏足爲陋習,洪良浩於乾隆五十九年(朝鮮正
祖十八年,1794)再次出使清朝,其《道見漢女扶杖短步,聊識弊俗》云:"千
載中華有古程,聲容步武盡緣情。滿兒不作侏儺語,漢女胡爲彳亍行。踊
屨曾聞齊市貴,弓鞋或襲漢宮名。聖王有起應丕變,陋俗何論習與成。"③
也認爲清人建朝後,就不應該讓纏足的陋俗延續下來。李氏家族的李晚秀
對纏足的漢女也有一定的同情,如《纏足》云:"金蓮步步助嬌妍,三寸何曾
繡襪纏。華俗却招胡女笑,南朝陋習至今傳。"④雖然三寸金蓮看似增加了
女性的柔弱嫵媚,但不可否認這仍是一種"陋習"。

　　另一與清朝女性相關的形象是手持橫竹,前面我們已經看到李肇源所
云"老婦簪花插,稺童吸竹橫","主婆年八十,插花橫吸竹",此外還有"村女
出門前,橫竹看我人"⑤,李肇源筆下的中國女性多了新的隨身道具,那就

①朴趾源《燕巖集》卷一二《熱河日記·太學留館錄》,《韓國文集叢刊》第 252 册,頁 214。
②李田秀《入瀋記》(中),《燕行録全集》第 30 册,頁 234。
③洪良浩《耳溪集》卷七《燕雲續詠》,《韓國文集叢刊》第 241 册,頁 129。
④李晚秀《屐園遺稿》卷一二《輶車集》,《韓國文集叢刊》第 268 册,頁 557。
⑤李肇源《黃梁吟》中《雨中愁坐口號》之九,《燕行録全集》第 61 册,頁 327。

是"横竹"。所謂横竹即吸煙草用的煙筒，由李肇源的記載來看，那時無論男女老幼吸煙成風，成爲一道景觀。

　　煙草何時傳入中國，又經由哪些途徑傳入中國，學術界衆説紛紜。現大致認爲傳入時間在 1558 至 1575 年之間，傳入路綫無論是説兩條、三條還是四條，都包括由朝鮮傳入中國東北這一條綫。① 煙草傳入中國後發展迅猛，崇禎在位時，雖曾兩次頒布禁煙令，亦不能遏制煙草的發展，張岱（1597—1680）《陶庵夢憶補遺・蘇州白兔》云："余少時不識煙草爲何物，十年之内，老壯童稚婦人女子無不吃煙，大街小巷盡擺煙桌，此草妖也。"②到清朝，帝王的態度比較寬容，煙草的傳播就更爲快速。③

　　朝鮮使臣及隨行人員在進入明朝時尚未提到中國人吃煙之事，但到清初的朝鮮燕行録中已能看到相關記載，麟坪大君（1622—1658）於順治十三年（朝鮮孝宗七年，1656）出使，十月二十日被困牛家莊，清護行官員送給他們一些獵物，朝鮮使臣則"回贈細煙"。④ 鄭太和（1602—1673）在康熙元年（顯宗三年，1662）出使，八月二十六日到耿家莊，"時見一兒胡眉目可憐，給與煙竹而問之。"⑤閔鼎重（1626—1692）於康熙八年（朝鮮顯宗十年，1669）出使，至栅門，"牙譯以上則依例接見饋酒，各給紙束煙草等物，加索不已，甲軍嫌少不受"。⑥ 1664 年，洪命夏一行幾乎每到一處都以紙束、煙草、煙竹、刀子相贈。⑦ 由以上記載可知，到清朝，朝鮮使團會攜帶煙竹及煙草進

① 參見蔣慕東、王思民《煙草在中國的傳播及其影響》，載《中國農史》2006 年第 2 期，頁 30—41；王雨《近 30 年明清煙草傳播問題研究綜述》，載《赤峰學院學報》（漢文哲學社會科學版）2015 年第 10 期，頁 33—34。
② 張岱著，林邦均注評《陶庵夢憶注評》，上海古籍出版社，2014 年，頁 252。
③ 參見劉杰主編《煙草史話》第一章《煙草起始溯源》，社會科學文獻出版社，2014 年；張睿蓮、范建華《中國煙文化與煙文化產業》第一章《煙文化的起源與演變》及第四章《煙文化中的反煙與禁煙》，雲南大學出版社，2018 年。
④ 李澝《松溪集》卷七《燕途紀行》（下），《韓國文集叢刊續》第 35 册，頁 296。
⑤ 鄭太和《陽坡遺稿》卷一四《飲冰録》，《韓國文集叢刊》第 102 册，頁 472。
⑥ 閔鼎重《老峰集》卷一〇《燕行日記》，《韓國文集叢刊》第 129 册，頁 233。
⑦ 洪命夏《燕行録》，如"甲軍輩亦給之束封草煙草刀扇等物"（《燕行録全集》第 20 册，頁 262），"兩厨房各送紙束南草黍皮刀扇等物以謝之"（頁 263），"給紙束筆墨及藥果煙草等物"（頁 277），"以狀紙二卷、樁刀一柄、煙竹匣草二匣、扇子二柄謝之"（頁 342），等等。

入中國,一來作爲饋贈的禮物,二來作爲給各關卡的禮單人情。

金昌業在《老稼齋燕行日記》中稱:"南草,男女老少無人不喫,而待客之際與茶並設,故稱南草爲煙茶。然其草細切,曬得極乾,無一點濕氣,故一瞬爇盡。而亦不疊喫,一竹便止,通一日所喫多不過四五竹。"①從他的記載可知煙草在清朝已很普通,男女老少都在吃,並被作爲待客的禮物。吃煙的習慣是一管而止,一天四五管;煙絲的特點是又細又乾燥。吃煙在清朝如此盛行,與之相關的用具也就很受歡迎,金昌業與崔德中列出的鳳城、瀋陽、山海關、北京所用禮單人情都包括煙竹,金昌業統計總數爲"長煙竹九十六箇,銀項煙竹二百六十三箇","銀煙竹十九箇,煙竹一百七十九箇"②。煙竹亦可用來作爲食宿的付費,如十一月二十九日宿松店,"以二束白紙,一枝煙竹當房錢"③,十二月初一,在沓洞早飯後出發,主人嫌房錢少,關門不開,"争之不得,竟加一煙竹"。④ 如此記載甚多。李廷龜家族中最早注意到中國人抽煙習慣的是李喆輔一行,三使臣《自鴨緑江至燕京紀行聯句》云:"吸煙長把竹,啖飯不須匙。"此兩句雖出自正使徐命均(1680—1745),但收入李喆輔《乘槎録》中,並特別注明"此實際語"。⑤ 李喆輔總結云:"飲食則重肉而不重飯,最嗜南草,終日不離口。"⑥金昌業説"通一日所喫多不過四五竹",此時已是"終日不離口",若不是李喆輔誇張,那就是二十五年間,清朝的吃煙風習已越發盛行。

煙草如此普遍,已成爲整個東亞地區的風習,朝鮮使臣及隨行人員中也不乏煙民,煙草也就成爲超越語言的表達友好之物。金正中壬子(1792)正月初一在太和門遇一琉球人,"仍出其南草若干以贈余。色赤細切,可謂佳品"。金正中比較了下,感覺"香烈不及我東三登之産"。⑦ 三月初四他們回到柵門,等著回國,"入一廛房,有胡商數人下堂,顛倒迎吾輩上座。少

---

① 金昌業《老稼齋燕行日記》卷一,《燕行録全集》第 32 册,頁 327。

② 金昌業《老稼齋燕行日記》卷一,《燕行録全集》第 32 册,頁 304—305。

③ 金昌業《老稼齋燕行日記》卷一,《燕行録全集》第 32 册,頁 381。

④ 金昌業《老稼齋燕行日記》卷二,《燕行録全集》第 32 册,頁 386。

⑤ 李喆輔《乘槎録》,《燕行録全集》第 37 册,頁 362。

⑥ 李喆輔《丁巳燕行日記》,《燕行録全集》第 37 册,頁 531。

⑦ 金正中《燕行録》,《燕行録全集》第 75 册,頁 149。

焉進暖茶,又然南草勸之。余怪其勤厚,問其居住,乃京之人,而賣買來此云。"胡商熱情招待金正中等人,又是招呼入座,又是上茶,又是遞煙。金正中大爲感慨,認爲這數人"禮甚款洽",與"暴扈强梁"的柵門胡大不同,可見"北京之俗大異於邊塞也"。① 煙草的傳遞一下拉近了彼此的距離,讓不同國度的人親近起來。

朴趾源亦是煙民,他在與王民皞鵠汀的交流中也談及煙草一事:

> (鵠汀)又曰:"這烟,萬曆末遍行兩浙間,猶令人悶胸醉倒,天下之毒草也。非充口飽肚,而天下良田,利同佳穀。婦人孺子莫不嗜如蒭豢,情逾茶飯。金火迫口,是亦一世運也,變莫大焉。先生頗亦嗜此否?"余曰:"然。"鵠汀曰:"散性不喜此,嘗試一吸,便即醉倒,嘔噦幾絶,這是口厄。貴國計應人人喫烟?"余曰:"然。但不敢喫向父兄尊長之前。"鵠汀曰:"是也。毒烟向人,已是不恭,況父兄乎?"余曰:"非但如此,口含長竿以對長者已慢無禮。"鵠汀曰:"土種否? 抑自中國貿回否?"余曰:"自萬曆間從日本入國中,今土種無異中國。皇家在滿洲時,此草入自敝邦,而其種本出於倭,故謂之南草。"鵠汀曰:"此非出日本,本出洋舶,西洋亞彌利奢亞王嘗百草,得此以醫百姓口癖。人脾土虛冷而濕,能生虫口蠱,立死。於是火以攻虫,剋木益土,勝瘴除濕,即收神效,號靈草。"余曰:"吾俗亦號南靈草,若其神效如此,而數百年之間,舉天下而同嗜,亦有數存焉。先生世運之論極是,誠非此草,四海之人,安知不舉皆口瘡而死乎?"鵠汀曰:"散不嗜烟,行年六十,未有此病。志亭亦不嗜烟,西人類多誇誕,巧於漁利,安知其言之必信然否也?"已而,志亭還,視"散不嗜烟","志亭亦不喫烟",大加墨圈曰"他有毒",相與笑。②

此段交談論及煙草的起源與流傳,或可爲學術界的討論提供一些綫索。首先關於起源,朴趾源以其出自日本,所以稱"南草";王民皞糾正曰出自西洋,當初有治病之效,亦稱靈草、南靈草。關於傳播的時間與路綫,結合二人之説是萬曆時期從日本傳入朝鮮,又從朝鮮傳入滿洲即中國東北,其後發展迅猛,萬曆末已遍行兩浙間。

----

① 金正中《燕行録》,《燕行録全集》第 75 册,頁 287。
② 朴趾源《燕巖集》卷一二《熱河日記·太學留館録》,《韓國文集叢刊》第 252 册,頁 214。

朝鮮當下的情況是"人人喫煙",中國的情況也大體相同,甚至軍人執勤、大臣公務時都煙不離口。當徐有聞一行到達北京入鴻臚寺時:"班列紛擾,甲軍含煙竹以喧嘩。"①成祐曾於嘉慶二十三年(朝鮮純祖十八年,1818年)隨使團入中國,己卯(1819)正月初一隨皇帝、衆臣拜謁太廟,其所見如下:"鳴臚之時拜跪甚不整,各殿庭咫尺,橫竹吸煙,可知禮制之無嚴也。"②正如金正中的總結:"南草,男女老少無人不喫。雖處女佩南草小囊,囊中必插短竹。"③表現在詩歌中即李宜顯所云"兒亦煙竹弄"④,蔡濟恭所云"細吸煙茶無老少"⑤,以及李肇源作品中的"穉童吸竹橫","主婆年八十,插花橫吸竹"。

清朝的中國人是如何吃煙的呢?李田秀在《入瀋記》中還詳細介紹了煙竹的特點以及其他吃煙器具的使用方法:"煙茶作草囊,而插竹於中,蓋雖王公貴人煙竹之長不過尺許故也。當其裝煙之時,亦不用撮煙納鍾,只於囊子之中以鍾舀出,因煙草未嘗剉之,只爲乾碎也。火鐮作皮匣而露鐮於外,藏翎石於內。此上諸種俱有長繞佩於帶而垂其繫,此外細瑣雜佩之物則納之袍子衿中、靴子口傍,此三處所以代我人袖也。"⑥中國的煙草細碎乾燥,煙竹較短,可插入煙囊中,火鐮、火石裝在皮匣中,所有的器具都用帶子繫在腰間或垂在腿邊。中國人腰間的帶子、衣服襟口、靴子都可以用來裝東西,與朝鮮人的衣袖具同樣的功能。這是極有價值的民俗資料,足以成爲研究中國煙草史的重要資料。

由以上朝鮮人的中國行紀,可見進入清朝以後,中國人對煙草的嗜好日漸風行,以致"穉童"、"村女"、老婦都手不離煙管。但因爲這是清鮮共有的社會風氣,加上對清朝的逐漸認同,朝鮮人筆下的清朝人物也不再面目可憎,如李肇源《雨中愁坐口號》之九云:

　　　　村女出門前,橫竹看我人。僕夫對輿語,款笑若素親。偶值使臣

---

① 徐有聞《戊午燕録》,《燕行録全集》第 62 册,頁 377。
② 成祐曾《茗山燕詩録》卷五《留館録》,《燕行録全集》第 69 册,頁 274。
③ 金正中《燕行録》,《燕行録全集》第 75 册,頁 300。
④ 李宜顯《陶谷集》卷三《記燕都所見四疊》,《韓國文集叢刊》第 180 册,頁 385。
⑤ 蔡濟恭《樊巖集》卷一三《含忍録》(上)之《關廟行》,《韓國文集叢刊》第 235 册,頁 242。
⑥ 李田秀《入瀋記》(下),《燕行録全集》第 30 册,頁 354。

見，色赧急避身。村兒四五歲，跳踉田畔塵。鼻凝黃白涕，兩孔幾塞陘。纔拭旋復垂，雙連上下唇。何其似東俗，二者一笑新。①

這裏出現的中國人形象一是村女，一是村兒。村女雖然拿著煙管，但笑語盈盈的樣子是親切的，羞澀轉身的樣子是可愛的。四五歲的小兒則是鼻涕流個不停，擦了又流，直至掛在了嘴上。這本來感覺挺髒，但作者說我們朝鮮也是這樣啊，忍不住會心一笑。詩作寫人敘事活潑生動，趣味盎然，燕行錄中曾經的居高臨下的姿態已無一絲印迹。

結　語

本文以李廷龜家族的中國行紀爲中心，結合其他朝鮮中國行紀，選擇他們對中國女性的書寫，特別是關於簪花、纏足、吃煙三點來分析不同書寫背後的社會變遷、觀念變更。在一切的看與被看的過程中，所有的人都是風景，而風景的背後是不同的意識形態。"遊記作者往往扮演了雙重角色：他們是社會集體想象物的建構者和鼓吹者、始作俑者，又在一定程度上受到了集體想象的制約，因而他們筆下的異國形象也就成爲了集體想象的投射物。"因此，討論朝鮮人中國行紀的書寫離不開對他們的思想史、心態史的分析。② 這也是研究域外之人所寫中國行紀的意義所在，就本文而言，有如下數點：

一、李廷龜親歷了壬辰倭亂，深知倭亂對朝鮮的摧殘，也很明白明朝傾一國之力抗倭的恩義，雖然在出使過程中與明人也有摩擦，但對明朝抱有的一份感恩之心讓他對明朝的人與事也多了一份賞識與溫柔，即使店家女、娼女這樣的特殊人群，在他的筆下也是美好的，讓人神往的。當進入清朝以後，由於華夷觀的影響，清代的衣冠制度給朝鮮人以更大的視覺沖擊，他們將對清朝的敵視投射到衣冠變化中，即使女性簪花也讓他們覺得格格不入。但隨著時間推移，隨著對清朝的逐步認同，他們的書寫更爲客觀，也慢慢帶了一份欣賞。

二、由朝鮮人的中國行紀我們能感受到明清的差異，清代女性有更多

---

① 李肇源《黃梁吟》中《雨中愁坐口號》之九，《燕行錄全集》第 61 冊，頁 327。
② 孟華《比較文學形象學論文翻譯、研究札記》，載孟華主編《比較文學形象學》，北京大學出版社，2001 年，頁 16。

自由,可以較多地出入寺觀、看戲等結伴外出,外出時也不一定蒙紗而行。滿族女性與漢人女性在服飾上也漸趨混同,漢人女性裹足梳滿式髮型者不在少數。而關於女子的職責,在十八世紀上半葉,金昌業與李正臣説女子除納鞋底,還做做飯。但到了十八世紀末,李田秀説中國女子唯有納鞋底一事,以致中國男性知道朝鮮女子還縫衣、做飯,都很艷羨①;金正中更總結説中國女人只是抱孩子、吃煙、遊戲而已,織錦、挑水、做飯都是男子所爲。朝鮮士人筆下的中國女性與我們想象中的歷史上爲三座大山所壓迫、做牛做馬的女性形象相去甚遠。這是真實的歷史記録,還是朝鮮人的一面之詞? 這是中國的普通現象,還是東北至華北的地域現象? 這些都成爲研究中國女性史的極好資料。②

　　三、纏足、吸煙在現在看來都是陋習,但朝鮮人對這兩種現象的抒寫是不一樣的。對纏足的觀感有一變化的過程,在明朝期間,朝鮮從事大義理出發對明朝的衣冠文物是全盤接受學習的,趙憲 1572 年以質正官出使明朝,在《朝天日記》中雖記録了明朝的各種亂相,但在《東還封事》中則將明塑造成理想之國,提出方方面面要向明朝學習,其中就包括衣冠之制③,但

---

①李田秀《入瀋記》(下)云:“日用百事皆男子爲之,女子則安坐無事,如紡績、烹飪皆是男子所幹,至於針綫則又有裁縫匠,女子所爲者只見衲靴底者。故逢我人時,必問: ‘你們女子何幹?’如謂之裁衣主饋,則必細閲縫痕,極有愛羨之色矣。”《燕行録全集》第 30 册,頁 399。

②成祐曾《茗山燕詩録》卷四《風俗類》云:“曾聞燕俗女人則但縫襪底,不事女紅,沿路所見或有爨薪而炙肉者,或簸米於驢磨之傍,或擔水,或擔糞,則傳聞者多非實也。至石山站見一織房,機制如我國綾羅匠,所用縣布甚厚,有女方緝絲於庭。”(《燕行録全集》第 69 册,頁 191)成氏於嘉慶二十三年(朝鮮純祖十八年,1818 年)隨使團入中國,其《茗山燕詩録》中較多對中國女性衣著、習慣等的記載,具體描寫了簪花、纏足、吃煙等內容。他已對清代女性“但縫襪底一説”有所質疑,但朝鮮人的中國行紀爲何稱中國女性“唯納鞋底”,仍是一個問題。

③趙憲《重峰集》卷三《質正官回還後先上八條疏》其一云:“大抵中原衣冠之制,不惟簡約易備。而如今天下同文之日,如雲南、貴州,距京師萬餘里,曾是椎髻侏離之域,而大小男女一遵華制。況我箕邦,距京師不滿四千,實與五服諸侯無異,而男女衣冠多有可羞者。……令久行通事詳教工人,裁紙爲樣,廣頒于八道,使其改之有漸,則衣冠之悉從華制者,庶爲實語矣。”《韓國文集叢刊》第 54 册,頁 191。

並無學習女性裹足一條，取捨的過程也是一種判斷。雖覺纏足不好，但這是宗主國的風習，亦不可妄議。進入清朝後，開始時朝鮮人視清人爲野人，這時纏足就被看作忠於明朝不歸順清朝的象徵，是一種精神力量的外化。當對清較多認識後，纏足之醜之惡也就突顯出來，反讓他們感慨清人爲何不禁止這樣的陋習。其對纏足的認識變化仍然與明清關係交織在一起，是思想史、心態史的體現。而關於煙草，中國煙草的傳播路徑之一就來自朝鮮，吃煙則是在朝鮮、明清同步興起的風氣，這也就消解了朝鮮人、明人、清人的差別，使煙草成爲東亞各國、各地域之間超越語言的饋贈友朋、招待客人的重要禮物。這時的清人不但男子，而且老人、孩子、女性也吸煙成風，但朝鮮人在燕行錄中並無批判之意。① 對於吃煙現象的喜惡多取決於個人對煙草的喜好，沒有太多的民族情緒、家國情感摻雜其中，也就成爲相對單純客觀的歷史實錄。

四、簪花、纏足已成爲歷史，吸煙也爲大多數人所抵制，但每一現象每一風習都有一個發生發展的過程，都曾經在歷史上呈現出多種樣態，甚至與家國、社會、民族等更爲複雜的概念牽連在一起，因此不能簡單地進行是非判斷，而需進行更具體更個性的分析。

朴趾源一行剛踏上中國的土地，尚在遼東時，每到一處都會吹起喇叭，唱起歌，引來中國民衆的圍觀：

> 家家走出，婦女闔門觀光，無老無少裝束皆同，粧花垂璫，略施朱粉，口皆含烟。手持靴底所紈，連針帶綫，駢肩簇立，指點嬌笑。始見漢女，漢女皆纏足著弓鞋。②

粧花、施粉、弓鞋、含煙；納鞋、簇立、指點、嬌笑，感謝朝鮮使臣爲我們留下如此生動的女性群像圖，無論美醜，不問是非，她們都曾鮮活地走過歷史。

（作者單位：深圳大學文學院）

---

① 柳得恭説滿族女子"對客求菸了不羞"（《泠齋集》卷五《遼野車中雜詠》，《韓國文集叢刊》第 260 册，頁 92），"羞"的重點不是説求煙，而是説她們不避人。

② 朴趾源《燕巖集》卷一一《熱河日記·渡江録》，《韓國文集叢刊》第 252 册，頁 161。

域外漢籍研究集刊　第二十輯
2020 年　頁 159—204

《熱河日記·忘羊録》校釋(上) *

許　放　王小盾

引　言

　　《熱河日記》是朝鮮學者朴趾源(1737—1805)在乾隆四十五年(1780)隨使節團遊歷北京、熱河(今河北承德)之後所撰寫的旅行記。書中不僅記載了朴趾源對乾隆年間中國社會的深入觀察,還收録了《鵠汀筆談》《黄教問答》《忘羊録》等多篇與中國文人的筆談記録。其中《忘羊録》是朴趾源在熱河與尹嘉銓、王民皞之間的筆談,涉及中國樂律發展、中朝音樂交流等多個主題,是一份有助於東亞古代音樂研究的珍貴文獻。

　　《忘羊録》有諸多鈔本傳世,其間文字差異頗大。之所以出現這個現象,主要因爲朴趾源之子朴宗采在丁卯年(1807)對家藏稿本進行了大幅度修訂,他不僅對内容做了增删,還將全文由 35 個段落改編爲 40 個段落,是爲《考定忘羊録》。

　　朴宗采對《忘羊録》的修訂自然有潤色文字、訂正訛誤等方面的目的,但更重要的考慮是:當時朝鮮社會興起反"西學"風潮,散見於各卷的"西

* 本文爲 2019 年度教育部人文社會科學研究青年基金項目"東亞漢文化圈中的諺文燕行文獻研究"(項目編號:19YJCZH205)、2018 年度中央高校基本科研業務費青年教師培育項目"朝鮮王朝諺文燕行文獻的整理與研究"(項目編號:18wkpy21)階段性成果之一。本文修改過程中,對韓國首爾大學榮休教授金明昊先生的校釋意見多有採納。

學”相關文字極易使《熱河日記》成爲衆矢之的。從内容來看,《忘羊録》修
訂前後最顯著的區别就是有關“天琴”(即揚琴)的記載。早期鈔本提到揚
琴傳入中國的過程時云:“蓋利瑪寶所攜至也。樂律皆本之笙簧,而天琴最
合簧律,故審音者易定其律。余問:‘天琴又是何樣製作?’鵠汀曰:‘這是泰
西鐵鉉。此系天主器物,故名天琴。’”在《考定忘羊録》中,這段文字被改成
“蓋萬曆時,始入中國也”。此外,早期鈔本提到揚琴傳入朝鮮的過程時云:
“敝友洪大容,字德保,號湛軒,始能諧律和之土樂。然後鄙邦諸琴師多效
之,今則大行於世。”在《考定忘羊録》中,這段文字被改成“敝友洪大容,字
德保,號湛軒,善音律,能鼓琴瑟”。不僅如此,在早期鈔本中,有關“天琴”
的内容被列爲第一段;在《考定忘羊録》中,則在被大幅删改後調整至第十
一段。

　　這些修訂細節頗具意義:一方面,有助於了解當時的社會氛圍;另一方
面,有助於對《熱河日記》的版本系統進行整理。比如,我們可以根據《忘羊
録》的文本異同,將《熱河日記》分爲兩大系統,即早期鈔本系統和《考定忘
羊録》系統。早期鈔本系統基本上保持了《熱河日記》原稿的面貌,《考定忘
羊録》系統則反映了 19 世紀初期的意識形態要求。中國國家圖書館藏《熱
河日記》就屬於早期鈔本系統,保留了《忘羊録》被修訂之前的原始文本,具
有較高的文獻價值(參見許放《國家圖書館藏〈熱河日記〉論考》,載《域外漢
籍研究集刊》第十七輯,中華書局,2018 年)。

　　據檢索,韓國與朝鮮方面尚没有對《忘羊録》的專門校釋,相關整理成
果僅見於《熱河日記》韓文全譯本。二戰結束以後,朝鮮半島出現了三個比
較重要的《熱河日記》全譯本,一是李商鎬譯本,1956 年由平壤國立出版社
出版;二是李家源譯本,1973 年由漢城大洋書籍出版;三是金血祚譯本,
2009 年由首爾 dolbegae 出版社出版。其中李商鎬譯本對《忘羊録》的注釋
較爲詳盡。該本在《忘羊録》譯文之前附加了一篇説明性的短文,解釋了
“五音”“六律”等概念,還附有《東西方音階、音名對照表》。可惜的是,包括
李商鎬譯本在内的三種全譯本,其主要内容皆是對人名、地名、歷史事件的
簡單注解;既未校勘重要鈔本和刊本,也未對書中學術内容進行注釋。

　　鑒於《忘羊録》的文獻學價值與音樂學價值,我們對中國國家圖書館藏
鈔本《熱河日記·忘羊録》的全文進行了標點、彙校與注釋,由許放完成初
稿,王小盾訂補。不足之處,敬請海内外方家指正。

凡　例

一、本文校勘以中國國家圖書館藏鈔本《熱河日記》（善本書號：1495）爲底本。

二、校勘所用通校本及簡稱如下：

甲本：韓國檀國大學淵民文庫藏鈔本《熱河日記（元）》；

乙本：韓國檀國大學淵民文庫藏多白雲樓鈔本《熱河日記》；

丙本：韓國檀國大學淵民文庫藏朱雪樓鈔本《熱河日記》；

丁本：韓國忠南大學圖書館藏鈔本《熱河日記》；

戊本：韓國檀國大學淵民文庫藏鈔本《考定忘羊録》；

己本：韓國全南大學圖書館藏鈔本《熱河日記》；

庚本：朝鮮光文會 1911 年刊行新活字本《熱河日記》；

辛本：臺北中華叢書編審委員會 1956 年影印“中央圖書館”藏鈔本《熱河日記》；

壬本：朴榮喆 1932 年刊行新活字本《燕巖集·熱河日記》。

以上底本，甲本、乙本、丙本、丁本屬於早期鈔本系統；戊本、己本、庚本、辛本、壬本屬於《考定忘羊録》系統。

三、本文分校、釋兩部分。爲揭明文字異同，凡諸本差異、底本誤者、校本誤者均出校；爲疏通全篇文義，顯示事物源流，重點考釋書中的音樂概念、器物制度、歷史事件和人物。

四、採用新式標點，空格、抬頭標記爲“○”，墨丁標記爲“■”，雙行小注用括號標記。

五、參考文獻列於全文之後。

第一段（原序）

朝日[一]，隨尹亨山嘉銓[二]、王鵠汀民皞[三]入修業齋[四]，閲視樂器。還過亨山所寓，尹公蒸全羊，爲余專設也。方論説樂律古今同異，陳設頗久而未見勸餉。俄而尹公問：“羊烹未[1]？”侍者對曰：“嚮設已冷。”尹公謝毛荒憒憒。余曰：“昔夫子聞《韶》，不知肉味。[五]今鄙人得聞大雅之論，已忘全羊。"尹公曰:"所謂臧穀俱忘^[六]。"相與大笑。遂次其筆話^[2],爲《忘羊録》。

【校】

[1]羊烹未:乙本作"羊熟未"。[2]筆話:乙本作"律話",戊本、己本、庚本、辛本、壬本作"筆語"。

【釋】

[一]乾隆四十五年(1780)八月初九日到十五日,朴趾源隨進賀兼謝恩別使到熱河參加乾隆皇帝萬壽慶典,旅居熱河太學。八月十四日,與中國文人尹嘉銓、王民皞到太學書齋參觀樂器。《熱河日記》卷三《傾蓋録》(頁 161):"余從使者北出長城至熱河,地本王庭所居,民雜胡虜,無可與語。既入太學爲寓館,則中原士大夫亦多先寓太學者,爲參賀班來也。同寓一館,晝宵相從,彼此羈旅,互爲客主。凡六日而散。"《熱河日記》卷二《太學留館録》(頁 142):"十四日庚申,晴。三使未明赴闕,獨自爛宿。朝起,訪尹亨山。轉訪王鵠汀,遂與之入時習齋閲樂器。琴瑟皆長而且廣,以紅色紋緞挾纊爲囊,外裹猩猩氈子。鐘磬皆懸架,而亦覆以厚錦。雖柷敔之類,皆異錦製室。大約琴瑟之屬,其制太大,漆亦太厚。笙簫之類,皆櫃藏堅鎖,不可見矣。"

[二]尹嘉銓(1711—1781),直隷(今河北省)博野人,曾任山西按察使、山東布政使、大理寺卿等職。乾隆四十五年(1780)奉召赴熱河參加萬壽慶典。乾隆四十六年(1781)爲其父尹會一請謚號,又請從祀孔廟,因此觸怒乾隆皇帝,被判處絞刑。事見《清史列傳》卷一八《大臣畫一傳檔》正編一五(頁 1321—1326)。又《熱河日記》卷三《傾蓋録》(頁 162):"尹嘉銓,直隷博野人也(古趙地),號亨山。通奉大夫、大理寺卿致仕,時年七十。今年春,上章謝事,皇帝特賜二品帽服以寵之。工詩,善書畫,詩多載于《正聲詩删》。纂《大清會典》時翰林編修官,皇帝同庚,故尤被眷遇,特召赴行在聽戲。時進《九如頌》,皇帝大悦,八十一本首演此頌。蓋皇帝平生詩朋云。送余《九如頌》一本,蓋已自刊印。一日,篋中出一扇,即席爲怪石叢竹,題五絶於其上以與余。又書柱聯。一日,蒸全羊,請王舉人及余共啖。他餌果竟日雜陳,爲余專設也。身長七尺餘,姿貌雅潔,雙眸炯然,不施䁋靆能作細書畫,强康如五十餘歲人,然髭髮盡白。大率簡易和樂人也。囑余還京必來相訪,書指其家在,又戒余斷酒遠色。余還燕,聽之物議,時人方之白傅。時扈駕易州,久不還,竟未相逢。別有所論古今樂律、歷代治亂,俱載《忘羊録》。"

[三]王民皥，號鵠汀，江蘇人。當時以舉人身份在熱河太學修習，與朴趾源同寓太學館舍，兩人有多次筆談。《熱河日記》卷三《傾蓋録》（頁 161）："王民皥，江蘇人也，時年五十四。爲人淳質少文。去年刱承德府太學，一如皇京。今年春，功告訖，皇帝親釋菜。王君以舉人，方藏修此中。今年四月，不赴會試。八月中，皇帝以七旬大慶，特命重會，而亦不赴。余問：'緣何廢舉？'曰：'年老矣。白頭荆圍，士之恥也。'王君長者，號鵠汀。別有《鵠汀筆談》《忘羊録》。身長七尺餘，頗有窮愁之態。坐間頻發歎息之聲。獨有一僕相守，一日請余共飯。"又《熱河日記》卷四《鵠汀筆談》（頁 243）："蓋鵠汀敏於酬答，操紙輒下數千言，縱橫宏肆，揚扢千古，經史子集隨手拈來，佳句妙偈順口輒成，皆有條貫，不亂脈絡。或有指東擊西，或有執堅謂白，以觀吾俯仰，以導余使言，可謂宏博好辯之士，而白頭窮邊，將歸草木，誠可悲也。"

[四]修業齋，熱河太學中之書齋。《熱河日記》卷二《漠北行程録》（頁 125—126）："去歲新刱太學，制如皇京。大成殿及大成門皆重檐，黃琉璃瓦。明倫堂在大成殿右墻外，堂前行閣扁以'日修齋''時習齋'，右有進德齋、修業齋。"

[五]《論語·述而》（《十三經注疏》頁 5391 下）："子在齊聞《韶》，三月不知肉味。曰：'不圖爲樂之至於斯也！'"

[六]《莊子·駢拇》（《莊子集解》頁 102）："臧與穀，二人相與牧羊，而俱亡其羊。問臧奚事，則挾筴讀書；問穀奚事，則博塞以游。二人者，事業不同，其於亡羊均也。"

第二段

余問："歐邏鐵琴[1][一]，行自何時？"鵠汀曰："未[2]知起自何代[3]，而要之百年以外事也。"亨山曰："明萬曆時，吳郡馮時可逢西洋人利瑪竇，於京師聞鐵鉉琴[4]，已自有記。[二]蓋萬曆時利瑪竇所攜至也。樂律皆本之[5]笙簧[三]，而天琴[四]最合簧律，故審音者易定其律。"余問："天琴又是何樣製作？"鵠汀曰："這是泰西鐵鉉，此系天主器物，故名天琴[6]。泰[7]西人皆精曆法，其幾何之術爭纖較忽。凡所製作[8]，皆用此法[五]。中國累黍，反屬麤莽。且其文字以聲爲義，鳥獸之音、風雨之響莫不形于舌而審於耳[9]。則其於五聲六律尤所精通，天琴出而世無不可審之聲、無不可定之律。"[10]亨山曰：“音起於律[11]，律生於曆[12][六]。”

【校】

　　[1]鐵琴：戊本、己本、庚本、辛本、壬本作“銅絃小琴”。[2]未：戊本、己本、庚本、辛本、壬本作“不”。[3]何代：戊本、己本、庚本、辛本、壬本作“何時”。[4]鐵絃琴：戊本、己本、庚本、辛本、壬本作“其琴又有所持自鳴鐘”。[5]本之：甲本、丙本、丁本作“本自”。[6]利瑪竇所攜至也。樂律皆本之笙簧，而天琴最合簧律，故審音者易定其律。余問：“天琴又是何樣製作？”鵠汀曰：“這是泰西鐵絃。此系天主器物，故名天琴。”戊本、己本、庚本、辛本、壬本作“始入中國也”。[7]泰：戊本、己本、庚本、辛本、壬本無。[8]製作：戊本、己本、庚本、辛本、壬本作“製造”。[9]莫不形于舌而審於耳：戊本、己本、庚本、辛本、壬本作“莫不審於耳而形于舌”。[10]己本有眉批：“凡聲音者，陽也。眾樂何莫非發於陽而傚於天？則何物丁東之小小銅琵琶乃敢獨自稱天？可知其學之褊私邪妄，大類若此。”[11]音起於律：甲本作“音起於■”，乙本、丙本、丁本作“音起於○”：皆缺一字。[12]則其於五聲六律尤所精通，天琴出而世無不可審之聲，無不可定之律。亨山曰：“音起於律，律生於曆。”戊本、己本、庚本、辛本、壬本作“自謂能識八方風能通萬國語亦自號其琴爲天琴”。本段在戊本、己本、庚本、辛本、壬本中後移至第十一段。

【釋】

　　[一]歐邏鐵琴：又名“天琴”“鐵絃琴”“風琴”“西洋琴”，波斯稱 Dulce Melos，英國稱 Dulcimer，意大利稱 Cembalo，中國稱揚琴。《熱河日記》卷五《銅蘭涉筆》（頁 356）：“歐邏鐵絃琴，吾東謂之西洋琴，西洋人稱天琴，中國人稱番琴，亦稱天琴。此器之出我東未知何時，而其以土調解曲始于洪德保。”《帝京景物略》卷四《天主堂》（頁 153）：“天琴（鐵絲絃，隨所按，音調如譜）之屬。瑪竇亡，其友龐迪峨、龍華民輩代主其教。”王士禎《池北偶談》卷二一《香山墺》（頁 517）：“寺有風琴，其琴銅絃，彈之以和經唄。”李圭景《五洲衍文長箋散稿》卷三七《琴制辨證説》（下册頁 142）云：“有洋琴，以銅絲爲絃，凡五十六絃，以竹片擊之。出自極西，萬曆間入于中原，轉至東方墺門。三吧寺有風琴，銅絃，彈之以和經唄。”又李圭景《歐邏鐵絲琴字譜》（頁 92）云：“歐邏琴入于中華，以《帝京景物略》攷之，則自利瑪竇，始名曰‘天琴’，即鐵絲琴也。《池北偶談》：‘香山墺三吧寺有風琴，銅絃，彈之以和經唄。’”“正宗朝（年當俟考）年，掌樂院典樂朴寶安者，隨使入燕。始學鼓

法，翻以東音，自此傳習。"按朴寶安於正祖三年（1779）任掌樂院典樂。洪德保則即洪大容（1731—1783），字德保，號湛軒，曾於英祖四十一年（1765）末至次年初隨冬至兼謝恩使行團（正使順義君李烜）旅居北京。參見下文注"天琴紅籤所書工尺"及"洪大容"。

〔二〕《蓬窗續録》（《説郛三種》第九册頁 810）："余至京，有外國道人利馬寶贈予倭扇四柄，合之不能一指，甚輕而有風，又堅緻。道人又出番琴，其製異于中國，用銅鐵絲爲絃，不用指彈，只以小板案，其聲更清越。又有自鳴鐘，僅如小香盒，精金爲之。一日十二時，凡十二次鳴，亦異物也。"

〔三〕相傳笙簧是最古老的定律之器。笙爲竹製管樂器，隨所作，因象東方萬物生長之樂，故名"笙"；簧爲笙管端口的金屬葉片，女媧所作，因横置，故名"簧"。《説文解字·竹部》（《説文解字注》頁 350）："笙，正月之音，物生，故謂之笙……從竹、生。古者隨作笙。簧，笙中簧也。從竹，黄聲。古者女媧作簧。"《世本·作篇》（《世本八種》頁 35）："女媧作笙簧。"關於律器的産生，《吕氏春秋·古樂》（《吕氏春秋集釋》頁 119—121）有無簧之管説，云："昔黄帝令伶倫作爲律。伶倫自大夏之西，乃之阮隃之陰，取竹於嶰谿之谷，以生空竅厚鈞者，斷兩節間，其長三寸九分，而吹之以爲黄鐘之宫。"根據民族學資料，中國最早的發聲器，既有骨管、竹管，也有口絃、口弓琴。後者即較原始的簧。

〔四〕見前文注"歐邏鐵琴"。

〔五〕李圭景《歐邏鐵絲琴字譜》載歐邏琴製作之法，如圖：

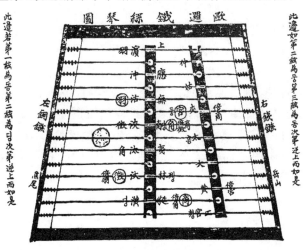

　　〔六〕語出《淮南子·主術》(《淮南子集釋》頁 662):"樂生於音,音生於律,律生於風,此聲之宗也。"此處"風"指表季節的氣象,包括季風和土地之氣。古人觀風察氣以定曆,故"律生於曆"即所謂"律生於風"。參見王小盾《上古中國人的用耳之道》,載《中國社會科學》2017 年第 4 期。又《漢書》卷二一上《律曆志》(頁 956):"夫推曆生律制器,規圜矩方,權重衡平,準繩嘉量,探賾索隱,鉤深致遠,莫不用焉。"

第三段

　　余曰:"五音爲正名[1],六律爲虚位。聲出而度之,其中者爲律,不中者非律。[一]則宜無古今之異、雅俗之別,而代各殊樂、風雅變遷[2]者,何也? 抑製器有古今之異,而聲律隨變歟?"[二]
【校】
　　[1]正名:甲本、丁本作"定名"。[2]變遷:甲本、乙本、丙本、丁本作"遷變"。
【釋】
　　〔一〕"五音",此處指五聲,即由宫、商、角、徵、羽代表的五個音級;"六律",此處指律吕,即由黄鐘、太簇、姑洗、蕤賓、夷則、無射等代表的十二個音高。古曲演唱講究音階關係,故作者云"有定名";而十二律須因聲而選定,故作者云"爲虚位",亦即下文所云"惟其待聲,然後始可以擬準,故六律爲虚位"。至於"聲出而度之,其中者爲律,不中者非律",則指古今之人皆據人聲定律,亦即《尚書·堯典》所謂"律和聲"。
　　〔二〕此句説到四種事物:一是"律和聲"的聲律關係,認爲具普遍性;二是各代之樂的音樂形態,認爲具差異性;三是各代樂器的形制,認爲"有古今之異";四是各代"聲律"的規則,認爲隨時代而遷變。作者朴趾源的看法是:從第一條,可以推測樂不應有古今之異;而後三條,卻證明樂有古今之異。其間的矛盾表明:"代各殊樂""風雅遷變"的緣故在于樂器造成了樂律的變化。朴趾源這一看法有一定道理;不過只注意了樂器,未免片面。

第四段

　　鵠汀曰："否也。敝素昧是學,而第不無一二管窺,常欲一正於大雅之君子矣。聲之出乎喉、舌、唇、齒者[1],各殊其形,則音亦隨異。故强起[2]號名,逐聲分配。惟其有定名,然後可以知所變;惟其知所變,然後吹萬不同者,可以按名取準,此五音之名所由立也。[一]然自其變者而觀之,則音何必五,雖謂之百音可也。律者[3],法律之律也。聲之出乎口者,既有高低、清濁、巨細之分焉[4],則耳力所至[5],[6]製器而律之。[二]譬如文法之有差等,各當其律。惟其待聲,然後始可以準擬[7],故六律爲虛位。然自其差等而度之,律豈止六,雖謂之千律可也。敝第未知[8],何者爲[9]宮羽? 何者是鐘吕? 而若其切切于秬黍辨尺,紛紛然[10]葭灰候氣,則亦見其惑也。[三]"

【校】

　　[1]聲之出乎喉、舌、唇、齒者:乙本作"聲之出於喉舌唇舌者"。[2]强起:乙本作"强近"。[3]律者:乙本作"律之"。[4]焉:乙本、戊本、己本、庚本、辛本、壬本無。[5]所至:戊本、己本、庚本、辛本、壬本作"所及"。[6]此處戊本、己本、庚本、辛本、壬本有"始乃"二字。[7]準擬:甲本、乙本、丙本、丁本作"擬準",戊本、己本、庚本、辛本、壬本作"擬而準之"。[8]敝第未知:戊本、己本、庚本、辛本、壬本作"敝雖不知"。[9]爲:甲本、乙本、丙本、丁本、戊本、己本、庚本、辛本、壬本作"是"。[10]乙本此處有"後"。

【釋】

　　[一]"吹萬不同",意爲萬物同樣受風所吹但發聲不同。語出《莊子·齊物論》(《莊子集解》頁 20):"子游曰:'地籟則衆竅是已,人籟則比竹是已,敢問天籟。'子綦曰:'夫吹萬不同,而使其自已也,咸其自取,怒者其誰耶!'"王先謙案:"此文以吹引言。風所吹萬有不同,而使之鳴者,仍使其自止也。且每竅各成一聲,是鳴者仍皆其自取也。然則萬竅怒喝,有使之怒者,而怒者果誰邪! 悟其爲誰,則衆聲之鳴皆不能無所待而成形者,更可知矣,又何所謂得喪乎!"鵠汀此處所説"五音",並不是指作爲音樂學概念的音高,而是指作爲語言學概念的字音。這和朴趾源説的"聲律""代各殊樂""古今之異"不是一回事。"各殊其形",乃指發音時的口形;"强起號名",則指"名"是具有規約性的符號。《春秋繁露·深察名號》(《春秋繁露義證》頁

278)説到這種命名傳統,云:"古之聖人,譑而效天地謂之號,鳴而施命謂之名。名之爲言,鳴與命也,號之爲言,譑而效也。譑而效天地者爲號,鳴而命者爲名。名號異聲而同本,皆鳴號而達天意者也。"這段話的意思是,古人命名有兩大原則:其一,模仿大自然中的各種聲音,爲不同的事物命名;其二,採用"鳴而施命"的方式立名,也就是在儀式場合,把新事物的名稱公佈出來,傳命大衆施行。從聲訓關係看,"名"也就是"鳴"和"命","號"也就是"譑"和"效"。之所以稱"效"稱"號",是因爲要傳達"天意",要模仿大自然;之所以稱"鳴"稱"命",是因爲要廣告大衆,要傳命施行。鵠汀認爲,吹萬不同而歸爲五音,源于這一傳統。參見王小盾《經典之前的中國智慧》,北京大學出版社,2016 年版,頁 247—248。

　　[二]"高低、清濁、巨細",指不同的音高、音量和發音方法。"耳力所至,製器而律之",意爲耳朵聽到的音高,須用樂器來規範和固定。《樂記・樂象篇》(《十三經注疏》頁 3330 上):"小大相成,終始相生,倡和清濁,迭相爲經。"《史記・樂書》(頁 1213)裴駰集解引鄭玄:"清謂蕤賓至應鐘也。濁謂黃鐘至仲呂也。"意思是:十二律中,黃鐘、大呂、太簇、夾鐘、姑洗、仲呂六律爲"濁",蕤賓、林鐘、夷則、南呂、無射、應鐘爲"清"。關於以律爲統一五聲音高之標準,《孟子》(《十三經注疏》頁 5909)有云"師曠之聰,不以六律,不能正五音"。《説文解字》(《説文解字注》頁 137)有云"律,均布也。律者,所以範天下之不一而歸於一,故曰均布也"。下文末句云"律隨以諧",則認爲律不僅是音高的標準器,而且可以和諧樂音使之規範。

　　[三]"秬黍辨尺",指選擇特定的黑黍種子,作爲確定度量衡的基準單位。《漢書・律曆志上》(頁 966—967):"以子穀秬黍中者,一黍之廣,度之九十分,黃鐘之長。"顏師古注:"子穀猶言穀子耳,秬即黑黍,無取北方爲號。中者,不大不小也。言取黑黍穀子大小中者,率爲分寸也。"《漢書・律曆志上》又云:"量者,龠、合、升、斗、斛也,所以量多少也。本起于黃鐘之龠,用度數審其容,以子穀秬黍中者千有二百實其龠,以井水準其概。""葭灰候氣",指把葦膜燒成灰,置於律管内,據以占驗節氣變化。《後漢書・律曆志上》(頁 3016):"候氣之法,爲室三重,户閉,塗釁必周,密佈緹縵。室中以木爲案,每律各一,内庳外高,從其方位,加律其上,以葭莩灰抑其内端,案曆而候之。氣至者灰[動]。其爲氣所動者其灰散,人及風所動者其灰聚。"《晉書・律曆志》(頁 490)續記云:"楊泉記云:'取弘農宜陽縣金門山竹

爲管，河内葭莩爲灰。’或云以律著室中，隨十二辰埋之，上與地平，以竹莩灰實律中，以羅縠覆律呂，氣至吹灰動縠。”又《隋書・律曆志》（頁 394）：“後齊神武霸府田曹參軍信都芳，深有巧思，能以管候氣，仰觀雲色。嘗與人對語，即指天曰：‘孟春之氣至矣。’人往驗管，而飛灰已應。每月所候，言皆無爽。又爲輪扇二十四，埋地中，以測二十四氣。每一氣感，則一扇自動，他扇並住，與管灰相應，若符契焉。開皇九年平陳後，高祖遣毛爽及蔡子元、于普明等，以候節氣，依古，於三重密屋之内，以木爲案，十有二具。每取律呂之管，隨十二辰位，置於案上，而以土埋之，上平於地。中實葭莩之灰，以輕緹素覆律口。每其月氣至，與律冥符，則灰飛衝素，散出于外。而氣應有早晚，灰飛有多少，或初入月其氣即應，或至中下旬間，氣始應者；或灰飛出，三五夜而盡；或終一月，纔飛少許者。高祖異之，以問牛弘。弘對曰：‘灰飛半出爲和氣，吹灰全出爲猛氣，吹灰不能出爲衰氣。和氣應者其政平，猛氣應者其臣縱，衰氣應者其君暴。’高祖駁之曰：‘臣縱君暴，其政不平，非月別而有異也。今十二月律，於一歲内，應並不同。安得暴君縱臣，若斯之甚也？’弘不能對。”全句意爲：以耳齊聲而制律，就像行文之法不同，各有其規則。只有先確定音高，然後才可以擬定律名，所以六律是空名。但是，若觀察音高的差別，則何止于六律，簡直可以説有一千個律。（若離開人聲）我不知什麼是宮、商等五音？什麼是黄鐘、大吕等十二律？如果只是講究“秬黍辨尺”“葭灰候氣”，那麼就不免于困惑。

第五段

[1]“器，譬則谷也；聲，譬則風也。知谷之不可改，則風之出也無變，而[2]特有厲風、和風、焱風、冷風之異耳。由是觀[3]之，律豈有古今之異哉[4]！”[一][5]“律聯[6]而爲調，調諧而爲腔，腔合而爲曲。律無姦聲，而調有偏音。[7]此其腔曲之所以情變聽移、隨時聳沮，而始有古今之異、正哇[8]之别爾[9]。[二]唐虞之世民俗熙皞，其悦耳者《簫韶》[10][三]之聲，則又其所黜可知也；幽厲之時民俗淫靡，其悦耳者桑濮之音[四]，則又其所黜可知也。如近世雜劇，演《西廂》[11]則倦焉思睡，演《牡丹亭》則灑然改聽[五]。此雖閭巷鄙事，足驗民俗趨尚隨時遷改[12]。士大夫思復古樂，不知改腔易調，乃遽毀鐘改律[13]，欲尋元聲[六]，以至人器[14]俱亡。是何異於隨矢畫鵠、惡醉强酒乎？”[七]

【校】

[1]此處戊本、己本、庚本、辛本、壬本有“余曰”。[2]而:戊本、己本、庚本、辛本、壬本無。[3]觀:戊本、己本、庚本、辛本、壬本作“論”。[4]律豈有古今之異哉:戊本、己本、庚本、辛本、壬本作“律之有古今之殊者無其器改而聲變歟”。[5]此處戊本、己本、庚本、辛本、壬本有“鵠汀曰然”。己本有眉批:“《易》言‘風行地上’,《詩》云‘大風有隧’,《書》曰‘四方風動’,是皆樂之理也。莊生之論天籟,特其暢説極形容處,今此問答所喻,似其注腳。而所以曉人,又卻明夬真切。”[6]律聯:乙本作“律連”。[7]此處戊本、己本、庚本、辛本、壬本有“果是一谷之風有屬和猋冷之不同曉夜朝晝之變焉”。[8]正哇:甲本作“正洼”,乙本作“正詿”,丙本、丁本、戊本、庚本、壬本作“正蛙”,辛本、己本(有修改,似“蛙”)作“正詿”。[9]爾:乙本無。[10]簫韶:戊本、己本、庚本、辛本、壬本作“韶濩”。[11]西廂:戊本、己本、庚本、辛本、壬本作“西廂記”。[12]遷改:乙本作“遷易”。[13]改律:戊本、己本、庚本、辛本、壬本作“改管”。[14]器:丁本作“品”。

【釋】

[一]古有八風之説,《吕氏春秋·有始覽》(《吕氏春秋集釋》頁280—281)以東北炎風、東方滔風、東南熏風、南方巨風、西南凄風、西方飂風、西北屬風、北方寒風爲八風;《淮南子·墜形訓》(《淮南子集釋》頁317—319)以東北炎風、東方條風、東南景風、南方巨風、西南涼風、西方飂風、西北麗風、北方寒風爲八風;《説文解字》(《説文解字注》頁1177)則説:“八風也,東方曰明庶風,東南曰清明風,南方曰景風,西南曰涼風,西方曰閶闔風,西北曰不周風,北方曰廣莫風,東北曰融風。”按遍考八風異名,此處所説的“屬風、和風、猋風、冷風”,惟“屬風”在八風之内。另外,古書有“泠風”即“和風”,“猋風”爲回風之説。《莊子·齊物論》(《莊子集解》頁19):“泠風則小和,飄風則大和。”李頤云:“泠,小風也。”《吕氏春秋·任地》(《吕氏春秋集釋》頁687):“子能使子之野盡爲泠風乎?”高誘注:“泠風,和風,所以成穀也。”曹丕《登城賦》:“孟春之月,惟歲權輿,和風初暢。”《禮記·月令》(《十三經注疏》頁2938下):“(孟春之月)猋風暴雨總至。”鄭玄注:“回風爲猋。”據此,此處“冷風”應爲“泠風”。鵠汀的意思是:樂器譬如山谷,聲音譬如風。儘管有屬風、和風、猋風、冷風等季節風的不同,但山谷與風的關係是不改變的。這樣來看,音律也不會有古今之異。

　　[二]此處“律”指具特定音高的音；“調”指旋律；“腔”即腔調，基本調；“曲”指完整的樂曲；“偏音”則指五聲之外的“二變”（變徵、變宫），亦即潤飾性的偏音。這裏幾句話的意思是：樂曲由各單元組合而成，其方式是一貫的；但曲調和音樂效果會隨著感情變化而變化，因而有古今之異、雅俗之别。

　　[三]《簫韶》爲傳説中的舜樂。《尚書·益稷》（《十三經注疏》頁 302 下）：“《簫韶》九成，鳳皇來儀。”孔穎達疏：“《韶》，舜樂名。言簫見細器之備。雄曰鳳，雌曰皇，靈鳥也。”《史記·夏本紀》（頁 81—82）：“於是夔行樂，祖考至，群后相讓，鳥獸翔舞，《簫韶》九成，鳳皇來儀。”集解引孔安國：“《簫韶》，舜樂名。備樂九奏而致鳳皇也。”

　　[四]“桑濮之音”，即“桑間濮上之音”，指民歌。語出《詩經·鄘風·桑中》（《十三經注疏》頁 663），云：“爰采唐矣，沬之鄉矣。云誰之思，美孟姜矣。期我乎桑中，要我乎上宫，送我乎淇之上矣。”正義曰：“作桑中詩者，刺男女淫怨而相奔也。”又出《樂記·樂本》（《十三經注疏》頁 3313 上），云：“桑間濮上之音，亡國之音也，其政散，其民流，誣上行私而不可止。”《史記·樂書》裴駰集解（頁 1183）：“鄭玄曰：濮水之上，地有桑間，在濮陽南。”張守節正義：“昔殷紂使師延作長夜靡靡之樂，以致亡國。武王伐紂，此樂師師延將樂器投濮水而死。後晉國樂師師涓夜過此水，聞水中作此樂，因聽而寫之。既得還國，爲晉平公奏之。師曠撫之曰：‘此亡國之音也，得此必於桑間濮上乎？紂之所由亡也。’”

　　[五]“思睡”“改聽”之説暗含故典，即《禮記·樂記·魏文侯》（《十三經注疏》頁 3334 上）所云：“吾端冕而聽古樂，則唯恐卧，聽鄭衛之音則不知倦。”《史記·樂書》（頁 1222）裴駰集解引鄭玄曰：“古樂，先王之正樂。”張守節正義云：“此當是廟中聽樂。玄冕，祭服也。”此處以雜劇《西廂記》與《牡丹亭》作對比，説明審美風尚代有遷變。

　　[六]“元聲”參見第十段“釋”[十四]。

　　[七]“惡醉强酒”一説出《孟子·離婁上》（《十三經注疏》頁 5912 下），云：“今惡死亡而樂不仁，是由惡醉而强酒。”意爲害怕死亡卻又樂事不仁，就像畏懼醉倒卻硬要酗酒一樣。幾句話的意思是：從虞舜時代的《簫韶》，可以知道當時所排斥的俗樂如何；從周代幽、厲之時的桑濮之音，可以知道當時被人忽視的雅樂如何。近代人觀雜劇，於《西廂記》神思倦怠，於《牡丹亭》則興趣益然，同樣表現了雅、俗兩種取向的風尚變化。現在的士大夫，

一心想復興雅樂，卻只注意音高，而不重視調式和旋律的改換——不懂得腔調與樂律相互作用的道理，致使鐘律俱毀、人聲亦亡。這與隨矢畫鵠、惡醉强酒有什麼區別呢？

第六段

余曰：“鄙人至瀋陽[1]，有吹笙簧者。鄙人[2]取而一吹，果合鄉音；聯音起調[一]，亦諧土律。既入皇城，至琉璃廠又一吹之。未知即今笙簧，其律竅[3]、金舌、吹窩[4]能不變女媧之制度耶[5][二]？”鵠汀曰：“此係工造，敝未嘗[6]接手細玩。”亨山曰：“如何不變？八音之匏，笙簧是也，久已削竹根以代匏。”鵠汀曰：“律吕之變，非樂器之罪。桑濮之間，其所吹者，非管籥則已，如[7]所吹，必管籥也，其制宜唐虞之舊也；其所考[8]，非鐘磬則已，如[9]所考必鐘磬也，其律宜《韶濩》之遺也[三]。然其所起之調[10]，出自某音。而連音和律，然後正姦始分；所合之腔，感于何心[四]。而緣心成曲，然後古今迥異。其翕純皦繹[五]者，正音也；淫靡哀屬者，姦聲也。方其單音、單律之時，何有乎[11]《韶濩》？何有乎桑濮[12]？”[13]

【校】

[1]瀋陽：丁本作“潯陽”。[2]鄙人：戊本、己本、庚本、辛本、壬本無。[3]律竅：乙本作“律口”。[4]金舌、吹窩：戊本、己本、庚本、辛本、壬本作“吹窩金葉”。[5]制度耶：甲本、乙本、丙本、丁本作“制度歟”，戊本、己本、庚本、辛本、壬本作“舊制否”。[6]嘗：甲本、乙本、丙本、丁本、戊本、己本、庚本、辛本、壬本作“曾”。[7]戊本、己本、庚本、辛本、壬本此處有“其”。[8]戊本、己本、庚本、辛本、壬本此處有“者”。[9]此處戊本、己本、庚本、辛本、壬本有“其”。[10]之調：乙本無。[11]何有乎：戊本、己本、庚本、辛本、壬本作“何論乎”。[12]何有乎桑濮：戊本、己本、庚本、辛本、壬本作“而亦奚有乎桑濮也”。[13]己本有眉批：“今樂猶古樂，孟子已言之。特所與樂樂者，不能無人獨衆少之分。此其所以爲《韶》《濩》，爲‘桑’‘濮’也歟？”

【釋】

[一]“聯音”，意爲將單個音聯成旋律。上文云：“律聯而爲調，調諧而爲腔，腔合而爲曲。”“律聯而爲調”即指“聯音”。起調，與“畢曲”相對，指確定調式起音，《唱論》稱作“起宮”。宋朱熹、蔡元定據當時的《詩經》樂譜與

"行在譜"(《中興禮書》禮樂譜),總結出起調畢曲原則,即樂曲開始的第一音與結束的最後一音皆要落在宮調規定的律音上。《朱子語類》卷九二:"人聽他在行在録得譜子,大凡壓入音律,只以首尾二字,章首一字是某調,章尾只以某調終之。如《關雎》'關'字合作無射調,結尾亦著作無射聲應之;《葛覃》'葛'字合作黄鍾調,結尾亦著作黄鍾聲應之……"此説對後來戲曲與明代宮廷禮樂有一定影響,但首音起調原則僅得到部分樂譜的遵從。參看修海林《從姜白石自度曲看詞樂創作中的"音""韻"關係:兼及宋元"起調畢曲"理論的相關分析》,載《音樂藝術》2010 年第 2 期;又吕暢《蔡元定"起調畢曲"理論新解》,載《音樂探索》2013 年第 3 期。

[二]《史記·三皇本紀》(中華書局點校本修訂本,頁 4052):"女媧氏,亦風姓。……無革造,惟作笙簧。"

[三]"律吕之變,非樂器之罪",意爲音樂制度的變化不取決于樂器製作。鵠汀的意思是:雅、俗之樂各有傳統,其樂器製作不影響音樂制度。如俗樂舊有桑濮之音,其器爲管籥,其制度可追溯至唐虞;雅樂則有《韶濩》,其器爲鐘磬,其律制亦可追溯到夏商。"韶濩"又作"韶護"或"韶頀"。舊説《韶》爲舜樂,《護》爲商湯之樂。後以此指廟堂、宮廷之樂,亦即雅正的古樂。《文選·王簡栖頭陁寺碑文》(頁 2537):"步中《雅》《頌》,驟合《韶》《護》。"李善注引鄭玄:"《韶》,舜樂;《護》,湯樂也。"

[四]"所合之腔,感於何心"云云,涵義同下文,即所謂"聲之發也,莫不由乎七情之所宣也",以及"心之所感有偏正,而音隨以動,律隨以諧,調隨以成"云云。語出《樂記·樂本》(《十三經注疏》頁 3310 上—3311 下,3313 上),云:"凡音之起,由人心生也。""樂者,音之所由生也,其本在人心感於物也。""凡音者,生人心者也。""凡音者,生於人心者也。"

[五]"翕純皦繹",語出《史記·孔子世家》(頁 1936),云:"孔子語魯大師:樂其可知也。始作翕如,縱之純如,皦如,繹如也,以成。"裴駰集解何晏曰:"縱之以純如、皦如、繹如,言樂始於翕如而成於三者也。"鵠汀這句話的意思是:音樂制度的變化不在於樂器,而在於曲調。音和音連接起來,才有了雅俗正姦的分別。這取決于曲調旋律是在何種心境下所形成的。由於形成曲調的心境不同,才有了古今音樂的差異。寬和平緩者爲正聲,激烈淫蕩者爲姦聲。在其單音、單律時,哪裏有六代樂舞? 哪裏有桑濮之音? 哪裏有雅樂與淫聲的區別呢?

第七段

余曰："五音之聲,可得聽乎?"鵠汀曰:"敝口不能鳴之,其形則有聞焉。廣大雄深者,古所謂宮音也;高亮而噍煞者,古所謂商音也;確而正[1]者,古所謂角音也;熛疾而激揚者,古所謂徵音也;沉而細者,古所謂羽音也。[一]聲之發也,莫不由乎[2]七情之所宣也。又有變宮、變商、變角、變徵、變羽之聲,律則依聲而和之。[二]心之所感有偏正,而音隨而動,律隨而諧,調隨而成。[3]"

【校】

[1]正:甲本、乙本、丙本、丁本、戊本、己本、庚本、辛本、壬本作"止"。[2]乎:戊本、己本、庚本、辛本、壬本無。[3]而音隨而動,律隨而諧,調隨而成,甲本、丙本、丁本、戊本、庚本、辛本、壬本作"而音隨以動律隨以諧調隨以成",乙本作"而音隨而動律隨而諧調隨以成",己本作"而音隨以動律隨以諧調隨以成"。

【釋】

[一]此言宮、商、角、徵、羽五音有不同特點。類似的表述又見《史記·樂書》(頁1237),云:"故聞宮音,使人溫舒而廣大;聞商音,使人方正而好義;聞角音,使人惻隱而愛人;聞徵音,使人樂善而好施;聞羽音,使人整齊而好禮。夫禮由外入,樂自內出。故君子不可須臾離禮。"其說早見於先秦之書,如《國語·周語下》(頁127):"大不逾宮,細不過羽。"《管子·地員》(《管子校注》頁1193):"凡聽徵,如負豬豕,覺而駭;凡聽羽,如鳴馬在野;凡聽宮,如牛鳴窌中;凡聽商,如離群羊;凡聽角,如雉登木以鳴,音疾以清。"此外《風俗通義》引劉歆《鐘律書》(《風俗通義校注》頁275—278)云:"商者,章也,物成熟,可章度也。""角者,觸也,物觸地而出,戴芒角也。""宮者,中也,居中央,暢四方,倡始施生,爲四聲綱也。""徵者,祉也,物盛大而繁祉也。""羽者,宇也,物聚藏,宇覆之也。"又《經典釋文·釋樂》(頁418上):"宮謂之重,商謂之敏,角謂之經,徵謂之迭,羽謂之柳。"明朱橚《普濟方》卷三五九《嬰孩門·驗五臟正聲》(第759冊頁77上):"脾屬土,應宮音,其聲緩大而漫;肺屬金,商音,其聲促而清次于宮;肝屬木,應角音,其聲悲而和,次于商;心屬火,應徵音,其聲雄而清,次于角;腎屬水,應羽音,其聲沉而

細,次于徵。"案"宫""商""角""徵""羽"五音,既是音樂學概念,亦是音韻學概念。在《七音略》《切韻指掌圖》等音韻學著作中,五音往往與脣、齒、喉、牙、舌等五個發音部位相比附,用爲字聲類的別名。

　　[二]古人論樂,變音原指變宫、變徵,本無變商、變角、變羽之名。此處推廣言之,把比正音低半音的偏音稱"變"。若宫、商、角、徵、羽分别合於黄鐘、太簇、姑洗、林鐘、南吕等律,則變宫、變商、變角、變徵、變羽之聲的音高分别是應鐘、大吕、夾鐘、蕤賓、夷則。《夢溪筆談·補筆談·樂律》(《夢溪筆談校證》頁918)則從生律法的角度理解變音:"後世有變宫、變徵者,蓋自羽聲隔八相生再起宫。而宫生徵,雖謂之宫、徵,而實非宫、徵聲也。"此處"律則依聲而和之",意爲律依從這些聲音,在其基礎上加以調整,使之合宜。《國語·周語下》(頁128)云:"聲以和樂,律以平聲。"韋昭注:"聲,五聲也,以成八音而調樂也。賈侍中云:'律,黄鐘爲宫,林鐘爲徵,太簇爲商,南吕爲羽,姑洗爲角,所以平五聲也。'"

第八段

　　余曰:"五音還有善惡否?"鵠汀曰:"何謂也?"余曰:"如宫音之廣大雄深者,是善也;如商音之噍煞、徵音之慓疾,是不善也。"[1]鵠汀曰:"否也,五音皆正聲[2]。所謂廣大雄深、噍煞慓疾,只是形容各聲之體,其德則莫不正。非宫、非商、非角、非徵、非羽是謂間音,爲間於五音之間,是乃姦聲也。[一]五音則變而爲半音,又截而爲半之半,不失本律,則清濁相應[3]、高低相諧[4]。故連音起調,而後善惡可論。有一事可證,宫乃首出之正音,而爲君之像。然而琵琶新聲,宫聲往而不返,則王令言[5]知煬帝之不令終[6][二]。宫豈有不善[7]哉?其往而不返者,連音起調之罪也。王莽獻新樂於明堂,其聲哀而厲,聽之者非謂[8]興國之聲[9][三];陳後主作[10]《無愁曲》[11],聞其聲[12]者莫不[13]隕涕[四];隋開皇初,新樂既成,萬寶常以爲淫厲而哀,天下不久盡矣[五]。蓋樂之成,在旋宫起調。[六]旋宫[14]者,如音起於商則商爲宫音,起於角則角爲宫音,起於徵則徵爲宫音,音起於羽則羽爲宫之類是也。"亨山曰:"劉宋順帝時,尚書令王僧虔奏言:'今之清商,實由銅爵,三祖風流,遺音[15]盈耳[七],中庸和雅,莫近於斯。十數年間,亡者將半。民間競造新聲雜曲,煩淫無極。宜命有司,悉加補綴。'[八]大約魏承漢,漢承秦。秦都咸陽，距周鎬京不遠。況秦聲之夏[九]，冠於列國，則宜其遺風[16]餘韻猶有存者。《晉志》所稱聲舞，漢時用於宴享。[十]江左[17]舊無雅樂。楊泓云：初到江南，見《白符舞》[18]，或言《白鳧鳩舞》，其辭旨[19]蓋吳人患孫皓虐政，其曲有《白鳩》《濟濟》《獨禄》《碣石》。[20][十一]魏太祖[21]起銅雀臺[22]於鄴，自作樂府，被之管絃，後[23]遂置清商令以掌之。[十二]雖未必[24]中庸和雅如僧虔所稱，而[25]去古未遠，其遺音盈耳者是也。自晉氏播遷中原，古樂流離分散[26]。苻堅得漢魏清商之樂，傳于前後二秦。宋武帝定關中，收之[27]遷于江南。及隋平陳，悉獲之，復入于中原。[28]隋人曰[29]：‘此[30]華夏正聲也[31]。’乃置清商署[32]，揔謂之清樂。[十三]余[33]故友太山費瑴，字雲起，號魯齋。妙精律吕，有《三籟精義》三十卷、《清商理董》三十卷。僕参修《大清會典》時，瑴抵纂局書兼呈[34]其所著《樂學古今沿革志[35]》。俱[36]論聲器，圖[37]之書之。歷代雅樂變置，纖密[38]無漏[39]，如數掌文[40]。然惟渠獨自知之[41]，他人不甚理會。又其書中多觸忤，大臣又有不悦費君者[42]。其書不果上，識者至今惜之。僕年少時一覽猶未能曉解[43]，邇來年久都忘[44]，尤爲可惜。”（亨山書此兼示鵠亭，鵠汀連點頭。兩人酬酢良久[45]，似論費瑴[46]也。）

【校】

[1]己本有眉批：“五音而有善有惡，則是惻隱、是非、辭讓、羞惡，亦還有揀擇去取也。必也之其所親愛、恐懼、好樂而後辟焉，斯乃所以性無不善而情有善惡也。如是設問而曰音、曰律、曰調、曰曲之名物，益瞭然可辭。”[2]戊本、己本、庚本、辛本、壬本此處有“也”。[3]相應：戊本、己本、庚本、辛本、壬本作“相和”。[4]相諧：戊本、己本、庚本、辛本、壬本作“相應”。[5]戊本、己本、庚本、辛本、壬本此處有“獨”。[6]不令終：戊本、己本、庚本、辛本、壬本作“不返”。[7]不善：丁本作“大善”。[8]非謂：甲本、乙本、丙本、丁本、戊本、己本、庚本、辛本、壬本作“謂非”。[9]聲：戊本、己本、庚本、辛本、壬本作“音”。[10]作：丁本無。[11]無愁曲：丁本作“無愁曲曲”，戊本、己本、庚本、辛本、壬本作“無愁之曲”。[12]其聲：戊本、己本、庚本、辛本、壬本作“之”。[13]戊本、己本、庚本、辛本、壬本此處有“哀怨”。[14]戊本、己本、庚本、辛本、壬本此處有“起調”二字。[15]戊本、己本、庚本、辛本、壬本此處有“洋洋”二字。[16]遺風：甲本、乙本、丙本、丁本、戊本、己本、庚本、辛本、壬本作“流風”。[17]江左：乙本作“江南”。[18]白符舞：乙

本作“伯符舞”。［19］其辭旨：戊本、己本、庚本、辛本、壬本無。［20］戊本、己本、庚本、辛本、壬本此處有“或言白符舞乃伯符舞槍莫能當江東民聞孫郎至皆褫魄事定江東小兒遂傳歌謡云銅爵三祖者”云云。［21］魏太祖：戊本、己本、庚本、辛本、壬本作“魏武”。［22］銅雀臺：甲本、丙本、丁本、己本、庚本、壬本作“銅爵臺”，乙本作“銅爵坫”。［23］後：戊本、己本、庚本、辛本、壬本作“文明之間”。［24］未必：乙本作“未中”。［25］而：戊本、己本、庚本、辛本、壬本作“然”。［26］分散：戊本、己本、庚本、辛本、壬本無。［27］之：戊本、己本、庚本、辛本、壬本作“其工器悉”。［28］戊本、己本、庚本、辛本、壬本此處有“此其古今沿革也”。［29］曰：戊本、己本、庚本、辛本、壬本作“謂”。［30］此：戊本、己本、庚本、辛本、壬本作“江南所獲工器本是”。［31］也：戊本、己本、庚本、辛本、壬本無。［32］乃置清商署：戊本、己本、庚本、辛本、壬本作“而乃沿清商之舊號而置署焉”。［33］余：戊本、己本、庚本、辛本、壬本作“吾”。［34］呈：戊本、己本、庚本、辛本、壬本作“進”。［35］古今沿革志：戊本、己本、庚本、辛本、壬本作“諸書”。［36］俱：乙本無。［37］圖：戊本、己本、庚本、辛本、壬本作“繪”。［38］纖密：戊本、己本、庚本、辛本、壬本作“纖悉”。［39］無漏：戊本作“無遺”。［40］文：甲本、乙本、丙本、丁本、戊本、己本、庚本、辛本、壬本作“紋”。［41］獨自知之：戊本、己本、庚本、辛本、壬本作“獨能自知”。［42］不悦費君者：乙本作“費悦君者”。［43］猶未能曉解：乙本作“猶未曉解”。［44］戊本、己本、庚本、辛本、壬本此處有“了”。［45］良久：戊本、己本、庚本、辛本、壬本作“頗久”。［46］戊本、己本、庚本、辛本、壬本此處有“事”。

【釋】

　　［一］“聲之體，其德則莫不正”云云，“體”指宮、商、徵諸音的外在形式，“德”指音樂的教化作用。此句意爲音的外在形式有別，而組合爲樂、服務於禮教的功能則一致。《禮記·月令》（《十三經注疏》頁 2935 下）云：“命相布德和令，行慶施惠，下及兆民。”鄭玄注：“德，謂善教也。”“非宮、非商、非角、非徵、非羽是謂間音”云云，則指與正聲相對的間音、邪音，即所謂“奸聲”。《禮記·樂記》（《十三經注疏》頁 3329 上）云：“凡姦聲感人而逆氣應之，逆氣成象而淫樂興焉。”即言奸聲之樂易生逆亂之氣。

　　［二］《隋書》卷七八《王令言傳》（頁 1785）：“時有樂人王令言，亦妙達音律。大業末，煬帝將幸江都，令言之子嘗從，於户外彈胡琵琶，作翻調《安公

子曲》。令言時卧室中，聞之大驚，蹶然而起曰：‘變！變！’急呼其子曰：‘此曲興自早晚?’其子對曰：‘頃來有之。’令言遂欷歔流涕，謂其子曰：‘汝慎無從行，帝必不返。’子問其故，令言曰：‘此曲宫聲往而不反，宫者君也，吾所以知之。’帝竟被殺於江都。”

　　［三］《漢書》卷九九下《王莽傳下》（頁 4154—4155）：“初獻《新樂》於明堂、太廟。群臣始冠麟韋之弁。或聞其樂聲，曰：‘清厲而哀，非興國之聲也。’”

　　［四］《隋書》卷一四《音樂志》（頁 331）：“後主亦自能度曲，親執樂器，悦玩無倦，倚絃而歌。别採新聲，爲《無愁曲》，音韻窈窕，極於哀思，使胡兒閹官之輩，齊唱和之，曲終樂闋，莫不殞涕。”此處“後主”指北齊後主高緯。

　　［五］《隋書》卷七八《萬寶常傳》（頁 1784—1785）：“寶常嘗聽太常所奏樂，泫然而泣。人問其故，寶常曰：‘樂聲淫厲而哀，天下不久相殺將盡。’時四海全盛，聞其言者皆謂爲不然。大業之末，其言卒驗。”

　　［六］“旋宫”即“還相爲宫”“旋相爲宫”，意爲以十二律輪流作爲宫音——宫音即代表特定音階整體高度的音——以構成不同調高的五聲音階或其他音階。《禮記·禮運》（《十三經注疏》頁 3081 下）云：“五聲、六律、十二管，還相爲宫也。”《舊唐書·音樂志》（頁 1041）：祖孝孫“斟酌南北，考以古音，作爲大唐雅樂，十二律各順其月，旋相爲宫。”旋宫分順旋和逆旋。關於這兩種旋法，唐代《樂書要録》卷七《律吕旋宫法》（頁 66）《論一律有七聲義》（頁 76）分别表述説：“旋相爲宫法，從黄鐘起，以相生爲次，歷入左旋。”“夫旋相爲宫，舉其一隅耳。若窮論聲意，亦旋相當爲商，旋（相當）爲角，餘聲亦爾，故一律得其七聲。”意思是説，一均有七聲，一方面，宫音改變了，全均七聲的音高都要改變；另一方面，也可以取任意一聲爲均的代表，建立新調。換言之，“旋宫”之涵義有二：其一指旋轉作爲一均之標準的宫音，造成調高的變化；其二指輪番選取一均中的各音，以其爲音列代表建立新調。所謂“旋”，説明旋宫之法要結合旋宫圖或十二律管來進行。

　　［七］《論語·泰伯》（《十三經注疏》頁 5402 上）：“子曰：‘師摯之始，《關雎》之亂，洋洋乎盈耳哉！’”

　　［八］《南齊書》卷三三《王僧虔傳》（頁 594—595）：“僧虔好文史，解音律。以朝廷禮樂多違正典，民間競造新聲雜曲。時太祖輔政，僧虔上表曰：‘夫懸鐘之器，以雅爲用；凱容之禮，八佾爲儀。今總章羽佾，音服舛異。又

歌鐘一肆，克諧女樂，以歌爲務，非雅器也。大明中，即以宮懸合和《鞞》
《拂》，節數雖會，慮乖《雅》體，將來知音，或譏聖世。若謂鐘舞已諧，重違成
憲，更立歌鐘，不參舊例。四縣所奏，謹依《雅》條，即義沿理，如或可附。又
今之《清商》，實由銅爵，三祖風流，遺音盈耳，京洛相高，江左彌貴。諒以金
石干羽，事絶私室，桑、濮、鄭、衛，訓隔紳冕，中庸和雅，莫復於斯。而情變
聽移，稍復銷落，十數年閒，亡者將半。自頃家競新哇，人尚謡俗，務在噍
殺，不顧音紀，流宕無崖，未知所極，排斥正曲，崇長煩淫。士有等差，無故
不可去樂；禮有攸序，長幼不可共聞。故喧醜之制，日盛於廛里；風味之響，
獨盡於衣冠。宜命有司，務懃功課，緝理遺逸，迭相開曉，所經漏忘，悉加補
綴。曲全者禄厚，藝妙者位優。利以動之，則人思刻屬。反本還源，庶可跂
踵。'事見納。"

　　[九]"秦聲之夏"，典出《左傳·襄公二十九年》（《十三經注疏》頁4357
下）。其書記吳公子季札在魯國觀周樂，云："爲之歌秦。曰：'此之謂夏聲。
夫能夏則大，大之至也，其周之舊乎？'"杜預注："秦本在西戎，汧隴之西。
秦仲始有車馬禮樂，去戎狄之音而有諸夏之聲，故謂之'夏聲'。及襄公佐
周平王東遷而受其地，故曰'周之舊'。"

　　[十]《晉書》卷二三《樂志》（頁710）："鞞舞，未詳所起，然漢代已施於燕
享矣。傅毅、張衡所賦，皆其事也。"

　　[十一]《晉書》卷二三《樂志》（頁713）："拂舞，出自江左。舊云吳舞，檢
其歌，非吳辭也。亦陳於殿庭。楊泓序云：'自到江南見《白符舞》，或言《白
鳧鳩舞》，云有此來數十年矣。察其辭旨，乃是吳人患孫皓虐政，思屬晉
也。'今列之於後云。"

　　[十二]《宋書》卷一九《樂志》（頁553）載順帝昇明二年尚書令王僧虔上
表云："今之清商，實由銅雀，魏氏三祖，風流可懷，京、洛相高，江左彌重。"
又《資治通鑑》卷一三四《宋紀》昇明二年胡注（頁4293）："魏太祖起銅爵臺
於鄴，自作樂府，被於管弦，後遂置清商令以掌之，屬光禄勳。"

　　[十三]《隋書》卷一五《音樂志》（頁377—378）："清樂，其始即清商三調
是也，並漢來舊曲。樂器形制，并歌章古辭，與魏三祖所作者，皆被於史籍。
屬晉朝遷播，夷羯竊據，其音分散。苻永固平張氏，始於涼州得之。宋武平
關中，因而入南，不復存於内地。及平陳後獲之。高祖聽之，善其節奏，曰：
'此華夏正聲也。昔因永嘉，流于江外。我受天明命，今復會同。雖賞逐時

遷,而古致猶在。可以此爲本,微更損益,去其哀怨,考而補之。以新定律
吕,更造樂器。'"

第九段

　　余[1]問:"天[2]琴[3]紅籤所書工尺[4],是何所標?"鵠汀曰:"這是調絃工
工尺尺。貴國亦有天琴[5]否?"[一]余曰:"自中國貿歸,初不識諧律。但其絲
絲丁東,聲如盤珠。最宜老人少眠[6],少兒止啼。"[二]二人皆大笑[7]。余曰:
"七八年前[8],敝友洪大容,字[9]德保,號湛軒,始能諧律和之土樂。然後鄙
邦諸琴師多效之,今則大行於世[10]。[三]敝邦[11]元[12]有伽耶琴,剖大琴[13]之
半,爲十二絃。此琴起自新羅,弄絃如[14]中國彈琴之狀。[四]今天琴解調,都
似伽耶琴。"亨山問:"先生能解弄否?"目招侍者,囑云云,似覓天琴也。余
曰:"略解[15]彈法。不識傍近有此[16]器否?當爲大人一鼓。"亨山曰:"已覓
諸舖中矣。"頃之[17]。侍者還曰:"無有。"亨山曰:"求之不得,敢請先生口
誦。"余爲口誦(琴訣云云,笙訣云云)。尹生[18]皆閉目良久。開目相視,鵠
汀向亨山語,亨山點頭。鵠汀請再誦,余誦如前。鵠汀閉目,已而[19]開視。
曰:"不會也罷。"余請鵠汀誦,鵠汀整容端坐,誦云云。問曰:"會否?"余曰:
"不會也罷。[20]"

【校】

　　[1]余:戊本、己本、庚本、辛本、壬本無。[2]天:甲本作"洋"。丙本作
"鐵"。[3]天琴:戊本、己本、庚本、辛本、壬本作"其"。[4]工尺:戊本、己
本、庚本、辛本、壬本無。[5]天琴:丙本作"天樂",戊本、己本、庚本、辛本、
壬本作"是琴"。[6]眠:戊本、己本、庚本、辛本、壬本作"睡"。[7]戊本、己
本、庚本、辛本此處有"問貴國琴瑟何如",壬本作"問貴國琴瑟如何"。[8]
七八年前:戊本、己本、庚本、辛本、壬本作"琴瑟俱有"。[9]字:丙本作
"李"。[10]始能諧律和之土樂,然後鄙邦諸琴師多效之,今則大行於世:戊
本、己本、庚本、辛本、壬本作"善音律能鼓琴瑟",[11]戊本、己本、庚本、辛
本、壬本此處有"琴瑟製異中國彈弄之法亦殊古新羅時製此琴有玄鶴來舞
故號玄琴"。[12]元:戊本、己本、庚本、辛本、壬本作"又"。[13]琴:甲本、
丁本、戊本、己本、辛本、壬本作"瑟"。[14]此琴起自新羅。弄絃如:戊本、
己本、庚本、辛本、壬本作"其彈弄類"。[15]解:甲本、乙本、丙本、丁本作

“會”。［16］此：甲本、乙本、丙本、丁本作“是”。［17］頃之：乙本作“項之”。
［18］生：甲本、乙本、丙本、丁本作“王”。［19］已而：丁本作“而已”。［20］今
天琴解調……不會也罷：戊本、己本、庚本、壬本作“湛軒始解調銅絃琴能諧
伽倻琴今則諸琴師多效之都能和合絲竹諸器”，辛本作“湛軒始解調銅絃琴
能諧伽倻琴今則諸琴師皆效之都能和合諸器”。

【釋】

　　［一］工尺，中國傳統音樂的記譜符號，代表在笛上翻七調的宮調系統
及其記譜法。工尺譜字最早見載于《夢溪筆談・樂律》。宋代工尺譜用固
定唱名法，有合、四、一、上、勾、尺、工、凡、六、五等譜字；而所謂“燕樂半字
譜”，則是當時工尺譜字的半字。元明以後工尺譜逐漸改用可動唱名法，宮
調體系亦淡化殺聲規則，從二十八調簡化歸併爲工尺七調。工尺七調一般
用六、五、乙、上、尺、工、凡七字，并以人字旁標示高八度音。工尺七調有兩
種推算方法：其一以小工調與工音爲基礎翻調，其二以正宮調與五音爲基
礎翻調。二者的推演結果一致。

　　［二］姜世晃《豹庵稿》卷五《題跋・西洋琴》（頁396上）：“西洋琴制，以
木作小函，上狹而下廣。以桐板加其面，緄以銅絃四五十，以兩木片依函面
廣狹而斜拄之。廣面之絃長而聲大，狹面之絃短而聲細。每四絃合作一
聲，以小竹簽叩之，其聲鏘然可聽。或大或細，亦可隨曲作聲。而但與琵琶
有異，不可作撚攏之勢，則其音只似鐘磬與方響。雖有清濁高下，似無悠揚
韻折之致。東人或有貿至者，未知其鼓法與聲調之如何耳。”洪大容《湛軒
書》外集《燕記》（頁312下）：“洋琴者，出自西洋，中國效而用之。桐板金
絃，聲韻鏗鏘，遠聽如鐘磬。惟太滌蕩近嘮殺，不及於琴瑟遠矣。小者十二
絃，大者十七絃，大者益雄亮也。”

　　［三］《熱河日記》卷五《銅蘭涉筆》（頁356）：“歐邏鐵絃琴，吾東謂之西
洋琴，西洋人稱天琴，中國人稱番琴，亦稱天琴。此器之出我東未知何時，
而其以土調解曲始於洪德保。乾隆壬辰六月十八日，余坐洪軒，酉刻，立見
其解此琴也。概見洪之敏於審音，而雖小藝，既系刱始，故余詳錄其日時。
其傳遂廣，于今九年之間，諸琴師無不會彈。吳郡馮時可始至京，得之利瑪
竇，以銅鐵絲爲絃，不用指彈，只以小板案，其聲更清越云。又，自鳴鐘僅如
小香盒，精金爲之，一日十二時，凡十二次鳴，亦異云云。并見《篷牕續錄》。
蓋此兩器，皇明萬曆時始入中國也。余山中所有洋琴，背烙印‘五音舒’記，

制頗精好，故今來中國，爲人應求，遍覽所謂‘五音舒’，而竟未得。”

[四]《三國史記》卷四《新羅本紀》真興王十二年（551）春三月條：“三月，王巡守次娘城。聞于勒及其弟子尼文知音樂，特唤之。王駐河臨宮，令奏其樂，二人各製新歌奏之。先是，加耶國嘉悉王製十二弦琴，以象十二月之律，乃命于勒製其曲。及其國亂，操樂器投我。其樂名加耶琴。”

第十段

余問：“中國還有《韶舞》[1][一]遺調否？”亨山曰：“都無。”鵠汀曰：“且道《韶舞》[2]之時，是何等世界也？ 其民彝物則、時尚俗好可知也。以堯舜爲君[3]，以皋陶爲師。妙選當時士大夫極聰明才俊之胄子，以入于宮學[4]，所謂居移氣而養移體[二]也。其所以教之者，又何等事業也？ 寬簡温直，陶鑄性情，鼓舞神氣。而心靈耳神，弱齡開悟。則又有如夔之審音通理者爲典樂[5]之官，率天下素教之子弟，造成一代之樂。[三]像其君之德政，合其民之趨向[6]。以之殷薦[7]上帝則天神饗，以之裸獻宗廟則祖考格，以之風動四方則百姓悦。[四]無一事捍逆，無一物屈抑。充塞兩間者，都是一團太和元氣，宜乎其樂之至於斯也！ 千百載之下，得如吾夫子者，一聽其音調之架領、節奏之餘韻而渺然想像[8]，自不覺其三月忘肉[9][五]，而況當時親見[10]其儀鳳者乎[六]？ 其手之、舞之、足之、蹈之，從可知矣。[七]武王之時，又何等世界也！ 拔斯民于酒池脯林之中，一洗其巫風[八]。而其舊染汙俗猶有存者，則痛革宿習誠非一朝一夕之故。總干山立，既遜於揖讓垂拱。而發揚蹈厲[九]，又非寬簡温直之比也。由是論之，《大武》[十]之成當在成康[十一]之世。而猶以一‘武’字名之，則不待夫子之評而其未能盡善亦可知矣[11]。當周之盛，雖使后夔典樂，其所成就不過如斯而止矣[12]。然而[13]皇祐、元豐之間，范、馬諸君子未能曉解[14]固有之律呂，而依稀談説於古樂之理，欲復《簫韶》九成之舊，未知當時德政能合天人心否[15]？[十二]尤有可笑者，蔡氏《新書》以元聲爲之[16]必可得。[十三]未知可得之元聲，舍[17]本律更在何處？ 設如蔡氏之説，尋得元聲，依樣九成之製，時君世主苟無中和之德、位育之功，則譬如無題之功令、無尸之酊餼耳。[十四]”

【校】

　　[1]韶舞：戊本、己本、庚本、辛本、壬本作“韶濩”。[2]韶舞：戊本、己

本、庚本、辛本、壬本作"韶濩"。[3]以堯舜爲君：戊本、己本、庚本、辛本、壬本作"以堯爲君以舜爲臣"。[4]宫學：甲本、乙本、丙本、丁本、戊本、己本、庚本、辛本、壬本作"學宫"。[5]典樂：戊本、己本、庚本、辛本、壬本作"典司"。[6]向：甲本作"尚"。[7]薦：甲本、丙本、丁本、戊本、己本、庚本、辛本、壬本作"獻"。[8]想像：戊本、己本、庚本、辛本、壬本作"像想"。[9]三月忘肉：戊本、己本、庚本、辛本作"九旬忘口"。[10]親見：戊本、己本、庚本、辛本作"冀庭目見"。[11]亦可知矣：甲本、乙本、丙本、丁本作"亦可知也"，戊本、己本、庚本、辛本、壬本作"可知矣"。[12]矣：戊本、己本、庚本、辛本、壬本作"耳"。[13]然而：乙本作"然"。[14]曉解：乙本作"解曉"。[15]能合天人心否：甲本、乙本、丙本、丁本、戊本、己本、庚本、辛本、壬本作"能合天人之心否"。[16]之：甲本、乙本、丙本、丁本、戊本、己本、庚本、辛本、壬本無此字。[17]戊本、己本、庚本、辛本、壬本此處有"其"。

【釋】

[一]《論語‧衛靈公》(《十三經注疏》頁 5468 下)："樂則《韶舞》。"何晏集解："《韶》，舜樂也。盡善盡美，故取之。"

[二]《孟子‧盡心上》(《十三經注疏》頁 6027 上)："孟子自范之齊，望見齊王之子。喟然歎曰：'居移氣，養移體，大哉居乎！夫非盡人之子與？'"

[三]"寬簡温直""夔之審音通理者爲典樂之官"，語出《尚書‧舜典》(《十三經注疏》頁 276 下)，云："帝曰：'夔！命汝典樂，教胄子，直而温，寬而栗，剛而無虐，簡而無傲。詩言志，歌永言，聲依永，律和聲。八音克諧，無相奪倫，神人以和。'夔曰：'於！予擊石拊石，百獸率舞。'"

[四]《易經‧豫卦》(《十三經注疏》頁 101)："象曰：雷出地奮，豫。先王以作樂崇德，殷薦之上帝，以配祖考。"

[五]見前文注"夫子聞韶，不知肉味"。

[六]《尚書‧益稷》(《十三經注疏》頁 302 下)："《簫韶》九成，鳳皇來儀。"見上文釋"《簫韶》之聲"。

[七]《詩經‧周南‧關雎‧序》(《十三經注疏》頁 563 上)："永歌之不足，不知手之舞之、足之蹈之也。"

[八]《尚書‧伊訓》(《十三經注疏》頁 345 上)："敢有恒舞于宫，酣歌于室，時謂巫風。"

[九]《禮記‧樂記》(《十三經注疏》頁 3343 上)："夫樂者，象成者也。

總干而山立,武王之事也;發揚蹈厲,太公之志也。"

　　[十]《周禮·春官·大司樂》(《十三經注疏》頁 1700 下—1701 上):"以樂舞教國子,舞《雲門》……《大濩》《大武》。"鄭玄注:"《大武》,武王樂也。"

　　[十一]周成王與周康王的並稱。史載其時天下安寧,刑措不用,故古人以"成康之世"代表至治之世。《詩·周頌·執競》(《十三經注疏》頁 1270 上):"不顯成康,上帝是皇。"

　　[十二]范、馬,指范鎮、司馬光。二人多次就古樂辯論,往來書信達十餘封。如范鎮有《與司馬温公論樂書》,司馬光有《與景仁論樂書》。兩晉以後,司馬氏大量改姓馬,故古人習慣以"馬"代指"司馬",如稱司馬遷爲"馬遷"。

　　[十三]蔡氏《新書》:即蔡元定的《律吕新書》。蔡元定(1135—1198),字季通,學者稱西山先生。其《律吕新書》爲樂律學史上的重要典籍,在明清兩代影響極大,箋釋之書頗多。原書分二卷,第一卷爲《律吕本原》,包含《黄鐘》《黄鐘之實》《黄鐘生十一律》《十二律之實》《變律》《律生五聲圖》《變聲》《八十四聲圖》《六十四調圖》《候氣》《審度》《嘉量》《謹權衡》等,共十三篇;第二卷爲《律吕證辨》,包含《造律》《律長短圍徑之數》《黄鐘之實》《三分損益上下相生》《和聲》《五聲大小之次》《變宫變徵》《六十調》《候氣》《度量權衡》等,共十篇。在卷一《黄鐘第一》《黄鐘之實第二》兩篇中,蔡元定主張"先求聲氣之元,而因律以生尺"。

　　[十四]"元聲":十二律中的黄鐘,即作爲定律基準的黄鐘管音。朱載堉《樂律全書》卷四一《靈星小舞譜》(頁 3—4):"臣載堉曰:古今論樂者衆矣! 或言截多管以求元聲,或言建重室以驗氣候,或累黍以推實積,或稽古以覓遺音。人無定見,迂怪百出,大抵皆踵故習,舍本而逐末者也。"又指人所發的自然之聲。朱載堉《樂律全書》卷一三《律吕精義·外篇·辨李文察、劉深之失》(頁 11):"五音之出,皆本於喉……宫者,元聲之所出也。喉會於牙爲商,喉會於舌爲角,喉會於齒爲徵,喉會於唇爲羽。"《叔苴子·内篇》卷六(《叔苴子内外編》頁 71):"人身中有自然之五音焉。脾音爲歌,歌者宫也。肝音爲笑,笑者角也。心音爲言,言者徵也。脾音爲哭,哭者商也。腎音爲叫,叫者羽也。此天地之元聲也。又喉音宫,舌音徵,齒音商,牙音角,唇音羽,此又元聲之變也。""無題之功令,無尸之飣餖",意爲無主腦,無骨幹,捨本求末。"功令"通常指法規,此處指命題考試。"飣餖"通常

指擺設在盤中的食品,此處指祭品;"尸"則指受祭之人。鵠汀認爲:即使蔡元定尋得"元聲",製成九成之制的《簫韶》,然"時君世主"無"中和之德",便仍然是一無用處的。《清朝續文獻通考》卷八六《選舉考》(頁 8453 下):"各省學政及府州縣學各官,務各恪遵功令,所出試題不得割裂小巧、牽連無理。"《儀禮・士虞禮》(《十三經注疏》頁 2531 上):"祝迎尸。一人衰経奉篚,哭從尸。"鄭玄注:"尸,主也。孝子之祭,不見親之形象,心無所繫,立尸而主意焉。"

第十一段

余曰:"禹,聲爲律,身爲度。[一]古者太子生而太史吹律,使瞽審之。[二]倘成一代之樂,必以君聲爲律歟? 聖人,元氣之會也。聲音發宣[1],必廣大和平,莫不中律。則古昔之[2]聖王,宜亦與禹全律,而獨稱禹聲,何也?"鵠汀曰:"帝王之家天下[三]久矣。豺聲獅吼[3][四],當屬何律? 斯干之喤喤[五]、夏启之呱呱[六],必皆中律而爲侯爲王歟?"亨山曰:"《記》云:'凡音之起。由人心[4]生也[5]。'[七]大約極貴遐壽之人,聲如洪鐘、發舒雄暢,或有中乎黃鍾之律。然至若身爲度、聲爲律,極贊神禹之言行毫無過差,動合律度也,非身合于律度[6]。身先天下而爲標準[7],自爲四方億兆所取則也[8]。"鵠汀曰:"尹大人説得極是。"

【校】

[1]聲音發宣:甲本、乙本、丙本、丁本、戊本、己本、庚本、辛本、壬本作"聲音之發宣"。[2]之:甲本、乙本、丙本、丁本、戊本、己本、庚本、辛本、壬本無。[3]豺聲獅吼:甲本、丙本、戊本、己本、庚本、辛本、壬本作"落地豺聲"。[4]乙本此處有"而"。[5]由人心生也:辛本作"皆由人心"。[6]非身合于律度:戊本、己本、庚本、辛本、壬本作"非其聲音之清濁合于律吕身材之長短中于尺度"。[7]爲標準:戊本、己本、庚本、辛本、壬本作"標準於民彝物則之中"。[8]所取則也:戊本、己本、庚本、辛本、壬本作"之所取法也"。

【釋】

[一]《史記・夏本紀》(頁 51):"禹爲人敏給克勤;其德不違,其仁可親,其言可信;聲爲律,身爲度,稱以出;亹亹穆穆,爲綱爲紀。"

　　[二]《大戴禮記·保傅》(《大戴禮記彙校集解》頁 59—60)："古者胎教，王后腹之七月，而就宴室。太師持銅而御户左……太子生而泣，太師吹銅曰：'聲中某律。'"

　　[三]《禮記·禮運》(《十三經注疏》頁 3062 下)："今大道既隱，天下爲家。"鄭玄注："傳位於子。"

　　[四]《左傳·文公元年》(《十三經注疏》頁 3988 上)："且是人也，蜂目而豺聲，忍人也。"

　　[五]《詩·小雅·斯干》(《十三經注疏》頁 937 下)："乃生男子，載寢之床，載衣之裳，載弄之璋，其泣喤喤。"

　　[六]《尚書·益稷》(《十三經注疏》頁 301 上)："啟呱呱而泣。"

　　[七]《禮記·樂記》(《十三經注疏》頁 3310 上)："凡音之起，由人心生也。人心之動，物使之然也。感於物而動，故形於聲。聲相應，故生變；變成方，謂之音；比音而樂之，及干戚、羽旄，謂之樂。"

第十二段

　　亨山曰："貴國樂律如何[1]？倘有神聖[2]作爲君師，竭耳力[3]以造律歟？抑爲依倣中華否？○宗廟之祭、方内山川，亦皆用樂否？舞用幾佾[一]？"余曰："東方三國時雖不無聲樂，皆東夷[4]之土音[5]。[二]唐中宗時，有新羅樂府。[三]則天時，楊再思反披紫袍爲句麗[6]舞[四]，想必鄙俚不雅。宋徽宗時，賜高麗大晟雅[7]樂[五]，並皆世遠不可考。前○[8]明洪武時，賜敝邦八音，舞用六佾，以備○先君之祭祀。其樂器始出自中國，其後多方内倣造。然鄉音易訛，古尺難準[六]。○先君莊憲王有聖德，獲黑黍[七]古玉[9]以定雅音[10]。第未知中國所出樂器[11]盡合古律，而以土出秬黍準之，則果無差謬於書記所傳。"亨山離椅俯躬曰："○東方聖德之君。願聞貴邦樂歌數章。"余於《夢金尺》[八]《龍飛御天》[九]諸歌實未能盡誦[12]，故謬[13]爲他話，則亨山、鵠汀[14]亦不更問也[15]。

【校】

　　[1]如何：丁本作"何如"。[2]神聖：戊本、己本、庚本、辛本、壬本作"聖神"。[3]耳力：戊本、己本、庚本、辛本、壬本作"其心思耳目之力"。[4]東夷：戊本、己本、庚本、辛本作"東彝"。[5]土音：戊本、己本、庚本、辛本、壬

本作"里音"。[6]句麗:戊本、己本、庚本、辛本、壬本作"句驪"。[7]雅:戊本、己本、庚本、辛本、壬本無此字。[8]○:抬頭。戊本、己本、庚本、辛本、壬本無。[9]戊本、己本、庚本、辛本、壬本此處有"之瑞"二字。[10]雅音:戊本、己本、庚本、辛本、壬本作"雅樂"。[11]中國所出樂器:戊本、己本、庚本、辛本、壬本作"當時中國樂器"。[12]實未能盡誦:戊本、己本、庚本、辛本、壬本作"未能倉卒誦對且未知忌諱與否"。[13]故謬:戊本、己本、庚本、辛本、壬本作"因"。[14]鵠汀:戊本、己本、庚本、辛本、壬本無此二字。[15]也:戊本、己本、庚本、辛本、壬本無"也"字。

【釋】

[一]"舞用幾佾",意爲按哪種禮樂等級使用樂舞。"佾",正方形舞隊的一列。"六佾"即六六三十六舞人,"八佾"即八八六十四舞人。《論語·八佾》(《十三經注疏》頁 5355 上):"孔子謂季氏:'八佾舞於庭,是可忍也,孰不可忍也?'"馬融注:"佾,列也。天子八佾,諸侯六,卿大夫四,士二。"

[二]上古時代,稱朝鮮半島音樂爲"東夷樂"。據《周禮·春官》鄭司農注以及《白虎通》等典籍,其樂以"眛""靺""離""侏離"爲名,乃是持茅而作的舞蹈,用於"助時生"的祭禮。其族群分兩系:一爲北方濊貊、扶餘系,二爲南方韓系。公元前三世紀以還,扶餘、濊等先後建國。《後漢書》記載云:扶餘"以臘月祭天,大會連日,飲食歌舞,名曰迎鼓"(頁 2811);濊"常用十月祭天,晝夜飲酒歌舞,名之爲舞天"(頁 2818);馬韓"常以五月田竟祭鬼神,晝夜酒會,群聚歌舞,舞輒數十人,相隨踏地爲節。十月農功畢,亦複如之"(頁 2819);辰韓"俗喜歌舞,飲酒鼓瑟"(頁 2819)。《三國志》卷三〇《東夷傳》(頁 853)則説:弁韓"俗喜歌舞飲酒,有瑟,其形似築,彈之亦有音曲。"朴趾源稱其爲"東夷之土音",以此。

[三]新羅發源於朝鮮半島東南部,曾與高句麗、百濟並立,公元 668 年在朝鮮半島建立統一王朝。三國時期,新羅吸收民間歌舞製作宮廷儀式樂,有《會蘇曲》《辛熱樂》《兜率歌》《突阿樂》《枝兒樂》《思内樂》《笳舞》《憂息樂》《碓樂》《竿引》《美知樂》《徒領歌》《捺弦引》《韓岐舞》《小京舞》等樂曲,使用三弦(玄琴、伽耶琴、鄉琵琶)、三竹(大笒、中笒、小笒)、笛、笳、角、桃皮篳篥、拍板、大鼓等樂器。公元 576 年設置以"花郎"爲名的樂官制度,使花郎音樂、驅儺音樂得到發展。"唐中宗時有新羅樂府",乃指唐中宗、武則天在位(684—709)年間,以上樂舞流入中土。《三國史記》卷八記載:新

羅聖德王四年至八年（唐中宗神龍元年至景龍三年），兩國交往甚爲密切。四年三月、九月、秋八月和冬十月，六年冬十二月，八年六月，均曾“遣使入唐貢方物”。

　　［四］《新唐書》卷一〇九《楊再思傳》（頁 4099）：“易之兄司禮少卿同休，請公卿宴其寺。酒酣，戲曰：‘公面似高麗。’再思欣然，翦谷綴巾上，反披紫袍，爲高麗舞，舉動合節，滿坐鄙笑。”

　　［五］《東都事略》卷一〇（頁 76）：徽宗四年“八月，九鼎成。甲申，奉安九鼎。戊子詔：即國丙巳之地建明堂。辛卯，詔曰：‘道形而下，先王體之。協於度數，播於聲詩，其樂與天地同流。雅頌不作久矣！去聖逾遠，遺聲弗存。迺者得隱逸之士於草茅之賤，獲英莖之器於受命之邦。適時之宜，以身爲度，鑄鼎以起律，因律以制器，按協於庭，八音克諧。祖宗積累之休，上帝克相，豈朕之德哉？昔堯有《大章》，舜有《大韶》，三代之王，亦各異名。今追千載而成一代之制，宜賜名曰“大晟”。朕將薦郊廟，享鬼神，和萬邦，與天下共之，豈不美與！’”又見《宋朝事實》卷一四《樂律》，《宋史》卷一二六至一二八《樂志》。《高麗史》卷一三《睿宗世家》（頁 275 上，276 上）：九年（1114）“六月甲辰朔，安稷崇還自宋，帝賜王樂器”。“丁未，遣樞密院知奏事王字之、户部郎中文公彦如宋謝賜樂”。冬十月“丁卯，親祫于大廟，兼用宋新樂”。又卷一四《睿宗世家》（頁 278 下，頁 283 下—284 上）云：十年（1115）夏四月“甲寅，王字之、文公美將如宋，省侍臣樞密院承制等餞于順天館樂賓亭。王遣内侍林景清宣示御製詩一首，兼賜酒果”。秋七月“戊子，遣吏部尚書王字之、户部侍郎文公美如宋謝恩兼進奉”。十一年（1116）五月“乙丑，王字之、文公美賫詔還自宋，王受詔于乾德殿。詔曰……。又詔曰……。又奬諭設齋詔曰……。又奬諭賀册皇太子詔曰……。又奬諭別進詔曰……。又回賜國信詔曰……。又奬諭遣子弟入學詔曰……。又詔賜大晟樂”。“庚寅，御會慶殿召宰樞侍臣觀大晟新樂。”秋七月“己酉，遣李資諒、李永如宋，謝賜大晟樂。”冬十月“戊辰，閲大晟樂于乾德殿。癸酉，親裸大廟，薦大晟樂、西都所得瑞玉祭器，併奏新制九室登歌”。又《高麗史》卷七〇《樂志》（頁 528 上）記云：“睿宗十一年六月庚寅，王御會慶殿，召宰樞侍臣觀大晟新樂。八月己卯，制曰：‘文武之道不可偏廢。近來蕃賊漸熾，謀臣武將皆以繕甲鍊卒爲急。昔者帝舜誕敷文德，舞干羽于兩階，七旬有苗格。朕甚慕焉。況今大宋皇帝特賜大晟樂文武舞，宜先薦宗廟以及宴

享。'十月戊辰，親閲大晟樂于乾德殿。癸酉，親裸太廟，薦大晟樂。"《高麗史》卷八六《年表》（頁 892 上）云：宋政和六年、睿宗十一年（1116）"六月，宋賜大晟樂器"。朝鮮洪暹（1504—1585）《忍齋先生文集》卷四《題樂院樂器形止案後》（頁 387 下）云："按《高麗史樂志》，睿宗遣吏部尚書王字之文公美于宋。及其還，徽宗皇帝下詔賜大晟樂。政和丙申，遣李資諒于宋，謝賜樂續綱目。徽宗政和三年，頒新樂。今所存編鐘二十一下付標書曰'宋朝出來'，簫四下付標書曰'洪武時出來'，編鐘十六下付標書曰'永樂丙戌出來'。其餘特鐘鎛鐘召磬瑟笙並無標識可辨。不知孰爲頒大晟樂時所賜，孰爲洪武永樂年所賜。所謂鎛鐘。始見于《周禮》，歷代通用，而我國五禮儀無所謂鎛鐘者。徽宗頒新樂時有'鎛鐘十二'之文。疑此爲大晟樂之一，而然無標識，不敢强以爲是也。"《宋史》卷一二九《樂志四》（頁 3019）：政和七年二月，"中書省言：'高麗（請）賜雅樂，乞習教聲律、大晟府撰樂譜辭。'詔許教習，仍賜樂譜。"

[六]《高麗史》卷四二《恭愍王世家》（頁 828 下—830 上）："成准得還自京師。帝賜璽書曰：'……使至，且知王欲制法服以奉宗廟，朕深以爲喜。今賜王冠服樂器陪臣冠服及洪武三年大統曆至可領也！'又賜王六經、四書、《通鑑》《漢書》，皇后賜王妃冠服。"又《高麗史》卷七〇《樂志》（頁 529 上—下）："恭愍王八年六月辛卯，御史臺上言：'自國都遷徙之後，樂工散去，聲音廢失，宜令有司新制樂器。'從之。十九年五月，成准得還自京師，太祖皇帝賜樂器：編鐘十六架，全；編磬十六架，全；鐘架，全；磬架，全；笙、簫、琴、瑟、排簫一。七月，遣姜師贊如京師，請樂工精通衆音兼備諸伎者發送傳業。二十年五月辛未，姜師贊還自京師。帝命太常樂工赴京習業。二十一年三月甲寅，遣洪師範移咨中書省，曰：'近因兵後，雅樂散失，朝廷所賜樂器只用於宗廟，其餘社稷、耕籍、文廟所用雅樂內，鐘磬並闕。今賷價赴京收買。'九月丙子，習太廟樂於毬庭。戊寅，習太廟樂於毬庭。十月庚辰朔，習太廟樂於毬庭。恭讓王元年三月乙酉，禮曹請朝會用樂，從之。"洪汝河《木齋先生文集》卷一〇《東史提綱·樂志》（頁 520 上）："恭愍八年，御史臺請新制樂器，其後遣使請樂器于大明。是時，太祖皇帝令冷謙等攷正樂律。十九年五月，成準得還自京師。賜樂器：編鐘十六架，全；編磬十六架，全；鐘架，全；磬架，全；笙、簫、琴、瑟、排簫一。七月，遣姜師贊請樂工精曉音律者，帝不許，令太常樂工赴京習業。皇朝樂器用於宗廟，而社稷、籍

田、文廟雅樂鐘磬闕焉。二十一年移咨中書省,買鐘磬。恭讓三年,請於會朝用樂,從之。"參見王小盾《明朝和高麗的音樂交往:1368 年—1373 年》一文,載《中國音樂學》2011 年第 5 期。

[七]《世宗實録》卷六三世宗十六年(1434)一月十四日條:"安崇善啓曰:'謹稽古事,漢武帝建元四年,天雨粟;宣帝地節三年,長安雨黑粟,元康四年雨黑黍;光武建武二十一年,陳留雨穀。今正月初,交雪雨下黑色之物,狀如黑粟,令上林園、沈藏庫種之。'從之。"

[八]《太祖實録》卷四世宗二年(1420)七月二十六日條:"門下侍郎贊成事鄭道傳上箋曰:'……臣雖不敏,遭遇盛代,得與開國功臣之末,幸以文筆兼太史之職,不勝感激踊躍之至,謹記受命之瑞、爲政之美,撰樂詞三篇繕寫,隨箋以獻。一、《夢金尺》。主上殿下在潛邸,夢見神人,奉金尺自天而來,若曰:'慶侍中有清德,且髦矣,崔三司有直名,然戇也。'謂殿下資兼文武,有德有識,民望屬焉,乃以金尺授之。'惟皇鑑之孔明兮,吉夢協于金尺。清者髦矣兮直其戇,繄有德焉是適。帝用度吾心兮,俾均齊于家國。貞哉厥符兮受命之祥,傳子及孫兮彌于千億。'"

[九]《世宗實録》卷一八〇世宗二十七年(1445)四月五日條:"議政府右贊成權踶、右參贊鄭麟趾、工曹參判安止等進《龍飛御天歌》十卷。箋曰:'……臣等俱以雕篆之才,濫叨文翰之任。謹採民俗之稱頌,敢擬朝廟之樂歌。爰自穆祖肇基之時,逮至太宗潛邸之日。凡諸事迹之奇偉,搜摭無遺;與夫王業之艱難,敷陳悉備。證諸古事,歌用國言。仍繫之詩,以解其語。畫天地摹日月,雖未極其於容;勒金石被管絃,小有揚於光烈。倘加省納,遂許頒行。傳諸子傳諸孫,知大業之不易;用之鄉用之國,至永世而難忘。所撰歌詩摠一百二十五章,謹繕寫裝潢,隨箋以聞。'"

第十三段

鵠汀問曰:"貴樂[1]音調如何? 先生能形容否?"余曰:"僕本無口才,未能形容。但知其[2]音調舒長,節奏希闊。"亨山曰:"真君子之國也。"余曰:"鄙人初入遼東,聞路傍歌吹,尋聲入聽,篳篥一、管一、橫吹一、琵琶一、月琴一以和歌,鼓椀大鼓子以應節。篳篥聲類嗩吶,橫吹類敝邦羽調,倍清。"鵠汀曰:"甚麼?"余曰:"所謂羽調,非五音[3]之羽,乃調名,故亦名[4]羽[5]

調。[一]敝邦俗樂又有界[6]面調[二]，乃羽調之反音[7]也。倍清者，凡言律皆稱清，又非清濁之清。倍清云者，如言倍高於本律也。"鵠汀曰："這是本律之半也。"余曰："昨聽萬歲爺[8]御前鼓樂，則亦類遼東所聽，又有鉦鉢以節之，未知是雅樂耶？何其音調之太高而節奏之太數也？"亨山曰："先生昨日入班乎？"余曰："不入班，但於墙外聽之。"[三]亨山曰："非太常[9]雅樂，乃聽[10]戲時一本樂也。雅樂無鉦鉢。"[11]

【校】

[1]貴樂：戊本、己本、庚本、辛本、壬本作"貴國"。[2]乙本無"其"字。[3]五音：乙本作"羽音"。[4]名：戊本、己本、庚本、辛本、壬本作"號"。[5]羽：甲本作"右"，戊本、己本、庚本、辛本、壬本作"雨"。[6]界：甲本作"啟"。[7]反音：戊本、己本、庚本、辛本、壬本作"翻音"。[8]萬歲爺：甲本作"皇上■"，丙本、戊本、己本、庚本、辛本、壬本作"皇上"。[9]非太常：戊本、己本、庚本、辛本、壬本作"此非"。[10]丙本此處有空格。[11]己本有眉批："好是清皇帝一本戲，想亦足以聞而知其。"

【釋】

[一]《樂學軌範》卷一《樂調總義》："羽調即俗所用界面調也。界面之聲，本無定律，而今於七宮之内、第四橫指之次，無射、應鍾之宮，以羽調稱號，其義未穩。至於玄琴調絃，則以大絃爲宮而奏之，曰樂時調也。變調以遊絃爲宮而奏之，則不論之高下，渾稱羽調，其誤尤甚。或云，羽即右也。以遊絃爲宮，故曰右調。"

[二]《星湖僿説》卷一三《人事門·國朝樂章》：

"界面者，聞者淚下，成界於面云耳。"

[三]《熱河日記》卷二《太學留館記》（頁 139—140）："十二日戊午，晴。曉，使臣入班聽戲。余睡甚倦，仍卧穩睡。朝飯後，徐行入闕，則使臣久已參

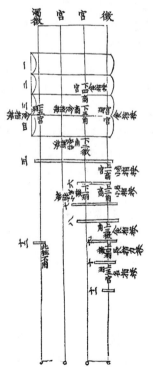

班。任譯及諸裨皆落留宮門外小阜上,通官亦坐此不得入。樂聲出墙内咫尺之地,從小門隙窺之,無所見矣。循墻十餘步有一小角門,門扉一掩一開。余略欲入立,則有軍卒數人禁之,只許門外張望。門内人皆背門而排立,不少離次,不摇身,如植木偶,無片闚可窺。只從人頂間空處,隱隱見一座青山,翠松蒼柏。轉眄之頃,條忽不見。又彩衫繡袍者,面傅朱粉,腰以上高出人頂,似乘軒也。戲臺相距不遠而深邃陰森,如夢中盛饌,喫不知味矣。門者丐烟,即給之。又一人見余久翹足而立,提一凳子,令我登其上望之,余一手托其肩,一手拄楣而立。呈戲之人皆漢衣冠,四五百迭進迭退,齊唱樂歌。所立凳子如鳧乘架,難久立矣,還坐小阜樹陰下。"

第十四段

　　余問:"雅樂如何?"亨山曰:"概沿前明之制。大朝會,用樂工六十四人,引樂二人,簫四人,笙四人,琵琶六人,箜篌四人,篆六人,方響四人,頭管四人,龍笛四人,杖鼓[1]二十四人,大鼓二人,板二人。協律郎先期陳懸於丹墀。鑾駕將出,雲麾仗動。則協律郎舉常,唱'奏《飛龍引》之曲'。俟五雲駕座,偃常[2]樂止。鳴贊官唱'鞠躬',協律郎唱'奏《風雲會》之曲'。樂作,百官拜叩,畢,[3]樂止。和碩親王陞殿,國公、閣輔隨陞。協律郎唱'奏《慶皇都》《喜昇平》之樂'。今其號名雖殊,工器不易,音調無改。"余問:"樂工服色如何[4]?"亨山曰:"曲脚幞頭,紅羅生色畫花大袖衫,塗金束帶,紅羅擁頭[5],紅結子,皂皮靴。"[一]余問:"此似漢兒制度。"亨山曰:"否也。雅樂不用綾緞錦繡蟒袍,亦不戴蕃帽。"

【校】

　　[1]杖鼓:丁本作"杖頭"。[2]偃常:戊本、己本、庚本、辛本、壬本作"常偃"。[3]戊本、己本、庚本、辛本、壬本此處有"興"。[4]如何:丁本、丙本作"何如"。[5]擁頭:乙本作"擁頂"。

【釋】

　　[一]《明集禮》卷五三:"聖節、冬至、正旦、大朝賀,用樂工六十四人、引樂二人、簫四人、笙四人、琵琶六人、箜篌四人、篆六人、方響四人、頭管四人、龍笛四人、杖鼓二十四人、大鼓二人、板二人。戴曲脚幞頭,衣紅羅生色畫花大袖衫,塗金束帶,紅羅擁項,紅結子,皂皮靴。每朝賀之日,和聲郎預

先陳樂於丹墀。百官拜位之南北向，伺上位將出。仗動，和聲郎舉麾唱曰：
‘奏《飛龍引之曲》。’上位陞座。樂止，偃麾贊禮唱：‘鞠躬。’和聲郎唱曰：
‘奏《風雲會之曲》。’樂作，百官拜畢。樂止，國公陞殿。和聲郎唱曰：‘奏慶
皇都之樂。’樂作，國公出殿門復位。樂止，贊禮唱：‘鞠躬。’和聲郎唱曰：
‘奏《喜升平之樂》。’樂作，百官拜畢。樂止，伺上位興。和聲郎唱曰：‘奏
《賀聖明之樂》。’樂作，上位還宮。樂止，百官卷班。和聲郎引樂工以
次出。”

第十五段

　　“太常雅樂凡四等，曰九奏，曰八奏，曰七奏，曰六奏，禁糾淫、過、凶、慢
之聲[一]。大祀，樂生七十二人，舞生一百三十二人，先期演肄神樂觀、太和
殿。漢時甚重太常官，凡大政[1]下，丞相、列侯、九卿議，博士未常[2]不預
焉。如公卿將相列名上請太后廢昌邑王，奏曰‘臣敞[3]等謹與博士議’云
云。如此大事[4]，必[5]依據博士之言，[6]其重之[7]如此。官位雖卑[8]，蓋
爲[9]典司[10]天神地祇[11]、宗廟禮樂之本。明[12]之贊禮，即宋之大祝。宋亦
重其官，必以宰相[13]任子爲之，亦[14]古之選教胄子之遺意[15]。明初亦處以
文學之士，後乃以黃冠[16]充之，非矣。古者官[17]不易方，材不兼任[18]。夷
禮[二]夔樂，各效一職。專心會精[19]，講習有素，以此終身。非但[20]夷夔之
終身於厥官，惟可以世其職者，獨太史及[21]領樂之官爲然。而[22]後世不常
厥職，上不及后夔，下不及伶人。[三]倉卒舉職，如新婦初來，姆保是憑。執旍
丹墀，如省曹階前樹，可笑之甚[23]。貴國典樂之官，亦當如此也。”余曰：“鄙
人此來，媿乏季札觀周[四]。”亨山曰：“敝故友陶逯章，齊人也，嘗官太常。遺
僕赤蹄，爲諢語自嘲曰：‘竊媿奚唐之云立[五]，每疑田父之紿左[六]。’所謂林
蛙論樂，梁燕誨知[七]。”相與絕倒[24]。
【校】
　　[1]大政：丙本作“大故”。[2]常：甲本、乙本、丙本、丁本、戊本、己本、
庚本、辛本、壬本作“嘗”。[3]敞：戊本、己本、庚本、壬本作“敵”。[4]如此
大事：戊本、己本、庚本、辛本、壬本作“此天下何等大事”。[5]戊本、己本、
庚本、辛本、壬本此處有“先”。[6]戊本、己本、庚本、辛本、壬本此處有“位
卑人微而”。[7]之：戊本、己本、庚本、辛本、壬本無。[8]官位雖卑：戊本、

己本、庚本、辛本、壬本無。[9]戊本、己本、庚本、辛本、壬本此處有“其”。[10]典司：戊本、己本、庚本、辛本、壬本作“典祀”。[11]天神地祇：甲本作“天神地示”，戊本、己本、庚本、壬本作“天地神祇”，辛本作“天下神祇”。[12]明：戊本、己本、庚本、壬本作“前明”，辛本作“前朝”。[13]戊本、己本、庚本、辛本、壬本此處有“之”。[14]戊本、己本、庚本、辛本、壬本此處有“是”。[15]戊本、己本、庚本、辛本、壬本此處有“也”。[16]戊本、己本、庚本、辛本、壬本此處有“羽流”。[17]官：丙本作“宮”。[18]任：戊本、己本、庚本、辛本、壬本作“授”。[19]專心會精：戊本、己本、庚本、辛本、壬本作“專精會神”。[20]但：戊本、己本、庚本、辛本、壬本作“特”。[21]及：戊本、己本、庚本、辛本、壬本作“與”。[22]而：戊本、己本、庚本、辛本、壬本作“然而”。[23]可笑之甚：戊本、己本、庚本、辛本、壬本作“最爲可笑”。[24]絶倒：戊本、己本、庚本、辛本、壬本作“笑鬨一堂”。

【釋】

[一]九奏、八奏、七奏、六奏：意爲奏九遍、八遍、七遍、六遍。九奏又稱“九成”“九變”“九闋”等。《書·益稷》（《十三經注疏》頁 302 下，頁 303 下）：“簫韶九成，鳳凰來儀。”孔穎達疏：“成猶終也，每曲一終，必變更奏。故《經》言九成，《傳》言九奏，《周禮》謂之九變，其實一也。”《隋書·音樂志中》（頁 329）：“禮終三爵，樂奏九成。”宋蘇軾《集英殿春宴教坊詞·小兒致語》：“廣場千步，方山立於衆工；大樂九成，固海涵於雜技。”宋代禮樂按此設計樂曲結構，明代禮樂取法宋代，亦有類似設計。“淫、過、凶、慢之聲”，出《周禮·春官·大司樂》（《十三經注疏》頁 1708 下），云：“凡建國，禁其淫聲、過聲、凶聲、慢聲。”見下文注。

[二]夷禮：《尚書·舜典》（《十三經注疏》頁 276 上）：“帝曰：‘咨！四岳，有能典朕三禮？’僉曰：‘伯夷。’帝曰：‘俞，咨！伯，汝作秩宗。夙夜惟寅，直哉惟清。’傳：伯夷，臣名，姜姓。”

[三]《春明夢餘録》卷五一（頁 1081—1083）：“凡樂四等：曰九奏，曰八奏，曰七奏，曰六奏。……凡淫聲、過聲、凶聲、慢聲，舞失節者，皆禁糾之。……凡祭，先期演樂太和殿。凡大祀，樂生七十二人，舞生一百三十二人。……太常博士，漢人極重此官。國有大政，下丞相、九卿會議，必及博士。即如廢昌邑王，奏中公卿將相列名上請，必曰：臣敞等謹與博士議云云。如此大事，非博士之言不行，其重之如此。太常贊禮郎，即宋之太祝

也。宋重其官,以宰相任子爲之。明初亦以處文學之士,乙科初選每得之。後乃以黄冠充焉,失矣。……古者官不易方,材不兼任,伯夷典禮,后夔典樂,各効一職,不二其守,以終其身,故能搏心攝志,儲精會神,以逆釐三靈,而恊調元化也。今之太常,既以一官兼夷夔之任,而備其所不能周,又皆出於仙曹瑣闥,極當時華要之選,垂魚擁佩,朝游乎圭瓚,暮翔於斗樞,即欲精白一心,肅祇厥職,以揚洪輝,而甄靈覘,時不幾也。”

[四]《左傳·襄公二十九年》(《十三經注疏》頁 4355 下):“吳公子札來聘,見叔孫穆子,説之。謂穆子曰:‘子其不得死乎? 好善而不能擇人。吾聞君子務在擇人。吾子爲魯宗卿,而任其大政,不慎舉,何以堪之? 禍必及子!’請觀於周樂。”

[五]此處“奚唐”疑爲“亥唐”之誤。朴趾源《謝留守送惠内宣二橘帖》(《燕巖集》卷三《孔雀館文稿》)云“羊罏煖酒,亦飽奚唐之菜羹”。典出《孟子·萬章章句下》(《十三經注疏》頁 5966 下):“晉平公之於亥唐也,入云則入,坐云則坐,食云則食;雖蔬食菜羹,未嘗不飽,蓋不敢不飽也。然終於此而已矣。”

[六]《史記·項羽本紀》(頁 334):“項王渡淮,騎能屬者百餘人耳。項王至陰陵,迷失道,問一田父,田父給曰‘左’。左,乃陷大澤中。以故漢追及之。”

[七]《拊掌録》(《説郛三種》頁 568 上):“王荆公嘗與客飲,喜摘經書中語,作禽言令。燕云:‘知之爲知之,不知爲不知,是知也。’久之無酬者。劉貢父忽曰:‘吾摘句取字,可乎?’因作《鵓鴣令》曰:‘沽不沽,沽。’衆客皆笑。”又李晬光《芝峰類説》卷一六《語言部·諧謔》:“《説郛》曰:王荆公戲摘經書中語作禽言,謂燕云:‘知之謂知之,不知謂不知,是知也。’劉貢父對以鵓鴣云:‘觚不觚,觚哉,觚哉。’余謂蛙鳴云:‘獨樂樂與衆樂樂,孰樂。’以此作對則出於《語》《孟》,似爲尤好。”

第十六段

亨山曰:“洪武初,置神樂觀于天壇之西,教習樂舞。高皇帝御製[1]圜丘方澤分祀樂章,後定合[2]祀,更撰合祀樂章。禮成,歌九章。識者已病其音律之未復于古也。詔尚書陶凱與協律郎冷謙定雅樂,又命學士宋濂爲樂章。凡園陵之祭[3]無樂，凡郊廟樂器不徙。洪武六年，以祀後還宫時宜用樂舞生前導，命翰林儒臣撰樂章[4]以致[5]敬慎鑒戒之意。[6]‘朕嘗恨後世樂章虛辭頌美，無古意[7]。’于是儒臣承旨，分撰《酺酒》[8]《峻宇》《色荒》《禽荒》諸曲凡三十九章，名曰《回鑾歌》。此可謂知樂之本。然於聲[9]，則[10]識者猶謂之未[11]也[12]。又十二年詔[13]：‘朕起自[14]寒微，君[15]天下以奉上下神祇。若或不誠，非所以爲生民祈福，且以延保己命也[16]。昔成肅公受脤而惰，君子知其不終。故動作威儀之則，所以定命也。如此，而况音聲之所由感而發乎[17]？謂無神而不信者，誣也；佞神而祈[18]福者，惑也。朕設神樂觀，備樂以享天地宗廟[19]。非[20]傚前代帝王，佞神以求長生之術[21]。此道設或有之，不過修心清净，速去疾來，使無艱阻而已。若果有[22]長生之道，殷周之父老何在[23]？漢唐之耆宿安在?’因[24]刻石立于觀中。[一]觀乎此碑，可謂明樂之理[25]。而[26]我聖祖仁皇帝以禮祀[27]天地，協和萬邦[28]之備樂。乃以羽流提點甚爲不可[29]，[30]悉歸之太常。[31]以鄭世子之精於審音而當時不能用，深加慨惜，今其《律吕精義》等書是也。大聖人建中和之德，樂入本朝始正大雅。”

【校】

　　[1]御製：戊本、己本、庚本、辛本、壬本作“自製”。[2]合：丙本作“令”。[3]祭：戊本、己本、庚本、辛本、壬本作“祀”。[4]樂章：戊本、己本、庚本、辛本、壬本作“樂歌”。[5]致：戊本、己本、庚本、辛本、壬本作“存”。[6]戊本、己本、庚本、辛本、壬本此處有“有曰”。[7]無古意：戊本、己本、庚本、辛本、壬本作“此佞神乎諂其時君乎”[8]酺酒：壬本作“甘酒”，辛本作“酒酺”。[9]然於聲：戊本、己本、庚本、辛本、壬本作“而猶未免應文之歸至於聲律”。[10]戊本、己本、庚本、辛本、壬本此處有“當時”。[11]未：戊本、己本、庚本、辛本、壬本作“全未全未”。[12]也：乙本無。[13]詔：戊本、己本、庚本、辛本、壬本作“詔曰”。[14]起自：乙本作“自”。[15]君：戊本、己本、庚本、辛本、壬本作“君臨”。[16]且以延保己命也：戊本、己本、庚本、辛本、壬本作“且無以延保靈長之景命也”。[17]由感而發乎：戊本、己本、庚本、辛本、壬本作“由起莫不感乎至誠而發乎”。[18]祈：戊本、己本、庚本、辛本、壬本作“禱”。[19]享天地宗廟：戊本、己本、庚本、壬本作“祀享天地神祇宗廟之靈而已”，辛本作“享祀天地神祇宗廟之靈而已”。[20]戊本、己本、庚本、辛本、壬本此處有“苟”。[21]佞神以求長生之術：戊本、己本、庚本、辛本、壬

本作“矯飾荒誕以邀長年之道”。[22]果有：乙本作“或果”。[23]在：甲本、乙本、丙本、丁本作“存”，戊本、己本、庚本、壬本作“去”，辛本此句作“殷周之父老漢唐之耆宿何去？”[24]戊本、己本、庚本、辛本、壬本此處有“爲”。[25]戊本、己本、庚本、辛本、壬本此處有“而達道之論然以道流提點終非古意。”[26]而：戊本、己本、庚本、辛本、壬本作“則”。[27]祀：甲本、丁本作“祠”。[28]萬邦：甲本、乙本、丙本、丁本作“萬方”。[29]“天地協和萬邦之備樂。乃以羽流提點甚爲不可”戊本、己本、庚本、壬本作“天地之備樂協和萬方之盛典非可使黄冠羽士所宜管領”。辛本作“天地之備樂協和萬邦之盛典非可使黄冠羽士所宜管領”。[30]戊本、己本、庚本、辛本、壬本此處有“乃”。[31]戊本、己本、庚本、辛本、壬本此處有“且”。

【釋】

　　[一]《春明夢餘録》卷一四（頁 208—209）：“洪武初，御製圜丘、方澤分祀樂章，後定合祀，更撰合祀樂章。禮成，歌九章。已病音樂之未復古也，詔尚書詹同、尚書陶凱與協律郎冷謙定雅樂，而學士宋濂爲樂章。著令：凡祀有樂。樂四等，曰九奏，曰八奏，曰七奏，曰六奏。樂有歌有舞，歌堂上，舞堂下。舞皆八佾，有文有武。郊、廟皆奏中和韶樂，太常領之，協律郎司樂考協之。凡樂，淫聲、過聲、凶聲、慢聲，若舞失節者，皆有糾禁。凡樂器不徙。凡園陵之祭無樂。洪武十二年十二月，諭神樂觀。云：開基守業，必勤政爲先；趨事赴公，非信誠必責。《傳》不云乎？國之大事，在祀與戎。曩古哲王，謹斯二事。而上帝皇祇，悦賜天下安和，生民康泰。朕起寒微，而君宇内，法古之道，依時以奉上下神祇。其于祀神之道，若或不潔，則非爲生民以祈福而保己命也。昔劉康公、成肅公會晉侯伐秦，祭于社稷之神，然後興師。當祭之時，畢，則有受胙之禮。其受之時，必思洋洋乎其在上。而穆穆然或左而或右，委心慎敬而受之，則祥。故敬勝怠者吉，怠勝敬者滅。所以成肅公受胙之時，起慢神不恭之貌，因伐秦而卒。是以知敬慎必有動作、禮義、威儀之則，以定命也。於斯祀神之道，能者養之以福，不能者敗之以禍。是故君子勤禮，小人盡力。勤禮莫如致敬，盡力莫如敦篤。敬在養神，篤在守業。朕觀古人之敬神也若是，其驗禍福亦若是，斯可謂無神而不信乎？可謂佞神而祈福乎？二者皆不可，唯敬之以禮而已。朕設神樂觀，備樂以享上下神祇，所以撥錢糧若干以供樂舞生，非傚前代帝王求長生之法而施之。然長生之道世有之，不過修心清净，脱離幻化，速疾去來，使無

艱阻,是其機也。於戲! 昔殷周之父老何存? 漢唐之耆宿安在? 果長生之
道乎? 朕設神樂觀以備樂,碑之于觀,以示後世。其觀主不潔,樂生不精,
贍生不足,以此觀之,不但君不勤于祀事,其朝臣、觀主必也亦然。若君勤
于祀事,朝臣、觀主無一體之敬,則國有常憲。故兹勒石,想宜知悉。”

第十七段

　　鵠汀曰:“貴國樂器、樂工當仍高麗之舊,是必崇寧所頒大晟樂也。”余
曰:“即今敝邦所用,乃洪武所賜。”鵠汀曰:“洪武所賜,其實大晟之遺也[1]。
朱子謂崇宣[2]之季,姦諛之會、驟涅之餘,惡足語天地[3]之和哉? 然宋既南
渡,而金太宗取汴之樂器、樂工[4],改號太和樂,其實大晟樂也。[一] 及金喪
亂,而又徙[5]汴蔡。及汴蔡陷没,而流傳入元[6]。元人吴萊以爲,太常所用
樂本大晟之遺法。令舊工教習,以備大祀。故元之樂户子孫,猶世籍河汴。
及明逐元,悉得其工器。故太常雅樂及樂官所肄,猶稱‘大晟樂’。以至隊
舞百戲,率皆元舊。太祖[7]一革元政,而至於大晟樂,則謂金沿宋、元沿金,
其來已久,必中國之遺,故不復改創。以是知洪武所頒貴國樂律[8],本一大
晟[9]也。”[二]

【校】

　　[1]也:乙本無。[2]崇宣:戊本、己本、庚本、辛本、壬本作“崇寧”。[3]
天地:戊本、己本、庚本、辛本、壬本作“天下”。[4]汴之樂器、樂工:戊本、己
本、庚本、辛本、壬本作“汴京樂器樂工遷之北去。”[5]徙:戊本、己本、庚本、
辛本、壬本作“復南遷”。[6]而流傳入元:戊本、己本、庚本、辛本、壬本作
“而中原舊物悉入于元”。[7]太祖:戊本、己本、庚本、辛本、壬本作“高皇
帝”。[8]貴國樂律:戊本、己本、庚本、辛本、壬本無。[9]戊本、己本、庚本、
辛本、壬本此處有“樂”。

【釋】

　　[一]今存宋代青銅鐘文物亦有改“大晟”之名爲“太和”者。例如《尊古
齋所見吉金圖(初集)》所録“太和:夾鐘清鐘一件”,即北京故宫博物院所藏
(新)100560號大晟鐘。參見李幼平《大晟鐘與宋代黄鐘標準音高研究》第
一章第三節,上海音樂學院出版社,2004年。

　　[二]《律吕精義·外篇》卷一《古今樂律雜説並附録》(《樂律全書》第14

册頁 27—28）："宋大晟樂，即方士魏漢津之所造，取徽宗指寸爲律者也。朱熹所謂'崇宣之季，姦諛之會，黥涅之餘，不足以語天地之和'，指漢津而言也。其樂器等，汴京破，没入金，改名大和；金亡入元，改名大成；元亡，樂歸於我。國初，斟酌元樂用之，雖更製章造器，而未嘗累黍驗律。見今太常雅樂及天下學宫所謂大成樂者，蓋漢津之律也。夫漢津之杜撰自不能服宋人之心，而金元以來返遵用之，無敢議其失者，理不可曉。"

第十八段

余問："舊説以天子中指寸爲律，埋之土中以候氣。此理如何？"鵠汀曰："此乃方士魏漢津取徽宗之指，以造大晟樂也。漢津，本蜀之黥卒。漢津謂聖王之稟賦與天地陰陽爲一體，聲爲律，身爲度。乃請徽宗中指三節，以定黄鍾之律，以合天地之正，以備陰陽之和。蔡京獨奇其説，謟佞附會，説帝先鑄八鼎，此最可笑。古昔首出之聖王，初作斛尺，無所憑據，則適以指寸爲之律，納幾顆秬黍以準之。又當世四時之氣，不失其候。所謂風不鳴條，海不揚波。[一]其候得四時之氣，理或無怪。至若後世不念中和位育之功，只欲以指律葭灰迎致好氣，是不識繪事後素[二]之義，而所謂不揣齊末[三]。假令候得氣至，未知所至之氣果屬何氣？況人之指節長短不齊，則崇寧指尺既長而樂律遂高。漢津大懼，潛謂其徒任宗堯曰：'律高，是北鄙之音也。鎮北鼎溢，天下其將有變乎？'樂既成而遂有靖康之禍，聲之不可誣也如此。漢津小人，雖有審音之才而無作樂之德。當時士大夫又無漢津之才，而顛倒附阿[1]。則朱子斥以姦諛之會、黥涅之餘者，是也。"[四]亨山曰："不然。冷謙所定樂舞，在洪武六年，與大晟律大相不全。大晟迎神，初奏爲南吕之角，是大吕之變調也。洪武所製，爲太簇之羽，是中吕調也。[五]冷謙七均[六]，自太簇、夷則、夾鍾、無射、中吕皆正調，而惟清黄鍾、清林鍾爲變調。本聲重大，爲君爲父；應聲輕清，爲臣爲子，故曰四清聲。苟不用四清聲，是無感應。[七]君德亢而臣道絶，父政竭而子職闕。魏[2]漢津之律，每下古製二律。其林鍾爲宫者，商角爲正調，其餘皆屬變調；南吕爲宫者，惟商一音爲正調，其餘皆屬變調。是七均之中，變者居五。論者以爲，君道微細而民臣[3]事物靡然不振，是真亡國之音。哀淫怨咽，不堪久聞。[八]宋金華[4]謂漢津製樂爲亂世之音[九]者，是也。朱子稱建陽蔡元定均調候氣之法，縝密通暢[十]。[5]考證禮書《樂制》[6]《樂舞》《鍾律》等篇，大率本之蔡氏《新書》而互演之。[十一]然朱子於音律不甚明白曉解，專信蔡氏，所謂先入之見。其斥漢津，亦非審音[7]知其善否，但爲其蔡京之所主張[8]。蔡氏[9]書未能驗之行事，漢津樂皎然驗之當世。後之論之[10]者，易以爲説[11]也。其實蔡氏曉律勝於考亭，而多[12]穿鑿執拗；漢津審音勝[13]於元定，而多阿諛附會[14]。及冷謙定樂，雖曲襲其舊，而其聲則非宋元之律也。敝參修《會典》[十二]時，考究諸説[15]。洪武所定，實與大晟大異。王老爺所論貴邦洪武所頒爲大晟之舊[16]，説得非是[17]。"鵠汀曰："豈其然？"亨山笑曰："即然。"

【校】

　　[1]附阿：甲本、乙本、丙本、丁本、戊本、己本、庚本、辛本、壬本作"阿附"。[2]魏：戊本、己本、庚本、辛本、壬本無。[3]民臣：戊本、己本、庚本、辛本、壬本作"民神"。[4]金華：戊本、己本、庚本、辛本、壬本作"潛溪"。[5]戊本、己本、庚本、辛本、壬本此處有"其"。[6]樂制：丙本無。[7]戊本、己本、庚本、辛本、壬本此處有"而"。[8]戊本、己本、庚本、辛本、壬本此處有"故攻之不遺餘力。"[9]蔡氏：戊本、己本、庚本、辛本、壬本作"元定"。[10]論之：戊本、己本、庚本、辛本、壬本作"論説"。[11]爲説：戊本、己本、庚本、辛本、壬本作"指摘"。[12]多：戊本、己本、庚本、辛本、壬本作"未免"。[13]勝：戊本、己本、庚本、辛本、壬本作"精"。[14]多阿諛附會：戊本、己本、庚本、辛本、壬本作"出於附會諛佞"。[15]諸説：戊本、己本、庚本、辛本、壬本作"諸家"。[16]戊本、己本、庚本、辛本、壬本此處有"者"。[17]非是：乙本作"是非"。

【釋】

　　[一]風不鳴條：《論衡·是應》（《論衡校釋》頁 877—878）："儒者論太平瑞應，……風不鳴條，雨不破塊，五日一風，十日一雨。"海不揚波：《韓詩外傳》卷五（《韓詩外傳集釋》頁 181）："海不波溢也。"指聖人之治世，天下泰平。

　　[二]《論語·八佾》（《十三經注疏》頁 5357 上）："子曰：'繪事後素。'"

　　[三]《孟子·告子下》（《十三經注疏》頁 5995）："不揣其本而齊其末，方寸之木可使高於岑樓。"趙岐注："孟子言：夫物當揣量其本，以齊等其末，知其大小輕重，乃可言也。"

　　[四]《宋史》卷四六二《魏漢津傳》（頁 13525—13526）："魏漢津，本蜀黥

卒也。……皇祐中，與房庶俱以善樂薦，時阮逸方定黍律，不獲用。崇寧初猶在，朝廷方協考鐘律，得召見，獻樂議，言得黄帝、夏禹聲爲律，身爲度之説。謂人主稟賦與衆異，請以帝指三節三寸爲度，定黄鍾之律；而中指之徑圍，則度量權衡所自出也。又云：‘聲有太有少。太者，清聲，陽也，天道也。少者，濁聲，陰也，地道也。中聲在其間，人道也。合三才之道，備陰陽奇偶，然後四序可得而調，萬物可得而理。’當時以爲迂怪，蔡京獨神之。或言漢津本范鎮之役，稍窺見其制作，而京託之於李良云。於是請先鑄九鼎，次鑄帝坐大鐘及二十四氣鐘。四年三月鼎成，賜號沖顯處士。八月，大晟樂成。徽宗御大慶殿受群臣朝賀，加漢津虚和沖顯寶應先生，頒其樂書天下。而京之客劉昺主樂事，論太少之説爲非，將議改作。既而以樂成久，易之恐動觀聽，遂止。漢津密爲京言：‘大晟獨得古意什三四爾，他多非古説，異日當以訪任宗堯。’宗堯學於漢津者也。漢津曉陰陽數術，多奇中，嘗語所知曰：‘不三十年，天下亂矣。’未幾死。京遂召宗堯爲典樂，復欲有所建，而爲田爲所奪，語在《樂志》。後即鑄鼎之所建寶成殿，祀黄帝、夏禹、成王、周、召而良、漢津俱配食。謚漢津爲嘉晟侯。”《宋史》卷一二八《樂志》（頁2998—2999）：“其後十三年，帝一日忽夢人言：‘樂成而鳳凰不至乎？蓋非帝指也。’帝寤，大悔歎，謂：‘崇寧初作樂，請吾指寸，而内侍黄經臣執謂“帝指不可示外人”，但引吾手略比度之，曰：“此是也。”蓋非人所知。今神告朕如此，且奈何？’於是再出中指寸付蔡京，密命劉昺試之。時昺終匿漢津初説，但以其前議爲度，作一長笛上之。帝指寸既長於舊，而長笛殆不可易，以動人觀聽，於是遂止。”

　　［五］《明史》卷六一《樂志》（頁1500）：“太祖初克金陵，即立典樂官。其明年置雅樂，以供郊社之祭。……元末有冷謙者，知音，善鼓瑟，以黄冠隱吴山。召爲協律郎，令協樂章聲譜，俾樂生習之。取石靈璧以製磬，採桐梓湖州以製琴瑟。乃考正四廟雅樂，命謙較定音律及編鐘、編磬等器，遂定樂舞之制。”

　　［六］“七均”，即使用七個音高的七調。此處言冷謙七均由太簇調、夷則調、夾鍾調、無射調、中吕調五正調，以及清黄鍾、清林鍾二變調組成。“均”意爲根據一定的宫調關係來爲樂器調律，通“鈞”字。《禮記·月令》仲夏之月（《十三經注疏》頁2964下）云：“均琴、瑟、管、簫。”又《國語·周語下》韋昭注（頁137）：“細鈞有鐘無鎛，昭其大也；大鈞有鎛無鐘，甚大無鎛，

鳴其細也。”此處以“細鈞”爲高音區，以“大鈞”爲低音區。

[七]四清聲：十二律之外的四個清聲，沈括《補筆談》(《夢溪筆談校證》頁 916)認爲即清黄鍾、清大吕、清太簇、清夾鍾。按此説可追溯到上古。《周禮·春官·小胥》中有“凡懸鍾磬，半爲堵，全爲肆”之説，通常據此認爲古有懸鍾二八爲一堵(後稱“虡”)的制度。《漢書》卷二二《禮樂志》記漢成帝時犍爲郡發現“古磬十六枚”，被引爲證據。五代時期，後周王朴改良律管，設四清聲。宋初恢復雅樂，李照認爲四清聲“乃鄭衛之樂”，馮元則維護四清聲，認爲前聖之樂不可輕改。元豐三年(1080)，神宗詔劉几、范鎮、楊傑等議樂，確定以十二律加四清聲爲常用音域範圍，以適應人聲。《宋史》卷二六二《劉几傳》(頁 9076)記此事云：“元豐三年，祀明堂，大臣言几知音，詔詣太常定雅樂。几曰：‘古樂備四清聲，沿五季亂離廢，請增之。’樂成，予一子官。”參見谷傑《宋明十二律四清聲説的尊卑之義與自然之理》，載《浙江藝術職業學院學報》2013 年第 1 期。

[八]關於魏漢津制律一事，歷代看法不同。《宋史》卷一二六《樂志》(頁 2938)云：“徽宗鋭意制作，以文太平，於是蔡京主魏漢津之説，破先儒累黍之非，用夏禹以身爲度之文，以帝指爲律度，鑄帝鼐、景鍾。樂成，賜名‘大晟’，謂之雅樂，頒之天下，播之教坊。故崇寧以來有魏漢津樂。夫《韶》《濩》之音，下逮戰國，歷千數百年，猶能使人感嘆作興。當是時，桑間濮上之音已作，而古帝王之樂猶存，豈不以其制作有一定之器，而授受繼承亦代有其人歟？由是論之，鄭、衛、《風》《雅》不異器也。知此道也，則雖百世不易可也。”《欽定續文獻通考》卷一〇六《樂考·律吕制度》所記爲清代人的看法，云：“禮樂箋曰：‘説者論《大晟樂》爲宋方士魏漢津所製。’此未考本末，不知樂律者也。宋濂議漢津製樂爲亂世之音，在洪武四年。而冷謙所定樂舞，爲洪武之六年樂章，猶宋之舊，而樂音非宋之音矣。以何知之？以律而知之。蓋謙所製者，爲太簇之羽巾吕調也。漢津所製，其迎神初奏爲南吕之角，大吕變調也，與謙之樂如參辰黔晳之不相合矣。蓋謙之七均自太簇、夷則、夾鍾、無射、中吕皆正調也。惟清黄、清林巧爲變調，然此二變音也，固無妨于變也。漢津之林鍾爲宫者，僅商角二音爲正調，其徵、羽、變宫、變徵、皆屬變調，是七均之中而變者居四矣。南宫爲宫者，僅商音爲正調，其徵、羽、角、變宫、變徵皆屬變調，是七均之中而變者居五矣。又況漢津之律即李照之律，下古樂二律。所謂黄鍾者僅中太簇，則其林鍾之宫僅

中南呂，南呂之宮僅中應鍾。應鐘管長四寸六分有奇，而商、角以下六均無一不出于變矣。君則其細已甚，而臣民事物靡然不振。哀淫怨咽，此真亡國之音也。豈可與謙之樂同年而語哉？大抵樂律、樂章本爲二道，由宋以降樂章屢易而所用者皆王朴之律也，政和以降樂章屢易而所用者皆漢津之律也。至冷謙定樂，樂章無改而所用者則非宋元之律也。改其律而不變其章者，聲音道微，政合嚴重，律正其元，曲襲其舊。此謙之所以爲明哲也，謙舊有樂書，在南太常。”

[九]《宋濂全集》卷七七《孔子廟堂議》（頁 1865）：“今則襲用魏漢律所製大晟之樂，乃先儒所謂亂世之音者也，其可乎哉？”

[十]《晦庵先生朱文公文集》卷七六《律呂新書序》（《朱子全書》第 24 册頁 3669）：“吾友建陽蔡君元定季通，當此之時，乃獨心好其説而力求之。旁搜遠取，巨細不捐，積之累年，乃若冥契。著書兩卷，凡若干言。予嘗得而讀之，愛其明白而淵深，縝密而通暢，不爲牽合傅會之談，而横斜曲直，如珠之不出於盤。其言雖多出於近世之所未講，而實無一字不本於古人已試之成法。”

[十一]《大學衍義補》卷四四《樂律之制下》（頁 347）：“其後朱氏又與其門人考訂禮書，又定‘鍾律’‘詩樂’‘樂制’‘樂舞’等篇，皆聚古樂之根源，簡約可觀，而‘鍾律’分前後篇。其前篇凡七條，一曰‘十二律陰陽辰位相生次第之圖’，二曰‘十二律寸分厘毫絲數’，三曰‘五聲五行之象、清濁高下之次’，四曰‘五聲相生、損益先後之次’，五曰‘變宮變徵二變相生之法’，六曰‘十二律正變倍半之法’，七曰‘旋宮八十四聲、六十調之圖’。其後篇凡六條，一曰‘明五聲之義’，二曰‘明十二律之義’，三曰‘律寸舊法’，四曰‘律寸新法’，五曰‘黃鍾寸分數法’，六曰‘黃鍾生十一律數法’，大概率采元定所著更互演繹，尤爲明邃。其‘樂制’彙於王朝禮，其‘樂舞’彙於祭禮。上下數千載，旁搜遠紹，昭示前聖禮樂之非迂，以爲後世作樂者之法則，後世有作者合二書而求之，思過半矣。”

[十二]《欽定大清會典・職名》：“刑部郎中（臣）尹嘉銓。”

（作者單位：温州大學人文學院）

域外漢籍研究集刊　第二十輯
2020 年　頁 205—222

十九世紀初梁知會《漂海録》的史料價值
——與崔斗燦《乘槎録》之比較爲中心

戴琳劍

一、引言

　　漂海交涉是異國往來中的重要組成部分。東亞海域的漂海問題之談論向來頗爲蔚然。海上活動的增加會帶來海難頻率的上升，漂流事件亦隨之並發①。而漂流難民中不乏知識階層，在死裏逃生後留下各類漂流書寫。這些作品日後被歸入海洋文學範疇而得到關注②。以朝鮮王朝爲例，流傳至今的主要漂流書寫有崔溥（1454—1504）《漂海録》、李志恒《漂舟録》、張漢喆（1744—？）《漂海録》、李邦翼《漂海歌》、文淳得《漂海始末》和崔斗燦（1779—1821）《乘槎録》等。其中《乘槎録》一度被視爲有清一代朝鮮人游歷中國江南後留下的唯一記録，爲不少學人所注意③。不過本文所著

①　有關清代中韓漂流事件檔案分佈，參閱［韓］金英媛等《航海與漂流的歷史》，首爾：松樹出版社（SolBook），2003 年，頁 47—87；劉序楓《清代檔案中的海難史料目録（涉外篇）》，臺北："中研院"人文社會科學研究中心，2004 年，頁 3—30。

②　［韓］鄭炳旭《漂海録解題》，載《人文科學》第 6 輯，首爾：延世大學人文學研究院，1961 年，頁 191。

③　相關版本介紹，參閱丁晨楠《十九世紀初東亞漂海録〈乘槎録〉的編纂與版本》，載張伯偉編《域外漢籍研究集刊》第 13 輯，北京：中華書局，2016 年，頁 195—209；相關研究成果整理，參閱戴琳劍《從漂流記録看十九世紀初朝鮮儒士的實踐論及對清認識——以〈乘槎録〉〈漂海録〉爲例》，載《民族文化研究》第 81 輯，首爾：高麗大學民族文化研究院，2018 年，頁 411—412。

眼的,是學界尚未充分關注的、與崔斗燦一同遭遇漂流的另一名朝鮮士人梁知會所留下的《漂海録》。

　　梁知會①,生卒年不詳,字君和,朝鮮後期羅州士人,濟州梁氏後裔,時任羅州鄉廳鄉吏。朝鮮純祖十八年(嘉慶二十三年,1818)正月二十四日,因濟州饑荒,奉朝廷移粟之令發程,於二月二十八日入耽羅水營,並於四月初十日回棹。彼時恰有崔斗燦應其從妹丈之邀欲從濟州赴全羅道,便同船偕發。始發時船上共計男女五十人。不料船隻在航海途中遭遇風暴,漂海十六餘日後於浙江省寧波府定海縣獲救,是爲戊寅漂流事件。一行人此後沿運河北上,途經浙江、江蘇、山東,直至燕京,十月初三日經鳳凰城渡鴨綠江,返回朝鮮境內。梁氏於十一月十三日歸家,“幸得生還,無以備説”,記下漂海顛末,遂成一册,是爲《漂海録》。

　　作爲戊寅漂流時朝鮮人游歷中國江南留下的又一記録,該書卻意外地在關於漂流書寫的研究中被忽略。直到 2016 年,韓國學者朴進星首次介紹,其存世才爲學界所知曉②。其實在崔氏《乘槎録》中已有數次言及梁氏其人,更在分别時有贈文《臨别贈梁知會説》③。《漂海録》可與《乘槎録》互爲印證,還原戊寅漂流事件中一些被隱去的真相。鑒於此,筆者不揣淺陋,試對現存《漂海録》作簡要介紹,將其內容與《乘槎録》進行比對,並關注其史料價值,謭論如下。

二、《漂海録》之書誌事項及内容

　　以筆者寓目所及,行世《漂海録》爲孤本,現藏於韓國學中央研究院藏書閣,藏書號:MF35－10402。手抄草稿本,抄寫者不詳,抄成時間不詳。

---

①梁知會是否是其真名,尚待查證。目前僅知羅州梁氏是濟州梁氏分支,其始祖是朝鮮中宗國王年間的都事梁認(《羅州市誌》卷三,羅州:羅州市誌編纂委員會,2006 年,頁417)。

②[韓]朴進星《新資料梁知會的〈漂海録〉研究》,載《語文研究》第 44 輯,首爾:語文研究學會,2016 年。

③《江海乘槎録》卷二《日記》,《臨别贈梁知會説》。文中所引《江海乘槎録》均指《乘槎録》1917 年木刻本,下不另注。

封面有墨書外題"漂海録",書體大小 33.2×21.1cm,五針眼裝訂。不分卷一册,共三十八張,無版式,半葉十行二十字。正文首頁右下角鈐朱方印"尹錫昌印"。

扉頁有通訓大夫崔時淳作序,序文落款時間爲"辛巳至月"。案崔時淳於朝鮮正祖八年(乾隆四十九年,1784)九月丙科及第①,此處辛巳年應爲1821 年。次載正文,依日期備録,夾叙夾議,起於二月初九日,訖於十一月十三日。案其内容,除詳略差異,與《乘槎録》大體相似。然比對可知,二者之間存在前者抄襲後者之嫌。《漂海録》中多處記述方式與《乘槎録》如出一轍,甚至直接沿襲後者。由於《乘槎録》是崔氏逐日記録整理而成,而《漂海録》是梁氏返家後所作,故有理由懷疑,梁氏在寫作過程中借鑒了崔氏《乘槎録》原稿,並有多處照搬《乘槎録》之記述。其中部分相似内容可整理如下表:

【表 1】　《漂海録》與《乘槎録》部分相似内容對照表②

《漂海録》	《乘槎録》
忽於中流,望一孤島,問舟人曰:"此近何國何地?"舟人曰:"如非紅衣島,抑亦可佳島耶?"	中流有一孤島,問舟人,則或稱紅衣島,或稱可佳島。
良久,竹根木梯,乘流而下。余方喜其涯涘漸近矣。是夜,風雨大作,船往如箭。翌朝視之,海色蒼蒼,仰視唯天,忽見青舳白舫,相接東來,疑是東邊有陸。而南風甚緊,船不可回,聽其所之,乍東乍西。	見竹根木梯,乘流而下,喜其涯崖之漸近矣。其夜,風勢大作,船往如箭。明朝視之,海色又青矣。徜徉者久之,忽見青舳白舫,首尾相接,自西邊來。認是西邊有陸。而南風甚緊,船不得挽回矣,聽其所之,乍東乍西。
時海濤初漲,風力甚高,兩船交退,雖欲護我,勢不得行。彼乃引船遠去,別遣一隻小舟,探我事情。余以實具書投告。彼船皆點頭,回報大船。船主不應而去。	時海濤初漲,風力甚高,艫舳相迫,兩船交退,雖欲曲護,勢不得行。乃引船遠避,別遣小船詞知舟中事情。余以朝鮮人漂流之狀,具書以告。小船中人皆點頭,有相向之意,仍以回報。船主樣,棹舟而去。

①《國朝榜目》卷十八《甲辰九月二十六日王世子册禮慶科庭試文科殿試榜》,首爾:國會圖書館影印本,1971 年,頁 373。
②朴進星對此曾有過一部分整理([韓]朴進星《梁知會〈漂海録〉之叙述特徵研究——與〈乘槎録〉之比較爲中心》,載《精神文化研究》第 40 輯,首爾:韓國學中央研究院,2017年,頁 213);本表對其有所增補,異字訛字均依原樣録入,未作改動。

續表

《漂海録》	《乘槎録》
於是衆知必死，一時慟哭。彼更遣小舟，更詳問情，曰："爾等何國人？何處向？何所業也？"余乃書漂流顛末以投之。	於是衆知必死，一時痛哭。小頃，漁子更遣一小船，赫蹶事也。書曰："爾是何國人？搬向何處？作何生理？"多般辨問。余仍書漂流之由以答之。
翌日，余無以自適，歷叙漂海顛末，名曰乘槎録。浙中士夫夫，日來相訪，至有謄去者。	在館留一日，無以自適，歷叙漂海之狀，名曰乘槎録，取張騫窮河源之義也。越中士大夫，日相經過，有抄録以去者。
是日，孝廉李號巽占來訪，偕到竺秀才世臧家，從容討話。	是日，本縣李孝廉李巽占來訪，邀余俱去。仍就竺秀才世臧家，從容討話。
又出書册以示之，皆吾東未及傳來也。	又出書册以示之，皆近代所鳩集，我東所未有也。
又十里，到曹娥江。時南土大旱，十餘人作假龍舟，金飾頭角，使童子着繡衣，入龍腹，設樂皷舞，祈雨舟中，若吾東獅子戲焉。復乘舟而下，兩岸屋宇，皆富商大賈，滿江船艦，盡彩鷁盡舫，高樓傑閣，壓江頭而爭臨；熟石虹津，夾岸口而競奇。遥看一處盡雲烟，近入千家，散花開重。以佛殿梵宇，雜然屹立乎閭閻之間。	行十餘里，到曹娥江（一名楊子江）。時南土小旱，土人作假龍，以黄金飾其頭角，使童子著錦繡衣，入龍腹中，作蜿蜒之狀，鼓舞船上，甚壯觀也。復乘舟而下，江之兩岸，皆富商大賈家也。瓦屋粉牆，横亘十餘里。高樓傑閣，壓臨江頭。雜以佛宮梵宇，間在間閻。
然而無由得食，從者皆飢。余引漂海時以寬諭之。	是日，從者皆飢思食。余以海中事寬譬之。
到一處，即文文山吊古處也，榜曰：宋承相信國公文先生神位。余下車祗謁。	行二十里，有文山弔古處。下車祗謁。榜曰：宋承相信國公文先生神位。
過新安至涿郡，即漢名將張飛舊居也。有一名橋，長五里，立三門，榜曰：萬國梯杭。	到涿州，古之涿郡，張飛所居之鄉也。行四十里，有一石橋，長五里，立三門，榜曰：萬國梯航。
人物繁華，城池高深。宮觀之壯麗，歌舞之喧騰，試誦長安古意一篇，而猶未足喻矣。	京城隸順天府，其繁華之盛，城市之雄，長安古意一篇略言之，更不提説也。
嗚呼！觀於海者難於水，而今觀燕京，可以知中國之大，四海之富矣。然而車服無上下之別。	可見中國之大，四海之富。而但車服之制，無上下之別。

《漂海録》	《乘槎録》
至山海關。真所謂"一夫當關,萬夫莫開"也。關有提督府。南有滄海,曲曲置烟;北有蛟山峰,峰峰置烟。設三重城,城門曰:天下第一關;外城門曰:山海關。誠京北之雄都也。仍出關。到裹和店。北有黑山口,山有長城。	到山海關,真所謂"一夫當關,萬夫莫開"之地也。南有滄海,曲曲置烟臺;北有蛟山,峰峰置烟臺。內設三重城,內城門曰:天下第一關;外城門曰:山海關。誠京北之雄都也。仍出關。到聚和店止宿。北有黑山口,山有長城。
清晨起程,到錦府之高橋駰。府之得名,以其錦水也。北有紅羅山,蓋此山連延數千里,在京爲景山,在通州爲盤山。日暮,到小陵河遞車。車不具,夜三皷始辦,由御道傍起程。時皇上方回鑾,治道吏詰之,車不得前,由小道透,盤行五里許,抵雙陽店時,夜已分矣。	清晨起程,到錦府之高橋駰。府之得名,以其有錦水也。北有紅羅山,蓋此山連延橫亘,在京爲景山,在通州爲盤山、砌平山、五名山,在薊州爲府君山,在山海關爲蛟山、黑山,在錦府爲紅羅山,大抵一山而異其名也。日暮,到小陵河遞車。車不具,夜三皷始辦,由御道傍起程。時天子方回鑾,治道吏詰之,車不得前,由小路迤進,行五里,抵雙陽店時,夜已分矣。
至河朔。治道執畚鍤者,千里相望。所過橋梁,皆以朱欄曲檻爲之。天子尚未起程,令客人不得犯蹕。	是時,河朔地下路多泥濘,發吏卒治道。道傍多植木桶,執畚鍤者,千里相望。所過橋梁,皆以朱欄曲檻爲之。天子尚未起程,令客人不得犯蹕。
天子先馳。過去登亭觀之,則驟騎據持弓矢,夾道而馳者,橫亘百餘里,皆紅兜緑袍,別爲三條而去。中央是黃道,兩傍是扈從也。又有大車首尾相接,兩日不絕,純用白馬,詩所謂比物,而亦行秋令之意也。	是日,天子先驅過去。至巳時,官人報,乘輿已發向二道境矣。登高視之,則驍騎校持弓矢,挾道而馳者,橫亘百餘里,皆紅兜緑袍,別爲三條而去。中央是黃道,兩旁是扈從也。又有大車首尾相接,過兩日不絕,純用白馬,亦詩所謂比物,而禮所謂行秋令之意也。
(以下朝鮮境內記録)	
高尹呂公來請見。見之,則撫綏甚厚。	府尹呂公來請見。見之,則撫綏甚厚。
是日,漂人槳程。以病落後,余及金以振及大靜官下人,皆留不槳矣。午後起程。	是日,漂人槳程。以病落後,梁知會、金以振,皆留不槳。午後起程。
登煉光亭。江流甚静,月色如煉,亭之得名,蓋取少謝詩"澄江静如練"之意也。市井之櫛庇,城郭之壯麗,差不及江浙;而江山之形勝,則彷彿洛陽之間也。	夜登練光亭。江流甚静,月色如練,亭之得名,蓋取少謝詩"澄江静如練"之意也。市井之櫛比,城郭之壯麗,差不及浙;而江山之形勝,則曲逆洛陽之間也。

續表

《漂海録》	《乘槎録》
到黄州。節度使公遣執事通信，索日記。公要與相見。至，則公先叙海中艱險之苦，兼問江南山川之絶勝，設盃盤以饋之。真武將之好士者也。	到黄州。節度使徐公有奉，遣執事通信，索日記，要余相見。余辭以窮公拙士，不習朱門，只送乘槎録以去。夜，節度使公更遣執事，使營吏秉燭要來。至，則先叙海中艱險之苦，兼問江南山川之勝，盛設盃盤以饋。其真武將之好士也。

另外，《漂海録》中載有《乘槎録》未曾提及之途程，集中於五月十四日至五月二十一日，兹録如下：

至建寧府。行三百里，至福建省泉州。左雪峰，右延平閩中。又過四百里，至惠州，蓋不在天下云。又過二百里，至漳州。所經州縣，皆遣使入舟，欵接酒食焉。境内有武夷九曲，即我朱夫子所居也。微詠九曲之詩，默想百世之韻，自不覺令人蹈舞，恨不得親炙。而考亭書院，又在其南，若胡康侯、蔡西山、九峰、羅豫章諸先生，皆嘗居此云。路傍有烈女藩氏，間烏頭赤脚之雄麗，大過吾東之棹楔矣。嗚呼！大冬松柏邈矣。未覩洪範叙傳，奥耳難傳，九峰之正派，豫章之真源，又豈不足以興起後學之心乎？過廣州三百里，至雷州，即萊公丁謂貶謫之所也。烱念寇公之忠勳，憤嫉丁相之邪慝，志士感悼，庸有極乎。過二百里，至潮州。州有韓文公廟，安期生墓。嗚呼！韓文公文章，如誦父兄之訓。而原道一篇，可翼斯道，佛骨一表，足斥異端。則山斗之仰，到此益切矣。神仚之説誠荒唐，安期一墓，足可徵後之好誕者，其可深戒乎。至曲江，有張九嶺墓。至合浦，有張世傑塚。而曾面姓名於黄卷，今聞風雲韻於短碣，曷勝慨然。至廣西省，即古百粤地也。左蒼梧，右衡岳。昔大舜崩於蒼梧，而淒涼暮雲；今猶若覩，則萬世生靈，寧不痛悼乎？又況吾等，亦生長於我正廟化育之中者也。蒼梧之思，不勝潸然；而萬里他域，不敢忘父母之國。則到此哽咽，瞻望東天而已。至柳州。有羅池廟，又有緑珠楊妃二井。嗚呼！柳柳州文章，至今光被於草木；而羅池廟神靈，猶依依否？過四百里，至思明縣。縣有黄陵廟。過岳州，至袁州。過二百里，至衛州。左赤壁江夏，右黄鶴岳陽樓。古所謂巴陵勝狀,在洞庭一湖者也。群山如障,桃源匿形,馬湖夾流。而左瀘水,右夜郎,萬里長洲,合流洞庭。而上有天柱回鴈之峰,下有瀟湘之浦九疑峰,峰一如所聞。而炎帝陵、帝舜陵在焉?至襄陽,即龐德公司馬徽所居。而峴山墮淚之碑,老萊嬰戲之迹,杜武庫之故里,屈三閭之舊墓,至今宛然云。嗚呼!二處士之藻鑑,一孝子之純誠,千載之下,可以想像。而墮淚碑下,父老猶傳,甲兵庫中,蛇精已化,光爭日月,大鳴全楚,可以興起乎?萬世忠臣,戀國憂國之忱者,其唯獨醒人乎?十七日,至洪州。河路數百里,風光惚悦眼。人皆錦繡,貴賤難辨,士盡玉貌,庸後莫瞢。左九江湖、建德江,右鹿門山、滕王閣,閣即王子安構賦處也。十八日,至黃州。有升樓、雪堂、白雪樓、仲宣樓,到處風烟,足供遊賞。若陶侃、江萬里、胡銓、歐陽脩、文天祥,皆此地人也。至撫州。十九日,至豐城。君徐穉、黃庭堅,皆此地人也。麻姑山在其北,而玉立群峰,崢嶸云衢。嗚呼!王子安可謂一世文豪,而滕閣一詞,膾炙人口。升樓六宜之景,雪堂六花之繪,可以想見於千載之下矣。陶長沙之忠勳,黃庭堅之剛直,江萬里之節義,徐孺子之貞持,景慕有素;而一朝拭眼,於昔日山河者,不其爽乎!余竊悲夫澹菴之爲人,當春秋義喪之日,堅尊攘之志,進忠憤之疏,使千載後學,得知君父之讎,不共戴天之義;而三綱五常,賴而不墜者,其偉功盛烈,爲如何哉。嗚呼!東方今日之士,亦盍以此義常常着存於心乎?二十一日,過百里,至浙江省杭州。

按上引文,五月十四日至二十一日的旅程是福建—廣東—廣西—湖南—湖北—江西—浙江。七日七省,顯然不符實際。《漂海録》與《乘槎録》在日期及地點上的出入不止如此,可整理如下表:

【表 2】　《漂海録》與《乘槎録》之日期行程比對表

主要記録之行程	日期	
	《漂海録》	《乘槎録》
定海縣	五月初一日	五月初一日
寧波府	五月初十日	五月十五日
會稽縣	五月十四日	五月二十日

續表

主要記録之行程	日期	
	《漂海録》	《乘槎録》
洪州	五月十七日	無
黄州	五月十八日	
豐城	五月十九日	
杭州府	五月二十一日	五月二十一日
應天府（南京）	六月初六日	無
蘇州	六月初六日	六月十三日
剡城縣	六月十四日	六月二十八日
德州府	六月二十九日	七月十二日
太原府	七月二十日	七月二十二日
順天府（燕京）	七月二十七日	七月二十二日
山海關	八月二十五日	八月二十五日
瀋陽	無	九月十九日
鳳凰城	九月二十九日	九月二十九日
栅門	十月初二日	十月初二日
義州	十月初三日	十月初三日
平壤	十月十三日	十月十三日
開城	十月二十一日	十月二十一日
王城（畿營）	十月二十四日	十月二十四日

　　由表 2 可知，二者在行程日期及地點的記載上存在不少出入，此種出入在一行人進入北京後逐漸减少；出山海關後則基本一致。此種出入是如何造成的呢？朴進星將其歸因爲兩點：一，不似《乘槎録》是逐日記録而成，《漂海録》乃梁氏歸家后所作，其長達半年的記憶難免混淆，在地名、時間上出現誤差；二，因記憶模糊，梁氏在創作時便有意識地加入實際路綫周邊的

名勝以充實内容①。依筆者陋見,《漂海録》的撰寫過程如若參考了《乘槎録》原稿,那就不存在記憶混淆或旅程記憶模糊的問題;出入的造成另有他因。此部分留待后述。

雖説《漂海録》有借鑒甚至抄襲《乘槎録》之嫌,但也有《乘槎録》諸版本中不曾言及的部分,可幫助我們了解《乘槎録》中被隱去的真相,以及釐清兩個文本的誕生過程。

三、從《乘槎録》看《漂海録》的史料價值

關於《乘槎録》,尚有問題懸而未決。第一,前人研究②中已指出,目前行世之《乘槎録》,按形態可分爲木刻本和抄本,其中木刻本均爲崔斗燦曾孫崔址永於 1917 年刻印而成;抄本則有六種,互不相同。倘若按内容長度分,則所有木刻本及抄本中的四種可歸爲一類,其日記内容均迄於十月初二日;而抄本中的另外兩種(哈佛大學燕京圖書館藏本[燕京本]以及韓國嶺南大學中央圖書館藏本[嶺南本])可歸爲一類,其日記内容迄於十月二十五日。由前文可知,十月初二日至十月二十五日正是漂流人一行進入朝鮮境内後到達畿營爲止的時間。燕京本和嶺南本能證明包含朝鮮境内記録的底本的存在。這是否便是崔氏原稿的内容呢?

第二,崔址永《遺事》中有如下記述:

　　(A)出遼陽,過摩天嶺,留鳳凰城。渡鴨緑江,是歲十月之三日也。歷義州、平壤,由京師而到大邱,見監司金魯敬。十月之晦歸家。③

可見,崔址永對於十月初二日後一行人的行程並不陌生,還提及崔斗燦與時任慶尚道觀察使的金魯敬(1766—1837)④於大邱見面一事。崔斗

---

①[韓]朴進星《新資料梁知會的〈漂海録〉研究》,頁 370。

②[韓]金聲振《〈江海乘槎録〉的書誌事項及唱和紀俗》,載《東洋漢文學研究》第 26 輯,首爾:東洋漢文學會,2008 年;前述丁晨楠《十九世紀初東亞漂海録〈乘槎録〉的編纂與版本》。

③[韓]金聲振《江海乘槎録》卷二《附録·遺事》。

④《純祖實録》卷十九,純祖十六年十一月八日癸丑,《朝鮮王朝實録》第 48 册,果川:國史編纂委員會影印本,1955 年,頁 106。

燦因瘴氣卒於朝鮮純祖二十一年（道光元年，1821）①，自然不能將如上細節口述於曾孫。那麽崔址永是如何知曉此事的？

　　第三，《臨別贈梁知會説》中提到“而所與來者，率皆長蛇猛虎，惴惴焉，惟恐朝夕之不保”②，“長蛇猛虎”之輩在《乘槎録》諸版本中卻均不見蹤迹。事實上，雖然同船人數五十有餘，然在崔氏記録中只提過四人：梁知會、金以振、尹濟國、林召女，且並没有令人“惟恐朝夕不保”之舉。那麽此輩又是何許人也？

　　幸運的是，《漂海録》可幫助我們思考上述疑問。先看第一個問題。案《漂海録》，一行人於十月二十四日“入王城”，並“五六日逗留”③；案《乘槎録》，崔斗燦於“十月之晦”歸家④。可知，二人的臨別場所是在畿營；梁氏獲得崔氏原稿的時間可能正是此時。由表1可知，《漂海録》借鑒《乘槎録》的部分包含了朝鮮境内的記録；换言之，崔氏原稿的記録並非是僅止於十月初二日的。因崔氏離開畿營的時間早於梁氏，可以推測：崔氏在逐日記録的同時有過整理，在畿營時將整理原稿贈予梁氏並附上《臨別贈梁知會説》，歸家後根據記録重新整理出《乘槎録》，其内容包含朝鮮境内的記録；梁氏則在歸家後根據崔氏所贈原稿，增減内容，創作了《漂海録》。至於朝鮮境内記録在燕京本和嶺南本之外的版本中均付之闕如，這或與抄寫者的興趣所在有關（抄本），或與經濟情況有關（木刻本）⑤。

　　再看第二個問題。由上可知，崔址永用以刻印的家藏底本是包含朝鮮境内記録的。但案燕京本和嶺南本，均未提及金魯敬其人。崔址永知曉這一細節無非經由兩種途徑：口傳或文本。考慮到崔斗燦在歸家前已受困於瘴氣⑥，之後未足三年便卒於此病，筆者傾向於認爲，這一細節的流傳更可能通過文本。鑒於崔斗燦畢生所作均已散佚，“惟乘槎一録，藏在巾笥”，崔址永唯有在閲畢家藏原稿後方可掌握這一細節。那麽，崔址永很可能在刻

①［韓］金聲振《江海乘槎録》卷二《附録·遺事》。

②［韓］金聲振《江海乘槎録》卷二《日記·臨別贈梁知會説》。

③《漂海録》四月二十四日條。

④［韓］金聲振《江海乘槎録》卷二《附録·遺事》。

⑤崔址永在跋文中提到：“相與縮食而鳩資，募工而鋟板。”可知其經費並不寬裕。

⑥《乘槎録》（嶺南本）十月初五日條，“是日，漂人發程。以病落後。”

印時對原稿有過刪減。聯繫到第三個問題,探明被刪減的是何種内容,這便十分重要了。而《漂海録》恰好爲我們提供了綫索。

(B1)劉如耽羅人略干輩,身猶在此,心已喪失。見見糧之殆盡,懷獨喫之肝腸,又嫉余及崔君之公正約束,往往謀殺,必欲推納於海壑,見於幾微,形於言語,不一不再。①

(B2)翌日,過鎮海縣,縣吏來問我情。先入府中,良久出,曰:“本縣之入枉道也,果無接待之例。宜向寧波而去。”余等直向寧波府。耽羅人等,喧言曰:“此必梁崔金三人暗受縣錢也。”余諭之曰:“萬里同行,寧有此理? 彼以縣規,吾復何言?”耽羅人至於凌罵崔君斗粲(燦),争之不已,必欲質官。②

(B3)而耽羅人等,素嗜貨利,或出市路,欺偷貨物。余與崔君,憂其罪及於己,又恐傷本國淳俗,據理正責,嚴禁不已。崔君至,欲呈官聲罪,以爲自脱之計。以故耽羅人不能肆恣,反嫉吾等矣。③

(B)乃《漂海録》中關於同行耽羅(濟州)人的部分記述,確是符合“長蛇猛虎”之形象。(B1)中,海上漂泊時因飲水困難,一舟人口乾至極,以致“或舐檣露”;梁氏提出次第煮飲海水之計,不料“相與争先争多,而力壯者或多得,氣弱者或未飲”,遂起争端。梁氏自認一舟之長,正色諭之曰:“凡我同舟,共罹必死,而苟不平心,徒欲争飲,則不待喪,身心已先喪,不可一日居也。自今必定常式,逐番煮水,傳次均飲,可也。”結果招致以劉氏爲首的一干耽羅人等的不服,於是便有了(B1)中“往往謀殺”之舉。梁氏對其表示理解,認爲“實出於渴喉飢腸,喪其良心也”④。但上岸之後,這群耽羅人不依不饒,處處針對梁氏、崔氏等士人。如(B2)所見,過鎮海縣時,他們無端起哄,稱梁氏等三人暗收金錢。而按梁氏所言,此等放恣漫行又與耽羅人之秉性不無關聯。如(B3)所示,耽羅人等“素嗜貨利”,甚至有“欺偷貨物”之舉。這對恪守性理學本分的朝鮮士人而言是“傷本國淳俗”之惡行,所以即便在中國,崔氏也幾度欲呈報官府,以正其罪。回到朝鮮境内後,崔氏亦是

①《漂海録》四月二十四日條。
②《漂海録》五月初九日條。
③《漂海録》五月二十二日條。
④《漂海録》四月二十四日條。

一有機會便向官府揭發耽羅人罪行：

  （C1）蓋先是同漂耽羅人二十餘員，自在漂中，潛懷謀殺之心。崔
  君斗粲（燦），憤之不已。及至義州，崔君以此意告于呂侯，請入狀啓，
  期於必殺而後已。①

  （C2）崔君亦以耽羅人謀殺之事，欲呈刑曹而正其罪。②

 （C1）中的呂侯是呂東植（1774—1829），時任義州府尹③。十月初三
日，一行人及至義州，崔氏便迫不及待地向其告發耽羅人之肆行。（C2）中，
一行人於十月二十四日到達畿營後，崔氏仍執著於告耽羅人之罪。而且在
《臨別贈梁知會說》中，相比漂海之厄，崔氏更多的是在感歎耽羅人之不義
及梁氏之凜然。於崔氏而言，與耽羅人之間的矛盾是此行中不可忽視的部
分，但在《乘槎錄》諸版本中，相關記述全然不見④。

 這裏需要討論崔氏是否打一開始便没有打算將此部分收錄書中。按
韓國學者李恩珠所言，《乘槎錄》較之其它漂海書寫，其特徵在於更注重描
述神秘陌生的異國風貌而非漂海所致的苦難⑤。由此推測，崔氏也許從未
計劃記下這段矛盾。但下面這段崔址永的叙述值得玩味：

  （D）人皆壯其周行天下大觀、諸夏多士之推敬、搢紳之交遊，而莫
  知其臨危急當死生而不變所守，方其船幾蕩覆之際，神精益屬，少無變
  動，不作危惶之舉。苟非忠信篤敬之行，臨死不易之操，他邦悦服，志
  氣嚴正，豈能如是也？⑥

 崔址永對崔斗燦作爲士人之正直自守給予了高度評價，而與之相對
的，便是面臨生死危急之時的某些“危惶之舉”。前述可知，此處“危惶之

---

①《漂海録》十月初三日條。

②《漂海録》十月二十四日條。

③《純祖實録》卷十九，純祖十六年二月二十五日乙亥，《朝鮮王朝實録》第 48 册，果川：
 國史編纂委員會影印本，1955 年，頁 94。

④即便是燕京本和嶺南本，在關於義州的日記內容中亦只言及呂東植對一行人的撫慰
 款待，隻字未提崔氏對耽羅人的控訴。

⑤[韓]李恩珠《19 世紀漂海録之呈現及其變貌樣相——以崔斗燦〈乘槎録〉爲例》，載
 《國文學研究》第 9 輯，首爾：國文學會，2003 年，頁 156。

⑥[韓]金聲振《江海乘槎録》卷二《附録·遺事》。

舉"應是在暗示耽羅人之肆行。換言之，崔址永同樣知曉崔斗燦與耽羅人之間的矛盾。結合《漂海録》内容和前文所述其創作過程，筆者認爲，崔氏在原稿中留有與耽羅人之間的矛盾之記録，梁氏據此重新整理，將其放入《漂海録》；而崔址永在刻印《乘槎録》之時，卻選擇性地將其删除了①。由此聯繫崔斗燦與金魯敬在大邱的見面，其談話内容極有可能亦與耽羅人相關。

　　那麽如何看待耽羅人對於梁氏、崔氏等地方士人的不義之舉其本身呢？按朴進星之言，此乃彼時商人對士族支配體制的反抗的一種體現②。筆者認爲，此現象還需從彼時朝鮮地方社會的動向加以進一步理解。十八世紀以降，經濟層面上，伴隨著金納賦税制度、民庫制度、還穀③中的高利貸制度等的實施，地方守令藉機中飽私囊，守令權開始不斷擴大；政治層面上，老論及勢道政權致力於阻斷地方士族進出中央官僚的路綫④。這些均招致了地方鄉村社會的權力結構變動，地方士族開始對自身的地位變得尤爲敏感。另一方面，隨著朝鮮社會生產力以及商品經濟的發展，身份制的根基本身也在悄然發生動揺。因此，至十九世紀初，地方士族一方面需應對中央政權的制約，一方面其内部亦出現分化，結果"國家所倚者士族，而其無權失勢如此"⑤。所以當面對無法用名分進行約束的無道之輩時，崔氏的反應過於激烈，也就不足爲奇了。

　　一言蔽之，對比《漂海録》及《乘槎録》，可還原戊寅漂流事件中耽羅人與地方士人之間矛盾的真相，且有助於我們探索《乘槎録》原稿的内容和其誕生、流傳的過程，由此體現《漂海録》的史料價值。

---

① 按韓國學者金秀珍所言，朝鮮後期的文集編輯過程中，存在將涉及私人情感以及私事部分的内容排除在外的傾向（［韓］金秀珍《朝鮮後期刊本文集的編輯傾向——以奎章閣所藏資料爲例》，載《奎章閣》第 42 輯，首爾：首爾大學奎章閣韓國學研究院，2013年，頁 120）。但抄本中對此部分的闕失是否是相同原因，有待進一步的討論。

② ［韓］朴進星《新資料梁知會的〈漂海録〉研究》，頁 375。

③ 朝鮮時期的一種賑恤制度，在凶年歉收之時，由政府向貧民貸出穀食，待秋收季時予以回收。

④ ［韓］鄭震英《朝鮮時代鄉村社會史》，首爾：大路社（Hangilsa），1998 年，頁 527—532。

⑤ ［朝鮮］丁若鏞《牧民心書》卷八《禮典六條○辨等》，《與猶堂全書》第五集卷二三，《韓國文集叢刊》第 285 册，首爾：民族文化推進會影印本，2002 年，頁 481。

　　另外,《漂海録》中還蘊含著彼時不同地方士人的道統觀念。《漂海録》
及《乘槎録》中呈現出梁氏及崔氏各具特色的學風觀,展現了朝鮮後期不同
地區士人間的學問差異。梁氏本貫羅州屬湖南地區(全羅道),崔氏本貫慈
仁屬嶺南地區(慶尚道),兩地間的學問思想交流亦是韓國思想史上的重要
課題。

　　朝鮮時期兩地學風之宗祖均可追溯至佔畢齋金宗直(1431—1492)。
其弟子鄭汝昌(1450—1504)、金宏弼(1454—1504)等入政爲官,後成爲嶺
南學派之先祖;而金宗直在朝鮮成宗十八年(成化二十三年,1487)擢任全
羅道觀察使之時①有將當地學人收入門中,曾於明弘治年間漂至中國的崔
溥亦是金宗直門下②,至十七世紀後更是發展成南人界湖南士林一派。不
過,十七世紀中葉以降,因西人、老論的權力集中化以及朋黨争鬥的日趨白
熱化,湖南、嶺南兩地的交流逐漸式微,主要途徑也只剩嶺南南人派與湖南
士林一派間的往來。尤其是湖南地區,直到盧沙奇正鎮(1798—1879)的出
世爲止,中間並没有像嶺南學派般形成相對獨立的學脈分支③。因此,究
明戊寅漂流事件發生前後梁氏與崔氏各自持有何種學問觀,這對於理解彼
時兩地學風之差異而言亦不無助益。

　　相較於嶺南士人的修身實踐論④,梁氏的學問觀則體現出“攘夷尊周、
淡泊功名”之特征。回看《漂海録》五月十四日至五月二十一日之虚構部
分。梁氏虚構這段旅程的原因何在呢? 從其創作手法上看,其目的在於列
舉與當地有關的忠義名節之士:胡安國、羅豫章、蔡元定、蔡沈、寇準、韓愈、
安期生、張九齡、張世傑、龐德公、司馬徽、杜預、屈原、陶侃、江萬里、胡銓、

---

① 《成宗實録》卷二十三,成宗十八年五月二十七日丙寅,《朝鮮王朝實録》第 11 册,果
　　川:國史編纂委員會影印本,1955 年,頁 218。
② [朝鮮]金宗直《佔畢齋集》附録,《附門人録》,《韓國文集叢刊》第 12 册,首爾:民族文
　　化推進會影印本,1988 年,頁 503。
③ 關於朝鮮時期湖南、嶺南兩地的學風及思想交流情況,參考[韓]高英津《朝鮮時代嶺
　　南、湖南的學問及思想交流》,載《嶺南學》第 60 輯,大邱:慶北大學嶺南文化研究院,
　　2017 年。
④ 關於《乘槎録》中體現出的嶺南士人的學問特征,參考前述戴琳劍《從漂流記録看十九
　　世紀初朝鮮儒士的實踐論及對清認識——以〈乘槎録〉、〈漂海録〉爲例》,頁 420—
　　431。

文天祥、歐陽修、徐稚、黄庭堅等等。這些人物的特征，或淡泊名利，或高風亮節；梁氏亦在文中直言："堅尊攘之志，進忠憤之疏，使千載後學，得知君父之讐，不共戴天之義。而三綱五常，賴而不墜者，其偉功盛烈，爲如何哉。嗚呼！東方今日之士，亦盍以此義常常着存於心乎?"梁氏藉此批判當下朝鮮之士的胸無大義，不懷尊周攘夷之志；相反，"不知有許多世界，而争其錙銖之利，較其尺寸之長"①者，比比皆是，教人唏嘘。梁氏懷古嘆今，欲藉中國的忠節名士，唤醒朝鮮士人心底的春秋大義。可以説，較之《乘槎録》對異域風情描寫的側重，《漂海録》無論在虚構還是紀實記録中，感古傷今之處不一而足，"齊梁燕趙之遺風，歷歷如指掌"②，亦是其創作上的一大特征。

此種情緒又與尊周思明之情結相互交織。六月初六日，一行人行至應天府，梁氏有感："金陵佳麗之地，自古帝王之州。而追念大祖皇帝聖神武文之德，神宗皇帝再造東藩之澤，則感泣無地。…(中略)…恨未早生，以觀雙明日月之世也。"③他對古代中國予以首肯："蓋吴越之俗，以舟楫爲家，以錦繡爲衣，富麗已極重，以山川風烟甲於天下；齊魯韓魏之俗，俗儉民貧，一如我國，而人物之英俊，文武之全才，多出其間；燕趙之間，尤多慷慨强勁之風。"再對當今中國加以批判："而試看今日之域中，竟非聖人之遺教。則志士傷感，庸有其極。"最後强調朝鮮的正統性："而言念青邱一區，猶保禮義之俗，章服制度、禮樂文物，譬猶五穀種子，不以荒歲而永滅。"④

衆所周知，十九世紀初的朝鮮士人仍秉持小中華思想，《乘槎録》中亦有體現⑤。不過梁氏的上述學問觀，除了從小中華思想之外，還可以從湖南地區的性理學發展脈絡出發加以把握。

---

①《漂海録》序。

②《漂海録》序。

③《漂海録》六月初六日條。

④《漂海録》八月初八日條。

⑤相關論述參見[韓]朴東旭《崔斗燦〈乘槎録〉中所體現的中韓知識分子的相互認識》，載《韓國學論集》第 45 輯，首爾：漢陽大學韓國學研究所，2009 年，頁 18—22；丁晨楠《十九世紀初東亞漂海録〈乘槎録〉的編纂與版本》，頁 208—209；戴琳劍《從漂流記録看十九世紀初朝鮮儒士的實踐論及對清認識——以〈乘槎録〉〈漂海録〉爲例》，頁 424—427。

從十六世紀湖南地區代表性士林①的價值觀來看,其處世特征或可概括爲兩點:奉公、民本。奉公若爲國家大義,民本便是德治爲民了。這一精神日後經由地方士林發酵,成爲了貫徹名分義理的道統前身。反觀梁知會,其家族濟州梁氏在羅州屬地方名門,誕生過大量文科及第者②;據《湖南掾房先生案》,至十八、十九世紀,任羅州鄉吏的七大家族當中,濟州梁氏便佔得一席③。時任鄉吏的梁氏所體現的,正是"奉公爲民"這一強調社會責任感及愛民意識的道統精神。《漂海録》中,梁氏除了面對無道耽羅人時主持正義之外,還處處對崔斗燦予以寬慰,以致於崔氏歎言:"終始倚杖,余於是益驗夫聖人之言,傳之無謬矣。噫! 微斯人,吾誰與歸?"④可見,無論是懷古傷今之哀歎,還是凜然正義下的奉公爲民,梁氏的道義與《乘槎録》中所體現的、注重個人内在修身的實踐觀相比,仍是有所不同的。

因此,對比《漂海録》及《乘槎録》中呈現的學問觀,可管窺十九世紀初湖南、嶺南兩地學問之異同,這亦可視作《漂海録》史料價值的體現。

四、結語

按韓國學者張德順之言,朝鮮時期漂海書寫的大致内容構成可歸納如下:意外漂流之遭難、海上逆境之克服、異域文化之體驗以及異國文人之交遊⑤。其中逆境克服之部分,除了風浪中的九死一生,更有海盜掠奪、食物短闕、疾病蔓延等其它情形,作爲最能展現文學作品中矛盾衝突一面的素材,向來是漂海書寫中的重要組成要素。崔溥之《漂海録》、張漢喆之《漂海録》,均是如此。而衝突的解決,往往需要依賴彼時朝鮮社會嚴格的身份等

---

① 如訥齋朴祥(1474—1530)、一齋李恒(1499—1576)、河西金麟厚(1510—1560)、眉巖柳希春(1513—1577)等等。

② 關於濟州梁氏在羅州的勢力情況,參考[韓]金東洙《朝鮮時代羅州地方的有力士族》,載《牧鄉》第 2 輯,光州:羅州牧鄉土文化研究會,1996 年。

③ 轉引自[韓]羅善河《朝鮮後期羅州鄉吏研究》,全南大學校博士學位論文,2006 年,頁 22。

④ [韓]金聲振《江海乘槎録》卷二《日記·臨別贈梁知會説》。

⑤ [韓]張德順《韓國隨筆文學史》,首爾:新文社,1985 年,頁 124。

級制度。然而在《漂海録》中，這一衝突的主體雙方卻並未達成妥協，矛盾貫穿始終，成爲整個叙事的推動力。從縱向上看，這與崔溥《漂海録》中衆人對崔溥的仰仗之描寫亦形成鮮明對比。所以，十九世紀朝鮮地方權力結構的變動在漂海書寫中如何呈現，這不失爲頗具趣味的一個話題。

另一方面，隨著朝鮮後期不同身份階層的海外經歷之增多，各類燕行記録或海行記録不斷問世，其中將日記與遊記相結合的書寫類型以及夾叙夾議的日記書寫形式蔚然成風，漂海書寫也不例外。從《漂海録》及《乘槎録》來看，其内容不再囿於單純的紀實範疇，而是在文學創作層面更加關注個人内在以及異文化的直觀體驗，使其除了史料價值之外，也作爲一種文學文本而體現出朝鮮後期文學觀的變化趨勢。

當然，新文本的出現所帶來的新話題遠不止此。筆者礙於學力，加之篇幅有限，無法一一列舉。本文僅爲拋磚引玉，期待更多高見。

（作者單位：韓國高麗大學韓國史系）

域外漢籍研究集刊　第二十輯
2020 年　頁 223—248

大韓帝國冕服研究

——以《大韓禮典》爲中心

徐文躍

　　韓國學中央研究院藏書閣藏有《大韓禮典》一書，入藏時歸於史部政書類，藏書號爲 K2—2123。該書爲手寫本，綫裝，一套十册，共計十卷，每卷對應一册。首册卷首鈐有“藏書閣印”朱文方印一枚（圖 1），每册卷首俱加蓋有“李王家圖書之章”朱文方印一枚（圖 2）。是書高 28.4，寬 20 釐米，四周雙邊，書口上有單魚尾，版心或作“大韓禮典”（第 1、6 册）（圖 3），或作“史禮所”（第 3、4、5、9 册）（圖 4），或兩者兼有（第 2、7、8、10 册）。內頁文字，墨書半頁 10 行，每行 20 字，小字雙行，朱絲欄。字作楷體，間有塗改，書眉之上，或有補注。每册卷首另附紙一張，此紙版框四周雙邊，書口上或有單魚尾（第 10 册），藍格，上以墨字書寫各卷目錄，字迹潦草。書內間又附紙，書寫增補或改易的內容貼於相應之處（第 2 册“凡賀皇太后殿及相賀宴享”條，第 3 册“社稷壇”條、“永寧殿”條，第 5 册“鄉樂”條）。據此，可知此書並非定本。此書內容，卷一記親詣圜丘即皇帝位儀及册皇后、册皇太子等儀；卷二辨祀、時日、祝版等吉禮；卷三壇廟圖説、祭器圖説、饌實尊罍圖説，及薦新庶物、大夫士庶人時享等儀；卷四雅部、俗部樂懸圖説，雅部、俗部樂器圖説，定大業之舞儀物及祭服圖説等；卷五儀仗、冠服、樂器、尊爵、殿庭宮架、鼓吹圖説，納后制文、賓禮序例、國書式等；卷六至卷八冬至祀圜丘儀等各類吉禮；卷九至卷十嘉禮、賓禮、軍禮、凶禮等。原先作爲屬國應行的望闕、迎詔、迎敕、拜表，爲皇帝舉哀等儀，書中盡行廢止①。此外，藏書閣所藏

---

①掌禮院編：《大韓禮典》，光武二年（1898）寫本，韓國學中央研究院藏書閣藏。

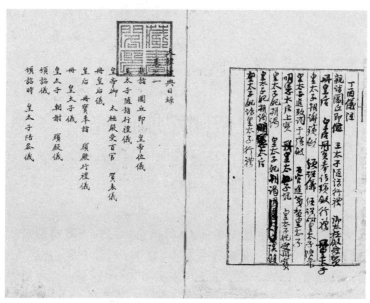

圖 1　藏書閣印

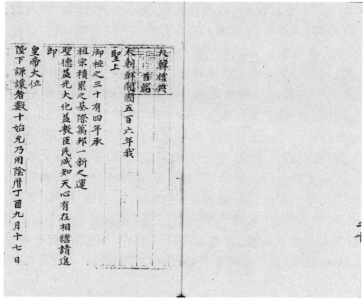

圖 2　李王家圖書之章

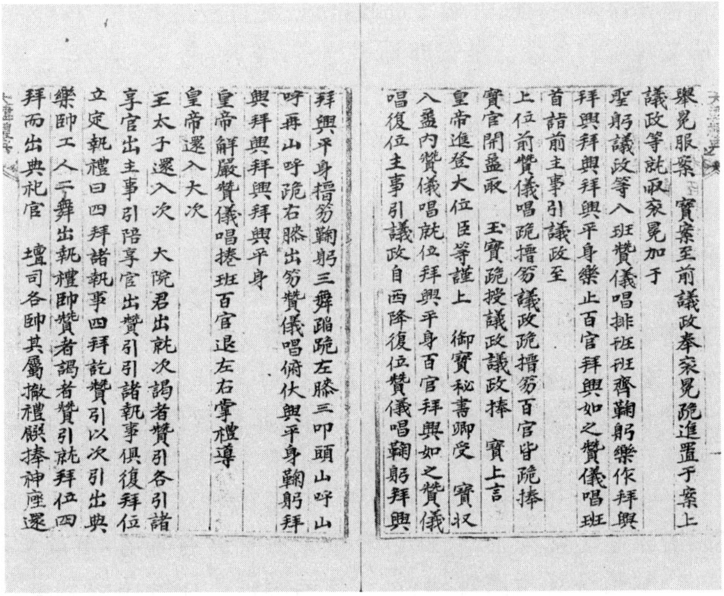

拜興平身搢笏鞠躬三舞蹈跪左膝三叩頭山呼山
呼再山呼右膝出笏贊儀唱俯伏興平身鞠躬拜
興拜興拜興平身
皇帝解嚴贊儀唱捲班百官退左右掌禮導
皇太子還入大次
王太子還入次
大院君出就次謁者贊引各引諸
享官出主事引陪享官出贊引諸執事俱復拜位
立定執禮曰四拜諸執事四拜訖贊引以次引出典
樂卿執禮即贊者謁者贊引以次引就拜位四
拜而出典祀官
壇司各卽其屬撤禮饌捧神座還

拜興平身搢笏鞠躬三舞蹈跪左膝三叩頭山呼山
————
議政等就取衆見至前議政奉衆見跪進置于案上
聖躬議政等入班贊儀唱排班齊齊鞠躬樂作拜興
拜躬議政就取衆見加于
樂衆見案 衆見至前議政奉衆見跪進置于案上

首詣前主事引議政至
上位前贊儀唱搢笏百官申跪捧
議官開盝取 王衆跪授議政議政捧
皇帝進登大位臣等謹上 御衆秘書卿受 衆上言
入盝內贊儀唱就位拜興平身百官拜興如之贊儀
唱復位主事引議政自西降復位贊儀唱鞠躬拜興

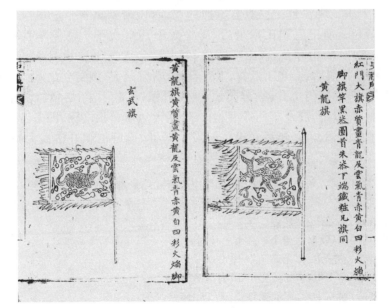

圖 3 版心 大韓禮典

黃龍旗黃質畫黃龍及雲氣靑赤黃白四彩火焰
脚
玄武旗

紅門大旗赤質畫靑龍及雲氣靑赤黃白四彩火焰
脚旗竿黑漆圓首朱塗下端鐵粧凡旗同
黃龍旗

圖 4 版心 史禮所

另有《大韓禮典序例》一册,亦屬史部政書類,藏書號爲 K2－2124,乃《大韓禮典》部分禮文解説的匯總。是書亦爲手寫本,綫裝,高 28,寬 18.5 釐米,四周雙邊,版心作"史禮所"。内頁文字,墨書半頁 10 行,每行 20 字,小字雙行,朱絲欄。《大韓禮典序例》於卷首書名下,以小字注云"未定本",可知亦非定本①。

　　光緒二十年(1894),清朝在甲午戰爭中戰敗,遂在與日本簽訂的《馬關條約》中放棄對朝鮮的宗主權,承認朝鮮獨立。同年十二月十二日,高宗詣宗廟永寧殿展謁,以洪範十四條誓告祖宗,首條即云"割斷附依清國慮念,確建自主獨立基礎"②。在歷經甲午更張、乙未事變、俄館播遷之後,"自主我國,宜稱帝號"③,民衆要求國王稱帝的呼聲愈高。1897 年,群臣勸進,高宗在多次謙讓之後,最終於陽曆 10 月 3 日答應即皇帝位④。雖然答應稱帝,但相應的禮儀未備。高宗指示"今日事,非徒盈庭之論,而六軍萬民之願,亦有所未可遏者,故黽勉從之,而於朕心究有不安者矣。且國家初有之典禮也,其於儀節之間,不必純用古禮,而斟酌損益於我禮,取其簡便可也"。議政府議政沈舜澤答曰"此自有帝家典章著有方册,至於纛輅幡幢,俱有圖式,令掌禮院詳考磨鍊舉行"。高宗聽從了沈舜澤的意見⑤。10 月12 日,高宗行告天地祭。禮畢,百官跪奏請即皇帝位,"群臣扶擁,至即位壇,金椅上坐。舜澤進十二章衮冕加於聖躬,仍奉進璽寶。上撝謙再三,黽勉即皇帝位。册王后閔氏爲皇后,册王太子爲皇太子。舜澤率百官鞠躬,三舞蹈,三叩頭,山呼萬歲,山呼萬歲,再山呼萬萬歲"⑥。次日,下詔佈告天下,内有云"惟朕否德,適丁艱會,上帝眷顧,轉危回安,創獨立之基,行自主之權。群臣百姓,軍伍市井,一辭同聲,叫閽齊籲,章數十上,必欲推尊帝號,朕撝讓者屢,無以辭,於今年九月十七日,告祭天地于白岳之陽,即皇帝位,定有天下之號曰大韓,以是年爲光武元年"⑦。至此,朝鮮王朝升格爲大韓帝國。

────────────────

① 《大韓禮典序例》,光武二年寫本,韓國學中央研究院藏書閣藏。
② 《高宗實録》卷三十二"朝鮮開國 503 年十二月十二日甲寅"條。
③ 《高宗實録》卷三十五"建陽二年 5 月 9 日"條。《高宗實録》於陰曆乙未十一月十七日以後改用陽曆,陰曆乙未十一月十七日爲高宗三十三年陽曆 1 月 1 日。
④ 《高宗實録》卷三十六"光武元年 10 月 3 日"條。
⑤ 《高宗實録》卷三十六"光武元年 10 月 3 日"條。
⑥ 《高宗實録》卷三十六"光武元年 10 月 12 日"條。
⑦ 《高宗實録》卷三十六"光武元年 10 月 13 日"條。

　　升格之後，禮儀問題遂顯突出。此前，内部大臣南廷哲以爲“有國者必有一代之史，以記一代之治”，“自古帝王必有一代之禮，以飾一代之盛”，建議“開一寬閒之局，與博洽精明之士，網羅朝野紀載可爲史者，並收拾禮文，編作一統。俟其稍成卷秩，使後世君子之秉史筆而考禮者有取資焉”，建置史禮局。高宗旋即同意，批曰“此固未遑之典，不容不及今編輯，而朕之有此志亦久矣。特允所請開局，處所以内部爲之。人員及設施方略，量宜奏定”①。同月，“命議政府參政内部大臣南廷哲爲史禮所委員，三品李種元、南廷弼、金寅植爲副員，分任編輯事務”②。後因“專精編摩，閑局是宜。内部則事務浩穰，不無相妨之慮”，遂將史禮所移設於中樞院③。次月，以史禮所委員、内部大臣南廷哲奏，“進士金應洙，前都事趙晉奎，前校理李範世，幼學尹喜求、權泌，前都事安喆壽，前主事權大淵，進士張志淵，幼學董炳衍，進士閔肯勳，幼學申冕休，並直員差下，使之課日仕進，輪回入直。中樞院主事白南奎、内部參書官玄㦿、主事崔時鳴、掌禮院主事李熙相，並課員差下，使之隨時仕進”④，史禮所規模初具。《大韓禮典》及其《序例》，即爲順應大韓帝國的創建而由史禮所所編纂⑤。《大韓禮典》首篇即云“大朝鮮開國五百六年，我聖上御極之三十有四年，承祖宗積累之基，際萬邦一新之運，聖德益光，大化益敷，臣民咸知天心有在，相繼請進即皇帝大位，陛下謙讓者數十始允。乃用陰曆丁酉九月十七日，親祀天地於圜丘，然後即皇帝位，還御太極殿今中和殿，受百官賀，遂改國號曰大韓，建元曰光武，追册太行王后爲皇后，册王太子爲皇太子，余皆依之，百度一新，此《大韓禮典》之所以作也”⑥。參與編纂諸人，可以考見的有張志淵、金澤榮、尹喜求、南

---

①《高宗實録》卷三十五“建陽二年 6 月 3 日”條。

②《高宗實録》卷三十五“建陽二年 6 月 14 日”條。

③《高宗實録》卷三十五“建陽二年 6 月 27 日”條。

④《高宗實録》卷三十五“建陽二年 7 月 1 日”條。

⑤Chung Hyung—min；The“Grand Rite”of the Taehan Empire，Seoul Journal of Korean Studies Vol. 17，2004. 12，115—154；임민혁；대한제국기『大韓禮典』의 편찬과 황제국 의례，歷史와實學，第 34 輯，2007. 12，153—195；조선시대 國家典禮書의 편찬 양상，한국학중앙연구원，장서각 21，2009. 4，79—104.

⑥《大韓禮典》卷一，頁 22a—22b。

廷弼等①。光武二年(1898)，以經費不支，而“史禮綦重，與他有異，非可以
一二日責其竣事也”，下詔“史禮所姑爲廢止，所有官役，聽其罷歸”②。其
時，《大韓禮典》的編纂未及蕆事，遂由張志淵最終完成③。

一、大韓帝國冕服制度與實際

　　大韓帝國的冕服制度，見於《大韓禮典》卷四祭服圖說，内中記載了皇
帝、皇太子的冕服制度。書中仿《大明會典》體例，既有文字説明，又附有插
圖。隆熙二年(1908)編纂的《增補文獻備考》，亦載録大韓帝國的冕服制
度，惟文字稍有異同且無附圖。其制度，詳見下表(表一)。

表一　《大韓禮典》所載大韓帝國冕服制度

		皇帝	皇太子	備注
冕	制式	制以圓匡，烏紗冒之，冠上有覆板，玄表朱裏，前圓後方	玄表朱裏，前圓後方	
	尺寸	長二尺四寸、廣二尺二寸		
	旒數	12	9	
	旒珠采數	7	5	
	旒珠采目	黄、赤、青、白、黑、紅、緑	赤、白、青、黄、黑	
	冠飾	玉珩，玉簪導，朱纓，青纊充耳，綴以玉珠二	玉衡，金簪，玄紞，垂青纊充耳用青玉，承以白玉瑱，朱紘纓	

①김문식；장지연이 편찬한『대한예전』，문헌과해석，Vol. 35，2006，111－128.
②《高宗實録》卷三十八“光武二年10月25日”條。
③金澤榮《韶濩堂集》補遺卷二《張志淵事略》記云“光武元年，内部大臣南公廷哲建請設
　史禮所，志淵被選，爲本所直員，仍授内部主事衘。至明年開所，先編《禮典》，其秋役
　垂訖而停輟，南公乃令志淵就私室成其書”。김문식；장지연이 편찬한『대한예전』，
　문헌과해석，Vol. 35，2006，111－128.

				皇帝	皇太子	備注
衣	顏色			玄	玄	
	章數			6	5	
	章目			日、月、星、山、龍、華蟲	龍、山、火、華蟲、宗彝	
	技法			織	織	
裳	顏色			纁	纁	
	章數			6	4	
	章目			火、宗彝、藻、米、黼、黻	藻、粉米、黼、黻	
	技法			織	織	
	制式			帷裳	前後裳	
中單	緣飾顏色			青(緣)	青(領褾襈裾)	
	黻文數目			13	11	
	技法			織	織	
蔽膝	顏色			纁	纁	
	章數			2	4	
	章目			龍、火	藻、粉米、黼、黻	
	技法			繡	織	
	繫法			繫于革帶	其上玉鉤二	
玉佩	裝飾			雲龍文,描金	雲龍文,描金	
	附屬件	金鉤	數目	2	2	
		小綬	數目	2	2	
			采數	6	4	
			采目	黃、白、赤、玄、縹、綠	赤、白、縹、綠	
			色質	纁	纁	
大帶				素表朱裏。上緣以朱,下以綠,不用錦	素表朱裏。上紳以朱,下紳以綠。紐約用青組	

續表

				皇帝	皇太子	備注
革帶				前用玉,其後無玉,以佩綬繫而掩之	金鉤䐶	
大綬	采數			6	4	皇太子小綬據《增補文獻備考》
	采目			黃、白、赤、玄、縹、緑	赤、白、縹、緑	
	色質			纁	纁	
	附屬件	小綬	采數		3	
			裝飾		二玉環,龍文	
			技法		織成	
襪舄	材質			朱緞	赤緞	
	材質			赤緞	赤緞	
	裝飾			黃條緣,玄纓結	黑絇純,黑飾舄首	
圭	材質			白玉	玉	皇太子圭據《增補文獻備考》
	尺寸			長一尺二寸	長九寸五分	
	裝飾			刻山形四。盛以黃綺囊,藉以黃錦	以錦約其下,並韜	
方心曲領					方心曲領	

　　冕制,禮文襲用明朝嘉靖制度。冕板尺寸爲長二尺四寸、廣二尺二寸,二尺二寸當爲一尺二寸之訛。而據《國朝五禮序例》,冕板尺寸作"廣八寸、長尺六寸"①,與禮文有異。1919 年 1 月 16 日,英親王李垠穿九章冕服赴宗廟永寧殿展謁,今有照片存世。1922 年,英親王着冕服展謁宗廟,《大阪每日新聞》1922 年 5 月 21 日的版面上曾刊載其照片(圖 5)。1926 年,退位後的純宗李坧在昌德宮中穿着十二章冕服,村上天真拍攝有其照片,《純宗實紀》曾予刊載(圖 6)。據這些照片,冕板尺寸甚小,似合于《國朝五禮序

①申叔舟等受命編《國朝五禮序例》卷一,成宗五年(1474)木版本,奎章閣韓國學研究院藏,頁 114a。

例》所載。冕板前面有明顯的弧度，則合于禮文"前圓後方"的記載。又，照片所見，冕冠之下均有網巾，此不見於典禮，而韓國國立古宮博物館所藏文書《王殿下、王妃殿下御禮服御着順序》則明確記載冕冠之下另有網巾、宕巾①（圖7）。

圖5　英親王冕服照　　圖6　純宗冕服照　　圖7　王殿下、王妃殿下御禮服御着順序

　　衣制，色用玄。朝鮮時代，朝鮮國王及世子冕服即用玄衣②。韓國國立中央博物館所藏朝鮮時代的兩件九章服，衣皆用玄（圖8）。衣上的章紋，《大韓禮典》用織，《國朝五禮序例》用繪，《高宗太皇帝御葬主監儀軌》卷中記高宗隨葬的服玩，其衣"繪龍、山、火、華蟲、宗彝五章"③，亦用繪。兩件九章服實物亦均用繪。純宗、英親王冕服照上，無從辨別。不過韓國國立古宮博物館藏有龍紋印花板兩塊，其一背後用墨書題有"면복견농판"字樣，可知爲冕服印繪金龍所用。其龍紋，正亦與英親王冕服照上的龍紋相仿。據此，

①국립고궁박물관：국립고궁박물관 소장품도록재1책《영친왕일가복식》，2010，頁533。
②《國朝五禮序例》，頁115a，119a。
③李王職編《高宗太皇帝御葬主監儀軌》卷中，1919年寫本，韓國學中央研究院藏書閣藏，頁162a。

大韓帝國冕服玄衣上的章紋，應是用繪。又，《大韓禮典》載玄衣"長不掩裳之
六章"①，所附插圖也是衣身甚短，顯與純宗、英親王冕服照上所見有別。照
片所見，衣身甚長，以致裳上的章紋無從得見。照片上衣領處又綴有白色
的義領，韓國國立古宮博物館所藏文祖冕服像中未嘗見之，典制亦未及此。

圖8　九章服　韓國國立中央博物館藏

　　裳制，色用纁。裳上的章紋，《大韓禮典》用織，《國朝五禮序例》用繡，
《高宗太皇帝御葬主監儀軌》亦用繡。冕服照上裳之章紋既被玄衣所遮蓋，
又無實物存世，無從質考，不過更有可能用繡。《王殿下、王妃殿下御禮服
御着順序》於"前後裳"下就以小字注云"刺繡ノ方ッ前面ニ"②。章紋佈
局，《大韓禮典》載"分作四行，火、宗彝、藻爲二行，米、黼、黻爲二行"③，但
所配之圖與此不符。其形制，皇帝裳"爲幅七，前三幅後四幅，連屬如
帷"④，皇太子"前三幅後四幅，不相屬"⑤，同爲七幅，但一作帷裳一作前後
裳，存有差異。《高宗太皇帝御葬主監儀軌》記裳"前三幅後四幅……腰間

①《大韓禮典》卷四，頁58b。
②《영친왕일가복식》，頁533。
③《大韓禮典》卷四，頁59b。
④《大韓禮典》卷四，頁59b。
⑤《大韓禮典》卷四，頁70a。

襞積無數。別用紅甲紗，綴前後幅而夾縫之"①，似爲前後裳。《王殿下、王妃殿下御禮服御着順序》則明確記爲前後裳。

中單，素紗爲之，色當用白，領褾襈裾等處則用青色。《高宗太皇帝御葬主監儀軌》記中單"用白甲紗，用鴉青甲紗"②，則色亦用白，緣則青色，兩件九章服中單實物則衣身均作青色。中單上的黻紋，《大韓禮典》用織，《國朝五禮序例》用繪，《高宗太皇帝御葬主監儀軌》亦用繪，"以泥金繪黻十一於領，後一左右各五"③。兩件九章服中單實物均以泥金繪製黻紋，純宗、英親王冕服照上則無從辨別，大韓帝國冕服中單黻紋應仍用泥金繪製。《大韓禮典》所附之圖，未見黻紋。中單之內，另有套穿的衣物，《王殿下、王妃殿下御禮服御着順序》于"中單"下即以小字注云"周衣、戰服ノ上ニ御著用"④，可知其內另有周衣、戰服。

蔽膝，色用纁。其上章紋，《大韓禮典》載皇帝用繡，皇太子則用織，《國朝五禮序例》用繡，《高宗太皇帝御葬主監儀軌》亦用繡。章紋佈局，《大韓禮典》載皇帝"上繡龍一，下繡火三"⑤，皇太子"織藻、粉米、黼、黻"⑥，而兩者所附之圖同，均與禮文不符。純宗冕服照上未見蔽膝章紋，英親王冕服照上則可見至少有黼、黻二章。蔽膝繫法，《大韓禮典》載皇帝蔽膝"繫于革帶"，皇太子蔽膝"其上玉鉤二"而未言繫法。皇太子蔽膝同於永樂制度，而永樂制度不用革帶，所以蔽膝上的兩個玉鉤應該不是繫於革帶。從純宗、英親王冕服照來看，蔽膝似未繫於革帶，而是繫於腰間。韓國國立古宮博物館藏有英親王妃翟衣所用蔽膝一件，在肩的位置各有兩條細帶，細帶上綴鎏金銀鉤各一，冕服蔽膝的形制應與此同。

玉佩，皇帝、皇太子同，惟小綬有別。附圖粗率，仍對雲龍紋有所表現，只是未及小綬而已。韓國世宗大學博物館藏有傳爲高宗的玉佩一副2掛，韓國國立古宮博物館亦藏有英親王妃的玉佩一副2掛(圖9)。兩者形制略

---

①《高宗太皇帝御葬主監儀軌》卷中，頁162a。

②《高宗太皇帝御葬主監儀軌》卷中，頁162a。

③《高宗太皇帝御葬主監儀軌》卷中，頁162a。

④《영친왕일가복식》，頁533。

⑤《大韓禮典》卷四，頁60b。

⑥《大韓禮典》卷四，頁71a。

同,玉事件均爲素面,均附有小綬,惟小綬的采數及玉佩上鉤的材質、形狀有别。傳爲高宗的一副四采,作赤、白、縹、緑,上綴金鉤,呈 S 形;英親王妃的一副五采,作白、玄、縹、赤、緑,上綴銀鉤,呈 E 形。英親王妃的一副,小綬背後另可見紅色雲紋紗襯。《高宗太皇帝御葬主監儀軌》記玉佩"用緞作本,表五色交織緞,裏紅熟綃,仍以五色餘絲結網綬垂之。去佩玉銀鉤,以唐粉畫佩,泥金畫鉤"①,正可與現存實物對看。

圖 9　英親王妃玉佩
韓國國立古宮博物館藏

　　大帶,皇帝、皇太子同,主體爲白色,上緣用紅色,下緣用緑色,紐約用青組。附圖亦同。《高宗太皇帝御葬主監儀軌》載大帶"表用白甲紗,裏紅甲紗,繚繞腰緣。紅甲紗紳垂,下緣緑甲紗,維結處兩傍安青組繫"②,正合于禮文。韓國國立古宮博物館藏有英親王妃大帶一條,大帶主體爲白色,裏襯用紅色,四緣用緑色,紳垂爲兩條長條形布,直接釘綴於大帶的腰上,一同釘綴於大帶腰上的還有後綬(圖 10)。《王殿下、王妃殿下御禮服御着順序》只記後綬,未及大帶,應該也是兩者合於一體。

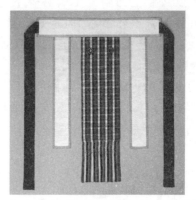

圖 10　英親王妃大帶、後綬 韓國國立古宮博物館藏

---

① 《高宗太皇帝御葬主監儀軌》卷中,頁 162b。
② 《高宗太皇帝御葬主監儀軌》卷中,頁 162a。

革帶，皇帝"前用玉，其後無玉，以佩綬繫而掩之"①，皇太子"金鉤䚢"②。附圖似與禮文不符。《高宗太皇帝御葬主監儀軌》載玉帶"表用藍貢緞，裏紫的貢緞，以唐粉畫䩞，泥金畫鉤"③，可知用藍䩞、金鉤䚢。韓國國立古宮博物館藏有英親王常服所用玉革帶一條，革帶上綴有透雕龍紋玉帶板 20 塊（包括後面的 5 塊），䩞作紅䩞，䩞帶外緣原先壓有金綫各一道，中間壓有金綫三道，均已脫落。

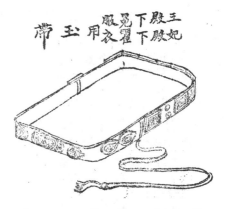

圖 11　王殿下冕服、妃殿下翟衣用玉帶

純宗、英親王冕服照上所見玉帶，與此近似。李王職禮式課所編《禮服》，"現行禮服"所附"王殿下冕服、妃殿下翟衣用玉帶"一圖（圖 11），正同於玉革帶實物。

　　大綬，皇帝大綬未及小綬，據明朝永樂制度，"小綬三，色同大綬，間施三玉環，龍文，皆織成"④。皇太子小綬上則施玉環二，也作龍紋，織成⑤，皇太子大綬附圖明顯與禮文不符。韓國國立古宮博物館藏英親王妃大綬一件，主體用赤、白、縹、綠四色織成，下有網垂，上有鎏金光素銅環兩個，只是不見小綬。《國朝五禮序例》記綬上"施以雙金環"⑥，《高宗太皇帝御葬主監儀軌》謂綬"用錦義緞表裏及網綬，同佩制，具金環如常制"⑦。大韓帝國綬制應同於英親王妃大綬實物，皇太子綬上應仍用金環。

①《大韓禮典》卷四，頁 62b。

②《大韓禮典》卷四，頁 73b。

③《高宗太皇帝御葬主監儀軌》卷中，頁 162b。

④申時行等修，趙用賢等纂《大明會典》卷六十，《續修四庫全書》史部，政書類，第 790 册，上海古籍出版社，2001 年，頁 198 上欄。

⑤朴容大等纂《增補文獻備考》卷七十九，隆熙二年(1908)新鉛活字本，美國加州大學伯克利分校圖書館藏，頁 19b。

⑥《國朝五禮序例》卷一，頁 117a。

⑦《高宗太皇帝御葬主監儀軌》卷中，頁 162a。

襪,皇帝、皇太子同,均爲紅色,附圖作高靿。《高宗太皇帝御葬主監儀軌》載其制"表用紅甲紗,裏紅苧布,後面上端留寸許不縫,其兩傍安紅甲紗繫"①。《王殿下、王妃殿下御禮服御着順序》於"紅襪"下以小字注云"上二行繰ッ御用ヒ"②。舄,均爲紅色,附圖作低靿,其裝飾則皇帝"黄條緣,玄纓結"③,皇太子"黑絢純,黑飾舄首"④。《高宗太皇帝御葬主監儀軌》載其制"表用紅甲紗,裏白甲紗,純及綏兒即蘇兀用鴉青真絲。左右及後從純側綴白綃,小弭子用紅綃爲綦,貫弭而結之"⑤,則明顯與禮文不符。韓國國立古宮博物館藏英親王妃襪、舄各一雙,襪、舄均作青色,襪作高靿,舄作低靿。存世的文祖冕服像上襪、舄均爲紅色,形制正與此同。純宗、英親王冕服照上所見襪、舄,形制亦同於襪、舄實物。

圭,皇帝之圭長一尺二寸,上面刻有山紋四個。皇太子圭制,禮文闕載,據《增補文獻備考》,皇太子玉圭"長九寸五分"⑥。而據《國朝五禮序例》,國王與世子用圭均長九寸。純宗、英親王冕服照上所見,圭制甚短,或無尺寸上的差別。韓國國立古宮博物館藏英親王玉圭一件,長 17.3,寬 4.2 釐米,與諸書所載尺寸均不相符(圖 12)。

圖 12　英親王玉圭　韓國國立古宮博物館藏

方心曲領,皇帝冕服未記有此,皇太子冕服中有此。《國朝五禮序例》記有國王與世子方心曲領,其制"以白羅爲之,旁有兩纓左綠右紅"⑦。《高宗太皇帝御葬主監儀軌》亦載方心曲領"用白甲紗,兩傍有纓,左綠右紅,領

①《高宗太皇帝御葬主監儀軌》卷中,頁 162b。
②《영친왕일가복식》,頁 534。
③《大韓禮典》卷四,頁 63b。
④《大韓禮典》卷四,頁 73b。
⑤《高宗太皇帝御葬主監儀軌》卷中,頁 162b。
⑥《增補文獻備考》卷七十九,頁 19b。
⑦《國朝五禮序例》卷一,頁 117b。

右當肩處安團樞”①。《王殿下、王妃殿下御禮服御着順序》於冕服內亦記
有方心曲領②。查純宗冕服照,其頸上正套有方心曲領。照片雖爲黑白,
但方心曲領左右下垂的兩條緌子顏色不一,正應該是一紅一綠。

二、與明朝冕服制度之異同

《大韓禮典》一書所載的冠服制度,正如韓人崔圭順所指出的,乃襲用
《大明會典》的記述,並雜取《大明會典》《三才圖會》所附的插圖,然而圖文
或與當時的實際情況有所出入③。大韓帝國的建立,被認爲是繼承了明朝
的正統④,所以《大韓禮典》的編纂就以《大明會典》爲主要參考。《大韓禮
典》卷四記云“光武元年改定其制,取《大明會典》所載制度者爲多”⑤。《增
補文獻備考》卷七十九亦載“光武元年,始定皇帝冕服之制,取《大明會典》
所載”⑥。《大韓禮典》《增補文獻備考》兩書的編者張志淵,也在《請定皇儀
疏》中說“是故往年圜邱進位之日,制度儀物,悉遵大明典禮,上以接有明已
絕之統,下以垂大韓無窮之業”⑦。

大韓帝國冕服穿用的場合,皇帝“凡祭天地、宗廟、社稷、先農及正朝、
冬至、聖節,服袞冕”⑧,皇太子“凡陪祀天地、宗廟、社稷及正朝、冬至、朝

①《高宗太皇帝御葬主監儀軌》卷中,頁 162a。團樞即盤扣。
②《영친왕일가복식》,頁 533。
③최규순;『대한예전』(大韓禮典)복식제도 연구,아세아연구,Vol. 53,2010. 3,183—
　218.
④《高宗實錄》卷三十六,“光武元年 9 月 30 日”條載館學儒生進士李秀丙等勸進的奏
　疏,內有謂“欽惟皇明,廓清區宇,聖神繼繩,我國受命,號稱小華。而至於龍蛇之役,
　神宗皇帝再造土宇,則義雖君臣恩實父子。東韓三千里含生之物,莫非帝德之所濡
　也。……陛下聖德大業,宜承大明之統緒。……伏惟陛下深體萬東之義,廓揮中興之
　志,亟正寶位,亟煥大號,以順天命,以應民心,克承皇明之統,永享無疆之休焉”。
⑤《大韓禮典》卷四,頁 56a。
⑥《增補文獻備考》卷七十九,頁 17a。
⑦張志淵《韋庵文稿》卷三,國史編纂委員會編《韓國史料叢書》第 4 輯,1956 年,頁 86—
　87。
⑧《大韓禮典》卷四,頁 56a。據《增補文獻備考》,大韓帝國皇帝冊拜亦服袞冕。

會、受册、納妃，服衰冕”①，全同明制。《大明會典》所載嘉靖八年冕服制度，只述及皇帝冕服的改制，對皇太子、親郡王等的冕服改制與否未嘗道及。皇太子、親郡王等的冕服如果沿用永樂制度，則與嘉靖制度多有歧異。揆諸情理，似不當如此。大韓帝國皇帝冕服，同于明嘉靖制度，惟裳、蔽膝作纁色，與明朝作黄色有異；玉佩用永樂制度。裳與蔽膝，洪武十六年與嘉靖八年所定均作黄色，洪武二十四年及永樂三年所定則爲纁色。《國朝五禮序例》襲永樂制度亦用纁，《大韓禮典》或是襲用《國朝五禮序例》。皇帝佩制，嘉靖制度未予明確記載，當是同於永樂制度，《大韓禮典》即用永樂制度。皇太子冕服，同于明朝永樂制度，惟未及大綬上的小綬、玉環，又增以方心曲領。據《增補文獻備考》，則皇太子“小綬三采，間施二玉環，龍文，皆織成”②，與永樂制度同。冕服用方心曲領，明朝典制未載，然而實際或曾用之。嘉靖八年，革去文武官祭服所用的方心曲領。其時，明世宗、張孚敬君臣討論方心曲領名義，命張孚敬詳考。張孚敬在其所上奏疏中，有“且今以白羅寸許爲圜領加於祭服之上，與曲領之制既已不同，又以紅、緑帶各寸許長二三尺後交結，垂於背後”，“臣因取禮部題稿看詳，其采司馬光説既未及詳，且謂以其義取規矩，可備齋明，則天子郊祀尤不可廢”，“在今日臣下用之祭服已爲未當，況天子郊祀豈複可不知其名而輕用之乎？在禮誠所宜厘正，以成一代之制”諸語③。據此，嘉靖改制之前皇帝冕服至少在郊祀場合亦用方心曲領，其左右正有紅、緑兩色的纓帶。《國朝五禮序例》記方心曲領“以白羅爲之，旁有兩纓左緑右紅”，正亦與明制相符。明朝的方心曲領“以紅、緑帶各寸許長二三尺後交結，垂於背後”，《國朝五禮序例》所附之圖則用盤扣，紅緑兩纓並不交結。大韓帝國冕服方心曲領，仍用《國朝五禮序例》制度。

又，大韓帝國冕服，其冕板襲用嘉靖制度，“長二尺四寸、廣二尺二

①《大韓禮典》卷四，頁 68a。

②《增補文獻備考》卷七十九，頁 19b。

③張孚敬《諭對録》卷十二，《四庫全書存目叢書》史部第五十七册，齊魯書社，1996 年，191—192 頁。

寸"①。而永樂制度，冕板長二尺四寸、廣一尺二寸②。據明神宗定陵所出冕冠實物，嘉靖制度中的二尺二寸當爲一尺二寸之訛，《大韓禮典》循其訛誤。皇太子冕冠每旒各五采繅九就。永樂制度，皇帝冕冠每旒各五采繅十有二就，嘉靖制度未詳，或同於永樂制度。《大韓禮典》襲用嘉靖制度，亦未及之，大韓帝國皇帝冕冠繅就，或亦同於永樂制度。另，明制，皇帝、皇太子冕服，衣用玄色，親王及親王世子衣用青色。《大韓禮典》固是因襲《大明會典》，卻也恰與《國朝五禮序例》中的記載相符。

三、結論

綜上所述，試作幾點結論如下：

1.《大韓禮典》雖非頒行的定本，但書中所載的冕服制度確爲大韓帝國的典制。

2.《大韓禮典》的編纂主要參考《大明會典》，但又雜取諸書，從而造成禮文與附圖之間的歧異、制度與實際之間的脫節。《大韓禮典》所載的冕服，其禮文與附圖、制度與實際之間就存有巨大的差異，一些條文無非是徒具空文。

3.朝鮮王朝《國朝五禮序例》一系的禮書，對大韓帝國的冕服制度也有一定的影響。《大韓禮典》所載冕服制度，內中與明朝制度歧異的地方，多是襲用《國朝五禮序例》。《國朝五禮序例》對大韓帝國冕服的實際使用情況也有切實的影響。

4.大韓帝國冕服，制度上雖然深受明朝制度的影響，但在實際使用過程中更多的或是對朝鮮王朝冕服的襲用和發展。

（作者單位：自由職業者）

---

①《大韓禮典》卷四，56b 頁。
②《大明會典》卷六十，197 頁下欄。

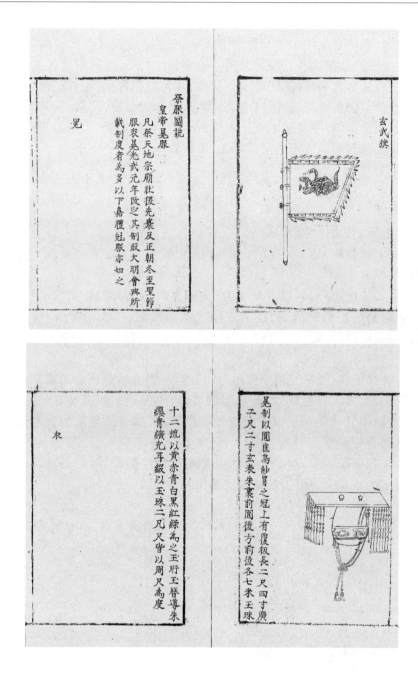

祭服圖說

皇帝冕服

凡祭天地宗廟社稷先農及正朝冬至聖節
服袞冕先武元年改之其制取大明會典所
載制度者為多以下嘉禮冠服亦如之

玄武旗

冕

冕制以烏紗冒之冠上有覆板長二尺四寸廣
二尺二寸玄表朱裏前圓後方前後各七米玉珠

十二旒以黃赤青白黑紅綠為之玉珩玉簪導朱
纓青纊充耳綴以玉珠二凡尺皆以周尺為度

農

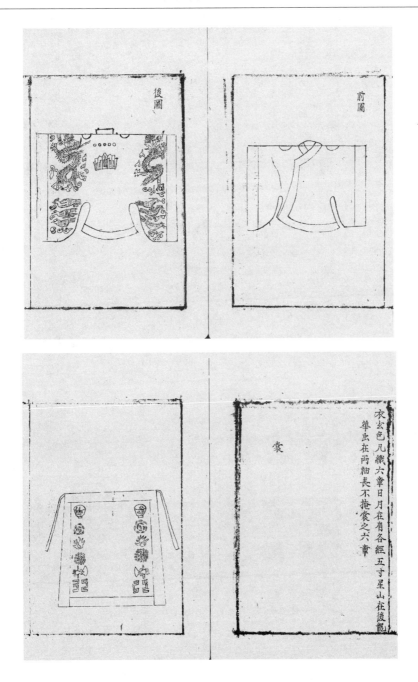

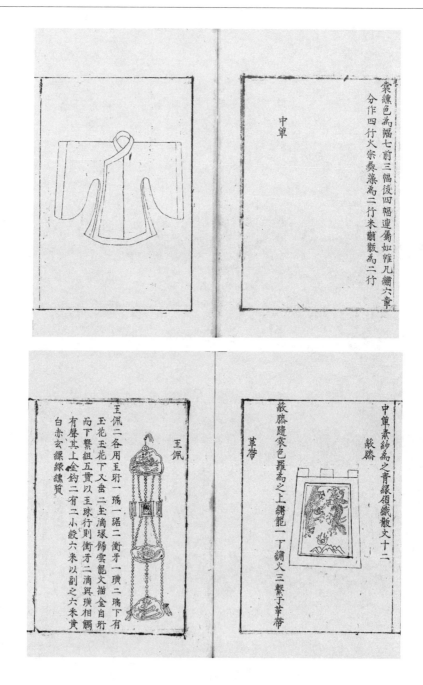

裳纁色爲幅七前三幅後四幅連屬如帷凡繡六章
分作四行火宗彝藻爲二行米黼黻爲二行

中單

中單素紗爲之青緣領織黻文十二
蔽膝隨裳色羅爲之上繡龍一下繡火三繫于革帶

蔽膝

革帶

玉佩二各用玉珩一瑀一琚二衡牙一璜二瑞下有
玉花玉花下又畜二玉滴瑑飾雲龍文描金自珩
而下繫組五貫以玉珠行則衝牙二滴與璜相觸
有聲其上金鈎二有二小綬六采以副之六采竒
白赤玄縹綠纁質

玉佩

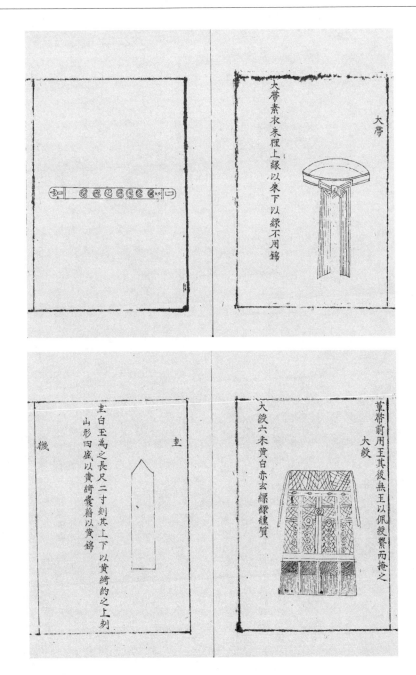

大帶

大帶素表朱裏上緣以朱下以綠不用錦

大綬

草帶前用玉其後無玉以佩綬繫而拖之

大綬六采黃白赤玄綠纁質

圭

黼

圭白玉爲之長尺二寸剡其上下以黃綺約之上列山形四庶以黃綺襲籍以黃錦

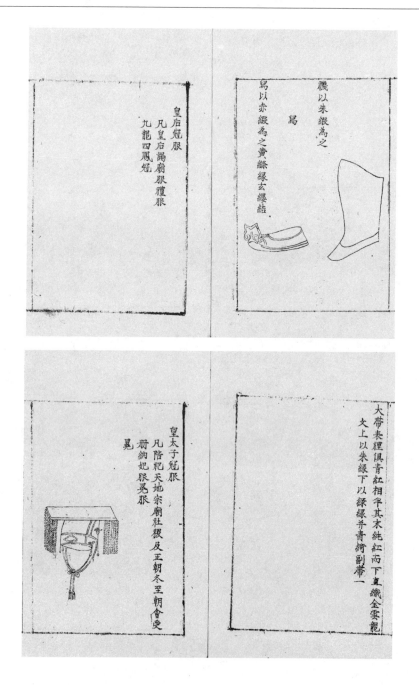

舄以朱緞為之

舄

襪以赤緞為之黃絲緣玄繶結

皇后冠服
凡皇后謁廟服禮服
九龍四鳳冠

大帶表裡俱青紅相半其末純紅兩下真織金雲龍
文上以朱緣下以綠緣并青綺副帶一

皇太子冠服
凡陪祀天地宗廟社稷及正朝冬至朝會受
冊納妃服冕服
冕

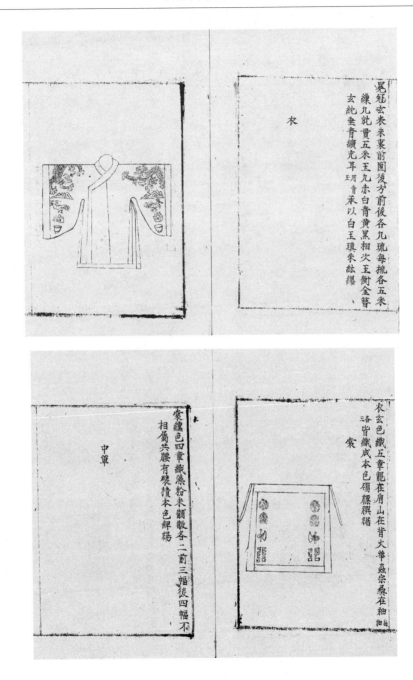

冕冠玄衣纁裏前圓後方前後各九琉每琉各五采
纊九就貫五采玉九赤白青黃黑相次玉衡金簪
玄紞垂青纊充耳玉瑱青承以白玉瑱宋紘纓

衣

衣玄色織五章龍在肩山在背火華蟲宗彝在袖
各皆織成本色領襈禩裾

裳

裳纁色四章織藻粉米黼黻各二前三幅後四幅不
相屬共腰有襞積本色䙓裼

中單

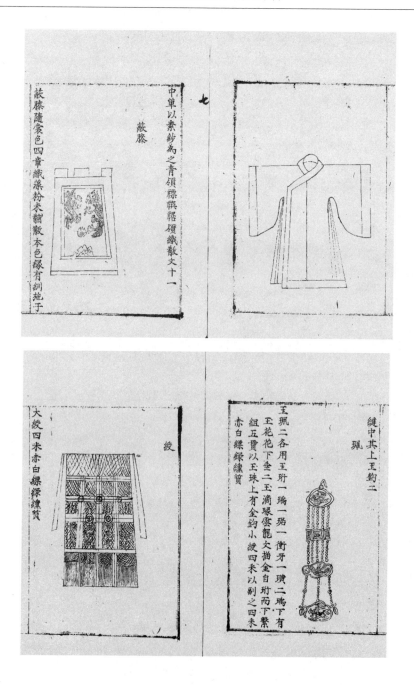

蔽膝

中單以素紗為之青領標襈裾膝織黻文十一

蔽膝隨裳色四章織藻粉米黼黻本色綠有紃施于

七

綬

大綬四采赤白縹綠繡質

珮

縫中其上玉鉤二

玉珮二各用玉珩一瑀一琚一衝牙一璜二瑀下有玉花花下垂二玉滴琢雲龍文描金自珩而下繫組五貫以玉珠上有金鉤小綬四采以副之四采赤白縹綠繡質

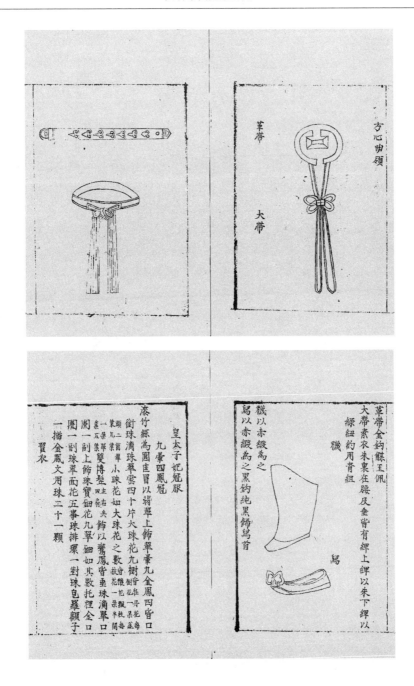

方心曲領

革帶　大帶

革帶金鈎䚢玉佩
大帶素衣朱裏在腰及垂皆有緣上緣以朱下緣以
綠紐約用青組

襪以赤緞為之
舄以赤緞為之黑鈎純黑飾舄首

織

舄

皇太子妃冠服
九翬四鳳冠
漆竹絲為圓匡冒以翡翠上飾翠翬九金鳳四皆口
銜珠滴珠翠雲四十片大珠花九樹
小珠花如大珠花之數
雙博鬓
飾以鸞鳳皆
上飾珠寶鈿花九翠鈿如其數托裡金口
圈一副珠翠面花五事珠排環一對珠包羅額子
一描金鳳文用珠三十一顆
翟衣

越南漢籍研究

域外漢籍研究集刊　第二十輯
2020 年　頁 251—286

越南古代漢文銘刻整理研究的回顧與展望[*]

郭洪義

一　引言

　　自秦漢以來,越南長期深受漢文化的濡染和熏陶,其推行的漢文化爲實質的科舉取士制度直至 1919 年才廢止。自郡縣時期開始,作爲越南的官方文字與主要書寫工具,漢字一直被越南各階層普遍接受並廣泛使用,較之日、朝、韓等其他“漢字文化圈”諸國,其擁有最長久的使用漢字的歷史,越南的古代史是以漢字爲主要載體的歷史,越南是最早進入“漢字文化圈”、也是漢文化在域外滲透最深的國家①,其境內至今遺存的大量不同歷史時期的古代漢文銘刻就是明證。越南古代漢文銘刻是越南境內發現或出土的郡縣時期至阮朝漢文金石銘文的總稱,其有廣、狹之分。廣義的越南古代漢文銘刻,既包括純漢字金石銘文,亦包含以漢字爲主體、夾雜少量喃字②的漢喃銘文;狹義的越南古代漢文銘刻,則特指越南境內發現或出

* 本文爲 2017 年國家社科基金西部項目“越南古代漢文銘刻集釋”(17XTQ004);中國博士後科學基金第 64 批面上一等資助(2018M640320)、第 12 批特别資助項目(2019T120290)、2017 年西華師範大學英才基金項目(17YC453)階段性成果。

① 王小盾《越南訪書札記》,《新國學》第三輯,2001 年,頁 1—2。
② “喃字”,或稱“字喃”,乃是越南古代人民以漢字構件爲基本組合單位,借鑒漢字“六書”中的形聲、會意、指事等造字法而創造的用來記録越南本民族音、義的(轉下頁注)

土的純漢字金石銘文。我們取廣義②，尤其重點關注那些與中國歷史文化關係密切及在越南歷史上具有代表性的漢文金石銘刻精品③，主要包括金屬銘文和石刻銘文兩部分。金屬銘文主要以銅鐘銘文爲主，亦包含部分銅鼓、銅罐、銅鏡、錢幣、璽印銘文等；石刻銘文主要以碑記、墓誌、石幢、摩崖及造像銘文爲主，亦含少量封泥、磚文、陶文及玉文等。

　　作爲域外漢文出土文獻的重要組成部分，越南古代漢文銘刻真實記錄了古越民族政治體制、社會結構、經濟文化、宗教信仰、民俗鄉約、對外關係等諸多重要內容，不僅對研究越南古代社會經濟生活、地理沿革、風俗禮儀等具有重要研究價值，其亦是瞭解漢字在"漢字文化圈"國家傳播、傳承、發展與演變的絕佳文獻材料，更是深入瞭解與解讀中越政治、經濟、宗教、民俗、文化交流的重要"窗口"和反觀中國文化的"異域之眼"。"這些文獻恰好能夠讓我們'跳出中國，又反觀中國'，瞭解中國真正的歷史和文化特性"④，對於域外漢文出土文獻整理研究、域外漢字傳播發展研究、"漢字文化圈"儒學傳播發展研究乃至中越關係史交流研究等都具有重要意義。然

―――――――――――

（接上頁注）一種方塊文字。作爲孳乳仿造的漢字型文字，是類漢字中相對成熟的一種民族文字類型，多在越南人名、地名中出現。廣西民族大學韋樹關教授將其作爲類漢字的一種，納入與南方其他類漢字型少數民族文字比較與研究的對象。

②我們之所以把夾雜少量喃字的漢喃銘刻亦納入研究範圍，主要原因有二：一是因爲越南銘刻自身的鐫刻情況較爲複雜，有時候碑陽通體爲漢文，但碑陰或碑側夾雜有個別喃字；亦或者在人名、地名用字中偶爾出現個別喃字。爲保證碑文整體內容的完整性，不能只錄碑陽而捨棄碑陰或碑側文字，也不能將人名、地名喃字用字生硬地割裂排除，否則不僅影響碑文內容的完整性，亦不利於越南漢文銘刻的整體綜合研究；二是因爲喃字在越南出現的時代不晚于李朝時期（見治平龍應五年《報恩禪寺碑記》），而越南早期漢文銘刻存世數量稀少，如果將僅夾雜有個別喃字的漢喃銘刻排除在外，就會錯失很多極具研究價值或獨具特色的銘刻文獻材料，這亦不利於漢喃銘刻的全面系統整理與後續深入研究。

③見張菲倚《古籍整理新收穫——學校將推出〈越南漢文碑銘萃編〉》相關報道（《西南大學報》2013 年 6 月 14 日 02 版），純喃字銘刻暫不在我們研究範圍，留待後續整理研究。

④葛兆光《越南漢文燕行文獻集成·序》，載《越南漢文燕行文獻集成》第 1 冊，復旦大學出版社，2010 年，頁 1。

而，目前國内外學界對這部分寶貴文獻資料的關注與利用還遠遠不够，國内的整理研究更是還處於起步階段。造成這種狀況的原因是多方面的，但材料零散而瑣碎、資料難於獲取、文本内容不易被查檢利用，恐怕是其中很重要的原因。因此，我們通過對越南古代漢文銘刻的歷史分期進行細緻梳理，並概述其階段性特徵；在此基礎上，進一步對前人的整理研究狀況進行全面回顧，進而對未來整理研究的主要方向作出展望，以期爲域外漢文出土文獻整理研究、域外漢字傳播發展研究、"漢字文化圈"儒學傳播發展研究乃至中越關係史交流研究等提供文獻支撑與資料參考。

二　越南古代漢文銘刻歷史分期及階段性特徵概述

在"漢字文化圈"諸國中，越南是受到中國漢文化影響最爲深遠的國家。因北部紅河衝積平原與中國大西南方山水相連，地理環境、氣候特徵又與中國雲、桂、粵地區較爲近似，加之中越邊境地區民族跨境貿易、民族遷徙與文化交流的頻繁往來，使得越南北部地區逐漸形成典型的"漢越型"文化特徵[①]。俗話説"文物是歷史最好的見證"，越南不同歷史時期遺存下來的古代漢文銘刻，正是越南古代不同時期歷史文化的真實寫照與直接反映。它們"無聲"地"訴説"着它們所處歷史時期的歷史與文化，既與它們所處的特定歷史時空彼此交融，又與越南古代歷史發展的整體脈絡基本暗合。根據越南古代漢文銘刻在不同歷史時期銘刻内容的差異以及所呈現出的獨特階段性特徵，我們將其歷史分期大致劃分爲以下五個階段[②]：（一）銘刻

---

① 耿慧玲《越南銘刻與越南歷史研究》，《止善》第十六期，2014 年，頁 11。

② 關於越南古代漢文銘刻的分期問題，黄文樓《越南漢文銘刻之匯集與研究概況》（臺灣中正大學 1996 年演講稿）、耿慧玲《越南銘刻與越南歷史研究》（《止善》第十六期）均持"三段論"觀點：⑴銘刻初期：北屬時期至李陳朝（公元前 111 年—14 世紀）；⑵銘刻發展期：後黎朝至西山朝（15—18 世紀）；⑶銘刻廣泛深入發展期：阮朝（19 世紀以後）。譚志詞、李夢《越南漢字碑刻的多維視野與多元價值研究》持五段論觀點：⑴初具規模期：郡縣時代到李朝；⑵進一步發展期：陳朝；⑶巔峰期：後黎朝；⑷繼續蓬勃發展期：阮朝前期；⑸衰微期：阮朝後期。我們在綜合上述諸家分期的基礎上，結合不同歷史時期漢文銘刻的性質、主題内容、階段性特徵及主體文獻特色，提出上述"新五段論"觀點，特此説明。

萌芽期:郡縣時期(公元前 214 年—公元 968 年①);(二)銘刻初期:丁、李、陳朝(968—1400 年);(三)銘刻發展期:後黎朝至西山朝(1428—1802 年);(四)銘刻深入發展期:阮朝前期(1802—1885 年);(五)銘刻衰落期:阮朝後期(1885—1945 年)。現分期概述如下:

(一)銘刻萌芽期(郡縣時期)

越南屬於熱帶季風氣候,濕熱多雨,紙質、皮質、木牘、竹帛等易損類文獻不容易保存,加之經歷多次兵火戰亂,使得越南早期古籍大量被毀,進而導致越南早期紀年史料存世數量極爲稀少,這就使得越南古代早期銘刻更爲彌足珍貴,甚至發揮着填補歷史空白的作用。"根據德·卡斯帕利斯的説法,已知的東南亞最早的書寫材料,是印章和其他一些遺存物上的銘文"②,這一點在越南出土的早期漢文銘刻中也得到了印證。自秦平南越置象郡開始,越南北部及部分中部地區便已被納入中國勢力管轄範圍,從而進入一千多年的"郡縣時期"。

據我們的全面清理及相關統計,目前越南境内發現或出土的"郡縣時期"的漢文銘刻約有 38 通。雖存世數量不是很多,但卻極爲珍貴,具有重要的歷史、文化及文物研究價值③。據現有資料,越南境内發現的最早的漢文銘刻,可追溯至其古墓中出土的秦"半兩"銅錢。越南河内市東英縣古螺城遺址外城與内城之間的瑪雯區古墓曾出土多枚秦"半兩"銅錢,錢面鑄

---

① "郡縣時期",或又稱"北屬時期",關於該時期的時代上限與下限問題,目前學界存在不同看法。上限問題,學界主要觀點有三:一説從公元前 214 年秦統一嶺南置象郡算起,一説從公元前 207 年趙佗建立南越國算起,一説從公元前 111 年漢武帝滅南越國設立交趾、九真、日南等九郡算起。我們基於越南境内出土秦"半兩"錢、南越國"胥浦候印"、漢"五銖"錢及刻有漢字銘文的東山銅鼓、銅壺、銅罐等相關文物的歷史事實,並參考國内學界主流看法,將上限暫定爲公元前 214 年;下限問題,目前學界亦存在公元 939 年與 968 年之爭。鑒於越南河内慈廉縣東鄂社日早村陳聖廟中發現南漢乾和六年(948)《日早古鐘銘》的歷史事實,加之目前越南境内未有"吳朝"相關漢文銘刻出土,故我們將下限定爲公元 968 年,特此説明。

② [新]尼古拉斯·塔林主編《劍橋東南亞史》第一卷,雲南人民出版社,2003 年,頁 3。

③ 鑒於目前學界對越南"郡縣時期"發現或出土的漢文銘刻研究尚不充分,故對其詳加介紹,特此説明。

刻有"半兩"二字①;稍後則有鐫刻漢字銘文的東山青銅器,多爲西漢前期至東漢晚期遺物②。如河内市富川縣發現"富川銅鼓",鼓足刻有"金甋一,重六鈞五斤八兩,名曰'富',第未十一"17 字篆文③;河内市東英縣古螺城遺址外城與内城之間的馮雯區出土"古螺銅鼓",鼓内足部處刻有"重百卌八斤,二石二,兩干百八十二"14 字古隸書④;河西省富川縣文字社出土"金鏤銅壺",壺口邊緣陰刻"金鏤壺一,容一石,名曰萬歲,第未十六"15 字篆文⑤;瑞士日内瓦 Barbier-Mueller 博物館收藏有越南"東山銅罐"兩件,一件罐口内壁鐫刻有"龍腔,重六衡,名曰果,第未五十二,容廿一斗七升半升"21 字篆文,另一件罐口邊緣鐫刻有"□多卿"3 字篆文⑥;河内市東英縣古螺社脈長村 3 號漢墓出土"永元十七年""永初五年"紀年墓磚⑦;清化省出土東漢陶罐,罐身刻有"建和三年閏月廿日李氏作"11 字隸書⑧;廣南省

① 見蘇瑞光《秦代半兩銅錢》,《考古學雜誌》2008 年第 1 期,頁 87—88;亦載郭氏娥《越南北屬時期漢字文獻用字研究》,2013 年華東師範大學博士論文,頁 31。
② 刻有漢字銘文的東山青銅器的時代,目前學界主流意見多認爲其當屬西漢前期至東漢時期的遺物。主要原因有三:其一,據漢字在越南傳播發展的相關研究,漢字傳入越南並被接受使用的時間不會早於西漢;其二,從銘文字體來審視,這些刻有漢字銘文的東山青銅器字體多爲帶有隸意的篆文或古隸,從字體判斷亦不會早於西漢;其三,從青銅器形製及紋飾加以考察,這些刻有銘文的東山青銅器製作精美,紋飾都較爲華麗繁複,當屬於東山文化晚期的遺物,將其與中國雲南、廣西、廣東等地出土的相關同類器物加以對比研究,學界主流意見均認爲其時代當爲西漢前期至東漢時期。
③ 葉少飛、丁克順《越南新發現東山銅鼓自銘"金甋"釋》,《漢字研究》第十四輯,頁 180。
④ 廣西壯族自治區博物館、越南國家歷史博物館編《越南銅鼓》,科學出版社,2011 年,頁 32。
⑤ [越]丁克順、葉少飛《越南富川"金甋"銅鼓與"金鏤"銅壺銘文考釋》,《首屆跨文化漢字國際研討會——"東亞碑刻漢字及文獻研究"論文集》,鄭州,2018 年,頁 123。
⑥ [越]郭氏娥《越南北屬時期漢字文獻用字研究》,華東師範大學 2013 年博士學位論文,頁 28。
⑦ 韋偉燕《越南境内漢墓的考古學研究》,吉林大學 2017 年博士學位論文,頁 147。
⑧ [越]郭氏娥《越南北屬時期漢字文獻用字研究》,華東師範大學 2013 年博士學位論文,頁 39。

桂山縣桂佛社壇墓出土漢代"日光"銅鏡,上鐫銘文"見日之光,天下大
明"①;清化省邵陽縣邵陽鄉古墓出土漢代"相思""日光"銅鏡各一枚,分別
刻有銘文"久不相見,長毋相忘"和"見日之光,長毋相忘"②;該地古墓還出
土漢代"昭明""銅華""規矩"銅鏡各一枚,"昭明"鏡刻有銘文"内清以昭明,
光夫日月不世(泄)","銅華"鏡刻有銘文"湅冶銅華清而明,以之爲鏡而宜
文章,延年益壽而去不羊(祥),與天無極象日之光","規矩"鏡刻有銘文"大
富昌,宜君王,千秋萬歲,長樂未央,宜官宅,保子孫"③;清化省河中縣閔山
鎮古墓出土三國"三羊"銅鏡,上鐫銘文"三羊作竟"④;老街省發現古銅鐘,
上鐫銘文"除禍,跋(祓),吉福"⑤;廣南省維川縣維中鄉矛和村禁丘遺址出
土封泥印有印文"黄神使者[印章]"⑥;清化省還曾出土南越國"胥浦候
印"⑦"晉歸義叟王"⑧印章各 1 枚;清化省邵陽縣邵陽鄉古墓曾出土"陳宰
首印""陳長顏印""□長首印"3 枚⑨;河西省懷德縣新華鄉磚墓出土晉代墓
磚 3 方,上鐫銘文"義熙七年七月廿五日,交阯朱鳶貴民杜……晉末爵忠,
討誅僞師盧循有功。八年十月二十五交州……"⑩;河内慈廉縣東鄂社日

---

① [越]郭氏娥《越南北屬時期漢字文獻用字研究》,華東師範大學 2013 年博士學位論
　文,頁 35。

② [越]郭氏娥《越南北屬時期漢字文獻用字研究》,華東師範大學 2013 年博士學位論
　文,頁 35。

③ [越]黎忠《邵陽古墓:2000 年越南考古學的一些報告》,社會科學出版社,2001 年,頁
　325—326。

④ 韋偉燕《境内漢墓的考古學研究》,吉林大學 2017 年博士學位論文,頁 152。

⑤ [越]阮越《越南最早漢字銘文》,《考古學雜誌》2007 年第 5 期,頁 50。

⑥ [日]Yamagata Marico《禁丘遺址"泥封"的一些探索:2000 年考古學的一些新發現》,
　社會科學出版社,2001 年,頁 414—416。

⑦ [日]吉開將人《南越印章二題》,載《中國古璽印學國際研討會論文集》,香港中文大學
　文物館,2000 年,頁 130。

⑧ 饒宗頤《越南出土"歸義叟王"印跋》,《饒宗頤史學論著選》,上海古籍出版社,1993
　年,頁 469。

⑨ [越]黎忠《邵陽古墓:2000 年越南考古學的一些報告》,社會科學出版社,2001 年,頁
　328。

⑩ [越]何文晉《石上之字、銅上之文——銘文與歷史》,社會科學出版社,2002 年,頁 52。

早村磚墓亦曾出土"杜"字墓磚①；北寧省順城縣清姜社清懷村廟發現《晉故使持節冠軍將軍交州牧陶烈侯碑》②；北寧省順城縣知果鄉春官村發現隋仁壽元年《禪衆寺舍利塔銘》③；清化省東山縣東明社長春村黎玉廟發現隋大業十四年《大隋九真郡寶安道場碑銘》④；河西省青威縣青梅社底江龍灘發現唐貞元十四年《青梅社鐘銘》⑤；河内慈廉縣東鄂社日早村陳聖廟内發現唐乾和六年《日早古鐘銘》⑥；河内昇龍城遺址、東英縣古螺城遺址、寧平省華閭京都等地出土"江西磚"磚銘、清化省胡朝皇城遺址出土"江西軍"磚銘⑦。此外，還有涉及唐代渤海公高駢平定交州並開鑿向安南運送糧餉的"天威遥"運河之事的唐咸通十一年《天威遥新鑿海派碑》⑧；越南境内多

---

① ［越］郭氏娥《越南北屬時期漢字文獻用字研究》，華東師範大學 2013 年博士學位論文，頁 38。

② ［越］丁克順、葉少飛《越南新發現"晉故使持節冠軍將軍交州牧陶列侯碑"初考》，《元史及民族與邊疆研究》第三十輯，2015 年，頁 4。

③ 王承文《越南新出隋朝〈舍利塔銘〉及相關問題考釋》，《學術研究》2014 年第 6 期，頁 96。

④ 王承文《越南現存〈大隋九真郡寶安道場之碑文〉考釋》，《文史》2009 年第 4 期，頁 60—61。

⑤ 梁允華《越南出土之唐貞元時期鐘銘——青梅社鐘》，《中原文物》2014 年第 6 期，頁 101—102。

⑥ 潘文閣、蘇爾夢編《〈越南漢喃銘文匯編〉第一集——北屬時期至李朝》，法國遠東學院，1998 年，頁 47。

⑦ ［越］郭氏娥《越南北屬時期漢字文獻用字研究》，華東師范大學 2013 年博士學位論文，頁 41。

⑧《天威遥新鑿海派碑》，又或稱《天威遥碑》《天威經新鑿海碑》《天威涇新鑿海碑》《天威徑新鑿海派碑》等，唐咸通十一年刻，裴鉶撰文。原碑已佚，學界普遍認爲碑石當立於"天威遥（徑）"附近。而關於"天威遥（徑）"的確切地點，目前學界尚存争議：越南阮朝史籍《皇越一統地輿志》《同慶地輿志》謂在"越南中部乂安省興元地區"；《欽定越史通鑑綱目》謂在"今廣西壯族自治區博白縣境内"；馮漢鏞《宋代國内海道考》謂在"合浦附近的博白沿海"；《越南漢喃銘文匯編》第一集——北屬時期至李朝》謂在"越南北方海分"；王承文《晚唐高駢開鑿安南"天威遥"運河事迹釋證——以裴鉶所撰〈天威遥碑〉爲中心的考察》、鄧弦《解讀天威遥》均認爲當在"廣西壯族自治區防城港市江山區所在的江山半島"，因該碑涉及渤海公高駢平定交州並開鑿向安南運送糧餉的"天威遥"運河的重要史實，故在這裏加以介紹，特此説明。

地還出土了不少漢代錢幣，如清化省東山縣的東山村古墓出土漢“半兩”錢，高諒省、河内市也出土過漢“五銖”錢，清化省紹化坊紹陽社東頓墓地出土王莽“大泉五十”錢，北寧省順城縣大同城社同東村漢墓、海陽省四圻縣玉山社玉樂村 1、3 號漢墓出土“貨泉”錢。

從總體來看，該時期的漢文銘刻用純漢字書寫，主要見於鑄刻在銅鐘、銅鼓、銅罐、銅壺、銅鏡、璽印等金屬器皿或鐫刻於部分碑石上的銘文，書寫載體主要以金屬器皿爲主。從銘文篇幅來看，除隋唐時期的五六通銘刻銘文篇幅稍長之外，其他銘文一般篇幅都不長，字量也不大；早期銘文書體主要以篆文、古隸書爲主，晚期銘文則多用隸、楷書，主要記載了器皿重量、容量、鏡銘吉祥語、人名、地名、職官、宣示佛法或立碑之功德以及折射民間結社等内容。

（二）銘刻初期（丁、李、陳朝）

公元 968 年，丁部領平定“十二使君之亂”，掃蕩征服了越南境内的其他割據勢力，最終統一全國，建立了越南從中國正式獨立後的第一個封建王朝——丁朝，開啟越南自主之始。目前越南境内遺存的丁朝漢文銘刻，主要見於越南寧平省華閭縣發現的 5 座 8 面刻《佛頂尊勝加句靈驗陀羅尼石幢》。此外，還有《一柱寺石幢》《太平磚》《大越國軍城磚》①等少量銘刻，時代約爲十世紀左右。

公元 1009 年，曾任左親衛殿前指揮使的李公蘊在廷臣擁戴下乘機奪取帝位，次年改元“順天”，定都昇龍（今河内），國號“大瞿越”（後又改稱“大越”），建立“李朝”。李朝建國後，仿照中國唐宋時期的中央政治制度模式，施行了一系列國内外改革，使得政權日趨穩定，經濟日益恢復，國力日漸增强，文化日愈興盛。李朝歷代君主都十分重視對漢語言文化的學習和吸收，並對文教事業更加重視。該時期“漢字漢語的使用非常廣泛，不僅用於吟詩作文、著書立説，以及同中國交往時外交文書的撰寫，而且幾乎滲透到政治、經濟、軍事等社會生活的各個方面。”②目前越南李朝時期遺留的漢文銘刻約有 19 通，如廣祐六年（1090）《明净寺碑文》、會豐九年（1100）《安

---

① 葉少飛《越南古代“内帝外臣”政策與雙重國號的演變》，《形象史學研究》，2016 年，頁 135 頁。
② 董明《古代漢語漢字對外傳播史》（上），中國大百科全書出版社，2002 年，頁 266。

穡山報恩寺碑記》、龍符元化七年（1107）《保寧崇福寺碑》、會祥大慶九年（1118）《崇嚴延聖寺碑銘》、天符睿武五年（1125）《乾尼山香嚴寺碑銘》、大定二十年（1159）《鉅越國太尉李公石碑銘序》、政隆寶應十一年（1173）《奉聖夫人黎氏墓誌》、治平龍應五年（1209）《報恩禪寺碑記》、貞符、建嘉年間（1185—1214）《祝聖報恩寺碑》等。

　　1225 年，李昭皇昭聖公主禪位給其夫陳煚，改元"建中"，國號"大越"，定都昇龍（今河内），建立陳朝。陳朝一百七十多年的歷史，目前遺存下來的漢文銘刻約有 53 通①。如建中二年（1226）《紹隆寺碑》、天應政平十五年（1246）《孤峰山摩崖》、興隆元年（1293）《奉陽公主神道碑》、大慶七年（1320）《崇光寺鐘》、開泰四年（1327）《大悲延明寺碑》、開泰五年（1328）《延福院碑》、開祐五年（1333）《延聖報恩寺鐘》、紹豐三年（1343）《浴翠山靈濟塔記》、紹豐十七年（1357）《興福寺摩崖》、大治五年（1362）《青梅圓通塔碑》、大治十年（1367）《崇慶寺碑》、紹慶三年（1372）《崇嚴寺碑》、隆慶三年（1375）《玉亭社碑》、隆慶四年（1376）《天尊峒摩崖》、昌符六年（1382）《慈恩寺碑》、光泰四年（1391）《永報寺碑》等。

　　從總體來看，該時期的漢文銘刻主要以佛教銘刻爲主，其中寺院銘刻佔據了絕對主體地位，其所載内容多與宣示佛法教義、叙述建寺沿革、讚頌捐贈人施捨寺院財物及建寺功德等密切相關。但從陳朝開始，其銘文内容日益呈現出多樣化的趨勢，"除了宗教性的銘文之外，尚有紀功、記事等其他事物記載，並出現了詩文類的銘刻資料，喃字的使用也是這個時期碑文非常重要的現象。"②究其原因，李朝以佛教爲國教，大力提倡、支持佛教發展，大建寺院，並鼓勵僧侶參政，使得佛教在李朝得到長足發展，故李朝佛教銘刻興旺發達不足爲奇；而陳朝承續李朝之後顯得更加獨立，其碑誌銘文中呈現出更多的口語化傾向，或許與陳朝文人階層試圖從扎根已久的漢文系統中分離，以發展屬於越南自己的文化系統有一定關係③。又從銘文

①上述數據乃是據越南學者丁克順《陳朝碑銘》（文化民族出版社，2016 年）所收陳朝漢文銘刻數量統計所得，特此説明。
②耿慧玲《越南銘刻與越南歷史研究》，《止善》第十六期，2014 年，頁 9。
③耿慧玲《越南碑銘中漢文典故的應用》，《域外漢籍研究集刊》第 5 輯，中華書局，2009 年，頁 332。

載體來考察,該時期的漢文銘刻主要鐫刻于石刻、銅鐘或木牌之上,其中石刻銘文佔據了主體地位;銘刻主要分布在越南中北部地區的寺廟、禪院、祠堂、亭廊及部分摩崖之中。書體方面,該時期銘刻主要以使用隸、楷書爲主,篆書主要運用於碑額或匾聯之中。

(三)銘刻發展期(後黎朝至西山朝)

平定王黎利領導藍山起義,逐漸將明朝軍隊逐出越南,於 1428 年登基稱帝,改元"順天",國號"大越",建立後黎朝。其又可分爲前、後兩個時期:(1)後黎朝前期(1428—1527),該時期黎氏政權相對穩定、政局相對統一;(2)後黎朝後期(1533—1789),該時期是越南古代封建歷史上政治勢力最爲複雜、政權割據最爲激烈、國家政局最爲動蕩、戰事紛争最爲頻繁的歷史時期。越南先後進入"北莫、南黎分庭抗禮的南、北朝時期(1527—1592)""北鄭、南阮混戰的鄭、阮紛争時期(1627—1672)""北鄭、南阮對峙的外路、里路對峙時期(1672—1789)"①。據俄國學者菲多林對後黎朝銘刻的相關統計,該時期銘刻約有 5726 通②。如順天三年(1430)《清河王譜碑記》、大寶三年(1442)《藍山祐陵碑》、洪德二年(1471)《祀田碑記》、洪德九年(1478)《題龍光洞并引》、洪德十五年(1484)《大寶三年壬戌科進士題名記》、景統元年(1498)《藍山昭陵碑》、景統四年(1501)《御制題浴翠山并引》、端慶元年(1505)《藍山敬陵碑》、洪順三年(1511)《磻溪侯墓誌》、光紹六年(1521)《洪順六年甲戌科進士題名記》、正治元年(1558)《神道碑》、光興十一年(1588)《重修嘉興寺碑記》、光興二十一年(1598)《衍瑞陵碑》、弘定七年(1606)《神道銘碑》、永祚六年(1624)《東門寺記》、德隆四年(1632)《生祠石》、德隆五年(1633)《刊聖經寄先人勸善碑》、陽和五年(1639)《東門寺》、福泰二年(1644)《相公壽碑》、盛德四年(1656)《昭禪寺皂隸碑》、景治二年(1664)《雲仍太社立碑碑記》、永治二年(1677)《黎令公事業碑》、永治四年(1679)《南郊殿碑記》、正和八年(1687)《白馬神祠碑記》、正和二十年

---

① 譚志詞、李夢《越南漢字碑刻的多維視野與多元價值研究》,《"中越關係研究:歷史、現狀與未來"國際研討會論文集》,2018 年,頁 117。

②[俄]菲多林《越南歷史、政治、社會研究中的碑銘資料統計分析的方法論及部分結果》,《漢喃雜誌》1992 年第 2 期,頁 12—31;譚志詞、李夢《越南漢字碑刻的多維視野與多元價值研究》(頁 117)亦有轉引。感謝譚志詞先生提供相關資訊,謹致謝忱。

(1699)《珠林寺集福碑》、正和二十五年(1704)《黎氏譜係勳業碑誌》、永盛六年(1710)《奉祀碑記》、保泰五年(1724)《相公碑記》、龍德二年(1733)《修造寶磬》、永祐二年(1736)《天姥大王祠堂碑記》、景興二十三年(1762)《普成寺鐘》、景興四十年(1779)《後佛碑記》、景興四十三年(1782)《後神碑記》等。

　　1527 年，莫登庸弒君篡位，自立爲帝，改元“明德”，建立莫朝。據越南學者丁克順《莫朝漢喃銘文》的相關研究，越南目前遺存下來的莫朝銘刻約有 182 通①。如明德三年(1529)《大悲寺》《明德三年己丑科進士題名碑》、大正三年(1532)《重修陽岩寺石碑》、大正七年(1536)《重構洞午寺碑》、廣和三年(1543)《重修置石四橋碑銘》、光寶五年(1559)《趙皇神祠碑》、光寶九年(1563)《清光寺碑記》、淳福初年(1565)《重修瑞應觀》、崇康九年(1574)《先賢祠碑記》、延成二年(1579)《蘇郡公神道碑銘》、端泰二年(1586)《修造石橋二處碑》、興治初年(1588)《大同寺碑》、興治四年(1591)《靈光寺碑記》、洪寧二年(1592)《顯洞庵碑記》等。

　　自 1771 年開始，由阮岳、阮惠、阮侶三兄弟發動領導的西山農民起義，先後推翻廣南國、鄭主統治集團及後黎朝政權統治，於 1778 年改元“泰德”，國號“大越”，建立西山朝，結束了多年的封建割據紛争局面，再次實現了國家統一。但由於西山朝國祚不長，加之後世阮主並不承認其政權的正統地位(被稱爲“僞西”)，很多銘刻在阮朝被毁，故留存至今的銘刻並不算太多。據越南學者丁克順先生的相關統計，西山朝銘刻約有 338 通，主要分布在諒山省至順化省一帶，以石刻銘文爲主，鐘銘爲輔。從立碑者身份來看，該時期銘刻基本上多由村社一級行政單位所立，帶有明顯的民間文化色彩，其中寺院碑約占銘刻總數的 70％左右②。該時期的漢文銘刻如光中二年(1789)《演碑記祀》《尊公碑記》、光中三年(1790)《尚書宰相公祠堂碑記》、景盛七年(1799)《重修舊寺功德碑記》、景盛八年(1800)《銅鼓新鑄引説》《大悲寺鐘銘》、景盛九年(1801)《後神碑記》、寶興元年

---

①上述數據乃是據丁克順《莫朝漢喃銘文》(社會科學出版社，2017 年)所刊目録統計所得，特此説明。
②［越］丁克順《西山時期的碑刻與銅鐘》，《漢喃雜誌》1989 年第 1 期，頁 11—15；譚志詞、李夢《越南漢字碑刻的多維視野與多元價值研究》(頁 120)亦有轉引，特此説明。

(1801)《寶興元年鐘銘》、寶興二年(1802)《光福寺鐘銘》《慶寧寺後佛碑記》等。

　　從整體來看,自後黎朝至西山朝近四百年的時間内,該時期的銘刻約有 6000 多通①。較之李、陳朝時期,無論是從銘刻數量,還是從銘刻類型,亦或是從銘刻内容來審視,該時期的漢文銘刻都獲得了極大提升,日益豐富多樣。除了承續前代較爲常見的佛教寺院碑、道觀碑及功德碑之外,還出現了進士題名碑、後神碑、後佛碑、後聖碑、祭忌碑、文址碑、鄉亭碑、祠堂碑、橋梁碑、令旨碑、鄉約碑等新的銘刻類型,並日益呈現出銘刻普及化、世俗化的傾向。在該時期諸多類型的銘刻中,寺院碑仍然佔據主體地位,其次則是反映村社宗教信仰的後神、後佛、後賢及祭忌等諸碑,最後則是置立於橋梁、鄉亭、文址等處的建筑附刻銘文、墓誌、神道碑及部分詩文摩崖題記等。尤其值得注意的是,該時期最富有特色的漢文銘刻當屬進士題名碑與後碑。後黎朝、莫朝遺存下來不少進士題名碑,正是兩朝推行科舉取士、崇尚儒學的最好文物見證。越南河内文廟至今尚保存有 82 通後黎朝、莫朝進士題名碑,刊刻了自大寶三年(1442)至景興四十年(1779)歷科進士的登科情況,其詳細記載了開科之年、立碑之年、開科情況、取士人數、登科者姓名、籍貫、出身及登科名次等諸多重要内容,是研究越南後黎朝、莫朝科舉制度極爲珍貴的文獻資料;而後碑則是越南獨特的“立後”習俗的重要體現,是“佛教輪迴思想與東方奉忌習慣相結合”的特殊產物②,極具越南民間文化特色。究其原因,後黎朝時期儒學傳播發展極爲迅速,並逐漸在國家意識形態中佔據了統治地位;此漲則彼消,相對于李、陳朝時期,佛教在該時期意識形態中的影響與地位則大不如前,但佛、道宗教信仰及其宗派在越南社會各階層尤其是中下層民間信衆中仍然具有廣泛而深刻的影響力,並在逐漸積蓄勢力等待再次復興。而在鄭、阮紛爭及對峙時期,無論是北方歷代鄭主還是南方諸代阮主都崇奉佛教,從而使得佛教勢力得到迅速恢復和發展,故該時期佛教寺院碑銘文仍然較多。

(四)銘刻深入發展期(阮朝前期)

　　1802 年,阮主後裔阮福映擒獲西山朝君臣,武力推翻了西山朝統治,改

①耿慧玲《越南銘刻與越南歷史研究》,《止善》第十六期,2014 年,頁 9、12。
②阮文原《越南銘文及鄉村碑文簡介》,《成大中文學報》第十七期,2007 年,頁 203。

元"嘉隆"，國號"越南"，定都富春（今順化），建立阮朝。在阮朝前期
（1802—1885 年），阮朝的封建統治雖已呈現出日益衰落的趨勢，但阮朝封
建政權基本上還掌握着對越南政局的實際控制權，故有學者稱其爲阮朝
"獨立時期"。在該歷史時期，漢文銘刻繼續呈現出深入發展的景象，究其
原因，這恐與越南下層民間村社大量捐資造立刊刻鄉村銘刻密切相關。據
臺灣學者耿慧玲先生的相關統計，目前已刊布的阮朝銘刻數量約有 4020
通。其銘文格式趨向一致，有規範化、簡單化的特色。絕大部分都是由民
間下層村社社團集體捐資建造，多置立在村社、亭宇、寺廟、祠堂、橋梁、交
通要道等地，撰書者多爲退休朝官、地方下級官員、村社頭目、僧侶或鄉民
等。從立碑者與撰寫者的階層與身份來看，這些人大部分是文人、儒生、社
官，至少也是稍通漢字者①。在諸多銘刻中，讚頌鄉村義舉、頌揚善人善事
之功德、叙述各地佛寺、神祠、亭宇、祠堂、文址、會館、寶塔等古迹建筑興建
及流傳歷史、描寫鄉民奉祭、鄉飲、農業耕作、田産契約等內容的鄉村銘刻
佔據了絕對主體地位，基本上涵蓋了越南村社民間日常生産生活的各種活
動，折射出該時期銘刻的民間性、公告性、世俗性特徵。該時期的漢文銘刻
如嘉隆二年（1803）《鼎建會館簽題錄》、嘉隆八年（1809）《重鑄仙福寺鐘
銘》、嘉隆十三年（1814）《天光禪寺碑記》、明命元年（1820）《重修白馬廟
碑》、明命十二年（1831）《清涼寺鐘記》、明命十六年（1835）《後神碑記》、明
命十八年（1837）《祭祀田碑記》、明命二十年（1839）《建造方亭碑》、紹治元
年（1841）《寄忌碑記》、紹治三年（1843）《玉山帝君祠記》、紹治四年（1844）
《後忌碑記》、紹治五年（1845）《靈安寺記》、紹治六年（1846）《廣田縣博望社
西甲寺鐘銘》、嗣德元年（1848）《承天府廣田縣賀郎總富禮寺鐘記》、嗣德二
年（1849）《寄忌碑》、嗣德三年（1850）《後忌碑記》、嗣德四年（1851）《香茶縣
文舍社慈光寺鐘記》、嗣德六年（1853）《清涼寺銘》、嗣德九年（1856）《後忌
碑記》、嗣德十四年（1861）《黎朝節義祠碑記》、嗣德十八年（1865）《文舍社
亭碑記》、嗣德十九年（1866）《楊詠墓誌》、嗣德二十一年（1868）《後忌碑
記》、嗣德三十二年（1879）《寄忌後碑記》等。

（五）銘刻衰落期（阮朝後期）

在阮朝後期（1885—1945 年），越南徹底淪爲了法國的殖民地，法國殖

---

① 耿慧玲《越南銘刻與越南歷史研究》，《止善》第十六期，頁 9、12。

民勢力取得對越南的實際統治權，阮朝封建政權已名存實亡，故有學者稱其爲阮朝“殖民時期”。在該歷史時期，法國殖民者爲了維護自己的殖民統治，開始强制推行拉丁化的國語字及法文來傳播法國殖民文化，並出臺一系列政策和舉措來限制漢字的使用，直至 1917 年，下令廢除漢字。自此以後，漢字在越南的使用和傳播急劇衰落，並逐漸退出了歷史舞臺。在上述大背景下，漢文銘刻漸趨衰微，雖然後來仍鐫刻有部分漢文銘刻，但其數量和價值均不如前①；此消彼長，國語字、法文銘刻的數量則開始日益增多，並逐漸佔據越來越重要的地位。該時期的漢文銘刻如咸宜元年（1885）《寄忌碑記》、同慶元年（1886）《關門劉氏後碑》、同慶二年（1887）《寄忌黎甲》、同慶三年（1888）《寄忌碑記》、成泰三年（1891）《寄忌碑記》、成泰五年（1893）《真武觀石碑》、成泰十四年（1902）《立後忌碑》、成泰十五年（1903）《修補玉山祠碑記》、成泰十六年（1904）《寄忌碑》、維新元年（1907）《第一坊創造亭宇記事碑》、維新四年（1910）《阮氏寄臘之碑》、啟定九年（1924）《長春寺序》、保大九年（1934）《亭成補缺功德碑》、保大九年（1934）《潘佩珠先生窆自銘》、保大十二年（1937）《重修鄉寺記》、保大十三年（1938）《城鋪富吉坊建造亭宇碑事》、保大十四年（1938）《隆光寺記》、保大十九年（1944）《移構祠堂記事》、保大二十一年（1945）《陽春上下二社仝等銘誌》等。

三　越南古代漢文銘刻整理研究的歷史回顧

由於越南古代漢文銘刻所載内容的重要性，其很早便受到前輩學者的關注與重視，並着手進行了相關整理與研究工作。關於越南古代漢文銘刻的整理與研究，大體經歷了以下四個階段：

（一）越南古代漢文銘刻的早期著録

越南古代漢文銘刻的早期著録，較爲可信的文獻記録可追溯至北魏酈道元《水經注》關於“馬援銅柱”的記載。相傳漢伏波將軍馬援南征平定交

---

① 譚志詞、李夢《越南漢字碑刻的多維視野與多元價值研究》，《“中越關係研究：歷史、現狀與未來”國際研討會論文集》，廣州，2018 年，頁 120。

趾叛亂後曾立銅柱以爲“漢之極界”①，銅柱上鐫銘文“銅柱折，交趾滅”②，惜銅柱今已不存；南宋周去非《嶺外代答》卷一、王象之《輿地碑記目》卷三、《輿地紀勝》卷一〇六、元黎崱《安南志略》卷九、明李文鳳編《越嶠書》卷一七、清嘉慶官修《全唐文》卷八〇五、阮元主修《廣東通志·金石略》卷五均著録唐咸通十一年《天威遥新鑿海派碑》③；15世紀越南史籍《大越史記全書·李紀·仁宗皇帝》載李仁宗會祥大慶九年（1118）曾命工匠鐫刻其御筆親書的“天下太平，聖躬萬歲”八字於碑石之上④，並多次記載皇帝及使者立碑之事⑤；《越史略·高宗》亦載“貞符五年，詔三教修大内碑文”⑥，惜上述碑銘亦已佚失；清吳震方《嶺南雜記》卷上、周碩勳《廉州府志》卷五、張堉春《廉州府志》卷二十二、翁方綱《粤東金石略》卷九、陸增祥《八瓊室金石補正》卷一百三十、吳榮光《筠清館金石記》著録安南陳昌符九年（1385）《昭光寺古鐘銘》；黎朝永慶三年（1731）《本總豪目洗碑查字》收録隋大業十四年

---

① 《水經注·温水注》引《林邑記》曰：“建武十九年，馬援樹兩銅柱於象林南界，與西屠國分漢之南疆也。”《後漢書·馬援列傳》注引《廣州記》亦云：“援到交阯，立銅柱，爲漢之極界也。”

② 《安南史略》載：“相傳于欽州古森洞有馬援銅柱，援誓書曰：‘銅柱折，交趾滅。’”明李文鳳《越嶠書》亦載：“馬援既平交趾，立銅柱爲漢界，相傳在欽州古森洞，上有援銘云：‘銅柱折，交趾滅。’”

③ 南宋周去非《嶺外代答》卷一、清阮元主修《廣東通志·金石略》卷五著録作《天威遥碑》，南宋王象之《輿地碑記目》卷三、《輿地紀勝》卷一〇六作《天威經新鑿海碑》，元黎崱《安南志略》卷九作《天威徑新鑿海碑》，明李文鳳編《越嶠書》卷一七作《天威涇廳（新）鑿海碑記》，清嘉慶官修《全唐文》卷八〇五作《天威徑新鑿海派碑》，同石而異名，特此説明。

④ 孫曉主編《大越史記全書·李紀·仁宗皇帝》，西南師範大學出版社、人民出版社，2015年，頁197。

⑤ 《大越史記全書·陳紀·聖宗皇帝》載：“（陳）守度雖爲宰相，而凡事罔不加意。以此能輔成王業，而令終也。太宗嘗製生祠碑文，以寵異之。”《大越史記全書·陳紀·英宗皇帝》載：“秋八月二十日，興道大王國峻卒於萬劫第，贈太師、尚父、上國公、仁武興道大王。聖宗嘗制生祠碑文，以擬尚父。”《大越史記全書·陳紀·藝宗皇帝》亦載：“夏四月，閏原復入國都，敬行祀事畢。刻文于石紀其事，然後辭歸。”

⑥ 佚名《越史略》，《叢書集成初編》本卷三，商務印書館，1936年，頁55。

《大隋九真郡寶安道場碑文》;阮朝進士吴世榮撰《二劉太傅神事狀》曾參考引用李朝《皇越太傅劉君墓誌》;1777 年,黎貴惇《見聞小録》曾著録黎氏訪求越南各地古迹所見龍符元化九年(1109)《天福寺洪鐘銘》、會祥大慶九年(1118)《崇嚴延聖寺碑銘》、天符睿武二年(1121)《大越國李家第四帝崇善延齡塔碑》、天符睿武七年(1126)《仰山靈稱寺碑銘》、興隆二年(1294)《大悲寺鐘銘》、開祐五年(1332)《延聖報恩寺鐘銘》等在内的金石遺文數十篇;1788 年,黎朝裴輝璧編《皇越文選》亦曾收録《翠浴山靈濟塔記》《西湖寺碑記》《開嚴寺碑記》《文典祠址碑記》《仁宗昭陵碑銘》《聖宗穆陵碑銘》《甲府君墓誌》等碑銘 24 篇;1794 年,潘輝益《佛迹山天福寺新鐘記銘》亦曾著録龍符元化九年(1109)《天福寺洪鐘銘》;1852 年,阮朝裴輝瑄等刻印開祐七年(1335)《磨崖紀功文》;19 世紀時,阮朝高朗《黎朝歷科進士題名碑記》收録河内文廟所存自大寶三年(1442)至景興四十年(1779)黎朝歷科進士題名碑文 82 篇。由此可見,中、越嗜古文士很早便開始關注並搜求、著録越南古代漢文銘刻,惜前人著録過的很多漢文銘刻今已佚失不存,我們僅能從漢喃研究院所藏一些早期抄本文獻中得見前人相關著録或録文。

(二)20 世紀前期的相關研究

1900 年前後,法國遠東學院開始組織工作人員搜集拓印越南境内的漢喃銘文,初期只在河内、順化及周邊地區展開,調查搜集到的成果經常在遠東學院定期刊物《法國遠東學院學報》(Bulletin de l'École française d'Extrême-Orient,簡稱 BEFEO)上刊布通報。至 1910 年,該刊物上通報搜集到的拓本已達 204 張[①];1910 至 1945 年間,法國遠東學院在越南全境進行了第一次大規模金石銘文搜集拓印工作,共搜集到銅鐘、木牌、石碑等金石銘刻 11651 通、拓本 20980 張[②];1930 年,黄叔會編《柴山詩録》收録河内

[①]上述統計數據及下文部分著録信息酌情參考了潘文閣、蘇爾夢《〈越南漢喃銘文匯編〉第一集——北屬時期至李朝·前言》(法國遠東學院,1998 年,頁 LVIII)部分内容,兹不一一贅引,謹致謝忱,特此説明。

[②]潘文閣《〈越南漢喃銘文匯編〉第一集——北屬時期至李朝·序》(法國遠東學院,1998 年,頁 XXVI)謂法國遠東學院移交拓本 20979 張,黄文樓《越南漢文銘刻(轉下頁注)

市國威縣天福寺題詠詩石刻數十篇；1932 年，法國漢學家加斯帕多納
(Gaspardone)公布了在清化省發現的 2 通墓誌拓本；1935 年，加斯帕多納
(Gaspardone)刊布《藍山碑記影集》，介紹了在清化省藍山一帶發現的 6 通
後黎朝墓誌拓本；稍後，《古順化之友學報》(Bulletin des Amis du Vieux
Hué)亦陸續刊登了不少介紹、研究順化金石銘文的成果；1934—1938 年
間，任職於法國遠東學院的瑞典學者陽士曾三次在越南北寧、清化地區進
行考古調查與發掘，後來整理發表了研究報告《印度—支那考古研究：漢代
九真郡》；20 世紀 40 年代初期，越南學者黄春翰(Hoàng Xuân Hãn)摹印、
抄録了《安獲山報恩寺碑記》《崇嚴延聖寺碑銘》《乾尼山香嚴寺碑銘》《仰山
靈稱寺碑銘》《鉅越國太尉李公石碑銘》等在内的不少清化、興安地區銘文；
1941 年，朝鮮學者金永鍵《安南花山君李龍祥的事迹》結合《受降門記迹碑》
及相關越南史料考證了 12 世紀越南李朝皇子李龍祥遷居高麗並幫助高麗
破蒙古軍的事迹①；1951 年，日本學者梅原末治《印度支那北部的漢墓》對
越南北部發掘的漢墓進行了相關研究。由此可見，該時期越、法、朝、日等
學者的相關研究，主要還是以進行田野調查、搜集摹印拓本、抄録銘文、著
録介紹銘文信息及刊布銘刻拓本資料等前期基礎工作爲主，基本上還停留
在田野調查、資料搜集與拓本刊布階段，全面深入的考證或研究工作尚未
全面展開。

(三)20 世紀 50 年代以後的相關研究

1954 年，越南徹底擺脱法國殖民統治正式成爲一個獨立國家以後，越
南對古代漢文銘刻的考古調查、科學發掘、銘文整理及綜合考證研究等工
作才開始逐步實施並全面展開。該時期主要做了以下四方面的工作：

(接上頁注)之匯集與研究概況》(臺灣中正大學 1996 年演講稿)、阮文原《越南銘文及鄉
　村碑文簡介》(《成大中文學報》第十七期，2007 年，頁 199)、耿慧玲《越南銘刻與越南
　歷史研究》(《止善》第十六期，2014 年，頁 7)均言移交拓本 20980 張。今從後者説法，
　特此説明。

① 劉志强《古代越朝歷史文化關係鉤沉》，載包茂紅、李一平、薄文澤主編《東南亞歷史文
　化研究論集》，厦門大學出版社，2014 年，頁 419。

　　1.考古調查及銘刻拓本的繼續搜集與拓印

　　1958 年,法國遠東學院將先前搜集拓印的 11651 銘文單位的 20980 張①銘刻拓本正式移交給越南中央書院(今越南國家圖書館),後又轉歸漢喃研究院收藏,並成爲日後法越合作出版《越南漢喃銘文拓片總集》的主要資料來源;1958—1980 年間,越南漢喃研究院等漢文學術研究單位又進行了一次拓本搜集與拓印工作,大約拓有 4000 張左右的拓片,雖大部分與法國已錘拓的金石拓本重複,但仍然增加了不少新的拓本資料②;1983—1986 年間,越南各文化與研究機構還進行了各單位銘文的匯集工作,以河內文化所對河內及郊外四郡、四縣銘文之匯集最爲全面③;自 1990 年開始,漢喃研究院又着手組織了第二次大規模拓本搜集與拓印工作,至今已累計搜集到約 30000 銘文單位的 67902 張拓本資料④。

　　2.編製目録

　　20 世紀七十年代開始,越南開始組織漢喃研究院等相關單位進行國內所藏漢喃文獻的編目工作,其中亦包括對漢喃銘刻的編目。1970—1975 年間,越南學者裴清波領導主編了《越南碑文目録》(25 卷),主要包含編號、碑題、年代、藏地、撰者、書丹者、鐫刻者、形製及内容提要等内容,並提供碑文年代、地名索引,還附有《碑文精簡目録》(30 卷),補充人名、碑文典藏處所索引;1986 年,漢喃研究院黄黎又領導主編了《越南碑文簡目》,收録包括第二次世界大戰前後所匯集收藏的拓本目録;1989 年,阮光紅主編《越南漢喃銘刻拓片名目》出版,收録 1985 年以後幾年内新所搜集摹印的拓本目録;1991 年,漢喃研究院又編輯出版了《越南漢喃銘文拓片目録》,以越南語刊布漢喃研究院所藏漢喃銘刻拓本目録⑤。此外,1977 年,楊泰明等主編《漢

---

①阮文原《越南銘文及鄉村碑文簡介》,《成大中文學報》第十七期,2007 年,頁 199。

②耿慧玲《越南史論——金石資料之歷史文化比較》,新文豐出版公司,2004 年,頁 3。

③耿慧玲《越南銘刻與越南歷史研究》,《止善》第十六期,2014 年,頁 7。

④綜合越南學者阮文原《越南銘文及鄉村碑文簡介》(頁 199)及阮俊强《越南漢喃研究院所藏漢喃資料的歷史、特徵與前瞻》(頁 6)相關統計數據,目前越南漢喃銘刻總數約 30000 通、拓本 67902 張,特此説明。

⑤上述 4 條目録酌情參考了耿慧玲《越南銘刻與越南歷史研究》(頁 7—8)所刊部分目録信息,兹不逐條一一贅引,謹致謝忱,特此説明。

喃書目》出版，收録河内國家圖書館館藏漢喃古籍 5555 種；1993 年，法越合作出版《越南漢喃遺産目録》，收録越南漢喃古籍 5038 種、16164 册，其中收録有部分越南金石及方志文獻目録信息。

　　3. 陸續刊布相關整理研究成果

　　自 20 世紀六七十年代開始，越南考古文博雜誌《考古學》《考古學新發現》《歷史研究》《漢喃研究》《漢喃雜誌》《漢喃學通報》及部分學者的研究專著開始陸續刊載相關研究成果。陳文珣《阮惠與河内進士題名碑》(1963)介紹了越南河内的進士題名碑；何文晉《華閭新發現公元 973 年經幢》(1965)介紹了在清化省華閭縣發現的丁朝癸酉年(973)所立 5 號《佛頂尊勝加句靈驗陀羅尼經幢》；黎忠《邵陽發現一些漢代墓葬》(1966)運用類型學方法對邵陽漢墓及出土銅鏡、陶器、錢幣等文物進行了相關研究，並對發掘墓葬進行了分期和編年；陳輝伯《新發現距今近 900 年前的古碑》(1969)翻譯刊布了宣光省霑化縣發現的《保寧崇福寺碑》；同年，陳文珣發表《越南碑銘——碑銘拓片在社會科學中的價值及社會科學圖書館現存碑銘拓片》，介紹了越南社會科學院圖書館館藏碑銘拓本情況，並探討了越南碑銘拓本的重要研究價值；何文晉《華閭再次發現丁朝佛經幢》(1970)介紹刊布了清化省華閭縣發現的丁朝於 10 世紀所立 9 號《佛頂尊勝加句靈驗陀羅尼經幢》；陳義《關於北屬時期越人的漢字作品的新發現》(1975)對越南發現的北屬時期漢字作品進行考釋；同年，梁志明譯，阮文煊、黄蓉著《越南發現的東山銅鼓》出版，其中收録古螺 1 號、富方 1 號等部分刻有銘文的銅鼓，並討論了其所屬年代問題；越南文學研究院編《李陳詩文》(1977)輯録李朝碑文 10 篇、陳朝碑文 7 篇；《河内碑文選集》(二集，1978)刊布河内地區碑文 63 篇；阮江海、阮文雄《古螺新出土的銅器》(1983)對越南河内市郊東英縣古螺社出土的銅器銘文進行了考釋；漢喃研究院《越南漢喃銘文略述》(1992)對漢喃研究院所藏漢喃銘文進行了介紹與考述；阮光紅主編《越南漢喃銘文》(1992)刊布越南漢喃銘文 1919 篇；國子監文廟中心編《文廟碑文》(1993)介紹刊布河内文廟碑文數十篇；其後又陸續出版《諒山碑文》(1993)、《莫代碑文》(1996)、《法雲寺遺文》(1996)、《河西碑文》(1997)等，刊布各朝銘文上百篇；阮世龍《越南儒學——教育與科舉》(1995)對越南歷朝進士科考試進行了系統研究，並介紹了河内文廟—國子監進士題名碑情況；阮文馨《1995 年考古學一些新發現—古螺鼓内壁銘文Ⅰ》(1996)對古螺銅鼓內壁漢字銘文作了一定考釋；黃文樓《關於太傅劉慶譚墓誌》(1996)對李朝《皇越太傅劉君墓誌》進行了考釋；廖幼華、王德權、耿慧玲《唐貞元安南〈青梅社鐘〉銘文考釋》(1996)對《青梅社鐘銘》進行了考釋；丁克順《莫朝碑文對 16 世紀越南歷史研究的貢獻》(1996)通過莫朝碑文來研究莫朝歷史；阮文雄《河內市西山朝遺物研究：像、碑文、冊封》(1996)涉及對河內遺存的西山朝碑文的相關研究；吳德壽《越南歷代避諱研究》(1997)對越南古代漢文碑銘中的避諱字進行過考察；丁克順《八世紀的青梅社鐘文本》(1998)對越南河西省青威縣出土的《青梅社鐘銘》進行了介紹與考釋；潘文閣、蘇爾夢主編《〈越南漢喃銘文匯編〉第一集——北屬時期至李朝》(1998)按時間順序收錄北屬時期至李朝銘文 27 篇，並予以校勘、注釋與考證。

　　4. 金石抄本、印本文獻的不斷征集與輯錄

　　此外，越南國家圖書館、漢喃研究院等單位還不斷徵集收藏大量漢文金石、印本抄本文獻，其中亦著錄了不少金石銘文①。如 VHv. 295《佛迹山天福寺鐘磬碑字銘記》收錄國威縣柴寺鐘磬銘文 2 篇、碑記 4 篇；A. 147《御製銘文古器圖》收錄明御製造業器物銘文 33 篇；A. 1694《永福社二寺洪鐘銘文並讚文抄》抄錄河內永福社二寺鐘銘 2 篇；VHv. 277《驩州碑記》收錄驩州乂安寺觀、文祠、城隍廟、橋梁等碑記 42 篇；VHv. 297《東安二縣祠宇碑記》收錄乂安省東城、安城兩縣碑記 2 篇；VHv. 1432《金石遺文集》收錄鵬程山、壺公洞等地遊記詩銘 22 首、碑記 17 篇；VHv. 1739《愛州碑記》收錄清化省碑記 100 篇；VHv. 2369《隋時大業碑文》收錄隋大業十四年《大隋九真郡寶安場之碑文》1 篇；A. 49《河內城碑記》收錄河內城寺觀、祠堂、會館碑記 12 篇；A. 364《碑記啟叙集錄》集錄碑記、銘文、啟帳等 119 篇；A. 523《碑記祭文集》集錄碑記、祭文、疏文等 63 篇；A. 695《尚書宰相公祠堂碑記》收錄阮公寀祠堂碑記 2 篇；A. 854《隊山寺碑》收錄河南省維先縣隊山社龍隊寺《崇善延靈塔碑記》1 篇，並附載鎮殿將軍黎文所撰碑銘、黎聖宗題於碑陰詠詩各 1 篇；A. 1019《厨饒碑》收錄《修造建福寺碑》《黎夫妻後神碑記》《厨饒詩》3 篇；A. 1965《東塗總立三寶市碑志》收錄京北處金華縣東慶寺門集市碑記、城隍廟碑記 2 篇；A. 2043《還劍湖玉山祠文昌廟碑》抄錄河內還

---

① 下引金石抄本文獻內容及相關數據乃是據劉春銀、王小盾、陳義主編《越南漢喃文獻目錄提要》("中研院"中國文哲研究所，2002 頁，頁 332—337)統計所得，特此說明。

劍湖玉山祠文昌廟碑記 1 篇；A.2620《金甌寺碑志》抄録清化金甌寺碑記 1 篇；A.2622《藍山永陵裕陵碑抄》抄録《藍山永陵碑》《大越藍山裕陵碑》2 篇；A.3000《獨步社神祠碑記並扁抄録》收録南定義興縣獨步社崇修趙越王祠廟碑記 2 篇。

　　總體來看，該時期對越南古代漢文銘刻的整理與研究，較之以往，無論從整理研究的規模數量還是從研究的質量深度上，都已有很大提高，尤其對李、陳及莫朝碑文的研究已較爲充分，並陸續刊載介紹了不少考古發掘或新發現的銘刻文獻材料，爲後續全面系統整理、深入研究及綜合考證等工作奠定了良好基礎。

（四）新世紀以來的整理與研究

　　進入 21 世紀開始，隨着國内外學界對域外漢籍、域外漢文出土文獻的持續關注與日益重視，越南古代漢文銘刻的整理與研究工作日趨火熱，呈現出一派欣欣向榮的局面。相關整理與研究工作主要體現在以下六方面：

　　1.匯編並出版相關拓本圖録

　　2005 年，法國遠東學院與越南漢喃研究院開始合作出版《越南漢喃銘文拓片總集》，至 2009 年，已累計出版拓本圖録 22 册，共刊布越南北部地區出土的自 16 至 20 世紀漢喃銘刻拓本 22000 餘張，這是目前學界已公開出版的最大型、最全面、收録拓本數量最爲豐富的漢喃銘刻拓本資料匯編。據悉還有後續出版計劃，總計劃出版 40 册約 40000 餘張銘刻拓本；廣西壯族自治區博物館、越南國家歷史博物館編《越南銅鼓》（2011）刊布越南銅鼓 126 面，其中包含 BTH1290、DH2011、LSb－18248 等有銘文銅鼓；作爲 2013 年國家古籍整理出版資助項目，西南師範大學聯合人民出版社計劃出版《越南漢文碑銘萃編》叢書，擬從數萬張越南漢文碑銘拓片中精選約 2000 件編輯出版，其中第一輯率先刊布漢文碑銘 296 件①；上海交通大學海外漢字文化研究中心計劃編輯出版《東亞碑銘萃編》叢書，其與漢喃研究院合編"越南卷"。

　　另外，部分專業學術網站如中法越"漢拓研究室"網站、越南漢喃研究院網站、越南東南亞史前研究中心網站及臺灣中正大學文學研究所網站

①張菲倚《古籍整理新收穫——學校將推出〈越南漢文碑銘萃編〉》，《西南大學報》2013 年 6 月 14 日 02 版。

等,亦公布有部分越南古代漢文銘刻拓本及相關簡介等信息。

2.迻録釋文

杜文字《河内國子監碑文》(2000)刊布河内文廟國子監碑文 82 篇,丁克順《零村碑文》(2003)刊布河内市嘉林郡零村歷代碑文 66 篇,林江等《李陳朝碑文》(2007)刊布李朝碑文 13 篇、陳朝碑文 33 篇,阮文盛《李朝碑文》(2010)刊布李朝碑文 18 篇,丁克順《莫朝碑文》(2010)刊布莫朝碑文 165篇,丁克順《李朝佛教寺廟碑文》(2011)刊布李朝佛教寺廟碑文 18 篇,《清化碑文選集──李陳朝碑文》(2012)刊布清化地區出土的李陳朝碑文 12篇,范氏垂榮《黎初碑文選集》(2014)刊布黎朝初期碑文 67 篇,丁克順《陳朝碑銘》(2016)刊布陳朝碑文 53 篇,《清化碑文選集──黎朝中興時期碑文》(2016)刊布後黎朝中興時期碑文 22 篇,並附録黎中興時期皇陵碑 12篇;丁克順《越南佛教碑文》(2017)刊布越南佛教碑文上百篇,丁克順《莫代漢喃銘文》(2017)刊布莫朝漢喃銘文 182 篇,黎友誠《河静碑文》(2017)收録河静省歷代碑文 88 篇。

3.編製目録

2002 年,中越合作出版《越南漢喃文獻目録提要》(全二册),著録法國遠東學院和漢喃研究院所藏漢喃文獻 5023 種、16000 多册,其中收録越南漢文金石文獻約 30 種、漢文方志 77 種;2004 年,又出版《越南漢喃文獻目録提要補遺》(上下册),收録社志、神敕、神迹、俗例、地簿、古紙 6 類地方文獻共計 2280 種,其中"社志"部分涉及碑記、神祠佛寺、塑像祀器等内容;2007—2012 年,法國遠東學院與越南漢喃研究院合作出版《越南漢喃銘文拓本目録》(8 册),收録《越南漢喃銘文拓片總集》前 16000 條拓本目録信息,並附主題内容提要;2010 年,臺灣"中研院"中國文哲研究所網站開放運行"越南漢喃文獻目録資料庫系統",收録存藏於越法兩國六所圖書館之珍貴漢喃古籍文獻目録 5023 條,其中涉及部分越南金石著録文獻;臺灣中正大學中法越"國際漢拓研究室"網站目前已建置並開放《越南漢喃銘文匯編》第一、二集的目録信息。

4.注釋、考證及相關研究

對越南古代漢文銘刻的注釋與考證,目前代表性專著主要有四部:黄文樓、耿慧玲主編《〈越南漢喃銘文匯編〉第二集──陳朝》(2002)刊布陳朝銘文 44 篇,每篇銘文下均有相應的校勘、注釋與考證等内容;鄭克孟《越南進士題名碑文》(2006)刊布越南進士題名碑文 137 篇,並予介紹、翻譯、注釋與考證;阮光河《北寧省良才縣安聖社安富村碑文遺産》(2014)刊布北寧省良才縣安聖社安富村碑文 24 篇,並翻譯、注釋與考證;《越南漢文碑銘萃編》(第一輯)擬刊布越南漢文碑銘 296 通①,每通碑銘下均包含内容提要、釋文、校勘、注釋等内容。

其他一些研究專著及論文中亦涉及對越南古代漢文銘刻的研究與考證。研究專著如范玉成《邊和碑文》(2000)、丁克順《莫朝歷史研究》(2000)、黎忠《邵陽古墓:2000 年越南考古學的一些報告》(2001)、何文晉《銅上之字、石上銘文——銘文與歷史》(2002)、耿慧玲《越南史論——金石資料之歷史文化比較》(2004)、《越南青梅社銅鐘與貞元時期的安南研究》(2010)、吳德壽《越南歷代科榜 1075—1919 年》(2006)、鄭克孟《越南碑文的一些問題》(2008)、陳文《越南科舉制度研究》(2015)、阮光啟《基於碑刻的北寧省天后選擇與祭祀習俗考察》(2016)、鄭克孟《越南社會文化生活中的漢喃遺産》(2016)、王承文《唐代環南海開發與地域社會變遷研究》(2018)、耿慧玲《越南史論叢》②等。

碩博學位論文,博士論文如阮有味《越南勸學碑文研究:從 15 世紀到 20 世紀》(2006)、阮氏金花《海防碑文研究》(2011)、郭氏娥《越南北屬時期漢字文獻用字研究》(2013)、阮黄親《廣南省漢喃碑文研究》(2014)、阮金杜《寧平碑文研究》(2014)、梁茂華《越南文字發展史研究》(2014)、陳氏秋紅《越南後神碑文研究:17—18 世紀》(2015)、段忠友《承天順化碑文研究》(2015)、左榮全《漢字在越南文字史上的地位演變研究》(2015)、阮文風《北江省碑文研究》(2016)、韋偉燕《越南境内漢墓的考古學研究》(2017)等;碩士論文如羅超《越南國子監文廟研究》(2009)、楊紅藍《順化市佛教寺廟碑文語言特點研究》(2009)、薛五莉《河内文廟楹聯注疏及研究》(2015)、潘青皇《傳承與新變——黎朝進士題名碑研究》(2015)、劉正印《越南漢喃銘文用字研究》(2016)、范

①近聞該書已獲國家正式書號,"中國圖書出版數據庫"已備案,預計將於近期出版。據"中國圖書出版數據庫"網站介紹,《越南漢文碑銘萃編》(第一輯)率先刊布 208 通;但據《西南大學報》前期官方報道,計劃刊布 296 通。因書籍尚未正式出版,無從核查,今暫從《西南大學報》正式官方報道,特此説明。

②耿慧玲《越南史論叢》,近期待出版稿,感謝耿先生惠賜資料,謹致謝忱。

紅海《儒家文化在越南的跨文化傳播——以越南文廟爲例》(2018)等。

　　單篇期刊論文，如耿慧玲《越南李朝太傅劉氏兄弟墓誌考證及其歷史意義》(2000)、《略釋越南黎朝的兩方婦女石刻》(2003)、阮翠娥《越南碑銘的整理研究工作》(2003)、阮文原《碑文拓片上僞造年代字樣及其兩個産生來源》(2006)、范明德《黎貴惇所作福慶寺鐘銘》(2006)、丁克順《昇龍—河内的漢喃銘文簡介》(2007)、陳氏金英《從體類角度了解碑文》(2007)、阮文海《清化尚存的陳朝四碑》(2008)、鄭克孟《有關越南碑文的特點及形式的一些評價》(2008)、段忠友《巴亭郡碑文系統簡介》(2009)、鴻飛、羅德茂《介紹"東山縣韶吞祠碑"》(2009)、湯佩津《從越南李朝二篇墓誌探討中越文化關係》(2009)、王承文《越南現存〈大隋九真郡寶安道場之碑文〉考釋》(2009)、阮克明《"登明寶塔"的碑文》(2010)、阮德全、阮玉潤《洪福寺碑文中的東部頭地名》(2010)、王承文《晚唐高駢開鑿安南'天威遥'運河事迹釋證——以裴鉶所撰〈天威遥碑〉爲中心的考察》(2010)、阮光河《史家胡宗鷟所撰的一份陳朝碑文補釋》(2011)、阮金杬《浴翠山摩崖碑中的陳朝資料》(2011)、阮有味《永福省三島縣西天遺迹區的黎初年代的摩崖碑》(2012)、丁克順《關於宣光省李代〈保寧崇福寺碑〉的版本問題》(2012)、范黎輝、陳光德《年代爲 1113 年的〈思琅州重慶寺鐘銘〉》(2013)、阮金杬《寧平省所存的陳朝碑文》(2013)、范文映《新發現一通陳朝年代石碑》(2013)、陳氏秋紅《17—18 世紀越南後神碑文資料中的後神推選習俗》(2014)、范文俊《〈青梅圓通塔碑〉考》(2014)、王承文《越南新出隋朝〈舍利塔銘〉及相關問題考釋》(2014)、范氏垂榮《十世紀到十五世紀末漢喃銘文資料中所記載的河内古地名》(2015)、阮文風《〈先考太保甲府君墓誌〉碑文版本考》(2015)、葉少飛、丁克順《越南新發現東山銅鼓自銘"金甌"釋》(2016)、郭氏娥《漢字傳入越南與北屬時期漢字在越南的傳播》(2016)、劉正印、何華珍《越南漢喃銘文酒器量詞用字初探》(2016)、耿慧玲《越南南漢時代古鐘試析》(2017)、潘青皇《越南黎朝進士題名碑紋飾之研究——越、中紋飾之比較》(2017)、丁克順《十世紀前越南漢文碑銘：新發現、文本意義和價值》(2017)、《10 世紀前越南漢文碑銘概論》(2018)、魯浩《吳晉宋時期陶氏家族與交州地方——以越南新出"陶烈侯碑"爲綫索》(2019)等。

　　會議論文,如耿慧玲《七至十四世紀越南國家意識的形成》(2001)①、《李英宗朝婚姻關係與權力結構研究》(2002)②、《越南文獻中李陳朝哀牢關係研究》(2003)③、《馮興考——未見於中國新舊〈唐書〉的越南英雄》(2003)④、《越南銘刻與越南歷史研究》(2014)⑤、《祠祀與廟祭——臺灣的祖先祭祀與越南的"立後"》(2015)⑥、《越南碑誌研究舉隅》(2016)⑦、《北使與越南李朝政治之研究》(2017)⑧,丁克順《越南科舉的歷史與研究狀況》(2005)⑨、鄭克孟《進士題名碑及越南中代儒學科舉制度之教育政策》(2013)⑩、何華珍《俗字在越南的傳播研究》(2013)⑪、丁克順《15 世紀越南黎

---

① 耿慧玲《七至十四世紀越南國家意識的形成》,載《第五屆唐代文化學術研討會論文集》,2001 年,頁 593—627。

② 耿慧玲《李英宗朝婚姻關係與權力結構研究》,載榮新江、李孝聰主編《中外關係史:新史料與新問題》,科學出版社,2004 年,頁 481—498。

③ 耿慧玲《越南文獻中李陳朝哀牢關係研究》,載《東亞民俗與漢文化學術研討會論文集》,2003 年。

④ 耿慧玲《馮興考——未見於中國新舊〈唐書〉的越南英雄》,載《第六屆唐代文化學術研討會論文集》,2003 年。

⑤ 耿慧玲《越南銘刻與越南歷史研究》,初載《2014 年國際交流學術大會論文集》,後正式發表於《止善》第十六期,頁 3—18。

⑥ 耿慧玲《祠祀與廟祭——臺灣的祖先祭祀與越南的"立後"》,初載《"人類文明與自然科學國際學術研討會"論文集》,後正式發表於《形象史學研究》,2015 年,頁 144—158。

⑦ 耿慧玲《越南碑誌研究舉隅》,載《2016 年"文獻與進路:越南漢學工作坊"論文集》,2016 年。

⑧ 耿慧玲《北使與越南李朝政治之研究》,載《第二屆南京大學域外漢籍研究國際學術研討會論文集》,2017 年。

⑨ [越]丁克順《越南科舉的歷史與研究狀況》(廈門,2005 年),後被收入劉海峰主編《科舉制的終結與科舉學的興起》,華中師範大學出版社,2006 年,頁 205—208。

⑩ [越]鄭克孟《進士題名碑及越南中代儒學科舉制度之教育政策》,載陳文新、余來明主編《科舉文獻整理與研究:第八屆科舉制與科舉學國際學術研討會論文集》,武漢大學出版社,2013 年,頁 449—459。

⑪ 何華珍《俗字在越南的傳播研究》,《中國文字學會第七屆學術年會論文集》,2013 年,頁 517。

初朝代的藍京碑林》(2014)①、何華珍《域外漢籍與近代漢字研究》(2015)②、《越南漢字資源整理研究的現狀與思考》(2017)③、劉正印、何華珍《越南漢喃碑銘用字研究導論》(2017)④、何華珍《越南漢喃碑銘文獻的文字學價值》(2018)⑤、《越南漢喃文獻中的特徵俗字》(2018)⑥等。上述論著亦利用越南金石文獻資料來研究探討越南古代社會政治、經濟、歷史、宗教信仰、民俗文化、對外關係及語言文字等問題。

5.研究項目的持續推動

近二三十年來,中、越、法等國研究學者申請獲批了不少關於越南古代漢文銘刻的科研項目,有力地推動了對越南古代漢文銘刻的相關整理與研究。國際及中國臺灣地區合作項目方面,如 1995 年,越南漢喃研究院、法國遠東學院與臺灣中正大學簽署合作協議,啟動"中法越國際合作共同研究越南漢喃研究院藏漢文拓片國際合作計劃",共同合作整理出版《越南漢喃銘文匯編》,目前已出版第一、二集;1999—2002 年,臺灣學者毛漢光主持蔣經國國際學術交流基金會資助項目"《越南漢喃銘文匯編》第二集——陳朝";2013 年,越南學者丁克順主持越南國家科學和工業發展基金項目"越南古代碑文研究"和重大項目"越南佛教碑文研究"。中國大陸獲批項目方面,2008 年,解放軍外國語學院譚志詞主持國家社科基金一般項目"明清時期中國—越南佛教關係研究";2009 年,中山大學鄭君雷主持教育部新世紀

---

① [越]丁克順《15 世紀越南黎初朝代的藍京碑林》,《世界漢字學會第二屆年會論文集》,2014 年。

② 何華珍《域外漢籍與近代漢字研究》,《中國文字學會第八屆學術年會論文集》,2015 年,頁 146;又載《中國社會科學報》2015 年 8 月 26 日 2 版《域外漢籍拓展近代漢字研究》。

③ 何華珍《越南漢字資源整理研究的現狀與思考》,載《中國文字學會第九屆學術年會論文集》,2017 年,頁 170—185。

④ 劉正印、何華珍《越南漢喃碑銘用字研究導論》,載何華珍、阮俊强主編《東亞漢籍與越南漢喃古辭書研究》,中國社會科學出版社,2017 年,頁 191—204。

⑤ 何華珍、劉正印、王泉等《越南漢喃碑銘文獻的文字學價值》,《首屆跨文化漢字國際研討會:"東亞碑刻漢字及文獻研究"會議主題報告》,2018 年。

⑥ 何華珍《越南漢喃文獻中的特徵俗字》,《全國第二屆近代漢字學術研討會論文集》,2018 年,頁 103。

優秀人才支持計劃項目"紅河平原秦漢遺存的考古學研究";2010年,廣西大學劉國祥主持國家社科基金一般項目"《越南漢喃銘文拓片總集》史料編注";2012年,浙江財經大學何華珍主持國家社科基金一般項目"漢字文化圈俗字比較研究";2013年,西南師範大學出版社獲批國家古籍整理資助項目"《越南漢文碑銘萃編》(第一輯)",中山大學王承文主持國家社科基金重點項目"秦至宋環南海開發與地域社會變遷研究";2015年,紅河學院葉少飛主持國家社科基金青年項目"越南古代史學研究",浙江財經大學何華珍主持"漢字國際傳播與書法產業協同創新中心"重點項目"多卷本域外俗字字典";2016年,廣西民族大學韋樹關主持國家社科基金重大項目"南方少數民族類漢字及其文獻保護與傳承研究";2017年,鄭州大學何華珍主持國家社科基金重大項目"越南漢字資源整理及相關專題研究",廣西民族大學李富強主持國家社科基金重大項目"中國—東南亞銅鼓數位化記錄與研究",西華師範大學郭洪義主持國家社科基金西部項目"越南古代漢文銘刻集釋",文山學院陳家健主持雲南省教育廳科學研究基金資助項目"越南漢文碑文、祠廟對聯文化研究",浙江財經大學何華珍主持"漢字國際傳播與書法產業協同創新中心"重點項目"越南漢喃古辭書整理研究",王泉主持重點項目"越南漢文碑銘異體字數據庫建設",鄭州大學劉正印主持研究生自主創新重點項目"跨文化視域下的越南漢字研究";2018年,廣西師範大學陳國保主持國家社科基金重大項目"越南漢喃文獻整理與古代中越關係研究",中山大學牛軍凱主持國家社科基金"冷門'絕學'和國別史等研究專項"項目"占婆史研究";2019年,浙江財經大學逯林威、蘇夢雪分別主持"漢字國際傳播與書法產業協同創新中心"研究生項目"域外碑銘文獻專題研究"和"中越字樣學比較研究"。上述科研項目都直接或間接利用了不少越南古代漢文銘刻文獻材料進行相關研究,對越南古代漢文銘刻的整理與研究起到了積極的推動作用。

6. 新的學術科研機構、研究團體的不斷成立及相關學術會議的召開

近三十多年來,隨着新的學術科研機構、研究團體的不斷成立,以及相關學術會議的陸續召開,亦極大地推動了對越南古代漢文銘刻的整理與研究工作。

成立學術科研機構方面,1981年,雲南省歷史研究所以"東南亞研究室"和"南亞研究室"爲基礎,組建成立了"東南亞研究所";20世紀90年代

初,鄭州大學在"印度支那史研究室"基礎上組建了"越南研究所";1995 年 5 月,廣西大學成立"東南亞研究中心";2000 年 3 月,南京大學成立"域外漢籍研究所";2000 年 9 月,廈門大學在"南洋研究院"基礎上組建"東南亞研究中心";2002 年 10 月,臺灣大學成立"東亞文明研究中心";2005 年 1 月,廣西大學在"東南亞研究中心"基礎上組建了"中國—東盟研究院";同年同月,上海師範大學成立"域外漢文古文獻研究中心";2007 年 3 月,復旦大學成立"文史研究院";2010 年 5 月,廣西民族大學成立"東盟學院";2012 年 7 月,浙江工業大學成立"越南研究中心";2012 年 12 月,廣西師範大學亦成立"越南研究中心";2014 年 7 月,曲阜師範大學成立"中國南海與周邊國家關係研究中心",並進一步組建"東亞海域學術研究團隊";2015 年 1 月,浙江財經大學成立"漢字國際傳播與書法產業協同創新中心";2016 年 9 月,鄭州大學成立"漢字文明研究中心";2016 年 10 月,上海交通大學成立"海外漢字文化研究中心";2018 年 10 月,廣西師範大學成立"越南研究院",其都直接或間接從事包含越南古代漢文銘刻在內的相關研究。

組建學術研究團體方面,1979 年 8 月,中國東南亞研究會成立,並於 1980、1983、1986、1992、1996、2000、2006、2011、2015、2019 年舉辦了 10 次年會,圍繞東南亞古代史、近代史、中國與東南亞關係史、華僑史以及當代東南亞政治、經濟、社會、文化以及地區合作與地區一體化等問題展開討論,其中亦包含對越南歷史及相關問題的研究;1980 年 4 月,中國古代銅鼓研究會成立,並經常舉辦各類古代銅鼓研究學術研討會,其中包含對越南銅鼓或中越銅鼓比較的相關研究;2012 年 8 月,世界漢字學會成立,自 2013 年起每年舉辦一屆學會年會,至今已連續舉辦八屆,其中涉及漢字在越南傳播發展及對越南古代漢文銘刻的相關研究。

相關學術會議方面,2002 年 11 月,北京大學中國古代史研究中心舉辦"古代中外關係史:新史料的調查、整理與研究"國際學術討論會;2007 年 8 月,南京大學域外漢籍研究所舉辦"首屆南京大學域外漢籍研究國際學術研討會";2013 年 12 月,中國社會科學院歷史研究所與北京大學中國古文獻研究中心主辦"回顧與展望——域外漢籍整理、研究與出版國際學術研討會";2016 年 10 月,上海交通大學海外漢字文化研究中心舉辦"域外漢字研究方法論"學術研討會;2017 年 5 月,浙江財經大學人文與傳播學院舉辦"東亞漢籍與越南漢喃古辭書國際學術研討會";2017 年 7 月,南京大學域外漢籍研究所舉辦"第二屆南京大學域外漢籍研究國際學術研討會";2018年 5 月,中山大學歷史系舉辦"中越關係研究:歷史、現狀與未來"國際研討會;2018 年 6 月,上海交通大學海外漢字文化研究中心舉辦"第二屆東亞文化圈古辭書研究"國際學術研討會;2018 年 7 月,廣西師範大學歷史文化與旅遊學院舉辦"全球史視野下的嶺南研究國際學術研討會暨第六屆中國中古史前沿論壇";2018 年 10 月,鄭州大學漢字文明研究中心舉辦"首屆跨文化漢字國際研討會——東亞碑刻漢字及文獻研究";2018 年 10 月,中國社會科學院考古研究所主辦"第二屆中國考古大會",其中秦漢考古專業委員會召開了"文化交流與融合視域下的秦漢考古"學術研討會;2018 年 11 月,浙江財經大學人文與傳播學院舉辦"全國第二屆近代漢字學術研討會";2018 年 12 月,中山大學中文系(珠海)舉辦"第一屆域外漢籍研究工作坊";2019 年 4 月,廣西師範大學越南研究院舉辦"越南漢喃文獻整理與中越邊境區域社會互動研究工作坊";2019 年 6 月,中山大學歷史系舉辦"中國東南亞研究會第十屆年會暨學術研討會";2019 年 10 月,上海師範大學都市文化研究中心舉辦"海洋文明的碰撞與交融:十六世紀以來文本與圖像中的環太平洋世界"學術研討會。上述學術會議上都宣讀或收録部分研究越南古代漢文銘刻的相關論文,爲各領域研究學者們的交流與合作搭建了良好平臺,創造了有利條件,客觀上對推動越南古代漢文銘刻的整理與研究工作亦起到了積極的促進作用。

　　縱觀古今中外學界對越南古代漢文銘刻的整理研究,其多以刊布拓片、照片或摹録圖像等原始材料爲主,絶大部分没有釋文,難以有效利用;即使有少量釋文或注釋,但又多散見於個別研究論著、金石志、方志及相關著録書之中,不僅資料零散而瑣碎,而且資料難於獲取,絶大部分研究成果又多用越南語寫成,不能被直接檢索利用;大多數釋文都未予句讀,往往還存在文字誤釋、缺文、衍文等問題;部分研究成果偶有零星考釋,也多是作簡單輯録或簡注,且大多未附拓本,不便查檢復核。因此,目前學界亟需集拓本、釋文、校勘、注釋及考證等内容於一體的集大成性研究成果問世,更需要對越南古代漢文銘刻進行全面系統搜集、細緻校勘與科學整理。

四　越南古代漢文銘刻整理研究展望

隨着國際交流與合作的日益增多以及考古事業的快速發展,越南古代漢文銘刻還在不斷發掘出土和刊布,爲了研究深化的需要,未來越南古代漢文銘刻的整理與研究工作還需要從以下五方面進一步推進展開:

(一)《越南古代漢文銘刻目録》的科學編製

目録學作爲研究文獻目録工作形成、發展及書目情報運動規律的重要學科,可以幫助治學之人快速而精準地收集相關資料,其對科學研究的重要性不言而喻,因此很早便受到前輩學者的高度重視。然而,近年來國内學界對漢文出土文獻的編目整理工作重視程度還遠遠不夠,以碑刻文獻的編目工作爲例,我們國内的編目工作進度遠不及我們的近鄰日本。氣賀澤保規《唐代墓誌所在總合目録》(1997)出版之後獲譽良多,其後又經 2004、2009、2017 年三次修訂,迄今已出版第四版(即《新編唐代墓誌所在總合目録》,2017),收録唐代墓誌及蓋共計 12523 件,並提供全面的著録信息及人名索引,其編目之細、之全令人驚歎。近聞日本已有學者開始着手對越南漢喃銘刻進行編目工作,臺灣以毛漢光、耿慧玲先生爲首的學術研究團隊亦已在進行相關編目工作,因此,國内大陸學界這方面的文獻編目工作亦當提上議事日程,這也是筆者目前正在進行的重點工作之一。

《越南古代漢文銘刻目録》的編製工作應當盡量細緻而全面,理想的編目應當包含銘刻時間、公元紀年、撰人、書人、鐫刻人、出土時間、出土地點、書體、行款、碑額志蓋、銘刻形製、銘刻尺寸、拓本來源、拓本編號、銘刻主題、相關著録及備注等諸著録項信息,從而使研究、使用者一覽而可知全貌。編目工作開始前我們應當盡量全面調查、搜集並整理越南古代漢文銘刻拓片、釋文、注釋、考證及金石志、藝文志、方志、史籍、文集等相關著録文獻,尤其是新近刊布的材料,盡可能充分佔有第一手文獻資料,從而爲《越南古代漢文銘刻目録》的後續編目工作奠定堅實基礎。

需要注意的是,我們在編目過程中應當盡量參考和吸收越南國内已編相關目録的成功經驗及研究成果。雖然目前越南國内所編目録存在着多爲簡目、著録項偏少、多按拓片流水號編目而非按時代順序統一整理、資料較難獲得、多用越南語編目不能被直接利用等問題,但畢竟前人的相關編目爲我們提供了重要綫索及依據,應當盡量參考利用。當然,《越南古代漢文銘刻目錄》的編目費時費力,其工作需要數年如一日的持續投入與長期堅持,絕非僅憑一人或幾人之力便能完成,有時需要尋求廣泛的國際交流與合作,有序分工、精誠合作、協同進行,最終完成整個目錄的編製工作。對此,越法、越中合作編寫的《越南漢喃遺産目錄》《越南漢喃文獻目錄提要》《越南漢喃文獻目錄提要補遺》等目錄工具書已爲我們提供了很好的編目範例與協作經驗,值得我們學習借鑒。而編目工作一旦完成,一目在手,資料信息全有,不僅可以爲學界按目檢索提供便利,亦可爲學界相關研究提供豐富的著錄信息及其他重要研究綫索,還可爲後續的定量、定性及斷代專題研究等提供資料支撐與統計數據依據,從而充分享受細緻編目帶來的巨大"紅利"。

(二)銘刻材料的細緻校勘與科學整理

任何科學研究都需要建立在扎實、準確、可靠的材料分析基礎之上,没有大量準確可靠的文本文獻支撐,科學研究便成了無本之末、無水之源;即使作出了一定的演繹、推理或者分析,也如"空中樓閣"般分外危險,因此,我們亦當格外重視對文獻材料的細緻校勘與科學整理,越南古代漢文銘刻亦不例外。對此,我們在對越南古代漢文銘刻進行編目的基礎上,應當充分利用編目過程中掌握的諸家著錄信息,結合拓片及諸家錄文,精心校勘,細緻考辨銘文疑難字詞,最終形成準確可靠的釋文文本資料。存拓片者,依照原拓,細緻校勘諸家錄文,作出案斷;未存拓片者,則比勘衆本,異文互證,擇善而從;對銘刻中的訛、脱、衍、倒等現象亦當作出必要的説明和補正,從而爲接下來的銘文注釋、考證及綜合研究工作奠定良好基礎。

值得注意的是,由於越南早期紀年史料的匱乏及相關史籍記載的闕失,再加上資料難於獲取,以及參考文獻面臨語言障礙等客觀因素的存在,從而使得越南古代漢文銘刻的整理與校勘工作,相比國內金石文獻的整理與校勘要困難得多。一方面,這與越南古代漢文銘刻文獻材料散碎、年代跨度長、涉及内容廣等自身因素密切相關;另一方面,亦與部分漢文銘刻銘文泐蝕、石面殘斷、文字俗訛等因素的存在加大了銘文釋讀與考證的難度有關。對於前者,我們可採取先易後難、分期分類、斷代分域、文獻調查等方式綜合加以解決;對於後者,則可採用版本互勘、異文互證、銘刻文字變異規律、文體特點及文獻學研究方法加以解決。而在越南漢文銘刻文獻材料的甄選、鑒別上，我們可以採用"典型樣本法"，從不同歷史時期的越南古代銘刻文獻中，重點節選出那些與中國歷史文化密切相關及在越南歷史文化中佔有重要地位的漢文銘刻精品，並按照時代先後順序統一加以整理與研究。

（三）多學科交叉研究與深入綜合考證

越南古代漢文銘刻記載的内容紛繁複雜，涉及到古代越南政治體制、經濟文化、職官勳授、地理沿革、宗教信仰、民俗鄉約、對外關係、語言文字等諸多重要内容，需要我們充分調動文獻學、歷史學、考古學、宗教學、語言文字學等多學科知識綜合加以解決，必要時甚至需要進行一定的多學科交叉研究與深入綜合考證，而這顯然需要不同學科、不同知識背景的研究學者廣泛參與、共同研究，彼此學習和借鑒不同領域的研究成果。對此，我們可以從三個主要研究層面加以展開：文獻整理層面，應當包含諸家著錄、題跋相關考證及注釋信息，核驗原拓、參核衆本後所作出的案斷及説明等；語言文字研究層面，亦當包含對疑難字詞、特色詞語、典故詞語、異體字、同形字、假借字等的準確解釋；歷史文化考證層面，應當包含銘文所涉歷史人物、歷史事件、職官地理、宗教信仰、民俗文化等的相關注解和考證。至此，未來關於越南古代漢文銘刻的整理與研究，可用圖簡要表示如下：

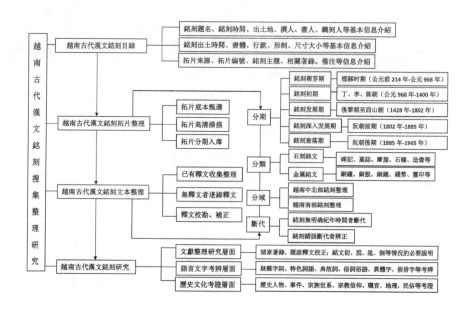

(四)"域外漢籍"視域下的"三重證據法"

近年來,域外漢籍的整理與研究日益成爲學界關注與研究的熱點話題,並逐漸成爲推動學術創新的新增長點,這一點已成爲學界的基本共識。而"三重證據法"是建立在二重證據法基礎之上,運用三重或多重證據來研究文獻資料的重要考據方法。對此,陳寅恪先生早就指出:"一曰取地下之實物與紙上之遺文互相釋證""二曰取異族之故書與吾國之舊籍互相補正""三曰取外來之觀念,以固有之材料互相參證"①。王平先生亦曾提出過"域外漢字學"的相關概念,提倡漢字研究的"三重證據法",即以本國傳世文獻、出土文獻與域外漢字文獻相互印證,以此來考證研究漢字發展史②。陳氏提到的第二、三重證據以及王平先生將漢字研究的領域擴展到"域外漢字",都是從中國視角出發,取異域之文獻材料爲我所用,以此來進一步補充研究中國歷史及文獻典籍,頗具啓發意義;但與此同時,我們亦不妨反過來思考一下問題,如果我們能够跳出"站在中國視角看周邊"的傳統思路,能以"域外"之眼光,反過來審視中國本國的歷史、文化及與周邊的對外關係,或許會有更多不一樣的全新解讀與獨特發現,整理研究越南古代漢文銘刻亦不例外。以往研究越南文獻,似乎總是面臨着"文獻不足徵"的困惑,而毛漢光、耿慧玲先生認爲越南是整個"大西南"區域的組成部分之一,如果將越南的相關研究,納入整個"大西南"區域的大背景下加以綜合考察,區域內外很多資料可以相互發明和彼此印證③,研究視野、研究範圍及研究資料都可以得到極大的擴展。張伯偉先生亦提出了"作爲方法的漢文化圈"的學術理念,主張將研究的問題置於東亞漢文化圈的整體中加以把握,研究中國與東亞諸國之間的文化互動、文明交涉與知識環流,從而提煉

---

① 陳寅恪《王静安先生遺書·序》,載《海寧王静安先生遺書》,商務印書館,1940年。
② 見上海交通大學海外漢字文化研究中心網站王平先生主要學術觀點及論著相關簡介。
③ 上述觀點乃是據張伯偉《讀南大中文系的人·壬辰紀事》(南京大學出版社,2014年,頁357)及耿慧玲《越南史論叢·序論》(待刊稿,頁1)所述觀點加以綜合概括整理,謹致謝忱,特此説明。

出東亞知識生産與人文傳播的新理論與新方法①。由此可知，我們在整理研究越南古代漢文銘刻時，既要注意依託越南傳世史籍、金石志、方志及前人抄本、著録、題跋等相關文獻加以解釋説明，又要多留心其與中國漢文傳世文獻、出土文獻中相互暗合的地方，注意相互發明與彼此印證，從而使相關研究與考證更具科學性與可解釋性。

（五）研製"越南古代漢文銘刻語料庫"，實現語料數字化

隨着計算機技術的不斷進步以及文本數字化技術的日趨成熟，文獻語料的數字化問題開始提上議事日程，於是國内外科研機構開始競相開發研製不同類型的文獻語料庫，以期實現語料數字化。相比中、日、韓及中國臺灣、香港等地區金石語料庫的研發進程，越南因受到國内經費緊張及相關技術條件的制約，相關語料庫的研發進度要緩慢得多，很多方面尚處於摸索或籌備起步階段。據魏超《域外漢籍數字化探析——以越南漢喃文獻爲例》的相關研究，越南漢喃文獻的數字化還較爲落後，且多是由外國科研機構發起並實施的。自 2006—2013 年間，"喃字遺産保存會"（VNPF，美國）聯合越南國家圖書館，啓動了"漢喃古籍文獻典藏數位化計劃"，目前已完成越南國家圖書館所藏約 2000 份漢喃文獻掃描、存儲工作，並免費提供在綫查詢和網絡閱讀服務；日本東京大學東洋文化研究所及日本國會圖書館等機構不同程度地對所藏越南漢喃文獻進行了數位化整理，而作爲漢喃文獻存量最爲豐富的越南國内尚未有專門的數據庫或語料庫，不得不説是遺憾②。即使上述科研機構已開始着手進行越南漢喃文獻的數字化工作，但也僅是停留在對文獻資料的電子掃描與分類存儲階段，不僅掃描和存儲的漢喃電子文獻數量偏少，而且尚無法完成電子文獻的檢索、查詢、篩選及數字統計分析等工作，離真正意義上的語料庫研發還相距甚遠。因此，從長遠發展來看，爲了研究深化的需要，研發專業的越南古代漢文銘刻乃至漢

---

①卞東波《探尋"東亞漢籍的研究意義"——南京大學域外漢籍研究所 2016 年國際工作坊綜述》，《古典文獻知識》2017 年第 2 期，頁 143。

②魏超《域外漢籍數字化探析——以越南漢喃文獻爲例》，《圖書館論壇》2018 年第 5 期，頁 7。

喃文獻語料庫進而實現語料數字化勢在必行，這也是筆者目前正在着手進行的重點工作之一。

　　需要説明的是，專業語料庫的研發不僅需要投入大量的人力、物力和財力，還需要具有計算機專業背景人員的傾心設計與廣泛參與，尤其是在前期的語料庫建庫階段頗爲不易，具體涉及到語料庫模板建構、前期資料調查與儲備、各字段内容分類録入、數據信息查詢、篩選、統計、分析及後期深入整合等諸多内容。而如果從個人研究出發，我們可以利用當前較爲流行的 ACCESS 數據庫技術率先研發基礎版的語料庫，後期再通過更爲高級的 C＋＋編程及 Java 技術實現多模塊關聯及聯合查詢。我們目前已經利用 ACCESS 數據庫技術着手設計研發了“越南古代漢文銘刻語料庫”，不僅能夠實現銘刻時間、出土時間、出土地點、書體、行款、碑額志蓋、拓本來源、拓本編號及相關著録多字段語料的檢索、查詢與分類篩選，亦可做到銘刻拓本與釋文文本的對應關聯，還可輕鬆提取並導出録入的各項内容與數據，從而實現 ACCESS 數據庫與 EXECL 表格、Word 文檔之間的數據兼容與格式轉換。我們研發的語料庫界面及相關字段内容如下：

《越南古代漢文銘刻語料庫》系統主界面

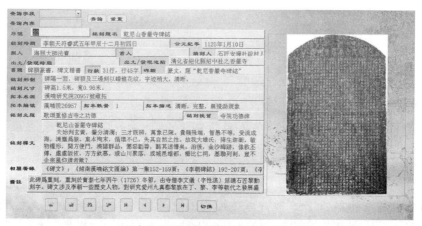

《越南古代漢文銘刻語料庫》主要内容

五　結語

　　作爲漢字及漢文化在越南傳播、發展、交流使用的真實物證,越南古代漢文銘刻真實記録了古代越南政治、經濟、文化、民俗、宗教等在内的諸多重要内容,由於越南屬高温多雨的熱帶季風氣候,金石漢文銘刻比起傳統紙質書籍更能長久保存,其不僅是忠實記録古越民族生活風情史的生動資料,而且對越南傳世典籍亦是强有力的重要補充,甚至在越南早期紀年史料方面發揮着填補空白的作用①,具有重要研究價值。然而,目前國内外學界對這部分寶貴文獻資料的關注與研究還不够充分,當前刊布的絶大部分的漢文銘刻文獻資料多還是以拓本圖録形式保存,亟需我們對其加以全面調查搜集、細緻校勘與科學整理。因此,我們對越南古代漢文銘刻的整理研究狀况進行全面回顧,並對未來整理研究的主要方向作出合理展望,以期抛磚引玉,希望引起學界對這部分寶貴文獻資料的關注與重視,以推動其後續深入研究。

(作者單位:復旦大學出土文獻與古文字
研究中心;西華師範大學文學院)

①王小盾《越南訪書札記》,《新國學》第三輯,2001年,頁11。

域外漢籍研究集刊　第二十輯
2020 年　頁 287—306

中國國家圖書館所藏稀見文獻
《越南使臣詩稿》考論 *

劉玉珺

　　自從 2010 年復旦大學出版社出版了《越南漢文燕行文獻集成（越南所藏編）》之後，在學術界引發了一波相關研究的熱潮。不過，這套書的編纂正如其書名所示，只收録了藏于越南漢喃研究院的燕行文獻。筆者早在 2003 年攻讀博士學位期間，即從中國國家圖書館善本部抄録有一種稀見的越南北使唱和詩集《越南使臣詩稿》，並爲其撰寫過簡單的提要。① 鑒於此書乃越南北使詩文集孤本，至今學術界尚未有專門性的深入研究，且與朝鮮的中國紀行史料相比，越南此類文獻的重心不在於史學，而明顯在於以詩歌爲主的文學。② 因此，現擬圍繞此書的收藏與流傳、成書時間和地點、作者生平、文獻價值等作一番較爲全面的探討，以饗讀者。

一、《越南使臣詩稿》的收藏與流傳

　　《越南使臣詩稿》爲清抄本，共十八頁，半頁九行二十五字，小字雙行，無欄格。此抄本無目録、無序跋，也没有留下抄手姓名，書名頁除抄有書名外，僅題有"富察敦崇藏"五字。正文首頁鈐有"謝興堯藏""北京圖書館藏"

---

* 本文爲國家社科基金項目"中國古典詩歌對越南詩歌傳統形成的影響研究"
　（17BZW124）階段性成果。
① 劉玉珺《越南漢喃古籍的文獻學研究》，北京：中華書局 2007 年，頁 58—59。
② 劉玉珺《越南漢喃古籍的文獻學研究》，頁 337。

兩枚陽刻方印。這些信息反映了書籍的收藏與流傳,現先從富察敦崇開始,逐一考察。

富察敦崇(1855—1926)是清朝前期政壇的常青樹、康熙朝大學士馬齊之後,二等敦惠伯承志之次子。他初名宗傑,字俊臣,一字偉人,又字默卿。九歲時出繼給堂伯父錫祜爲嗣,遂更名敦崇,字禮臣。① 富察敦崇家居於燕京鐵獅子胡同增舊園,故又自號鐵獅道人。他的姻侄周承蔭撰寫的《鐵獅道人傳》,對其生平、著述均作了較好的概括,兹列如下:

> 道人姓富察,名敦崇,字禮臣。世居燕京,祖籍長白人也。考諱錫祜,户部員外郎,姚那拉氏。本生考諱承忠,世襲二等公敦惠伯,姚愛新覺羅氏榮府郡君,生二子,公其次也。幼聰慧,受家訓于從叔父紹雲。公及長,應鄉試,遭族人回避,三次不得入場,遂棄去。由兵部筆帖式題陞郎中,補授廣西思恩府知府,未到任,經總督錫公良奏調東三省委用,保陞道員。宣統三年七月,因病請假就醫。甫至京,遽遭國變,遂不復出。時或自言自語,時或拍案呼咤。惟遇隆裕皇太后大事,成服而出,縞素二十七日,並恭視山陵奉安。自後遇疾不服藥,歲時生辰不受家人朝拜,日求速死。嘗自擬挽聯曰:"遼海好如歸去鶴,塵寰不作再來人。"其灑落有如此者。性喜文事,著有《紫藤館詩草》一卷、《燕京歲時記》一卷、《庚子都門記變詩》一卷、《南行詩草》一卷、《隆裕皇太后大事記》一卷、《左傳精華》四卷、《年譜》六卷、《富察遺聞録》四卷、《經義新評》一卷、《皇室見聞録》一卷、《畫虎集文鈔》一卷、《芸窗瑣記》一卷,有已印、有未印者。別號鐵獅道人,號贅叟,又號鐵石,乃竟以黃冠終焉。②

這篇《鐵獅道人傳》見載于富察敦崇的別集《紫藤館詩草》之卷首。根據富察敦崇親自編定的《思恩太守年譜》可知,他曾經六次參加鄉試,其中光緒元年(1875)、光緒八年(1882)的科考,因從堂伯烏拉喜崇阿任考官,按清朝科場條例,爲防止舞弊,他作爲族人應回避而不得入場,③終未能考取功

---

① (清)富察敦崇著,高文俊輯校《思恩太守年譜》,長春:吉林文史出版社 2015 年版,頁 1、13。

② (清)富察敦崇《紫藤館詩草》卷首,《清代詩文集彙編》第 780 册,上海:上海古籍出版社 2010 年版,頁 765。

③ (清)富察敦崇著,高文俊輯校《思恩太守年譜》,頁 45、65。

名,只得援例納官。

　　富察敦崇著述頗豐,他的《燕京歲時記》按一年四季節令依次記述了北京的歲時風物民俗,初刊於清光緒三十二年(1906),後被翻譯爲日文和英文,①聞名于海内外,是富察氏最負盛名的著作。《紫藤館詩草》《南行詩草》《畫虎集文鈔》則被編入《清代詩文集彙編》,已廣惠學林。吉林省社會科學院圖書館於 20 世紀 80 年代從天津古舊書店購入有富察敦崇自編的六卷《思恩太守年譜》,吉林文史出版社於 2015 年 1 月出版了此書的點校本。除了上文所記之外,富察敦崇還被發現有由其重孫富長生抄寫的《紫藤館剩稿》。② 按,紫藤館乃富察敦崇所居之所,他原出生於鐵獅子胡同東院上房歌斯堂,同治六年(1867)九月,"奉叔父諭,移至西院紫藤館讀書,將歌斯堂遺出,將爲兄作新房也"。③ 較爲遺憾的是,富察敦崇現存著述中未見有《越南使臣詩稿》的相關記載。不過,《思恩太守年譜》記有富察敦崇日常購書的生活瑣事,足見他是一愛書之人。例如,宣統元年(1909),他於"六月二十七日,早至琉璃廠二酉堂,買得《牧民五種》《洗冤録》等書,共價銀十五兩";宣統二年(1910)三月,富察敦崇南行至武昌調查陸軍第八鎮,並參觀了官書局,"流連許久,購得《太白全集》一部,《十國宫詞》一本,《煙霞萬古樓》一本,尺牘一本,書目一本"。④ 富察敦崇既"性喜文事",亦愛讀書購書,收藏有《越南使臣詩稿》這類珍稀書籍亦在情理之中。

　　《越南使臣詩稿》書名頁之前有一紙豎題"民

圖一:《越南使臣詩稿》書影(局部)

①有多部著作云《燕京歲時記》有法譯本,但顧鈞《卜德與〈燕京歲時記〉》一文指出,大約並没有法譯本。顧文載《民俗研究》2011 年第 3 期,頁 85。

②曲振明《一個晚清皇族的哀鳴——富察敦崇的稿抄本〈紫藤館剩稿〉》,《舊書刊攟珍》,上海:上海遠東出版社 2014 年版,頁 13—16。

③(清)富察敦崇著,高文俊輯校《思恩太守年譜》,頁 29。

④(清)富察敦崇著,高文俊輯校《思恩太守年譜》,頁 222、255。

國三十三年八月二十日　謝五知君見贈”諸字，並落款“知堂”，見圖一：

筆者將此與周作人手迹比對，可確知這一段文字爲周作人親筆所書，而所謂的“謝五知君”即書籍所鈐的另一藏書印的主人謝興堯。也就是説，在富察敦崇之後，《越南使臣詩稿》曾分別流傳至謝興堯和周作人之手。

謝興堯(1906—2006)①，四川射洪人，出生于陝西南鄭縣，筆名有五知、老長毛、蕘公等，解放後又常以知非、知是、沈亦署名，終身致力於太平天國史的研究，與簡又文、羅爾綱並稱名家。謝興堯的父親是清光緒二十年(1894)甲午科的舉人，滿清末年曾任漢中府褒城、沔縣、寧羌等處的知縣，民國後全家返蜀居住。謝興堯於 1926 年考入北京大學史學系，師從朱希祖、陳垣、陳寅恪、鄧之誠、馬衡等先生，在朱希祖的指導下完成畢業論文《太平天國史研究》，畢業後又入本校國學門研究所，曾向沈兼士、孟森等人問學。1931 年從北京大學國學門研究所畢業，後陸續在北平大學女子文理學院、河南大學、國立女子師範大學任教。1935 在商務印書館出版了《太平天國的社會政治思想》《太平天國史事論叢》二書，又與簡又文合作創辦了以搜集太平天國史料爲主要内容的《逸經》雜誌。② 1938 年在鄧之誠的建議和幫助下，編成《太平天國叢書十三種》出版。1946 年冬，國民黨創辦《新生報》，爲增加報紙的文化學術氛圍，陸續開闢了《語言與文學》《故都文物》《文史週刊》三個副刊，分別由朱自清、溥心畬、謝興堯任主編。③ 解放後，謝興堯進入《人民日報》理論教育組工作直至退休，期間出任過《人民日報》圖書館館長。退休後，整理了《水窗春囈》《榮慶日記》等重要的清代史料。謝興堯還取查慎行“惟有王城最堪隱，萬人如海一身藏”之詩意，自號“堪

①柯愈春《讀書種子謝興堯》記載謝興堯自述早年到北京，補習過兩年英語，因而隱瞞了兩年的年齡，實際上應當出生於 1904 年農曆 8 月 11 日，身份證生日爲 1906 年 9 月 28 日，於 2006 年 6 月 23 日在北京逝世。柯文載徐俊主編《掌故》第 2 集，北京：中華書局 2017 年版，頁 173—200。

②參見謝興堯《堪隱説夢·自傳》，《堪隱齋雜著》，太原：山西古籍出版社 1998 年版，頁 39—50。

③參見謝興堯《堪隱談書·我編專刊》，《堪隱齋隨筆》，瀋陽：遼寧教育出版社 1995 年版，頁 21—22。

隱",並以此爲齋名,①于九十餘歲高齡出版了《堪隱齋隨筆》《堪隱齋雜著》二書。

　　謝興堯同時也是一位著名的藏書家,他早在 1942 年就曾在上海《古今》雜誌上發表《書林逸話》而聲名鵲起,後參與過《續修四庫全書提要(稿本)》的編撰,擔任禮類、春秋類的撰稿人。② 謝興堯在《書林逸話》的第一段就交待了他的收藏經歷與寫作緣由,其曰:

　　　　余自民國十四年寄迹故都,屈指計之,小小廿年矣。中曾旅居滬上,食教汴梁,漫遊錢塘,訪古姑蘇,凡所至之地,莫不以搜求故書尋輯遺本爲職志,蓋嗜好所在,莫知其然。故十餘年來,亦略有所得,尤以故都之文化市場,由購書而接交書賈,又由考訂而知舊家遺物之流傳,固樂事亦趣事也。於是略悉書價之起伏,書籍之循環,與夫珍本秘籍之歸宿,顯宦學人之收藏,以及南北書價之比較,南北書賈之作風。久欲記其梗概,以留異日之回憶,良以書籍者,一國文化之代表,古今學術之泉源,其盛衰之數,較之米炭油鹽之漲落,其重要性奚止百倍。因不揣淺陋,凡有見聞,分段紀述,以觀察社會文化變遷者之參考。昔長沙葉德輝氏,曾撰《書林清話》及《餘話》,稱重藝林,惟多關板本考藏之得失,古今書籍之優劣。此則注重有關社會,經濟,文化者,固不敢步武前賢,其性質亦各異也。③

《書林逸話》儘管没有記載《越南使臣詩稿》是如何流傳至謝興堯手中,但可從中瞭解相關的收藏背景。謝興堯曾"食教汴梁",而《越南使臣詩稿》中亦有數詩成於河南開封府的鄭州、新鄭,或許也可視作一種因緣際會。

　　1989 年 3 月 10 日,謝興堯撰有《回憶知堂》一文,詳細地記述了他與周

---

① 謝興堯《堪隱齋隨筆》自序,頁 1。

② 除了可見于謝興堯的自述和回憶文章外,1904 年署理"東方文化事業總委員總務委員"橋川時雄提交的《續修提要編纂事業完成期計畫書》記載了《續修四庫全書提要》執筆者、整理者等 86 人,其中第 35 位爲謝興堯。參見(日)今村與志雄《〈續修四庫全書提要〉與影印本〈文字同盟〉第三卷"解題"補遺》,《汲古》第 23 號,汲古書院,1993 年,頁 71。

③ 謝興堯《書林逸話》,周黎庵編《古今叢書·蠹魚篇》,上海:古今出版社,1943 年版,頁 57。

作人的相識、交往。① 早在謝興堯還在北京大學讀書時，就與同學旁聽過周作人講課。大約 1933 年至 1934 年間，謝興堯隨《京報》記者傅芸子前去八道灣周宅採訪周作人，才與其有了第一次見面談話。此後，謝氏主編《逸經》文史半月刊，向周作人約稿，二人開始了較爲穩定和長期的交往。1939年周宅發生槍擊案後，他們就只以書信往來。抗戰勝利後，謝興堯創辦了《逸文》月刊，繼續向周作人約稿。按周作人在《越南使臣詩稿》封面的題記，謝興堯是在抗戰勝利之前，即 1944 年 8 月 20 日將此書贈送給對方。那麽謝興堯爲何要將這樣一本越南使臣的唱和詩集贈送給周作人呢？原因還在於，這本古籍原是富察敦崇的舊藏，而周作人一直很留意富察敦崇的著述，亦不免擴及到他的藏書。

早在 1936 年 1 月 13 日，他就在《北平晨報》發表了《燕京歲時記》一文，對是書質樸瑣屑的文風和內容大爲讚賞。1942 年 10 月，周作人以"藥堂"之名，在《國立華北編譯館館刊》上發表《關於〈燕京歲時記〉譯本》一文，他寫到：

> 敦崇所著《燕京歲時記》是我所喜歡的書籍之一，自從民國九年初次見到，一直如此以至今日。原書刻於光緒丙午，距今才三十六年，市上尚有新印本發售，並不難得，但是我有一本，紙已舊敝，首葉有朱文印二，曰鐵獅道人，曰姓富察敦崇字禮臣，篆刻與印色均不佳，所可重者乃是著者之遺迹耳。寒齋所得此外尚有《紫藤館詩草》《南行詩草》《都門紀變三十絕句》《畫虎集文鈔》《芸窗瑣記》《湘影歷史》等六種，但是最有意思的，還要算這《歲時記》，近七八年中英文日文譯本都已出來，即此也可見爲有目所共賞了。②

閱讀周作人的著述不難發現，他對《燕京歲時記》的確是情有獨鍾、推崇備至。在謝興堯贈送《越南使臣詩稿》的這一年年初，周作人發表《關於送灶》時，還引用了《燕京歲時記》對祭灶這一風俗的記述。

抗戰勝利後，周作人的大部分藏書被充爲公有，收藏于北平圖書館，即現今的中國國家圖書館。這部輾轉流傳的《越南使臣詩稿》幸得保存完好，由國圖善本部收藏至今。

---

① 謝興堯《堪隱説夢·回憶知堂》，《堪隱齋雜著》，頁 13—19。
② 鍾叔河編訂《周作人散文全集》第 8 册，桂林：廣西師範大學出版社 2009 年版，頁 643。

二、《越南使臣詩稿》的寫作時間和地點

　　《越南使臣詩稿》一共收詩 55 首，爲晚清士人鞠捷昌與越南使臣阮述、陳慶洊、阮懽，以及行人張仲曙的唱和詩集。

　　越南使臣阮述曾分別於嗣德三十三年（1880）充正使、嗣德三十五年歲末（1883 年年初）充副使，兩度如清。通過一同參與唱和的越南文人，可知這部詩稿成于阮述以歲貢正使的身份出使中國的期間。《大南實録》記載嗣德三十三年（1880）六月曰：

　　　　遣使如清（歲貢），吏部右侍郎充辦閣務阮述改授禮部銜，充正使；侍讀學士充史館纂修陳慶洊改授鴻臚寺卿，兵部郎中阮懽改授侍讀學士，充甲乙副使。①

這次遣使是越南歷史上最後一次以藩屬國的身份向中國朝貢，鞠捷昌時任越南使團的伴送官。

　　《越南使臣詩稿》更具體的成書時間，從作品中可找到綫索。首先，多首詩歌或直接寫到重陽節，或以重陽節的代表性意象、語彙入詩。由此能推斷詩稿成于重陽佳節前後。例如，鞠捷昌七律《贈越南國貢使阮荷亭用王馨庭觀察原韻》云：“五馬風塵慚學步，重陽時節喜追陪。黄花紅葉皆吟料，收入奚囊珍重回”；鞠捷昌又有五律《口占仍用前韻以博》云：“十年前過客，九月展重陽”；越南乙副使阮懽《謹步原韻奉呈子聯觀察大人雅鑒》其二云：“重陽佳節景光新，得得藍輿趁路塵。黄菊花前思濁酒，白頭客裏惜春香”，均直接寫到重陽節。又有“佳節登高兄弟遠，故園東望倍腸回”（鞠捷昌《襄城道中仍用貢使阮荷亭贈王馨庭觀察原韻》）、“弔古經殘壘，登高憶故鄉”（阮述《謹步舊縣道中原韻》）、“作客仍長道，登高況故鄉”（張仲曙《謹步舊縣道中原韻》）等，寫到登高祈福的重陽習俗；“清風雨袖尚依然，一笑相逢菊酒天”（鞠捷昌《晤南陽令伊李子鉁》）、“黄菊酒樽提勝事，紫芝眉宇渴清陪”（阮述《仍用前贈王馨庭觀察原韻和呈子聯觀察大人並呈馨庭觀察》）、“雞蟲塵世真成笑，餞酒天涯且共陪”（鞠捷昌《襄城道中仍用貢使阮

①《大南實録正編第四紀》卷六十三，《大南實録》十八，東京：日本慶應義塾大學言語文化研究所 1980 年 6 月影印本，第 7073 頁。括弧内文字爲原文小注。

荷亭贈王馨庭觀察原韻》）等，寫到重陽飲菊花酒、吃重陽餻的習俗。此外，又有"九月天猶暖，風光似早春。送秋霜信晚，到處麥功新"（陳慶溁《裕州道中》）、"數點橫斜沙外影，南征鴻雁已先人"（阮述《謹和原韻》）、"老柳經霜瘦，寒花過雨蘇"（張仲曶《裕州道中録奉吟壇斧政》）諸詩句，以秋霜、鴻雁、老柳、寒花等意象，或直接描繪、或間接點出了深秋這一與重陽節相吻合的時令背景。

按照阮述等人的出使路綫，他們於嗣德三十三年（1880）六月，從越南出發北上，到達燕京後再南歸，整個行程至少應當在中國境内度過兩個重陽節。那麼《越南使臣詩稿》到底成于哪一個重陽節呢？陳慶溁"梅羹已羨生平向，菊酒重叨異席陪"（《謹步贈陪臣阮荷亭原韻》）這聯詩後有小注云："僕等在途已兩重陽。"顯然，詩稿中的作品是越南使臣在中國度過的第二個重陽節，即1881年農曆九月初九前後所作。從時間來推算，此時的越南使臣處於歸途中。正使阮述有詩云："豪情人北海，歸路國南鄉"（《有感仍用原韻》）；甲副使陳慶溁寫道："行矣問前路，歸與憶故鄉"（《謹和新店筆談原韻》），這些均可作爲旁證。

詩稿部分作品還標有更確切的寫作時間。如鞠捷昌《襄城道中仍用貢使阮荷亭贈王馨庭觀察原韻》一詩注明："時重陽前一日也。"緊接著這首詩之後抄録的阮述《晚行襄城道中有作奉呈子聯觀察大人斧政》亦云："節已重陽近，途將七聖迷。"鞠捷昌的這首詩及相關的越南使臣即時唱和之作，當寫於1881年農曆九月初八。越南行人張仲曶還有詩歌題云："九日襄城曉發，謹用子聯觀察大人再贈原韻，即祈哂政"，此詩正好作于重陽當日。整部詩稿是按作品寫作的先後次序來編輯的，詩稿最後一部分的贈別唱和詩，有鞠捷昌《立冬日送貢使入楚賦以志别》一詩，也點明了具體的作詩日期。綜上，整部詩稿的寫作時間可明確爲光緒七年（1881）重陽節前數日至立冬期間。

我們再來考察《越南使臣詩稿》所涉的唱和地點。根據詩題及相關作品内容，可以進一步確定詩稿中的所有作品均產生于阮述使團南歸途經河南時所作。兹從北向南，將使團經過的州、縣、鎮，即酬唱發生、涉及的具體地點，依次整理列表如下：

唱和地點			涉及的詩作①
府	縣、州	鎮	
開封府	鄭州		鞠捷昌《鄭州道中口佔用阮荷亭贈王馨庭觀察原韻》；陳慶洊《謹步鄭州道中口占原韻》
	新鄭		阮述《新鄭道中即步子聯觀察大人鄭州道中口占原韻》
許州府	許州	石固	鞠捷昌《石固道中用越南國副貢使陳子震信陽道中原韻》；陳慶洊《謹步石固道中原韻》；張仲習《謹步石固道中原韻》
	襄城		鞠捷昌《襄城道中仍用貢使阮荷亭贈王馨庭觀察原韻》；阮述《晚行襄城道中有作奉呈子聯觀察大人斧政》《謹和襄城道中再贈原韻》；陳慶洊《謹和襄城道中再贈原韻》《襄城道中即事用阮荷亭韻》；張仲習《九日襄城曉發謹用子聯觀察大人再贈原韻即祈哂政》
南陽府	葉縣	舊縣	鞠捷昌《襄葉道中望汝州群山，愴然有感，率成四律，不計詞之工拙也》《舊縣道中》；阮述《謹步舊縣道中原韻》；陳慶洊《謹步舊縣道中原韻》；張仲習《謹步舊縣道中原韻》
	裕州		阮述《裕州道中再和舊縣道中原韻》；陳慶洊《裕州道中再和舊縣道中原韻》《裕州道中》；張仲習《裕州道中録奉吟壇斧政》
	南陽	新店	鞠捷昌《新店與貢使筆談，仍用舊縣道中原韻》《晤南陽令尹李子錚》；阮述《子聯觀察大人録示〈晤南陽李令尹〉詩，並疏其平日居官取士，大概讀之。忻慕爰和原韻，以贈令尹並呈鈞政》；陳慶洊《謹和新店筆談原韻》《南陽道中訪古迭用原韻》
	新野		張仲習《謹和贈别原韻》：天涯鴻爪增離緒，新野城西曉月寒。

清代越南使臣入京通常都要經過廣西、湖南，此後則分别有三種使程：一是東綫，自湖南、湖北經江西、安徽、江蘇入山東、直隸。這是清初就已確定的入京路綫，西山朝之前的如清使團走的都是這條路綫。二是中綫，自湖北經河南入直隸。乾隆五十五年(1790)，西山朝派潘輝益、武輝瑨、段浚奉使如清賀乾隆皇帝八旬大壽。從這次出使開始，越南使團改由河南進入直隸。三是西綫，入河南後，經由山西入直隸，這是一條因黄河水決而臨時

① 個别和詩未必與原作寫於同一地點，此表僅根據詩題所涉及的地點而列，擬較爲全面地展現越南使臣唱和發生的地點。

性改行的貢道。① 阮述此次出使，沿途作品結集爲《每懷吟草》，《越南漢文燕行文獻集成（越南所藏編）》收録有越南漢喃研究院所藏的《每懷吟草》A. 554 號抄本，②此本分爲上下兩卷，上卷收録阮述途經廣西、湖南、湖北，後取道河南入直隸的過程中所作的詩歌，下卷則收録在京師、出京師，取道河南、湖北返回時沿途寫下的作品。那麽，阮述使團顯然走的是中綫。

按照阮朝范文貯所繪的《如清圖》，中綫河南境内的貢道由南向北依次爲：信陽州→確山→遂平→郾城→許州→新鄭→鄭州→滎澤→新鄉→衛輝府城→淇縣→湯陰→彰德府城。③ 據阮述《每懷吟草》上卷收録的詩歌，可以判斷使團進京時，在河南走的就是這條貢道。《越南使臣詩稿》的作品卻顯示，使團出京進入河南後，没有從信陽州入楚，反而取道南陽，從新野進入湖北。這條路綫實際上是西綫在河南境内所走的使道。這體現了越南使臣行走路綫的複雜性，往返的主綫雖大致相同，具體路綫卻有一定差距。清朝的伴送官也隨之改變，阮述一行入京時，河南境内的伴送官是汝寧知府王馨庭，出京時改道南陽，伴送官則由南陽知府鞠捷昌擔任，所以陳慶洊有《憶王馨庭觀察，即以贈别子聯觀察大人，書懷奉呈並祈轉達》一詩。

相較於東綫來説，從河南入京的中綫路程更短，不過在阮述之前的越南使臣筆下，這條使道不僅遠離江南的繁華，而且旱路較長，風沙塞道，行路艱辛。例如首次行走中綫的潘輝益，寫有《河南道中》二詩，詩前題記云：

> 河南，古豫州地，號稱中州，平沙曠邈，土穀唯蒿粱麫麥，不宜種稻。沿途柳樹成行，居民麫食、土屋、風物啬陋。使程到信陽州，换轎登車，一切裝擔，並歸車上載去。車一輛，用馬或騾四疋，前奔牽挽，轂

①鄭幸《越南使臣入清京師路綫考述——以漢文燕行文獻爲中心》，《歷史地理》第 35 輯，上海：上海人民出版社 2018 年版，頁 130—138。按，鄭文關於中綫的表述是"自湖北經河南入山東、直隸"，不過鄭文所依據的范文貯《如清圖》（A. 3113）未涉及到山東，本文討論的阮述使團亦未經過山東，故此處不提山東。

②此抄本中混入有後黎朝使臣阮輝僅的作品，本文僅依可確定爲阮述的作品作爲判斷。

③[越]范文貯繪《如清圖》，葛兆光、鄭克孟主編《越南漢文燕行文獻集成（越南所藏編）》第 24 册，上海：復旦大學出版社 2010 年影印越南漢喃研究院所藏 A. 3113 號抄本，頁 259—280。

聲如雷，飛塵塞道，行色頗爲艱勞。①

被認爲是越南使臣潘輝注所作的《輶軒叢筆》也云：

> 漢陽爲古今使路水陸分程處。黎以前使舟過此，順流東下，歷江
> 西、江南至揚州始起旱，經山東、直隷入京，行程共至週年，水路歷東南
> 一帶，人景繁華，涉歷舒暢。近來自漢口起旱，過武陵關入河南，經直
> 隷。四十日間，風沙跋履，使車殊屬勞苦。雖中土山河，備見古今遺
> 迹，而晨夕馳驅，每懷靡及，何如風水安便上揚州耶！②

阮述等人在河南行走的路綫與潘輝益、潘輝注等人不盡相同，詩中所描寫
的部分景象與二潘所記卻大致相若。例如，張仲喜的“麥隴高於地，村家小
似舟”（《裕州道中録奉吟壇斧政》）、阮懂的“澗雲溪柳俱清絶，入境令人重
首回”（《謹步原韻奉呈子聯觀察大人雅鑒》）等詩句，將潘輝益所説的“不宜
種稻”、“沿途柳樹成行”等，以另一種更具審美價值的方式表述出來。從阮
述的“江山重喜見聞新，洧外停車洗舊塵”（《新鄭道中即步子聯觀察大人鄭
州道中口占原韻》）、“回車驚石磴，捉扇卻秋陽。鼓静空山壘，煙疏瘠土鄉”
（《裕州道中再和舊縣道中原韻》）等詩句，我們不免可以想像阮述使團行走
在車聲如雷、飛塵揚道的空山瘠土中，曾是如何的“行色頗爲艱勞”。當然
《過光武廟》《南陽道中訪古疊用原韻》數詩，也表明使團曾在晨夕馳驅中
“備見古今遺迹”。

三、《越南使臣詩稿》的作者與文獻價值

我們先來看《越南使臣詩稿》作者中唯一的一位晚清士人鞠捷昌。詩
稿中的阮述《仍用前贈王馨庭觀察原韻和呈子聯觀察大人並呈馨庭觀察》
一詩，亦見於《每懷吟草》，題爲“次韻酬河南伴送鞠捷昌並訪原伴送王兆

---

① ［越］潘輝益《星槎紀行》，葛兆光、鄭克孟主編《越南漢文燕行文獻集成（越南所藏
　編）》第 6 册，影印越南漢喃研究院所藏 A.603 號抄本，頁 224。按，“信陽州”原文
　作“信楊州”。

② ［越］潘輝注《輶軒叢筆》，葛兆光、鄭克孟主編《越南漢文燕行文獻集成（越南所藏編）》
　第 11 册，影印越南漢喃研究院所藏 A.801 號抄本，頁 95。按，“自漢口起旱”原文誤
　作“自漢口起旱”。

蘭”，題下有注曰：“鞠字連，山東人，進士出身，現授南陽府知府補用道。”①
這條題注有誤，鞠捷昌字子聯，號少儻，所以越南使臣尊稱其爲“子聯觀察
大人”。鞠捷昌的履歷檔案詳細地記載了他大半生的仕宦經歷，兹轉録
如下：

　　鞠捷昌，現年五十四歲，係山東海陽縣人。由增生中式，同治甲子
科本省鄉試舉人，戊辰科會試中式進士，奉旨以知縣用，籤掣河南。七
年八月到省，九年八月充庚午科鄉同考官，是月題補汝陽知縣，九月到
任。因承辦轉運糧臺出力，經前河南巡撫李鶴年保奏，請以直隸州知
州，在任候補，奉旨依議。

　　光緒元年十月，調補祥符縣知縣。二年五月到任，因防汛出力，經
現署兩江總督、前河東河道總督曾國荃保奏，請俟補直隸州知州，後以
知府補用，奉旨依議。

　　三年五月，題補汝州直隸州知州，七月到任。因承辦西路糧運出
力，經前欽差稽察山西賑務大臣，現任户部尚書閻敬銘保奏，奉旨加道
銜。旋經部議改加四品銜，奉旨依議。

　　六年五月，因督辦豫賑，尤爲出力。經前河南巡撫涂宗瀛等保奏，
奉旨俟補知府，後以道員用。七年正月，奏補南陽府知府，因前在鄧州
賑恤案內出力，經升任河東河道總督前護理、河南巡撫成孚保奏，奉旨
加隨帶三級。十一月，交卸南陽府知府篆務，請諮赴部引見。本年二
月初五日，經欽派大臣驗放，初六日覆奏，堪以補授照例用，奉旨
依議。②

結合上述檔案所記，參閱其他史料相互印證，具體可知：鞠捷昌（1830—
1901）③于同治三年（1864）中舉，同治戊辰年（1868）登第，位列第三甲第二

①［越］阮述《每懷吟草》，葛兆光、鄭克孟主編《越南漢文燕行文獻集成（越南所藏編）》第23
　册，影印越南漢喃研究院所藏 A.554 號抄本，頁123。按，“王兆蘭”原文誤作“王逃蘭”。
②秦國經主編、唐益年、葉秀雲副主編《中國第一歷史檔案館藏清代官員履歷檔案全編》
　第4册，上海：華東師範大學出版社1997年版，頁240—241。
③鞠捷昌的生年所據爲《同治七年戊辰科會試問年齒録》，參見江慶柏編著《清代人物生
　卒年表》，北京：人民文學出版社2005年版，第843頁；其卒年參見劉廷鑾、孫家蘭編
　著《山東明清進士通覽（清代卷）》，濟南：山東文藝出版社2015年版，頁417。

十二名,獲賜同進士出身。① 此後他因經辦糧運、防汛、賑災等事務得力,從汝陽知縣開始一路升遷至南陽府知府,後補開封府知府。總體來看,鞠捷昌這一時期的政績頗佳,張之洞評價他曰:"綜核名實,悃愊無華,口碑流傳,循良之選。"②阮述等人途經河南時,即光緒七年(1881)九月,鞠捷昌正如《每懷吟草》所記,以南陽知府之職而擔任伴送官。

其次考察越南詩人中地位最高的正使阮述。按,阮述(1842—?),字孝生,號荷亭,廣南省醴陽縣人。作爲一位兩度使華的越南著名文人,《大南實錄》卻没有爲阮述專門立傳,他的部分生平經歷可略見於其父阮道傳中。阮道以義士名世,《大南正編列傳二集》《大南一統志》的"行義"條均有其略傳。試看《大南一統志》所記:

> 阮道,醴陽縣人。明命初,兩登庠,年四十例得補,以母老乞終養,居家以孝友聞。又樂施予,嗣德初歲屢歉,道捐賑不靳費,所居及旁近諸社村全活者衆,又于社立義倉爲備荒計。癸亥年,海疆有事,轄民饑。省臣派委勸捐,得錢六萬餘緡,又自捐以助公,賑錢若粟亦巨萬焉。蒙賞樂捐銀牌、義士銀牌各一面。守牧來者皆重其爲人,數延訪以社民利病,多所裨益。③

阮述及其兄弟、後人的情況,《大南實錄》阮道傳的記述更爲詳細,如下:

> 子述有文名,戊辰試禮闈中格,迨覆試反在乙榜。親朋來賀且惜之,則謝而曉之曰……諸子既貴顯,又慮其行事有妨陰德,每誦古人"與其出一喪元氣進士,不若出一積陰隲平民"之句以戒之,故諸子皆以宦業聞。卒年七十,以子銜累贈至都察院右副都御史,諡莊凱。子造有別傳,述現以太子少保、協辦大學士封安長子,領吏部尚書充機密院大臣休致。迥亦舉於鄉,未及仕;遄中秀才。述子織領鄉薦,現翰林院修撰,俟補,經亦中秀才。④

---

①江慶柏編著《清朝進士題名録》,北京:中華書局 2007 年版,頁 1071。

②(清)張之洞《張文襄公全集》卷四,北平文華齋民國十七年(1928)刻本。

③[越]高春育等編纂《大南一統志》(第一輯)卷五,東京:日本印度支那研究會昭和十六年(1941)影印本,頁 732—733。

④《大南正編列傳二集》卷四十二,《大南實錄》二十,東京:日本慶應義塾大學言語文化研究所 1981 年 9 月影印本,頁 8087。

從上述兩段記載可知,阮述出生于越南廣南一個樂善好施、聲譽頗佳的名門望族。自 1868 年登進士副榜以來,阮述歷任興化巡撫、清化總督、吏部侍郎等職,最後官至一品,授太子少保、協辦大學士,領吏部尚書充機密院大臣,稱得上是阮朝後期的重臣。尤其本文所涉的第一次使華,前文第二部分所引《大南實録正編第四紀》繼曰:

> 述臨行,帝制詩並遠行歌,御書以賜之。時又以清匪未靜,乃具邊情疏文,命述遞到廣西,祈爲題請派出營弁防剿。①

這顯然是一次頗受嗣德帝重視的出使,阮述除了擔任歲貢正使之外,還要借進貢之便,向廣西巡撫遞國書,請求清朝派兵剿匪。阮述此行順利完成了使命,途經河南時由鞠捷昌一路伴送,在行走中相互贈答唱和,後經湖北繼續南下,於次年四月才回抵越南都城。②

　　由於現存史料匱乏,未能對參與唱和的陳慶洊、阮懽、張仲曶三位越南使團成員作詳細的生平考述,但可借此探討《越南使臣詩稿》的文獻價值。越南使臣的在華活動,直接影響到中越兩國的邦交關係,所以使臣往往都要經過嚴格的遴選。尤其是歲貢、告哀、謝恩這類循例派出的常規使團,"膺斯選者,必慎簡賢才,有不辱君命之流,乃足充當使事"。③ 阮朝明命帝曾對禮部云:"若陳黎之前,非博洽之才,不可使也。因敕自今奉使,當擇才識者充選",④後又對侍臣曰:"如清使部,須有文學言語者,方可充選"。⑤學問淵博、具有良好的漢文學才華,一直都是選拔使臣的重要條件,正如筆者曾指出:越南使臣往往由其國內最優秀的學者和詩人擔當。⑥ 派出阮述使團的阮翼宗在嗣德二十年(1868),廷臣奉旨遴選使部時交待:"此次如清

---

①《大南實録正編第四紀》卷六十三,《大南實録》十八,第 7073 頁。又按,"時"原文避諱作"辰"。下文引文此類情況直接回改,不再出注。

②《大南實録正編第四紀》卷六十七,《大南實録》十八,頁 7154。

③[越]裴文禩《大珠使部唱酬》,越南漢喃研究院所藏 VHv.1781 號抄本。

④《大南實録正編第二紀》卷十二,《大南實録》五,東京:日本慶應義塾大學言語文化研究所 1971 年 11 月影印本,頁 1594。

⑤《大南實録正編第二紀》卷二百一十八,《大南實録》十二,東京:日本慶應義塾大學言語文化研究 1976 年 3 月影印本,頁 4695。

⑥劉玉珺《越南漢喃古籍的文獻學研究》,頁 338—341。

使部,著交廷臣即秉公遴舉京外官員,何係學識淹貫博通,練達政體,堪充使務三員",當他對等額推選出來的候選人不滿時則説:"所舉恐皆生疏,或係粗執,未堪遠出專對,再舉".① 所以才識出衆、擅長辭令,在外交往來中能够堪當"專對"之大任,始終是越南選拔使臣的重要原則和標準。遺憾的是,兩位副使陳慶溰、阮懽均没有留下相應的北使詩文集,不僅如此,在目前已公佈的越南漢喃文獻之中,也没有看到二人留有其他詩文别集。因此,二人據詩稿保留在中國的這批詩作就彌足珍貴了。經臺灣學者陳益源教授實地考察,目前在河南湯陰岳王廟,尚存有甲副使陳慶溰于光緒辛巳年(1881)四月所題寫的《謁岳忠武祠》詩碑。② 而《越南使臣詩稿》一共保留了陳慶溰的 8 首七律、5 首五律、2 首七絶、1 首五排,共計 16 首詩歌。清朝官員鞠捷昌沿途寫下的每一組詩,他都有唱和,並且數量還超出了正使阮述,位居越南使團之冠,充分地展現了他即興發揮、應對從容的專對之才。相對于原任侍讀學士充史館纂修的陳慶溰來説,同爲正四品之職的兵部郎中阮懽,臨場即興作詩的能力似乎要弱一些,不過詩稿也收録了他的兩首和詩,且這兩首詩歌尚未見載於其他燕行文集。

《越南使臣詩稿》更爲難得的是還收録有行人張仲詧的 6 首和詩。根據《欽定大南會典事例》的記載,越南阮朝選拔貢使,禮部須"交廷臣擇舉使臣三員:正使一、副使二,並遴充行人八、隨人九"。③ 于同治七年(1868)入貢的越南使臣阮思僴,撰有《燕軺筆録》一書,書中記録了歲貢使團的構成:除了正副使 3 人外,所謂的行人 8 人分别包括録事 1 人、書記 5 人、調護 2人。④ 就越南阮朝使團成員構成而言,行人是非常重要的一個群體。據

---

① [越]阮思僴《燕軺筆録》,葛兆光、鄭克孟主編《越南漢文燕行文獻集成(越南所藏編)》第 19 册,影印越南漢喃研究院所藏 A.852 抄本,頁 13、15。按,"淹貫博通"原文脱"貫"字。

② 陳益源《越南使節于中國刻詩立碑之現場考察:河南湯陰岳王廟》,《第二届文獻與進路:越南漢學工作坊會議論文集》抽印本,2017 年 10 月。

③ [越]阮朝國史館編《欽定大南會典事例·正編》卷一百二十八,重慶:西南師範大學出版社 2015 年版,頁 2020。

④ [越]阮思僴《燕軺筆録》,葛兆光、鄭克孟主編《越南漢文燕行文獻集成(越南所藏編)》第 19 册,頁 46—52。

《大南實録》的記載,行人也往往是越南國内優秀的文人。例如,范有儀"通
經博古,初充行人,著有《使燕叢詠》,中國名士亦稱賞焉";①阮廷詩"有才
辯……嗣德四年,授員外,充如清使部行人"。② 遺憾的是,儘管每個使團
都有一定數量的行人,流傳下來的著述和相關史料卻都較爲稀少。《越南
漢文燕行文獻集成(越南所藏編)》收録了越南漢喃研究院所藏的 79 種獨
立成書或成卷的燕行文獻,僅有《華程學步集》的作者武希蘇爲嘉隆三年
(1804)如清使部的録事,餘下的阮朝燕行文獻凡有姓名可考者,均爲正副
使所編撰。關於張仲昬其人,阮述《每懷吟草》有詩《重登岳陽樓示張仲
昬》,僅提到了他的姓名而已。總之,整部《越南使臣詩稿》雖然體量不大,
卻完整地記録了晚清官員與越南使部的所有陪臣,以及包括行人在内的使
團重要成員之間,所展開的帶有集體活動性質的文學交往。

　　即使阮述另有《每懷吟草》集中收録了此行的作品,詩稿卻更能完整地
展現作品背後所隱藏的文學活動、作品的寫作緣由等。例如,《每懷吟草》
A.554 號抄本收録有《南陽途中》一詩曰:"風吹白水浪翻銀,蘆岸蕭蕭冷露
晨。數點橫斜沙外影,南征鴻雁已先人。龍岡憑眺不勝情,紅葉園林隴畔
橫。一水回環山遠近,邀人終日畫中行。"無論是從詩題還是抄録的形式來
看,都容易被誤會爲這是一首由阮述自由創作的七言詩。通過詩稿所記可
知,這其實是阮述的兩首七絶和詩。原詩爲鞠捷昌所作的《曉行口占》二
首,分别爲:

　　　　鷺鷥悄立白於銀,幾處炊煙已響晨。一片蘆花數行柳,隔溪有個
　　打魚人。
　　　　紅樹青山俱有情,菜畦麥隴緑縱横。朝來無限秋光好,盡著藍輿
　　緩緩行。

將鞠、阮二人的詩歌對比,明顯能看得出二者之間的密切關聯。

　　有學者撰文指出,寧波天一閣所藏的《每懷吟草》稿本,收録有若干《每
懷吟草》越南本的脱漏之詩。③ 其中一首爲《和子聯觀察襄城途中再贈原

①《大南正編列傳第二集》卷二十五,《大南實録》二十,頁 7867。
②《大南正編列傳第二集》卷三十二,《大南實録》二十,頁 7961。
③李開升《天一閣藏越南阮述〈每懷吟草〉稿本初探》,《復旦古籍所學報》第 1 期,上海:
　復旦大學出版社,2012 年版,頁 240—248。

韻》,全詩如下:

> 家家叢菊傍籬開,不斷寒香送客來。潁水舊傳遺老號,蓬山今見
> 謫仙才。秋懷白草斜陽外,詩境青山夾路陪。佳節逢君豪更甚,何妨
> 糕字寫千回。

《越南使臣詩稿》不僅也收録有此詩,詩題作"謹和襄城道中再贈原韻",而且仔細辨析可知,此和詩的原作爲進京時阮述贈與伴送官王馨庭的詩歌。此番再次途經河南改道後,新伴送官鞠捷昌與阮述本人,以及陳慶溎、阮懽、張仲曶都有唱和之作,還形成了往復多次的吟詠唱和。若無詩稿所載,難以發現這首詩實際關係著一場參與人數衆多、時間跨度較長的跨國酬唱。

四、結語和餘論

《越南使臣詩稿》這部中越文人共同創作的詩集,輾轉流傳于晚清文人富察敦崇、民國太平天國史研究專家謝興堯、現代著名作家周作人之手,最後得以完好無缺地保存於國家圖書館,它在書籍收藏史上的意義,已是不言而喻。歷史上中越兩國曾有著密切的文化與政治關係。從開寶八年(975),宋太祖封丁部領爲交趾郡王起,中越兩國建立起了長達近千年的宗藩關係,直至1883年越南淪爲法國殖民地。在這段漫長的歲月裏,越南定期派出使團向中國歲貢,以及不定期的請封、告哀、賀壽等,因此越南使臣成爲了中越文化交流的重要承擔者。筆者曾指出越南使臣曾以贈答酬唱、請序題詞、鑒賞評點、書信筆談四種方式,與中國文人進行文學交流,①《越南使臣詩稿》正是中越文人以贈答酬唱的方式進行文學交流的結晶。

從上述角度來看,《越南使臣詩稿》的學術意義是雙向的,不僅保留了越南使臣陳慶溎、阮懽、張仲曶等人在越南本土不傳的作品,而且作爲晚清士人代表參與唱和的鞠捷昌,目前也暫無發現他另有詩文別集。因此,詩稿也是瞭解鞠捷昌文學創作和文學交往的珍貴資料。

同時,《越南使臣詩稿》還能對已有的越南燕行文獻研究起到深化、補正的作用。臺灣研究者戴榮冠撰有《阮述〈每懷吟草〉詩作考》一文,考察阮

---

① 劉玉珺《越南漢喃古籍的文獻學研究》,第349—363頁。

述使團南歸之路綫時説:"入河南境内,南渡淇水、過黄河,抵達鄭州。之後抵達河南新鄭,遊於洛陽。使團再行,抵達襄城、汝墳、新店、裕州等後,再到南陽。"①前文根據《越南使臣詩稿》作品的創作地點,得出使團的路綫是抵達新鄭後,下一站是石固鎮,而後依次途經襄城、葉縣、裕州、南陽,然後從新野入楚。二者最大的區别就是阮述一行是否有繞路拐向西邊去洛陽旅遊。對此,作者以注釋的形式作了詳細的論證:

> 《九日汝墳途中作》後,爲《舊縣途中次子聯韻》《過光武廟和子聯韻》諸詩,舊縣即今洛陽市嵩縣,詩云:"群山趨太室",太室山爲嵩山東峰,位於襄城西北方。又河南光武廟有二,一爲潢川光武廟,二爲宜陽光武廟。潢川在河南省東南部,宜陽在洛陽市宜陽縣,依照路程當爲宜陽光武廟。因此,《舊縣途中次子聯韻》《過光武廟和子聯韻》二詩當爲錯簡,應是阮述使團抵新鄭後,轉西往洛陽旅遊,再南下襄城、南陽等地。

阮述這兩首被視爲錯簡的詩歌,在《越南使臣詩稿》中,分别題爲《謹步舊縣道中原韻》《過光武廟步和原韻》。詩稿雖然没有收録《九日汝墳途中作》一詩,但收録有張仲習的《九日襄城曉發謹用子聯觀察大人再贈原韻即祈哂政》,且《謹步舊縣道中原韻》《過光武廟步和原韻》二詩也抄在張詩之後,這與《每懷吟草》的編排次序相同。《越南使臣詩稿》與《每懷吟草》來源不同,由中國文人抄寫,詩稿中没有避越南諱,亦按照成詩的先後順序編輯成書。因此,不太可能這兩首詩都在兩個來源完全不同的抄本中同時錯簡。那如何解釋詩歌編排與使團路綫的不一致呢?

關鍵即在於《阮述〈每懷吟草〉詩作考》對使團路綫的考證是錯誤的。首先,阮述詩題中的"舊縣"並非是洛陽市嵩縣,而是河南葉縣的舊縣鎮,今屬平頂山市,晚清時歸南陽府所轄。《葉縣誌》卷一云:"縣治在府東北二百四十里……南行十五里至尤潦鋪,又十五里至舊縣鎮。"②阮述詩"群山趨太室"的後一句是"佳氣入南陽";陳慶洊的同題和詩也云:"鳧飛來北闕,龍下近南陽"。其次,河南境内的光武廟遠遠不止前引文中提到的兩處。在

①戴榮冠《阮述〈每懷吟草〉詩作考》,《静宜中文學報》2013年第3期,第198頁。

②(清)歐陽霖修,倉景恬、胡廷楨纂《葉縣誌》(光緒)卷一"輿地志",《中國方志叢書·華北地方》第463號,臺北:成文出版社1976年影印同治十年(1873)刊本,頁96—97。

《越南使臣詩稿》中,《過光武廟步和原韻》抄在《裕州道中》之後,即此時已經過了葉縣,進入了裕州,但仍在南陽府境内。《河南通志》記載南陽府的光武廟有七座,"一在府城南,一在鎮平縣廣洋村,一在桐柏縣西,一在内鄉縣蕭山巔,一在新野縣演武場,一在淅川縣南關,一在裕州扳倒井。按,世祖記帝平莽自舂陵始,凡所經之地,多立廟祀焉"。① 按照使程來判斷,越南使團經過的應當是裕州扳倒井的光武廟。范文貯《如清圖》所繪的西綫裕州段,就標記有漢光武廟,參見下圖:

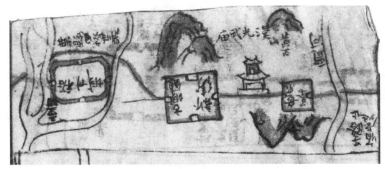

圖二:范文貯所繪《如清圖》書影(局部)

鞠捷昌《過光武廟》原韻寫到:"靈迹階前井,雲臺壁上圖",也可參證。其實,越南使臣所走的路綫都由清政府指定,使團絕不可能爲了所謂的旅遊而刻意繞道西行至洛陽。《每懷吟草》中的《舊縣途中次子聯韻》《過光武廟和子聯韻》二詩自然也就不存在著錯簡的問題。

綜上,無論是從中越文學交流史、越南漢文學史,還是書籍收藏史、中越關係史等角度來看,《越南使臣詩稿》都是一部頗具學術價值的書籍。本文抛磚引玉,以一斑窺全豹,有待方家繼續深入。

（作者單位:西南交通大學人文學院、越南研究中心）

———————————

① （清）王士俊等《河南通志》（雍正）卷四十八,文淵閣《四庫全書》本。

域外漢籍研究集刊　第二十輯
2020 年　頁 307—324

越南漢文小説所見福神研究三題

張　蓓

　　越南自古民間信仰繁盛,史學家陳重金編寫《越南通史》時言其國人
"好信鬼事魔,崇祭祀,而又不熱心皈依於任何一種宗教"①。故而,民間形
成了以"四不死"神、城隍神、福神在内的多神信仰體系。其中,福神是指
"專門做好事的神(通常是由人民奉祀已逝的有功德的人)"②。它的産生,
本質上基於人類趨利避害的生命需求和樸素願望。由於越南山地衆多、江
河密佈、叢林茂盛,在自然環境相對艱苦、生産資料相對匱乏的時期,對於
生活水準低下的人們而言,這種需求和願望就更爲强烈。兼之,古代越南
朝代更迭頻繁,外有中國、占城威脅,處於夾縫之中的封建王朝飽受内憂外
患之苦③,嚴酷的生存環境進一步刺激了民衆心理訴求,福神信仰異常濃

---

① [越]陳重金著,戴可來譯《越南通史》,商務印書館,1992 年,頁 10。
② [越]黃批《越語詞典》,峴港出版社,2006 年,頁 791。轉引自鄭青青等《越南民間信仰
中的福神信仰探究》,載《世界宗教文化》2014 年第 5 期,頁 28。
③ 關於越南和中國的關係,據《越南通史》([越]陳重金著,戴可來譯)、《越南通史》(郭振
鐸、張笑梅主編,中國人民大學出版社,2001 年)、校合本《大越史記全書》([越]吳士
連等著,陳荆和編校,日本東京大學東洋文化研究所,1986 年)等書記載,古代越南自
漢以迄五代内屬中國之地,公元 968 年丁部領平定内亂,建立相對獨立的封建政權,
國號"大瞿越"。之後,越南歷經前黎、李、陳、胡、後黎等諸朝,雖長久與中國保持藩宗
關係,但期間兩國戰事、衝突不斷,而公元 1414 年至 1427 年明朝一度恢復了對越南
(時稱"安南")的統治,使越南進入"屬明時期",直到黎利發動藍山起義,(轉下頁注)

厚。但學術界對其研究卻是鳳毛麟角。2011年,上海古籍出版社出版了由孫遜、鄭克孟、陳益源主編的《越南漢文小説集成》(以下簡稱《集成》)凡二十册,收録了大量福神資料,涉及神話傳説、歷史小説、筆記小説多種類型,爲越南福神的研究供了重要文獻資料。本文擬以《集成》所收録的小説文本爲研究對象,針對福神類别、特點及起源試做探析。

一、越南福神的類别

越南漢文小説收録福神數量衆多,經筆者粗略統計,《集成》中有福神記載者約137篇,涉及小説(集)26部,共計事迹完整或有姓名的福神125位。其中,神話傳説與筆記小説記載較多,主要集中在《嶺南摭怪列傳》《粤甸幽靈集》《天南雲録》《潘神娘玉譜·册丁聖母玉譜·傘員聖事迹》《大乾國家南海四位聖娘玉譜録》《安南古迹列傳》《南天忠義實録》《人物志》《科榜標奇》《雨中隨筆》《敏軒説類》《桑滄偶録》《聽聞異録》等之中。這些小説,最早創作於公元14世紀,最晚成書於公元20世紀初,歷時700年,每一世紀皆有産出。其中,14、15世紀的作品較少,各存1部,18、19世紀作品最多[1]。文本多爲世代累積型,如二張兄弟、乾海尊神、柳杏公主、杜汪、士爕等福神故事,在流傳的過程中内容不斷擴充,情節不斷完善。

越南福神不但數量衆多,而且在整個神祇系統中所占比重巨大。陳朝李濟川撰《粤甸幽靈集》以記本朝及前朝神祇,全書共計神祇28位,其中福神有17位,分别爲明道開基聖烈神武皇帝(趙光復)、英烈仁孝欽明聖武皇帝(李佛子)、徵聖王(二徵姊妹)、貞烈夫人(占城王妃)、威明勇烈顯忠佐聖孚祐大王(李光)、太尉忠輔勇武威勝公(李常傑)、都統匡國王(黎奉曉)、太尉忠惠公(穆慎)、卻敵威敵二大王(二張兄弟)、證安佑國王(李服蠻)、果毅

(接上頁注)建立後黎朝,越南才又再度獨立;占城,我國典籍稱其爲"林邑",地處古代越南南端。歷史上,占城與越南之間戰事繁多。對此,校合本《大越史記全書》本紀所載甚多,如卷之二、卷之三分别記録了黎大行皇帝、李太宗征占城之事,卷之七載有占城入侵越南化州,升龍城諸事。

[1] 成書時間參照了任明華《越南漢文小説研究》附録二《越南漢文小説簡表》,上海古籍出版社,2010年,頁387—392。

剛正王（高魯）、廣利大王（龍度神）、盟主昭感大王（銅鼓山神）、善護國公（土神），占所錄神祇總數 61%，遠超其他任何一類神祇。更有玉譜之類記福神事迹，如《大乾國家南海四位聖娘玉譜錄》。除上述神話傳説外，後世筆記小説①也收錄有衆多福神，如《南天珍異集》《南天忠義實錄》《人物志》《科榜標奇》記載了“兩國狀元”莫挺之、“南國狀元”馮克寬、前黎節義忠臣武睿、後黎開國功臣黎石、黎禮、黎篆、阮廌等在内的福神約 50 位。記錄在册的福神，數量龐大，種類繁雜，包括聖君賢臣、山川精靈、民族英雄、狀元進士、節婦烈女等各色人（神）物。這裏以神的本體和成神方式爲標準，對越南福神進行粗略分類，兼論部分特例：

（一）以神的本體區分

若以神的本體來區分，越南福神可分爲自然神和人神。前者是越南原始信仰中的山神（精）、水神（精）、土神、江神等自然神，因屢有靈驗、造福世人，在流傳中逐漸演變成了福神，如傘圓山神（見《嶺南摭怪列傳·傘圓山傳》）、龍度神（亦稱“龍肚神”“龍肚正氣神”，見《安南古迹列傳·大灘都魯石神像傳》《馬麟逸史錄·龍肚神》等）、銅鼓山神（見《粵甸幽靈集錄·盟主昭感大王》）、白鶴江神（見《嶺南摭怪列傳·白鶴江神像》《馬麟逸史錄·三江福神》等）、藤州土神（見《嶺南摭怪列傳·開天藤州福神傳》）、海濟郡土神（見《粵甸幽靈集錄·善護國公》）、三島山神（見《粵甸幽靈集錄·青山大王》）、永林山精（見《新訂較評越甸幽靈集·永林蒲時傳》）、南海水精（見《新訂較評越甸幽靈集·諒山奇窮傳》）、廣博大王（水神，見《越甸幽靈·廣博大王》）、黄江陰神（水神，見《越甸幽靈·水府神女昭明大王》）、星朗神君（天星，見《越甸幽靈·星朗神君》）。後者爲越南歷史上的忠臣義士、民族英雄、良將賢才，另有少量帝王后妃、皇族子嗣。忠臣義士者，如國破服毒自盡、死後顯靈禦敵的卻敵善佑助順大王、威敵勇敢顯勝大王（二張兄弟）（見《越甸幽靈集全編·卻敵善佑助順大王、威敵勇敢顯聖大王》）；民族英

---

① 文中關於小説類型的劃分，參照了陳慶浩在《越南漢文小説集成序》（孫遜、鄭克孟、陳益源主編《越南漢文小説集成》第 1 册，上海古籍出版社，2010 年，頁 11—15）中所使用的分類方法，其中神話傳説包括《嶺南摭怪》《越甸幽靈》《天南雲錄》《雲葛神女古錄》《天本雲鄉黎朝聖母玉譜》等共 17 種，筆記小説包括《南國異聞錄》《南天忠義實錄》《公餘捷記》《人物志》《科榜標奇》等共 33 種。

雄者,如被元軍俘虜英勇就義的正直大王黎石、剛斷大王何英(見《新訂較評越甸幽靈集·長津二將軍譜》),又有被明軍所殺的亞侯黎備(見《南天忠義實録·黎朝》);良將賢才者,如隨李太宗征占城、抗擊宋軍的太尉忠輔勇武威勝公李常傑(見《粵甸幽靈集録·太尉忠輔勇武威勝公》),後黎朝開國功臣阮熾(見《人物志·崗國公傳》),陳朝張璨、陳固、陶椒、陳崇穎等多位狀元(見《科榜標奇·陳朝狀元考》);帝王后妃者,如明道開基聖烈神武皇帝趙光復(見《粵甸幽靈集録·明道開基聖烈神武皇帝》)、英烈仁孝欽明聖武皇帝李佛子(見《粵甸幽靈集録·英烈仁孝欽明聖武皇帝》)、占城王妃(見《粵甸幽靈集録·貞烈夫人》);皇族子嗣者,如李英宗之女邵陽公主、紹容公主(見《越甸幽靈·歷朝顯靈公主神女列位》),李太宗第八子威明勇烈顯忠佐聖孚祐大王李光(見《粵甸幽靈集録·威明勇烈顯忠佐聖孚祐大王》)。

(二)以成神方式區分

若以成神方式來區分,可將福神分爲民間祀奉神和官方敕封神兩類。民間祀奉的福神,多爲某一地域、時代的神靈或英雄人物,人們因感念其功自發供奉。如傘圓山神、白鶴江神、龍肚神、海濟郡土神(善護國公)、奇窮大王、永林山精,趙光復、李佛子、二徵夫人、士王等。官方敕封的福神則多由帝王、朝廷對本朝或前朝的愛國將領、忠臣義士、名儒文人、貞烈節婦進行敕封或追封,如《粵甸幽靈集録》所載李服蠻、李常傑、黎奉曉、穆慎、銅鼓山神皆爲李朝所敕封福神(其中李服蠻爲李太祖所敕封之福神、李常傑、黎奉曉、銅鼓山神爲李太宗所敕封之福神),阮國楨爲鄭王追封的福神(見《馬麟逸史録·鎮武夢應》),阮紹知、武睿等十五人爲黎世宗所封之福神(見《南天忠義實録·前黎節義》)。

然而民間祀奉與官方敕封並非決然分離的,二者實有交叉。一部分福神先是由民間自發祀奉,後來才被官方敕封,如《粵甸幽靈·廣博大王》載廣博大王本是富川縣靖福社所奉祀的福神,後因福佑黎聖宗攻佔城而被敕封。另一部分福神,則是先由官方敕封然後送至民間祭祀,如《粵甸幽靈集録·都統匡國王》載李朝黎奉曉死後被封爲福神,而後由土人立祠祀之。

在民間和官方之外,另有宗教勢力的影響,尤其是道教的影響。據《大越史記全書》外紀卷之三的記載,東漢獻帝建安年間,遣張津爲交州刺史,

"津好鬼神事,常著絳帕頭巾,鼓琴燒香,讀道書云:'可以助化'。"①由此推斷,道教至遲在東漢時期已傳入越南。李太祖順天七年(宋大中祥符九年,公元 1016 年)"度京師千餘人爲僧道"②,李太宗天成元年(宋天聖六年,公元 1029 年)"置僧道階品"③,明朝(屬明時期)"派僧道司的僧人、道士前來傳佈佛教、道教"④。道教在越南發展了近兩千年,當地人除了祭拜玉皇大帝、真武帝君、灶神等中國道教神仙外,還"把他們傳統信奉的神(例如山、河等神)與道教結合起來,作爲崇拜的對象"⑤,於是諸如白鶴江神、柳杏元君、傘圓山神之類又以福神的身份享受民間供奉,雖然數量不多,但也豐富了越南福神的形成途徑。

(三)特例

上述兩類福神無論哪一類,多是由於能賜福一方百姓、一任國君、一個朝代才冠以福神之名,然而亦有例外者。

《桑滄偶録·左沏》載:

> 風水師某君,宜春左沏人也。……始君在家時,常卜生墳一穴,曰:"一犬逐群羊格,葬之三日,當成地仙。"晚自中都歸,得疾,攜一弟子俱,將囑以後事,半途弟子没。至家疾革,令兒就其地,道遠,度不能至,指路旁一阜曰:"此血食地,不得已焉可也。"下輿,命依所向穿壙掩之,後果爲福神。⑥

顯然,某君成爲福神與賜福禳災毫不相干,只因擅長堪輿之術葬身寶地而已。小説表達了因佔據神仙宅窟,命中注定成神的主題,是對道教風水、堪輿之術在越南盛行的一個映射。

又有《雨中隨筆·小兒福神》:

> 吾總揚舍,古有小兒爲群鵝所逐,墮地死,後爲其邑福神。故其俗

---

①[越]吳士連等著,陳荆和編校《大越史記全書》外紀卷之三,頁 132。
②[越]吳士連等著,陳荆和編校《大越史記全書》外紀卷之三,頁 212。
③[越]吳士連等著,陳荆和編校《大越史記全書》外紀卷之三,頁 219。
④[越]陳重金著,戴可來譯《越南通史》,頁 145。
⑤許永璋《論道教在越南的傳播和影響》,載《史學月刊》2002 年第 7 期,頁 104。
⑥[越]范廷琥、阮案撰,楊曉靄、胡大浚校點《桑滄偶録》,《越南漢文小説集成》第 12 册,頁 101—102。

相沿有畜鵝禁，蓋恐觸神忌也。景興季年，邑有畜鵝者，未幾人物不寧。邑人争咎之，殺其鵝，延術士具輿衛周遊邑外陵阜間迎神。余聞之不覺大笑。夫古之祀，自天地神祇之外，有功德者祀之，能禁大災、捍大患者祀之。至於畏壓溺三者，死且不吊，況舉邑而奉之乎？未有其生不能禦禽獸之侮，而死能福斯民者乎？①

"有功德者祀之，能禁大災、捍大患者祀之"，這與《國語·魯語上》所言："夫聖王之制祀也，法施於民則祀之，以死勤事則祀之，以勞定國則祀之，能禦大災則祀之，能捍大患則祀之"②一致，古代越南繼承了中國古代造神運動主流觀念——有仁德、有功德者方能成神。但小兒福神，生前不能自保，死後不能造福，卻被鄉人奉爲神靈，則與六朝時期的紫姑神頗爲相似。説明在越南歷史上也出現了"與主流觀念迥然不同的造神運動：一些無德、無功、無能的低微亡靈被奉爲神祇。"③這種神被冠以"福神"之名，的確是異于常理的存在，或許僅是出於民衆的同情心理使然。

此外，"食邑福神"也是一種特例。《雨中隨筆·俊傑社廟》載："吾縣俊傑社奉福神二位，一爲李朝駙馬，一爲李朝公主，不知爲何帝女與其所以祀之故。按史，李時分賜王侯公主食邑，想亦以其采邑因而奉之耳。"④《越甸幽靈·歷朝靈顯公主神女列位》亦載李英宗女昭陽公主、紹容公主，陳英宗女天真公主、惠直公主被封爲食邑福神。從字面意義上推斷，食邑福神應當是某一宗室成員或高級官員在其封地所享有的福神尊封，與是否能夠造福社稷、賜福於民並無因果關係，且小説文本中也無相關神迹的記載。

由此可見，越南福神在内涵與外延上均體現出多元化特徵，具有鮮明的地域、時代、民族、宗教、政治色彩，表現出紛繁性與複雜性。在越南的造神運動中，本土信仰與外來宗教不斷交融，政治力量與民俗文化共同發力，多重因素作用之下的福神外延持續擴大，不再單純以是否造福百姓，是否有功德而論，呈現出多樣姿態。

---

① ［越］范廷琥撰，孫軼旻校點《雨中隨筆》，《越南漢文小説集成》第 16 册，頁 227。
② 上海師範大學古籍整理研究所點校《國語》，上海古籍出版社，1998 年，頁 166。
③ 劉湘蘭《淫祀的悖論——從六朝志怪小説看民間神仙信仰》，載《文史哲》2012 年第 5 期，頁 43。
④ ［越］范廷琥撰，孫軼旻校點《雨中隨筆》，頁 219。

二、越南福神的特點

　　越南福神數量衆多,種類豐富,與越南人民的生活息息相關,經歷代流傳始終是越南民間神祇中的重要一員,這與越南福神本身所具有的特點有直接關係。與其它神祇相比,福神的主要特點有三:第一,職能最爲寬泛;第二,官方特別推崇;第三,逐漸由神祇演變爲以"忠、孝、節、義"爲内核的至高榮譽象徵。其中,第三個特點是越南福神最顯著的特點。

(一)職能最爲寬泛

　　"人們賦予神這樣或那樣的職能,是希望神以其威力救援現實社會中受苦受難的生靈。每當有新的需要,便有新神被創造出來。"①人類的需要,無外乎獲得温飽、健康、長壽、財富、權利、平安,避免疾病、戰亂、災害,可以説"人們敬神造神的目的是爲了求福"②。所謂"福,備也。……備者,百順之名也。無所不順者之謂備。'"③因此,福神理當爲"無所不順"的神祇。在越南,福神可以呼風喚雨,可以戰場殺敵,可以平息海浪,可以保護村邑。

　　《粤甸幽靈集録·徵聖王》載:

　　　　國人哀之,立祠祀之,歷代尊爲福神,祠在喝江上。李英宗時,因大旱,命浄戒禪師禱雨。天將雨,涼氣襲人。帝假寐,見二女,冠芙蓉冠,綠衣束帶,駕雨而來。帝怪問之。答曰:"妾即徵氏姊妹也,奉玉帝命,行雨而來。"④

　　二徵姊妹、李晃(見《越甸幽靈集全編·威明勇烈顯忠佐聖孚佑大王》)、後吳王之子(見《越甸幽靈·使君吳王尊神》)皆因能呼風喚雨而被尊爲福神。

　　《嶺南摭怪列傳(甲本)·龍眼如月二神傳》載:

　　　　黎大行皇帝天福元年,宋太祖命將軍侯仁寶、孫全興等將兵南

①王景琳《鬼神的魔力——漢民族的鬼神信仰》,生活·讀書·新知三聯書店,1992年,頁112。

②王景琳《鬼神的魔力——漢民族的鬼神信仰》,頁118。

③[漢]許慎撰,[清]段玉裁注《説文解字注》,上海古籍出版社,1981年,頁3。

④[越]李濟川撰,朱鳳玉校點《粤甸幽靈集録》,《越南漢文小説集成》第2册,頁13。

侵。……

　　大行夢見二神人於江上拜曰:"臣兄弟一名張吼,一名張喝……今宋兵入境内,爲我國王生靈之苦,故臣等來見,願與帝攻擊此賊,以救生靈。"……是夜,大行夢見二神人共著所賜衣冠,前來拜謝。後夜復見一人領白衣鬼部,自平江南來,一人領赤衣鬼部,從如月江北下,共向賊營而擊。①

二張兄弟、李翁仲(見《粤甸幽靈集録・校尉英烈威猛輔信大王》)、鬼沙門天王(見《嶺南摭怪列傳(乙本)・國師立朔天王祠》)、吴憲(見《越甸幽靈・靈郎大王》)等皆因助戰有功被尊爲福神。

《嶺南摭怪列傳(乙本)・乾海神傳》記載了乾海神在陳英宗征占城時,平息海浪,使得陳英宗凱旋歸來,又庇護出海之人,"自是遠近人民行船,凡遇風波,一心懇禱,呼吸之間,遂獲平安,此南海福神。"②《粤甸幽靈續集・管家都博大王》中的鄭加,爲人忠厚篤實,曾爲高駢管家,後被仇家所殺,高駢封他爲"當江管家神王",胡季犛當權時他因保護村邑被尊爲福神。

從材料看,越南福神已經兼具雨師、戰神、海神、城隍神等衆多神祇職能,多方造福於民。福神的産生滿足了人類各種趨利避害的要求,它的本質内涵決定了其職能最爲寬泛的屬性。

(二)官方特別推崇

越南於李陳之時大量封神,此時正值中國宋代——封神風氣尤爲盛行的時代。"所謂封神,即封賜諸神爵秩封號。魏晉以後,歷代統治者基於神道設教的目的,常以國家名義加封諸神。此風氣兩宋尤爲盛行。宋代封神既有山川自然之神,又有忠臣義士、節烈孝婦等人物神以及那些祈禱靈驗的仙釋巫鬼、古靈精怪。"③與之相鄰且關係密切的古代越南,"爲了維護政權統治的穩定,自李陳時期起,越南封建王朝就開始敕封各路神靈,並鼓勵民間供奉那些被朝廷敕封的神靈以及儒教觀念中的'福神',以達到通過管理神來

---

① [越]陳世法等撰,任明華校點《嶺南摭怪列傳(甲本)》《越南漢文小説集成》第 1 册,頁 54。
② [越]陳世法等撰,任明華校點《嶺南摭怪列傳(乙本)》,《越南漢文小説集成》第 1 册,頁 122。
③ 馮大北《宋代封神制度考述》,載《世界宗教研究》2011 年第 5 期,頁 121。

管理人的目的。"①於是大量福神進入國家祀典,受到官方的特別推崇。

　　歷代帝王中,對福神重視者首推李太宗。據《大越史記全書》本紀卷之二與《粤甸幽靈集録·盟主昭感大王》記載,李太宗征占城、平三王之亂時得銅鼓山神托夢示警,於是封其爲福神,後又敕封王爵,尊爲"天下主盟福神"。李太宗是越南歷史上的名君,後世多有歌頌,他大肆敕封銅鼓山神的舉動是出於政局穩定和移風易俗的需要。《大越史記全書》本紀卷之二記載,公元1028年李太祖死去的當天,東征、翊聖、武德三王發動政變,意欲除掉時爲太子的李太宗。經過李太宗的反擊,武德王被誅、東征、翊聖二王被免,然都城之亂剛平,長安府的開國王亦叛。不僅如此,太宗即位的二十三年前(公元1005年),前黎朝大行皇帝第五子開明大王黎龍鋌,殺掉即位僅三日的兄長黎中宗,謀逆簒位成功。不足三十年間,發生兩起敗壞倫常、奪權之事,李太宗急需扭轉這種風氣以穩固帝位。此時,李朝雖然"初步確立了以儒家學説作爲國家的正統意識"②,但他仍需要借助神明之力來强化"忠""孝"大義,史書載他"詔有司立廟於大羅城右伴聖壽寺後,以是月二十五日於廟中筑壇、張旗幟、整隊伍、懸劍戟於神位前,讀誓書曰:'爲子不孝、爲臣不忠,神明殛之。'群臣自東門入,過神位歃血,每歲以爲常"③。李太宗此舉或許正是後代君王褒封忠臣義士爲福神之發端,也應當是福神與儒家"忠孝節義"在官方推動下的首次結合。之後,李常傑、黎奉曉、穆慎等人皆因救駕有功,而相繼被太宗封爲福神。而後,陳朝于重興元年(公元1285年)、重興四年(公元1288年)、興隆二十一年(公元1313年)分別對所封福神及其它神祇進行追封或加封。

　　李陳之後,官方大量敕封福神集中在後黎朝時期,尤其是在後黎朝後期,莫氏簒權,黎氏王朝在南方中興,與莫氏相抗衡,南北政權對峙五六十年。之後,"阮氏據于南,鄭氏守於北,各霸一方,自建基業。自此山河破碎,南北紛争,形成我國歷史中的一個特殊的時代"④這段時間持續了近

①徐方宇《越南國家祀典與民間信仰的互動——以雄王公祭爲例》,載《廣西民族師範學院學報》2018年第1期,頁26。
②王后法《越南漢文小説與漢文化芻議》,載《徐州師範大學學報》2007年第6期,頁37。
③[越]吴士連等著,陳荆和編校《大越史記全書》本紀卷之二,頁218。
④[越]陳重金著,戴可來譯《越南通史》,頁188。

300 年，戰爭紛繁，大批將領死於沙場，許多有軍功者被封爲了福神。《大越史記全書》本紀卷之十八記載了黎神宗褒封、追封對抗南方阮氏政權的黃義膠、関文蓮、陳柏、丁德潤、阮德潤等人爲福神以表其陣亡之功。《集成》中，《南天忠義實録》記録了前黎（後黎朝前期）節義諸臣阮紹知、武睿、吳焕、阮敬篤，後黎（後黎朝後期）愛國將領黎禮、黎篆，黎裕宗至顯宗年間的進士黃義伯、國師阮廷石等人均被封爲福神。對這些節義諸臣、愛國將領，官方皆以封贈福神的方式給予高度肯定，“以表節行，勸風俗”①。

　　另一方面，在封神的過程中福神還被劃分出等級，以彰顯各自地位、貢獻等的不同。李陳時期，雖未有十分明確的封神等級材料見諸文獻，但官方敕封之神在封號、爵位上可明顯看出差異。如銅鼓山神被李太宗敕封王爵，尊爲“天下主盟福神”（見《粵甸幽靈集録·盟主昭感大王》）；李翁仲則是“歷朝榮封上等福神”（見《人物志·李翁仲》）；穆慎受封太尉、福神於李朝，“陳重興元年，封‘忠惠公’。後加‘武亮’二字。”②黎奉曉受封福神於李朝，“陳重興元年，敕封‘都統王’。四年，加‘匡國’二字。興隆二十一年，加‘佐聖’二字。”③以上四者在爵位、封號上均有不同，等級差異有迹可循。如前文所述，此時中國正處於封神的興盛時期，《宋會要輯稿》禮二〇之六至七部載“目今諸神祠無爵號者賜廟額，已賜額者加封爵。初封侯，再封公，次封王，生有爵位者從其本。婦人之神封夫人，再封妃。其封號者初二字，再加四字。如此則錫命馭神，恩禮有序。凡古所言皆當於理，欲更增神仙封號，初真人，次真君。”④顯然在等級劃分上，李陳時期的封神制度，很大程度上遵循了宋代封神制。李陳之後，封神制度更趨完善，黎裕宗保泰初年（公元 1720 年）定百神祀典：“歷代帝王別尊爲一等，次最靈上等神，次上等神，次中等神，次下等神。上等神褒封三字，蓋六字並爲三字也；中等神褒封二字，蓋四字並爲二也；下等神褒封一字，蓋二字並爲一也。其餘冠服儀仗，

---

①［越］范丕建等撰，楊曉靄、胡大浚校點《南天忠義實録》，《越南漢文小説集成》第 18 册，頁 45。

②［越］李濟川撰，朱鳳玉校點《粵甸幽靈集録》，《越南漢文小説集成》第 2 册，頁 21。

③［越］李濟川撰，朱鳳玉校點《粵甸幽靈集録》，20 頁。

④（清）徐松輯《宋會要輯稿》第 19 册，中華書局，1957 年，頁 767—768。

各有差等。"①《前黎節義事略》所載十五位福神中,武睿、吳焕、阮敬篤等八人,在莫氏謀逆奪權的過程中,因有"從君死節"或"義氣並皆可尚",被封爲上等福神;黎無疆、阮有嚴、賴金榜等七人"守節死義,亦皆可嘉",被封爲中等福神。等級不同,其睿號美字也不同,"上等六字,中等四字"②。

根據以上記載,可推斷越南福神在發展過程中,尤其是在後黎朝南北政權對立時期,很大程度上是在官方的有意干涉、引導下進行的,福神封贈備受官方推崇。究其原因,便是接下來要討論的福神内核問題。

(三)逐漸由神祇演變爲以"忠、孝、節、義"爲内核的至高榮譽象徵

早期福神神性突出,在小説中常以顯靈或托夢的形式降雨、助戰、賜福、庇護凡人,充滿了神秘感與超自然感。隨著越來越多的人被敕封,福神逐漸變爲一種至高榮譽,成爲帝王安撫、奬勵忠義之士、愛國將領和貞節烈婦的象徵。這一現象的出現與儒家文化在越南的傳播與發展、古代越南治亂特點、民族心理相關。

儒家思想在秦漢時期傳入越南,"越南獨立後,特別是在李朝、陳朝、後黎各朝,儒學在越南得到不斷發展。多代皇帝採取獨尊儒術的做法,從政治、經濟到文化教育乃至社會制度均以儒家思想爲規範:儒家思想佔據統治地位,成了封建統治階級正統的思想體系。"③統治者重科舉、修文廟、以儒家經典和義理作爲文治禮教的基礎。三綱五常的倫理觀念,忠孝節義的道德規範,禮儀廉恥的品德標準,長久的成爲越南官方意識形態和治國安民的精神手段。

從公元968年丁朝的建立,到公元1884年阮朝覆滅的900多年間,越南朝代更迭頻繁,内憂外患不斷。"從吳、丁、黎、李、陳朝至後黎朝中期(至黎恭帝),基本上是在'一治一亂,時治時亂'的狀態中維持下來的。但從後黎朝中期至阮朝初年,在越南歷史上竟出現長達270餘年的'治少亂多'的

---

① 出自《越甸幽靈集全編·靈彰靈應大王自然芳容公主》吳甲豆按語,([越]李濟川等撰,謝超凡校點《越甸幽靈集全編》,《越南漢文小説集成》第2册,頁128)

② [越]范丕建等撰,楊曉靄、胡大浚校點《南天忠義實録》,《越南漢文小説集成》第18册,頁31。

③ 孫衍峰《越南文化概論》,世界圖書廣東出版公司,2010年,頁131。

時期。"①出於穩固政權的需要,封建帝王大量封贈福神,一方面祈求獲得神靈庇佑、福報,另一方面希望可以安撫、激勵更多的忠君愛國之人。受封者本人不僅配享封號、祠廟,其子孫後代亦享蔭封特權及物質獎勵。《馬麟逸史録·鎮武夢應》載:"吏部侍郎阮國楨死後,鄭王痛惜,贈兵部尚書、郡公爵,追封福神,録用子孫"②;《安南一統志》第三回載鄭王許諾大臣霑武死後"給田千頃爲世業,褒封福神,以十邑爲祀事民"③。上行下效的過程中,福神逐漸成爲越南文臣武將仕途追求的最高目標,如《桑滄偶録·邯江禄郡公》載:

> 邯江禄郡公丁文左,少任俠……累立大功,賜郡公爵,悉納還告敕,請削刑書。復立戰功,官至極品。八十餘歲疾革,王親省之,問所欲,對曰:"願未填溝壑,得列福神,瞑目無恨矣!"王許之,命榻前宣敕。④

由此一斑而可窺當時之全貌,朝野上下對福神的推崇達到了空前的高度。福神也逐步褪去神祇外衣,成爲一種以儒家"忠、孝、節、義"爲内核的榮譽象徵。

兼之,越南是一個重祭祀、信鬼神,有祖先崇拜和英雄崇拜的國家。將仁君先賢、浩氣英靈、愛國英雄封爲福神,一方面是祈求獲得福報,另一方面更是民族獨立、自强心理使然。從東漢二徵起義,到五代末丁部領建立丁朝,再到明朝黎利藍山起義,越南無論是在"北屬時期"還是在建立了獨立封建王朝之後,一直在謀求民族的獨立和自强。所以,那些功勳卓越的君臣、保國安民的神靈、戰死沙場的將領,這類爲越南的自主、强大、興盛作出過貢獻之人大都被封爲或奉爲了福神,享世代香火,成爲整個民族精神的象徵。

需要注意的是,《集成》所録資料有其他神靈被封爲福神之記載,但無福神被封爲其他神靈之記載:乾海神本爲海神,後來被民間奉爲福神(見《嶺南摭怪列傳(乙本)》);銅鼓山神本爲山神,後來被李太宗敕封爲"天下

---

① 郭振鐸、張笑梅《越南通史》,中國人民大學出版社,2001年,頁45。
② [越]佚名撰,任明華校點《馬麟逸史録》,《越南漢文小説集成》第1册,頁313。
③ [越]吳時俆、吳時悠撰,胡大海、楊曉靄校點《安南一統志》,《越南漢文小説集成》第8册,頁40。
④ [越]范廷琥、阮案撰,楊曉靄、胡大浚校點《桑滄偶録》,《越南漢文小説集成》第12册,頁99。

主盟福神"(見《粤甸幽靈集録》);越南的城隍信仰濃厚,城隍神很多,將保家衛國的將領封爲城隍神本應更加合理,但事實並非如此,而是封贈福神;以及前文提到的傘圓山神、白鶴江神、柳杏聖母最終也都被封爲福神。對此,《太尉忠輔勇武威勝公》(見《越甸幽靈集全編》)有載:"民好鬼神巫覡惑人者,太尉深加懲罰,太半沙汰,嚴去汙風。故當時凡有淫祠者,皆變爲香火福神,人民多受其賜。奏請立祠奉事,凡有祈禱,皆著靈應。"①足見福神在民間與官方中的影響。

　　總之,越南福神是能平風浪、助戰事、降甘霖、保平安、護國佑民的全能之神,在發展的過程中,一方面不斷吸納新敕封的神靈,另一方面又從舊有的神祇中擇取成員。與中國福神相比,越南福神不是以某一個或某幾個特定形象出現的神祇,而是某一類能夠賜福禳災的自然神和人神的總稱。由於受到民間與官方的共同推崇,福神最終由神祇演變爲帝王旌獎"忠、孝、節、義"者的至高榮譽象徵。

三、越南福神的起源

　　對於越南福神的起源,鄭青青等人認爲越南語"福神"一詞,音、形、義都與漢語"福神"相似,因此"從語言亦可推斷'福神'是由早期中國社會傳入越南地區"②。在中國,福神是"能賜人幸福的神靈"③,起源很早亦很複雜,包括木星、天官、鍾馗、陽城(楊成)等,其中流傳最爲廣泛的是"天官賜福"之説。早在東晉時期,道教上清派經典《上清大洞真經》卷二《真陽元老玄一君道經》中已有"福神"的記載,而"天官賜福"之説則來自《原始天尊説三官寶號經》"上元一品賜福天官,紫微大帝"④。可以肯定的是中國福神

---

① [越]李濟川等撰,謝超凡校點《越甸幽靈集全編》,《越南漢文小説集成》第 2 册,頁 75。

② 鄭青青等《越南民間信仰中的福神信仰探究》,載《世界宗教文化》2014 年第 5 期,頁 28。

③ 羅竹風主編《漢語大詞典》第 7 卷,漢語大詞典出版社,1991 年,頁 945。

④ 《原始天尊説三官寶號經》,《道藏》第 2 册,文物出版社、上海書店、天津古籍出版社,1988 年,頁 36。

與道教關係極爲密切,這種關係隨著道教在越南的傳播得到了延續。從越南漢文小説的記載中可以看到,道教的傳入與發展直接推動了越南福神的產生,時間上最早可追溯至唐代。

《集成》收録的《嶺南摭怪》和《粤甸幽靈》①存有兩篇唐朝官員在越南建立道觀之事,均涉及到福神的産生。《嶺南摭怪列傳(乙本)·白鶴江神像》載:

> 白鶴江神,灝氣也。唐高宗永徽中,李常明爲峰州都護,見其地千里,襟山帶河,乃於白鶴江處,建立道聖靈觀,乃置三清像法,奉事以奇偉焉。又別開爲前後兩殿,擬塑護現神像,未辨孰是。乃焚香祝曰:"此間王祇,苟有能顯靈應者,急早現其形狀,得憑塑像。吾仍望其形像,以居前殿。"是夜三更,夜夢見有兩異人,面貌雄偉,豐姿潤雅……
>
> 常明夢覺,審其形狀,命工塑像土令居前殿。其神威顯赫,州人敬畏,奉事香火,爲三江之福神。凡征伐所禱,無不應驗。②

《粤甸幽靈集録·善護國公》亦載:

> 世傳:公是海濟郡土神也。初,高駢征南詔時,兵船入大鴉、小鴉諸海口。駢好鬼神之事,設祭求神默助。夜三更,忽聞空中有人聲云:"若要成官事,須崇道德人。"高駢聞之大喜,遂立道官,名護國官。設土神像於官側。其後土人尊爲福神。③

更有中國道教神仙成爲越南福神的記載,《新訂較評越甸幽靈集·麻雷大帝傳》言麻雷大帝本爲北方玄天真君,因現身人間斬除妖孽,"衆人多感其德,即依壇基上,建祠奉之。其後英靈日赫,福物護民。至今猶爲福

---

① 陳慶浩《越南漢文小説集成序》中言:"《嶺南摭怪》和《越甸幽靈》是越南最早的神話傳説,最早的一批小説資料"(見《越南漢文小説集成》第 1 册,頁 11)。謝超凡在《〈越甸幽靈集〉五種總提要》中亦言:"這兩部書在越南影響深遠,後世多有爲之增補作評者,且常爲後世諸書甚至一些史書所引用、摘抄。"(見《越南漢文小説集成》第 2 册,頁 1)。
② [越]陳世法等撰,任明華校點《嶺南摭怪列傳(乙本)》《越南漢文小説集成》第 1 册,頁 106。
③ [越]李濟川撰,朱鳳玉校點《粤甸幽靈集録》,《越南漢文小説集成》第 2 册,頁 34。

神,其影響如故云。"①麻雷大帝便是中國道教中的"玄天上帝",也稱"真武大帝""真武帝君""蕩魔天尊"等,司職斬妖除魔,是道教神仙中掌管北方天界的重要天神。到了宋代,真武大帝備受推崇,除魔之外更兼賜福之能,在《文昌大洞仙經》中已有"鎮天真武治世福神"②之稱。真武大帝傳至越南,不僅降妖除魔,還執掌文運③,成爲越南的福神,民間祭拜者甚多。

即便是越南本土神靈,在後世流傳中也有被納入福神體系之中的例子。其間,道教力量的參與和推動十分明顯。越南本土信仰中的柳杏公主和傘圓山神,後世均被奉爲福神。二者與扶董天王、褚童子並稱爲越南"四不死"神,在越南民間信徒衆多,意義非凡。柳杏公主是越南民間信仰中地位極高的女神,十七世紀後期,柳杏公主成爲"四不死"信仰與"母神信仰"中的重要神靈,影響直到今天。《集成》中,《雲葛神女古録》《天本雲鄉黎朝聖母玉譜》《崇山聖母》《柳杏事迹記》幾篇均載有柳杏公主事迹,行文之中對柳杏公主與道教的關係屢有揭示。《雲葛神女古録》與《天本雲鄉黎朝聖母玉譜》皆載柳杏公主本爲天庭仙人,《柳杏事迹記》增載道士做法、黎公(柳杏公主之父)魂游天庭目睹仙人降生的情節。最重要的一篇——《崇山聖母》,出自越南仙傳之作《會真編》,明確了柳杏爲"玉帝次女"的身份,篇中將柳杏公主稱爲"柳杏元君"。根據《宗教大辭典》的解釋,"元君"爲"道教名詞。女仙之尊稱……如西王母稱金母元君,后土夫人稱碧霞元君。"④柳杏元君因"謫期未滿,准再降爲福神,受人間供養"⑤,得此因緣,她在人間廣施恩澤、成爲越南人民尤爲喜愛與推崇的福神。傘圓山神(山精)的傳説大約産生在雄王時代(上古時代),《大越史記全書》外紀卷之一載:"(雄)王有女,曰媚娘,美而豔……時見二人自外來拜見庭下,求爲婚姻。王異而

①［越］李濟川等撰,謝超凡校點《新訂較評越甸幽靈集》,《越南漢文小説集成》第 2 册,頁 287—288。

②《文昌大洞仙經》,《道藏》第 1 册,文物出版社、上海書店、天津古籍出版社,1988 年,頁 1502。

③《本國異聞録》《大南奇傳》《聽聞異録》各載《鎮武觀神夢顯應記》一篇,均言玄天真君爲北國神靈,士子應試多就此祈禱,夢無不顯應。

④任繼愈《宗教大辭典》,上海辭書出版社,2010 年,頁 1010。

⑤［越］佚名撰,孫軼旻校點《會真編》,《越南漢文小説集成》第 3 册,頁 359。

問之。對曰：‘一爲山精，一爲水精。皆在境内，聞明王有聖女，敢來請命’王曰：‘我有一女，豈得兩賢乎’。乃約來日能具聘禮先來即與。兩賢應諾，拜謝而歸。明日山精將珍寶、金銀、山禽、野獸等物來獻。王如約嫁之。山精迎回傘圓高峰居之。水精亦將聘財後至，恨悔不及。激遂興雲作雨，水漲溢，率水族追之。”①激戰後，水精敗走。從此，二者糾纏不休，每年鬥法、大戰一場。《嶺南摭怪列傳（甲本）・傘圓山傳》與《大越史記全書》所載情節基本相同，但增補山精“得神仙長生訣，甚顯靈，爲大越第一福神”②之説，將其與道教聯繫起來。

除道教的直接影響外，越南對中國福文化的接受與傳承，亦爲越南福神的產生、延續奠定了文化基礎。無論是民間還是官方，喜福、崇福的風氣非常濃厚，與中國一脈相承，具體體現在以“福”命名，修建祈福場所、舉行祈福活動等。

越南有以“福”命人名的傳統，《南天忠義實録・前黎節義》載：“阮潢生阮福源。初，潢夫人鄭氏有孕時，夢見人與一紙，滿著福字，覺而生子。潢曰：‘此吉兆也。今日夫人生，或男或女，以福爲名。’夫人曰：‘否。若以爲名，得一福耳。不若以福爲間字，如此則萬福攸同，乃可以售一紙之字矣！’潢曰：‘正善。’乃號福源。自是以後，舉族皆以福字爲間號。”③得“一福”不如“萬福攸同”，這是民衆對“福”多多益善、極度渴求心理的真實寫照。除人名外，還以“福”命地名，如嘉福、福溪、上福、龍福、真福、永福、先福、靖福④；以“福”命建筑名，如資福寺、福聖寺、延福殿、天福院、廣福門⑤；以

①［越］吳士連等著，陳荆和編校《大越史記全書》外紀卷之一，頁99。
②［越］陳世法等撰，任明華校點《嶺南摭怪列傳（甲本）》，《越南漢文小説集成》第1册，頁52。
③［越］范丕建等撰，楊曉靄、胡大浚校點《南天忠義實録》，《越南漢文小説集成》第18册，頁38。
④此處八個地名，依照順序，分別出自《名臣名儒傳記・嘉福尚書武脱穎記》《名臣名儒傳記・前黎節義録》《名臣名儒傳記・上福抑齋先生記》《安南一統志》《本國異聞録・真福元國公傳》《科榜標奇・國朝狀元考》《南天忠義實録・黎朝造士登科録》《粤甸幽靈・廣博大王》。
⑤此處所列五個建築，依照順序，出處如下：資福寺（《南天忠義實録・陳朝二十五人》）、福聖寺（校合本《大越史記全書》本紀卷之四）、延福殿（校合本《大越史記全書》本紀卷之二）、天福院（校合本《大越史記全書》本紀卷之二）、廣福門（《南天忠義實録・李朝五人》）。

“福”命年號,如天福、洪福、淳福、福泰①。總之,越南人民通過命名的方式,展現了内心對福的喜愛與索求。

　　修建祈福場所、舉行祈福活動在民間甚爲普遍,《粤甸幽靈集録》中存有數篇。《開元威顯大王》載:唐玄宗時期,刺史思夬在越南安遠村建開元觀,因屢有靈驗,“方民祈福,香火不絶”②;《忠翊威顯大王》載:唐永徽年間,李常明在峰州建通靈觀,“方民以爲祈福之所”③。隨著福神的增多,民間和官方廣建福神祠廟作爲祈福的固定場所,除供日常祈禱外,還於特定日期舉行祈福大會,以《校尉威猛英烈輔信大王》的記載最爲詳細:

　　　　廟今在慈廉之瑞香,去東城四十里,堂宇峻邃,廟貌莊嚴,峙立於江邊。縱頹波激岸,萬里奔湍,而儼爾巍峨,屹然不動。當廟前有渡,乃上流赴京,往來所必由之路,大都會處,商賈行人,高才逸客,絡繹輪蹄,往來如織。而終古晏然,永息風濤之患,人皆稱頌佑焉。瑞香最殷富,歲時祀事,豐潔遞年,七月望日爲大祈福會,觀者林立,道塗市肆,康莊有市廛之勝。概其廟祀儀祀器,整肅凜然,瞻者莫不起敬。比與仙游金洞,兩祠可相垺矣。人多詣祠祈禱,求嗣保兒,稱神賜姓。如雲耕節義兩兄弟皆稱李陳,即神所賜姓也。④

　　以“福”命名,修建祈福場所、舉行祈福活動,是民衆心理訴求最樸素、最直接的表達,長此以往便形成了特定的民風民俗。可以説,福神不僅是道教造神的産物,更是民俗造神的産物。“民俗造神寄託了人們對生活的希冀,所造之神都與人們日常生活中所期待所希望的事物有關。比如,人們期待著發家致富就創造出了財神,人們期待著平安喜樂就創造出福

---

①前黎大行皇帝以“天福”爲年號(校合本《大越史記全書》本紀卷之一),後黎世宗以“洪福”爲年號(校合本《大越史記全書》本紀卷之十六)、莫朝莫茂洽以“淳福”爲年號(校合本《大越史記全書》本紀卷之十六)、黎真宗以“福泰”爲年號(校合本《大越史記全書》本紀卷之十八)。

②[越]李濟川撰,朱鳳玉校點《粤甸幽靈集録》,《越南漢文小説集成》第 2 册,頁 29。

③[越]李濟川撰,朱鳳玉校點《粤甸幽靈集録》,《越南漢文小説集成》第 2 册,頁 33。

④[越]李濟川等撰,謝超凡校點《越甸幽靈集全編》,《越南漢文小説集成》第 2 册,頁
　73。

神。"①福神問世以後，專司賜福禳災，民衆有了更加明確的訴求、祈願對象，有了更爲固定的祈福場所，可以舉行規模更大的祈福儀式，崇福喜福之風氣更爲濃烈。正是因爲有這樣的文化氛圍、民風民俗可依託，福神才能得以生存並發展下去。

綜上所述，我們可以推斷，越南福神很大程度上是在中國道教的直接影響下産生的，並依託越南崇福、喜福的民風民俗得以生存和發展，是宗教造神和民俗造神的共同産物，也是越南本土信仰與外來文化交融的産物。正是由於這種多元性，導致越南福神數量不斷增多，並在發展的過程中呈現出開放性，能相容並蓄多種文化，於不同的階段呈現不同的姿態和特徵。

結　論

越南福神數量衆多，民間和官方都頗爲推崇，它不僅是職能最爲寬泛的神祇，還是以"忠、孝、節、義"爲内核的至高榮譽象徵，整體上呈現出多元性、複雜性和一定的群體性特徵。歷史上，越南與中國關係密切，受漢文化影響深刻。越南的福神信仰，是以越南本土民間信仰爲基礎，融合了中國福文化、道教、儒家文化等諸多因素而形成的，鑴刻上多種文化的烙印。它與中國福神信仰有相似之處卻又特點鮮明，是越南神話、民俗、宗教、歷史的重要組成部分。越南漢文小説收録福神資料豐富，價值極高，以此來探索越南福神的起源、類别、特點、文化淵源是具有可信性的。但也要看到，僅以小説去研究越南福神勢必有一定的局限性，故而期待學者們利用更多類别的文獻，投入到越南福神研究中去。

（作者單位：西南交通大學人文學院）

---

① 陳忠《中國的神話、宗教與神》，載《社會科學戰綫》2000 年第 3 期，頁 79。

漢籍交流研究

域外漢籍研究集刊　第二十輯
2020 年　頁 327—340

日藏《天文要録》獻疑

羅歷辛

　　《天文要録》一書，中國古今公私書目未見，最早載於藤原佐世《日本國見在書目録》（下簡稱《見在目》）卅四“天文家”，録爲五十卷，未著撰人，今僅有殘本存於日本。作爲中古時期的佚存漢籍占書，《天文要録》在天文學、思想史、中外文化史等方面具有重要的史料價值，同時也具備文獻學的輯佚和校勘價值。同樣僅殘存於日本且時間接近的漢籍占書尚有《天地瑞祥志》，此書早已有學者考證爲新羅人所作，受到中、日、韓三國學者的關注，相比之下《天文要録》則研究較少①。《天文要録》與《天地瑞祥志》、唐代集大成作《開元占經》類似，所録基本爲引用唐以前的諸家占辭和天文學説，然其中記有大量不見於傳世文獻記載的著者、書名和占辭，且題爲“李鳳”的編撰者和其成書時間俱存在不少疑點。今從其序文、引書目録和卷文内容等方面加以考辨，以期對此書的進一步研究有所助益。

一

　　孫猛《日本國見在書目録詳考》中的《天文要録》考證部分對此書的基

---

①《天文要録》現有成果主要爲日本學者中村璋八《天文要録につい（で）》，載氏著《日本陰陽道書の研究》，東京：汲古書院，1985 年，頁 475—502；田中良明《前田尊經閣本天文要録につい（で）》，載神鷹德治、静永健編《舊鈔本の世界——漢籍受容のタイムカプセル》，《アジア遊學》140，東京：勉誠出版，2011 年，頁 99—107；游自勇《稀見唐代天文史料三種》（北京：國家圖書館出版社，2011 年）前言部分對《天文要録》的相關情況及作者問題亦有一定闡述。

本情況有闡述①。《天文要録》現存最早的版本爲慶應義塾大學斯道文庫藏殘卷二頁的縮微膠卷,原本爲平安時期鈔本,已不知去向。前田育德會尊經閣文庫藏有江户時期殘卷鈔本,卷首題記云抄於貞享三年(1686)八月十一日至九月十三日,列今枝清八郎等二十餘抄手名,今存二十六卷。將二本對勘可知,斯道文庫殘二頁屬卷二十四内容,尊經閣本應較爲忠於原本。另有金澤市立圖書館加越能文庫藏文化七年(1810)鈔本,京都大學人文科學研究所藏昭和七年(1932)鈔本,前者卷數同尊經閣本,後者則闕第四十六卷,僅存二十五卷,二本皆抄自尊經閣本。中國國家圖書館藏有京大人文研究所昭和七年鈔本的影印本,《中國科學技術典籍通彙·天文卷》和《稀見唐代天文史料三種》先後據此本影印出版《天文要録》②。

　　《見在目》之後,《通憲入道藏書目録》(成書於 1159 年)第卅四櫃亦著録《天文要録》,同樣未題撰人。然今本《天文要録》有數卷於卷名下題有"李鳳撰"三字,卷一開篇爲全書之序,末尾題有"大唐驎德元年五月十七日,河南左中三公郎將臣李鳳奏上"語,全書亦有多處"臣李鳳言""臣李鳳案"字樣。由此可知,此書的編撰者爲唐高宗時期臣子李鳳,其官職爲"河南左中三公郎將"。

　　關於此人,中村璋八提出其或爲唐高祖第十五子虢王李鳳(622—674),然《舊唐書》本傳、李鳳墓志銘等皆謂其於麟德初授青州刺史。游自勇在《稀見唐代天文史料三種》前言中提出了不同意見,認爲日本早期書目著録未題撰人,説明此書很可能早期流傳時即佚失作者名。而直到尊經閣本才有題名"李鳳撰",序言末尾題語既與虢王李鳳當時的官銜不符,唐時也並無"河南左中三公郎將"之官名。且據相關歷史記載,虢王李鳳並不像是熱衷於文化事業,會召集有識之士撰寫天文星象之書的人。游氏以本書的徵引文獻中有《李鳳鏡》,可知其時有名爲"李鳳"的星占家,故後人假托其名題之,而此書作者能夠參考諸種天文著作,不大可能來自民間,或爲精通天文星占的專門職官。游氏之説有其理據,田中良明也認爲

---

①孫猛《日本國見在書目録詳考》,上海:上海古籍出版社,頁 1330—1332。

②《天文要録》影印本見薄樹人主編《中國科學技術典籍通彙·天文卷》第四册,鄭州:河南教育出版社,1994 年;高柯立選編《稀見唐代天文史料三種》上、中册,北京:國家圖書館出版社,2011 年。本文所稱引《天文要録》者皆據《稀見唐代天文史料三種》。

本書作者不能確定爲高祖子李鳳，殘卷未避太宗、高宗諱，是否出唐人手尚須檢討①。

　　《天文要録》作者雖然很可能不是虢王李鳳，然是否後人僞托名爲"李鳳"的星占家，亦無確實證據。《見在目》所載天文家、曆數家、五行家有很多書也並無題名，並不能説明《天文要録》在日本流傳之始即已失落作者姓名。《見在目》是日本現存最早的一部敕編漢籍目録，成書時間向來聚訟不已，孫猛對主要觀點進行了評述，並考證其成書時間應爲日本寬平三年，唐昭宗大順二年(891)②。同一時期，日本即有引用《天文要録》之書，最早爲藤原時平、菅原真道等於宇多天皇寬平四年(892)所撰《三代實録》卷二九，清和天皇"貞觀十八年(876)七月"條："廿七日壬寅，申一剋，東山下見五色雲，傍山根，亘南北，形如虹而非虹，廣可一丈五尺，長可四五丈。比及二剋，橫而稍上，至嶺消散。《天文要録•祥瑞圖》曰：'非氣非煙，五色紛縕，是謂卿雲，亦謂景雲也。'"③且《天文要録》卷一列有"採例書名目録"(下簡稱"採例録")，中有唐初曆書，可知此書爲唐人所撰應大致無疑義。至於未避太宗、高宗諱，蓋後世傳抄所致，《天文要録》日本在久有流傳，爲天文家及曆數家所用，抄手不熟中國避諱用例，也是有可能的。

二

　　《天文要録》的更多信息，或可從其卷一載全書序文及所列採例録探求一二。

　　《天文要録》卷一開篇即爲序文，未分段，訛誤、俗字、脱漏極多，不少詞句不得甚解，姑分段節録於下④：

　　　　蓋聞二儀之象，示變始在大《易》。清輕爲天，其形屬圓；濁重爲

①田中良明《前田尊經閣本天文要録についで》，頁103。
②參孫猛《〈日本國見在書目録〉的成書年代及其背景》，載《日本國見在書目録詳考》，頁2165—2179。
③轉引自中村璋八《天文要録についで》，載氏著《日本陰陽道書の研究》，頁475。
④以下録文及後引文均本於《天文要録》原文，繁簡和常見異體等不作修改，()內爲正字，〈〉內爲衍文，囗內爲脱文。

地,其體屬方。圓以運上,方交乎下。天地貞觀,日月貞明。發歸極於雷風,止悦在乎山澤。是以伏羲觀象於天,則察於地理,於是列八卦之象,通萬類之情。監(暨)於黄帝,乃聖乃神,無所不通,始講圖書,乃識玄總以著明象,運五氣〈之〉而通乾坤,列三才而辨乎四象。是生渾信,下布九州,仰齊七政,成天下法。

　　至高陽之重黎,陶唐之羲和,皆備而用焉。逮殷周巫咸、萇弘,齊魏甘德、石申夫等,皆市列玄象,分配國邦。……及漢景、武之際,司馬談、文子相繼並作《星傳》,以明天人之道焉。赤(敕)前漢唐都造《西晉紀》卅卷,略述要言之也;郗萌造《春秋災異》卅八卷,拔採正綱也;李房造《九洲分野星圖》九卷,雖攬要文,尚繁不遽也。至漢末劉叡删摘舊語言,撰《荆州占》廿二卷,採旨不袒,尚没本源也。李朔撰《五靈紀》十八卷,删象家義,約拓詳例也。京房撰《天文緯經》卅三卷,略誠諸家要,以類相從,貫條篇例也。班固撰《乾象紀》八卷,實存的要,不失本源也。鄭卓竈撰《春秋災星圖》廿卷,集恢旨,不失本源也。魯梓慎撰《天文詳紀》廿七卷,誠雖遵因,文尚益繁也。後漢賈逵撰《東晉紀》六十卷,宣講要紀也。東晉陳卓撰《懸捴紀》卅八卷,心要存約,尚繁未憲也。韓楊集《天文要》卅卷,其占無旨,大義多避也。南齊祖暅撰集《天文録》卅卷,其占旨事之類,各條所貫,披撿尤易,然軸繁多,非栖遁所要也。宋錢樂撰集《勑鳳符表》百廿卷,猶同辭復重,無那去諗煩繁也。

　　……今唐之未代臣李鳳,誠雖學觀乎玄象,神憼心妄,而彼浩瀘所妙省。案難究非是,使托足失而所識也。尚鳳以末學之迷惑,豈非述著末意也! 以庸昧,雖無博聞,瞻校檢略,以所值者,不失其事,以所觀者,不失其情。而推議彼大綱,則如詔勑臣鳳諸家之占書,繁煩不善者,剟而去之;其應於正理者,則具述所由附。輒《天文要録》成,一部以爲軸,仍存例篇,欲學之者無倦,而遠覬之者。但惶後生黔黎等少學多怪,貴聽賤臣,然鳳非愚導所能總志施功,博所候,多實不繁。而現於目所應,天下能畢於斯矣,但累代傳寫設哉。

　　臣鳳誠惶誠恐,頓首死罪。

　　大唐驎德元年五月十七日,河南左中三公郎將臣李鳳奏上

序文開篇叙天文占之源流,文中大部爲陳述歷代天文名家及其著作,然所列書名及作者,除少數幾種傳世文獻有載(如郗萌《春秋災異》、劉叡

《荆州占》、祖暅《天文録》等），大部分書名並未有記録。卑竈、梓慎、唐都、賈逵、陳卓等爲史載有名的天文學者，然所稱引其著述並不見諸傳世文獻，司馬談、文子、班固等人，未見稱其擅天文之説，言文子爲漢景、武間人，亦與史載不符。序文所列其著述亦未見記録，且《史記》《漢書》等言《星傳》爲石氏《星傳》。南朝宋太史令錢樂之，序文將其名誤抄爲"錢樂"，且採例録與書中數十條引文俱作"錢樂"，可見其誤之甚。

序文末段談作《天文要録》之始末，言"詔勑臣鳳諸家之占書"，"勑"爲"敕"之俗寫，"諸家"前應脱一表搜集、彙集義之動詞，由此句可知李鳳爲奉敕編撰《天文要録》，然麟德前後，即唐高宗時期，天文機構長官爲李淳風①，供職於太史局的職官雖多達數百人，然身居"觀察天文，稽定曆數"之要職，占"日月星辰之變，風雲氣色之異"的僅太史令、司曆、靈臺郎等寥寥數人②。且不論李鳳其人是否爲時之太史局官員，高宗若敕令官員編寫天文占書，理應由當時最負盛名的天文占家李淳風擔此職。當是時，前有歷仕北朝至隋的天文名家庾季才所撰一百二十卷巨著《靈臺秘苑》，淳風自己亦撰有《乙巳占》《祕閣録》兩部天文書③，實在難以想像高宗會令一位名不見經傳的太史局官員另作一部天文占書。且序文所題"左中三公郎將"之職位，與太史局諸官名亦相去甚遠。然天文要籍自魏晉南北朝以來一直爲統治者所控制禁止，《唐六典》有言："（太史局）其屬有司曆、靈臺郎、挈壺正。凡玄象器物、天文圖書，苟非其任，不得與焉。"④《唐律疏議》則明確規定了私習天文的處罰："諸玄象器物、天文、圖書、讖書、兵書、七曜曆、《太一》《雷公式》，私家不得有，違者徒二年。"疏議曰："若將傳用，言涉不順者，

---

①唐前期天文機構名稱及長官名變動頻繁，據《唐六典》，龍朔二年，改太史局爲祕書閣局，太史令改爲祕閣郎中，咸亨元年復舊（北京：中華書局，2014年，頁302）。《舊唐書》李淳風本傳即言其"龍朔二年，改授祕閣郎中。……咸亨初，官名復舊，還爲太史令"。（北京：中華書局，1975年，頁2719）

②詳《唐六典》卷一〇，頁302—304。

③《舊唐書》淳風本傳言其撰有《祕閣録》，並傳於當世，然此書亡佚，從其名推斷，聯繫龍朔二年太史局改爲祕書閣局，可知此書應爲淳風任祕閣郎中期間所作，其内容亦當與天文占學有關。

④《唐六典》卷一〇《祕書省》，北京：中華書局，2014年，頁303。

自從‘造祅言’之法。‘私習天文者’，謂非自有書，轉相習學者，亦得二年徒坐。”①若李鳳其人並非天文職官，則不應有途徑獲得天文書籍、研習天文占學，遑論奉敕修撰天文占書了。要之，序文末所述《天文要録》成書事由，及所題官職、人名，很可能爲僞造。

　　此篇序文之後，爲一小序，略述渾天、蓋天等説及本書之旨要，後雜録天裂、五星、日月等占文，次爲採例録，末爲全書目録。上引序文中列舉之書，均見於採例録，其中部分作者與書名存在疑誤，前文已及。而細考採例録，書名目録未按照時間排列，順序混亂，許多書名、人名皆不可考，啟人疑惑，試再舉一二。

　　如“《西晉紀》卅卷，前漢唐都造；《東晉紀》六十卷，後漢賈逵撰”，唐都、賈逵分別爲西漢、東漢時人，何以撰得《西晉紀》和《東晉紀》二書？南北朝時多有修晉史者，編年體一般命名爲《晉紀》。倘若二書名並非指魏晉之晉，兩漢以前名“晉”者只可能是周代諸侯國名，後爲韓、趙、魏三家所滅之晉。然考卷五月占引《東晉紀》文，有言：“月二月不見，不出五年，秦始皇帝崩。”又言及秦朝之事，實在令人不知書名之所指。

　　又如列“《海中占》廿卷，道仙撰”，《海中占》及相關書目，《漢書·藝文志》載有數種，如《海中星占驗》十二卷、《海中五星經雜事》二十二卷、《海中五星順逆》二十八卷、《海中日月彗虹雜占》十八卷等，均未著撰人。“海中”之義，前人學者有考釋②，《海中占》之文，《後漢書·天文志》即見徵引，《開元占經》引之尤多。然自漢以來，冠有“海中”之名的此類天文占書皆佚失作者，唯採例録明謂“道仙撰”，此人始末卻不可考。若唐時史官能得見此書並知曉作者用以編著天文學著作，此作者名應在唐時所編《隋書·經籍志》有所體現，然唐時及其後公私書目均不見載，《天文要録》作者何以得知，無從考證。

　　由此可見，採例録所列大部分作者、書名存在較多疑點，不足採信。雖然《天文要録》流傳過程中可能經後人傳抄改録，然如此之多的疑誤，應非抄手擅改所致。

　　據中村氏考證，採例録所列六十種文獻僅有二十四種是書中實際引用

①（唐）長孫無忌等撰，劉俊文點校《唐律疏議》卷九，北京：中華書局，1983 年，頁 196。
②趙益《古典術數文獻述論稿》，北京：中華書局，2005 年，頁 6—8。

的。且引書體例不一，書名混亂雜出，中村氏文中列有詳表，將名稱稍異但應出自同一書或相關度較高的徵引名合爲一條，並標明每種在書中的實際引用次數，其中屬於採例録或與之相關的亦予標注。考書中實際引書及人名，亦多訛誤。如前述將“錢樂之”寫作“錢樂”，北魏天文家“孫僧化”寫作“孫化”，《易緯》之書名多次誤作《易偉》等等。

　　此外，《天文要録》實際引用中，多有將兩種文獻、人名合稱者，如“易緯河圖占”“京氏河圖占”“春秋緯海中占”等。《易緯》《河圖》爲不同的緯書，且《天文要録》中本已有不少單引《易緯》《河圖》者。漢代京房尤擅易學、災異之占，著作頗豐，後世引京氏或託名京氏之書達數十種，然未見與《河圖》相關者。觀本書，標有兩種名稱之引文，條文較多，似是編撰者有意將之統於小類之下，不刻意區分源於某人或某書，徑在結尾標注“右×（×爲數字）牒某某占”，示意前之×條占文出自此二種文獻。這種將原出處雜糅在一起的引書方式，傳世天文書中十分罕見。另“右×牒”之“牒”字，爲書寫所用的木竹片制成的薄簡。《説文·片部》：“牒，札也。”段玉裁注：“厚者爲牘，薄者爲牒。”[1]《天文要録》既成於唐人之手，通行書寫材料應已爲紙本，爲何要用右多少牒的説法？若因抄手爲書寫簡便而擅改，然標注“右×牒”，似是刻意仿古之説，引人疑竇。

三

　　《天文要録》今存二十餘卷，日占、月占存，五星占僅存辰星占，二十八宿占約存一半，另石甘巫中外官占存有一半以上。將其中占文與傳世占書相比勘，既有與傳世文獻表述重合或相近者，亦有大量不見於傳世占書者。而與傳世占書所言相合者，其出處則既有合於傳世占書所言，亦有異於傳世占書所言者。

　　其異者如卷四日占出自“易緯河圖占”之文：

　　　　日暈黃，土功動，民不安；暈黑，水；暈〔青〕，多喪；日暈赤，旱，流血。

　　以上引文不見於今之《易緯》《河圖》佚文。《開元占經》卷八日占引《太

---

①（漢）許慎撰，（清）段玉裁注《説文解字注》，上海：上海古籍出版社，1988 年，頁 318。

公陰祕》有類似表述："日暈……色黄，土功動，民不安；色黑，有水，陰國盛；色白，有喪；色青，爲疾病；色赤，大旱，流血千里。""青"字可據補，且五色之占本爲天象占測中常見之辭。

同卷中出自"河圖災異占"之文：

> 常以九月上丙日候日傍有交赤雲，其方有兵掩日，其國失境，三公戰也。

以上引文不見於今之《河圖》佚文。前句類似占文，馬王堆帛書《天文氣象雜占》已有之：

> 肎（九月）上丙，候日旁見（現）交赤云（雲），下有兵起。①

《開元占經》卷七日占引甘氏曰："常以九月上景候日傍有交赤雲，其下有兵。""景"爲"丙"字之誤。《天文要録》之占文亦言交戰之事，然後半部分有所不同。

又有與《天地瑞祥志》《開元占經》引文相類而出處不同者，如出卷四九之句：

> 陳卓曰："九州，一名匈（勾）風，在叁門。常以十一月候。一星不見，其國有兵喪；三星以上不見，天下乱，兵起。"

另二書爲：

> 《黄帝書》曰："九州，一名勾風，凡九星在參門。常以十一月中具之。一星不具，其國凶；三星以上不具，天下亂，兵起。"（《天地瑞祥志》卷七）

> 《黄帝占》曰："九州殊口，一名勾風，凡九星在參間。常以十月、十一月候。若一星不具，其國凶；三星已上不具，兵起，天下亂。"（《開元占經》卷七十）

上引三說略同，唯《天地瑞祥志》和《開元占經》出處俱爲《黄帝占》，而《天文要録》則言出自陳卓。

天文占書在流傳過程中不斷亡佚又代有更新，其發展亦與緯書的興衰密切相關，相類之占文被冠以不同的作者或書名亦不無可能。《開元占經》

----

①圖版見湖南省博物館、復旦大學出土文獻與古文字研究中心編纂，裘錫圭主編《長沙馬王堆漢墓簡帛集成》第一册，頁 208；釋文參《長沙馬王堆漢墓簡帛集成》第四册，頁 283。

所標之出處與史書（如《史記》《漢書》《晉書·天文志》）、類書（如《太平御覽》）及後世占書（如《觀象玩占》）多可印證。然現所標之《天文要録》成書時間與《開元占經》相距不過數十年，相近之占文出處卻不少與之大異者，似是不合於常理。

詳考《天文要録》卷四之文，最出人意表的是其中不少文段有抄《晉書·天文志》（下簡稱《晉志》）成書的嫌疑。如出自"易緯河圖占"此句：

　　日暈，有背倄（璚），是後不親萬機，會稽王世子无顯專行威罰。

此句爲史事徵驗，《晉志》和《開元占經》皆有此文。《晉志》："安帝隆安元年十二月壬辰，日暈，有背璚，是後不親萬機，會稽王世子元顯專行威罰。"《開元占經》與《晉志》略同，唯"後"字後有"帝"字，《天文要録》和《晉志》俱脱此字，上引"无顯"亦爲"元顯"之誤。

從"《黄帝三靈符决》曰：一虹蜺，日帝（旁）氣也，斗之亂精。……"至"有雲如氣，昧而濁，賢人去，小人在位"①，列述虹蜺、祥雲、十煇、各類日旁氣、軍氣等，若去掉其中的引書書名，其文字、順序與《晉志》"雲氣"中的"妖氣"部分，"十煇"全部，"雜氣"的大部基本一致，相較《晉志》則有不少脱文、衍文和訛誤。後另有幾句白虹占、濛霧占，亦與《晉志》相同。

此後《天文要録》爲流星、妖星等星占文，幾與《晉志》不類。自"西南有三大星，名曰種陵，出則天下五穀十倍。……"始，至卷四末"三曰昌光，赤，如龍狀，聖人起，帝受終，則見"止②，又基本與《晉志》之客星、流星、瑞星、雲氣等文同。《天文要録》在傳抄過程中訛誤頗多，可據《晉志》校改，然令人稱奇的是，其中尚有不少與《晉志》同誤者，試舉一二：

　　雲氣如亂穰，大風將至，視所從來。

對照《隋書·天文志》知"視所從來"後闕"避之"二字，《天文要録》與《晉志》俱誤。

　　凡天地四方昏濛若下塵，十日五日已上，或一月，或一時，雨不沾衣而有云（土），名曰霾（霾）。故曰：天地霾（霾），君臣乖。

參《隋書·天文志》，"或一月"作"或一日"，時間單位由長至短，可從。"天地霾，君臣乖"後《隋書·天文志》尚有"大旱"二字，而考《乙巳占》等占

---

①《稀見唐代天文史料三種》上册《天文要録》，頁76—86。
②《稀見唐代天文史料三種》上册《天文要録》，頁97—101。

書,其後實應爲"不大旱,外人來"句,《天文要録》與《晉志》皆脱。

　　　　西南有三大星〔出〕,名曰種陵,出則天下五穀〔貴〕十倍①。

　　"種陵"《隋書·天文志》作"積陵",《開元占經》卷八六引《荆州占》文亦爲"積陵",占書亦見積陵星占,可知二書俱誤。

　　《天文要録》卷四的文字、語序與《晉志》大量重合,甚至有的訛誤也與其相同,這説明,其中一書應是抄自另一書。《晉志》成於李淳風之手,當世頗受讚賞②。雖則李淳風在編撰天文占部分時,應有參考前人之作,而《天文要録》的作者在編撰之時,亦或許有途徑獲得《晉志》並標注出處,然其所稱引之《黄帝三靈符決》《東晉紀》《勑鳳晉雲篇》《黄帝斗瑞》等書名不見同時代文獻徵引,且《晉志》的占文即使有引自前作,也不至於大段長篇皆出於同一書。故此,《天文要録》這部分占文極有可能爲抄《晉志》,並夾雜其他占文而成,其所言《黄帝三靈符決》等出處並不可信。《天文要録》的成書時間亦當出《晉志》之後。

　　無獨有偶,日本國立公文書館藏有一種名爲《軍勝》的抄本殘卷,中國古今公私目録皆未著録,亦未見影印本。題梁武帝撰,《見在目》録爲十卷,今存三卷,據孫猛考證,似爲兵占候之書,圖文並存,既有占辭,又記史例。而其中所見史例多見於《晉志》,有相同史事占辭與《宋書·天文志》有異,然與《晉志》一字不差者,更有與《晉志》同誤者。孫猛認爲其抄《晉志》成書的可能甚大,成書時間當在初唐以後,作者"梁武帝"顯爲妄題③。此書的情形與《天文要録》何其相似,抄《晉志》成書之舉,在佚存漢籍中亦未知是否止於此。

　　又及,《天文要録》中有多處改動誤字並有標注的痕迹,會在誤字旁以小字標注正字並接一"欤"字。如卷四日占"小人謀其君,將軍争國,忠世道也"句,"道"旁寫有"遁欤"二字,言"道"應爲"遁"字。"欤"字應爲語氣詞之

---

①《晉志》無"五"字,□内字據《晉志》補。

②《舊唐書·房玄齡傳》:"(房玄齡)尋與中書侍郎褚遂良受詔重撰《晉書》……以臧榮緒《晉書》爲主,參考諸家,甚爲詳洽。然史官多是文詠之士,好採詭謬碎事,以廣異聞;又所評論,競爲綺豔,不求篤實,由是頗爲學者所譏。唯李淳風深明星曆,善於著述,所修《天文》《律曆》《五行》三志,最可觀採。"(《舊唐書》卷六六,頁 2463)

③孫猛《日本國見在書目録詳考》,頁 1289—1291。

類,然國內舊抄本似未見到此種改字的方式,蓋爲日本抄手或校官所用。還有的地方以小字標注不同天文家所藏版本之異文,可知此本《天文要錄》在抄寫完成後尚有專人校勘,甚至有不同的參校本。然書中衆多明顯的誤字、衍文卻無人加以修正。且即使從字迹可分辨爲同一抄手所抄之文段中,亦有不少前後用字不一之例。如"日璚"之"璚",多處誤抄作"倚",亦有寫爲正字者。"日背"之"背",亦既有寫作誤字"倍",又有寫作正字者。雖無法得知是否抄手所爲,亦有可能存在原本即用字不統一的情況。

最後,《天文要錄》之書名,並不似唐時天文書名,而與魏晉南北朝時天文書名相類。《隋書·經籍志》載有晉太史令陳卓定《天文集占》、晉太史令韓楊撰《天文要集》、梁天文家祖暅撰《天文錄》,另有闕失作者之《天文集占》《天文集要鈔》《天文集占圖》《天文雜占》等書,應多爲六朝時著作。而唐時較爲知名的天文占書,《乙巳占》之名得於貞觀十九年乙巳①,《開元占經》之名則因成書於唐玄宗開元年間,另李淳風本傳言其撰有《祕閣錄》,其名當與時之天文機構名相關②。《新唐書·藝文志》之天文類載有唐《武密古今通占鏡》之書,武密爲占家名,始末不可考,宋時仍存③,後佚。可見《天文要錄》之名與六朝時天文書名極爲接近,而與唐時占書全然不類。此雖不足爲實據,然此書命名似有意仿照六朝間書,可窺一二。

四

綜合以上考察可知,《天文要錄》的作者、序文、採例書名目錄和書中實際引用的一些人名、書名皆有僞造的可能,兼有部分文字存在抄撮《晉書·天文志》而成的嫌疑。

然則,《天文要錄》此書雖有諸多疑點,從全書類目編排和殘存卷文內容來看,確實應爲具備天文星占學識的專人所作。書共五十卷,卷一爲總

①《四庫總目提要》曰:"淳風有《乙巳占》十卷,蓋以貞觀十九年乙巳,在上元甲子中,書作於是時,故以爲名。"《四庫全書總目》卷一一〇,子部術數類存目《乙巳占略例》提要,北京:中華書局,1965年,頁936。

②參見前注。

③詳參(宋)陳振孫《直齋書錄解題》,上海:上海古籍出版社,2015年,頁364。

論，卷二、三爲日災圖占和月災圖占，卷四、五爲日月占，次爲五星占，後爲二十八宿占，末爲石甘巫中外官占，較爲系統。不過在卷四中夾雜了較多篇幅的流星、妖星和雲氣占文，卷五末雜有天裂、天鳴等占文，而在一般天文占書中這些内容應有專門的章卷。

觀其卷文，每卷開篇有一總序，述其名義、行度、相關學説等，雖多引文，亦頗自出機杼。每一星宿占文中，具體的小類予以獨立標注，石甘巫星官中還會標注序數。占文編排方面，注意將有關聯的占文合抄（如以五色取占、吉凶休囚死之占等）。而其引文，亦多有可與《天地瑞祥志》《開元占經》相比勘者。如：

　　甘德曰：“四星在辟歷南。雲雨興和，休祁萛滋也。”（《天地瑞祥志》卷七“雲雨”）

　　甘氏曰：“雲雨四星，在霹靂南。”甘氏讚曰：“雲雨興和，休祁茂孳。”（《開元占經》卷七十）

　　甘德曰：“雲雨四星，在霹靂南。主興和，休祁茂滋。”（《天文要録》卷四十九）

以上三者引文、出處基本相同，唯《天地瑞祥志》之“萛”字，爲日本所制漢字，應是抄手筆誤。

又如：

　　甘德曰：“七星在屏南。清屏伏，作杅廁糞。”（《天地瑞祥志》卷七“天圂”）

　　甘氏曰：“天溷七星在屏南。”甘氏讚曰：“天溷伏作杅，廁糞丘。”（《開元占經》卷七十）

　　甘德曰：“天溷七星在外屏南。主清屏服，作設儲。”（《天文要録》卷四十九）

“圂”爲“溷”之異體，“屏南”即外屏星南，《開元占經》同卷之“外屏星占”言：“外屏所以障天溷也。”上引《開元占經》爲《四庫全書》本，而另一大德堂抄本即爲“外屏南”，可知《天文要録》不誤。而後半句三書説皆不一，似互有訛誤，可加以對校。

值得措意的是，《天文要録》現存數卷石甘巫三家中外官占，其名目、順序與《開元占經》基本一致，僅有一些誤字或順序倒換，内容也多有重合，可見《天文要録》有重要的校勘價值。這一部分内容與《開元占經》的關聯，以及其有部分文字抄《晉志》而成的嫌疑，或可對考察《天文要録》的真實作者、年代以及傳入日本的經過有所啟發。

　　總之，就現存《天文要録》而言，其作者、序文、採例録、正文存有諸多疑點，書中文例、用字不一，訛、脱、衍、倒文極多，其作者蓋非如同李淳風一般，是一位精通天文曆算、任天文機構長官之職的學者，書中所徵引文獻的可靠性，亦有部分值得懷疑。作爲僅存於日本的漢籍天文占書，學者對於其中引書的輯佚價值，多持肯定態度①。書中確有不少未見於傳世占書的内容，有部分文字也有其校勘價值所在。有關此書的真實信息和流傳散佚，尚須進一步探究。然究其故實，《天文要録》不宜作爲唐以前緯書、占書之可靠的輯佚來源。學者在使用《天文要録》進行相關研究時，亦宜對其學術價值採取審慎態度。

　　　　　　　　　　　　　　　　　（作者單位：福建師範大學文學院）

---

①　如日本學者安居香山、中村璋八所編《緯書集成》將僅見於《天文要録》的緯書佚文全部收録，新美寬編，鈴木隆一補《本邦殘存典籍による輯佚資料集成》亦將《天文要録》所列的佚文幾乎全部予以收入，説明日本學者充分認可此書的輯佚價值。孫小淳在《中國科學技術典籍通彙·天文卷》爲《天文要録》所作提要（第四册第 26 頁）、游自勇前言等皆認可《天文要録》爲一部珍貴的唐人典籍。

域外漢籍研究集刊　第二十輯
2020 年　頁 341—356

《釋氏六帖》的編刻與回傳

——以日本東福寺藏宋本爲中心

周　浩

　　《釋氏六帖》是五代後周齊州開元寺義楚編纂的一部佛教類書,仿《白氏六帖》體例,徵引以佛典爲主,亦涉及其他文獻,近五十六萬字。所引均爲五代以前文獻,保存了刻本流行之前的面貌,收録有許多佚書、佚文,具有重要研究價值。此書歷代藏經未收,後於中土失傳,清末民初,從日本傳回,始得刊刻流行。目前對於此書的研究尚不够深入。

　　就編刻版本而言,目前有錢汝平的三篇文章,尤其是《佛教類書〈釋氏六帖〉版本叙録》《日本東福寺藏宋本〈釋氏六帖〉刊刻源流考》二文,對其編纂與刊刻源流,作了詳細的梳理。據錢文研究,自宋初至清末,此書共雕版3 次,目前有 3 個民國以前的刻本存世①。開寶六年(973)本已佚;崇寧二年(1103)初刻本已佚;日本東福寺所藏宋本,爲崇寧二年本的後印補刻本;日本寬文九年(1669)本,乃用東福寺藏本的手抄本爲底本重刻;日本延寶三年(1675)本乃用寬文版印行,僅改牌記,是寬文本的後印本;民國《普慧大藏經》本據寬文本排印,做了他校②。

　　錢文對於《釋氏六帖》編纂刊刻過程的研究,用功頗深,結論基本可靠。本文以日本東福寺藏宋本爲中心,在錢文的基礎上,對其尚未注意、或已經注意而未深入探討的一些重要綫索,予以研究,對該本所顯示北宋刻本的

---

① 錢汝平《佛教類書〈釋氏六帖〉版本叙録》,《圖書館雜誌》2011 年第 1 期。
② 錢汝平《佛教類書〈釋氏六帖〉版本叙録》,《圖書館雜誌》2011 年第 1 期。

一些特徵進行補述,揭示該本對《釋氏六帖》研究的獨特價值。

一、《釋氏六帖》在宋代的兩次雕刻

　　錢文據書前《六帖述》、書後《釋氏六帖後序》所列王朴結銜爲"權東京留守樞密使判開封府檢校太保",引《舊五代史》指出,顯德四年(957)八月至五年(958)四月,爲此書初次計劃刊刻時間。因趙宋代周,實際初刻時間,在乾德初年(963)由趙矩、劉熙古主持,只完成三分之一,開寶六年(973)由張全操(錢文誤作張金操)主持完成剩下三分之二,是爲開寶六年本,已佚①。

　　需要補充的是,胡正《釋氏纂要六帖後序》:"將永傳流,無如板印,前知府宗卿天水趙公矩,大諫彭城劉公熙古,咸助乃謀,六之成二,旋云赴闕,遂輟其工,于兹十年,幾至廢墜。"②據《宋會要輯稿》禮三一,建隆二年(961)六月趙矩已在宗正卿任③。從開寶六年上推十年,即乾德元年,此年以前,劉熙古爲大諫、從知府赴闕,唯在青州。據《宋史·劉熙古傳》,"(太祖)即位,召爲左諫議大夫,知青州。車駕征惟揚,追赴行在。建隆二年,受詔制置晉州権礬,增課八十餘萬緡。乾德初,遷刑部侍郎、知鳳翔府。未幾,移秦州……轉兵部侍郎,徙知成都府。六年,就拜端明殿學士。丁母憂。"④太祖即位在建隆元年(960),此時劉熙古以左諫議大夫知青州,據《宋史》卷一,建隆元年九月,"己未,淮南節度李重進以揚州叛,遣石守信等討之","(十月)丁亥,詔親征揚州","十一月丁未,師傅揚州城,拔之,重進盡室自焚。戊申,誅重進黨,揚州平。"⑤"十二月己巳,駕還。丁亥,上至自揚。"⑥

---

①錢汝平《佛教類書〈釋氏六帖〉版本叙録》,《圖書館雜誌》2011年第1期,頁73。

②(五代)義楚《義楚六帖》,京都:臨川書店影印日本東福寺藏宋本,2001年,頁437上。

③(清)徐松輯,劉琳、刁忠民、舒大剛、尹波等校點《宋會要輯稿》,"禮"三一"昭憲皇后",
　　上海:上海古籍出版社,2014年,頁1422下;又見"禮"三七"宋昭憲皇后陵",頁1583上。

④(元)脱脱等《宋史》卷二六三《劉熙古傳》,北京:中華書局,1977年,頁9100。

⑤(元)脱脱等《宋史》卷一《太祖本紀一》,頁7。

⑥(元)脱脱等《宋史》卷一《太祖本紀一》,頁8。

據《宋史·郭崇傳》：“時命李重進爲平盧軍節度，重進叛，改命崇爲節制。”①
吳廷燮《北宋經撫年表》云，建隆元年十一月，郭崇爲平盧節度使，知青州，乾
德三年（965）卒於任②。劉熙古“旋云赴闕”的時間，當在十一月左右。則此
書初刻完成六之二，至建隆元年十一月左右止。胡正所謂“于兹十年”，乃
舉成數。

　　此書初刻地點，當在青州。因三位主持刊刻者，均知青州，前兩位罷知
青州，刊刻即中斷。據《宋史·楊澈傳》，“（楊澈）建隆初，舉進士，時竇儀典
貢部，謂澈文詞敏速，可當書檄之任。調補河内主簿，再遷青州司户參軍。
知州張全操多不法，澈鞫獄平允，無所阿畏。”③則張全操確曾爲青州知
州④。宿白《唐宋時期的雕版印刷》指出，五代十國時期，青州即有雕版印
刷，並引南唐劉崇遠《金華子雜編》所記爲據⑤。

　　履坦重刻時，據其誌語，“請前住湖州大中祥符講院傳天台教觀蘇州管
内僧正神智大師尚能校勘上四策，開就。因到蘇州崑山縣，蒙大聖山王降
夢，留就化緣。此時乃請慧聚寺依止傳南山祖教比丘則之校勘八策。”⑥乃
先校勘前四策，雕版；後到昆山，校勘後八策，雕版，於崇寧二年完成。從刻
工姓名來看，前後雕刻者當爲同一批人。

二、日本東福寺藏宋本《釋氏六帖》版本特徵補述

　　據錢文考證，日本東福寺藏宋本《釋氏六帖》是北宋崇寧二年本的南宋
補刻後印本，此説可信。其補刻部分占原書比例甚小，且大都在原版上進

---

① （元）脱脱等《宋史》卷二五五《郭崇傳》，頁 8903。
② 吳廷燮《北宋經撫年表》卷一，北京：中華書局，1984 年，頁 9。
③ （元）脱脱等《宋史》卷二九六《楊澈傳》，頁 9869。
④ 吳廷燮《北宋經撫年表》卷一系張全操知青州在開寶二年（969）至五年（972）（頁 9—
　　10），據胡正《釋氏纂要六帖後序》“今知府正郎清河張公全操，道冠四科，書精八法，布
　　政已成於異績，言空深究於真詮，啓導衆情，共畢其事。”（《義楚六帖》頁 437 上）該序作
　　於“大宋開寶癸酉”（《義楚六帖》頁 436 下），即開寶六年，則張全操開寶六年尚知青州。
⑤ 宿白《唐宋時期的雕版印刷》，北京：文物出版社，1999 年，頁 5。
⑥ （五代）義楚《義楚六帖》，頁 437 下。

行部分補刻,故此本雖爲南宋印本,所反映的卻基本是北宋刻本的原貌,理應引起高度重視,對其版本特徵進行仔細描述。

　　關於此書的行款,錢文指出:“每半頁八行,小字雙行,大字行十八字,小字行二十五字。”①此説不確,此書行款極不規則。首葉下半葉刻刊經願文,十行,行大十八字,陽刻,末有陰刻回向文一行,雙行小二十三字,左右雙邊;次《進釋氏六帖表》一葉,半葉八行,行大十五字,陽刻,末有陰刻小字一行,三十字,左右雙邊;次五代王朴《六帖述》,一葉又四行,前葉半葉八行,後葉僅刻四行,行十六至十八字不等,前葉四周單邊;次《義楚六帖並序》及目録,計五葉又六行,前五葉半葉八行,最後僅刻六行,行十五、十六字不等。正文半葉八行,第一策二十二葉,半葉九行,第二策二十五葉,下半葉刻字八行,卻有九行界格;行大十七至十九字不等②;雙行小字以二十五字爲基本格式,另有 446 行,行二十三至三十三字不等,此種情況前五策逐漸增多,後七策逐漸減少③。書後首刻義楚《釋氏六帖後序》,半葉八行,行二十二字,《後序》第一葉下半葉第二行二十一字;次宋胡正《釋氏纂要六帖後序》,計兩葉,半葉八行,行二十四至二十七字不等;最後一葉,上半葉爲宋僧履中《重開釋氏六帖後序》,十行,行二十二字,下半葉爲履坦誌語,十一行,行二十七至二十九字不等;書後諸葉均左右雙邊。

　　此書正文基本爲左右雙邊,但也偶有例外,第三策十三、十八、十九、二十一、二十八葉左側單邊、右側雙邊;第一策十五葉,第四策三葉,第五策八、十一葉,第六策四、六十一、八十二葉,第七策五十八、六十五葉,第十一策十五葉,第十二策十三葉,四周單邊。除十一策十五葉署名“茂”外,其餘十葉均署名“仁”,且爲“仁”留名葉的全部。這顯示,四周單邊,應該可以看作刻工“仁”的一個特點。

---

①錢汝平《日本東福寺藏宋本〈釋氏六帖〉刊刻源流考》,《圖書館雜誌》2011 年第 9 期,頁 92。

②正文大字滿行者,僅 1/39/下 4,1/39/下 5,1/41/上 1,1/41/下 7(策/葉/行)。

③共 446 行:第 1 策 33 行,第 2 策 15 行,第 3 策 44 行,第 4 策 92 行,第 5 策 153 行,第 6 策 57 行,第 7 策 21 行,第 8 策 7 行,第 9 策 9 行,第 10 策 5 行,第 11 策 8 行,第 12 策 2 行。

錢文指出，"版心偶有刻工姓名計有仲、朱監、咠、仁、茂五人。"①並注云此五人均難查實。今將刻工姓名分布情況列表如下：

姓名	策/葉
仲	1/44、1/47、3/37、5/22、5/44、6/64、6/76
仁	1/15、4/3、5/8、5/11、6/4、6/61、6/82、7/58、7/65、12/13、12/68（疑似）
茂	5/84、5/87、6/37、6/47、6/81、6/85、9/58、11/15、12/52
咠	3/26、6/78
朱監	2/20（補刻）

刻工的分布，説明此書當爲同一批人所刻。

錢文指出，第一策第二十二葉整葉、第五策十二葉下半葉每行最後四字、第五策十八葉整葉上半部均爲補刻②。除此之外，以下諸葉亦存在明顯補刻：第二策十八葉最後一行"法威德力八"五字，顯系補刻；第二策二十葉整葉，整體氣韻與其餘各葉均不相同，字體近顔，與全書用歐不同，與其餘補刻處用顔體相同，且此處刻工朱監，姓名俱全，與其餘四人有名無姓不同，此葉當爲補刻；第五策五葉上半葉第六行、四十五葉上部及左下角、四十九葉上部均系補刻。錢文指出第一策二十二葉整葉系補刻，因其半葉九行、行小二十八字，此説不太可靠。全書行款不統一，前已指出；補刻多用顔體，而此葉爲歐體，與上下葉並無明顯區別；此葉行款本身也不統一，上八、下七、下八、下九諸行，均非二十八字。因而此葉難確定爲補刻。除補刻外，此書版片還有殘損。最顯著者爲第三策二、第五策七十六、第十策四十三諸葉有多個墨團，有缺字，當爲版壞所致。

以上描述顯示，此書行款格式並不統一；而下文的描述將顯示，此書在

---

① 錢汝平《日本東福寺藏宋本〈釋氏六帖〉刊刻源流考》，《圖書館雜誌》2011 年第 9 期，頁 93。

② 錢汝平《日本東福寺藏宋本〈釋氏六帖〉刊刻源流考》，《圖書館雜誌》2011 年第 9 期，頁 94。

內容編排上,體例也不統一。這與新發現北宋《禮部韻略》的版刻特徵類似①。可見,北宋直到崇寧年間,坊間刻本的體例尚不統一。

三、日本東福寺藏宋本對《釋氏六帖》研究的價值

此本保存了一些被寬文本等後代刻本删改的信息,對於弄清《釋氏六帖》的編寫、進呈等具有獨特的價值。

義楚《義楚六帖並序》云“起草乙巳,畢功甲寅仲夏月之十日”②,乙巳爲後晉開運二年(945),甲寅即後周顯德元年(954),顯德元年五(仲夏)月十日,應該是初稿完成之日。第十二策正文末記有“顯德元年九月二十九日”③,僅見於宋本。這應該是改定之日,改定之後,進於世宗,敕付史館。《册府元龜》卷五二載:“(世宗顯德元年九月)是月,齊州沙門義楚進《釋氏六帖》三十卷。”④與此相符。

十二策十葉,書前目録及正文目録均有“杵九”,正文有文無目,十二策六十五葉“狐十四”亦同,此兩處可能有漏刻。

關於此書的門類,王朴《六帖述》指出“凡五十部,四百四十門,爲六帖焉”⑤,義楚《義楚六帖並序》言“揔括大綱,計五十部,隨事別列,四百四十門”⑥,贊寧《宋高僧傳》卷七《宋齊州開元寺義楚傳》直接引用了上述四句⑦。王朴、贊寧所述,當本於義楚,錢文仍之。而今依宋本細數,書前目録實 449 門,正文實 454 門⑧。

書前目録、正文每部下目録、正文之間,具體部、門不盡相同。寬文本

---

①李致忠《珍貴典籍的重大發現:北宋刊本〈禮部韻略〉》,《文獻》2013 年第 2 期,頁 5—6。

②(五代)義楚《義楚六帖》,頁 7 上。

③(五代)義楚《義楚六帖》,頁 435 上。

④(宋)王欽若等編,周勳初等校訂《册府元龜》卷五二,南京:鳳凰出版社,2006 年,頁552。

⑤(五代)義楚《義楚六帖》,頁 6 上。

⑥(五代)義楚《義楚六帖》,頁 7 上。

⑦(宋)贊寧撰,范祥雍點校《宋高僧傳》卷七,北京:中華書局,1987 年,頁 160。

⑧書前目録與正文,第十四部均計爲 4 門。

書前目録作了部分修改，以與正文統一。

有正文、正文目録相同，而與書前目録不同者。三策大士僧伽部第六，正文及正文目録均比書前目録多出門數，四策僧尼不拜部第十二正文及正文目録門類有删改、合併、增加；六策神通化物部第十六，書前目録分神異、感通兩門，正文、正文目録則合爲神異一門；八策幽冥神鬼部第三十三，書前目録有九門，正文、正文目録則將第九門分爲兩門，共十門；九策草木果實部第三十六、十策雅樂清歌部第三十九正文、正文目録相同，比書前目録多出門類；八策三十部、三十三部，十一策四十四部，十二策四十八部、四十九部，書前目録與正文部名不同。

有書前目録與正文目録相同，而與正文不同者。一策信奉謗毀部第二正文門名有不同；六策化導人天部第二十三正文比書前目録、正文目録多出門類；二策大法真詮部第三正文“諸行心法十”門下多出三個條目，十一策貯積秤量部第四十五正文多個門下多出附目。

有三處均不相同者。九策厚載靈源部第三十五、十策六根嚴相部第四十一、十一策寺塔殿堂部第四十四、十一策助道資身部第四十六、十二策武備安邦部第四十七書前目録、正文目録、正文門下附類的分合均不相同，而多以正文更爲詳盡合理。

第五、六兩策專録僧人，涵蓋第十四至二十三部，除第十九、二十兩部書前目録、正文目録和正文實際人數相符外，其餘諸部均不相符。

從編寫過程考慮，一般先完成正文，再形成目録，合爲初稿；在初稿的基礎上，先對正文有所修改，再反映到目録上。《釋氏六帖》初刻時，前六之二是先刻的，這裏面應該包括了書前目録（目録與前四策分帖，後八策不分帖可證），後六之四是十多年後所刻。書前目録、正文目録、正文之間的重要差異，上面共列 28 處涉及 24 部，前四策僅 4 部 4 處，後八策 20 部 24 處。除編寫、傳抄、雕刻中的偶然訛誤外，前四策更可能是義楚初稿未作統一，後八策除上述二因外，還表明義楚從初稿完成到全書刻出的二十年內，可能一直在作修改。前四策分帖而後八策不分帖的不同，尤其可以説明此點，詳見下文。

此書結銜共有三種方式，自第六策起統一。第一、二、四策無結銜，書前及第五策結云“齊州開元寺講俱舍論賜紫沙門義楚集”，第三策結云“齊州開元寺明教大師進釋氏六帖賜紫義楚集”，第六至十二策及書後結云“齊州開元寺講俱舍論賜紫明教大師義楚集”，唯書後改“集”作“撰”。錢文指出“東福寺本每帖帖首題撰者的結銜爲‘齊州開元寺講《俱舍論》賜紫明教大師義楚集’，而寬文本則是在每卷卷首題撰者的結銜爲‘齊州開元寺講《俱舍論》賜紫明教大師進《釋氏六帖》義楚集’，不知是寬文本臆改，抑或另有所本，尚不得而知。”①錢文認爲東福寺本只有一種結銜方式，不確，而寬文本明顯是將東福寺本三種結銜合爲一種的結果。

　　每策部與部之間，編排體例也不統一。前四策體例混亂，五、六策自爲一種體例，後六策體例統一。前四策在策首策尾、部首部尾是否呼應上，極不統一。第五、六策，因内容均與佛教僧人傳記相關，且大多數部下僅一門，故與前後均不相同，是將本策所有的部、門集中列於策首；從第七策起，體例統一：每部開始標部名，後全列門名，一部完結，不標該部名，另起一行，開始下一部，策尾標“義楚六帖第七”。

　　關於此書的卷數，錢文因《崇文總目》記爲十四卷，又據宋胡正《釋氏纂要六帖後序》“七十萬言”，而東福寺本實不到六十萬言的情況，認爲删削約十萬字，恰兩卷之數；又認爲，崇寧本引用典籍多改寫，删節過多，多處文意不明，當是履坦删削所致。以此推測開寶六年本爲十四卷，履坦崇寧二年重刻本删削爲十二卷②。此説頗不可信。崇寧本、寬文本實爲同一系統，筆者依據 CBETA 統計，寬文本約 55.9 萬字，若按錢文思路，則删掉十四萬字有餘，應合三卷，而非兩卷；而從東福寺藏宋本來看，每卷的字數並不平均，相差較大。又，《釋氏六帖》本爲類書，兼具詞典功能，全書大部爲意引，經常出現“文廣如論”“文多不録”等字樣；《宋高僧傳》也説義楚“隨得便書，裒多益寡，日居月諸，鬱成編録”③，“遂冥心懺過，慮删碎教文，裁量差脱，如是虔虔更無間息”④，明言有删節。如均依原文補足，則所删去者遠非十萬或十四萬餘，而全本字數也將遠非五十六萬或七十萬。胡正在《後序》中説義楚刻書，先完成了六之二，如果是十四卷，六之二的説法不成立；如果

①錢汝平《佛教類書〈釋氏六帖〉版本叙録》，《圖書館雜誌》2011 年第 1 期，頁 74—75。
②錢汝平《日本東福寺藏宋本〈釋氏六帖〉刊刻源流考》，《圖書館雜誌》2011 年第 9 期，頁 94。
③（宋）贊寧撰，范祥雍點校《宋高僧傳》卷七，頁 160。
④（宋）贊寧撰，范祥雍點校《宋高僧傳》卷七，頁 160。

六之二指的是六帖中完成了二帖，後八卷又不是以帖作爲區分方式，這是義楚本人的修訂。履中在《重開釋氏六帖後序》中言履坦“及其壯歲，承恩祝髮，蒙先生出佛書一部十二策，題曰《釋氏六帖》焉，先生自謂家藏歲久。”①明言履坦五十年前得此舊本（開寶本或其抄本），即爲十二策，此點與履坦書後誌語言先校上四策、再校後八策相合。本文以爲，依據目前的材料，開寶本當爲十二策，近七十萬言與十四卷的説法，可能有誤。本書書前目録 449 門，正文 454 門，而義楚誤言 440 門，五十六萬字誤計成近七十萬言，頗有可能。

從書前目録與正文内容的編排來看，東福寺藏宋本前四策與後八策可以看成兩部分；前四策體例混亂，後八策體例較爲統一；前四策一、二兩策爲義楚六帖第一，三、四兩策爲義楚六帖第二，這與書前目録分六帖相對應，並未在正文中標第幾卷；後八策不分帖，從第五策開始，卷首標“義楚六帖第五”，依次類推，與前面四策只有“義楚六帖第二”明顯斷裂，與書前目録體例不一；第一、二策版心基本標“卷”，僅第二策十二葉標“策”，第三至十二策版心全標“策”。

書前目録及前四策的相關體例，反映了義楚最初爲此書所作的結構布局，而十多年後再刻後八策，後八策體例基本統一，與前四策有斷裂，應該也是義楚主持修訂的。履坦於崇寧二年重刻，刻工在刻寫的時候，其版式如版心、行款等或可依據己意，而其内容的安排，則一定要有底本，這個底本肯定是主持刻印者寫定的。從履中的後序與履坦的誌語看，履坦在主持此次重印之前，請兩位高僧分別校勘了前四策與後八策，在刻寫時又專門派一弟子校正，没有説更改編排體例，如果更改體例，前後應該統一。其書前目録、前四策與後八策之間編排體例上如此明顯的矛盾，應該不是履坦等造成的，而是開寶本的原樣，重刻時保存了下來。寬文九年飯田氏忠兵衛重刻時，將這些矛盾、缺誤都作了統一，並析爲二十四卷。

_____

① （五代）義楚《義楚六帖》，頁 437 下。

四、《釋氏六帖》的回傳

　　錢文指出,日本東福寺藏宋本《釋氏六帖》,係著名僧人圓爾辯圓(聖一國師)於南宋理宗淳祐元年(1241)帶至日本,藏於京都東福寺普門院;1353年,大道一以編《普門院經論章疏語録儒書等目録》,著録此書①。

　　關於此書在中土失傳的時間,現難以確考。歷代典籍徵引此書,以明初《佛法金湯編》卷一爲最晚,云出"費長房《三寶記》並《義楚六帖》"②。然此條,頗疑轉引自南宋本覺《釋氏通鑑》卷一,亦云"出《義楚六帖》及《三寶紀》等"③。

　　關於此書回傳時間,錢文指出,1941年蘇晉仁於日本購得寬文本,回國後轉贈周叔迦,1944年據以排印,收入《普慧大藏經》④。

　　其實,在清末民初,此書即有兩套回傳中土。

　　文廷式《純常子枝語》徵引此書 9 次。文廷式於光緒二十六年(1900)正月十一日啟程赴日本⑤,三月十二日歸上海⑥。《東遊日記》記二月十二日"購得《義楚六帖》一部。雖釋家類書,而引儒書正不少。晁氏《讀書志》曾載其目,洪遵《泉志》亦引之;近數百年來我中土遂無有述及此書者,蓋佚之久矣。書成於後周時,所見古書正多,可寶貴也。"⑦此書當於 1900 年爲文廷式挾回中國。

　　今北京大學圖書館藏延寶三年本《義楚六帖》二十四卷,編號:LSB/3842,爲李盛鐸舊藏。《北京大學圖書館藏善本書録》、宿白《唐宋時期的雕

①錢汝平《佛教類書〈釋氏六帖〉版本叙録》,《圖書館雜誌》2011 年第 1 期,頁 74;《日本東福寺藏宋本〈釋氏六帖〉刊刻源流考》,《圖書館雜誌》2011 年第 9 期,頁 92。

②(明)心泰《佛法金湯編》卷一,《卍新纂大日本續藏經》,東京:株式會社國書刊行會,1975—1989 年,第 87 册,頁 374c5-6。

③(宋)本覺《釋氏通鑑》卷一,《卍新纂大日本續藏經》,第 76 册,頁 15a2。

④錢汝平《佛教類書〈釋氏六帖〉版本叙録》,《圖書館雜誌》2011 年第 1 期,頁 75。

⑤(清)文廷式《東遊日記》,汪叔子編《文廷式集》下册,北京:中華書局,1993 年,頁 1160。

⑥(清)文廷式《東遊日記》,頁 1175。

⑦(清)文廷式《東遊日記》,頁 1168。

版印刷》附録一《北京大學圖書館藏朝鮮、日本善本書録》均著録此書，提要大致相同，宿白云："義楚六帖二十四卷。日本延寶三年（清康熙十四年）書林村上勘兵衛覆刻宋福州開元寺刻《毗盧大藏》本，二十四册，李3842。後周釋義楚輯。此據宋崇寧間福州《開元毗盧藏》本覆刻。元以來《大藏》並失收，有'紫雲藏'、'緣山北溪義俊藏書'印記。"①錢文已指出，延寶三年本所用爲寬文九年本版片，寬文九年本則據日本東福寺藏宋本的手抄本重刻，東福寺藏本爲崇寧二年本的後印補刻本，刻於蘇州，非福州，著録不確。李盛鐸於1879年在上海認識日人岸田吟香，通過他獲得不少日本漢籍，又於1898至1901、1913至1914兩次訪問日本②。該書卷五首頁有"紫雲藏""緣山北溪義俊藏書"兩枚印章。日本國文學研究資料館所藏空海《御請來目録》及獨朗《請來進官録》二書均鈐有此二枚印章，可見李盛鐸此書乃日人舊藏。只是李氏何時何處購得，尚未可知。查《木犀軒書目二種》《北京大學圖書館藏李氏書目》《北京大學圖書館藏善本書録》等，均未見相關信息。

---

① 宿白《唐宋時期的雕版印刷》，頁207。
② 高洋《李盛鐸日本訪書記》，《山東圖書館學刊》2010年第2期，頁67—68。

附表：

宋本《釋氏六帖》書前目録、正文目録、正文部門對比

策數	部名	書前目録	正文部下目録	正文
一策	法王利見部第一	相好光明二	殘缺	二相好光明二
	信奉謗毀部第二	王侯信奉一	王侯信奉一	諸王信奉一
二策	大法真詮部第三	諸行心法十 善有四一信二樂三愛四念惡有七一惡二毒三嗔四癡五慢六邪見七五逆	諸行心法十 善有四一信二樂三愛四念惡有七一惡二毒三嗔四癡五慢六邪見七五逆	諸行心法十 善法有四種一信二樂三愛四念 惡有十種一惡二毒三嗔四癡五慢六邪見七五逆八慳九貪十嫉妒
	六到彼岸部第五	布施一 初摁二別持戒二	布施一 初摁一別持戒二	布施一 初摁一別持戒二 大小二乘戒同在此門
三策	大士僧伽部第六	沙彌八（無童子九行者十）	沙彌八 童子九 行者十	沙彌八 童子九 行者十
	師徒教誡部第七	師主一弟子二善惡綱維六	師主一弟子二善惡綱維六	師主一 有是非大小也弟子二綱維六
	威儀禮業部第八	位立三	住立三	住立三
	語論樞機部第九	笑五	笑哂五	笑哂五
四策	九流文藝部第十	道俗著述一㕈素九筆墨畫塑十六	道俗著述一紙素九筆墨附畫塑十六	道俗著述 一僧二俗㕈素九塑畫十六
	僧尼不拜部第十二	宋武令拜二隋煬有人五唐朝重議六會昌毀滅七彥悰福田八	宋武命拜二隋唐重議五會昌毀滅六僧道先後七彥悰福田八	宋武命拜二隋唐重議五會昌毀滅六僧道先後七彥悰福田八

續表

策數	部名	書前目録	正文部下目録	正文
五策	流通大教部第十四	譯經求法計一百一人捴序一法式二(101)	捴序一法式二譯經三求法四	捴序一法式二譯經三求法四齊州三藏義净從西國還在南海室利佛逝國撰奇峙捴紀五十六人等(求法正36條39人,"義朗智岸""運期曇閏""窺沖明遠"各計2人,附16人,共55人)(譯經正49條49人,依今本二傳計附18人,共67人)①
	法施傳燈部第十五	解義二百六十二人(262)	解義前一百五人後一百六十一人正紀附見一百一十四人(380)	無(正260條260人)(依今本二傳計附208人)
六策	神通化物部第十六	神異十七人感通一百一十四人(131)	五策:神異前二十八人後七十八人附見五人(111)六策:神異高僧前傳一十八人後傳七十八人附見五人(101)	六策:神異高僧前傳一十八人後傳七十八人附見五人(101)(正133條134人,"子明賈逸"計2人)(依今本二傳計附7人)
	静慮調心部第十七	習禪二十一人下續高僧九十四人(115)	五策:習禪前二十一人後七十五人附見三十七人(133)六策:習禪二十一人前傳後傳九十四人(115)	六策:習禪二十一人前傳後傳九十四人(115)(正115條116人,"慧意法永"計2人)(依今本二傳計附14人)
	持犯開遮部第十八	明律一十三人下續高僧二十六人(39)	五策:明律前一十三人後二十三人附見二十九人(65)六策:明律前傳一十三人後傳二十七人(40)	六策:明律前傳一十三人後傳二十七人(40)(正41條42人,"覺朗海藏"計2人)(依今本二傳計附18人)
	捐身爲法部第十九	亡身十一人下續高僧一十三人護法十八人(42)	五策:捨身前一十一人後十人附見七人(28)六策:亡身十一人下續高僧十三人護法高僧十八人(42)	六策:亡身十一人下續高僧十三人護法高僧十八人(42)(正42條42人)(依今本二傳計附8人)
	持誦貫花部第二十	誦經二十一人(21)	五策:誦經前二十一人十一人附見七人(39)六策:誦經二十一人經師(21)	六策:誦經二十一人經師(21)(正21條21人)(依今本《高僧傳》計附10人)

① 按:十四至二十三部,除第十四部"求法"門外,附數乃依今本《高僧傳》《續高僧傳》所附爲標準,並不精確,因今本二傳有實附其人而未計爲附、計爲附傳而未見其人等情況,而《六帖》對二傳人物,有原爲附傳而升在正傳、原在正傳而降爲附傳等情況。姑爲計算,以見書前目録、正文目録、正文之不同。

策數	部名	書前目録	正文部下目録	正文
六策	荷負興崇部第二十一	興福十四人續高僧正紀十八附見五人（37）	五策：興福前一十八人後十二人附見五人（35）六策：前傳一十四人續高僧傳正紀一十八人附見五人（37）	六策：前傳一十四人續高僧傳正紀一十八人附見五人（37）（正33條33人）（依今本二傳計附5人）
	抑揚半滿部第二十二	經師十一人續高僧正紀十八人附見八人（37）	五策：經師前十一人後二十一人（32）六策：經師前傳十一人續高僧正紀十八人附見五人（34）	六策：經師前傳十一人續高僧正紀十八人附見五人（34）（正27條34人，"八僧無傳"各有名計8人）（依今本《續高僧傳》計附7人）
	化導人天部第二十三	唱導一十人（10）	五策：唱導前一十人後雜科八人附見正傳十二人（30）六策：唱導一十人（10）	六策：唱導一十人（10）（實10人）雜科一十二人（12）續高僧目聲德篇與唱導同更不別開正傳一十二人附見八人（20）（唱導正10條10人，雜科正12條12人）（依今本《續高僧傳》計附7人）
七策	世主人王部第二十五	轉輪王一西土有道粟散王二無道三東土有道粟散王四無道五	輪轉王一西土有道粟散王二無德之主三東土有道粟散王四無道之主五	輪轉王一有道粟散王二無德之主三東土有道粟散王四東土無道之主五
	儲君臣佐部第二十六	太子一　忠孝賢智等大臣二　善賢忠直才智諂佞	太子一　忠孝賢智等附大臣二　善賢忠貞直才智諂佞等	太子一大臣二　善賢忠貞直才智諂佞
八策		大權現化部第三十	大權示化部第三十	
	婦女賢亂部第三十二	婬濫七	婬濫七	婬濫七　一欲過患二諸王三大臣四長者五商人六比丘尼女道士諸女濫婬
		幽冥神鬼部第三十三神四　鬼五　妖恠靈變九	幽冥鬼神部第三十三神王四　鬼將五　妖怪九靈變十	神王四　鬼將五　妖恠九　靈變十
九策	自在光明部第三十四	雷九	雷九	雷九霹靂附之
	厚載靈源部第三十五	山二川谷附之　土十三　火十五	山二川谷附之　土十三沙附　火十五	山二川谷石沙附之　土十三　火十五薪炭附之
	草木果實部第三十六	花四　草七（無雜草十四）	花四　草七芭蕉附之　雜草十四	花三　草七芭蕉附之　雜草十四

策數	部名	書前目録	正文部下目録	正文
十策	酒食助味部第三十七	酒一 麵十五 粳米十九 糠二十一	酒一得二失 麵十五麥附 粳米十九 糠二十一	酒一 麵十五麥附之 秔十九米附之 糖二十一'
	寶玉珎奇部第三十八	水精七	水晶七	水晶七
	雅樂清歌部第三十九	琴二 歌六 舞七 碁八	琴二箏箜篌附之 鈴六 磬七 歌八 舞九 碁十	琴二箏箜篌附之 鈴六 磬七 歌八 舞九 碁十
	五境爲緣部第四十	色一 聲二 香三 味四 觸五	色一 聲二 香三 味四 觸五	色一 聲二 香三麁附之香揔有四十三種 味六
	六根嚴相部第四十一	舌四 身五燒捨賣易附之	舌四口脣齒附 身五燒捨賣易附之	舌四口脣牙齒附之 身六
	隨根諸事部第四十二	吐十四 尿十六	吐十四 尿十六	吐唾十四 小便十六
十一策		寺塔殿堂部第四十四 寺一東土西天觀毀寺等 殿二閣附之 堂四亭室附 門六 臺十榭附之 壁十二	寺舍塔殿部第四十四 寺一西天東土道觀毀廢等附之 殿二閣樓附之 堂四亭室附之 門六關附之 臺十榭附之 壁十二	寺一 殿二閣樓附之 堂四亭房室附之 門六 臺榭十 壁十二墙附之
	貯積秤量部第四十五	匱二 斗三杓附之 秤四 盆甕五釜附之	匱二 斗三杓附之 秤四 盆甕五釜附之	櫃二篋附之 斗三杓升附之 秤四尺附之 甕盆五鑊釜附之
	助道資身部第四十六	袈裟二 鉢盂八匙附之 凈巾十一 帳十五 綿二十六 絹二十七布附 氎二十八	袈裟二道衣俗服 鉢盂八匙附之 凈巾十一 帳十五 綿二十六 絹二十七錦附之 氎二十八布附之	袈裟二冠道衣俗服附之 鉢盂八匙椀附之 巾十一 帳十五蚊幬附之 綿二十六錦附之 絹二十七 布二十八氎附之
十二策	武備安邦部第四十七	杖二 槍五 箭八 杵九	杖二鞭附之 槍戟五 箭八 杵九	杖二鞭附之 槍五戟旗附之 箭八彈丸附之 杵九有文無目
		水族鱗蟲部第四十八 龜二鼈黿附 獺六 蛇七	龍王水族部第四十八 龜二鼈黿附之 獺六 蝦蟹附 虵七蝎附之	龜鼈黿黿二 獺六 蝦蟹附之 虵七蝎附之

續表

策數	部名	書前目録	正文部下目録	正文
十二策		金翅族羽部第四十九 鵬七	金翅羽族部第四十九 飛鳥有四千五百種 鵬七	鵬七鷲附之
	師子獸類部第五十	師子一麟附之 驢七 狐十四	師子一麟附之 驢七驟附之 狐十四	師子一 驢七驟附之 狐十四有文無目

（作者單位：西南大學文學院）

域外漢籍研究集刊　第二十輯
2020 年　頁 357—378

日本萬里集九抄物中的
《太平廣記》之研究[*]

佐野誠子

一　《太平廣記》在日本

　　《太平廣記》是以六朝、唐代筆記爲主的類書。於北宋太平興國年間
(976—984)奉太宗之命編纂完成的。當時雖然有刻版，但是由於并不急
需，并未進行刊刻。根據目前我們所掌握的材料來看，明代嘉靖四十五年
(1566)談刻本是最早的刻本，談愷據傳鈔本加以校補重印。目前未發現北
宋初到明代幾百年間之刻本或抄本。目前學者認爲明代刊刻《太平廣記》
以前，《太平廣記》幾乎默默無聞。但最近的研究顯示《太平廣記》在北宋、
南宋時也在士大夫之間被流傳及閱覽①。

　　這本《太平廣記》談刻本以前確實流傳到了日本，早在鎌倉時代(1185—
1333)就能看到相關記録。周以良先生曾經釐清在日本中世時期已經有《太
平廣記》流傳②。但他對于抄物情況的介紹，只有關於引文衆多的描述，並没

---

* 本項研究得到公益財團法人市原國際獎學財團的資助。

① 參看富永一登《〈太平廣記〉の諸本》，收録富永一登著《中國古小説の展開》，東京：研文出
　版，2013 年，原載 1999 年，頁 28—36；張國風《太平廣記版本考述》，北京：中華書局，2004
　年，頁 6—10；牛景麗《〈太平廣記〉的傳播與影響》，天津：南開大學出版社，2008 年，頁
　42—59；西尾和子《〈太平廣記〉研究》，東京：汲古書院，2016 年，頁 46—53、85—112。

② 周以量《日本における〈太平廣記〉の流布と受容—近世以前の資料を中心に—》，載
　《和漢比較文學》26，2001 年。頁 33—45。

有相關的詳細內容。其實,抄物中也有不少《太平廣記》的引文。

　　因此,筆者以五山禪僧萬里集九(1428—?)所撰的抄物爲主,查閱其所引用和涉及《太平廣記》的情況,來分析當時日本禪僧閲覽何種《太平廣記》以及如何看待《太平廣記》。

　　萬里集九所撰漢文抄物有三種,其中有很多漢籍的引文。張淘先生已經對萬里集九的《山谷詩集注》之抄物《帳中香》中的漢籍進行了調查,指出其一共對大約 200 種漢籍進行了引用。他還指出其中包括中國已失傳或罕見的筆記《湖海新聞》、別集《臨川吳文正公草廬先生集》等書①。

　　另外,劉玲先生調查了月州壽桂(1470—1533)的《三體詩》之抄物《幻雲抄》中所引用的漢籍②,認爲共有 266 種漢籍引用,而其中引用《太平廣記》多達 32 處。劉玲先生還説,别的《三體詩》之抄物慈宣(雪心素隱,? —1626)《三體詩素隱抄》很少引用漢籍③。但是,她並没有提到萬里集九《三體詩》之抄物《曉風集》。而《幻雲抄》成書於大永七年(1527),現存天文五年(1536)的抄本(内閣文庫藏本)④,比萬里集九《曉風集》成書大約晚幾十年。研究萬里集九抄物,可以追溯至更早時期的日本所藏《太平廣記》(和其他的漢籍)的情況。

　　這兩位學者的研究,没有深入到特定漢籍之引用情況。關於《太平廣記》也只舉出書名而已,没有寫明在哪裏引用、引用該書哪一部分。並且,如前所述,五山禪僧的時代,目前没有找到《太平廣記》的抄本、刻本。此外,釐清他們究竟讀何種《太平廣記》也具有一定的研究價值。

二　萬里集九和他的抄物

　　萬里集九是日本室町時代的禪僧⑤,正長元年(1428)在近江國(現在

---

①張淘《萬里集九〈帳中香〉引書之文獻價值》,載張伯偉編《域外漢籍研究集刊》第 7 輯,北京:中華書局,2011 年,頁 147—165。
②劉玲《〈三體詩幻雲抄〉を通してみる室町時代における漢籍流布の狀況》,載《日本語と日本文學》55,2013 年,頁 38—54。
③劉玲《〈三體詩幻雲抄〉を通してみる室町時代における漢籍流布の狀況》,頁 50。
④[日]月州壽桂編,中田祝夫編著《三體詩幻雲抄》(内閣文庫本影印),《抄物大系》,東京:勉誠社,1977 年。
⑤關於萬里集九的生涯,參看中川德之助《萬里集九》,東京:吉川弘文館,1997 年。

的滋賀縣安曇郡)出生,年少時入京都東福寺,進修禪宗和中國文學,之後成爲京都相國寺雲頂院大圭宗價的弟子。應仁元年(1467)發生應仁之亂時,相國寺化爲焦土,他離開了京都,輾轉至美濃(現在的岐阜縣),還俗並自稱漆桶萬里。在美濃國鵜沼(現在的岐阜縣各務原市)建了書齋梅花無盡藏,以創作詩文度日,另外還給當地的守護代齋藤氏講授《三體詩》。文明十七年(1485),他應太田道灌的邀請赴江户(現在的東京)進行黃庭堅詩的講座。長享三年(1488)回到鵜沼。卒年不明,大約於 16 世紀初去世。

　　在他的著作中,除了自己的漢詩文集《梅花無盡藏》以外,還撰寫了三本講解中國詩的抄物:蘇軾詩的抄物《天下白》、黃庭堅詩的抄物《帳中香》、《三體詩》的抄物《曉風集》。抄物是室町時代五山禪僧和儒者們做的對漢籍(其中包括經史子集各種書籍)的注釋,大致區分爲兩種;用片假名寫的カナ(片假名)抄和用中國古文寫的漢文抄。カナ抄有很多日本禪僧獨到的見解,內容豐富有趣。漢文抄也含有日本禪僧獨有的解釋部分,另外有很多對漢籍的引用。

　　萬里集九抄物中,每種抄物引用《太平廣記》的情況各有不同。在此我們先整理萬里集九的各本漢文抄的內容和其現存抄本等信息①,然後分析其引用之實際情況。

三　《天下白》

(一)《天下白》之概要

　　《天下白》是蘇軾詩的抄物。蘇軾詩當時在五山禪僧之間最受歡迎②,爲此五山禪僧們還製作了五山版本,萬里集九(和其他的禪僧)以《王狀元集諸家注分類東坡詩》(以下簡稱爲《集注》)爲底本而加以注釋。這是南宋

①關於抄物的藏書情況,參看柳田征司《抄物目錄稿(原典漢籍集類の部)》,載《訓點語と訓點資料》113,2004 年,頁 3—82。

②參見芳賀幸四郎《中世禪林の學問および文學に關する研究》,《芳賀幸四郎歷史論集》,京都:思文閣出版,1981 年,原著 1956 年,頁 284—287。

王十朋蒐集諸家注釋，劉辰翁加批點而成的。有二十五卷本的五山版本①。《天下白》序文説：

　　　芳、脞、翠之三部迺《坡集》之日、月、星也。凡好學者而孰不借其餘光。故彌綸夏夷之間、今不悉録也。三大老，若有異説，則舉"某謂"之二字以判矣。加之，史傳、小説、詩話、圖經、大（按，該作"天"）竺之悉曇、扶桑之假名，有益於本集，而三大老不載者，件件纂焉。（中略）文明龍集壬寅仲冬二十八日江左梅奄漆桶道人萬里謹集②。

文明壬寅年相當於文明十四年（1482）。《天下白》以前就有蘇軾詩抄物，即大岳周崇（1345—1423）《翰苑遺芳》、瑞溪周鳳（1392—1473）《脞説》、江西龍派（1375—1446）《續翠》（又名《天馬玉津沫》）。萬里集九比對三者的注釋，採用其中最妥當的解釋，不僅如此，他還添加了自己的見解並徵引相關資料。這些資料中就包括《太平廣記》。

《天下白》有：日本國會圖書館本、愛知縣西尾市岩瀨文庫本和慶應大學本等。後兩者是完本，國會圖書館本雖然在數字資源庫公開③，可是缺少第一、二、五、八、二〇至二十五卷，僅存全體的三分之二。本篇所用的版本以國會圖書館本爲主，缺少的部分用岩瀨文庫本補充。

此外還有《天下半》，是《天下白》的摘要版，有成箕堂文庫本和京都大學文學部圖書館本。

笑雲清三（生卒年不詳，16 世紀人）編纂了把各種蘇軾詩抄物合在一起的書，取江河淮濟四瀆入海之意，定名爲《四河入海》④。天文三年（1534）成書。其中包括大岳周崇《翰苑遺芳》、瑞溪周鳳《脞説補遺》（《脞説》的續

①（南宋）王十朋輯，（南宋）劉辰翁批點《王狀元集諸家注分類東坡詩》（日本國會圖書館所藏的日本南北朝時代覆元刊本影印），《日本五山版漢籍善本集刊》，重慶：西南師範大學出版社；北京：人民出版社，2012 年，第 3、4 册。這本與《四部叢刊》王十朋《東坡詩集注》三十二卷本，詩歌排列有些不同。
②［日］萬里集九撰《天下白》（西尾文庫本）第 1 册，1ab。另外見萬里集九《梅花無盡藏》卷六，玉村竹二編《五山文學新集》，東京：東京大學出版會 1972 年，第 6 册，頁 915。
③國立國會圖書館デジタルコレクション（數字資源庫）http：//dl. ndl. go. jp/info：ndljp/pid/2606467。
④［日］笑雲清三編，大塚光信、岡見正雄編《四河入海》（國立國會圖書館藏慶長元和年間刊古活字版本影印），《抄物資料集成》第 2—5 卷，大阪：清文堂出版，1971 年。

編本)、桃源瑞仙(1430—1489)講,一韓智翊筆録《一韓翁聽書》(又名《蕉雨餘滴》)、萬里集九《天下白》的四種蘇軾詩抄物(和他們抄物中所引用的惟肖得嚴(1360—1437)《東坡詩抄》、江西龍派《續翠》等)。筆者比對《天下白》和《四河入海》,發見《四河入海》較爲忠實地引用了百分之九十以上《天下白》的抄文,而《四河入海》中偶爾有未記載的《天下白》内容或文字的不同,所以《四河入海》並不能代替其所徵引的抄物。但是,本文在參考萬里集九前人的蘇軾詩抄物的時候,由於他們的抄物不容易閱覽或已經散佚,爲了方便起見,參看了《四河入海》。

(二)《天下白》中所見的《太平廣記》

《天下白》中共有 18 處言及《太平廣記》。其情況如下:

• 天下白(1)　1—30a＊,卷一《七年九月自廣陵召還復館於浴室東堂八月六月乞會稽將出汶公乞詩乃復用前韻三首》,卻月,卷三六二《李林甫》(出《開天傳信記》),又見《脞説》

• 天下白(2)　2—5b＊,卷二《開元遺事》(《集注》作《讀開元遺事》),潭裏,卷一三六《天寶符》(出《開天傳信記》),又見《翰苑遺芳》

• 天下白(3)　2—17a＊,卷二《彭祖廟》,詩題,卷一〇《劉根》(出《神仙傳》),無其他書引用

• 天下白(4)　4—10a＊,卷四《朝雲詩》并引,夢得,"某謂《太平廣記》樂天《别柳枝詩》云",不見《太平廣記》

• 天下白(5)　4—24a＊,卷四《過安樂山》,玉印,卷二三一《陶貞白》(出《尚書故實》),無其他書引用

• 天下白(6)　5—43a＊,卷五《題惠州靈惠院》,只見,卷二一一《閻立本》(出《國史異纂》),無其他書引用

• 天下白(7)　3—25 左,卷六《石芝》,亦知洞,卷四十《許碏》(出《續神仙傳》),見《集注》

• 天下白(8)　4—45 右,卷七《驪山》,八駿,卷二《周穆王》(出《仙傳拾遺》),無其他書引用

• 天下白(9)　8—18a＊,卷八《次韻趙德麟西湖新成見懷絶句》,騎鶴,見《集注》。不見《太平廣記》

• 天下白(10)　6—16 右,卷一〇《和流杯石上草書小詩》,蜂腰,卷三四九《韋鮑生妓》(出《纂異記》),見《脞説》

　·天下白(11)　8—27左,卷一二《宋叔達家聽琵琶》,碧天,卷一九五《紅綫》(出《甘澤謠》),萬里所引用的是《續翠》抄文

　·天下白(12)　10—13右,卷一四《問大冶長老乞桃花茶栽東坡》,詩題,卷四一二《消食茶》(出《中朝故事》),見《脞説》引《續翠》

　·天下白(13)　10—18左,卷一四《次韻楊公濟奉議梅花十首》,玉奴,卷四八九《周秦行記》(無標注出處),萬里所引用的是《續翠》抄文。

　·天下白(14)　12—24左,卷一六《聞正輔表兄將至以詩迎之再和》,張子房,卷六《張子房》(出《仙傳拾遺》),無其他書引用

　·天下白(15)　12—25右,卷一六上同,老彭,卷二《彭祖》(出《神仙傳》),其他注釋雖然言及彭祖,可没有言及《太平廣記》

　·天下白(16)　20—24b＊,卷二〇《贈別》,黄鶯,卷一九《韓滉》(出《神仙感遇傳》),《集注》只提到韓滉的名字而已,没有涉及《太平廣記》

　·天下白(17)　20—27a＊,卷二〇《杭州牡丹開時僕猶在常潤云々》,酣酒,卷二〇《楊通幽》(出《仙傳拾遺》),無其他書引用

　·天下白(18)　23—26b＊,卷二三《遊羅浮山一首示兒子過》,三彭,卷二八《僧清虚》(出《宣室志》),不舉《太平廣記》的書名而引用《宣室志》(詳見後述)

數字是册數、照片序號,并注明見於左邊或右邊,附加星號(＊)的是國會圖書館本没有的部分,舉西尾文庫本的册數和頁數(a、b表示表裏)。然後舉蘇軾詩《集注》本的卷數和題目、注釋標題、抄文裏言及的《太平廣記》之卷數和題目(出處)。最後簡單説明《集注》和萬里集九之前的抄物中涉及《太平廣記》的情況。

(三)《集注》本所引用的《太平廣記》和《天下白》

　其實,王十朋所編輯的《集注》中的注釋也偶爾涉及《太平廣記》。其中李厚、程縯兩者多言及《太平廣記》①。所以,讀《集注》的五山禪僧當然會

---

①前注引牛景麗《〈太平廣記〉的傳播與影響》,頁52。説南宋時代詩文注,《九家集注杜詩》《五百家注昌黎文集》《王荆文公詩》《山谷内集詩注》《山谷別集詩注》等中能見到對《太平廣記》的引用,其中引用次數最多,共有20多條的就是《東坡詩集注》。

知曉《太平廣記》的存在。不僅如此,他們手裏確實有《太平廣記》。

　　書寫抄物時,原則上不重複寫既存的底本内容,因此,特意言及《集注》中所見的《太平廣記》這一點是比較特别的。第(7)條的注釋,《集注》李厚引用《太平廣記·許碏》,而表示詩中的"輕脱"詞又見於該文①。萬里集九所加的是其題目《許碏》的"碏"字的反切:"厚注《太平廣記》許碏云云,"碏",七昔、七略二切。"此抄文在頁下邊或旁邊添寫,似乎是之後加注的。

　　另外,第(9)條,《集注》程縯引用《太平廣記》:

　　　　縯曰,《太平廣記》,有客相從各言其志,或曰:"願爲揚州刺史。"或曰:"願騎鶴上昇。"其一人曰:"正欲騎鶴赴揚州②。"

　　對此,萬里集九説:

　　　　某謂《太平廣記》云,有四人各言所願,甲曰:"願多財。"乙曰:"願爲揚州太守。"丙曰:"願爲仙。"丁曰:"願腰纏十萬貫,騎鶴上揚州。"○與此注異故引之③。

《集注》和《天下白》所引用的文章,客人各言其志的這一點是相同的,其希望的内容卻有些不同。最大的問題是,這兩則文章都不見於《太平廣記》。《天下白》所引用的《太平廣記》是在《集注》卷二二《次韻蘇伯固遊蜀岡送李孝博奉使嶺表》詩的趙次公注和《方輿勝覽》卷四四"騎鶴仙"注中所見④。《天下白》卷二二該詩中沒有言及"騎鶴仙"的事情。比對文字,萬里集九大概據《方輿勝覽》徵引。程縯所説的《太平廣記》的出處目前仍未發現。雖

---

①《集注》,第 3 册,頁 515。

②《集注》,第 3 册,頁 547。

③西尾文庫本《天下白》,第 8 册,18a。"與此注異故引之。"慶應大學本作"與此異故引之。"

④《集注》卷二二《次韻蘇伯固遊蜀岡送李孝博奉使嶺表》:"(趙)次公:《太平廣記》昔有四人各言所願,甲曰:'願多財。'乙曰:'願爲揚州太守。'丙曰:'願爲神仙。'丁皆笑之。衆問如何曰:'腰纏十萬貫,騎鶴上揚州。'欲兼三子之願也。先生爲揚州,故以騎鶴爲言。"第 4 册,頁 184—185;(南宋)祝穆《方輿勝覽》(孔氏嶽雪樓影鈔本),臺北:文海出版社,1981 年,卷四四"騎鶴仙":"《太平廣記》有四人各言所願。甲曰:'願多財。'乙曰:'願爲揚州太守。'丙曰:'願爲仙。'丁曰:'願腰纏十萬貫,騎鶴上揚州。'蘇子瞻詩曰:'野無佩犢子,府有———。'"頁 933。

然如此,他所引用的文章又見於梁殷芸《小説》,而這一段落還被引用到了幾種類書中①,程縝或許因爲誤讀而寫下"出《太平廣記》"。

(四)前人蘇軾詩抄物所引用的《太平廣記》和《天下白》

上文提到的兩則注釋,是萬里集九不看《太平廣記》原文也可以作出的。除此之外,《天下白》中所涉及的《太平廣記》中,還有《太平廣記》中没有記載的内容。

第(4)條《朝雲詩》并引是蘇軾爲隨他南遷的妾朝雲而做的。引文(序文)中提到白居易楊柳詩。《集注》本對此没有加注,萬里集九卻對其中"夢得有詩云"的一段加注説:"某謂《太平廣記》樂天《別柳枝》詩云,兩枝楊柳小樓中云云(下略)。"於是引用《別柳枝》和《前有別楊柳枝絶句夢得繼和云春盡絮飛留不得隨風好去落誰家又復戲答》兩首七絶。這兩首七絶都見於《白氏長慶集》卷三五,可是《太平廣記》裏没有該詩。筆者目前尚不知萬里集九據何書並將其標爲《太平廣記》。不過至少可以肯定,他加該注的時候,没有查閲《太平廣記》本身。

僅管如此,這並不能證明當時五山禪林没有《太平廣記》。如前所述,萬里集九撰寫《天下白》之前,已經有三種蘇軾詩抄物。他們的抄物中也涉及《太平廣記》。如同序文所説,萬里集九並未都提到他們的注釋,但是,與對《集注》本處理不同,他會提起對自身注釋有參考意義的前人注釋。此時萬里集九會簡單地説:"見某某。"而已,而不引用他們的注釋全文。(1)、(2)、(10)、(12)都是此種情況。舉例來説,關於第(1)條,萬里集九只説:"《太平廣記》,詳見《脞説》。某謂,《勸善書・李林甫傳》有偃月堂事(割注:却月廊ハ是カケックリナリ)。"其實,《脞説》引用《太平廣記》卷三六二《李林甫》的前半部②。瑞溪周鳳如果没有直接查閲《太平廣記》的話,是寫不出來這種注釋内容的。並且瑞溪周鳳本人,在他的日記《卧雲日件録》中也提到《太平廣記》③。他一定看過《太平廣記》。萬里集九在這裏卻不需要

①(梁)殷芸撰,魏代富補證《殷芸小説補證》,濟南:山東人民出版社,2018 年,頁 218—219。該書指出,這則見於《事類備要》別集卷六四、《事文類聚》後集卷四二、《説郛》卷四六下等。

②《四河入海》,第 2 册,頁 77(卷一之三,8a)。《脞説》誤作"卷三百六十",脱掉"二"字。

③參看前注引周以量《日本における〈太平廣記〉の流布と受容》,頁 38—40。

直接看《太平廣記》就可以寫注。

　　另外，第(11)條的《紅綫傳》是唐傳奇之一，載於袁郊《甘澤謡》①。《太平廣記》卷一九五有《紅綫》(出《甘澤謡》)。萬里集九雖然提過《太平廣記》的書名，但從他的注釋來看，是不需要直接閱覽《太平廣記·紅綫》也可以寫出的。他的注文説：

　　　　注云：“紅綫。”《續翠》云：“妓女名。亦見《太平廣記》。”某謂，見
　　《韻府》綫部也。“流”字《摭遺》作“空”。

《集注》本，趙次公注説：“《紅綫傳》有云：“碧天無際水東流”②。”另外《四河入海》有《遺芳》説：“芳云，《摭遺·紅綫傳》食朝陽爲餞別詩曰：‘還似洛妃乘霧去，碧天無際水空流’③。”《摭遺》是北宋劉斧所寫的書，已佚，蘇軾詩注中偶爾引用。據此推測，當時的五山應流傳有《摭遺》。五山禪僧還有常常參閱南宋曾慥所編的小説總集《類説》的痕迹(後述)，《類説》也收録《摭遺》，但其中不含《紅綫傳》。

　　江西龍派在看到《集注》本注的“紅綫”字樣後，在《續翠》中指出其具體出處。在這裏，萬里集九更指出其他載録《紅綫傳》的文獻。萬里集九他自己看的是《摭遺》和當時五山禪僧常用的韻書《韻府》——即宋末元初人陰時夫編纂的《韻府群玉》。《韻府群玉》是五山禪僧常參看的韻書，其引用内容豐富，不僅被當作韻書，還被當作一種類書而被參閲④。《韻府群玉》十七霰，綫部的“紅綫”項目中，實際上引用了《紅綫傳》(出《甘澤謡》)⑤。萬里集九加注的時候，或許並沒有查閱《太平廣記》。第(13)條的牛僧孺《周秦行記》也，《集注》趙次公注、《遺芳》還有萬里集九自己的注釋皆提到《周

①詳細的情況，參看李劍國《唐五代志怪傳奇叙録》，北京：中華書局，2017 年，中册，頁
　　1105—1106、頁 1108—1109。

②《集注》，第 4 册，頁 15。

③《四河入海》，第 4 册，頁 674(卷一二之四，15a)。

④五山禪僧將韻書用作一種類書，所以將韻書稱作“韻類書”。關於韻類書，參看住吉朋
　　彦《中世日本漢学の基礎研究》，東京：汲古書院，2012 年，頁 72—73。

⑤(元)陰時夫《韻府群玉》，元惠宗元統二年(1334)刊本，日本米澤圖書館デジタルライ
　　ブラリー(電子圖書館)本，http://www.library.yonezawa.yamagata.jp/dg/AA063.
　　html，卷十五，第 8 册，照片序號 29。

秦行記》的名稱,但没有提及其出處。萬里集九所引用的《續翠》注裏纔寫明《太平廣記》卷四八九有牛僧孺《周秦行記》。

(五)萬里集九自己看而徵引《太平廣記》

研究萬里集九以前的禪僧注釋中的《太平廣記》,也許可以將《太平廣記》在日本的流傳狀况追溯到更早的時期。然而鑒於筆者目前時間不够充裕,需待他日再探討。至少現在可以指出的是,他們言及《太平廣記》時,偶爾提舉卷數,這是《集注》所引的《太平廣記》中所没有的。《太平廣記》是全五百卷的大部類書,他們在確認注釋中的引文時,若標有卷數,查閲時就比較方便,因此標注卷數。在引用《太平御覽》《事文類聚》等類書時,他們也採用同樣的寫法,標注卷數。

萬里集九對《太平廣記》的引用,既有不標注卷數的情况,也有標注卷數的情况。總體來説,不標注卷數的《太平廣記》之引用,像上舉的《朝雲詩》注那樣,偶爾有錯誤。標注卷數的也有時寫錯卷數。第(5)條,本作“卷三百三十一”,可實際上該文見於《太平廣記》卷二百三十一①。第(12)條,本作“卷四百十一”,可實際上該文見於卷四百十二②。“三”和“二”、“一”和“二”,考慮到抄寫文字時容易寫錯,這只是魯魚亥豕而已。

無其他書引用《太平廣記》而自己首次言及《太平廣記》時,萬里集九全録[(5)、(14)、(16)、(17)]或抄録[(3)、(8)、(15)],而除(3)以外,都舉出了卷數或分類。他的注釋有兩種:一是補充有關記載。(3)中,《集注》蘇軾自注中言及雲母,所以萬里集九舉《太平廣記·劉根》中所述雲母部分;一是與上舉的《續翠》一樣,對前人注釋中所引的文獻,補充其出處和原文。第(8)條,《集注》本對詩中所説的“八駿”,程縯未舉出處而簡單寫穆天子騎八駿的内容:“八駿,周穆王所乘。”③萬里集九却部分引用《太平廣記》卷二

---

① 國會圖書館本、西尾文庫本、慶應大學本都作“三百三十一”,《四河入海》作“二百三十一”。《四河入海》,第 2 册,頁 448(卷四之二,68b)。
② 國會圖書館本、西尾文庫本、慶應大學本都作“四百十一”,《四河入海》没有引用該部分。
③《集注》,第 3 册,頁 539。

《穆天子》①（然而他也没有舉卷數），還加上《穆天子》裏所不見的八駿名字：

> 《太平廣記》："穆王欲使車轍馬迹，遍天下，乘八駿馬。"驊騮、緑耴、赤驥、白兔、撟渠、黄輸、盗驪、山子。一云，赤驥、盗驪、白義、渠黄、驊騮、輸輪、山子、緑耳。○言八如此之八駿亦於此可迷路也。

從名字來看，並不清楚前者所依據的文獻，後者大概源自《列子》或《穆天子傳》的記載。

（六）不舉《太平廣記》書名而引用《太平廣記》

到此，我們討論了舉出《太平廣記》書名的例子。除此之外，還有不舉《太平廣記》書名，而實際上引用了《太平廣記》內容的例子。

《集注》卷一《二十六日五更起行至磻溪未明》詩的《遺芳》注引用《廣異記》和《續玄怪録》，補充趙次公注所引用的李靖的故事。萬里集九也只説："今已大旱，或一滴或三十餘滴等。豈以爲足邪。故云'傾倒天瓢翻'也。《廣異記》并《續玄怪録》等，詳見《遺芳》。"②而已。唐戴孚《廣異記》是佚書，其佚文見於《太平廣記》等書③，而《遺芳》的引文也見於《太平廣記》卷三三四《朱傲》（出《廣異記》）。唐李復言《續玄怪録》也，雖然現有殘存四卷本④，可不知當時五山是否有該書，而《遺芳》的引文見於《太平廣記》卷四一八《李靖》（出《續玄怪録》）。前者只見於《太平廣記》中，後者又見於《古今事文類聚》前集卷五等類書，可是《遺芳》引文比《古今事文類聚》文長，都非參考《太平廣記》，不可能是引用。

萬里集九自己的注釋中也有不舉《太平廣記》的書名而引用《太平廣記》的例子。（18）條對蘇軾詩中所見的"三彭（即身體中的三種害蟲）"之詞，萬里集九加注説：

> 唐僧契虚遇仙，導遊稚川。仙府真人問曰："汝絶三彭之仇乎。"契

---

① （北宋）李昉等編，張國風校《太平廣記會校》，北京：燕山出版社，2011 年，卷二《周穆王》："周穆王名滿，房后所生，昭王子也。昭王南巡不還，穆王乃立，時年五十矣。立五十四年，一百四歲。王少好神仙之道，常欲使車轍馬迹，遍於天下，以倣黄帝焉。乃乘八駿之馬，奔戎，使造父爲御（後略）"，第 1 册，頁 13。

② 《天下白》，西尾文庫本，第 1 册，12b。

③ 李劍國《唐五代志怪傳奇叙録（增訂本）》，上册，頁 559—560。

④ 李劍國《唐五代志怪傳奇叙録（增訂本）》，中册，頁 923—926。

虛不能答。真人曰："慎不可留此。"契虛因問。同行桙子對曰："彭者，
三屍之姓。學仙者，當先絶三屍，則神仙可好之。"見《宣室記》。

按出處"《宣室記》"，該作"《宣室志》"，《太平廣記》也作"《宣室志》"。唐張
讀撰《宣室志》已無原書，有明代抄本、《稗海》本①。這些本子好像沒有傳
到日本，萬里集九接觸不到。而契虛的情節又見於無名氏《紺珠集》卷五、
《類説》卷二三《宣室志》等②，可是沒有萬里引用的三屍之姓云云的部分③。
《太平廣記》卷二八《僧清虛》，篇幅很長，與萬里所引的部分對比的話，不是
全同，也是大致相同的④。而最後寫"見《宣室記》"的記法也可以聯想到
《太平廣記》的寫法，大概這是從《太平廣記》徵引的。

　　雖然如此，《天下白》中還有其他的提及六朝、唐代筆記書名的例子，從
筆者所查閱的材料中可見，這些只舉筆記書名的例子，大都見於《類説》等。
換言之，萬里集九引用《類説》時，不舉《類説》的書名⑤。《類説》是小説總
集，是從各種小説集節引採録的。所以他將《類説》看作爲一種叢書，參看
時並不列舉其書名。

　　目前筆者還沒有完全掌握不明確標注《太平廣記》的《太平廣記》引用
的例子，今後會對這方面的問題進行深入研究，也許能更詳細把握五山禪
僧參看《太平廣記》的情況。

　　至少目前可知，《太平廣記》是五山禪僧參看的類書之一。

---

①李劍國《唐五代志怪傳奇叙録（增訂本）》，中册，頁1022—1024。

②李劍國《唐五代志怪傳奇叙録（增訂本）》，中册，頁1026。

③（南宋）曾慥輯《類説》，《北京圖書館古籍珍本叢刊》62册，據天啟六年（1626）岳鍾秀
　刻本影印，北京：書目文獻出版社，1988年。卷二三《宣室志·稚川真君》："僧契虛游
　稚川，山頂有宮闕，在雲物之外。殿上有簪冕者曰稚川真君。真君問曰：'爾絶三彭之
　仇乎。'契不能對。真君曰：'不可留此。'"頁408。《紺珠集》的引文，更爲簡單。

④《太平廣記》卷二八《僧契虛》："真君召契虛上，訊曰：'爾絶三彭之仇乎。'不能對，真君
　曰：'慎不可留於此。'（中略）契虛因問掮子曰：'吾向者謁見真君，真君問我三彭之仇，
　我不能對。'曰：'彭者，三屍之姓，常居人中，伺察其罪。每至庚申日，籍於上帝。故學
　仙者，當先絶其三屍，如是，則神仙可得。'"第2册，頁339。

⑤前注引張淘《萬里集九〈帳中香〉引書之文獻價值》，《帳中香》引書一覽中也無《類説》
　的書名。頁151—152。《類説》見於瑞溪周鳳《臥雲日件録》等書中，由此可知當時確
　實已有。

四　《帳中香》

(一)《帳中香》之概要

《帳中香》是黃庭堅詩的抄物。黃庭堅也是日本五山禪僧喜愛的詩人，他的江西詩派的詩論和富有禪味的作品吸引了五山禪僧的興趣①，作了幾種抄物。這些抄物底本是南宋任淵注的《黃山谷詩集注》二十卷，就是《山谷內集詩注》，此書有五山版本②。

萬里集九曾在江戶講黃庭堅詩。長享三年(1488)，他從江戶回到鵜沼的四個月後，作《祭山谷先生》詩，在題詞説："余讀《谷集》全部，其功成就之筵，以《祭山谷先生》爲題③。"由此可知，《帳中香》是在他回到鵜沼後，不久成書的。

《帳中香》有：國會圖書館本、東洋文庫本、愛知縣西尾市岩瀨文庫本、天理圖書館本等。筆者所見之範圍內，東洋文庫本比國會圖書館本和西尾文庫本等多些徵引資料，但是爲了海外讀者方便，本篇參考的文獻以在數字資源庫公開的國會圖書館本④爲主，在需要提供必要信息時，再涉及其他抄本。《帳中香》另外有江戶元和慶長年間之木活字本，木活字本也在國會圖書館數字資源庫公開了照片。

(二)《帳中香》中所見的《太平廣記》

《帳中香》共有 12 處言及《太平廣記》。引用情況如下：

- •《帳中香》(1)　2—25 右，卷一《次韻王稚川客舍》二首，詩題，不提《太平廣記》書名而寫"出《異聞録》"。(詳見本文)
- •《帳中香》(2)　4—49 左，卷三《和答錢穆父詠猩猩毛筆》，詩題，卷四四一《蔣武》(出《傳奇》)
- •《帳中香》(3)　4(東洋文庫本)，卷四《私邢敦夫秘懷十首》其

---

① 前注引芳賀幸四郎《中世禪林の學問および文學に關する研究》，頁 287—291。

② (北宋)黃庭堅撰，(南宋)任淵注《山谷詩集注》，據日本早稻田大學藏日本覆宋紹定五年(1232)跋刊本影印，《日本五山版漢籍善本集刊》，重慶：西南師範大學出版社、北京：人民出版社，2012 年，第 4 册。

③《梅花無盡藏》卷三上，頁 762。

④ 日本國會圖書館數字資源庫 http://dl.ndl.go.jp/info:ndljp/pid/2608101。

五,相如,卷六《張子房》(出《仙傳拾遺》)

　　•《帳中香》(4)　6—12 右,卷五《司馬文正公挽詞其二》公身,卷三八《李泌》(出《鄴侯外傳》)

　　•《帳中香》(5)　7—20 右,卷六《雙井茶送子瞻》,人間,卷八一《梁四公》(出《梁四公記》)

　　•《帳中香》(6)　6(東洋文庫本),卷六《子瞻以子夏丘明見戲聊復戲答》,請天,卷八二《王梵志》(出《史遺》)

　　•《帳中香》(7)　7—30 右,卷六《常父答詩有煎點徑須綠珠云云》,欲買,卷三九九《綠珠井》(出《嶺表録異》)

　　•《帳中香》(8)　8—60 右,卷七《往歲過廣陵值早春云云》,想得,《異聞集》(《太平廣記》卷四八七《霍小玉傳》蔣防撰［無標注出處］)

　　•《帳中香》(9)　11—10 左,卷一〇《次韻子瞻和王子立風雨敗書屋有感》,婦翁,卷四八六《無雙傳》薛調撰(無標注出處)

　　•《帳中香》(10)　13—55 右,卷一二《贈黔南賈使君》,何時,卷二〇〇《曹景宗》(出《曹景宗》)

　　•《帳中香》(11)　18—29 右,卷一七《題李亮功戴嵩牛圖》,詩題,卷一九《韓滉》(出《神仙感遇傳》)

　　•《帳中香》(12)　20—47 右,卷一九《花光仲仁》,長眠,卷三五四《鄭郊》(出《述異記》)

其中(3)、(6)兩條是只見於東洋文庫本(東洋文庫本,書上没有寫頁數、又没有照片,無法舉具體的頁數,只舉冊數［這等於卷數］而已)。並且這兩者在加紙上寫著。筆者不知這是否是萬里集九自己所加。這兩條都寫明卷數。而國會圖書館本所引用《太平廣記》的 9 條中,(4)、(5)、(10)、(11)4 條也寫明卷數。其中(3)和(5)又寫明分類名稱。

　　(三)任淵注和《帳中香》

　　《帳中香》之底本《山谷詩集注》本,有南宋任淵的注釋。任淵注中,有 4 條引用《太平廣記》①,這也是南宋時期《太平廣記》已在流傳的證據之一。

---

① 卷一《次韻吳宣義三徑懷友》、卷六《以團茶洮州綠石硯贈无咎文潛》、卷一八《鄂州南樓書事》四首、卷一九《花光仲仁出秦蘇詩卷思二云云》(長眠 重複)。參看前注引牛景麗《〈太平廣記〉的傳播與影響》,頁 52。

其中一條是萬里集九也曾引用的(〔12〕條),其他的引用在注中并没有提到。

　　他所引用的《太平廣記》在任淵注中引用的文章中也能見到。

　　第(7)條是《嶺表録異》的異文比對。第(8)條的《異聞集》在任淵注中已出現:

　　　　《異聞集》《霍小玉傳》云,取朱絡縫繡囊中,出越姫烏絲欄素段三尺,以授李生。生素多才思,援筆成章①。

這篇文章,又見於《錦繡萬花谷》前集卷三二,但是成書年代比《山谷詩集注》晚②。《太平廣記》中《霍小玉傳》没有寫出處,無法確定是否也在《異聞集》裏。不知任淵是依據哪一文獻。而《帳中香》的引用,比任淵注長些:

　　　　《異聞集》云《霍小玉傳》云,玉管絃之暇,雅好詩書,筐箱筆硯,皆王家之舊物,又取繡囊中出越姫烏絲欄素段三尺,以授李生(割注:李益也)。生素多才思,援筆成章云。《太平廣記·李益傳》亦爾。天社所引"朱絡縫"三字異。故并引之。

文中"天社"是任淵的本貫。萬里集九應有機會看到《太平廣記》之《李益傳》,而發現與任淵注中引文有些不同,所以引用了此文。《太平廣記》卷四八七小題作"《霍小玉傳》",不是"《李益傳》"。《霍小玉傳》又見於《曉風集》的抄文裏。其内容方面,在《曉風集》的章節中再討論。

　　萬里集九之前雖然也有對黄庭堅詩加注的禪僧③,萬里集九也偶爾言及他們的注釋,但這些禪僧的注釋中好像並没有言及《太平廣記》,未見相關記載。

(四)《帳中香》混亂引用《太平廣記》

　　《帳中香》中的《太平廣記》之引用,與《天下白》不同,没有見到出處不明的引用。東洋文庫本後經修正的可能性較高,由引文可知原文均分明寫著卷數,可見他在撰寫抄物過程中,越來越慎重地寫明出處。

---

① 《山谷詩集注》,頁382。

② 参看前注引李劍國《唐五代志怪傳奇叙録》,中册,頁1185。李劍國先生另外提了很多文獻,但是其中不見任淵注的記載部分。

③ 《帳中香》中,有惟肖得巖(1360—1437)、瑞溪周鳳(1391—1473)等禪僧注釋的引用。他們的生年比萬里集九早。詳見前注引張淘《萬里集九〈帳中香〉引書之文獻價值》,頁150。

　　僅管如此，較爲混亂的記載依然存在。如第（1）條自稱《異聞録》的引文。該文其實不見於《異聞録》，而見於《太平廣記》卷二〇四《唐玄宗》（出《開天傳信録》）。萬里集九引用全文，這是因爲該詩序文中提到王稚川（弦，字稚川）書旅邸壁七絶轉句：“畫堂玉佩縈雲響”。萬里集九介紹：“一説云‘縈’字或作‘紫’字。”然後作者説：“某檢諸本未見作‘紫’字，但作‘縈’字，則可用《異聞録》也。”引用玄宗夢裏在月宫聽到的“紫雲迴曲”的故事。《異聞録》是唐李玫撰《纂異記》的別名，節存，《類説》卷一九有節略本，其中並没有玄宗紫雲迴曲的故事。《開天傳信録》，唐鄭綮撰，原書不存，現在有《類説》本、四庫本。《類説》卷六《開天傳信録》裏也有玄宗紫雲迴曲的記載，可是與《太平廣記》相比，引文非常簡單①，萬里集九所引用的大約兩百字的文本，只有在《太平廣記》中可見②。這兩本書的內容都以唐代軼事爲主，萬里集九可能因爲知曉《類説》中關於這兩本書的筆記內容，爲免混淆書名而標注爲“出異聞録”。

　　這與如上所述《天下白》第（18）條一樣，是不提《太平廣記》書名的《太平廣記》引文之例。

五　《曉風集》

（一）《曉風集》之概要

　　《曉風集》是《三體詩》的抄物。《三體詩》是南宋周弼編纂，滙集了唐代七言絶句、五言律詩、七言律詩的總集。在中國，明代以後便不太流行，在日本，自中岩圓月（1300—1375）從元朝帶《三體詩》回日本以來，從五山時代至江戶時代，此書受到廣泛接受，並相當流行③。

　　與一般的《三體詩》抄物一樣，《曉風集》不全部解釋《三體詩》中的詩，

①《類説》卷六《開元傳信記·紫雲迴》：“帝夢遊月宫，聞上清之樂，記其曲，以玉笛尋之。名‘紫雲迴’。”頁118。

②另外元代《説郛》卷五二所引《傳信記》、明代《天中記》卷一、卷三四《開天傳信記》也有同文，可是《萬里集》九没有引用該書，看過該書的可能性相當低。

③前注引芳賀幸四郎《中世禪林の學問および文學に關する研究》，頁293—298。村上哲見《三體詩》（上），東京：朝日新聞社，1966年，頁16—24。

只對卷一的七言絕句共 174 首進行了解釋而已。

　　《三體詩》有很多版本。其中最受歡迎的是《增注唐賢絕句三體詩法》（以下簡稱《增注》）。《增注》是在元代釋圓至號天隱注加上裴庚字季昌的注，有五山版本①。《三體詩》抄物也非常多②。

　　萬里集九在文明十年（1478）於南豐山、在文明十三年（1481）於革手城對《三體詩》進行了講解③。但是《曉風集》的序文中，沒有寫明撰寫時間，無法知道其成書年代。《曉風集》將《三體詩》第一卷分成八卷，據作詩方法編排：卷一之一至一之四是實接，卷一之五和一之六是虛接，卷一之七是用事、前對、後對，卷一之八是拗體和側體（下文舉《曉風集》卷數時，只提後一位卷數）。

　　《曉風集》，國會圖書館在數字資源庫公開了兩種抄本④。這兩種抄本之成書時期都不明（大概是室町時代末期）。一種是封面黃色的八卷本（以下簡稱黃本）是完本，一種是封面藍色的五卷本（以下簡稱藍本），缺少後半部三卷。另外有天理大學圖書館本和東京國立博物館本。天理圖書館本，缺少卷四、卷五的第 5 冊。東京國立博物館本，共有 10 冊，第 1 至第 9 冊是序文和卷一到卷六的部分，最後的第 10 冊雖然載《三體詩》拗體和側體，相當於卷八的部分，但是其文本不是《曉風集》，是《幻雲抄》。卷七缺少。本篇主要利用以唯一的完本黃本。

（二）《曉風集》中所見的《太平廣記》

　　《曉風集》共有 5 處《太平廣記》之引用。其中《霍小玉傳》在同一首詩中涉及兩處：一處是引用《霍小玉傳》的全文；另一處是講《霍小玉傳》和詩

---

① （南宋）周弼選，（元）釋圓至注，（元）裴庚增注《增注唐賢絕句三體詩法》，日本京都大學藏日本覆元刊本，《日本五山版漢籍善本集刊》，重慶：西南師範大學出版社、北京：人民出版社，2012 年，第 5 冊。

② 有關《三體詩》抄物情況，除了前注所引柳田征司《目録稿》以外，還參看鈴木博《〈三體詩抄〉諸本概觀》，收録於《室町時代語論考》，東京：清文堂，1984 年，頁 149—156；堀川貴司《〈三體詩〉注釋の世界》，《詩のかたち・詩のこころ》，東京：若草書房，2006 年，頁 271—305。

③ 參看前注所引中川德之助《萬里集九》，頁 218。

④ 國會圖書館數字資源庫 http：//dl. ndl. go. jp/info：ndljp/pid/2606308（黃本）、http：//dl. ndl. go. jp/info：ndljp/pid/2605894（藍本）。

文的關係（詳見後述）：

　　•曉風集（1）　1—51 左，卷一王建《宫詞》，卷一三六《天寶符》（出《開天傳信記》）

　　•曉風集（2）　1—128 右，卷二韓翃《寒食》，卷一九八《韓翃》（出《本事詩》）

　　•曉風集（3）　2—22 左，卷三司空曙《病中遺妓女》，卷一九《韓滉》（出《神仙感遇傳》）

　　•曉風集（4）　3—69 右，卷六李益《寫情》，卷四八九《霍小玉傳》（無標注出處）

　　•曉風集（5）　3—74 左，卷六李益《寫情》，卷四八九《霍小玉傳》（無標注出處）

（三）《增注》未涉及《太平廣記》

《曉風集》的底本《增注》有天隱和裴季昌兩個人的注，季昌增注是以詞彙的解釋爲中心。而天隱注大多是作者考證、地名考證和其詩成立背景等。五山僧更被天隱注的内容所吸引①。《三體詩》中，有的詩與唐代筆記有密切關係。但是，這兩位中國注釋者完全没有利用關係更緊密的《太平廣記》，一條注釋也没有涉及《太平廣記》。萬里集九的加注辦法與前兩本抄物有些不同。前兩本抄物，他基本上對每聯加注。可是，他對於《三體詩》的注釋方法是，先抄録七絶全篇，然後對每一句加注。

萬里集九在《曉風集》中，不僅常常提到《增注》的中國注者，還提到《曉風集》之前的心田和尚（心田清播 1375—1447）的注釋和舊抄。舊抄中的注釋作者不詳。而這兩個前人注中也没有提到《太平廣記》。

舉例來説，《三體詩》所載詩中，張祐《集靈臺》、李商隱《馬嵬》、崔塗《繡嶺宫》等皆詠玄宗和楊貴妃之故事，而唐代就有陳鴻《長恨歌傳》。《長恨歌傳》載於《太平廣記》卷四八六、《白氏長慶集》卷一二、《文苑英華》卷七九四等②。但其中並未涉及《長恨歌傳》，而只引用北宋初樂史所撰的《楊妃外傳（楊太真外傳）》。《楊妃外傳》現存，而《類説》卷一、《紺珠集》卷一等書也

---

①前注引堀川貴司《〈三體詩〉注釋の世界》，頁 274—283。

②關於《長恨歌傳》之文本系統，參看前注引李劍國《唐五代志怪傳奇叙録（增訂本）》，上册，頁 352—355。

引用,是比較容易讀到的文本①。這意味著中國注釋者和萬里集九以前的注釋者有未查閱《長恨歌傳》或不知道《長恨歌傳》的存在的可能性。除此之外,李群玉《湘妃廟》,《增注》天隱注言及劉克莊(字潛夫,1187—1269)發言中提到牛僧孺《周秦行記》②。雖然《周秦行記》見於《太平廣記》,但對此章内容進行加注時,無需特別查閱《太平廣記》。

　　萬里集九也在作品的其他地方言及《太平廣記》中的《周秦行記》。李益《寫情》是李益哀弔妓女霍小玉之死的詩。但是《增注》天隱注只談到李益過於嫉妒的事,没有明確指出霍小玉的存在:

　　　　舊史謂,益有如癡疾,散灰扃户,以防妻妾。觀此詩,非悼亡怨别,
　　則不至於妻妾而作可③。

萬里集九卻言及《太平廣記》中所見的《霍小玉傳》。其抄文中又不知爲何,有提到《周秦行記》的題目:

　　　　《太平廣記》卷四百八十九載《周秦行記》《李益傳》云,太曆中隴西
　　李生名益,年二十以進士擢第。其明年拔萃。⋯⋯④

他繼續引用《霍小玉傳》的全文。實際上,《太平廣記》卷四八九有《周秦行記》,但與霍小玉和李益故事無關,《霍小玉傳》在《太平廣記》卷四八七。題目也並不是《李益傳》。但是萬里集九的引文,就是與《太平廣記》的《霍小玉傳》幾乎完全一致,他引用了多達3500多字的《霍小玉傳》全篇。《類説》卷二八《異聞集》中也有《霍小玉傳》,可是文中只説霍小玉改姓後的鄭氏死去的事情,没有關於霍小玉的愛情悲劇⑤。筆者認爲,萬里集九必定參考

——————————

①參看李劍國《宋代志怪傳奇叙録(增訂本)》,北京:中華書局,2018年,頁41—43。

②《增注》卷一:"劉潛夫(克莊)云、古人叙奇遇之事,猶託之他人。如元稹《鶯鶯》託之張生,至牛僧孺《周秦行記》。李群玉《黄陵廟》(即湘妃廟)詩,則直攬歸己名,檢掃地矣。"頁215。又見於《後村集》卷一七等。

③《增注》,卷一,頁214。

④黄本第3册,第69張照片無"四百八十九"之"九"字。據天理圖書館本、東京國立博物館本補(藍本無卷六)。

⑤《類説》卷二八《異聞集·霍小玉傳》:"大歷中,李益以進士擢第。得應拔萃待試長安。生初娶鄭氏,誓不再娶。一旦鄭卒。見夢自謂幽冥之間,寧不感歎。願君努力,善保輝光。生至墓,盡哀而返。既娶盧氏。婚歸,忽聞鄭有叱詫之聲,見一美丈夫連招盧氏。又有一人拋班犀鈿花合子,作同心結,墜盧氏懷中。生憤怒,盧氏終(轉下頁注)

了《太平廣記》。

在第(5)條，他寫下對詩第四句（"任他明月下西樓"）加以鑑賞的文字：

第四句李益傷霍小玉之死。溢于言外矣。（割注：細讀《太平廣
記·李益傳》可會此篇也）此篇六義之中賦也。①

讀《寫情》詩時，假如不知《霍小玉傳》之詳細內容，則不可能正確理解詩文。
萬里集九再發見《霍小玉傳》對當時的日本讀者一定大有幫助。

萬里集九確實重新根據《太平廣記》而更正了《三體詩》的注釋，內容正
確，並且都寫明卷數。這些注釋都是他自己重新添加的。第(1)、(4)條都
引用全録，(2)是大致全録，(3)是抄録。

結　論

蘇軾本人看過《太平廣記》，在其文中提到過《太平廣記》的書名。蘇軾
和其周圍的文人（其中包括黃庭堅）都對《太平廣記》的內容有所接受②。
唐詩總集的《三體詩》有些詩背景裏會有唐代筆記的內容。所以，五山禪僧
讀蘇軾詩、黃庭堅詩、《三體詩》的時候，參看《太平廣記》而作注釋也是很自
然的事情。

萬里集九的引文，並不都是他自己親自看《太平廣記》而引用的。偶爾
有轉引，或有誤引。也有確實自己查閱後再進行引用的。在他的引用中，
《曉風集》最爲正確，都舉卷數，《天下白》錯誤最多。因此，成書年代不清的
《曉風集》或許比《天下白》《帳中香》晚一點成書。可以看出他的徵引態度
越來越慎重。

萬里集九對《太平廣記》的引用，從卷二到卷四八九，其範圍比較全面，
全五百卷的《太平廣記》在五山時代確實存於日本。雖然如此，萬里集九并
不能隨時翻閱《太平廣記》。這三本抄物中，有幾條重複引用。《太平廣
記·天寶符》，《天下白》(2)、《曉風集》(1)都有。《張子房》，《天下白》(14)、

（接上頁注）不自明，生訟而遣之。媵妾之輩，暫同枕席，便生妬忌。至于三娶，率皆如
初。如鄭之誓也。"頁471—472。文中鄭氏就指霍小玉（她被李益改了姓）。

① 黃本第3册，第74張照片。

② 前注引西尾和子《太平廣記研究》，頁46—53、68—75。

《帳中香》(3)都有。《李益傳(霍小玉傳)》,《帳中香》(8)、《曉風集》(4)(5)都有。《韓滉》,《天下白》(16)、《帳中香》(11)、《曉風集》(3)三種抄物都有。這或許因爲,詩常用同一典故的緣故。可是,筆者以爲,他是由於所見的材料很少而重複引用,並且不得不説,有時他的引用不太妥當。

　　以三種《韓滉》爲例。《天下白》(16),《集注》本對蘇軾《贈別》詩中所見的"黄鶯",宋援加注説,韓滉所作的給官妓贈別的詩中也見到"黄鶯"的文字。《帳中香》(11),任淵引張彦遠《名畫記》里韓滉唯善於畫水牛圖的故事。《曉風集》(3),天隱注説:"此詩《文苑》以爲韓滉作①。"舉韓滉的名字。

　　這些三個地方都提到韓滉的名字。韓滉(722—787),《舊唐書》卷一二九有傳,其是能幹的政治家,善於繪畫。可萬里集九所引用的《太平廣記》卷一九《韓滉》是韓滉在仙界東海廣桑山迷路的故事,并没有提到黄鶯、善於畫水牛圖、寫《病中遣妓》詩的情節。加之,《太平廣記》還有幾條有關韓滉的記載②,這些内容萬里集九均未涉及。嚴格來説,萬里集九的注釋不算妥當。大概他手裏只有這個卷一九《韓滉》的便條,無奈只能寫這個故事。

　　另外,《天下白》(17)之《楊通幽》,是楊通幽爲了玄宗招楊貴妃的靈魂一事,萬里集九全文引用後説:"此楊妃事迹,於先生詩意雖無意,以爲話柄而已。"蘇軾詩本文:"玉臺不見朝酺酒,金縷猶歌空折枝",並未表現玄宗和楊貴妃故事。他自己也意識到兩者毫無關聯,但欲使讀者知《楊通幽》故事而徵引全文。

　　萬里集九有《還春澤之書籍》一文,在文中,他一一舉出了從承國寺春澤軒(那裏有梅心瑞庸的藏書)所借書的書名③。雖然其中不含《太平廣記》,可是由此可知他有借閱書籍的事實。萬里集九或許有機會借到《太平廣記》,抄寫《太平廣記》中需要的部分,並保存在手裏,這樣的抄寫也大概不是同一時期做的。有時没有記録卷數,有時則記録卷數、甚至記録其分類名稱。引用的精度差別或許也反映了他借閱過幾次《太平廣記》的事實。

<hr>

①《增注》,頁206。
②《太平廣記》還有小題《韓滉》的記載,即卷一四三(出《戎幕閒談》)、卷一五一(出《前定録》)、卷一七二(出《酉陽雜俎》)。
③《梅花無盡藏》卷四,頁870。參看前注引中川德之助《萬里集九》,頁119。

　　五山禪僧所參看的《太平廣記》，目前下落不明。《類説》也是如此，現存日本的也只有明刊本。在中國詩抄物中同樣常被參考的《太平御覽》《事文類聚》，現在日本還有宋版、元版一直保存下來①。從這一點，可知日本人重視《太平御覽》等正式類書，慎重保存，而忽視《太平廣記》《類説》等小説類的保存。

　　爲了釐清五山禪僧中的《太平廣記》流通實情，還得研究萬里集九之前及之後的禪僧所引用的《太平廣記》。然而，筆者目前没有充裕時間進行這方面的研究。他日，筆者將另作文討論。

　　　　　　　　　　　　　　　　（作者單位：日本名古屋大學）

---

①這些書的殘存情況，參看嚴紹璗編《日藏漢籍善本書録》，北京：中華書局，2007 年。

域外漢籍研究集刊　第二十輯

2020 年　頁 379—394

日本所藏黄道周文獻研究

——以《黄石齋先生詩草》爲主

李杰玲

　　黄道周(1585—1646)，字幼玄，一字螭若，又字細遵，號石齋，明漳浦(今屬福建)人，早慧好學，敏於書，勤於思，兩度遊學於粵，多次上書言事，積極用世。天啟二年(1622)進士，崇禎初官右中允，語刺大學士周延儒、温體仁，被貶爲民。不久複起，官少詹事，後因楊嗣昌事謫戍廣西。福王時官至禮部尚書。南明亡，黄道周率領軍隊與清兵作戰，兵敗被俘，不屈，死于金陵獄中。黄道周著述豐富，于書法、繪畫、易學、儒學、史學、地理、文章、詩歌等均有作品傳世，且數量頗豐。更因其風節高雅，衛國盡忠，以身明志，被譽爲"一代完人""奇人"，英雄、志士。

　　黄道周不僅深得明朝遺民的崇敬，也獲得清代官方的嘉許。清刊《黄漳浦集》(明漳浦黄忠端公全集)卷首引乾隆四十一年十一月七十日諭："(前略)其中有明季諸人書籍，詞意抵觸本朝者，自當在銷毁之列。(中略)朕複于進到時親加披覽，有不可不爲區别甄核者。(中略)若劉宗周、黄道周立朝守正，風節凜然，其奏議慷慨極言，忠盡溢于簡牘，卒之以身殉國，不愧一代完人。"①黄道周又以"碩學清操，孤忠亮節，克全儒行，無愧貞臣，今謚忠端。道光五年二月十六日禮部謹奏爲遵旨，議奏事内閣，鈔出閩浙總督趙慎畛等奏請明臣黄道周從祠文廟。"②黄道周被清朝官方立爲忠臣仁

---

① (明)黄道周著，陳壽祺編《黄漳浦集》卷首乾隆諭，清刻，公文書館藏。

② (明)黄道周著，陳壽祺編《黄漳浦集》御製題勝朝殉節諸臣録序，清刻，公文書館藏。

人的榜樣，並予謚號"忠端"，其書也因此被刊刻流播，廣爲傳頌，東瀛今存其書數十種。

　　遺憾的是，國内學術界對黄道周的研究，忽略了日本所藏黄道周著述，未能充分利用這些海外漢籍，尤其是早期刻本，其論證，恐難免有粗疏之嫌。早在 2012 年，張伯偉先生在提倡學術界應該重視和使用域外漢籍的時候，提出過類似問題，他説："20 世紀中國學術得到很大發展，其根本動因是在學術研究中獲得新材料、新視野和新方法。"但是，"儘管在上世紀 30 年代胡適列舉當時的'新資料'時，已經提及'日本朝鮮所存中國史料'，就部分接近於這裏所説的'域外漢籍'，但對於這些材料的利用，從整體上來看，可以説微乎其微。"①如今國内學術界對黄道周的研究，也普遍存在忽視日本所藏黄道周著述的情況，因此，本文對這些文獻作一論述，重點探討僅藏于内閣文庫的清初刻本《黄石齋先生詩草》。

一、日藏黄氏文獻及刊行年代

　　國内學術界研究黄道周時普遍參考的清刻本《黄漳浦集》，與日本國會圖書館、公文書館所藏《黄漳浦集》屬同一系統，各有五十卷，目二卷、首一卷、年譜二卷，同爲清道光年間刊本。國會圖書館藏《黄漳浦集》，土黄色封，綫裝，長 25CM，寬 16CM，内頁分三欄，居中題"明漳浦黄忠端公全集"，有"東京府書籍館"方形朱印，四周單邊，雙魚尾（對魚尾），粗黑口，版心爲：各部/卷名＋卷數＋頁碼，半頁十二行，行二十四字，烏絲欄（有的頁界欄已磨滅無痕）。紙張泛黄，脆薄，略有蟲蛀之洞。書中的黄氏簡介，引用明史材料頗多。正文部分多有墨改痕迹，如卷二十三，十九頁。正文均無句讀圈點。第二册有《漳浦黄先生年譜卷上》，開篇爲黄氏畫像，長 21CM，寬 13.5CM，單綫勾勒，題爲"侍漏圖小像"，據稱爲"宏光乙酉馬阮當國公去位還閩畫師秣陵曹彦所作"。實際上有三十二册，合訂爲十四册，今摘《重訂黄漳浦遺集序》如下，可見陳壽祺重編《黄漳浦集》的經過，並且知道該集並非全集。

---

① 張伯偉《域外漢籍研究入門》，上海：復旦大學出版社，2012 年，頁 16—19。

序曰：“漳浦石齋黃公遺書見於公門文洪思石秋子，收文序凡四部百九十有六卷，富哉，撰述之大業也。經解九種，吾鄉鄭幾亭宮諭視學浙江，以康熙癸酉授剞劂，今板存福州鼇峰書院，文集十三卷，則康熙甲午龍岩鄭玟虛舟取石秋所編刻之，近又重刻於漳，非全集也。余往在京師，從鄉人乞得一部，既歸里，始聞公之遺書厪存漳州一士人家，寱寐求之，嘉慶丙子，屬友人輾轉假其藏本以來，乃海澄鄭白麓中書所編，文三十六卷，詩十四卷，視虛舟本增多數倍，字句間有小異，余以虛舟本所遺繕寫十餘冊，人間始有副墨矣。又鈔得石秋及莊起儔所撰黃子年譜各一卷，逸文一卷，又購得易本象二冊，鄴山講義一冊，近體五七言詩一冊，逸詩一冊，皆刻本，又駢枝別集二冊，公早歲刻大滌函書二冊。門下士刻皆昔已行世，而今始見，余謹藏之。頃，嘉慶沈鼎甫大理督閩學，聞其得公全集抄本數十冊於漳人，急假校對，則倍於虛舟本，而不及白麓本四之一。其文有剌取已刻者，題有點竄者，蓋石秋與公季子子平編次原本，然有五十篇爲白麓所遺，將白麓未及觀此本耶？余悉録而益以鄭二家舊次，蓋積十有餘年，然後公之遺集乃得攬其全，以慰平生饑渴矣……四庫惟文集而及進，然公之文如日月江河萬古常新而不廢……大清道光六年丙戌夏四月福州後學陳壽祺謹序”云云。

公文書館藏《黃漳浦集》爲二十四冊，詩文之外，録有黃氏其他著作。長 25CM，寬 16CM，封面無書籤，僅于左上角書“黃漳浦集”墨字，下有該冊始末卷數，綫裝，右上角有“昌平阪學問所”單邊長方形墨印，內頁分三欄，居中題“明漳浦黃忠端公全集”。開篇爲乾隆四十一年十一月十七日諭，右上角題“日本政府圖書”方形朱印，左下角有“淺草文庫”雙邊長方形朱印。該書四周單邊，雙魚尾（對魚尾），粗黑口，烏絲欄（有的已磨掉），半頁十二行，行二十四字，版心爲：每卷題名＋卷數＋頁碼。

值得注意的是，日本藏有更早的黃道周著述，且有《黃忠端公遺稿》（稿本），具有很大的參考價值，日本現存黃道周的著述，包括四庫已收錄的，共有約 241 種。今僅將日本所藏早于上述《黃漳浦集》五十卷之前的文獻列表 1 梳理如下：

表 1　日本所藏道光十年前刊黃道周著作(含和刻本)

著作名稱	刊刻/書寫年代	所藏地
石齋先生經傳九種	清初刊，康熙（1662～1722)修	公文書館
三易洞璣十三卷	明刊	公文書館
三易洞璣十六卷	康熙三十二年(1693)鄭開極序刊	國會圖書館、公文書館、東洋文庫
儒行集傳(及後修)	明崇禎(1628～1644)刊	公文書館
儒行集傳二卷	清道光四年(1824)刊	立命館大學圖書館藏
博物典匯二十卷	明崇禎中（約 1835)刊	東京大學
博物典彙二十卷	明崇禎八年(1635)序刊本	東大東文研、人文研、島根縣圖書館、公文書館、前田育德會、東京都立中央圖書館、東洋文庫
古文備體奇鈔	明崇禎十五年(1642)刊	堺立市中央圖書館
唐詩草貼四卷	清初刊	公文書館
四書琅玕	明崇禎十七年（1644）序刊本	東京都立中央圖書館
坊記集傳二卷、春秋問業一卷	明崇禎十七年(1644)刊	公文書館
增定旁訓古文會編六卷，附讀孫子會編一卷	明刊本，文樞堂藏版	關西大學圖書館
孝經集傳四卷	明崇禎十六年(1643)張天維等刊本	美國哈佛大學燕京圖書館中文善本彙刊第一册 東京大學人文研、公文書館
孝經集傳四卷	寬文九年(1669)京都唐本屋宇兵衛刊	東北大學圖書館
孝經集傳四卷	明刊	静嘉堂文庫
孝經集傳四卷	清康熙三十二年(1693)序刊本	大阪府立圖書館
廣名將譜二十卷	寫本、刊本	静嘉堂文庫

著作名稱	刊刻/書寫年代	所藏地
文心内府十卷	清初刊	國會圖書館
新刻洪武元韻勘正切字海篇群玉二十卷,附大藏直音三卷、附篆林肆考十五卷	崇禎十四年(1641)書林劉欽恩藜光閣刊本	美國哈佛大學燕京大學藏中文善本彙刊第八一十一册、京大人文研
新刻辨疑正韻同文玉海二十卷	富沙鄭以祺刊	國會圖書館
新刻黄石齋先生彙輯辨疑正韻海篇犀炤十五卷 首一卷	崇禎十七年(1644)序,富沙鄭尚玄刊	國會圖書館
新刻黄石齋先生詩經琅玕十卷 首一卷	明刊	公文書館
新鐫六經句解四書正印十卷	明刊	公文書館、前田育德會
新鐫旁批詳注總斷廣名將譜二十卷(即廣名將傳)	明崇禎十六年(1643)序刊	公文書館、東洋文庫、東大東文研、國會圖書館、前田育德會
易象正十六卷	明刊	静嘉堂文庫、宫内廳書陵部
月令明義四卷 附月令明義圖	康熙三十二年(1693)序刊	東北大
榕壇問業十八卷	清乾隆十五年(1750)重刊	東京大學
榕壇問業十八卷	清中期,文林堂重刊	關西大學
榕壇問業十八卷	明末刊	公文書館
榕壇問業十八卷	清乾隆版	前田育德會、静嘉堂文庫
洪範明義二卷 首一卷 尾一卷	明崇禎十六年(1643)刊	公文書館
石齋先生經傳九種	康熙三十二年(1693)修訂本	廣島大學圖書館、京都大學附屬圖書館等
石齋行業四卷	明刊	公文書館
精刻補注評解綱鑒歷朝捷録十卷 元朝捷録五卷 國朝捷録四卷 首二卷	明刊	公文書館、京都大學人文研、蓬左文庫等
緇衣集傳四卷	清初刊	國會圖書館
緇衣集傳四卷	明崇禎刊	公文書館

續表

著作名稱	刊刻/書寫年代	所藏地
群書典彙十四卷	崇禎十六年(1643)序,潭陽余氏敦古堂刊	東京大學東文研、島根縣圖書館、前田育德會等
蘇紫溪先生歷朝綱鑒紀要二十卷 首一卷	黃道周增定,明刊	國會圖書館
表記集傳二卷	明崇禎刊	公文書館
讀明文會編	清康熙四十八年(1709)序刊	公文書館
輿地圖考一卷 海防備考一卷 江防備考一卷 九邊地圖考一卷	王守仁、程道生、黃道周編,明刊	公文書館
遵古本正韻石齋海篇四十卷	崇禎中,潭水劉氏藜光堂刊本	蓬左文庫、公文書館
重訂博物典彙二十卷	黃道周原纂,蔡方炳(1626~1709)補,清刊	文教大學越穀圖書館
重訂博物典彙十六卷	黃道周撰,蔡方炳刪補,康熙二年(1663)序,金閶葉敬溪等刊本	蓬左文庫,東京大學東文研
駢枝別集二十卷	明刊	國會圖書館、前田育德會、公文書館
黃忠端公遺稿(自筆本)	明刊	國會圖書館
黃漳浦集五十卷	道光五年(1825)序,福州陳壽祺重編刊本	大阪大學、國會圖書館
黃漳浦集五十卷,首一卷,附年譜二卷	黃道周撰,陳壽祺輯,莊起儔撰年譜,道光九年(1829)重刊本	東洋文庫
黃石齋先生文集十三卷	請康熙五十三年(1714)刊	東洋文庫
黃石齋先生九種(闕本)	明刊	前田育德會
黃石齋先生詩草全二卷	清初刊	公文書館

　　從上表可知:其一,黄道周著作豐富,不僅有大量的詩文傳世,而且研究領域涉及經、史、子,對音韻和教育也頗有研究;其二,黄道周生在晚明時期,内憂外患,其對地理邊防也頗爲留心,並編邊境地圖,以固國防。如此看來,對黄道周廣博的著述、思想,中日兩國學術界目前已有的研究,顯然不够全面和深入。其三,公文書館所藏黄道周的著述較多,尤其是早期的刻本,值得重視。

　　黄道周著述豐富,知識廣博,《黄子年譜》稱其早慧,愛讀書,勤於思:“黄子五歲,入小學而慧,授《論語》,黄子曰:‘聖人只教人以讀書,有子何教人以孝悌? 聖人只教人以老實,曾子何教人以省事?’問之授者,授者不能答也。”又,“黄子七歲,授綱目矣。青原公至自榕城,負綱目一部,歸而授之。黄子讀之,數月不出户,自是知古今邪正之辨與王道之大也。”①八歲時,黄道周已經觀六經之文,不從流俗,有自己的思考和觀點,這與他後期豐碩的著述成果無疑是分不開的。十四歲時,黄道周入羅浮山讀書,“振筆作羅浮山賦,筆無停輟而多奇字。”②十九歲時,黄道周開始上書言時事,作策論。二十三歲時,黄道周内憂外困之際作《續離騷賦》《離疚經》等。此後陸續作《易本象》等書。

　　現存黄道周的著述,可考具體出版年代的,最早爲明崇禎八年(1635)的《博物典彙》二十卷,該書在日本多個藏書機構收藏,公文書館也有,臺灣也有。當然,應該有更早的刻本,只可惜目前難以考證其具體刊刻年月,比如臺灣圖書館館藏的《文心内符》,可能是更早的刊本,只是具體何年刊刻,今已難以考查。日本所藏黄道周著述明刊本,有不少也無法考查具體刊刻年月。從現存藏書情況來看,其著作的早期刻本多爲崇禎年間刊行。有傳記稱其到 23 歲始致力於講學著書,即 1608 年前後。③ 但《明漳浦黄忠端公全集》中的傳記則稱黄道周十四歲左右就已經有文章行世:“年十四,慨然

---

① (明)洪思《黄子年譜》(清道光二十四年刊本),吳洪澤、尹波、舒大剛主編《儒藏·史部·儒林年譜》,第 24 册,成都:四川大學出版社,2007 年,頁 670—671。

② (明)洪思《黄子年譜》(清道光二十四年刊本),吳洪澤、尹波、舒大剛主編《儒藏·史部·儒林年譜》,第 24 册,成都:四川大學出版社,2007 年,頁 675。

③ 周麗霞編《黄道周族人移居臺灣》,肖東發主編《寶島臺灣:臺灣文化特色與形態》(中華精神家園叢書),北京:現代出版社,2015 年,頁 42。

有四方之志，不肯治舉子業，抵博羅謁韓大夫。”遍覽海内奇書，其時“即席酒酣，援筆立就數千言，名大噪。”①黄道周著述豐富，這一點，在衆多傳記中是一致的，傳曰：“著述甚富，奏疏經解詩文，旁及天文歷數，共四十餘種。《洪範明義》《月令明義》《儒行集傳》《緇衣集傳》四部，懷宗時已進御覽。”②懷宗爲明思宗朱由檢，黄道周考中進士那年，朱由檢被册封爲信王，天啓七年（1627）登基，改元崇禎，崇禎十七年（1644），李自成攻破京城，崇禎帝於煤山自縊。也就是説，《洪範明義》《月令明義》《儒行集傳》《緇衣集傳》在天啓七年前後就已經完成（或也已刊刻），並送呈崇禎帝。臺灣圖書館藏有黄道周的《儒行集傳》二卷，刊刻於崇禎十五年（1642），王繼廉杭州刊本，當爲較晚的刊本。天啓七年（或在此之前），“其《易象正》《三易洞璣》《孝經大傳》《坊記》《表記集傳》五部及《榕壇問業》《大滌問業》已刊行於世。”其著作“或存或亡，多不傳。”門人洪思多方求佚文佚書。清代初期，還有不少黄道周的“奏疏詩文數十卷尚未刊行。”③這裏提到的多是黄道周儒學和經學的著作，詩文方面關注較少。洪思在搜集整理黄道周的著述時，也專力搜集其儒學經學的著作，黄道周在世時，弟子們就有了將其著作收藏起來以便傳之後世的意思：“門人請藏書于大滌，先生擬以《易象正》《詩序正》《春秋表正》《孝經大傳》《洪範明義》《月令明義》《禹貢明義》《吕刑明義》《儒行集傳》《緇衣集傳》《典謨集傳》《政官集傳》爲《石齋十二書》，藏於大滌，已而不果。今其書多散亡而逸其半。”④洪思提到的《禹貢明義》《吕刑明義》《典謨明義》等多已散佚，今有《黄石齋先生九種》行世，九種中除上述著作剩餘的八種外，增加了《坊記集傳》。

　　洪思在搜集黄道周遺著時，對詩文似乎不够重視：“然而猶有遺文，宜力尋之。（中略）余深考其亡書有曰易本象者，有曰三易軒圖者，三易箕圖者，蓋以揭易之務，今或亡矣。有曰孝經外傳者，有曰孝經定本者，孝經別本者，蓋以揭孝經之義，今或亡矣。有曰詩序正者，有曰詩撰者，詩表者，蓋以昭詩樂之務，遂暢詩律之説，今或亡矣。有曰春秋表正者，有曰春秋撰

①（明）黄道周著，陳壽祺編《黄漳浦集·黄道周傳》，清刻，公文書館藏。
②（明）黄道周著，陳壽祺編《黄漳浦集·黄道周傳》，清刻，公文書館藏。
③（明）黄道周著，陳壽祺編《黄漳浦集·黄道周傳》，清刻，公文書館藏。
④（明）黄道周著，陳壽祺編《黄漳浦集·黄子傳》，清刻，公文書館藏。

者,春秋軌者,蓋以昭春秋禮之義,遂暢春秋禮之説,今或亡矣。有曰典謨集傳者,政官集傳者,蓋爲太子讀書而作,時在講筵,甫奉詔纂書,不數月,以論楊陳謫官將去,過進所纂,就六十有九卷,書于承華宫而去。此或未就之書,今或亡矣。有曰禹貢明義者,吕刑明義者,蓋以明古之王者,未有不薄征緩刑,將以人告烈王,今或亡矣。余深考其遺文,唯一時書問之好,序言與墓石之托,四方詩郵之往來最爲多。"①洪思在努力搜集黄道周的經學儒學佚文佚著時,也意識到黄道周的詩文遺失較多,他搜集所得的詩歌,今天的讀者能讀到的詩歌,幾乎都出自《黄漳浦集》卷三十七至卷五十,並未注意到日本所藏的《黄石齋先生詩草》和《黄忠端公遺稿》(稿本),因此難以窺見其詩歌全貌,研究其詩歌時,也難以得出全面而爲人信服的結論。國會圖書館所藏貴重書《黄忠端公遺稿》(自筆本)是黄道周的真迹稿本,作成於明代,具體撰寫時間難以考證,這份稿本中列出一份石齋書目,包括:《三易洞璣》《易象正》《詩纂正別》《春秋表正別》《緇衣集傳》《表記集傳》《孝經手書》等,後有紅字寫著:"刻止洪範、月令、儒行、緇衣四篇。"書目中還有《焚草一集》《焚草二集》《選奏疏》《解遼環》《解齊環》《行業》《詠業》《駢枝初集》《大滌三記墨迹碑》《月令明義》《孝經大傳》等。稿本中的"刻止洪範、月令、儒行、緇衣四篇"這句話提供了重要的信息,這些書目中的一部分已經散佚。據此可推測該稿本撰寫於 1627 年~1644 年之間。早的話在 1627年前,晚的話不會晚於 1644 年。該稿本有的已經破損,字迹細小且潦草,難以辨認,不過從書法和學術研究的角度來看,該稿本無疑具有重要價值。

　　如前所述,國内學術界對黄道周的研究如果僅僅參考清刻本《黄漳浦集》,難免會有許多遺漏,最近不斷有人指出《黄漳浦集》的遺漏,除上文已經指出的之外,《〈張燮集〉所附黄道周六章尺牘輯考》②一文從《張燮集》中的《群玉樓集》發現了黄道周和張燮之間的多封書信,其中有黄道周的十八份書簡,該文據此糾正《黄漳浦集》的一些錯誤。如果國内學者關注並充分利用日本所藏黄氏著作,想必會有更多發現。

①(明)黄道周著,陳壽祺編《黄漳浦集·收文序》,清刻,公文書館藏。
②何小海、鄭禮炬《〈張燮集〉所附黄道周六章尺牘輯考》,《中國典籍與文化》2017 年第1 期。

二、日藏《黄石齋先生詩草》及其意義

　　公文書館所藏《黄石齋先生詩草》二卷（以下簡稱“詩草”），豐後佐伯藩主毛利高標本。其中有合訂爲一册者，長 24.7CM，寬 14CM，無書簽，僅于左上角墨字題“黄石齋詩草”五字，綫裝，封面右上角有“昌平阪學問所”長方形墨印，封面紙張汙損脆薄。內頁分兩欄，自右至左書“黄石齋先生詩草”墨字，左欄下有“長篇雜詠即出”①兩欄排布朱紅字，即雜詠一體尚待刊出，此語帶著廣告的意思。目録頁左上有方形朱印，暫未辨爲何印，下有“日本政府圖書”朱印，右下角有“淺草文庫”雙邊長方形朱印。刻本四周單邊，無界欄，無魚尾，無象鼻，版心下方標頁碼，半頁九行，行二十四字，紙張脆黄，無序與跋，無句讀圈點，實爲二册合一册，與二册本同一系統。二册分乾、坤兩册，與上述一册本目録和內容同。

　　內閣文庫定《詩草》爲清初刊本，然《內閣文庫藏明代稀書》又將其列爲明刊本。② 此書國圖、上圖，福建地區的圖書館均無藏，臺灣“中研院”圖書館所藏，是內閣文庫藏書的影印本。就筆者管見，僅《鄧之誠文史劄記》（上）（鳳凰出版社，2012 年）民國三十七年（1948）三月二十六日讀書劄記曾提及此書，曰：“《黄石齋先生詩草》二册，凡近體五、七言七百余首，順治時所刊，爲漳浦詩行世之最早者。卷首墨筆一行‘義熙棘人宋既庭評’，書中圈點，當出寔穎手筆，唯‘義熙’二字不解。”③宋既庭（1621—1705），清代經學家，字既庭，號湘尹，長洲（今江蘇蘇州）人，順治舉人，著有《讀書堂集》等。④ 可知宋既庭曾讀《詩草》，並在書中作圈點評注。而內閣文庫所藏《詩草》卷首並無“義熙棘人宋既庭評”之語，書中也無圈點，但從所收詩體

①筆者當初認讀時有誤，幸得南京大學張伯偉老師和金程宇老師的指點和糾正，在此特表感謝！

②據金程宇教授賜教，該書刊刻年代或明或清，説法不一，當是因書中沒有刊記所致，明末清初刊本最不易區分。據金教授看《詩草》的照片，推測爲清刊本。今存此説，並致感謝！

③鄧之誠著，鄧瑞整理《鄧之誠文史札記》（上），南京：鳳凰出版社，2012 年，頁 447。

④吳海林、李延沛編《中國歷史人物辭典》，哈爾濱：黑龍江人民出版社，1983 年，頁 567。

裁和數量來看，應該是同版。《詩草》乾册收録了五言詩三百八十一首，坤册收録七言詩三百九十一首。鑒於《詩草》在國内無傳，今整理其目録，將《詩草》所收五七言詩列出，以供讀者參考，如表 2 所示：

表 2　日藏《黃石齋先生詩草》所收録詩歌目録

五言詩	七言詩
援琴示諸知己　四首	辭墓詩　八首
同諸生出墓側　四首	感遇詩　六首
對客揮鋤漫成　四首	感舊詩　六首
從邸報知鴻賓　四首	虜囉聞遵禮諸　六首
冠邏因出銅海　四首	浙闈公宴　四首
答諸勸駕者兼　四首	出都久不知吳　八首
料理三易者稍巳　八首	舟至留都見兜　九首
中秋攜家人出　三首	實録禮宴　四首
將出山寄別海　三首	在詞林既九載　六首
周中丞棺至不　四首	待命四十日凡　六首
發郵過南崖回　四首	處分十餘後　六首
出漳關攜別煙　四首	別臨安二三子　三首
錦田衙中逢蔣　四首	謝東吳諸友問　三首
望三山聞虜巳　六首	答蔣若柳王覺　四首
峚陽曆吉廬至　四首	陳明卿許仲嘉　四首
崇安喻嶺始乃　四首	賦得攬察草木　七首
迫除過車盤邸　二首	賦得不及古人　七首
信州逢鄭太史　二首	小解網　六首
開春信州車徒　四首	大解網　十首
建德溪中探邸　四首	步禱　六首

續表

五言詩	七言詩
登釣臺久之過 三首	正六事 八首
元夕泊桐君山 三首	別六事 八首
從桐廬東北徑 四首	圓丘 六首
至建安知爲奴 四首	方澤 六首
劉庶常與鷗用 四首	朝日 六首
吳門過陳明卿 四首	夕月 六首
從野西入園 四首	何桐城相公以 六首
昆陵見坌陽在 四首	錢會稽相公甫 六首
將渡江聞都城 四首	秋懷 十首
至儀真低徊數 四首	宜緇族兄適因 十二首
入都知奴酋在 十二首	前九章 九首
入都才逾月又 四首	後九章 八首
帥安聞良固失 四首	前嘉命詞爲前 八首
闈中後院雙檜 八首	後嘉命詞爲後 八首
還至滁陽至宿 六首	文網未釋乞休 十二首
典試新還□ 八首	秦晉流冠嘯聚 五首
七封詩 七首	新得丹方並鑄 八首
七旅詩 七首	祈逢孔棘島海 六首
封事再覆連四 八首	已坐言攻服計 六首
遣後吹毛屏居 十二首	壬申元日侵晨 六首
禮曹見參數次 四首	三日遂雨雪平 六首
南行至滕陰至 四首	余季四十七矣 六首
屬有巧言掩關 八首	元夕近兒子彌 四首

續表

五言詩	七言詩
焦由爲韻已賦 八首	小還詩六疏得 四首
四月十八日辛 八首	大還詩八疏得 四首
送錢機山解縛 四首	伏枕及下床冥 四首
答文湛持並寄 四首	將出都諸館丈 八首
寄似韓若海座 四首	二月初告陳虙 三首
自二月庚戌驚 三首	先數日臨祉父 三首
自六月甲辰聞 三首	二月九日是餘 十二首
諸生南旋散書 四首	已出都乃聞吳 八首
京師物繁蒼蠅 三首	直姑逢閔昭餘 四首
彌日有侯約騎 六首	登州已陷中議 二首
寄答陳雪灘 四首	和鄭奎陽見贈 十首
時波稍平許仲 四首	自濟寧過兗州 十二首
宋□玉自南都 十二首	明誠堂諸子小 十首
重九客至惘然 四首	內盡際海未出 四首
送徐晉彬南還 四首	奉還命作 二首
久滯長安困憊 十首	南崖同張汰沃 二首
大暑後一日丁 三首	訪王子玉郭園 二首
楊庶子慕垣劉 八首	出都十詠 十首
七驪詩 七首	
七虞詩 七首	
壬申元夕後姚 七首	
臨行再發疏遂 四首	
是晚黃網存司 四首	

續表

五言詩	七言詩
騎驢出都數裏 四首	
濟源舟次逢 四首	
寄示家中曹從 十八首	
自正月登州既 九首	
寄友人 二首	

　　與《黄漳浦集》中所收的五、七言詩比較可知，有部分詩歌是二者都收録了的，但不多，如《對客揮鋤漫成》四首等。另外，《詩草》的標題是簡略過的，最多取六字，多於六字的，會略去不題，如《詩草》中有《同諸生出墓側 四首》，《黄漳浦集》中也有這四首詩，但題目是完整的，因而更長，其題爲《同諸生出墓側談經（分命四章）》。爲此，《詩草》中有的標題不明所言，就是因爲編撰者做了簡化處理。《詩草》中有不少是描寫親情、遊興和友情的，《詩草》展現了一個作爲詩人和平常人的黄道周，他會對月傷懷，在與家人共游的時候會感歎歲月流逝，華髮早生。如五言詩《中秋攜家人出銅海玩月有倫》三首之一："浮雲明月過，開興只斯須。鳥影看無動，蒼魂行自蘇。看還回露警，人倦值雞呼。杯子扁舟小，將誰狎五湖。"在與家人歡度中秋，共同賞月的時候，黄道周敏感的詩人之心不時生出一絲憂愁，這樣美好的月光和時光，也許不過是斯須之間，轉瞬即逝。看著茫茫海水，想著時光滔滔，不禁"忍憶廿年事，蘆花半上頭。"①《詩草》還可以提供黄道周與友人交遊的資料，可補史闕。如在黄道周困頓之時，友人們對他的關心和慷慨資助，《久滯長安，困憊已極。倪宮兄鴻寶魏給諫倩石李文選詹常樊計部蓋各移斧見資。適錢宗伯御令亦自南都分俸見寄，聊散所懷》。②
　　《黄漳浦集》的詩歌標題很長，從標題中也可以看出黄道周寫詩的特點：用鋪叙的、寫散文的手法來寫詩歌，即以文爲詩、以賦爲詩。《黄漳浦

①（明）黄道周撰《黄石齋先生詩草》乾册，清刻本，頁5—6。
②（明）黄道周撰《黄石齋先生詩草》乾册，清刻本，頁38。

集》刻于道光十年（1830），晚於《詩草》。《黄漳浦集》從卷三十七到卷五十爲詩，大致内容如下：卷三十七有四言古詩、五言古詩、卷三十八爲六言古詩、七言古詩、九言古詩；卷四十爲五言律詩；卷四十一，五言律詩，其中有《登泰山絶頂四章》（戊寅八月）、《岱頂觀日二章戊寅》等；卷四十二，五言律詩；卷四十三，五言律詩；卷四十五，七言律詩；卷四十八，五言絶句，卷四十八中有一組辭山詩，如辭黄山四章、辭白岳四章、辭匡廬四章、辭九華四章、辭浮丘四章、辭齊山四章、辭穹窿四章、辭天目四章、辭徑山四章、辭天臺四章、辭雁蕩四章、辭羅浮四章等等，應是黄道周獄中告别之作。卷五十爲七言絶句，其中有《蒿裏十章》。詩餘部分有《吳江舟中讀雪堂新詩同何義兆賦雪堂豔二闋奉錢爾斐》（從大條函書補録）。這些詩歌多爲黄道周中晚年所作，標題冗長，詩歌往往不惜筆墨鋪陳叙述，讀起來更像文章。

《詩草》坤册七言詩開篇是辭墓詩和告山詩，《黄漳浦集》中的詩歌有部分與之同，但大部分並不重複，且《詩草》可與《石齋逸詩》相互參校。坤册還有感舊詩、感遇詩，追憶人生事。當然，《詩草》中也有一些錯别字，如《前嘉命辭爲前宗伯》中的“前”應爲“錢”。① 閲讀時應仔細鑒别。坤册的詩歌也有不少是早年所作，如爲得子所作的賀詩，兒子滿百天時的賀詩，耐心等到兒子出痘痊瘉後一起遊覽勝地的組詩等等，所以，在忠臣烈士的公衆形象之外，讀者還看到了一位愛子心切的父親。坤册的詩歌並不按時間順序來排列，最後兩組詩是《正欲買轎入山忽逢還命有感而作》（一首），該詩應作于黄道周被罷官，崇禎初又被召入朝時所作，《舊作》三首應是作於其大滌講學時，因詩中有句云：“我亦卜居大滌上，五年未敢掃塵埃。”②

《詩草》中的詩歌，可與《黄漳浦集》《石齋逸詩》相互補充和相互參校，一個多早期詩作，一個多晚期詩作；一個多個人感性、寫日常生活，一個多憂國憂民、積極參政的政治情懷。

已有的研究過於關注黄道周的易學、儒學思想，沒有看過《詩草》的話，在談論黄道周的文學思想時，會無意間淡化其作爲詩人的形象，對其文學成就，也會缺乏足够的認識。比如《黄道周論稿》稱“黄道周一向不以文學

---

① （明）黄道周撰《黄石齋先生詩草》坤册，清刻本，頁36。
② （明）黄道周撰《黄石齋先生詩草》坤册，清刻本，頁70。

家著稱”，但“事實上，前人對其文學成就評價頗高，明末著名文人如張溥、陳子龍、艾南英、吳應箕、夏允彝、張岱、吳偉業、錢澄之、方以智等，或爲其門生，或爲知交，其文學思想及創作不能不對當時的文人、文社之産生相當的影響。”①該書指出黄道周的文學思想和特點爲：從制義入手，提倡“以六經爲文章”；參合正變，並重才學的詩學觀；以天文、易學、歷數闡釋文學等。② 對詩文作品創作量如此多，創作體裁如此豐富，詩中表現的情感如此細膩的黄道周，只有綜合其所有現存作品，才可以看出他完整的文學形象，做出全面的評價。

（作者單位：國際日本文化研究中心、海南師範大學國際教育學院）

---

① 鄭晨寅《黄道周論稿》，鄭州：河南人民出版社，2014 年，頁 189。
② 鄭晨寅《黄道周論稿》，鄭州：河南人民出版社，2014 年，第五章，頁 189—228。

域外漢籍研究集刊　第二十輯
2020 年　頁 395—424

明清圖繪本《山海經》東傳日本述考[*]

王　强

　　明清之際,《山海經》的研究達到頂峰。一方面,出現了不少文本校注之作,如楊慎《山海經補注》、畢沅《山海經新校正》、郝懿行《山海經箋疏》等;另一方面,圖注《山海經》也成一時之大觀,各種圖繪本《山海經》異彩紛呈。有單册刊印者,如胡文焕《山海經圖》;有隨各種《山海經》版本流世者,如王崇慶《山海經釋義》諸本、蔣應鎬繪《山海經》諸本、畢沅《山海經新校正》諸本等;有收録於《永樂大典》《三才圖會》等類書者。其中有不少極具特色的圖繪本《山海經》隨著繁盛的海上貿易活動,東渡扶桑,流播之餘,對日本社會產生了持久而深遠的影響。

一　《山海經》《山海經圖》《山海經釋義》
《三才圖會》及晚明日用類書的輸日

　　漢籍東傳日本具有悠久的歷史。嚴紹璗言“西元三世紀的時候,中國文獻典籍已經傳入日本列島了”①。大庭修以爲“漢籍傳入日本列島的時間,至遲恐怕也應在 5 世紀之前”②,則在東晉以前,中國典籍已漂洋過海。

＊ 本論文係教育部人文社會科學研究青年基金項目“明清山海經圖版本傳承與流變研究”（17YJC751040）、河南省哲學社會科學規劃項目“《山海經》版本研究”（2020BWX022）階段性研究成果。
① 陸堅、王勇《中國典籍在日本的流傳與影響》,杭州大學出版社,1990 年版,頁 3。
② 王勇、大庭修《中日文化交流史大系·典籍卷》,浙江人民出版社,1996 年版,頁 23。

　　奈良、平安時代,遣唐使是漢籍東輸的中堅力量。唐時,大量遣唐使與學問僧來唐學習,他們回國時,帶回大量唐朝的文化産品。"遣唐使帶回的主要是彩帛、香藥、家具等物,而學生、學問僧等個人帶回的卻以書籍、經卷、佛像、佛畫、佛具之類爲主。"①日本使者將"所得錫齎,盡市文籍,泛海而還"②,而主持此事的,可能是吉備真備。"奈良、平安時代,吉備真備在輸入漢籍上留下了最偉大的足迹。他隨第八次遣唐使入唐留學,滯唐十九年後,于天平七年(733)三月回國。"③

　　宋、元時,日本與中國交流得到進一步發展。明朝,與日本商業活動以官方貿易爲主,主要貨物爲刀劍、硫磺、蘇芳木等。漢籍也隨之輸入日本。"足利義政曾請明朝賜給罕見的圖書,而遣明使一行在當地搜購帶回的書籍,似乎也很多。"④

　　江户時代,大量商船湧向日本,漢籍的外輸轉變成民間的貿易行爲。"到了貞享三年(1686),進港船達一百零二艘(其中載回船十九艘),到次年,竟多達一百三十七艘(其中載回船十九艘)。"⑤大庭修在言及赴日貿易船時也説:

　　　　　自康熙二十四年(貞享二年、1685)起,來航唐船的數量急劇增加,
　　　例如天和三年,來日唐船爲二十四艘;貞享元年亦爲二十四艘。貞享
　　　二年,增至八十五艘;貞享三年,又猛增到一百二艘。⑥

而唐船所載,種類繁多,有茶、檀香、芍藥等。成書於元禄八年(1695)的《華夷通商考》中記載,南京應天府與福建福州的書籍在貿易物品的清單中。⑦江户時代"中國文獻典籍東傳日本列島,主要是通過商業管道。自十七世紀至十九世紀中期的二百餘年間,漢籍的買賣,一直是中日兩國貿易的大

---

①木宫泰彦著,胡錫年譯《日中文化交流史》,商務印書館,1990年版,頁188—189。

②(後晉)劉昫等《舊唐書·日本國傳》,中華書局,1975年版,頁5341。

③大庭修著,戚印平等譯《江户時代中國典籍流播日本之研究》,杭州大學出版社,1998
　年版,頁5。

④木宫泰彦著,胡錫年譯《日中文化交流史》,頁580。

⑤木宫泰彦著,胡錫年譯《日中文化交流史》,頁650。

⑥大庭修著,戚印平等譯《江户時代中國典籍流播日本之研究》,頁22。

⑦西川如見《華夷通商考》上,洛陽書林甘節堂、學梁軒刊本。

宗貨物"①。僅就《商舶載來書目》所見，1693 年至 1803 年之間，輸入日本
的漢籍共有四千七百五十八種之多。②

　　文政九年（1826），中國商船"得泰號"漂流至下吉田，《得泰船筆語》（關
西大學圖書館藏本）卷三上記載了船主朱柳橋與江户儒者野田笛浦之間的
一段筆談：

　　　　野田笛浦："貴邦載籍之多，使人有望洋之歎。是以余可讀者讀
　　之，不可讀者不敢讀，故不免夏蟲之見者多矣。"

　　　　朱柳橋："我邦典籍雖富，邇年以來，裝至長崎已十之七八。歸邦
　　人以國字譯之，不患不盡通也。"③

當時漢籍流播日本之盛，可見一斑。葉建華也説："從康熙五十三年（1714，
日本正德四年）至咸豐五年（1855，日本安政二年）的 140 年間，中國商船運
載到日本的書籍多達 6630 種，計 56840 部，如果加上由其他途徑傳入日本
的書籍，則總數要超過 1 萬種。"④以至於到了明治初期，大量漢籍開始回流
中國：

　　　　（三木佐助、麥梅生）二人謀劃著向中國出口漢籍一事。此後，從
　　明治四年（1871）至明治十二年（1879），他同麥梅生一道，根據中國國
　　内的需求，以大阪爲中心在日本各地搜集漢籍、和書以及版木，並將其
　　輸入中國。⑤

從這一點看，嚴紹璗總結江户時代漢籍東傳的基本特徵，以爲此期漢籍東
輸的規模與速度前所未有，且主要是以商品流通的形式展開，⑥確爲不刊
之論。

　　正是在此背景下，《山海經》《山海經圖》《山海經釋義》及晚明日用類書

①陸堅、王勇《中國典籍在日本的流傳與影響》，頁 29。
②嚴紹璗《漢籍東傳日本的軌迹與形態》，參見《踥步齋文稿》，首都師範大學出版社，
　2016 年版，頁 88。
③田中謙二、松浦章《文政九年遠州漂著得泰船資料》，關西大學出版部，1986 年版，頁
　243。
④葉建華《浙江通史》第八卷，浙江人民出版社，2005 年版，頁 491。
⑤陳捷《明治前期日中學術交流之研究》，汲古書院，2003 年版，頁 22。
⑥嚴紹璗《漢籍東傳日本的軌迹與形態》，頁 87—90。

等陸續東入扶桑。

　　有關《山海經》東傳的最早記録，見於寺島良安《和漢三才圖會》："晉太康五年，應神十五年（284）秋八月丁卯，百濟王遣阿直岐者，貢《易經》《孝經》《論語》《山海經》及良馬二匹。"①《海東繹史》亦有類似記載。應神十五年，郭璞僅數歲，不可能爲《山海經》作注。若此記載爲真，當日所傳應爲古本《山海經》。

　　日人桂五十郎《漢籍解題》將《山海經》歸爲雜書，以爲唐時傳入：

　　　　今見書中所記，多異物飛走之類，其侈談神怪。與其編入地理類，不若歸入雜書類。此書，晉代郭璞最初作注，後又有數人注解。我國宇多天皇時，已傳入，著録於《日本國見在書目録》。德川氏最初翻刻。②

宇多天皇887年至897年在位，大致相當於我國唐僖宗時期。德川家康于慶長七年（1602）富士見亭設文庫。寬永十六年（1639）將此文庫徙至紅葉山，這便是後來著名的江户幕府御書庫——紅葉山文庫。《山海經》在日本的最早翻刻，大概就是江户幕府時期。桂五十郎可能是據《日本國見在書目》而言。《日本國見在書目》完成于寬平三年（891），屬宇多天皇時期：

　　　　《山海經》廿一卷（郭璞注，見十八卷），《山海經贊》二卷（郭璞注），《山海經抄》一卷，《山海經略》一卷，《山海經圖贊》一卷。③

孫猛《日本國見在書目録詳考》以爲"此書奈良時期已傳入日本則無疑。奈良市内平城京長屋王邸北二條大路南側東西溝出土天平三年（731）至十一年（739）間木簡，記有'山□經日大□□□'字樣"④。

　　伊藤清司也認爲《山海經》至遲在奈良時代已傳入日本：

　　　　在奈良時代甚至奈良時代以前，《山海經》就傳入了日本。奈良市内長屋王王府遺迹出土的、作于天平年間的木簡中，就發現了一片記載"山海經日天"等《山海經》内容的木簡。據此可確認，《山海經》在奈

---

① 寺島良安《和漢三才圖會》，日本正德五年（1715）刻本。
② 桂五十郎《漢籍解題》，名著刊行會，1982年版，頁805。
③ 藤原佐世《日本國見在書目録》，名著刊行會，1996年版，頁42。
④ 孫猛《日本國見在書目録詳考》，上海古籍出版社，2015年版，頁871。

良時代就已被日本人閲讀瞭解。①

則最晚在唐時，古本《山海經》與郭璞注《山海經》均已傳入日本。

江户時期，大量漢籍通過貿易船隻，絡繹不絶地輸入日本。據《舶載書目》《分類舶載書目》《幕府書物方日記》等記載，其時《山海經》類書籍輸日情况，不完全統計如下：

表一　江户時代傳日的《山海經》、《山海經圖》、《山海經釋義》

年代	書名	數量	文獻出典
1699(元禄十二年)	山海經圖		二酉洞
1702(元禄十五年)	山海經	十八卷	倭版書籍考
1709(寶永六年)	山海經釋氏	四本	舶載書目
	山海經釋義	四本	舶載書目
	山海經釋義	四本	分類舶載書目
1710(寶永七年)	山海經	二本	舶載書目
1739(元文四年)	山海經廣義	一部	日藏漢籍善本書録
1740(元文五年二月二十六日)	水經、山海經	付十册	幕府書物方日記
1740(元文五年三月六日)	水經、山海經	付十册	
1754(寶曆四年)	山海經	一部一套四本	舶來書籍大意書戌番外船
1756(寶曆六年)	山海經	一部	日藏漢籍善本書録
1760(寶曆十年)	水經注附山海經	拾部各二套十六本	辰壹番船持渡商賣書物目録並大意書
1786(天明六年)	水經注附山海經	同兩套十二本	寅拾番船持渡書改目録寫
1853(嘉永五年)	山海經		經籍訪古志

以下幾點值得注意：

---

① 伊藤清司《怪奇鳥獸図卷—大陸からやって來た異形の鬼神たち》，工作舍，2001 年版，頁 11。

其一，幸島宗意《倭版書籍考》刻於元禄十五年(1702)三月，載錄《山海經》云：

> 《山海經》，十八卷，晉郭璞著。舉四海萬方、人物異類。有圖，圖出自後人之手。①

今日所見，凡題爲"山海經"，晉郭璞著(傳)，且内有插圖者，多爲蔣應鎬所繪《山海經》。《倭版書籍考》所記此本，則爲蔣應鎬繪《山海經》無疑；

其二，《舶載書目》寶永六年(1709)所載《山海經釋氏》，四本十八卷，別圖一卷，康熙己巳(1689)新鐫，玉堂重梓，河東郭景純著傳，王崇慶德釋義，董漢儒學舒校訂。② 今所見康熙己巳刻《山海經釋義》藏于哈佛大學圖書館，共五册。一卷圖在《山海經釋義》卷後，單成一册；卷末禹治水圖目前僅見於此本與中國國家圖書館藏堯山堂《山海經釋義》萬曆二十五年(1597)刻本(萬曆二十五年始刻，萬曆四十七年乃成)。《分類舶載書目》所載"《山海經釋義》，四本十八卷圖一卷"③，或與此本相同。

此外，寶永六年還録有另一本《山海經釋義》：

> 《山海經釋義》，四本共十八卷，晉記室參軍郭璞撰，晉河東郭璞景純父著傳，王崇慶德征釋義，董漢儒學舒父校訂，序董漢儒。④

王崇慶《山海經釋義》初刻本並無插圖。王崇慶《序山海經釋義》題爲"嘉靖歲丁酉夏六月"，趙維垣《山海經釋義序》《山海經釋義跋》均題爲"嘉靖戊戌歲春二月"，則該書當刻於 1538 年。故此本當是王崇慶《山海經釋義》初刻本。《商舶載來書目》云："此編據家藏舊記而輯録，凡起元禄癸酉年至享和癸亥年新來書目若干種，總以國字四十七音便稱呼，群分類聚，而諸書中方俗以吳音讀者，依吳讀而採入各部，《文選》《山海經》《外臺秘要》《華嚴經》之類是也。"⑤則王崇慶《山海經釋義》兩個版本(即文本與圖本)至少在1754 年前已傳入日本。

---

①長澤規矩也、阿部隆一《日本書目大成》卷三，汲古書院，1979 年版，頁 27。
②大庭修《舶載書目》(上)第七册，關西大學東西學術研究所，1972 年版，頁 19。
③大庭修《舶載書目》(下)，頁 59。
④大庭修《舶載書目》(上)第七册，頁 46。
⑤國立國會圖書館藏《商舶載來書目·凡例》，參見大庭修《江户時代における唐船持渡書の研究》，關西大學東西學術研究所，1967 年版，頁 659。

其三,江户晚期學者澀江全善、森立之編《經籍訪古志》(七卷,清光緒十一年徐承祖聚珍排印本)卷五小説類録《山海經》,明嘉靖列本,求古樓藏。① 求古樓是狩榖掖齋藏書樓的名稱,是江户時期藏書最多的私人藏書樓之一。楊守敬曾言“近世狩榖望之求古樓爲最富。雖其楓山官庫、昌平官學所儲亦不及也”②。雖《經籍訪古志》初稿本(四卷,日本書志學會昭和十年影印本)並未收録求古樓所藏《山海經》,而七卷本《經籍訪古志》卷五《山海經》後題“未見”,以示未曾寓目。經過累年貿易輸入,想必至江户後期,《山海經》流播日本已非常普遍,編修者才能在他聞的情况下收録之。

目前看來,胡文焕《山海經圖》輸日時間要更早些。

《山海經圖》是萬曆書商胡文焕所編叢書《格致叢書》中之一,上卷六十六幅圖,下卷六十七幅圖,共一百三十三圖。一色時棟纂輯《二酉洞》雜類有《格致叢書》四十七種,内有《山海經》;《百家名書》一百一十二種,有《山海經圖》《山海經》。③ 王重民在著録《格致叢書》(一百五十六種,一百六十二册)時説:

> 明胡文焕輯刻。按是書種類多少,各本不同,蓋隨刊隨印,意在變幻内容,冀多銷售,故各本不同。邵懿辰謂:“初編四十六種,二編三百四十種。”後世互相補配,傳本益紛矣。《四庫存目》著録本凡一百八十一種,館臣稱:“較他本稍備”;此本凡一百五十六種,亦庶幾於稍備之本。④

《格致叢書》有初編、二編之别。邵懿辰云:“《格致叢書》初編四十六種,存目一百八十一種;二編三百四十種。明胡文焕編,初編佳。”⑤《澹生堂書目》所録《格致冗書》共四十六種,有《山海經》;《百家名書》九十八種,亦有

① 澀江全善、森立之《經籍訪古志》,參見賈貴榮《日本藏漢籍善本書志書目集成》第一册,北京圖書館出版社,2003 年版,頁 308。

② 楊守敬《日本訪書志·緣起》,參見賈貴榮《日本藏漢籍善本書志書目集成》第九册,北京圖書館出版社,2003 年版,頁 12。

③ 一色時棟《二酉洞》,元禄十二年(1699)博古堂文會堂合刻本,頁 21、頁 25、頁 27。

④ 王重民輯録,袁同禮重校《美國國會圖書館藏中國善本書目録》,文海出版社,1972 年版,頁 666。

⑤ 邵懿辰撰,邵章續録《增訂四庫簡明目録標注》,上海古籍出版社,2000 年版,頁 549。

《山海經》。①《彙刻書目》列《格致叢書》一編四十六種,内有《山海經》十八卷;二編三百四十種,"山川"條下,有《山海經》十八卷,《山海經圖》二卷。《百家名書》九十八種,《山海經》亦在内。②《格致叢書》與《百家名書》乃兩種不同叢書,所收互有異同,而《山海經圖》二者均收入。實際上,《格致叢書》《百家名書》均是"所列諸書,亦無定數。隨印數十種,即隨刻一目錄。意在變幻,以新耳目,冀其多售。故世間所行之本,部部各殊,究不知其全書凡幾種"③,而在《格致叢書》《百家名書》中,《山海經》《山海經圖》是判然有别的兩種書。前者爲《新刻山海經》十八卷,後者乃是《山海經圖》二卷。今首都圖書館藏《格致叢書》,其中便有《新刻山海經》(四册,十八卷)與《新刻山海經圖》(一册,二卷)。2013年中國書店將二者合一,列入"中國書店藏珍貴古籍叢刊",發行《新刻山海經》四册十八卷(附《新刻山海經圖》二卷)。

　　《二酉洞》所著録《格致叢書》蓋爲初編,所列《山海經》應是《新刻山海經》;《百家名書》所録,應是《新刻山海經》與《山海經圖》。則元禄十二年(1699)年前,《新刻山海經》《山海經圖》已在日本流播。

　　另,桂山三郎左衛門與深見新兵衛所于享保二十一年(1736)作《圖書集成本書考》,以研究《圖書集成》所依據的原典。與《山海經》有關的部分如下:

　　　　龍魚:第八十二卷至八十三卷,採自《三才圖會》《本草綱目》《山海經》等,唯其中西楞魚、把勒亞魚、劍魚出典未詳。

　　　　鳥獸:第八十四卷至第八十八卷,採自《山海經》《三才圖會》《本草綱目》等。唯其中利未亞洲獅、意夜納惡約獸、獨角獸、鼻角獸、加默良獸、獲落撒辣漫大辣未詳出典;第八十九卷至第九十二卷,與《山海經》《三才圖會》相同。

　　　　神異:第百二十八卷至第百二十九卷,採自《三才圖會》《山海經》等。④

《古今圖書集成》中與《山海經》有關的插圖主要集中在《禽蟲典》(計一百七十一圖)、《邊裔典》(計五十一圖)、《神異典》(計六十三圖),凡二百八十五

---

① (明)祁承爜《澹生堂書目》第六册,江户寫本。
② (清)顧修《彙刻書目》第二册,嘉慶四年(1799)序刊本,頁21、頁27、頁15。
③ (清)永瑢等著,王伯祥斷句《四庫全書總目》卷一三四,中華書局,1965年版,頁1137。
④ 大庭修著,戚印平等譯《江户時代中國典籍流播日本之研究》,頁295—296。

圖。其最主要的來源，是《三才圖會》與胡文煥《山海經圖》。如前所述，早在元禄十二年前，《山海經圖》已輸入日本。與《二酉洞》所載互爲對照，則此處《山海經》當爲胡文煥《山海經圖》。

此外，吳任臣《山海經廣注》（刻於康熙六年）也曾隨貿易活動到達長崎港。但可能因其含有與基督教義有關之内容，遭到幕府查禁，一度成爲禁書。《通航一覽》卷一百九十三"南蠻總括部三·切支丹禁制"條"西洋人著述禁書"：

> 一《名家詩觀》，此書元禄十五年壬午年攜來，一部十二本十四卷，第六卷有贈西洋湯若望七言律一首，以墨塗消。
> 一《增補山海經廣注》，此書元禄十五年壬午年攜來，以墨塗消；
> 一《檀雪齋集》，此書元禄十六癸未年攜來，以墨塗消；
> 以上四十九種書籍中，十一種允許攜來，三十八種嚴禁。此目録乃聖堂檢查記録舊記有載。終
>
> 寅十三月（有按語三）①

此處《測量法義》《簡平儀記》《勾股義》等十一種允許攜來，《西學凡》《唐景教碑》《增補山海經廣注》等三十八種嚴禁。

大庭修在談到江户幕府的禁書時説：

> 所謂御制禁書（即禁書）究竟指什麼？它是指用中文書寫印刷的宣傳基督教義的書籍。衆所周知，江户幕府禁止天主教的傳播，實行思想禁錮。爲了有效地達到這一目的，首先必須防止宣揚基督教義的書籍自水路傳入國内。②

今田洋三則將禁書分作基督教相關書籍（這類書中混有中國船隻攜入日本的漢籍，名爲《國禁耶穌書》，故而列舉書名目録，嚴加禁止）、被指定禁止出售的抄本（或爲幕府禁止的書籍）、被指定絶版的刊本、京都書店行會認定禁止發售的書籍（禁止原因不明）、新人的出版書籍或外國的出版書籍等五類。③ 吳任臣《山海經廣注》刻于康熙丁未（1667），有圖五卷，分爲靈祇、異域、獸族、羽禽、鱗介，共一百四十四圖。該書雖早在元禄十五年（1702）就

---

① 林熿《通航一覽》第五册，國書刊行會，1913 年版，頁 174。
② 大庭修著，徐世虹譯《江户時代日中秘話》，中華書局，1997 年版，頁 31。
③ 今田洋三《江户の禁書》，吉川弘文館，2007 年版，頁 3—4。

到達日本港口,但因其觸犯幕府禁律,遭到查禁,其在江户時期大概流布不廣。前述表一的著録情況,也從側面印證了這一點。

《三才圖會》由王圻、王思義父子編成,刊于萬曆三十七年(1609)前後,一百零六卷。是書"乃明王圻所編,分天文、地理、人物之門,並圖解其形象。王允明續編此書,自時令宮室,至鳥獸草木,分門歸類,體裁類正編"①。其中與《山海經》有關的插圖多集中在人物十三卷至十四卷、鳥獸一卷至六卷中。

《三才圖會》傳入日本較早,"乃先年渡來,分天文地理以下十三門,並圖解其形象"②。初刻于金陵後,約三十年後,即寬永十六年(1639)便收藏于紅葉山文庫,並著録于《御文庫目録》。一色時棟《二酉洞》云:

> 《三才圖會》一書雖非類書之列,以其載於草稿,不忍棄之,今存之。③

如其所云,《二酉洞》"雜家"部下,録有《三才圖會》。④ 則在元禄十二年(1699)前,《三才圖會》充盈於官庫之餘,民間也有一定數量的收藏。

江户時期輸入《三才圖會》的大體情況如下:

表二　江户時代輸日《三才圖會》

年代	數量	船次	文獻出典
1639(寬永十六年)			御文庫目録
1699(元禄十二年)			二酉洞
1707(寶永四年)	廿套百六十本	二十九番	舶載書目
1709(寶永六年)			辨疑書目録
1710(寶永七年)	一部二十套		商舶載來書目

①内閣文庫藏《舶來書籍大意書戌番外船》,參見大庭修《江户時代における唐船持渡書の研究》,關西大學東西學術研究所,1967年版,頁359。

②長崎市立博物館藏《享保三年七月大意書草稿》,參見大庭修《江户時代における唐船持渡書の研究》,關西大學東西學術研究所,1967年版,頁274。

③一色時棟《二酉洞·凡例》。

④一色時棟《二酉洞》,頁117。

續表

年代	數量	船次	文獻出典
1713（正德三年）	一部	十八番	舶載書目
1715（正德五年）	一部十二套一百八本	第四十九番寧波船	正德五年第四十九番寧波船齎來書目
1718（享保三年）	二部各二十套百六十本		享保三年七月大意書草稿
1719（享保四年）	一部	第二十四番南京船	享保四亥年書物改簿
1724（享寶九年）	五部各八套八十冊		舶載書目
1725（享保十年）	三部（一部十二套百二十本二部各十二套百十九本）	巳四番船	享保十年乙巳四番船大意書草稿
	五部（二各十六套百二十冊,三各十二套百十六冊）		舶載書目
	一部十套		同上
1740（元文五年）	一部十套八十本		同上
1753（寶曆三年）	一部一套八十本		戊番外船商賣書大意稿
1754（寶曆四年）	一部十套八十本		舶來書籍大意書戊番外船
1800（寬政十二年）	一部六十四本		商舶載來書目

嚴紹璗《日藏漢籍善本書録》所録《三才圖會》多爲江户以來舊藏：

表三　《三才圖會》日本現藏情況

藏處	刻本	數量	舊藏
宮内廳書陵部	萬曆二十八年	一百六十冊	毛利元次
	明刊本	兩部（一部五十冊,一部八十冊）	
尊經閣文庫	同上	一百六十冊	前田綱紀

續表

藏處	刻本	數量	舊藏
内閣文庫	萬曆三十五年	八部（七部五百册，一部一百卷）	一部昌平阪學問所藏二部楓山官藏
東京都立圖書館	同上	一百七册	諸橋徹次
東京大學總合圖書館	同上	八册	田中芳郎
大阪天滿宮	同上	六十册	
國會圖書館	萬曆金陵吳雲軒刊本	原八十册，現合爲三十册	
東洋文庫	同上	一百二十册	岩崎氏家
静嘉堂文庫	同上	兩部共一百四十九册	陸心源守先閣
京都大學	同上	一百册	
東北大學	同上	六十四册	狩野亨吉
早稻田大學	同上	八十册	下村文庫
佛教大學	同上	存"器用類"十二卷	平中令茨
陽明文庫	同上	五十三册	近衞家熙
大倉文化財團	同上	一百六册	
廣島市	同上	九十一卷，六十八册	
東北大學附屬圖書館	明刊本	存"人物類"六卷	狩野亨吉
御茶之水圖書館	同上	存"人物類"十七卷	德富蘇峰

　　從上表可知，今日日本收藏《三才圖會》頗爲普遍。中日海上貿易繁盛的江户時期，輸日《三才圖會》總量當是相當可觀。

　　類書作爲資料彙編性質的書籍，在中國有著悠久的歷史。按照編纂時提供的用途來説，有一類專門滿足庶民百姓日常生活所需，酒井忠夫將其稱爲"日用類書"①，並將《新鍥全補天下四民利用便觀五車拔錦》（以下簡

---

① 酒井忠夫《明代の日用類書と庶民教育》，載林友春編《近世中國教育史研究》，東京都國土社，1958 年版，頁 62—74。

稱《五車拔錦》)、《新刻天下四民便覽三台萬用正宗》(以下簡稱《三台正
宗》)、《新鍥燕臺校正天下通行文林聚寶萬卷星羅》(以下簡稱《萬卷星
羅》)、《新鍥萬軸樓選删補天下捷用諸書博覽》《新刻翰苑廣記補訂四民捷
用學海群玉》(以下簡稱《學海群玉》)、《錦繡萬花谷全文林廣記》《鼎鍥崇文
閣彙纂士民萬用正宗不求人全編》(以下簡稱《萬用正宗》)、《新刻全補士民
備覽便用文林彙錦萬書淵海》(以下簡稱《萬書淵海》)、《新刻搜羅五車合併
萬寶全書》(以下簡稱《五車合併》)、《新刻眉公陳先生編輯諸書備採萬卷搜
奇全書》(以下簡稱《搜奇全書》)、《新刻艾先生天祿閣彙編採精便覽萬寶全
書》(以下簡稱《萬寶全書》)、《鼎鐫李先生增補四民便用積玉全書》(以下簡
稱《積玉全書》)、《新刻人瑞堂訂補全書備考》(以下簡稱《全書備考》)、《新
刻四民便用不求人博覽全書》《新板全補天下便用文林妙錦萬寶全書》(以
下簡稱《文林妙錦》)等歸在明代日用類書目下。①

　　此外,此類書籍尚有《鼎鍥崇文閣彙纂士民捷用分類學府全編》(以下
簡稱《分類學府》)、《鼎鍥龍頭一覽學海不求人》(以下簡稱《龍頭一覽》)、
《新刻增補士民備覽萬珠聚囊不求人》(以下簡稱《萬珠聚囊》)、《新刻鄴架
新裁萬寶全書》(以下簡稱《鄴架新裁》)、《新刻四民便覽萬書萃錦》(以下簡
稱《萬書萃錦》)、《新刻群書摘要士民便用一事不求人》(以下簡稱《群書摘
要》)、《新刊天下民家便用萬錦全書》(以下簡稱《萬錦全書》)等。此類書籍
的基本情況如下:

表四　部分晚明日用類書的基本情況

書名	卷數	刊年	撰者	刊者	堂號	藏處
新鍥全補天下四民利用便觀五車拔錦	十冊三十三卷	萬曆二十五年(1597)	徐三友	鄭雲齋	寶善堂	東京大學東洋文化研究所
新刻天下四民便覽三台萬用正宗	十冊四十三卷	萬曆二十七年(1599)	余象斗	余象斗	雙峰堂	東京大學東洋文化研究所

①酒井忠夫《中國日用類書史の研究》,國書刊行會,2011年版,頁103—144。

續表

書名	卷數	刊年	撰者	刊者	堂號	藏處
新鍥燕臺校正天下通行文林聚寶萬卷星羅	三十九卷	萬曆二十八年序(1600)	徐會瀛	詹聖謨	静觀室	京都大學人文科學研究所東方文化研究所
新刻翰苑廣記補訂四民捷用學海群玉	四册二十三卷（缺卷十五至卷二十）	萬曆三十五年(1607)序	武緯子	熊沖宇	種德堂	東京大學東洋文化研究所
鼎鍥崇文閣彙纂士民萬用正宗不求人全編	十二册三十五卷	萬曆三十五年(1607)	龍陽子	余象斗		東京大學東洋文化研究所
鼎鍥崇文閣彙纂士民捷用分類學府全編	十四册（合七册）三十五卷	萬曆三十五年(1607)	龍陽子	劉太華		國立國會圖書館
新刻全補士民備覽便用文林彙錦萬書淵海	六册三十七卷	萬曆三十八年(1610)	徐企龍	楊欽齋	清白堂	前田育德會尊經閣文庫
新板全補天下便用文林妙錦萬寶全書	三十八卷	萬曆四十年(1612)	劉雙松	劉雙松	安正堂	哈佛大學燕京圖書館（七册）、東京大學綜合圖書館（十册）
鼎鍥龍頭一覽學海不求人	五册二十二卷（缺卷九至卷十三）	萬曆年間(1573—1620)				東京大學東洋文化研究所
新刻搜羅五車合併萬寶全書	八册三十四卷	萬曆四十二年(1614)序	徐企龍		樹德堂	宮内廳書陵部
新刻鄴架新裁萬寶全書卷	存二十四卷	萬曆四十二年(1614)序	沖懷			東京大學東洋文化研究所
新刻增補士民備覽萬珠聚囊不求人	四册二十六卷	萬曆年間(1573—1620)	葆和子	朱仁齋	與耕堂	市立米澤圖書館
新刻四民便覽萬書萃錦	六册三十六卷	萬曆年間(1573—1620)	趙植吾	詹林我	進賢堂	山口大學圖書館

續表

書名	卷數	刊年	撰者	刊者	堂號	藏處
新刻群書摘要士民便用一事不求人	四册二十二卷	萬曆年間（1573—1620）	陳允中	熊沖宇	種德堂	京都大學人文科學研究所東方文化研究所
新刊天下民家便用萬錦全書	二册十卷	萬曆年間（1573—1620）				東京大學東洋文化研究所
新刻艾先生天禄閣彙編採精便覽萬寶全書	六册三十五卷		艾南英	王泰源	三槐堂	國立公文書館
新刻眉公陳先生編輯諸書備採萬卷搜奇全書	六册三十七卷	崇禎元年（1628）	陳繼儒	陳懷軒	存仁堂	哈佛大學燕京圖書館（六册）、東京大學東洋文化研究所（五册）
新刻人瑞堂訂補全書備考	三十四卷	崇禎十四年（1641）序	鄭尚玄	鄭幼白	人瑞堂	美國國會圖書館（六册）、京都大學人文科學研究所東方文化研究所（五册）、蓬左文庫（五册）
鼎鐫李先生增補四民便用積玉全書	五册三十二卷	崇禎（1628—1644）間刊本	李光裕		忠賢世家	中國國家圖書館（五册）、宫内廳書陵部（十册）

　　晚明日用類書，多出於福建建陽書坊。其内容凡天文、地輿、人紀、諸夷、官職、律例、文翰、婚娶、喪祭、棋譜、書法、相法、詩對等，"凡人世所有，日用所需，靡不搜羅而包括之"①。其中，"諸夷門"所載"山海異物"，圖文並茂，内容豐富。諸書所録，删重去複，共得神類十五，禽類三十一，獸類七十七，魚蟲類二十三，凡一百四十六種：

---

① （明）余象斗《新刻天下四民便覽三台萬用正宗・類聚三台萬用正宗引》，萬曆二十七年（1599）余氏雙峰堂刊本。

表五　"山海異物"各類

神類	天吳、相柳氏、燭陰、蓐收、奢尸、𪉗、帝江、驕蟲、强良、㻬泰、神陸、鵲神、蜃蠪、神魃、俞兒
禽類	比翼鳥、畢方鳥、玄鶴、鳥鼠同穴、竦斯、鳴鵒、𪃐溪、瘦斯（數斯）、蚩鼠、瞿如、鸞、鵸鵌、鶒、絜鈎、精衛、鴢、鶬鴰、蠱雕、竊鳥（竊脂）、鸇、當扈、鸚鳥、青耕、鵁鳥、鵂、樂鳥、長尾雞、駝雞、馬雞、白雉、鷺鷥
獸類	天犬、渥洼、㲋馬、獂、兕、夔、驎虞、辣、狡犬、狒狒（如人）、白猿、猩猩、諸犍、赤豹、臧羊、黑狐（赤狐）、山獋、獟（獙獙）、鴞、鹿蜀、狟耳、蠰蛭、土螻（螻）、九尾狐、梁渠、朧疎、猛豹、葱聾、㸲牛（尾牛）、狰、天狗、當庚、類、朱獳、馬腸（馬腹）、羬、猛（孟）槐、駮、飛鼠、臂、蠱雕、天馬、黑人、耳鼠、䝙、厭火獸、乘黃、猾裹、窮奇、玃（玃）、蠻、驒、幽頞（幽鴳、幽頷）、其人、毫彘、長彘、玄豽、龍馬、白澤、貘、獬豸、比肩獸、玄豹、三角獸、角獸、青熊、赤貍、羚羊、貙犬、大尾羊、福禄、靈羊、吼、猴、角端、白鹿、泉下馬
魚蟲類	鯥、應龍、鱸魚、鰡鰭魚、巴蛇、鮯魚、玄龜、阿羅魚、絛魚、長蛇、人魚、蠵龜、蚌魚、飛魚、鰼魚、鰩魚、珠鱉魚、比目魚、玭珺、建同魚、牛魚、納魚、浮胡魚

　　此一百四十六種中，一百一十種出自《山海經》。故晚明日用類書"諸夷門"所載"山海異物"可看作是明代一種廣義上的《山海經圖》。各書"山海異物"所收録圖像數量不一，以《學海群玉》《文林妙錦》（哈佛大學燕京圖書館藏本，下同）爲最，各一百四十六圖；各書圖像順序也多有不同。大體上看，"山海異物"所録版畫分爲兩類：

　　第一類，與《五車拔錦》相仿者，如《萬卷星羅》《學海群玉》《萬用正宗》《分類學府》《萬書淵海》《文林妙錦》《龍頭一覽》《五車合併》《鄴架新裁》《萬書萃錦》《群書摘要》《萬寶全書》《搜奇全書》（哈佛大學燕京圖書館藏本，下同）、《全書備考》（美國國會圖書館藏本，下同）、《積玉全書》（中國國家圖書館藏本，下同）等。

　　第二類，在前一類基礎上修訂而來者，如《三台正宗》《萬珠聚囊》《萬錦全書》等。

　　依嚴紹璗《日藏漢籍善本書録》所見，此類書籍的收録情況如下：

表六　晚明日用類書日本現藏情況

書名	卷數	刻本	藏處	舊藏
新鍥燕臺校正天下通行文林聚寶萬卷星羅	四十卷	萬曆年間（1573—1620）	蓬左文庫	德川家康 尾張藩主家（原係德川家康所有，後贈於尾張藩主家）

續表

書名	卷數	刻本	藏處	舊藏
新鍥燕臺校正天下通行文林聚寶萬卷星羅	三十三卷（殘本）	萬曆年間《1573—1620》	東京大學東洋文化研究所	
新刻翰苑廣記補訂四民捷用學海群玉	十七卷(殘本)	萬曆三十五年（1607）序潭陽熊氏種德堂刊本	東京大學東洋文化研究所	仁井田陞
新刻眉公陳先生編輯諸書備採萬卷搜奇全書	六册三十七卷	崇禎元年（1628）存仁堂陳懷軒刊本	國會圖書館、關西大學	内藤湖南（關西大學藏本）
新鍥三才備考萬象全編不求人	十一册二十二卷(殘本)	萬曆三十年（1575）陳耀吾刊本	東北大學附屬圖書館	狩野亨吉
龍頭一覽學海不求人	二十卷	明潭邑書林前溪熊氏刊本	國會圖書館	
龍頭一覽學海不求人	十七卷(殘本)	明刊本	東京大學東洋文化研究所	仁井田陞
新刻四民便用不求人博覽全書	四册十二卷	明潭邑書林前溪熊氏刊本	蓬左文庫	德川家康（後水尾天皇元和二年（1616）從中國購入，原爲德川家康所有，後贈賜於尾張藩主）
鼎鍥崇文閣彙纂士民捷用分類學府全編	十四册三十五卷	明萬曆三十五年（1607）潭陽劉太華刊本	國立國會圖書館	
鼎鍥崇文閣彙纂士民萬用正宗不求人全編	三十五卷	萬曆三十五年（1607）潭陽余文臺刊本	内閣文庫、尊經閣文庫、東京大學東洋文化研究所、京都陽明文庫	豐後佐伯藩主毛利高標（内閣文庫本，十册）、江户時代加賀藩主前田綱吉（尊經閣本，十册）、仁井田陞（東京大學本）、江户時代近衛家凞（陽明文庫本，十二册）

續表

書名	卷數	刻本	藏處	舊藏
士民萬用正宗不求人全編	十一册三十五卷	萬曆三十七年（1609）崇文閣繪圖刊本	東北大學附屬圖書館	狩野亨吉
新刻天下四民便覽三台萬用正宗	八册四十三卷	萬曆二十七年（1599）潭邑書林余文臺氏雙峰堂刊本	蓬左文庫、東京大學東洋文化研究所	江户時代尾張藩主家（蓬左文庫本，係明正天皇寬永末年從中國購入，卷中有"尾陽内庫"印記）
新刻全補天下四民利用便觀五車拔錦	三十三卷	萬曆二十五年（1597）書林閩建雲齋刊本	東京大學東洋文化研究所	仁井田陞
新刊天下民家便用萬錦全書	十卷	萬曆年間（1573—1620）	東京大學東洋文化研究所	仁井田陞
新刻全補士民備覽便用文林彙錦萬書淵海	十册四十卷	萬曆四十年（1610）閩建楊欽齋刊本	大谷大學圖書館	神田鬯庵
新刻全補士民備覽便用文林彙錦萬書淵海	六册三十七卷	萬曆年間（1573—1620）刊本	尊經閣文庫	加賀藩主前田綱吉
新刻鄴架新裁萬寶全書卷	三十四卷	萬曆四十二年（1614）序刊本	宮内廳書陵部（八册）、東京大學東洋文化研究所	仁井田陞（東京大學藏本）
新板全補天下便用文林妙錦萬寶全書	十册三十八卷	萬曆四十年（1612）建陽劉氏安正堂重刊本	東京大學綜合圖書館	江户時代紀州德川家南葵文庫
全補文林妙錦萬寶全書	三十八卷	萬曆四十年（1612）劉氏安正堂序刊本	神户大學附屬圖書館文學部分館	

續表

書名	卷數	刻本	藏處	舊藏
新刻艾先生天祿閣彙編採精便覽萬寶全書	三十五卷	三槐堂王泰源刊本	内閣文庫、蓬左文庫、東大京大學東洋文化研究所、早稻田大學圖書館、關西大學附屬圖書館	江戶時代林氏大學頭家（内閣文庫本，六册）；江戶時代尾張藩主家（蓬左文庫本，六册）；下村正太郎家下村文庫等舊藏（早稻田大學圖書館本，八册）；江戶時代藤澤東、南陽、黃鵠、黃坡三世四代泊園書院（關西大學本，五册）
新刻艾先生天祿閣彙編採精便覽萬寶全書	四册三十七卷	崇禎元年（1628）潭邑陳氏存仁堂刊本	東京大學	江戶時代紀州德川家南葵文庫（綜合圖書館）；仁井田陞（東洋文化研究所）
新刻人瑞堂訂補全書備考	三十四卷	崇禎十四年（1641）富沙鄭氏人瑞堂刊本	蓬左文庫（六册）、京都大學人文科學研究所東洋學文獻中心（五册）	
新鍥萬軸樓選删補天下捷用諸書便覽	七册三十一卷（殘本）	萬曆三十二年（1604）楊欽齋刊本	内閣文庫	
新鍥搜羅萬卷合併利用便覽全書	九册不分卷	萬曆年間（1573—1620）福林黃耀宇刊本	大谷大學圖書館	神田鬯庵
鼎鍥崇文閣彙纂四民捷用分類學府全編	八册三十五卷	萬曆三十五年（1607）劉太華刊本	御茶之水圖書館	德富蘇峰成簣堂

　　另，國立國會圖書館藏《分類學府》内鈐有多枚藏書印（圖1），可知此書原係榊原芳野舊藏。榊原芳野（1832—1881），江戶時代晚期至明治時代前期著名學者，藏書七千余卷；東京大學東洋文化研究所藏《龍頭一覽》五册，每册卷首與卷末有題字或鈐印，可見其遞藏情況。其中第一册書衣背面

（圖 2）與第五册卷末題字表明，早在日本孝明天皇安政丙辰年（1856）前，《龍頭一覽》也已傳入東瀛。

圖 1　榊原芳野藏書印（"榊原家藏"）　　圖 2　《龍頭一覽》第一册書衣背面題字

據上可知，至少《萬卷星羅》《萬用正宗》《萬書淵海》《文林妙錦》《萬寶全書》《三台正宗》《分類學府》《龍頭一覽》等日用類書江户時代已成爲公私收藏的重要部分。

二　《怪奇鳥獸圖卷》《山海異物》、蔣應鎬繪《山海經》和刻本、《訓蒙圖彙》《唐土訓蒙圖彙》與《和漢三才圖會》

如上所述，古本《山海經》可能于應神十五年（284）自朝鮮半島流入日本；郭璞注《山海經》在宇多天皇（887—897）時期輸日；寬永十六年（1639）《三才圖會》登陸長崎港；胡文焕《山海經圖》元禄十二年（1699）前東渡扶桑；蔣應鎬繪《山海經》在元禄十五年（1702）前已流播於日本。同年，《山海經廣注》抵達長崎港，但因違反幕府政策而被以墨塗消，列爲禁書；《山海經釋義》寶永六年（1709）前隨著貿易活動抵達東瀛；各類晚明日用類書江户

時已廣爲傳播。在這些《山海經圖》版本的浸潤與薰染下，日本也出現了相
關的著作，以《怪奇鳥獸圖卷》《山海異物》、蔣應鎬繪《山海經》和刻本、《訓
蒙圖彙》《唐土訓蒙圖彙》及《和漢三才圖會》爲代表。

　　《怪奇鳥獸圖卷》乃是江户時代一本與
《山海經》有關的彩繪圖册，有圖七十六，圖
上方有題名與釋文（圖3）。關於插圖的典
出，伊藤清司認爲，"《怪奇鳥獸圖卷》所見圖
畫並非日本作者根據《山海經》内容想像創
作的，而是描摹清朝時就傳入日本的《山海
經》圖像，並塗以彩色顔料所作"①，"《怪奇
鳥獸圖卷》主要是模仿清代《山海經》的圖像
而作，但並非對全書的抄襲"②。該書確系
描摹而來，但其所依據底本非清代繪本。馬
昌儀發現胡文焕《山海經圖》中之俗字、異體
字等特徵，亦出現在此畫册中，"如果不是有
胡氏圖本作參照，恐怕不會採用相同的處理
方式，或出現同樣的錯誤"③。以成城大學
圖書館所藏《怪奇鳥獸圖卷》觀之，僅就圖像

圖3　鷩鷩

而言，七十六種圖，少有與胡文焕《山海經圖》相似者。其直接摹本，可能來
自晚明日用類書"諸夷門"所載"山海異物"一類：

　　其一，《怪奇鳥獸圖卷》七十六圖全見於《文林妙錦》，散見於《萬卷星
羅》《萬用正宗》《分類學府》（與《萬用正宗》卷數、撰者、刻年均同，《萬用正
宗》卷十三"諸夷門"卷端題作"鼎鋟崇文閣彙纂士民捷用分類學府全編"，
卷内内容與《分類學府》同）、《萬寶全書》《三台正宗》《龍頭一覽》等書，從圖
之造型、動態看，明系以"山海異物"爲底本描摹而來（圖4）。其中，長尾雞、
馬雞、白雉、羚羊、福禄、靈羊、白鹿等均不見於胡文焕《山海經圖》（圖5）；

①伊藤清司《怪奇鳥獸図卷—大陸からやって來た異形の鬼神たち》，頁12。
②伊藤清司《怪奇鳥獸図卷—大陸からやって來た異形の鬼神たち》，頁13。
③馬昌儀《明代中日山海經圖比較——對日本〈怪奇鳥獸圖卷〉的初步考察》，載《中國歷
　史文物》，2002年第2期，頁45。

圖 4 奢尸（左起：胡文煥《山海經圖》《分類學府》《怪奇鳥獸圖卷》）

其二，胡文煥《山海經圖》分爲上下卷，不分類。而《怪奇鳥獸圖卷》依序分爲禽類、獸類，這與"山海異物"多分爲神類、禽類、獸類、魚蟲類相類；

其三，《怪奇鳥獸圖卷》的圖序也與"山海異物"有千絲萬縷聯繫。如《萬卷星羅》獸類中酋耳至於當庚順序爲"酋耳、蠱蛭、土螻、九尾狐、梁渠、朧疎、猛豹、葱聾、尾牛、狰、青熊、天狗、當庚"，《怪奇鳥獸圖卷》中則爲"酋耳、蠱蛭、九尾狐、朧疎、猛豹、葱聾、旄牛

圖 5 長尾雞（左圖出自《文林妙錦》）

（尾牛）、狰、青熊、天狗、當庚"；朱獳至於福禄順序爲"朱獳、馬腸、獂、猛槐、駮、飛鼠、𪊽、蠱雕、赤𤡭、長獂、天馬、黑人、羚羊、鴟犬、大尾羊、耳鼠、福禄"，《怪奇鳥獸圖卷》中則爲"朱獳、獂、猛槐、駮、飛鼠、𪊽、赤𤡭、長獂、天馬、羚羊、鴟犬、耳鼠、福禄"，後者顯係從前者而來。

故《怪奇鳥獸圖卷》當是以晚明日用類書"諸夷門"中"山海異物"爲底本描摹創作而成。

另一與"山海異物"有關的圖卷乃是《山海異物》。該圖卷爲江户時期（十七世紀）作品，紙品著色，二册，計四十七圖：

　　將虛構的動物鳥類配於四十七圖左側，並以簡短的語言説明附加於右側。長著火焰翅膀無頭的象、長著人類頭顱的鳥類等等，書中可見多處帶有奇思妙想的動物和鳥類的圖畫，但此書原本現已不明。書中既有根據中國明代王圻及王思義所編《山海圖會》的版畫插畫所作的圖畫，亦有依據東周、漢代所編《山海經》所作之作。《山海經》是一部於西元九世紀就被傳入我國的古代典籍。①

長著人類頭顱的鳥類可能是"山海異物"禽類中的竦斯、鳧溪、鴶、蠱琶、鵰之類（數者皆人面），"長著火焰翅膀無頭的象"乃帝江。神户市立博物館編《ニョーヨーク・パブリック・ライブラリー所蔵日本絵畫名作展》僅附録天吳、角端之圖，雖全貌不睹，但其圖像當是以"山海異物"爲摹本，理由如下：

　　一者，《山海異物》圖卷之題名，應是直接承襲晚明日用類書"山海異物"而來；

　　再者，《山海異物》圖像與晚明日用類書"山海異物"更爲相似，而與《三才圖會》趣味甚爲齟齬（圖6）；

圖6　天吳（左起：胡文焕《山海經圖》《分類學府》《山海異物》）

　　第三，角端之圖，不見於胡文焕《山海經圖》與《三才圖會》，而見於《萬卷星羅》《萬書淵海》《文林妙錦》《萬寶全書》等書（圖7）。"山海異物"所録圖

①神户市立博物館編《ニョーヨーク・パブリック・ライブラリー所蔵日本絵畫名作展》，神户市スポーツ教育公社，1987年版，頁71。

像是古代所謂廣義《山海經圖》的代
表作品,即其中既有出自《山海經》者
(一百一十種),亦有出自其他典籍者
(三十六種)。與其説"書中既有根據
中國明代王圻及王思義所編《山海圖
會》的版畫插畫所作的圖畫,亦有依
據東周、漢代所編《山海經》所作之
作",不妨説《山海異物》圖卷是以一
種或數種晚明日用類書所載"山海
異物"爲基礎再創作而來。

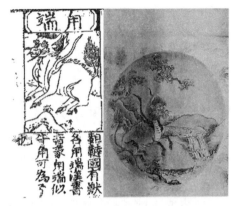

圖7　角端(左圖出自《萬寶全書》)

　　當然,"山海異物"圖像多無背
景,而《三才圖會》不少圖像開始出現較爲複雜的背景。《山海異物》圖卷將
圖像置於細膩逼真的山水之間,這點可能是受《三才圖會》之啟發。

　　蔣應鎬繪《山海經》乃是明代富有特色的一種山海經圖版本。嚴紹璗
《日藏漢籍善本書録》:"日本江户時代河内屋吉兵衛刊印《山海經》十八卷,
題'晉郭璞傳,明蔣應鎬畫'。其後,此本有光格天皇文化八年(1811)重印
本。"①孫猛也認爲"江户時期則有淺井龍章堂河内屋吉兵衛和刻本(據明
蔣應鎬繪本)"②。蔣應鎬繪《山海經》在江户時期有多種和刻本,據京都大
學人文科學研究所"日本所藏中文古籍資料庫"所見,③擇其要如下:

表七　部分蔣應鎬繪《山海經》和刻本

書名	著作者	刊年	出版者	所藏單位
山海經	晉郭璞傳,明蔣應鎬繪圖	江户中期		中央大學圖書館

①嚴紹璗《日藏漢籍善本書録》中册,中華書局,2007年版,頁1248。
②孫猛《日本國見在書目録詳考》,頁878。
③京都大學人文科學研究所"日本所藏中文古籍資料庫"(http://kanji. zinbun. kyoto—
　u. ac. jp/kanseki? query=%E5%B1%B1%E6%B5%B7%E7%BB%8F),2018年1
　月28日。

續表

書名	著作者	刊年	出版者	所藏單位
山海經	晉郭璞傳,明蔣應鎬繪圖	江户刊	大阪河内屋吉兵衛	東京大學綜合圖書館
山海經	晉郭璞傳,明蔣應鎬繪圖	江户刊本		大阪府立中之島圖書館
山海經	晉郭璞注,明蔣應鎬繪圖	江户刊		國立公文書館
山海經	晉郭璞傳,明蔣應鎬繪圖	江户後期刻本		伊那市立高遠町圖書館
山海經	晉郭璞傳,明蔣應鎬繪圖	明治中重印		千葉縣立中央圖書館
山海經	晉郭璞傳,□蔣應鎬繪圖	日本刊本		東洋文庫
山海經	晉郭璞傳,明蔣應鎬繪圖	明治三十五年	名古屋市梶田勘助	大阪府立中之島圖書館

　　大阪河内屋吉兵衛所刊《山海經》,有楊慎序,有"醫學士森林太郎圖書之記""久居藩下山藏""鷗外藏書"等印記,第十八卷末題"廣陵蔣應鎬武臨父繪圖""晉陵李文孝希禹鐫"。該書乃是江户時翻刻蔣應鎬繪《山海經》的衆多版本之一。馬昌儀曾説"日本刻印的《山海經》漢籍圖本共有五種,均爲蔣應鎬圖本,共74圖"①。一者,日本自江户以來刻印蔣應鎬繪《山海經》至少有五種版本;再者,日本所刻印《山海經》圖本不止五種。除上表所列外,尚有兩部:《山海經圖》五卷,清闕名繪,昭和五十五年(1980)京都大學人文科學研究所用臺北"國立中央圖書館"藏稿本景照;《山海經釋義》十八卷,圖一卷,明王崇慶撰,昭和五十五年京都大學人文科學研究所用臺北"國立中央圖書館"藏萬曆四十七年(1619)序大業堂刊本景照。前者當是臺灣"國家出版社"2011年初版印行的全彩手繪本《山海經圖》五卷本,實以靈衹、異域、獸族、羽禽、鱗介五卷爲序,一百四十五圖;後者乃《山海經釋

①馬昌儀《明刻山海經圖探析》,載《文藝研究》,2001年第3期,頁125。

義》大業堂刻本,圖一卷,實有七十四圖。

就目前材料來看,蔣應鎬繪《山海經》是唯一一部在江户時期被大量翻刻的《山海經》圖繪本。

《三才圖會》傳入日本後,産生了廣泛的影響。據嚴紹璗考證,"江户時代又有《三才圖會》'草木類'卷七至卷九寫本一種,此本現藏國會圖書館"①。《三才圖會》在日本流播日久,一些與之相關的著作便應運而生,如訓蒙類圖書。

寬文六年(1666),中村惕斎編《訓蒙圖彙》,分天文、地理、居處、人物、身體、衣服、寶貨等20卷。是書從體例與内容上頗受《三才圖會》影響,"引證之圖書漢字以《三才圖會》《農政全書》及諸家本草之圖説爲主"②。作爲看圖識字類的啓蒙書,該書捨棄《三才圖會》每章之中大段的解説文字,主要以圖訓字,且其"諸品形狀並象兹邦之風俗土産矣。凡

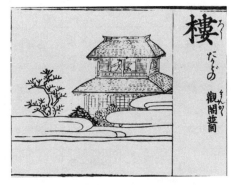

圖8 《訓蒙圖彙》卷三 樓

所目擊者,便筆而摹之,或據畫家之所寫,或審問識者,然後命工描寫成之"③,具有濃郁的東瀛特色(圖8)。版式上,每頁分上下圖,每圖右側上爲題名,下爲釋文。與今本《山海經》相關的插圖有:卷四人物類長臂、長脚、小人、長人;卷十二畜類獸騶虞、猩猩、狒狒;卷十四龍魚類鰩。這些插圖均出自《三才圖會》,但不是照搬原圖,而是有一定的改動,如騶虞(圖9)。元禄八年(1695),中村惕斎增補爲《頭書增補訓蒙圖彙》二十一卷。該書在補充豐富釋文的同時,版式上,將每頁分爲上下兩層,各層一般題名與釋文居上,插圖居下(插圖中亦有題名)。卷十三禽鳥類末增補畢方、竦斯、數斯、鸚、蠻蠻,其中後兩者不見於《三才圖會》;卷十四龍魚類增補人魚。

---

①嚴紹璗《日藏漢籍善本書録》中册,頁1056。
②中村惕斎《訓蒙圖彙·凡例》,山形屋寬文六年(1666)刻本。
③中村惕斎《訓蒙圖彙·凡例》,山形屋寬文六年(1666)刻本。

圖9 騶虞(左圖出自《三才圖會》萬曆三十七年(1609)原刊本)

　　受《三才圖會》影響最巨的乃是《唐土訓蒙圖彙》。該書由平住專庵選次,楢村有稅子繪圖,初刻於享保四年(1719),內容凡天文、地理、宮室、人物、人事、器用、草木、飛禽、走獸、魚介蟲等,共十四卷。此書選編的初衷,乃以爲"向者有《訓蒙圖彙》而合記和漢。今如此編採漢事而不採和事,一草一木一飛一潛不採之於前書中。前書所收品目一千,此編所載一千六百九十,冀以前書並此編,則無物而有遺"①。此書素材大多摭拾於《三才圖會》,壓縮裁剪內容之餘,作者對插圖進行了重新選擇與排序。因專錄漢事,故大部分插圖保留了原圖的風貌。或許正是因爲如此,以貫伊助在卷末跋文中提到,"本邦向有《訓蒙圖彙》,今所收載皆拾其所遺,觀者幸毋以依樣畫葫蘆貽嘲"②。"依樣畫葫蘆",可謂形象生動的形容。《唐土訓蒙圖彙》所收與今本《山海經》相關插圖有:
　　卷之四人物:君子國、長腳長臂國、丁靈國;
　　卷之五人物:一目國、一臂國、氐人國、三首國、三身國、羽民國、聶耳國、無腹國、交脛國、巴遂山(黑人)、陽靈山神(驕蟲)、穿胸國、柔利國、奇肱國、無脊國、不死國、鐘山之神(鼓)、金神(蓐收)、天吳、神陸、燭陰、鵲山之

―――――――――――――

①平住專庵選次,楢村有稅子繪圖《唐土訓蒙圖彙·凡例》,大野木市兵衛享保四年
　(1719)刻本。
②平住專庵選次,楢村有稅子繪圖《唐土訓蒙圖彙·凡例》。

神、犐泰、相柳氏、奢北之尸神、天山之神（帝江）、強良；

　　卷之十三禽獸：鴗鴋、當扈、絜鈎、青耕、精衛、䴅、鵸、瞿如、頦、夒、乘黄、天狗、犾、天馬、當庚、諸犍、毚、猛槐、䑏疎、鹿蜀、旄馬、羬羊、鶘、蒽聾；

　　卷之十四魚介蟲：應龍、肥蟣、玄龜、蠤龜珠鱉。

　　以上插圖除無腎國外，均取於《三才圖會》。這些插圖少部分如君子國（圖10）、一目國、聶耳國等與《三才圖會》保持了較高的相似度；其餘則是在原圖基礎上，進行了不同程度的改動。如鵸釋文曰“三危山有鳥，一首三身，狀如鵲，黑文而赤頸”，《唐土訓蒙圖彙》本插圖更能體現其“一首三身”之特點（圖11）。此外，長腳長臂國圖將《三才圖會》長腳國、長臂國合二為一，頗有趣味（圖12）。

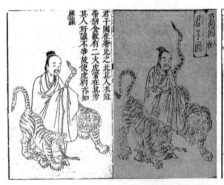 

圖10　君子國（左起：《三才圖會》萬曆三十七年［1609］原刊本、《唐土訓蒙圖彙》享保四年［1719］刊本）

圖11　鵸（左起：《三才圖會》萬曆三十七年［1609］原刊本、《唐土訓蒙圖彙》享保四年［1719］刊本）

　　以上三書，插圖中題名均中日文雙標。

　　相比于上述訓蒙類書籍，寺島良安《和漢三才圖會》才是較有日本特色的類書。桂五十郎《漢籍解題》“三才圖會”條云：“我國的寺島尚順據此，以我國之事添加，創作《和漢三才圖會》，正德五年鏤梓。”[1]該書又名《倭漢三才圖會》，初刊於正德二年（1712）。全書除卷首外，正文凡一百零五卷。此書所收與《山海經》相關插圖共三十七幅，集中在卷十四外夷人物及附錄、

────────────

[1]桂五十郎《漢籍解題》，名著刊行會，1982年版，頁770。

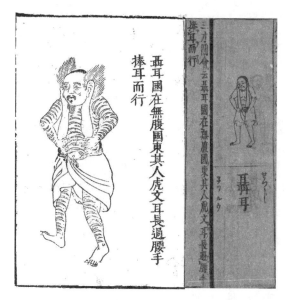

卷三十八獸類、卷四十寓類怪類等處。藤原信篤《倭漢三才圖會略序》："聊有所加亦有所略也。頃歲作《倭漢三才圖會略》，凡百五卷，托物以附意，屬

圖12　長脚長臂國（《唐土訓蒙圖彙》享保四年[1719]刊本）

圖13　聶耳國（左起：《三才圖會》萬曆三十七年[1609]原刊本、《和漢三才圖會》江戶刻本）

言以切事，闕疑而傳其信，斥似而採其真，考索之勞，思辨之志，可以嘉獎焉。"是書如藤原信篤所說，寺島良安對相關內容進行了不小的壓縮，其所錄，絕大數爲信實之物。就所錄《山海經圖》看，雖是仿作，但卻別有新意，多有不同（圖13）。版式上，圖多在上，題名在下，釋文居左。

　　明清之際，各種《山海經圖》版本隨著海上貿易活動東傳日本。經年累月，數量頗巨。其中大部分文獻得到妥善保存，並得以廣泛流傳，對日本社會產生了持久的影響。《怪奇鳥獸圖卷》《山海異物》、蔣應鎬繪《山海經》和刻本、《訓蒙圖彙》《唐土訓蒙圖彙》與《和漢三才圖會》等都是其直接或間接熏染下的產物。馬昌儀曾歎言："如果說，日本圖本有可能參考了胡氏圖本，又有什麼文獻記載可以證明呢？……我們最感興趣的是，中國的山海經圖，特別是流傳不廣的胡文煥圖本是什麼時候，由什麼人，以什麼方式傳

入日本的?"①

　　如此,則其所惑殆可解矣。

　　　　　　　　　　　　（作者單位:許昌學院文學與傳媒學院）

————————

① 《明代中日山海經圖比較——對日本〈怪奇鳥獸圖卷〉的初步考察》,頁 49。

域外漢籍研究集刊　第二十輯
2020 年　頁 425—444

從十九世紀上半葉的兩部書目
看柏林王室圖書館的漢籍收藏 *

李雪濤

　　明末以來，中西學術開始全面接觸，特別是清代以來，世界跟中國的聯繫更加密切，原本僅僅在漢語世界產生作用的漢籍，同時也在歐洲產生了影響。歐洲的各類圖書館對漢籍的收藏，從最初的個人愛好、獵奇，逐漸成爲了系統、科學的庋藏。歐洲漢學的興起，也使得中國的學術具有了世界性的意義和影響。

　　德國普魯士柏林王室圖書館（Königliche Bibliothek zu Berlin）的東亞圖書收藏從 17 世紀一直到 20 世紀中葉都是亞洲之外有關東亞學（Ostasiati-ka）最爲重要、且規模最大的館藏之一。尤其是 19 世紀上半葉王室圖書館的漢籍收藏在整個歐洲大陸是首屈一指的。本文擬依據這一時期由兩位德國漢學家、目錄學家所編寫的目錄，對當時王室圖書館的中文圖書收藏情況做一些研究。這兩本描述性的德文目錄都被收錄在約翰·魯斯特（John Lust）目錄中。魯斯特目錄的原名爲"1850 年前出版的關於中國的西方著作"

*　李雪濤，德國波恩大學哲學博士，現爲北京外國語大學歷史學院院長、教授，主要從事全球史、中國學術史、德國哲學的研究。本文作者感謝以下先生、女士提供的幫助：德國柏林國家圖書館（Staatliche Bibliothek zu Berlin）東亞部的高杏佛（Cordula Gumbrecht）博士爲我調出相關的中文和滿文書籍供我查閱；德國漢學家、原德國柏林國家圖書館研究館員魏漢茂（Hartmut Walravens）博士，在部分圖書書名的還原方面，爲我提供了諸多的便利；北京外國語大學歷史學院的柳若梅教授，爲我提供了一些俄語專著和人名的原文。

（Western Books on China Published up to 1850），是英國倫敦大學亞非研究院（SOAS，School of Oriental and African Studies）圖書館中所藏 1550—1850 年西方出版的有關中國的著作總匯，共收入了 900 多種有關中國的西文圖書以及 300 多種重印的文獻集。全書共分 22 個部分，其中文獻目録是重要的一部分。這批書籍已經由亞非學院的圖書館館員魯斯特進行整理，由荷蘭的 IDC（Inter Documentation Company）製作成縮微膠片在全球進行推廣。這些圖書無疑是研究早期中西文化交流和西方漢學歷史最重要的數據庫。

　　本文所使用的文本系倫敦大學亞非學院圖書館的藏本。這兩部目録分别爲克拉普洛特（Heinrich Julius Klaproth，1783－1835）和邵特（Wil-helm Schott，1802－1889）於 1822 年和 1840 年在巴黎和柏林所編纂的：

　　1.克拉普洛特：《柏林王室圖書館中文和滿文圖書與手稿目録》（Heinrich Julius Klaproth，*Verzeichniss der chinesischen und mandschuischen Bücher und Handschriften der Königlichen Bibliothek zu Berlin*，... Paris，1822）

　　2.邵特：《柏林王室圖書館中文、滿語—通古斯語圖書與手稿目録》（Wilhelm Schott，*Verzeichniss der Chinesischen und Mandschu-Tungusis-chen Bücher und Handschriften der Königlichen Bibliothek zu Berlin.* Berlin，1840。中文書名爲《御書房滿漢書廣録》）

　　2003 年張國剛先生曾撰文《柏林德意志國立圖書館中國古文獻調查記——以鴉片戰爭前的圖書及其編目爲主》對柏林王室圖書館的漢籍收藏做過梳理，[①]本文則從另外一些方面對以上兩個目録進行研究。

一、克拉普洛特：《柏林王室圖書館中文和滿文圖書與手稿目録》

　　克拉普洛特這部目録的封面上除了德文書名之外還注明了：應普魯士國王陛下的敕命而出版（Herausgegeben auf Befehl seiner Majestät des Königes von Preussen.），封面的正下方落款爲：巴黎，王室印刷廠，1822

---

①張國剛《柏林德意志國立圖書館中國古文獻調查記——以鴉片戰爭前的圖書及其編目爲主》，收入天津師範大學中國古典文獻學信息研究中心、天津師範大學古典文獻研究所編《中國古典文獻學》（第二卷），北京：國際炎黄文化出版社，2003 年，頁 40—51。

(Paris，in der königlichen Druckerei．1822）。封面上并没有漢字的書名。扉頁是給當時的文化部長阿爾滕施泰因男爵（Freiherr Stein von Altenstein，1770－1840）閣下的獻詞，有一頁半之多。從獻詞中可以知道，部長閣下非常重視學術研究，編寫這樣一部目録也是他的旨令。所署的時間爲1822 年 9 月 11 日，地點是巴黎。出生於 1783 年的克拉普洛特是當時歐洲大陸爲數極少的東方學家之一，他自 1815 年左右便主要居住在法京，這其中的原因是當時的巴黎有著優良的東方學學術環境，并且有出版商願意出版他的大量手稿，他本人與法國漢學家雷慕沙（Jean Pierre Abel Rémusat，1788－1832）有著極爲密切的往來，并且共同在巴黎開創了歐陸的專業漢學。儘管早在 1816 年 8 月普魯士國王就曾任命他爲亞洲語言文學教授，但他直到 1834 年病重之後才返回他的出生地——柏林。

　　其後是克拉普洛特的前言（原文作：Vorbericht，準備性報告），對王室圖書館所藏漢籍的歷史進行了交代，他提到了安德里亞斯·米勒（Andreas Müller，1630－1694）①所編纂的兩個目録：其中之一是僅有一個印張的拉丁文手稿目録，其二是 1683 年編寫的德文目録，共有七個印張。② 并且提到在克里斯蒂安·門采爾（Christian Mentzel，1622－1701）的時代，圖書館得到了一本弗蘭西斯科·迪亞兹（Francisco Díaz，1606－1646）編著的漢語—西班牙語詞典，③門采爾正是通過這部詞典學會了漢語。作者還提

---

① 米勒曾經編寫過《中文之匙》（*Clauvis Sinica*．Schlüssel … zur leichteren Erlernung der schweren buchstabenreichen Chinesischen Sprache …）以及一部《多語對照植物名索引》（*Index plantarum polyglottus*）。

② Friedrich Wilken，*Geschichte der Königlichen Bibliothek zu Berlin*．Berlin：verlegt bei Duncker und Humblot，1828．S．169．

③ 我猜測，很可能是 1638 年編著的 *Diccionario de lengua mandaria*（西班牙語—官話詞典）。馬軍提到，對學習漢語來講特別重要的是柏林王室圖書館所藏的兩本傳教士編的外—漢詞典：“其二是陽瑪諾（P. Diaz）尚欠完善的漢文—西班牙詞典。”（馬軍譯注《德國東方學泰斗——克拉普羅特傳》，載《漢學研究》第三集，北京：中國和平出版社，1999 年，頁 363—387．此處見頁 363）馬軍在注中誤作：“陽瑪諾（1574—1659 年），葡萄牙耶穌會士。”（出處同上，頁 386，注 3）實際上，編寫這部西—漢詞典的傳教士，是多明我會／道明會（Ordo Praedicatorum，Dominicans）的早期傳教士，1634 年到福建。而耶穌會的陽瑪諾（Emmanuel Diaz，1574—1659）是另外一個人。

到，自門采爾於1702年去世到當時，漢籍并没有增加。直到1810年克拉普洛特本人纔寄給圖書館一些中文、滿文以及蒙文的圖書，其後幾年圖書館又從他那裏得到了數量可觀的辭書，這是他從中俄邊境上購得的。并且他用自己當時多餘的副本換得了圖書館所藏的兩套《通鑑》中的一套。這也使得該圖書館不僅成爲了研究漢籍很有用的機構，同時也擁有研究滿文的完善圖書。克拉普洛特認爲，在當時的歐洲圖書館中，除了巴黎之外，没有哪家圖書館可以與柏林王室圖書館的漢籍相提并論的了。具體的落款是1812年10月11日柏林。①

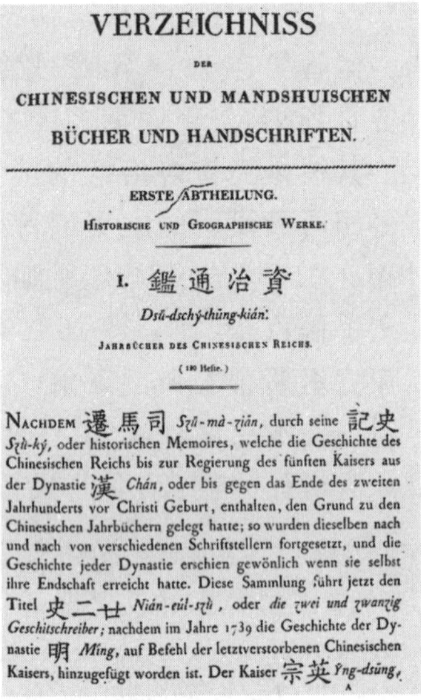
VERZEICHNISS

DER

CHINESISCHEN UND MANDSHUISCHEN

BÜCHER UND HANDSCHRIFTEN.

ERSTE ABTHEILUNG.

HISTORISCHE UND GEOGRAPHISCHE WERKE.

I. 鑑通治資

Dsū-dschý-thūng-kián.

JAHRBÜCHER DES CHINESISCHEN REICHS.

(180 Hefte.)

NACHDEM 遷馬司 *Szū-mà-ziān*, durch seine 記史 *Szù-ký*, oder historischen Memoires, welche die Geschichte des Chinesischen Reichs bis zur Regierung des fünften Kaisers aus der Dynastie 漢 *Chán*, oder bis gegen das Ende des zweiten Jahrhunderts vor Christi Geburt, enthalten, den Grund zu den Chinesischen Jahrbüchern gelegt hatte; so wurden dieselben nach und nach von verschiedenen Schriftstellern fortgesetzt, und die Geschichte jeder Dynastie erschien gewönlich wenn sie selbst ihre Endschaft erreicht hatte. Diese Sammlung führt jetzt den Titel 史二廿 *Nián-eúl-szù*, oder *die zwei und zwanzig Geschitschreiber*; nachdem im Jahre 1739 die Geschichte der Dynastie 明 *Míng*, auf Befehl der letztverstorbenen Chinesischen Kaisers, hinzugefügt worden ist. Der Kaiser 宗英 *Ŷng-dsūng*,

圖1：克拉普洛特編著《柏林王室圖書館中文和滿文圖書與手稿目録》(1822)一書書影

目録的正文分爲七個部分，共涉及56種圖書：第一部分：歷史和地理著作(8種)；第二部分：辭書和語法書(6種)；第三部分：哲學和道德著作(11種)；第四部分：小説(4種)；第五部分：自然史和醫學書(11種)；(第六部分漏掉了)；第七部分：在華耶穌會士的著作(7種)；第八部分：綜合書籍及殘篇(7種)。

這本目録正文的特點是，除了用德文對所選的著作和作者的情况進行説明之外，還選擇了編者認爲特别重要的部分翻譯成德文。如第35—37頁《金史》的開頭部分滿文原文，以及第37—40頁相應的德文譯文；再如第42—44頁《袁了凡通鑑》的滿文譯本的一部分原文，第44—47頁爲相應的德文譯文；或者將書中重要的部分直接翻譯成德文：如《御制增訂清文鑒》中有關滿族的淵源部分(頁62—64)。

在正文中，漢字的排列順序是從右至左，而相對應的拼音與德文一樣是從左至右排列的。其中的漢字并不是手寫的，而是用字模排印的。這部目録同時可以看作是當時有關中文、滿文的文字、中國文學、歷史、宗教、哲

①J. H. Klaproth, *Verzeichniss der chinesischen und mandschuischen Bücher und Handschriften der Königlichen Bibliothek zu Berlin*, ... Paris, 1822. S. vii－viii.

學等方面的小型百科全書。

　　其中比較有意思的是《目録》對湯若望(Johann Adam Schall von Bell，1592—1666)一份滿文證書副本的描述，由於年份記載得很清楚，而 1651 年(順治八年)湯若望只有一份誥封：

> 　　誥封湯若望爲通議大夫。又敕封若望父祖爲通奉大夫。母與祖母爲二品夫人。敕繕誥命絹軸，郵寄西國，給若望家屬祗領。①

因此，我認爲這份誥封應當就是克拉普羅特所説的滿文證書。目録中，克拉普洛特對湯若望作了介紹：

> 　　約翰·亞當·夏爾(Johann Adam Schall)神父，或者用他的中文名字稱呼爲湯若望(Thāng-shǒ-wáng)，是一位來自萊茵河畔科隆的德國人，1622 年到中國，并且被任命擔任官廷的職務，目的是爲了改進陷於混亂的中國曆法。在明代以後的清代，他接受了按照歐洲的天文學原理制定曆法的使命，并被任命爲欽天監監正。儘管湯若望很謙虛，但他還是獲得了很多的榮譽；皇帝本人常常到他的住處造訪他，并且允許他在京城按照歐洲的方式建造教堂。後來湯若望以謀反罪被起訴，并被判處死刑。但他不久就被無罪釋放，并死於 1665 年 8 月 15 日的康熙年間。1669 年皇帝爲他舉行了豪華的葬禮，耗用白銀 524 兩。②

由於這是一部德國學者編纂的目録，克拉普洛特對這位耶穌會士和前輩學者倍加關注。在介紹湯若望的漢學成就的時候，作者還特別提到了他的中文名字。可能是因爲當時中國的紀年與公曆之間換算有些問題，湯若望去世的日期應當爲 1666 年 8 月 15 日，③克拉普洛特誤作了 1665 年。

---

①《正教奉褒》，上海：上海慈母堂第三次排印，1904 年，頁 26。

②J. H. Klaproth, *Verzeichniss der chinesischen und mandschuischen Bücher und Handschriften der Königlichen Bibliothek zu Berlin*, … Paris, 1822. S. 59.

③Alfons Väth S. J., *Johann Adam Schall von Bell S. J. Missionar in China, kaiserlicher Astronom und Ratgeber am Hofe von Peking* 1592—1666. *Ein Lebens- und Zeitbild*. Nettetal：Steyler Verlag, 1991. S. 320. 此外，據費賴之(Louis Pfister, 1833—1891)記載，"若望雖受誣，實光榮，於一六六六年聖母升天日弃世。"費賴之著，馮承鈞譯《在華耶穌會士列傳及書目》，北京：中華書局，1995 年，頁 181。

　　有關湯若望死後的葬禮,《正教奉褒》記載康熙八年(1669)十月:"上賜銀五百二十四兩,以資助建湯若望墳塋,并表立墓碑石獸。"①此外,同年十一月十六日,"上遣禮部大員,捧諭祭文一道,至湯若望墓所致祭。利類思、安文思、南懷仁等,供設香案跪迎,恭聽宣讀。其文曰:皇帝諭祭原任通政使司通政使,加二級又加一級,掌欽天監務事,故湯若望之靈。曰:鞠躬盡瘁,臣子之芳踪,恤死報勤,國家之盛典。爾湯若望,來自西域,曉習天文,特畀之司,爰錫通微教師之號。遽爾長逝,朕用悼焉。特加恩恤,遣官致祭。嗚呼,聿垂不朽之榮。庶享匪躬之報,爾如有知,尚克歆享。"②可見,克拉普洛特所記述的還是相當可靠的。

圖2:克拉普洛特《柏林王室圖書館中文和滿文圖書與手稿目録》第一部分"歷史和地理著作"之第Ⅴ種:陸應陽著《廣輿圖記》書影(左)及書名的拉丁文轉寫和翻譯

　　此外,在第二部分"辭書和語法書"的最後一種(第11種)是《三字經》。克拉普洛特以漢語原文和滿文翻譯列舉了馬禮遜(Robert Morrison,1782—1834)《三字經》英文譯文的錯誤之處。除了開篇的"人之初、性本善、性相近、習相遠"的英文翻譯之外,克拉普洛特指出,"竇燕山、有義方"被馬禮遜完全搞錯了:Tao, who lived at Yen-shan, adopted wise plans. 克

①《正教奉褒》,頁65。
②《正教奉褒》,頁64—65。

拉普洛特指出，首字讀作"Dou"（Teú）而非"Dao"（Tao），此外"竇燕山"（Teú-yān-schān）是人名，他姓"竇"，之所以被尊稱作"燕山"，是因爲他是幽州（Yeū-dscheū）地方人。克拉普洛特對"玉不琢、不成器"被馬禮遜翻譯成"As a rough diamond，not cut，never assumes the form of any jewel"頗不以爲然，認爲在原文中，既没有"金剛石"（diamond）也没有"珠寶"（jewel）。此外，他認爲馬禮遜的譯本還有諸多其他的錯誤。①

　　1817 年起出任王室圖書館館員的威爾肯博士（Dr. Friedrich Wilken，1777—1840）於 1828 年根據當時普魯士宮廷的檔案材料，遵照國王的旨意編寫了《柏林王室圖書館的歷史》一書，在書中威爾肯對克拉普洛特的目録進行了解説和評價：

　　　　在這部目録的前言中有報導説，王室圖書館中文收藏的基礎是選帝侯弗里德里希·威廉大帝（Friedrich Wilhelm der Grosse）通過購買荷蘭東印度公司的圖書，特別是在巴達維亞（Batavia，即雅加達）通過博學的商人格奧爾格·艾博哈特·羅姆夫（Georg Eberhard Rumpf），以及由於 Specimen medicinae sinicae（《中國醫學散論》）一書而暴得大名的巴達維亞的醫生安德里亞斯·克萊爾（Andreas Cleyer）博士那裏而購得的。這些儘管在王室圖書館的檔案中没有記載，不過衆所周知的是，至少安德里亞斯·克萊爾多次跟御醫門采爾以及這裏的學者有著聯繫。《中國醫學散論》一書中有門采爾撰寫的前言以及館長約翰·格爾拉赫·威爾伯姆（Joh. Gerlach Wilbelm，後來的圖書館員）的贊美詩。在王室圖書館中所保存的 Flora Japonica（《日本植物志》）中，門采爾感謝這位博學的醫生，他曾兩度到過日本。在我們的手稿中發現了門采爾的很多論文，這些很可能是從他的遺物中徵集來的。②

這些都是相當重要的文獻，威爾肯博士也希望對王室圖書館中文圖書來源進行梳理，對漢籍的源流情况予以澄清。

---

①J. H. Klaproth, *Verzeichniss der chinesischen und mandschuischen Bücher und Handschriften der Königlichen Bibliothek zu Berlin*, ... Paris, 1822. S. 146—148.

②Friedrich Wilken, *Geschichte der Königlichen Bibliothek zu Berlin*. Berlin：verlegt bei Duncker und Humblot, 1828. S. 173.

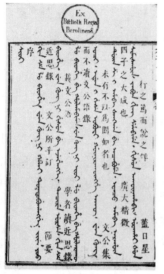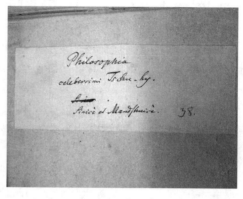

圖3：克拉普洛特《柏林王室圖書館中文和滿文圖書與手稿目録》第三部分“哲學和道德著作”之第 VII 種：《朱子節要》。在題解中作者寫道：這裏收録了 12 世紀宋代著名的哲學家朱熹的 14 篇哲學—道德論文，是由明代的高攀龍編寫，并於 1602 年（萬曆三十年）出版的。此書係朱子語録及滿語譯文的雙語對照版，出版於康熙十五年（1676），五卷。左爲其中一頁書影，右爲拉丁文譯名及對漢語—滿語的説明

二、邵特：《柏林王室圖書館中文、
滿語—通古斯語圖書與手稿目録》

　　這部目録封面上的漢字爲：“御書房滿漢書廣録”，德文的書名可以譯作：柏林王室圖書館中文、滿語—通古斯語圖書與手稿目録。封面上的其他信息爲：克拉普洛特目録的續編。威廉·邵特博士編，王室柏林大學漢語和韃靼語編外教授。柏林，王室科學院印刷廠印製。1840 年。

　　扉頁上的獻詞是獻給普魯士國王弗里德里希·威廉三世（Friedrich Wilhelm III., 1770－1840）陛下的，“編者懷著恭順的敬畏之心敬獻”。書目的編排方式：除了封面、扉頁（獻詞）之外，有兩頁的前言，具體交代這部書目的情況：

　　　　本書所收録的所有中文和少量滿語的著作，自從克拉普洛特的目

錄出版之後(1822)就歸了王室圖書館所有。由於出現了各種麻煩事，我不可能像最初所設想的那樣，做一本詳盡的目錄；不過我還是希望，以後能夠編寫一部更加全面的目錄，其中也包括克拉普洛特已經收入到他的目錄中的王室圖書館所購得的較古老的東亞書籍，對它們進行新的評價，并描述其更詳盡的特徵。①

此前言寫於 1840 年 6 月 1 日，而前言中所提到的這樣一本內容詳盡的目錄後來好像并沒有出版。

接下來是本書的內容，分爲 13 大類，共計約 176 種圖書、報紙以及證件等帶有文字的文獻。13 大類分別爲：1. 歷史和傳記；2. 民族學和地理學；3. 統計學和立法；4. 哲學、宗教和道德（又細分爲：A. 儒家學派 B. 道家學說 C. 佛教著作 D. 現代哲學）；5. 語言、文字和古代知識；6. 文集；7. 百科全書和雜文類；8. 純文學（又細分爲：A. 抒情詩 B. 歷史小説、長篇小説和劇本／C. 論述文集）；9. 醫藥；10. 兒童讀物；11. 戰略、體操、經濟、技術、占星術及其他；12. 傳教士編纂和翻譯的著作；13. 地圖和城市圖。

每一大類之下直接是書目。值得注意的是，由於西文圖書文字書寫習慣一直以來

圖 4：德國東方學家、
漢學家威廉·邵特

就是自左而右、自上而下的順序，爲了適應橫排的習慣，除了單獨一頁豎排的書名外，正文中所有的中文均爲自左而右橫排。我猜測，書目中的漢字很可能是由邵特書寫的——因爲這些漢字明顯出自漢字爲非母語者之手，并且有一些誤植，例如：第 93 頁的《二度梅傳》誤作了《二度梅傅》；第 94 頁的《鬼神之德》的"德"字，使用了很少用的異體字"悳"；第 101 頁的《傷寒舌鑒》，誤作了《傷寒舌鹽》。

中文書名之所以稱作"御書房滿漢書廣錄"，其中"御書房"是

①*Verzeichniss der Chinesischen und Mandschu-Tungusischen Bücher und Hand-schriften der Königlichen Bibliothek zu Berlin.* Berlin，1840．S．Ⅲ und Ⅳ．

Königliche Bibliothek(王室圖書館)的翻譯，"滿漢書"也容易理解，是 Chinesische und Mandschu-Tungusische Bücher und Handschriften(中文、滿語—通古斯語圖書與手稿)的翻譯，而"廣録"一詞在中國古籍中用的并不多。徽宗年間(1101—1125)李獻民編纂的《雲齋廣録》是其中一本，但在當時的柏林并没有這部書。究竟爲什麽，换句話説是不是邵特本人給這部目録起的中文書名，目前已無從查考。

圖 5：邵特編著《柏林王室圖書館中文、滿語—通古斯語圖書與手稿目録》(1840)一書書影

在"哲學、宗教和道德"大類下的"D. 現代哲學"下，作者記録了《性理真詮》一書。實際上這部書是在華法國耶穌會會士孫璋(Alexandre de La Charme，1695—1767)的中文著作，邵特顯然并不知曉。① 孫璋，字玉峰，生於法國里昂，1712 年入耶穌會，雍正七年(1729)來華，在北京宫中供職。除了《性理大全》(或曰《性理真詮》)之外，孫璋尚有《性理真詮提綱》一卷，係乾隆十八年(1753)刻本，爲《性理真詮》的删節本。②

有關此書，邵特的注音和編號爲：性理真詮 *Sīng-li-tsch'in-ts'uān*[5 Bände. (*) L. S. 290—94.]，頁下的注釋爲："在巴黎裝訂成册的最後兩卷，僅爲第三卷的副本。"③而"5 Bände. L. S. 290—94"則表示了這部書共 5 卷，在漢學書庫中的位置爲 290—294 號。將此書翻譯爲"自然法則的真

① 請參考劉耘華《孫璋〈性理大全〉對"太極"的詮釋》，載《鹽城師範學院學報(人文社會科學版)》，第 27 卷第 3 期(2007 年 6 月)，頁 75—77。
② 請參考上揭費賴之著，馮承鈞譯《在華耶穌會士列傳及書目》，頁 745—749；另請參考丁光訓、金魯賢主編《基督教大辭典》，上海：上海辭書出版社，2010 年，頁 609"孫璋"條。
③ *Verzeichniss der Chinesischen und Mandschu-Tungusischen Bücher und Handschriften der Königlichen Bibliothek zu Berlin.* Berlin, 1840. S. 44.

實解釋”(Wahrhafte Erklärung der Naturgesetze)。① 在具體的解釋中,邵特寫道:

　　這一著作是近代的產物,所展示的是善於思考的中國人在多大程度上產生了這樣的需求,對人的存在之謎(die Räthsel des menschlichen Daseins)和命運之謎獨自進行探討。此書出版於 1753 年,是由一位不在政府中任職的學者撰寫的,他的名字叫孫德昭(Sün-te-tschao)。② 或許此人從耶穌會士所撰寫的中文著作中認識到了基督教義和方法,想要證明教義的真理和可信性。他繼承了在一個自然宗教系統中能够找到其位置的所有的一切,對基督教作爲正面宗教的特點予以了回避。有關基督、拯救、恩典等,可以説對整個基督教教義中的存在隻字未提。作者明確地拒絕了道教和佛教的教義,聲稱唯一真實的教義是在中國人的古代經典中所揭示的。這些以今天的方式所展示的中國經典,作者認爲僅僅是一些珍貴的殘篇而已,此外人們將它們的意義歪曲和誤解了;儘管這些經典目前來看有很多缺陷,但是我們現在還是可以從中概括出唯一真實的教義來。(在此,耶穌會士也是通過適應策略爲本書作者樹立了榜樣。)

　　作者極力反對後期的詭辯家們從儒家經書中編制出的泛神論理論,此類書中最重要的代表是與本書書名相類似的《性理大全》(Sing-li-tá-ts'iuan,對自然法則偉大的或完整的解釋),這本書出版於 14 世紀。爲了讓自己的判斷更有意思,且更加令人信服,作者是由兩位有學問的中國國家宗教的信仰者以對話的形式來進行的,其中一位來自正宗的宗教信仰的幸運時代,而另一位則處於現代僞哲學家的迷途之中:前者不斷證明後者完全是錯誤的,并且解決了後者所有的疑慮。其内容簡單概括如下:

　　1.論靈魂的本質。人的靈魂是純粹精神性的,是不可分割、不可摧毀的。2.靈魂的本源。靈魂的本源在於萬物的唯一創造者,在於真

---

①Ebd. , S. 44.

②費賴之《在華耶穌會士列傳及書目》“324 孫璋”傳中的補注云:“又據《性理真詮》與《性理真詮提綱》二書作字德昭。”見費賴之著,馮承鈞譯《在華耶穌會士列傳及書目》,頁 746。

正位格的本質,而這一本質并非像很多人所錯誤認爲的那樣,是不可能與宇宙合而爲一的。對於靈魂不朽性來講,進一步的證據被斥責爲人類無辜的灾難以及永不滿足的追求。永遠的因果報應。3.靈魂之路,或曰認識的途徑。在這一章節中所要展示的是,真實的教義如此之古老,就像是創世一樣古老,并且這一學說只有唯一的一個,就像是上帝只有一個一樣,是永遠不會消失的,但却會變得模糊不清,并且遭到歪曲。

　　孫德昭從自己的著作中選出了比較簡單文體的輯要,這構成了這部書的第二部分,我猜測,這是爲了那些對詳盡的推理不太熟悉的人準備的。我注意到,這一著作前後一貫的邏輯特性顯然受到了歐洲的很大影響,而這些在東方并不常看到,這一推測是有一定的道理的。①文中所提到的《性理大全》(七十卷)收錄宋代理學家有關理學著述的文集,爲明代的胡廣(1369—1418)等學者奉明成祖朱棣(1360—1424,其中1403—1424在位)敕命編輯而成,成書於1415年(永樂十三年)。從卷一至卷二十五爲《太極圖論》《通書》《西銘》《正蒙》等九種。自二十六卷下,分門目編纂爲:理氣、鬼神、性理、道統、聖賢、諸儒、學、諸子、歷代、君道、治道、詩、文等十三類。清代的版本前有康熙帝《御制性理大全序》。明清兩代都把此書與"四書""五經"同頒於天下,作爲理學教育的教材。理學的著作受到了自利瑪竇(Matteo Ricci,1552—1610)以來的耶穌會士的激烈批判,利瑪竇從天主教神學的立場來批判宋明理學,因爲"太極"的哲學命題顯然占據了"天主"的位置。利瑪竇借助西士之口,説出"若太極者,止解之以所謂理,則不能爲天地萬物之原矣"的道理。② 他同時提出,"天下萬物不可謂之一體"。③ 利瑪竇之後,耶穌會傳教士的一系列著作都對理學予以了批判,這包括艾儒略(Jules Aleni,1582—1649)的《萬物真源》《性學粗述》,利類思(Lodovico Buglio,1606—1682)的《不得已辨》,湯若望的《主制群征》,

---

①*Verzeichniss der Chinesischen und Mandschu-Tungusischen Bücher und Handschriften der Königlichen Bibliothek zu Berlin*. Berlin,1840. S. 44—46.

②Matteo Ricci S. J. , *The True Meaning of the Lord of Heaven*(*T'ien-chu Shih-i*). St. Louis:The Institute of Jesuit Sources. 1985. p. 110.

③Ebd. , p. 174.

陸安德(Andre-Jean Lobelli，1610－1683)的《真福直指》，龍華民(Nicolas Longobardi，1559－1654)的《靈魂道體說》，衛匡國((Martino Martini，1614－1661)的《真主靈性理證》，衛方濟(Francois Noël，1651－1729)的《人罪至重》等中文論著。① 到了《性理真詮》可謂全力排斥宋儒理學，達到了極點。從最後一段來看，邵特已經開始懷疑當時的中國學者能夠撰述如此具有邏輯性的著作了，并且這一懷疑不無道理。邵特所提到的本書的第二部分，應當是費賴之在書目中提到的《性理真詮提綱》。

有關此書，徐宗澤(1886—1947)寫道：

> 耶穌會孫璋著，1753年出版，共四冊。首冊論靈性之體；二冊論靈性之原；三、四冊論靈性之道。作者以神哲二學之真旨，推闡詳明，繼以中國先儒在經書中，對於神人正確之觀念，表而出之，以示中國古哲亦有造物之信仰；而儒道佛老所倡之迷信，亦一一糾正。誠一部辯護真教之好書。此書經孫公譯成滿文。②

從許宗澤的描述中可以知道，這部書除了中文之外，在當時也出了滿文譯本。出使德國的欽差大臣李鳳苞(1834—1887)於1878年10月在參觀柏林書庫的時候，還看到這部書，并發表了如是的感慨："有《性理真詮》一冊，爲乾隆朝西國教士所撰，雖發明西教，而元妙如禪理，精微似宋學，蓋其時教士尤多通儒也。"③儘管李鳳苞知道這部書爲耶穌會士所撰，但并不太清楚其撰述的動機，他依然認爲這本書的主要目的是"通儒"。

書目中還收錄了向中國人介紹英語的《紅毛話》(*Hūng-mao-hóa*[L. S. 795.])，紹特的解釋也非常有意思：

> 紅頭髮外國人的語言。這個小冊子包含了交流所必需的英語詞匯。這些詞匯并非用字母標出，而是使用漢字寫成的。在注音中所使用的是廣東方言。例如英語中的Come(來)就是用的"金"字(第167個偏旁)，因爲在廣東方言中"金"的讀音是"kom"，而不是像在受過教

---

① 請參考朱幼文《析利瑪竇對理學的批判及其影響》，載《華東師範大學學報(哲學社會科學版)》，1977年第5期，頁46—51。

② 徐宗澤編著《明清耶穌會士譯著提要》，北京：中華書局，1989年，頁219。

③ 李鳳苞《使德日記》，收入鍾叔河主編"走向世界叢書"之曾紀澤《使西日記(外一種)》，長沙：湖南人民出版社，1981年，頁16。

　　育的官話中讀"kin"。①

由於在相當長的一段時間内,廣州是中國重要的通商港口,19 世紀早期那
裏出版過多種商貿英語讀本。此類的書是爲受教育程度比較低的當地商
人或買辦編纂的,最便捷的方法當然是用漢字,并且使用方言的讀音。因
此才有上面用"金"(廣東話的讀音)來表示"Come"的現象。此類的用漢字
注音的"番話"書,據周振鶴先生的考證,還有諸如大英博物館所藏的約成
書於 1850 年的《紅毛通用番話》,清末省城廣州以文堂刊刻的《紅毛通用番
話》,廣州承德堂所刻的《紅毛通用番話》,廣州璧經堂所刻《紅毛通用番
話》,等等。②

　　由於王室圖書館中藏書的一部分是德國巴伐利亞地區的東方學家卡
爾·弗里德里希·内曼(Karl Friedrich Neumann, 1793－1870)於 1830—
1831 年在廣州購得的,因此在這一書目中有很多具有廣東地方色彩的圖
書,如《廣東名人》(頁 9)、《佛山街略》(頁 13)、《兩廣鹽法志》(頁 19)、《粵
謳》(頁 87)、《嶺南史》(頁 93)、《廣東文獻》(頁 95)等等。

三、柏林王室圖書館中的漢籍在 20 世紀的命運

　　進入 20 世紀以後,柏林王室圖書館的中文收藏仍是圖書館東方部的
重要組成部分。1914 年在菩提樹下大街的圖書館主樓——被認爲是世界
上最大的圖書館——建成之後,時任王室圖書館總館長的哈納克(Adolf
von Harnack, 1851－1930,其中 1905—1921 年擔任王室圖書館總館長)在
講話中指出:"如果從拉丁語和希臘語的手稿收藏來看,我們的圖書館與慕
尼黑、維也納、巴黎、羅馬和倫敦是没法相比的……但是在東方各種語言的

---

①*Verzeichniss der Chinesischen und Mandschu-Tungusischen Bücher und Hand-
schriften der Königlichen Bibliothek zu Berlin.* Berlin, 1840. S. 58.

②周振鶴《大英圖書館所藏〈紅毛通用番話〉詮釋》,收入榮新江、李孝聰主編《中外關係
史:新史料與新問題》,北京:科學出版社,2004 年,頁 405—410。周振鶴誤將碩特的
德文名字寫作:"Short"。鄒振環在《19 世紀早期廣州版商貿英語讀本的編刊及其影
響》(載《學術研究》2006 年第 8 期,第 92—99 頁)中引用了周振鶴文中的觀點,同樣將
碩特的德文名字寫錯。

手稿收藏方面，我們是一流的。"①而在其中，漢籍的收藏是非常重要的部分，也是圖書館引以爲豪的。

　　1919 年的 11 月革命廢除了普魯士的君主制度，自魏瑪共和國時期開始柏林王室圖書館更名爲"普魯士國家圖書館"（Preußische Staatsbibliothek）。1941 年 11 月第二次世界大戰爆發，爲了避免慘遭聯軍的轟炸，圖書館將 300 萬册珍貴圖書和各類特殊收藏分散轉移到帝國境内的安全地帶。這些圖書和手稿被分別藏於 30 多處的礦山、教堂、城堡和學校，最終祇有閱覽室的部分書籍以及無法運輸的物品被留在了當時帝國的首都。其中大部分的東方語言的手稿被轉移到了後來西德的領土上，但其中東亞的文獻很少。這批文獻後來被集中在了馬堡（Marburg an der Lahn）和圖賓根（Tübingen），在 60 和 70 年代的時候，又被運往了位於西柏林的普魯士文化遺産國家圖書館（Staatsbibliothek Preußischer Kulturbesitz）。而被運往當時德意志帝國東部地區的書籍，在 1945 年之後作爲"柏林卡"（Berlinka，柏林藏品）成爲了波蘭的國家財産。其他由蘇聯軍隊運走的書籍，被收藏在今天獨聯體不同的國家之中。普魯士國家圖書館約 80 萬册的珍本圖書以及多種特藏，在第二次世界大戰期間或可以證明被毀，或下落不明，或之後没有再運回柏林。二戰以後在蘇聯占領區的菩提樹下大街的圖書館東亞收藏僅收回了大約 24000 卷的圖書。

　　儘管 1957 年在西德就成立了"普魯士文化遺産基金會"（Stiftung Preußischer Kulturbesitz），但一直到 1978 年波茨坦大街的"普魯士文化遺産國家圖書館"建成，東西德才就這部分的遺産正式展開合作。兩德統一後，自 1992 年 1 月 1 日開始，圖書館正式更名爲"柏林國家圖書館—普魯士文化遺産"（Staatsbibliothek zu Berlin － Preußischer Kulturbesitz），分別坐落於菩提樹下大街和波茨坦大街的兩處圖書館中，而東亞部目前在波茨坦大街的建筑之中。

　　有關東方學的文獻中，印刷品當然是更多的，據 1919 年的統計，當時王室圖書館東方部有大約 25000 卷印刷的書籍，其中包括歐洲語言、亞洲

---

①*Jahrbericht der Königlichen Bibliothek 1913/14*. S. 15, zitiert nach Guido Auster: Orientalische Abteilung. In: *Deutsche Staatsbibliothek* 1661 － 1961. I. Leipzig 1961. S. 281.

語言以及非洲語言。其後圖書館對東方學珍本書籍的徵集工作不斷加强，到了 1939 年第二次世界大戰爆發之前，東方部的藏書已經達到了 340000 卷。1943 年圖書館中東亞的藏品大約有 72000 卷。① 1942—1944 年間，大量的珍本印刷品書籍也被轉移到了其他的地方。東方部所藏的印刷品在戰後有 3/4 的原來藏品重又被運回了國家圖書館東方部。② 到了 1986 年，國家圖書館東方部所藏的圖書數量達到了 110000 卷，③其中有相當一部分是中文的圖書。

　　在國家圖書館的發展中，特別是第二次世界大戰以來，產生了斷裂和停頓。根據 1945 年 8 月 2 日簽訂的波茨坦協定，決定割讓四分之一左右的德國領土，把奥得河和尼斯河以東的地區交給波蘭人，東普魯士部分地區交給蘇聯人管轄。這樣，"柏林藏品"在 1945/46 年的冬天便交由波蘭方面管理。這批藏品中共有 30 萬卷珍貴的手稿和圖書，包括中世紀的稿本，路德（Martin Luther，1483－1546）和歌德（Johann Wolfgang von Goethe，1749－1832）的手迹，席勒（Friedrich von Schiller，1759－1805）的博士論文，9000 多位名人的書信等等，可謂是德國的國寶。值得慶幸的是，當時普魯士藏書中爲數不小的東亞部分——約占藏品的 1/3，共計約有 20000 卷的中文圖書，被運往了當時帝國著名的格律紹修道院（Kloster Grüssau，波蘭語：Opactwo Cysterskie w Krzeszowie），戰後被運到了卡拉科夫（Krakau）的雅格龍斯卡圖書館（Bibliotheka Jagiellonska）。

　　由於德國和波蘭的法律界對這批文化遺產的主權問題看法不同，近期將這些藏品歸在一起的可能性并不大，因此，2011 年底國家圖書館向聯邦

---

① Matthias Kaun, Brüche und Überbrückungen. Eine ostasiatische Sammlung in neuem Gewand. In: *Seit 100 Jahren für Forschung und Kultur. Das Haus Unter den Linden der Staatsbibliothek als Bibliotheksstandort* 1914—2014. Hrsg. v. Martin Hollender. Berlin: Staatsbibliothek zu Berlin － Preußischer Kulturbesitz 2014. S. 121—129, hier S. 123.

② Karl Schubarth-Engelschall, Orientalistische Bibliothekare und Asien-Afrika-Abteilung. In: *Kostbarkeiten der Deutschen Staatsbibliothek*. Hrsg. v. Hans-Erich Teitge u. Eva-Maria Stelzer. Wiesbaden: Dr. Ludwig Reichert Verlag, 1986. S. 169—176, hier S. 173.

③ Ibid., S. 174.

政府的文化與媒體專員（Beauftragte der Bundesregierung für Kultur und Medien，BKM）提出了一項申請，將這批目前處於不同地方的珍貴中文藏書首先重新編目，以確定哪些書籍目前還存在，存放在哪家圖書館，其後再將這些圖書分期分批數字化。這個項目并非將在歷史中已經分開的實體的書重新放在一起，而是將雙方藏品數字化并在虛擬空間中合在一起（http://crossasia.org），這對克服以往的斷裂和停頓有一定的補救作用。這項工作的重要性還在於，其中有一些珍貴的手稿和印刷品在亞洲、歐洲或美洲的圖書館中已經很難見到了。

此次整理的卡拉科夫雅格龍斯卡圖書館的東亞藏書部分，除了以往編號中的書籍和手稿外，還發現了一些至今尚不清楚的收藏，包括一些前現代的朝鮮語的著作。① 與上述 19 世紀上半葉德國漢學家編纂的兩部書目相關的圖書，主要是以"libri sinici"（中國圖書）爲書目號的書籍。1912 年之前，王室圖書館和後來的普魯士國家圖書館的漢學和滿學（Mandchurica）的圖書都在這一編號之下，一共有 1603 部著作。目前在柏林共有此類的圖書 309 種，卡拉科夫有 84 種，如果合在一起的話，共 393 種，占原來全部東亞藏書的近 1/4。

四、結論

通過以上對德國兩部漢學目錄的介紹，我們可以認識到，歐洲學術運用語文學（philology）或其他諸如文本批評的方法對中國歷史文獻學的研究，構成了域外漢學的重要基礎。這兩部目錄的内容儘管都是以漢籍爲主，但當時德國的漢學家和目錄學家已經嘗試著用近代學科的分類方法對這些傳統以及近代的中文圖書進行分類了，而不是沿襲中國傳統的經子史集的學科劃分。

---

① Matthias Kaun，Brüche und Überbrückungen. Eine ostasiatische Sammlung in neuem Gewand. In：*Seit 100 Jahren für Forschung und Kultur. Das Haus Unter den Linden der Staatsbibliothek als Bibliotheksstandort* 1914—2014. Hrsg. v. Martin Hollender. Berlin：Staatsbibliothek zu Berlin － Preußischer Kulturbesitz 2014. S. 121—129，hier S. 125.

　　王室圖書館之所以購入滿文圖書的原因，是因爲從勃蘭登堡選帝侯弗里德里希·威廉（Friedrich Wilhelm，1620－1688，其中從 1659 至 1688 年作爲選帝侯）創建選帝侯圖書館開始，中國就一直處於清王朝的統治之下。滿文是中國當時皇室的語言，也是打開中國皇家宮殿大門的重要手段，采購一部分的滿文圖書也在情理之中。此外，對於當時大部分歐洲的語言學家來講，作爲拼音文字的滿文更容易掌握。滿文文獻爲語言學家和漢學家掌握中文，進而研讀中文文獻提供了非常重要的幫助。因此，王室圖書館所收藏的滿文文獻，大都是滿漢合璧的。

　　從兩位目録學家對其中的中文、滿文等圖書的解説，我們可以知道，他們對大部分漢籍的解讀是相當準確的。特別是他們給出了很多圖書的歷史背景，并且翻譯了一些重要的章節。對於歐洲其他學科的學者來講，這些都有助於他們進一步認識中國，認識漢學、滿學。克拉普洛特對每部書的作者、内容、版本情況都作了詳細的介紹，如果有歐洲譯本的話，他也會對譯本的情況予以分析，指出其得失。除了英、法等歐洲語言之外，紹特也特別重視俄語譯本的情況，因爲早期的東正教使團中的漢學家翻譯了很多中國典籍。他在介紹《西域聞見録》中，特別介紹了比丘林（Бичурин［Пичуринский］Никита Яковлевич，1777－1853)的譯本。

　　有部分圖書在王室圖書館中藏有多種，除了一些流傳較廣的書籍外，這也説明購書者對某些選題特別重視。比如，不論是克拉普洛特，還是邵特都特別重視傳教士的中文著作，前者所記録的書中有多種天主教耶穌會傳教士的科學著作，而後者則記録了很多新教傳教士的神學著述和一些基督教宣傳品。

　　普魯士王室圖書館的漢籍和滿文的藏書後來也隨著德國歷史的變遷而經歷了不同凡響的發展歷程。19 世紀末、20 世紀初受帝國擴張主義的影響，東亞藏書迅速增加。而在第二次世界大戰期間，這些藏書隨著德國領土的喪失，被歸入了不同的國家。1990 年東西德的統一，也使得重構原來王室圖書館中文、滿文的藏書成爲可能。特別是通過數字化的方式，在互聯網上建立 19 世紀上半葉兩位目録學家編入書目中的這些中文圖書的圖書館也指日可待。

　　從歐洲開始關注、研究中國，中國的歷史文獻就不僅僅屬於中國了，用西文對漢籍所進行的闡釋、批評，對於豐富國内的中國文獻學研究，具有不可替代的作用。同時,正是通過域外漢學家對中國歷史文獻的研究,才使得中國文化成爲了人類的共同精神財富,使作爲人類文明重要一份子的中國文化,具有了世界性意義。歐洲的漢學研究實際上是東西學術互動的産物。漢學家以近現代的學術方法將中國學術納入其中,從而使得傳統的中國學術適應了國際學術發展的趨勢,獲得了當代的價値。歐洲漢學與中國學術的互動,使中國學術逐漸向現代化的形態發展,歐洲學術也因爲漢學的進入而更加豐富,正是在面對中國時,他們才有了更清晰的自我文化認同。雙方在文化上的相互滲透、影響,顯然在編纂目録的這一時期就已經開始了。

(作者單位:北京外國語大學)

域外漢籍研究集刊　第二十輯
2020 年　頁 445—458

美國加州州立大學東灣分校圖書館藏
哈特檔案調查述略[*]

張徐芳

　　哈特是二十世紀國際知名的美國漢學家,也是著名的歷史學家、人類學家和探險家。他一生興趣廣泛,大半生浸潤東亞文化,尤其對中國文化執著癡迷,圍繞于此的周遊經歷不僅鍛煉了個人學識,也爲其積累收藏並就此展開研究提供了諸多便利①。哈特長期從事東方藝術品的交流貿易活動,在舊金山擁有自己的門店②,其藏品緣此增益豐富。哈特酷嗜讀書藏書,居所及辦公單位充斥各類讀物③。伴隨一生的藏讀研究活動使其藏品保持了研究型收藏的底色④。哈特生前曾將部分書刊及藝術品收藏贈予哈佛大學⑤;去世後,遺存藏品被售予加州州立大學東灣(East Bay)分校圖書館(以下簡稱位於海沃德[Hayward]的東灣分校圖書館)。該館以此

＊ 本文係美國哈佛大學哈佛燕京圖書館"哈特藏書調查項目"的階段性成果之一。

① 1964 年 10 月 13 日哈特致哈佛大學圖書館 Merle Fainsod 館長信件,Col26—38.9。

② 1930 年 12 月 3 日 Jewish Journal 爲哈特商品刊登的廣告;1935 年店面搬遷通知, Col26—38.13。

③ 按,其藏書在捐贈並不斷剔舊後仍然多達 2 萬多種(册),1962 年 10 月 29 日致 Hyde 信件,Col26—38.9。

④ 參拙文《美國哈佛燕京圖書館哈特藏書三次整理情況綜述》,載《天禄論叢》第 8 卷(總第 10 輯),廣西師範大學出版社,2018 年版,頁 50—61。

⑤ 1948 年 1 月 14 日 Reprinted from the Report of the President of Harvard College and Reports of Departments,1946—1947,Col26—38.15。

爲基礎,搜集遺佚,建立了檔案全宗。長久以來,哈特的個人檔案雖有人用,其中的中文藏書卻不爲外界所知①;哈佛大學的哈特藏品,包括現收藏于哈佛燕京圖書館的哈特藏書(Hart Collection)則因不清楚哈特是誰而没能與東灣分校圖書館的這批藏品建立聯繫,相關研究也没能就此展開。本文擇要介紹哈特檔案的形成、整理及文獻價值,供學界參考。

一、哈特生平簡歷

哈特英文名爲 Henry Hersch Hart(簡寫作 Henry H. Hart)②,1886年9月27日出生於美國舊金山霍華德街(Howard Street)939號的一個猶太家庭③。父親老哈特(Henry H. Hart)畢業于太平洋大學醫學部(Medical College of the Pacific,現爲斯坦福大學醫學院),是很有名望的醫生;母親 Etta Harris Hart 是當地一名中學教師。老哈特夫婦育有五男三女,哈特是家中幼子④。哈特本科起就讀加州大學,先後獲得文學士(A. B.)、法律博士學位(Juris Doctor)⑤。

1912—1918年,哈特在舊金山任執業律師⑥。1919年,第一次到中國旅行,激起研習的興趣,從此放棄法律,轉而從事遠東和世界文學的學習與研究⑦。1937年,哈特帶領遠東觀光團抵達中國、日本⑧。二戰期間,在軍

---

①此據該館特藏部 Diana Wakimoto 女士多年讀者服務印象。

②按,哈特1919年起從香港寄出的多張明信片鈐蓋"赫軒/利印"朱方或"赫軒利"白長方名章,(Col26－3.2,Col26－3.2)據此,"赫軒利"應是其認可的中文名;另有一份護照資料用"赫德"名(Col26－38.8)。本文仍使用學界習用的"哈特"名,以便稱呼。

③1940年8月20日哈特姨母 Lizzie Harris 出具的關於哈特出生情況的證明,Col26－38.7。

④The Mountain Echo1915年3月20日訃告,Col26－38.2;哈特簡歷,Col26－38.3。

⑤1942年10月31日哈特致美國陸軍部 C. W. Wickersham 准將信件,Col26－38.8。

⑥相關證件,Col26－38.9。1943年1月8日推薦信,Col26－38.8;*Directory of American Scholars* 校對清樣,Col26－38.3。

⑦Henry H・Hart,Col26－37.13。1919年12月4日哈特從香港寄給女兒的明信片,Col26－3.2。

⑧相關證件,Col26－38.8。

隊服役，爲政府充當翻譯①。哈特關注東亞、東南亞及歐洲早期探險家研究等領域，足迹遍及各地②。

　　哈特積極參加各種社會活動，曾活躍於加州歷史學會（California Historical Society）③、英國皇家地理學會（Royal Geographical Society）④、法蘭西學術院（Academy of France）⑤、里斯本地理學會（Sociedade De Geografia De Lisboa）⑥等 20 多個國内、國際協會及學術團體，出任政府顧問，多次受到嘉獎⑦。他社交廣泛，與中國末代皇帝溥儀、英國著名作家弗吉尼亞·伍爾芙（Virginia Woolf）等有交往⑧，與英國漢學家翟理斯（Herbert Allen Giles）數次通信請教漢學問題⑨。晚年曾受邀參與加州地區圖書館服務的改進工作⑩。哈特還是一位出色的攝影師，所到之處用鏡頭作了大量記録，留下很多珍貴的照片⑪。

　　哈特一生經歷了兩次婚姻，1912 年與第一任夫人 Alice Stern 結婚，婚後育有二女 Margaret Stern Hart（即 Peggy Hart）和 Alice Virginia Hart Page⑫，1936 年 Alice 因癌症去世⑬，1941 年續娶 Helen Kramer Arch⑭。

――――――――――

①護照，Col26－38.11；服役證明，Col26－38.17；相關證明，Col26－38.8。

②按，此據哈特拍攝的大量反映各地風俗民情的照片，Col26，Box1－10，照片系列。

③入會通知，Col26－38.6。

④入會通知，Col26－38.9。

⑤Oakland Tribune，1968 年 12 月 19 日訃告，Col26－38.3。

⑥會員證，Col26－38.4。

⑦簡歷，Col26－38.3；Oakland Tribune，1968 年 12 月 19 日訃告，Col26－38.3。

⑧溥儀送給哈特的親筆簽名照片。https://library. csueastbay. edu/friendly. php？ s＝hart[2019－03－16]。弗吉尼亞·伍爾芙的版權聲明，Col26－38.12。

⑨1928—1923 年翟理斯致哈特信件，Col26－38.10。

⑩1959 年 2 月 6 日市長 George Christopher 致哈特信件，Col26－38.7。

⑪按，此據哈特拍攝的大量反映各地風俗民情的照片，Col26，Box1－10，照片系列。

⑫哈特 1967 年 12 月 21 日所立遺囑（Last Will and Testment of Henry H. Hart），Col26－38.3。

⑬追悼 Alice 的紀念册，Col26－38.15；哈特友人 1973 年 11 月 6 日致東灣分校圖書館第一任館長 Floyd R. Erickson 信件，Col26－38.20。

⑭1941 年 8 月 21 日哈特與 Helen 的結婚證明，Col26－38.2。

Helen 一度抑鬱，一段時間内每年定期發作四至八個月，曾嚴重影響哈特及家人的日常生活①。

　　哈特掌握多種語言，除英語外，會説法語、德語、意大利語、西班牙語、漢語、日語、馬來語、希伯來語、希臘語等，能閲讀拉丁文、希臘文、俄文、日文等多種語文文獻②。哈特從 1920 年起，在加州大學、各種俱樂部等校内外機構開設講座，講授中國歷史與文化③。大約從 1933 年起跟隨中國駐舊金山總領事館副領事孫碧奇學習漢語④。

　　哈特晚年以著書講學爲樂⑤。1968 年 12 月在家中去世，遺體葬入家族公墓⑥。

　　哈特一生圍繞東方，尤其是中國展開了大量深入細緻的調查和研究。他對三位歐洲早期探險家馬可·波羅（Marco Polo，意大利）、達伽·馬（Vasco da Gama，葡萄牙）和賈梅士（Luís de Camões，葡萄牙）的生平進行了廣泛的資料挖掘和細緻的内容解讀，梳理了其中的東方經驗和想像，完成了他們的生平傳記，此三部作品被譽爲"探險三部曲"⑦。在漢學研究方面，哈特編譯了 4 部中國古代詩歌選本（3 部在生前出版）、1 部俗諺，翻譯了中國古典名劇《西廂記》。這些作品多暢銷各地，翻印多次。

---

①1962 年 10 月 15 日致 Lottinville 信件，Col26—38.9。

②1942 年 10 月 31 日哈特致美國陸軍部 C. W. Wickersham 准將信件，Col26—38.8。

③*The West Chamber* Publicity 1936，Col26—37.2；哈特生平簡歷，Col26—37.13。另，具體詳參拙文《從新發現檔案看美國哈佛燕京圖書館哈特藏書的形成》載《文獻》，2020 年第 2 期，頁 92。

④孫碧奇《滄海浮生記》，《傳記文學叢書》之五八，臺北傳記文學出版社，1973 年版，頁22—23。

⑤1962 年 10 月 12 日哈特致 Oklahoma 大學出版社總編輯 Herbert H. Hyde 信件，Col26—38.9。

⑥哈特 1967 年 12 月 21 日所立遺囑（Last Will and Testment of Henry H. Hart），Col26—38.3。

⑦Charles E. Nowell 關於 Luis de Camoens and *the Epic of the Lusiads* 的書評，The Hispanic American Historical Review，vol. 44，No. 1（Feb. ，1964），pp. 92—94。

二、哈特檔案的建立及其編目整理工作

　　哈特去世後，生前好友 Barnet B. Ruder 遵照遺囑處理其藏品①。當時，東灣分校圖書館的籌建人也即第一任館長 Floyd R. Erickson 正着力採訪資源，遂通過 Barnet 於 1970—1972 年期間經多次協商購買了哈特遺留的藏品及其他個人資料，包括書刊、器物、私人文件等雜項②。1971 年東灣分校圖書館正式成立，隸屬於圖書館的校檔案室也隨之成立③，哈特藏品入藏該檔案室。哈特藏品最初由 Lucille Khlovdahl 接手整理，具體時間不明。

　　1975 年，爲紀念 Floyd R. Erickson 館長對於該館特藏資源建設的貢獻，成立以其名字命名的特藏室，並闢有哈特藏書專架，原來保存在檔案室的哈特藏書被全部遷出，其中的西文善本與部分中文圖書分別陳列于特藏室的哈特專架與 overflow 專架④，其餘按一般圖書上架。

　　哈特後人及友人後來又陸續捐贈了其他相關資料⑤，哈特檔案的規模又有所擴充。

　　哈特檔案目前被分爲四大類，主要是 1906—1940 年代的圖片資料、1886—1977 年代及部分年代不明的檔案文件、1900—1962 年代及部分年代不明的私人物品、各類書刊⑥。這些資料按不同類型以字母順序或年份編排，用無酸紙制文件夾分類排放，存放於不同規格的 53 個檔案保護盒

---

①哈特 1967 年 12 月 21 日所立遺囑（Last Will and Testment of Henry H. Hart），Col26－38.3；1969 年 8 月 4 日 Augustin C. Keane 致 Barnet B. Ruder 律師函，Col26－38.8。Hart-Finding-Aid-Col26，東灣分校圖書館哈特檔案附。

②圖書出售轉讓系列證明文件，Col26－38.3.20。

③http://library. csueastbay. edu/usingthelibraries/collections/archives［2019－03－17］。

④Hart-Finding-Aid-Col26，東灣分校圖書館哈特檔案附。http://library. csueastbay. edu/usingthelibraries/collections/special-collections ［2019－03－17］。

⑤按，此據檔案上鉛筆標注捐贈人及捐贈時間，如加州歷史學會入會通知上標注信息，Col26－38.6。

⑥按，Hart-Finding-Aid-Col26 書刊部分的清單僅列出 84 個題名的中文古籍及民國圖書，編制時有遺漏。

中，總計 17.1 立方英尺。

　　哈特檔案目前分三處保管：文件、器物、藝術品等各類雜件存放於檔案室；較珍貴的西文圖書存放於 Floyd R. Erickson 特藏室；部分中日文圖書及其他一般西文圖書按普通圖書管理，陳列於流通書架①。檔案室與特藏室（含 overflow 專架）均有限開放，預約閱覽。

　　因條件所限，哈特檔案入藏後没能及時編目整理，且前後由多人經手，具體情形尚待查考。哈特檔案所附的兩本黑封皮文件夾集中收存了歷年整理情況的相關記録，但没有對此作具體説明。從其中保留的 2010 年該館第 7 任館長 Linda Dobb 與加州大學伯克利分校人類學研究者 Ira Jacknis 的通信可知，當時除圖書之外的大部分哈特藏品還没有完成編目，她正着手這一工作。哈特舊藏西文圖書採進後的清點數量約計 12000 多冊②，在 1984 年已經完成編目③。中日文收藏是其藏品中的一大特色，該館從 1984 年起加強編目，以後陸續完善，部分圖書還列出了細目。該部分藏品的編目整理工作大致可分爲三個時段：1984 年、2001—2003 年、2008—2013 年，略述如下：

　　1. 1984 年 9—10 月，中日文圖書通過全球在綫計算機圖書館中心（Online Computer Library Center，簡稱 OCLC）完成編目④。據 48 種書内保留的 OCLC 著録卡片，上面記録時間最早爲 1984 年 9 月 5 日，最晚爲 1984 年 11 月 2 日，大致表明了本次編目整理的時間⑤。

　　2. 2001 年 3 月 13 日—2002 年 6 月 5 日，該校研究中國戲劇的教授 Lindy Li Mark 再次給中文圖書及部分日文書編目，簡要撰寫書志。内容

---

① Hart-Finding-Aid-Col26，東灣分校圖書館哈特檔案附。

② 東灣分校圖書館 Floyd R. Erickson 館長 1978 年 12 月 8 日致美國東北大學 Kinley E. Roby 博士信件，Col26－38.20。

③ 哈特檔案所附兩本黑封皮活頁夾内 1984 年編制的特藏宣傳册。

④ 譯名採用吳建中、吳建明主編，王仁芳等編著《OCLC 全球在綫計算機圖書館中心》，華藝出版社，2002 年。

⑤ 按，當時統計種册不明。據調書核查，OCLC 當時有漏編之書。目前統計該館哈特藏書爲中文書 78 種 526 册（含明刻 4 種 5 册，清刻善本 5 種 22 册、清刻普通古籍 31 種 351 册，抄本 1 種 2 册，民國綫裝書 25 種 127 册，現代精平裝 10 種 16 册，和刻本 2 種 3 册）；日文書 21 種 24 册。

有詳有略，部分書志提及 Ms Wang 曾參與版本鑒定工作。期間由兩名助理 Hu Juntu、Junqi Huang 分別於 2001 年 5 月 9 日、2002 年 1 月 25 日—5 月 29 日參與協助，編目資料最終由 Lindy 審定。本次補編了 OCLC 漏編的部分圖書，總計中日文圖書 99 種 550 冊。此次還對哈特藏書中內容有關中國的英、法、德等語種的西文圖書加以編目。

　　除圖書外，Lindy Li Mark 在 2001—2003 年期間對 Hart 藏品的部分器物雜件編了細目。其中包括 1 盒中國象棋，1 個五爪龍紋黃釉瓷瓶，6 塊雕版，5 盒共 217 張涉及中、日、泰等國的彩色玻璃幻燈片等①。

　　3. 2008 年，原在國會圖書館從事編目工作的 Linda Dobb 出任該館館長，接續完成哈特藏品的編目。2013 年，Andrew Fuller 再次整理所有檔案並編寫了查詢指南（Hart-Finding-Aid-Col26），通過該館主頁及加州在綫存檔（Online Archive of California，簡稱 OAC）正式公佈②。

　　該館曾利用哈特檔案製作宣傳册，介紹其中珍貴的西文書刊③，還多次圍繞哈特檔案舉辦專題展覽。

　　專題展覽採取網上展覽與實體展覽相結合的形式。最初由從事檔案整理的 Andrew Fuller 製作網頁，綫上陳列內容包括哈特的生平介紹；地圖收藏；馬可·波羅系列；私人物件；反映 20 世紀初期東亞、東南亞風情的明信片；中國主題的幻燈片與照片系列；個人著述等特色藏品④。最近的一次展覽由負責特藏管理的 Diana Wakimoto 女士策展，展覽主題爲

①哈特檔案所附兩本黑封皮活頁夾內散頁。

②按，OAC 是加州大學數字圖書館（CDL）的核心項目之一，由加州大學數字圖書館的數字特藏項目組管理，是提供藝術品、手稿、檔案、舊照片等一手資料信息的服務網站，免費開放。加州地區 200 多家圖書館、特藏、檔案、歷史協會、博物館等機構參與維護，其中包括加州大學 10 個校區的圖書館。詳參 http://www. oac. cdlib. org/about/［2019—03—17］。

③哈特檔案所附兩本黑封皮活頁夾內，1984 年編制的特藏宣傳册介紹了哈特的西文特色收藏，包括 1655 年布勞（Blaeu）出版的衛匡國（Martino Martini）的《中國新地圖集》（*The Novus Atlas Sinensis*）作者簽名本、馬可·波羅系列的約 200 册件不同版本的作品及研究出版物、葡萄牙詩人賈梅士作品的不同語種譯本。

④http://library. csueastbay. edu/using-the-libraries/collections/archives/henry-h-hart-collection/（2017—02—03）。

Exploration&Discovery：The Henry H. Hart Collection Exhibit，時間在 2013 年 9 月 1 日至 2014 年 3 月 22 日。根據最新的 2017 年 3 月 1 日的網頁更新，陳列内容包括三大項，分别是 5 個主題的幻燈片系列；明信片；個人用品（象棋，彩色幻燈片、幻燈放映機及相關附件，軍隊服役的證明文件，護照等）。其中的明信片系列没有配圖及文字説明，其餘兩個系列均有大量圖片及簡短的文字説明①。

　　兩次圖文並茂的展覽基本呈現了東灣分校圖書館哈特檔案的收藏品種及範圍，有助於瞭解哈特檔案的整體情況，對於文獻價值的認定則有待細緻深入地揭示與梳理。

三、哈特檔案的文獻價值

　　哈特一生勤於研讀，筆耕不輟，留下大量文字記録。大半生探險遊歷搜集了異常豐富的古舊器物與各類書刊。他是人類學家，又是一位出色的攝影師，所到之處，用鏡頭記録了他所看到的形形色色的世界，這些留存下來的照片、器物從不同側面反映了特定視角下的時代樣貌。哈特交遊廣闊，與親友朋輩的通信、各類明信片以及參與社會活動的記録等見證了其豐富的人生經歷及所生活的時代，是瞭解其人生軌迹與學思歷程的依據，具有重要的資料價值。

　　現依據檔案並結合具體調查對 1947 年哈特向哈佛捐贈藏品一事舉例説明。

　　哈特收藏的一項重要特色在於其中的女性著述文獻，這一特色貫穿其整個藏書生涯。哈特 1947 年贈予哈佛大學的早期藏品就包括了數量可觀的女性著述文獻。曾在哈佛大學工作的伊維德（Wilt L. Idema）教授、加拿大麥吉爾大學的方秀潔（Grace Fong）教授合作整理了其中的 31 種，收入《美國哈佛大學哈佛燕京圖書館藏明清婦女著述彙刊》，2009 年由廣西師範大學出版社出版。卷首序言對其珍貴程度及資料價值給予充分肯定。其中還提及哈特捐贈之事，並特別出注辨析哈特的身份，説明因受限于資料，

---

① https://library. csueastbay. edu/friendly. php? s＝hart[2019－03－16]。

相關調查沒能進一步開展①。

　　長期以來，"哈特是誰"一直困擾學界，相關領域的深入也受制於這一因素。實際上，哈特捐贈給哈佛大學的藏書中就留存有部分綫索。筆者2017年在哈佛燕京圖書館訪學一年，因工作便利，有機會翻檢整個藏書，並從哈佛燕京圖書館的裘開明檔案中找到了當年的採訪接收記錄，確認了哈特的姓名及當時登記的地址，之後通過網上檢索，從加州在綫存檔（OAC）獲悉東灣分校圖書館收藏了品類豐富的哈特檔案②。2017、2018年兩次前往翻檢核查，大致理清了資料的收藏、整理情況，對於哈特身份的認識有了基本輪廓，對哈特贈書哈佛一事也有了新的理解。

　　圍繞此次捐贈，目前介紹最詳細、發佈範圍最廣的是《裘開明年譜》中引用的第21次《館長年度報告》（1946年7月1日至1947年6月30日）的表述：

　　　　本學年度最大的一筆中文贈書由加州大學伯克利分校區繼續教育部（the Extension Division of the University of California at Berkeley）中國文學與文化講師 Henry H. Hart 捐贈，共計431種2956册，主要是關於中國文學，尤其是小説和戲曲方面的文獻。這批書保存在懷德納圖書館，按照哈特博士捐贈的條件，設立哈特（Hart）夫人紀念室。這批贈書的臨時目録已排入漢和圖書館的中文圖書四角號碼目録中③。

其中對於捐贈條件及具體細節沒有展開説明。哈佛燕京圖書館的19箱裘開明檔案中，除了《文獻採訪登記簿》的接收記錄外，沒有更多記載。其他資料分散各處，一時也不易理出頭緒。

　　所幸哈特檔案中集中保留的哈特與哈佛大學圖書館相關負責人的通信一組共7封書信以及相關資料提供了富有啟示的信息，有助於瞭解其中的更多細節，對於重新認識這一捐贈事件別具意義。具體涉及以下幾個方面：

---

① 方秀潔（Grace Fong），［美］伊維德（Wilt L. Idema）主編《美國哈佛大學哈佛燕京圖書館藏明清婦女著述彙刊》，廣西師範大學出版社，2009年版，頁8—9。

② 拙文，《美國哈佛燕京圖書館哈特藏書三次整理情況綜述》，《天禄論叢》第8卷（總第10輯）。廣西師範大學出版社，2018年版，頁50—61。

③ 程煥文《裘開明年譜》，廣西師範大學出版社，2008年版，頁363。

1. 哈佛大學圖書館積極採進哈特藏品的背景

在哈特捐贈的年代,哈佛大學從事中國研究的機構除哈佛燕京學社外,還有遠東語言系,發展勢頭良好。該系之所以開設遠東地區研究的本科生及研究生課程,目的是爲了方便將來從事相關工作的人員的學習與深造。與此同步,哈佛大學圖書館當時正計劃與哈特合作開設中國研究的研討班,哈特捐贈的藏品可提供相應的教學及研究服務①。

2. 關於捐贈約定

1946 年捐贈時,哈特與哈佛大學圖書館 K. D. Metcalf 館長没有訂立書面協議,彼此僅有口頭的君子協定。雙方約定,哈佛大學圖書館隨時爲哈特個人的學術研究提供借閲方便,如果哈特不在波士頓,哈佛大學圖書館有義務爲住在舊金山的哈特郵寄任何需用之書。郵寄返還費用由哈特本人支付。如果有讀者預約哈特所借之書,應在收到預約申請的 24 小時之内及時歸還。約定達成後,K. D. Metcalf 館長向其助理 Robert H. Haynes 當面説明,並且得到照辦的熱情承諾。此後十多年間,雙方遵守圖書借還約定,合作愉快②。

3. 哈特夫人紀念室

哈特捐贈藏品的目的之一是爲紀念亡妻 Alice Stern,哈佛大學圖書館承諾爲其設立 Alice Stern Hart Memorial Collection③。

4. 捐贈藏品種類

哈特捐贈藏品包括 431 種 2956 册中文圖書、240 種 211 册西文期刊、1 箱共 300 件舊皮影的完整收藏以及地圖等④。

---

① 1948 年 3 月 2 日哈佛大學圖書館 K. D. Metcalf 館長致哈特信件,Col26－38. 10;Report of the President of Harvard College and Reports of Departments,1946－47, Col26－38. 9。

② 1964 年 10 月 13 日哈特致哈佛大學圖書館 Merle Fainsod 館長信件,Col26－38. 9。

③ 1948 年 1 月 14 日 Reprinted from the Report of the President of Harvard College and Reports of Departments,1946－1947,Col26－38. 15;哈特 1967 年 12 月 21 日所立遺囑(Last Will and Testment of Henry H. Hart),Col26－38. 3。

④ 1964 年 10 月 13 日哈特致哈佛大學圖書館 Merle Fainsod 館長信件,Col26－38. 9; 1948 年 1 月 14 日 Reprinted from the Report of the President of Harvard College and Reports of Departments,1946－1947,Col26－38. 15。

　5. 關於上架流通及搬遷

　　哈特捐贈藏書最初存放在 Widener 圖書館,當時爲解決館舍擁擠問題而動工興建 Lamont 圖書館,部分館舍空間因此臨時作了調整,哈特贈書也因此没能入藏預先安排的 Boylston Hall。1948 年 6 月,中文圖書已開列清單,準備上架。西文圖書因典藏地點未定而無法做分類標識,暫時没能上架①。1952 年,這批圖書仍然没有上架,原因在於哈特與 Francis Farquhar 在捐贈圖書的藏書票製作方面没能達成一致意見②。

　6. 關於哈特的遺留藏品

　　哈特捐贈部分藏品後,哈佛大學圖書館 K. D. Metcalf 館長希望接收哈特的其餘藏品,曾積極磋商③。

　7. 協助採訪

　　1954 年,哈特提出爲哈佛大學圖書館提供採訪協助。館長助理委託其留意單張地圖及成卷地圖,一旦有消息,可告知採購方式,以便採進④。

　　這些迄今尚未披露的資料均有助於瞭解哈佛大學哈佛燕京圖書館哈特專藏的來龍去脈及後續整理情況。哈特的中文藏書直到 1983 年才鈐蓋捐贈戳記,並誤將捐贈時間記作 1983 年,以上關於圖書加工及地點搬遷的情況可以部分解釋遲滯上架以及誤注捐贈時間的原因。這批中文藏書後來搬遷至位于 2 Divinity Avenue 的哈佛燕京圖書館現址,存放于善本室(Rare Books Room)的 Hart Collection 專架,讀者很少有機會對其藏品實體作整體讀架;研究者往往也因爲不太清楚圖書採訪加工業務的具體流程而難以發現其中的標注錯誤,從而錯過了各種蛛絲馬迹,使綫索頗多的追蹤調查一時陷入沉寂⑤。

---

①1948 年 6 月 3 日哈佛大學圖書館 K. D. Metcalf 館長致哈特信件,Col26－38. 10;1948 年 1 月 14 日 Reprinted from the Report of the President of Harvard College and Reports of Departments,1946－1947,Col26－38. 15。

②1952 年 9 月 9 日哈佛大學圖書館 K. D. Metcalf 館長致哈特信件,Col26－38. 9。

③1952 年 9 月 9 日哈佛大學圖書館 K. D. Metcalf 館長致哈特信件,Col26－38. 9。

④1954 年 5 月 11 日,哈佛大學圖書館館長助理 Robert H. Haynes 致哈特信件,Col26－38. 9。

⑤參拙文《美國哈佛燕京圖書館哈特藏書三次整理情況綜述》,《天禄論叢》第 8 卷(總第 10 輯)。廣西師範大學出版社,2018 年版,頁 50—61。

　　哈特檔案中的這組書信及相關資料表明,哈特當年捐贈的數量品種遠遠超過目前所知。① 根據這批檔案的文字資料再結合實物調查,可以更清晰地梳理哈特藏品的内涵。哈特的中文藏書目前分藏在哈佛燕京圖書館和東灣分校圖書館,經核查,兩館的 4 種殘本可互爲補闕。哈特日常研讀有標注日期及用符號標注的筆記習慣②,部分藏書標注密集,部分藏書同一頁碼標注了不同日期。兩館的這些殘本基本都有閱讀標注,標注字迹相同,標注方式及書籍裝幀一致,據此一方面可以推測 1947 年捐贈時漏取了整部書的部分册次③,另一方面,參照筆記的時間序列,可以看出其一貫堅持的研讀方式。

　　所有哈特的中文藏書中,有關女性作品的標注日期與符號分佈密集。從標注日期看,哈特年輕時關注女性作品,晚年一直研習不輟。結合這些標注與哈特出版的幾部中國詩選所附參考書目④,可以梳理出其研習進路與個人極爲熱衷的選詩活動之間的關聯。

　　東灣分校圖書館另外還有哈佛燕京圖書館哈特專藏中缺藏的女性别集 2 種,應是哈特 1947 年捐出相關收藏後又繼續購藏用於個人研究的部分,這部分圖書除了可增補哈特相關藏品的原有統計資料、促進對哈特收藏本身的研究外,在目前極爲依賴資料增長的女性作家作品研究方面,爲其整體推進貢獻了數量與品種。

　　兩館的哈特藏書反映了哈特一貫的收藏旨趣,其關注點之一是女性,各類有關女性的圖書匯聚一處,涵蓋涉及女性題材的詩歌、小説、戲劇等門

──────────

① 按,除哈佛燕京圖書館的中文藏書集中存放外,其他藏品的存藏情況尚不清楚。哈佛大學圖書館的這部分藏品目前分散各處,皮影曾集中存放於戲劇專藏,參 1948 年 1 月 14 日 Reprinted from the Report of the President of Harvard College and Reports of Departments,1946—1947,Col26—38.15。

② 參拙文《美國哈佛燕京圖書館哈特藏書三次整理情況綜述》,《天禄論叢》第 8 卷(總第 10 輯)。廣西師範大學出版社,2018 年版,頁 50—61。

③ 按,兩館所藏《全漢三國晉南北朝詩》均爲殘本,除缺第一册外,其餘册次可互補,東灣分校圖書館所藏標注閱讀時間從 1932 年 5 月 11 日至 1968 年 7 月 25 日,根據哈特捐贈時間 1947 年這個年份,可以推測,當年捐贈時漏拿了這部書的部分册次。根據核查,總共漏拿 3 部。

④ 按,這些參考書目可與哈特收藏的實物對應,部分有個人閱讀標注,並標注了閱讀時間。

類，其他還有如日本浮世繪等描寫女性的藝術圖冊等多種類型的資料。據此分析相關編目資料，有助於更深入地瞭解哈特的收藏研究範圍。

　　藉由這批檔案，初作調查，所獲信息已極爲可觀。哈特當年自信其東方收藏可能是僅次於海外大型高校的最大的私人收藏①，通過藏品梳理其多樣複雜的身份以及縱橫交錯的人際網絡，有助於窺探一個世紀前中西交流的具體路徑。

　　本文前期調查得到美國哈佛燕京圖書館、加州州立大學東灣分校圖書館諸位師友同仁的大力支持及協助；撰寫過程中，承武漢大學圖書館周榮，南開大學圖書館惠清樓，上海交通大學圖書館郭晶，浙江大學圖書館杜遠東、王曉陽等師友慷慨惠予資料，謹此致謝。

　　　　　　　　（作者單位：廈門大學圖書館古籍特藏與修復部）

---

①1942 年 10 月 31 日哈特致美國陸軍部 C. W. Wickersham 准將信件，Col26－38.8。按，1978 年 3 月 2 日東灣分校圖書館 Floyd R. Erickson 館長致加州大學戴維斯（Davis）分校 Consuelo W. Dutschke 教授的信中指出，哈特曾將一大批東方收藏捐贈給耶魯大學，Col26－38.20；另哈特檔案所附黑封皮活頁夾中，東灣分校圖書館 Linda Dobb 館長與加州大學伯克利分校人類學研究者 Ira Jacknis 的通信提到哈特的部分藏品如乾隆時期的 5 件石雕曾轉讓給加州大學伯克利分校。以上信息，大概可以佐證哈特藏品的大致規模與特色。

歐洲漢籍研究

域外漢籍研究集刊　第二十輯
2020 年　頁 461—478

俄藏列昂季耶夫斯基中譯本
《羅西亞國史》考述 *

張　雲　馬義德（Maiatckii Dmitri）

　　1803 年，俄羅斯著名的歷史學家卡拉姆津被沙皇亞歷山大一世任命爲宮廷歷史學家①，他隨即以極大的熱情投入到《俄羅斯國家史》的撰寫中。遺憾的是，一直在他臨終前（1826 年），這部著作仍然沒有完成。在卡拉姆津生前，是書前十一卷，在 1816 至 1817 年（前八卷）、1821 年（第九卷）、1824 年（第十、十一卷）相繼出版，最後一卷即第十二卷則在 1829 年由他的學生整理出版。1821 年，當卡拉姆津還在撰寫國史的時候，一名叫列昂季耶夫斯基的年輕人則帶著《俄羅斯國家史》的前八卷，踏上了遠去東方的征程。在北京生活的幾年間，他嘗試著將《俄羅斯國家史》翻譯成中文。今

* 本文是國家社科基金青年項目“聖彼得堡大學館藏漢籍專題研究（項目號：19CTQ014）”、國家社科基金重大項目“俄藏中文古籍的調查編目、珍本複製與整理研究（項目號：16ZDA180）”成果之一。

① 卡拉姆津（Николай Михайлович Карамзин），俄羅斯著名的文學家、歷史學家。1766年出生在伏爾加河畔的辛比爾斯克城市附近，1826 年去世。卡拉姆津青年時期即開始文學創作和歐洲經典的翻譯。1789—1790 年，卡拉姆津去德國、瑞士、法國、英國等地旅遊。在德國認識了著名的哲學家伊曼努爾·康德，在巴黎目睹法國大革命。返回俄國之後，他創辦了《莫斯科雜誌》（《Московский журнал》），連載的《俄國旅行者的信》（《Письма русского путешественника》，1790—1801）是俄羅斯旅遊文學最早的一部作品，短篇小說《可憐的麗莎》（《Бедная лиза》）成爲俄羅斯感傷主義文學的經典著作。《俄羅斯國家史》是他的歷史代表作，也是俄羅斯歷史上最早的一部俄國通史。

天，俄羅斯聖彼得堡三大館藏漢籍文獻的機構：科學院東方文獻研究所聖彼得堡分所（以下簡稱“東方所”）、聖彼得堡大學東方系圖書館（以下簡稱“聖大”）、國家圖書館（以下簡稱“國圖”），都收藏有列昂季耶夫斯基的中文譯本《羅西亞國史》，但遍尋海内外其他館藏，則未見著録。當前，我們可以看到對《羅西亞國史》的一些研究文章，而對這部作品的版本、文字内容的差異等，尚未見相關研究成果。筆者通過全面調查及細緻分析，在此對這部作品進行較爲詳細的揭示。

一　譯者列昂季耶夫斯基

薩哈爾・費多洛維奇・列昂季耶夫斯基（Леонтьевский Захар Фёдорович）①，俄羅斯 19 世紀著名的漢學家、翻譯家。1799 年 1 月 15 日，出生在距離莫斯科不遠的雅羅斯拉夫爾城市，父親是公證員。1816 年，列昂季耶夫斯基以優異成績中學畢業，隨即被推薦到聖彼得堡大學數學系深造，但他本人卻對繪畫與外語情有獨鍾。或許正因如此，在二年級的時候，當俄國政府招募第十屆駐北京傳教團成員時，他隨即提交了申請，並最終通過。

自 1821 年一直到 1831 年的十年間，列昂季耶夫斯基一直待在北京。期間，他努力學習漢、滿、藏、蒙古等語言，研究中國歷史、地理、習俗等。同時，他還爲傳道團圖書館、科學院、外交部以及俄著名的東方文獻收藏家希林格（Шиллинг фон Капштадт，1786—1837）購買了不少中國圖書。在北京的這段生活，他都有詳細的日記記録下來。日記現藏在東方文獻研究所，殘缺，僅存 480 餘頁②。

---

① 列昂季耶夫斯基的生平可查看：Шубина С. А. Захар Федорович Леонтьевский（1799—1874）// Православие на Дальнем Востоке. Вып. 3. СПб. : СПбГУ, 2001. С. 99—112（梳篦娜 С. А.《薩哈爾・費多羅維奇・列昂季耶夫斯基[1799—1874]》，《東正教在遠東》第 3 期，聖彼得堡：聖彼得堡大學，2001 年，頁 99—112）。

② 請查看：Леонтьевский З. Ф.，Выписки из дневника. 1820—1831 гг. Архив Института восточных рукописей Российской Академии наук（ИВР РАН），фонд 42，опись 2. № 9.（《薩哈爾・列昂季耶夫斯基日記摘録[1820—1831]》，俄羅斯科學院東方文獻研究所檔案局，櫥櫃 42，第 2 集，9 號文件）

　　從北京回國後，列昂季耶夫斯基長期就職於俄外交部亞洲司，主要從事翻譯的工作。期間一段時間，他還爲俄美公司教授職員漢學。1866年，他從亞洲司退休，兩年後，回到故鄉雅羅斯拉夫爾居住。退休後的列昂季耶夫斯基靠著國家提供的1000銀盧布過著拮据的生活。他和妻子育有兩個兒子、三個女兒。由於兒子相繼因病早逝，沉重的打擊也使妻子離開了人世。這些，也給列昂季耶夫斯基晚年帶來巨大的悲傷，他在忍受親人離世的同時，還要時時接濟住在聖彼得堡的女兒。1874年7月21日，列昂季耶夫斯基逝世。

　　1831年，回國不久，列昂季耶夫斯基就在聖彼得堡瓦西里耶夫斯基島開了俄羅斯最早的中國文化私人博物館①，主要展示他在中國收集的一些物品：包括繪畫、地圖、衣冠、鞋子、首飾、日用品、書籍等等。《北方蜜蜂》雜誌的記者1832年8月參觀了他的博物館，進行過三次報導②。據報導，當年列昂季耶夫斯基的繪畫收藏包括描繪道光帝、孝穆成皇后、道光帝的母親、兒子、寵妃五幅水彩畫。那些畫非常難得，因爲這是列昂季耶夫斯基冒著生命危險花了五年的時間才説服一位見過皇家的畫家幫他繪製的。1837年他把這些畫通過外交部部長卡爾·内斯爾羅德（Нессельроде Карл）贈給沙皇尼古拉一世，獲得賞賜兩千紙幣盧布③，這些畫目前藏在冬宮博物館。列昂季耶夫斯基私人博物館1868年關閉。當年他將其收藏的

---

①其實這就是他在聖彼得堡住所，具體地址爲第十五條綫62號樓（15－я линия，д. 62）。

②請查看：*Леонтьевский З. Ф.*，Путешествия：Кабинет китайских редкостей，принадлежавших З. Ф. Леонтьевскому，члену смененной ныне Российской миссии в Китае // Северная пчела. 1832. No 191，192，193（列昂季耶夫斯基 З. Ф.《旅遊活動：前一屆傳道團的成員列昂季耶夫斯基收藏的中國稀物之室》，《北方蜜蜂》，1832年，191、192、193號）。

③請查看：Архив внешней политики Российской империи，фонд 161－Ⅳ－10，опись 129，1837，дело 1，л. 5（俄羅斯帝國對外政策檔案館，櫥櫃161－Ⅳ－10，第129集，1837年，文件夾1，頁5）。也可以查看：фонд 161－Ⅳ－1，опись 117，1836－1869，дело 6，часть 1，л. 76（俄羅斯帝國對外政策檔案館，櫥櫃161－Ⅳ－1，第117集，1836—1869年，文件夾6，第1部，頁76）。

一部分紙質資料賣給沙皇公共圖書館（即今天的俄羅斯國家圖書館）①，將其個人漢籍收藏捐給了聖彼得堡大學東方系圖書館②，將其文物賣給彼得大帝國家人類學民族學博物館③。

　　列昂季耶夫斯基對俄羅斯的東方學，特別是漢學，做出了巨大的貢獻。先後在俄羅斯衆多刊物、雜誌上發表了三百多篇關於中國的文章、信件、歷史作品的翻譯等。1820 年，他模仿中國史書列傳的形式編寫了《對中國大臣的描述》一書，介紹了清朝二十位大臣的生平。他還編纂了當時最全面的漢滿俄對照詞典，這部詞典有十五册三千五百頁，目前藏在東方文獻研究所，至今仍爲研究滿文學者的重要工具書之一。1850 年，列昂季耶夫斯基還與沙皇公共圖書館合作，編寫了該館館藏漢籍目録④。

　　列昂季耶夫斯基也是一位優秀的翻譯家，他酷愛中國文化，將很多中文典籍翻譯成俄文。1835 年，由他翻譯的《西遊記》在聖彼得堡出版⑤，這

---

① 請查看：*Яхонтов К.С.*，Китайские рукописи и ксилографы Публичной библиотеки. СПб，1993（雅洪托夫 К.С.，《俄羅斯國家圖書館館藏中文抄本與木刻本目録》，聖彼得堡，1993 年）；*Васильева О.В.* Собрание китайских рисунков З.Ф. Леонтьевского // Исследование памятников письменной культуры в собраниях и архивах Отдела рукописей и редких книг ГПБ：Сборник научных трудов. Л.：ГПБ，1988. С. 83—90（瓦西列哇 О.В.《列昂季耶夫斯基 З.Ф. 中國圖畫收藏》，《國家圖書館手稿部收藏與檔案資料中的文獻研究：學術論文集》，列寧格勒：國立公共圖書館，1988 年，頁 83—90）。

② 雖然關於此事的記載在圖書館登記資料尚未發現，但是圖書館一部分中文刊刻本與抄本有列昂季耶夫斯基的手寫記載及簽字。這種書都集中在一個書櫃裏，書封面或函套上都能看到含"L"字母加編號的舊索書號，而此字母就是列昂季耶夫斯基姓的首字母。

③ 收藏目録請查看：Отдел Восточной и Юго—Восточной Азии，Опись коллекции № 75，1 декабря 1997 г.（博物館東亞、東南亞部，第 75 號收藏目録，1997 年 12 月 1 日）。

④ Catalogue des manuscrits et xylographes orientaux de la Bibliothèque impériale. Ed. by B. Dorn. St. Petersburg：Académie impériale des sciences，1852.（B. 多恩主編《帝國圖書館館藏的東方抄本及木刻本目録》，聖彼得堡：帝國科學院，1852 年）。

⑤ Путешественник / Пер. с кит. З. Леонтьевского. СПб.，1835（《旅行家》，聖彼得堡，1835 年）。

是該書最早的俄文譯本。此外，他還翻譯了《示我周行》《西域聞見録》《恰圖志》等中國經濟地理方面的書。而《羅西亞國史》，則是他從事俄文漢譯的一次偉大嘗試。

二　《羅西亞國史》八部寫本關係及差異

（一）《羅西亞國史》版本概況

1968 年，蘇聯漢學家別什季奇和齊一得在《亞非民族》雜誌上發表了《卡拉姆津漢語版〈俄羅斯國家史〉》一文[1]，詳細介紹了蘇聯各圖書館發現的譯著手稿，其中一份爲草稿，藏於列寧格勒大學東方系圖書館（即今聖大東方系圖書館），另外 6 份謄清稿分別藏於列大東方系圖書館、國家圖書館和蘇聯科學院亞洲民族研究所列寧格勒分所手稿部（即今東方所）。2016 年，聖彼得堡大學薩莫伊洛夫教授發表一篇文章提到藏在東方系圖書館另外一部謄清稿[2]。這些學者的研究，對我們理解《羅西亞國史》基本信息提供了幫助。但這八部寫本之間的聯繫與特點等問題，尚值得進一步的探討。目前所知，俄藏《羅西亞國史》的數量即上所言的 8 部，其中，聖大東方系藏有 3 部（索書號爲：xyl. F－60、xyl. 1062、xyl. 2565），東方文獻研究所藏有 4 部（索書號爲：M30、C85、C86、C87），國家圖書館藏 1 部（索書號爲：Dorn 745）。《羅西亞國史》共 9 卷，每部書共 9 册，每册爲 1 卷，現將八部寫本的基本版本信息列表如下[3]：

---

[1]《Пештич С. Л.，Циперович И. Э.，《История государства Российского》Н. М. Карамзина на китайском языке // Народы Азии и Африки. М.，1968. № 6. С. 125—126.（別什季奇、齊一得《卡拉姆津漢語版〈俄羅斯國家史〉》，《亞非民族》第 6 期，莫斯科，1968 年，頁 125—126）。

[2]《Самойлов Н. А.，Китай в произведениях российских художников ХVIII - ХIХ веков // Вестник РГНФ，2016，№ 1. С. 25—41（薩莫伊洛夫 Н. А.《中國在俄羅斯十八十九世紀的畫家之作》，《俄羅斯人文科學基金會學報》第 1 期，2016 年，頁 25—41）。

[3]《廣東社會科學》2020 年第 1 期載有柳若梅《世界上第一部中文俄國史——俄藏清代稿抄本〈羅西亞國史〉考》，有對八部《羅西亞國史》特徵的詳細介紹，可參。

索書號	册數	行款	板框、書的大小(高寬)
M30	全,共9册	10行20字,朱欄,朱口,四周雙邊,雙魚尾,魚尾下寫書名、卷數、頁數	24.2×34釐米;42.4×27.1釐米
C85	全,共9册	8行20或21字不等,黑口,四周雙邊,單黑魚尾,魚尾下寫書名、卷數、頁數	18.3×27釐米;27.6×18.3釐米
C86	全,共9册	8行20或21字不等,黑口,四周雙邊,單黑魚尾,魚尾下寫書名、卷數、頁數	18.5×27釐米;27.6×18.5釐米
C87	殘,存第1—5册	8行20字,黑口,四周雙邊,單黑魚尾,魚尾下寫書名、卷數、頁數	18.3×27釐米;27.6×21.5釐米(册1) 18.5×27釐米;27.7×18.5釐米(册2—5)
Dorn745	全,共9册	8行20或22字不等,白口,四周雙邊,單魚尾,魚尾下寫書名、卷數、頁數(其中册1是8行16字)	18.3×27.4釐米;27.6×18.4釐米
xyl. F—60	全,共9册,其中第9册爲配補。	8行24字,朱欄,白口,四周雙邊,單黑魚尾,魚尾下寫書名、卷數、頁數	24.5×34.6釐米;41×27釐米(册1—8) 18.7×27.4釐米;28×18.2釐米(册9)
xyl. 1062	全,共9册	8行20或21字不等,白口,四周雙邊,單黑魚尾,魚尾下寫書名、卷數、頁數	18.6×27.3釐米;27.9×18.6釐米
xyl. 2565	全,共9册	8行20字或21字不等,白口,四周雙邊,單黑魚尾,魚尾下寫書名、卷數、頁數(其中册2與3爲8行16字)	18.5×27.1釐米;18.5×28釐米

　　通過這些行款信息,可以看出:《國史》M30與 xyl. F—60 在大小上更爲接近,比其他寫本開本明顯大得多。而《國史》C85、C86、C87、Dorn745、xyl. 1062、xyl. 2565,板框、書的大小基本一致,行款也基本相同(其中,

Dorn745《國史》的册一與 xyl.2565《國史》的册二、册三行款相同，異於其他諸册），較之前二者，開本較小。再看諸本每卷的頁數，如表所示：

索書號	册 1		册 2	册 3	册 4	册 5	册 6	册 7	册 8	册 9
xyl. F－60	表文（滿），5		37	22	30	27	34	30	70	22
	表文（漢），3									
	序，11									
	卷一，15									
M30	序，12		40	22	28	25	33	28	61	22
	卷一，17									
xyl. 2565	序，14		36	29	30	27	37	31	76	25
	卷一，19									
xyl. 1062	序，14		45	24	30	27	37	31	76	25
	卷一，19									
C85	序，14		45	24	30	27	37	31	76	25
	卷一，19									
C86	序，14		45	24	31	27	37	31	76	25
	卷一，19									
C87	序，14		45	24	31	28	缺	缺	缺	缺
	卷一，19									
Dorn745	表文，3		45	24	34	27	37	31	76	25
	序，4									
	卷一，30									

從表中，可以看出以下差異：

1.册一有表文的只有 xyl.F－60 與 Dorn745《國史》兩部。且前者尚有滿文的表文。

2. 大本《國史》xyl. F—60 與 M30 頁數基本相同，相差較大的是第八冊，有九頁之多。

3. 小本《國史》xyl. 2565、xyl. 1062、C85、C86、C87、Dorn745 之間多數冊的頁碼相同。相差較大的是 xyl. 2565《國史》冊二、冊三與其他五部，Dorn745《國史》冊一與其他五部相差亦甚大。

我們再對文字內容進行逐冊比對，發現以下異同：

1. 冊一序文與卷 1 內容，Dorn745《國史》明顯與其他書內容有異，餘 7 部書內容相同。

2. 冊二卷 2 內容，xyl. 2565《國史》明顯與其他書內容有異，餘 7 部書內容相同。

3. 冊三卷 3 內容，xyl. 2565《國史》明顯與其他書內容有異，餘 7 部書內容相同。

4. 冊四至冊八，卷 4 至 8，所見各部書內容相同。

5. 冊九卷 9 各部書基本相同，唯一區別體現在結尾上，其中 xyl. F—60 與 M30《國史》結尾相同，剩餘五部結尾相同，如表：

	冊九結尾
xyl. F—60	我羅西亞戰於坡勒沙國芸者不變，汝等臨我疆土，尚其亦如斯云。
M30	我羅西亞戰於坡勒沙國芸者不變，汝等臨我疆土，尚其亦如斯云。
xyl. 2565	犁特挖劫掠鄰邦器械，止於以耕以戰，弗欲交易營生，索莫唎那斯克苦悖，隕
xyl. 1062	犁特挖劫掠鄰邦器械，止於以耕以戰，弗欲交易營生，索莫唎那斯克苦悖，隕
C85	犁特挖劫掠鄰邦器械，止於以耕以戰，弗欲交易營生，索莫唎那斯克苦悖，隕
C86	犁特挖劫掠鄰邦器械，止於以耕以戰，弗欲交易營生，索莫唎那斯克苦悖，隕
Dorn745	犁特挖劫掠鄰邦器械，止於以耕以戰，復欲姣易營生，索莫列那斯克苦悖，隕

比對可知，前兩部書的結尾比後五部書的結尾尚多有一頁餘的內容，後者"隕"字後，應接"亡者衆"等四百一十多個字，一直到"尚其亦如斯云"止。

同樣是列昂季耶夫斯基的譯文，幾部作品之間的版本特點及內容上的差異，是我們下面論述的重點。

（二）xyl. F－60《國史》是其他諸本的稿本

據上可知，聖大 xyl. F－60《國史》前八冊開本甚大，紙張精良，顯示了其獨特性。同時，該書有少量朱筆及大量墨筆批改的痕迹，或删、或增、或乙，表明這部稿子在完成之後，又經過了認真的修潤。這些旁批側改的內容，在其他諸本中，則乾淨地寫入了正文。我們以開本一致的東方所 M30《國史》爲比較對象，對冊一的內容進行比對，即可發現此種情況，試舉一例。

聖大 xyl. F－60《國史》序文："多納帝之即位時，羅西亞人衆阻撓，不欲**與元**他塔爾汗輸納，如諾窩國囉德國。……嗣君未即位之頃，民之若何安堵，如**哦咧果攝政王於義果爾帝子**之時。"（序文 3b）

這段話改動之處有：

1. 朱筆點去"與元"二字，於"輸納"後補上"於元"。

2. 墨筆圈去"他塔爾汗"四字。

3. "窩國"中"國"字圈去，旁改爲"果"，並乙於"窩"字前。

4. "攝政王"乙於"哦咧果"之前，"帝"乙於"義果爾"之前。

再看東方所 M30《國史》，與 xyl. F－60《國史》改動之後的內容基本一致（只有一處"果"字未乙於"窩"前）。如圖所示：

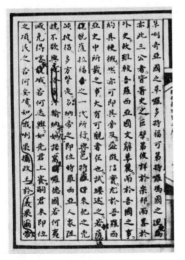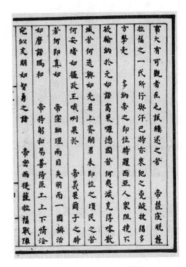

圖 1：聖大 xyl. F－60《國史》　　　　圖 2：東方所 M30《國史》

比對其他版本,情況基本相同。因此,我們也可以說,聖大 xyl. F－60《國史》爲稿本,其他幾部内容相同的書爲清本。

(三)Dorn745《國史》卷 1 與 xyl. 2565《國史》卷 2、3 爲别於他本的同一版本

國圖 Dorn745《國史》卷 1 與聖大 xyl. 2565《國史》卷 2、3 不僅頁數上與其他寫本不一,在文字上與他本也差異甚大。通過筆迹的比對,以及内容的考察,可以判定爲同一個版本,且與其他諸本存在較大差異。這三册書叙述更加簡約,綫索更加清晰,内容連貫性更强。與其他叙述相同内容的《國史》比較,約而言之,二者差異有:

1. Dorn745《國史》卷 1 内容,相當於其他諸本卷 1 及卷 2 部分内容,與 xyl. 2565《國史》册 2 内容承接。xyl. 2565《國史》卷 3 内容與其他諸本卷 3 内容一致。

圖 3:Dorn745《國史》卷 1 末頁

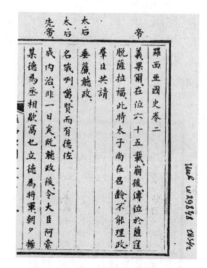

圖 4:xyl. 2565《國史》卷 2 首頁

2. 其他諸本中有多處詳細甚至有些蕪雜的内容,此三册中無。以 xyl. F－60 與 Dorn745《國史》爲例,如卷 1 開端,叙述起源,Dorn745《國史》言:"我朝開國,以迄於今,億萬斯年,籍其地,始爲野人盤居,後有克滅立人居住其地,筑其城曰哦納城。其城上常有雲覆,恒無日光,其民風好文不武。後與斯克福人戰,爲斯克福人破之,而其地遂爲斯克福所居。"(1a)xyl. F－

60《國史》叙述時，至"其城之上有雲覆，毫無日光，雖晝似夜"後尚有一段文字："此言略無實據，但其處海爲黑海，二千三百餘年之先，前經革咧奇亞造俄勒魏亞城於黑海之岸，起自德乜坡爾江，入於海，通共盡八十里而遥。城民富户，喜讀帕拉脱納士之書，而出戰之時，亦好吟誦果滅爾士之詩。帕納替喀瞥亞、發納果哩亞二城，舊爲富强窩索坡爾國之京。其國之革羅多特士所記，羅西亞國南方，始有居人，梗概如此。今時和爾索納、耶喀帖哩諾薩拉福二省之處，古時蓋爲克滅喇人所居。迨後，其人乃被斯克弗逐出於本地之外。"（1a—b）這一段文字，在 Dorn745《國史》中只用"其民風好文不武"一句話概括了，接下便開始對斯克福人的介紹。在 xyl. F－60《國史》中，叙述斯克福人伊始，即用一頁的篇幅旁涉周邊的塔窩哩人、阿噶斐亦爾斯人、也窩哩人、阿納多囉發革人、滅拉乜和咧尼人、薩拉瑪特人、布第呢、草羅呢、義爾可、斐薩革提、阿噶哩配亦、義歇多呢、瑪薩革替等人，閲讀甚不連貫，在 Dorn745《國史》中没有這些内容。

　　3. 一些相同事件的叙述，三册也有詳於 xyl. F－60《國史》的地方，且更具有故事性。比如在"降生五百八十五年"時間段，阿挖里大將巴楊罕與革咧奇亞交戰，部分薩拉窪乜人不願隨巴楊罕作戰，xyl. F－60《國史》卷 1言："革咧奇亞作史者曰：吾本處曾俘三人，無帶軍器，惟攜有琴。帝問何故，答云'吾外人，本處名薩拉窪乜，在於西海岸極邊居住。汗巴楊送禮於吾耆老，令吾兵丁隨伊與革咧奇亞國交戰。耆老收禮，而遣吾與汗送信。緣吾居處相隔甚遠，斷不能發兵佐汗。吾之所行路程，約十五閲月。其汗並不揣度事理，而不准歸回。兹聞革咧奇亞國素有收郵外人之名，故吾三人至發拉克亞國。向不能用軍器，惟解彈琴。因吾敝處無鐵，不知戰陣，唯喜音樂，並好潔净居處'等語。帝奇其人，身高矯捷，且極誠實。乃令給與飯食，而送回本處。"（9a—b）而 Dorn745《國史》卷 1 中，則安排了革咧奇亞帝與三人多次問答："革咧奇亞帝召問之，答云：'草莽之臣，薩拉窪乜，西河鄙人也。巴楊罕致書於吾主，令吾兵攻帝之前，伊兵攻帝之後。吾主雖非帝屬，然素日慕帝德化，又與帝無隙，故使臣等三人面見巴楊罕，言吾處相隔甚遠，不能從命。況軍旅之事，未之學也。'革咧奇亞帝曰：'爾等所攜何物？'曰：'所攜者，琴也。'帝曰：'琴者，雅樂也。焚香獨坐於一室，操之斯得其趣。今爲行人，何趣之有？'答曰：'琴者，禁也。所以禁人之心妄思，意妄動也。臣等恐耳聞目見之中，心有隨之而去者，故攜琴以識其不忘禁也。'

革咧奇亞帝奇其人,乃與之飲食而釋放之。"(12a—b)相較而言,後者叙述更加的生動。

4.也有少數内容此三册有但 xyl. F—60《國史》無。較爲突出的一個情節是卷1描寫斯克弗王被密提里大克王戰敗後復仇的故事。Dorn745《國史》中描寫的甚爲精彩:"斯克福君雜於軍卒之中,逃往江東先陵之上。後數年,密提里大克被發拉克亞、瑪克多納、革咧奇亞三國之兵前後攻擊,首尾不能相顧,大敗逃於江上,覓舟渡江。忽有數隻大船,自江東飛奔而來。密提里大克王招之曰:'舟子渡我過江,我有重賞。'舟人將舟攏岸,王與數人盡皆上船,忽一聲號,將王與兵將盡皆拿下。蓋斯克福君知三國之兵與密提里大克戰,知密提里大克王必敗走江上,故於江東岸駕舟侯之。……(斯克福君)重整基業,遂更羅西亞國,而稱王號焉。"(2b—3a)xyl. F—60《國史》此處只用"密提哩達特亦與斯克弗交戰"一句話便把事件交待了過去。

5.對同一事件的叙述,二者有不盡相同的地方。如在"降生五百餘年之後"的時間段上,寫到土爾克人侵伐俄果哩,後者變更其名爲阿挖哩,而附於革咧奇亞事。xyl. F—60《國史》卷1言:"遣使於革咧奇亞國帝,其使人中之爲首者,見帝由西替尼昂云:'吾阿挖哩,最有勇戰之名,不可取勝。今欲與帝和睦,請帝給與俸禄及一切供用,並給善地,以爲棲止。'帝不得已允其請,即依給付。"(7a—b)而在 Dorn745《國史》中則言:"遣使至革咧奇亞曰:'吾阿挖里人,皆善戰之士。然兵凶戰危,實非所願,無何相約數千人來投君國。聞君行聖人之政,願入版圖而爲氓。'革咧奇亞之君喜納之。"(6b)一是使者的言語咄咄逼人,革咧奇亞帝不得已而爲之;一是使者言語謙順,革咧奇亞帝喜而納之。

6. xyl. F—60《國史》中大量徵引其他著作,而在 Dorn745《國史》卷1中則或者未之采用,或者經過進一步加工融入進自己的叙述。如 xyl. F—60《國史》卷1中會出現"俄第歇亞詩云""革咧多特士曰""革咧奇亞作史者曰""聖人乜斯脱爾曰""衆作史者曰",甚至作者現身説法:"惟是薩拉湟乜各處名目過繁,吾譯時恐讀者憚其贅瑣,是以略具梗概,未及一一叙其部落,兹欲止寫其風俗。"(11a)這在 Dorn745《國史》卷1中也是見不到的。

當然,Dorn745《國史》卷1有時也會省略一些頗有價值的内容,比如薩拉湟乜人風俗的描寫,較之 xyl. F—60《國史》,又進行了大量删減。如薩拉窪乜人對十二月的獨特稱呼,有著不同的意義,xyl. F－60《國史》中言:"十二月爲一年,各月有別名。正月曰坡囉西乜次,乃是月天色藍;二月曰歇承;三月曰素活亦,謂天氣乾也;四月曰別咧索索拉,乃樺木之灰;五月曰塔拉窩尼亦,乃是月草苗壯;六月曰窩索克,乃是月日高起;七月曰車爾文,乃是月果成紅(筆者案:'月'字原無,據文意補);八月曰薩咧窩,乃是月電而無雷。九月曰路思,謂雨澤也;十月曰里素脱帕德,謂木葉擇也;十一月曰鼓路登,謂雨雪也;十二月曰索土德乃,因其堅冰凍。"(14a—b)而 Dorn745《國史》卷 1 並未指出這些稱呼所代表的含義。

據上,我們推測 Dorn745《國史》卷 1 與 xyl. 2565《國史》卷 2、3 當是列昂季耶夫斯基後期重新打磨的修訂稿,兩個不同的版本存在很多事件相同但文字不同之處。由此可見列昂季耶夫斯基修改時所參考的文獻,遠非僅僅是初稿,當仍是以原始資料爲依據。這顯示了譯者試圖擺脱初稿,而重新進行獨立思考。修訂稿在故事情節的叙述上,時間綫索的條理上,顯得更加流暢。這些改變,使其在很多方面具有超越初稿的價值。

三 《羅西亞國史》翻譯過程及特點

現存的幾部《羅西亞國史》函套上多有譯者的識語,可以爲我們瞭解列昂季耶夫斯基翻譯《羅西亞國史》的情況提供一些信息,現抄列如下:

1. M30:函套貼著紅色紙簽,上面寫:"卡拉姆津的《國史》前三卷,由薩哈爾・列昂季耶夫斯基在北京翻譯成漢語"。

2. C85:函套正面上寫:"卡拉姆津的《羅西亞國史》前三卷,薩哈爾・列昂季耶夫斯基翻譯成中文,1828 年。譯者贈給沙皇科學院。"

3. C86:函套側面上寫:"翻譯成中文的卡拉姆津的《羅西亞國史》,譯者薩哈爾・列昂季耶夫斯基。"函套正面貼有紙簽,上面寫:"由薩哈爾・列昂季耶夫斯基翻譯成漢語的卡拉姆津的《國史》。"

4. C87:無識語。

5. Dorn745:函套内側寫:"卡拉姆津的《羅西亞國史》前三卷,薩哈爾・列昂季耶夫斯基翻譯成中文。1835 年 7 月 9 日譯者贈給沙皇公共圖書館。"

6. xyl. F－60:函套正面紙簽上寫:"卡拉姆津的《國史》前三卷,薩・列昂季耶夫斯基翻譯成中文。”

7. xyl. 1062：函套反面書簽上寫：“卡拉姆津的《羅西亞國史》前三卷，薩哈爾·列昂季耶夫斯基翻譯成中文。”

8. xyl. 2565：函套正面寫：“卡拉姆津的《羅西亞國史》前三卷，薩哈爾·列昂季耶夫斯基翻譯成中文，1828 年。譯者贈給沙皇聖彼得堡大學。”

根據這些識語，可知列昂季耶夫斯基在北京期間（1821—1831）從事翻譯《國史》的工作，完成的時間是 1828 年前後。從譯文的語言水準來看，譯者當是尋找過中國文士幫助校訂譯文。特別是《國史》Dorn745 卷 1，多有排列辭藻，引經用典之處，當出於中國文士之手。《羅西亞國史》譯成之後，列昂季耶夫斯基將此書贈給科學院、聖彼得堡大學等機構。其中，M30、C85《國史》原來屬於亞洲博物館的東方學家布羅斯（Броссе Марий Иванович，1802—1880）收藏，C86 與 C87 每册上都印有“亞洲司圖書館”的章，當是俄羅斯外交部亞洲司後來轉交給東方文獻研究所的。Dorn745《國史》則是他本人回國五年之後贈給國家圖書館的。1850 年 12 月 09 日，列昂季耶夫斯基還將一部譯本獻給當時的沙皇尼古拉一世，並因此獲贈一枚寶貴的鑽石戒指①。還有一套書很有可能是獻給道光皇帝的，但這個事實很難證明②。

那麼，列昂季耶夫斯基爲什麼將《俄羅斯國家史》帶到中國，並進行翻譯？又爲什麼没有全部譯完呢？

卡拉姆津《俄羅斯國家史》的出版，在整個俄國産生了深遠的影響。雖然此書體現了作者君主主義保守的觀念以及泛斯拉夫主義的觀點，但它填補了俄羅斯國家歷史長期以來缺失的空白。因此，1817 年前後，該書初次發行八卷本共三千部書，一月之内便已售罄，以至很快一版再版。俄羅斯

---

① 請查看：фонд 161—IV—1, опись 117, 1836—1869, дело 6, часть 1, л. 76, 15, 21（俄羅斯帝國對外政策檔案館，櫥櫃 161—IV—1，第 117 集，1836—1869 年，文件夾 6，第 1 部，頁 76、15、21）。

②《卡拉姆津漢語版〈俄羅斯國家史〉》中亦認爲：“保存在亞洲民族研究所列寧格勒分所手稿部的一份手稿（即 M30）尺寸較其他都大出許多，黄色絲綢封皮，有紅色的標籤……這極有可能是獻給中國道光皇帝的。……無論是初稿，還是謄清稿，都是經中國人之手書寫的，從草稿中改動過的地方看，顯然經過了中國人的潤色。”（參閻國棟《俄國漢學史》，人民文學出版社，2006 年，頁 237）

知識界對此書贊不絕口，他們如饑似渴地閱讀此書，甚至將書中的內容運用到個人創作中。享有"俄羅斯文學之父"盛譽的普希金曾贊道："《俄羅斯國家史》不僅是一位偉大作家的著作，也是一位正派人物建立的功勳"①。他的歷史劇《鮑里斯·戈都諾夫》（《Борис Годунов》）就是在《俄羅斯國家史》基礎上創作的。同時，以普希金爲代表的一些知識份子也開始仿效《俄羅斯國家史》，著手編寫一些歷史書。普希金曾去烏拉爾山脈做野外考察，采訪目睹 1773 至 1775 年民變的人，搜集材料，創作了《普加喬夫起義歷史》（《История Пугачёвского бунта》）。列昂季耶夫斯基在聖彼得堡讀書，正是此書剛剛出版，風靡全國的時候，受到這種氛圍的感染，他自己也購買了這部書，隨後將之帶到中國去了。列昂季耶夫斯基曾在北京理藩院當俄語老師，或許因爲教學需要，有了把俄羅斯的歷史介紹給學生的想法。這促使他決定翻譯此書。在他去北京之時已經能够看到《國家史》的前八卷，但是他翻譯的只有前三卷。之所以沒有全部翻譯完，最大可能是因爲工作量太大，時間有限，1828 年翻譯完一部分書，1830 年就要回國了。

　　列昂季耶夫斯基譯本《羅西亞國史》涉及了自九世紀至十三世紀的俄國歷史。在翻譯的時候，譯者將原書的章節變成中國古書通行的卷。譯本第 1 册包括的表文、卡拉姆津序、第一卷，相當於原書的第一卷第 1 至 3 章。譯本第 2 册（即卷二）講述俄羅斯自 862 至 1015 年的歷史，相當於原書第一卷第 4 至 10 章。第 3 册（即卷三）時間自 1015 至 1054 年，相當於原書第二卷第 1 至 3 章。第四册（即卷四）時間自 1054 至 1113 年，相當於原書第二卷第 4 至 6 章。第五册（即卷五）時間自 1113 至 1146 年，相當於原書第二卷第 7 至 11 章。第六册（即卷六）時間自 1146 至 1154 年，相當於原書的第二卷第 12 章。第七册（即卷七）時間自 1154 至 1169 年，相當於原書第二卷第 13 至 17 章。第八册（即卷八）時間自 1169 至 1223 年，相當於原書第三卷第 1 至 7 章，不過第 4 至 7 章內容被極大的删減。第九册（即卷九）時間自 1224 至 1238 年，相當於原書第三卷第 8 章。

　　經過比較，譯文與原文在內容上存在一些區別。大體上說，有些地方

---

① 請查看：Пушкин А. С.，О народном воспитании // Собрание сочинений. В 10 — ти томах. М.：Художественная литература，1976. Т. 7. С. 311（普希金 А. С.《著作集·關於人民教育》，莫斯科：文藝書籍出版社，1973 年，第 7 册，頁 311）。

是逐字逐句的直譯，非常準確，有的地方則是意譯，只是概括，還有不少没有翻譯的地方。除了對内容的改動外，原書中的注釋、章節概要以及卡拉姆津所寫的關於徵引文獻的文章，譯文中都被删除了。對當時的俄國人來説，這些豐富的資料十分寶貴，很受歡迎。可能考慮到這些内容對中國讀者來説並不重要，也不適合他們的理解，譯者就全部删除了。另外，卡拉姆津在叙述史實的同時，會將自己的情感融入其中，用富有感情的辭藻、精當的評論，將俄羅斯的歷史與其他國家歷史進行對比等等。譯者則只著重翻譯事實，而未翻譯卡拉姆津的主觀情感與評論。再者，譯者還在一定的程度上使其翻譯的内容中國化，適合中國讀者的閲讀體驗，如譯文模仿中國史書的書寫習慣，把"帝"字或意思相關的字換行頂格書寫，或在表達人名、地名文字的旁邊劃綫，使其更加容易分辨。舉個例子，Dorn745《國史》的表文：

> 臣喀拉密性尼闊賫謹奏，爲遵旨纂修國史事。臣一介菲材，不堪史任，誠所自知。蒙我皇上過於拔擢，臣不得不竭盡駑駘，恭繕稿本，以奉睿裁。伏思皇上高拱九五，凝神定慮，屏紛華，斥異端，進賢臣，遠佞人，涵養氣質，薰陶德性，而聖學日新，聖政日舉矣。然安不忘危，治不忘亂，此亦聖王所不能無也。想昔先皇多納帝，耀德不觀兵，而猶有事於巴提闆者，所以討不庭，誅有罪也。故我師一出，未嘗老於外，而有曠日持久之嗟。運籌幃幄，決勝千里，雖先皇之奇謀，亦天主之眷佑。故六月興師，頓忘薇王事之苦；一月三捷，不憚雨雪載途之勞。然雖戰勝有功，究之矢其文德，又非先皇之所樂也。自摧殄巴提之後，揠武修文，講法制於深宫。明堂不徒懸月吉之文，大庭不空垂象魏之書。而大綱小紀，武緯文經，悉本先皇之精神以出之。於是授産均田，酌古制而詳爲經畫；飲射讀法，集閭里而勤爲講觀。將見井田可復也，學校可興也，疲癃殘疾有養也，勞來匡直有教也。遊我野，依然郅隆之象；入我國，宛然太古之風。是皆聖德修，而萬民所以化也；聖政美，而億兆所以從也；聖教隆，而西洋所以會其有極，歸其有極也。願我皇遵先皇之法則，率由舊章，於政治風過草揠，如響斯應，不介而孚，不言而喻，不肅而成矣。臣謹拜以表聞。

據譯者的意思，此表文是卡拉姆津（喀拉密性尼闊賫是他姓名的另外一個拼寫）給沙皇亞歷山大一世寫的。不過，如果我們將文中俄國人的名字去掉,讀者可能會認爲,對象不是俄國沙皇,而是中國皇帝。這是因爲該表文包涵了豐富的中國文化元素。譯者運用"大庭不空垂象魏之書""經書""井田"等有中國文化特色的語詞,説服沙皇應該依靠倫理道德治國。這些中國化的内容是卡拉姆津書中原無的,非常接近中國儒士向皇帝寫奏表的標準。

四　結語

清朝晚期,内外交困,西方列强堅船利炮的侵入,也迫使清政府及有識之士去瞭解外面的世界。光緒年間前後,先後湧現了一批介紹各國歷史的書籍。就俄羅斯歷史而言,就有《俄羅斯》三卷(法國波留撰,日本林毅陸原譯、中島端重譯)、《俄羅斯史》二卷(日本山本喜雄撰,麥鼎華譯)、《俄羅斯史》十六章附《俄羅斯史中大事年譜》一卷(俄伊羅瓦伊基撰,日本八代六郎譯)、《露西亞通史》(日本山本利喜雄撰,清廖壽慈譯)、《俄國新志》八卷(英國陔勒低撰,英傅蘭雅、清潘松譯)、《俄史輯譯》四卷(英國闞斐迪譯,清徐景羅重譯)、《俄國近史》二十卷(法國蘭波撰,英國寶樂安補輯,清蘇本銚譯)、《近世露西亞》(日本占部百太郎撰,清廖壽慈譯)等多部。相較而言,道光年間翻譯的《羅西亞國史》雖然不是很完整,但這畢竟是一位俄國學者向中國展示本國歷史的較早嘗試,具有開拓的意義。因爲在北京長期生活,列昂季耶夫斯基以極高的熱情學習中國文化,並深入瞭解中國。他運用各種方式(如翻譯中國典籍,繪製中國圖片、開中國學博物館)幫助俄羅斯人民認識古老的東方文明,同時也在試圖把俄羅斯介紹給中國人民。可以説,列昂季耶夫斯基在中俄文化的交流史上留下了光輝的一筆。

(本文撰寫過程中,得到了聖彼得堡大學東方系圖書館館長米拉娜[Azarkina Milana]女士、俄科學院東方文獻研究所聖彼得堡分所高級研究員、遠東科科長龐曉梅[Pang Tatiana]女士的幫助,在此謹致謝忱!)

(作者單位:濟南大學文學院、聖彼得堡國立大學東方系)

專輯——域外辭賦研究

域外漢籍研究集刊　第二十輯
2020 年　頁 481—496

域外漢籍鈔本與唐代辭賦文獻整理

——以日本金澤文庫本《白氏文集》爲例

馮　芒

　　有唐一代，是我國古代文學對外傳播的重要時期。以其時的日本進行返觀的話，會發現不僅是先唐的文學經典，唐代的詩賦、駢文、傳奇等也得到了廣泛的傳播和關注。詩歌如李嶠（645—714），其《百廿詠》傳入日本後成爲幼學童蒙的重要讀物，今存的嵯峨天皇（786—842）手鈔本于書法和文學而言都是稀世珍寶。駢文如王勃（650？—676？），日本正倉院藏《王勃詩序》中既有不見於我國的詩序，也有見於我國卻與我國通行版本存異的詩序，很可能反映了《王勃集》的原貌。傳奇如張鷟（660？—740）的《遊仙窟》，在我國失傳已久，卻爲渡唐日人攜帶歸國，有諸多鈔本刊本傳存至今。唐代辭賦，概莫能外。

　　唐代辭賦的域外流播雖不局限於日本，卻以日本較爲突出和明顯。學界中最爲人熟知的例子當屬在日本發現的唐代賦格著作《賦譜》，謂其爲研究唐賦的域外"化石"也毫不爲過，鉤沈、輯補這樣的佚存材料是整理唐代辭賦文獻的必然要求。近年來，筆者在對日本平安朝漢文學的考察中，屢次確認了唐賦的深刻影響[1]，換個角度看，日本漢文學其實也是我們認識

---

[1] 拙稿《菅原道真と唐代律賦との接觸の一端——"奉謝平右軍"詩を中心に——》，《東アジア比較文化研究》2017 年第 16 號；又《再考白行簡的賦與大江朝綱的〈男女婚姻賦〉——兼談"律賦"與"性"》，收入張伯偉編《域外漢籍研究集刊》第 17 輯，中華書局，2018 年；又《紀長谷雄〈柳化爲松賦〉與唐代律賦關係考論》，收入張伯偉編《域外漢籍研究集刊》第 18 輯，中華書局，2018 年。

唐代辭賦的"新材料"。此外,那些留存在日本的唐人詩文鈔本更是爲唐賦的校勘整理提供了極大的幫助。拙文即以日本金澤文庫本《白氏文集》所收辭賦爲例,擬從校勘角度來談唐代辭賦文獻整理中域外漢籍鈔本的作用。

一　唐代辭賦文獻整理的現狀與趨勢

唐代"以賦取士"促進了辭賦寫作的繁榮,儘管唐賦多爲律賦,存在體式上的局限,但唐人熱衷作賦,留下了數逾千篇的作品是不可争辯的事實。在我國,唐人辭賦主要保存在《白氏文集》《元氏長慶集》等文人别集,以及《文苑英華》《歷代賦彙》《全唐文》等詩文總集中,這也是我們研究唐代辭賦的主要依據與文本來源。當今學者進行文獻整理的形式也可以分作兩類,一類是專門對辭賦進行的集成匯校,一類是對文人别集的校注。

近年來,唐代辭賦的集成匯校取得了巨大的成績,最爲人矚目的是馬積高先生主編的《歷代辭賦總匯》①中的"唐代卷",和簡宗梧、李時銘兩位先生主編的《全唐賦》②。《歷代辭賦總匯》於 2014 年正式出版,其編校工作卻始於上世紀九十年代,只因體量巨大及排版技術等客觀原因而推遲出版。其中"唐代卷"主編爲萬光治先生,副主編爲李生龍先生,兩位先生對唐代辭賦的整理輯校並不晚於 2011 年出版的《全唐賦》。在唐代文人别集的校注中,白居易是關注度較高的詩人之一。目前我國已校點、注釋的白集至少有四種,先後是顧學頡先生校點的《白居易集》③,朱金城先生箋校的《白居易集箋校》④,丁如明、聶世美兩位先生校點的《白居易全集》⑤,謝思煒先生校注的《白居易詩集校注》和《白居易文集校注》⑥。日本有代表

①馬積高主編《歷代辭賦總匯》,湖南文藝出版社,2014 年。

②簡宗梧、李時銘主編《全唐賦》,里仁書局,2011 年。

③顧學頡校點《白居易集》,中華書局,1979 年。

④朱金城箋校《白居易集箋校》,上海古籍出版社,1988 年。

⑤丁如明、聶世美校點《白居易全集》,上海古籍出版社,1999 年。

⑥謝思煒校注《白居易詩集校注》,中華書局,2006 年;又《白居易文集校注》,中華書局,2011 年。

性的則是平岡武夫、今井清兩位先生校訂的《白氏文集》①，還有岡村繁先生主持譯注的《白氏文集》②。可以説，當今的白集校注取得了空前豐富的成果，這些成果爲我們探討白居易所作辭賦奠定了堅實的文獻基礎。

合而觀之，唐代辭賦文獻整理的現狀是，不僅擁有比較完備的斷代彙編，具體到一些著名文人身上，還擁有較爲成熟的各種校本。

唐代辭賦文獻整理中另有必要指出的是日本古鈔本的重要性。平安時代的日本深受大唐影響，大批的遣唐使、入唐僧以及商人往復於中日兩國，使得唐代書籍源源不斷地輸入到日本。毋庸置疑，在仍以紙抄文本爲主的唐代，有關唐賦的文獻自然是以鈔本的形式在進行傳播。然至宋代，伴隨著印刷書籍的普及，我國進入了刻本的時代，而其時的日本依然以手抄作爲文獻傳播的主要手段。尤其是他們十分重視大陸的舶來書籍，雖是重抄，卻儘量做到保持唐鈔本的原貌，這既包括不改易原本的字句，也包括承襲原本的書寫方式。從而導致宋代以降我國鈔本日漸絕迹，而日本卻殘存了一批文獻價值很高的漢籍鈔本。其中《白氏文集》就是非常有代表性的例子，在日本我們可以看到爲數不少的白集鈔本及斷片。圍繞這些珍貴文獻而展開的研究中，以太田次男先生的業績較爲突出③，他甚至面對中國學界直言“中國現存的各種版本的《白氏文集》均不能與之（日本古鈔本，筆者注）相比”④。

應該説，隨著太田次男等國外學者的研究成果被介紹至國內，以及國內域外漢籍研究的蓬勃發展，我國的古籍整理已經進入了積極利用域外漢籍鈔本的新時代。就上文提及的白居易所作辭賦而言，以世紀之交爲界，明顯可見其前後在整理校注時的區別。20 世紀，顧學頡《白居易集》，朱金城《白居易集箋校》，丁如明、聶世美《白居易全集》，萬光治和李生龍負責的《歷代辭賦總匯·唐代卷》均囿於時代條件，未能利用日本白集的古鈔本。進入 21 世紀後，謝思煒《白居易文集校注》、簡宗梧和李時銘《全唐賦》均做

①〔日〕平岡武夫、今井清校訂《白氏文集》，京都大學人文科學研究所，1971—1973 年。

②〔日〕岡村繁主編《白氏文集》（新釋漢文大系），明治書院，1988—2018 年。

③〔日〕太田次男《舊鈔本を中心とする白氏文集本文の研究》，勉誠社，1997 年。

④〔日〕太田次男著，雋雪艷譯《日本漢籍舊鈔本的版本價值——從〈白氏文集〉説起》，《傳統文化與現代化》，1993 年第 2 期。

到了利用日本白集的古鈔本。顯而易見，在我國唐代辭賦文獻整理中充分利用日本漢籍鈔本及其研究成果是大勢所趨。

　　儘管以謝思煒《白居易文集校注》、簡宗梧和李時銘《全唐賦》（以下簡稱"謝校本"和《全唐賦》）爲代表的整理校注取得了巨大的成功，但並不意味著畢其功於一役，唐代辭賦文獻整理應該是一個不斷修正、正在進行的狀態。

二　金澤文庫本《白氏文集》卷二一

　　依《全唐文》所收，白居易流傳下來的辭賦作品共 16 篇①，其中《白氏文集》收錄 13 篇。白集在流傳過程中產生了不同的編卷次序，收錄辭賦的這一卷分別相當於"前後續集本"②的卷二一和"先詩後筆本"③的卷三八。日本所存白集的古鈔本雖多，惜無完本，多爲零卷，幸在金澤文庫本《白氏文集》（以下簡稱"金澤本"）存有收錄辭賦之卷，讓我們在整理白居易的辭賦時有古鈔本以資校勘比對。

　　金澤本屬於"前後續集本"，與那波本一樣體現了白居易原本的編次排列，分類爲"詩賦"的卷二一除了《窗中列遠岫詩》《玉水記方流詩》及兩篇賦序外，餘皆辭賦。金澤本是日本鎌倉初期的白集抄卷，由豐原奉重（生卒年不詳）主持抄寫並校合加點，其祖本可追溯到唐開成四年（839）白居易敬獻給蘇州南禪院的六十七卷本，文獻價值彌足珍貴。花房英樹④、平岡武夫⑤、太田

---

①《歷代辭賦總匯·唐代卷》收 15 篇，未收《洛川晴望賦》；《全唐賦》收 17 篇，含《哀二良文》。統計差異主要在於《文苑英華》與《全唐文》對作者判別不同，《文苑英華》中署名爲白居易的計 14 篇，且在《叔孫通定朝儀賦》作者"白居易"下謹慎地注以"集無"二字；《全唐文》中歸爲白居易的計 16 篇，不僅補收了《英華》未收的《傷遠行賦》，還將《英華》中空闕未署名的《洛川晴望賦》也囊括在内。

②以日本"那波本"爲代表。

③以我國"紹興本"爲代表。

④[日]花房英樹《白氏文集の批判的研究》，朋友書店，1974 年。

⑤[日]平岡武夫、今井清《白氏文集》。

次男①、謝思煒②等前輩學者已就金澤本做了大量的考證和研究,在參考他們研究成果的基礎上,這裏主要就卷二一來强調其文獻價值中極爲突出的兩點。

第一,卷二一的抄寫底本源自唐鈔本,對校本中可能也有源自唐鈔本的轉寫本,文本可信程度高。

金澤本大部分的抄寫底本是日本大學寮博士學者名門菅家之傳本,可以上溯至入唐僧惠萼于唐會昌四年(844)在蘇州南禪院轉抄的白集。追溯的主要綫索在於金澤本的卷末含有惠萼轉抄本的跋語,但金澤本並非每卷都有惠萼跋語,其抄寫底本構成較爲複雜,如卷三一、三三、五四據卷中字體或卷後奧書便可知底本實爲宋刊本③。因此有必要具體卷次具體分析,卷二一的奧書如下:

> 寬喜三年三月廿一日　唯寂房書寫之
> 　　同廿八日朱委點了
> 　　　右衛門尉奉重
> 嘉禎二年三月十七日以唐本比校之了
> 建長四年正月十一日傳下貴所之御本重比校之了④

由上可見,本卷奧書雖無惠萼跋語,但明記了豐原奉重對校的兩個本子。一是日本嘉禎二年(1236)用於對校的"唐本",一是日本建長四年(1252)再次對校的"貴所之御本"。"唐本"即金澤本中很多卷都用來對校的宋刊本,也就是卷二一豐原奉重校合注中的"摺本"。卷二一的底本文字與校合注中的"摺本"多有不同,也與我國宋紹興本、明馬元調本的系統明顯相異,顯然不屬於傳世刊本的任何一個系統。其文字及校合方式與含惠萼跋語的卷子較爲類似,即便不屬於惠萼轉抄本,也應該源自同時期的其他唐鈔本。"貴所之御本"所指不詳,但金澤本卷四七、五二奧書中同樣有

---

①〔日〕太田次男《舊鈔本を中心とする白氏文集本文の研究》。
②謝思煒《白居易集綜論》,中國社會科學出版社,1997年。
③〔日〕太田次男《舊鈔本を中心とする白氏文集本文の研究(上)》,頁205—206;謝思
　　煒《白居易集綜論》,頁45—46。
④拙文對金澤本卷二一的引用均出自川瀨一馬監修《金澤文庫本白氏文集(二)》,勉誠
　　社,1984年。後文不再加注。

“貴所之御本”，“貴所”旁朱批“冷泉宫”。静永健先生懷疑這個“御本”是“定家之子藤原爲家的所藏本”①，但歌壇中的“冷泉家”②應該始于藤原爲家之子藤原爲相（1263—1328），日本建長四年（1252）豐原奉重再校時爲相尚未出世，“御本”是藤原爲家所藏本的可能性較低。而身爲後鳥羽天皇皇子的賴仁親王（1201—1264）通稱“冷泉宫”，有可能是“貴所之御本”的所有者，“貴所”之“貴”與“御本”之“御”也與皇子的身份相稱。親王因承久之亂（1221）被流放備前國兒島（今岡山縣南部，親王又因此被稱“兒島宫”），或許正是流放之故，親王之“御本”才因戰亂而有了“傳下”的機會。可以想見，貴爲皇子的賴仁親王之藏本或爲宫中之物，皇室秘藏的白集源自唐鈔本的可能性很大。

第二，卷二一的文本信息十分豐富。

金澤本卷二一不僅爲我們提供了值得信賴的文字，還展示了其他一些值得我們注意的細節。一是校合注，如前所及，豐原奉重僅用於對校的本子就有宋刊本和“貴所之御本”，而其在對底本進行抄寫時可能還參看了其他本子，從而使其校合注較爲豐贍。如“摺本”“異本”③“或本”“諸本”等，爲我們提供了爲數不少的異文。二是音義注，一些對當時日本人而言有些生疏的文字多注有音義，這間接地幫助了今天的我們去準確判斷原本文字。三是聲點，聲點儘管主要爲音韻學研究所用，但同音義注類似，當底本文字漫漶不清或有日本俗字不能辨識時，可輔助我們進行判讀。四是訓讀，金澤本因有豐原奉重的加點而成爲研究日本中世訓讀的重要材料，這不僅關涉日本國語學，也爲我國研究者提供了日本古代以菅家爲代表的文本解讀，有利於我們多角度把握白氏詩文。以上信息有些是刊本所不具備的，有些是我國文獻所不具備的，凸顯了域外漢籍鈔本的重要性。

國内諸家已經認識到了金澤本的重要性，所以“謝校本”和《全唐賦》在校勘中均將其列入勘比範圍，但還不能因此就説兩者做到了充分的利用。

---

① ［日］静永健撰，劉維治譯《從〈白氏文集〉看 13 世紀中朝日三地文化交流》，《南陽師範學院學報（社會科學版）》，2009 年第 8 卷第 1 期。

② 鐮倉時代以降，日本歌道家分作“二條家”“京極家”“冷泉家”三派。這三派均起自著名歌人藤原定家（1162—1241）的孫輩。

③ “異本”在校合注中書作日文“イ”。

下一節將圍繞"謝校本"和《全唐賦》對金澤本的利用來談一點淺陋的認識。

三　"謝校本"與《全唐賦》對金澤本的利用

"謝校本"底本爲"紹興本"白集,在校注凡例中明確列出了金澤本的影印本,當是仔細校對過影印本。《全唐賦》卷三五收白居易之賦,每篇所據底本均爲清内府刊本《全唐文》,主要由李時銘、胡淑貞兩先生負責,間有簡宗梧先生;大多數賦作下的校記中都明確説明其對金澤本的出校是轉引自平岡武夫、今井清校訂的《白氏文集》①,可見編校者應該没有寓目影印本。"謝校本"與《全唐賦》的出校原則均爲:底本明顯有誤則據他本改,底本和參校本兩通者均出校。只是在異體通假等字體問題上兩者體例不同。

雖然兩者已將金澤本與各自底本的大部分異文出校,但仍然存在兩方面的問題需要指出。

(一)個别出校不甚準確

(1)有的出校没有留意校改符號,或是對校改符號重視不够

金澤本《省試性習相近遠賦》題下注作:"以'君子之所慎焉'爲韻,依次用,限三百五十字已上成。中書高郢侍郎下試,貞元十六年二月十四日及弟。"其中"以'君子之所慎焉'爲韻"的"爲"與"韻"之間衍"韻依次用限三"六字,抄手唯寂房已經注意到自己下筆有誤而生出衍文,於是以"見消"符②削之。或許衍文影響了校勘,"謝校本"將金澤本誤作"用'君子之所慎焉'韻",《全唐賦》則將此題下注誤作與"紹興本"完全相同。

金澤本《漢高帝斬白蛇賦》中有句作:"於是行者,告于高皇。皇帝乃奮布衣,挺幹將。"其中"高皇"之後的"皇"字爲重文號所代替,"帝"字後也有一重文號,行文於是變作"告于高皇皇帝帝乃奮布衣",第二個"帝"字顯爲衍字,但是抄手或校者業已發現,證據是第二個"帝"字右旁書有"點去符"。

①校記多作"並參考平岡武夫、今井清校本《白氏文集》卷二一(簡稱平岡校本),本校記吸收其所校《金澤文庫》本,簡稱'《金澤》本'"。

②"見消"符是日本鈔本中常見的一種訂正字句方式,長處是可使人讀到被削文字。此處"見消"採用的是劃細綫之法。

這個"點去符"在影印本中看起來墨迹較淡,筆者猜測其原本或爲朱筆所點,無論是朱筆還是墨筆,用旁點的方式來"點去"第二個"帝"字是確鑿無疑的。此處"謝校本"出校爲:"高皇,金澤本作'高皇帝'。平岡校:'此句皇字押韻'。"《全唐賦》也同樣校記爲:"'高皇',《金澤》本作'高皇帝'。"顯然,這是兩者受到平岡校影響且没有仔細確認影印本所致。平岡校的問題恐怕出在看錯了"重文號"與"點去符",以致上下文字混連。

金澤本《黑龍飲渭賦》中有句作:"符聖人之昌運,飛而在天"。其中"符"字是抄手塗改後新書之字。原字作何已難辨認,抄手發現誤寫後於其右書一"符"字,然後又以"胡粉"①將這兩字並皆塗白,在原誤寫處書一"符"字,並於其左訓以日文"カナフ"。"謝校本"誤將金澤本出校作"葉"字,應予更正。

(2)有的出校對校合注核對不够縝密

金澤本《宣州試射中正鵠賦》中有句作:"其一發也,驍若徹劄"。其中"發"字左邊書作"登,イ",意爲"發"字有異本作"登"字。《全唐賦》出校作:"'發',《金澤》本作'登'。"誤將金澤本校合注中異本的文字看作金澤本底本的文字,應更正爲"'發',《金澤》本所校本中有作'登'者。"

金澤本《大巧若拙賦》中有句作:"則物不能以長短隱,材不能以曲直誣。"該句與下文"謂心之術也,豈慮手之傷乎?"之間書有"插入符",該符左邊補作:"是謂藝之術";右邊補作:"是謂藝之要道樞可使心之逸矣□恒平之術也或本在之"。這一處頗顯蕪雜,且有難以判讀之字。底本文字只有兩種可能。一是左邊文字是據底本所補,右邊文字是據"或本"所補。底本原作"則物不能以長短隱,材不能以曲直誣。是謂藝之術,謂心之術也,豈慮手之傷乎?"但如此則全然不成對句,可能性較低。二是左右所補均非底本文字,而是據"或本"所補。底本作"則物不能以長短隱,材不能以曲直誣。謂心之術也,豈慮手之傷乎?"這與《全唐文》,以及白集之"紹興本""馬元調本""那波本"最爲接近,僅有"謂"和"是謂"一字之差,從對句工整的角度來説,底本恐是漏書了"是"字。校者豐原奉重在據"或本"作校合時先是在左側補書"或本"的異文,即"是謂藝之要……",卻誤寫作"是謂藝之術",

---

①日本"胡粉"非我國"胡粉",而是以貝殼粉爲原料製作的一種訂正文字的工具,近似於古代的"雌黄"、現代的"修正液"。

在發現誤寫後徑直在右側又補書"是謂藝之要道樞可使心之逸矣□恒平之術也或本在之"。

　　金澤本這處校合最爲重要的其實是右邊所補文字。首先,右邊所補句子的最後四字"或本在之"應是"或本有之"的誤寫。金澤本在校合異文時常於最後識以"或本有之",以説明底本無而參校本有。日文古語將"有"與"在"均訓作"アリ",兩字字形又極爲接近,書寫時出現誤寫並不爲奇。其次,右邊所補句子的前七字"是謂藝之要道樞"與《文苑英華》《歷代賦彙》中的異文十分類似。《文苑英華》作:"材不能以曲直誣。可謂藝之要道之樞(一無此八字),是謂心之術也。"《歷代賦彙》同,只是無"一無此八字"的校語而已。由上可見,金澤本右邊所補文字是豐原奉重據某個鈔本①而補的異文,儘管這則異文文義不通,但相較《文苑英華》與《歷代賦彙》卻多出一些文字,存在一定的校勘價值。"謝校本"與《全唐賦》均止于將《文苑英華》與《歷代賦彙》出校,而未及金澤本之異文,稍顯遺憾。

　　下面就金澤本的這處異文做一蠡測。從金澤本的抄寫情況來看,並不存在擅自校改文字的情形,此處文義不通應該是所據參校鈔本的"源發"問題。其中"可使心之逸矣"六字既成文又通暢,且與後文之"豈慮手之傷乎"和諧成對。假使參校鈔本文字錯亂,原文或爲一"壯句"加一"隔句對"的形式②,即"是謂藝之要,道之樞。恒手之術也,可使心之逸矣;謂心之術也,豈慮手之傷乎?"③蠡測依據有三。一是本段押"乎"字官韻④,增一"是謂藝之要,道之樞"句並無不諧。二是白居易擅作隔句對,《大巧若拙賦》共八段,除本段外每段都有隔句對的運用,不排除白氏于本段亦做一隔句對的可能。三是白居易對辯證思想的理解可能會將"手"與"心"進行聯動表述。《大巧若拙賦》之賦題典出《老子》第四十五章"大直若屈,大巧若拙,大辨若

---

①"或本"所指不明。豐原奉重校合注中宋刊本均作"摺本",此"或本"應爲其參校的鈔本之一,但是否是"貴所之御本"不得而知。

②有關律賦的句式,可參看唐人撰《賦譜》。張伯偉《全唐五代詩格彙考》附錄三,鳳凰出版社,2002 年;詹杭倫《唐宋賦學研究》第三章,中國社會科學出版社、華齡出版社,2004 年。

③"道樞"之間脱一"之"字,不能判讀的文字或許是倒錯標識,"平"字乃"手"之誤書。

④限韻爲"隨物成器、巧在乎中"。

訥”,題下限韻“隨物成器、巧在乎中”則典出王弼注“隨物而直”“因自然以成器”。該賦全文遍布老莊之言,如“無爲而爲”“因物不改”“成功不宰”“遇以神也,郢人之術攸同;合乎道焉,老氏之言斯在”“道之樞”“大盈若沖”等。在這樣的語境下,我們推想白氏或許認爲“高超的手藝使得工匠隨物制器、心無羈絆,匠人道法自然的認識又讓他們毫無手傷之憂”,於是有了“恒手之術也,可使心之逸矣;謂心之術也,豈慮手之傷乎?”的表述。

　　(3)有的出校存疑,留有商榷餘地

　　金澤本《漢高帝斬白蛇賦》中有句作:“繇是氣吞豪傑,威震幽遐。”其中“震”字書寫並不規範,極似“宸”字。該字在“謝校本”的底本“紹興本”中雖然作“振”,但“謝校本”並未出校。《全唐賦》則將該字出校爲:“《金澤》本作‘宸’。”不過,金澤本該字字形雖極近於“宸”,其左下卻施有返點“二”①,不得不讓人產生疑慮。返點“二”表明該字必須返讀,常見情形即是作動詞講,與施以返點“一”的“幽遐”構成動補結構“幽遐に震ふ”。而“宸”字是絶無可能作動詞來用的,這種文字書寫與返點上產生的矛盾暗示我們金澤本中該字有可能是“震”字的減筆或是誤寫。如果推斷不誤的話,這處校勘改成“《金澤》本作‘震’或‘宸’,不明”或許更爲嚴謹。

　　(二)部分出校不够全面

　　(1)可出可隱

　　這一類問題是金澤本的文字明顯有誤所致。如果是專門指出金澤本的錯誤並藉此探討其版本體系自然是有意義的,但對於文獻整理中的校改文字而言並無突出益處,因此可以看作“可出可隱”,“謝校本”與《全唐賦》均不出校是無可厚非的。

　　比如金澤本《求玄珠賦》中有句作:“必致之馴致,豈求之於躁求。”在“之”與“馴”之間,其他本子均有“於”字。這一句前後成對,顯然是金澤本之底本有誤或是抄手漏抄所致。再如金澤本《君子不器賦》中有句作:“鄙斗筲之奚算,哂契瓶之固守。”豐原奉重在“契”字的右邊已做“異本作挈”的校勘,“挈瓶”爲正,金澤本之底本當誤。此賦另有發語“至乎哉”金澤本誤作“至於哉”,“鑿枘難施”金澤本誤作“鑿柄難施”。

――――――――――――――

① “返點”是訓點的一類,用來表示訓讀時的語序。

（2）出隱難定

這一類多屬於兩意均通，對於確定文本文字而言意義較弱，某種程度上被視爲"無關緊要"，是"出校"還是"隱去"，難以定奪。但若秉承"底本和參校本兩通者均出校"之原則的話，這一類還是出校爲妥。金澤本出現的異文，有"謝校本"出校而《全唐賦》未出校者，亦有《全唐賦》出校而"謝校本"未出校者，下面就兩者均未出校的情況來舉幾個例子。

金澤本《宣州試射中正鵠賦》中有句作："廣場辟而堵牆開，射夫固而鐘鼓誡。"其中"固"字其他本子均作"同"。又金澤本《省試性習相近遠賦》中有句作："故非所習而習則性傷，得所習而習則性順。"其他本子均無"故"字。又金澤本《求玄珠賦》中有句作："其難得也，劇乎割巨蚌之胎。"其中"割"字其他本子均作"剖"。又金澤本《雞距筆賦》中有句作："映赤筦，狀紺距乍舉。"其中"距"字其他本子均作"趾"。又金澤本《黑龍飲渭賦》中有句作："晴眸炫耀，文彩陸離。"其中"晴"字其他本子均作"睛"。

（3）不出則損

前面（2）所舉的例子，其異文都是只有金澤本才有的異文，由是產生了研究者看法上的分歧。有的可能認爲異文只有金澤本出現，孤證不立，爲此出校屬於"小題大做"，所以將這些看起來"無關緊要"的地方隱去。但筆者認爲正是因爲異文是金澤本所獨有，更應該出校以體現校勘的全面性。該"出"還是該"隱"主要取決於校訂者的認識與針對具體問題所做的判斷，不過有些異文並非金澤本所獨有，值得引起校訂者的重視。如果説前面的（1）類（2）類僅僅體現出出校的全面性，那麼這一類則關乎出校的必要性。

金澤本《漢高帝斬白蛇賦》中有句作："鱗甲雄以雪色，晴眸尵其電光。""晴眸"一詞在其他本子中多作"睛眸"，只有馬元調本作"晴眸"。不過日本存有另一重要鈔本，其中收錄的《漢高帝斬白蛇賦》也作"晴眸"，這就説明在古鈔本中金澤本也非孤例，"晴眸"必須出校。這個旁證的本子是"金剛寺藏《文集抄》"（以下簡稱"金剛寺本"）。《文集抄》是《白氏文集》的抄出本，早在日本寬弘三年（1006），就曾被一代權臣藤原道長（966—1027）獻給一條天皇，可見其在日本貴族之間有相當程度的流行。① 金剛寺本是《文集抄》的鈔本之一，共一册，粘頁裝，現已處剝離狀態，其中第五頁闕失，有

---

① 事見藤原道長的日記《御堂關白記》寬弘三年八月六日條。

關此本的詳細情況可參後藤昭雄先生的論述①。這裏需要强調的是,金剛寺本是日本建治二年(1276)九月在京都白川轉抄的本子,其底本是桑門願海于建治元年(1275)五月九日在鐮倉書寫的本子,該本編次形態與文字内容都較好地保留了唐代鈔本的原貌,文獻價值極高。十分可貴的是金剛寺本恰好抄録了《漢高帝斬白蛇賦》與《雞距筆賦》,成爲研究白居易辭賦不可缺少的古鈔本之一。

再來看《雞距筆賦》,金澤本中有句作:"合爲乎筆,正得其要。"其中"乎"字在他本中有作"手"字者,馬元調本和《全唐文》則作"乎",而金剛寺本也作"乎",應該出校。金澤本中另有句作:"雙美是合,兩朕而同。"其中"朕"字在其他本子中多作"揆"字,而金剛寺本則作"朕"字,雖不同於"朕",卻與之極其近似,均應出校。

最後來看《賦賦》,該賦的題下限韻因傳本不同而有較大差異,我們將幾個有代表性的本子列入表中。

表 1.《賦賦》題下限韻一覽表

題下限韻	諸本
以"賦者古詩之流也"爲韻	金澤本
以"賦者古詩之流"爲韻	紹興本、馬元調本、《全唐文》
以"賦有古詩之風"爲韻	《文苑英華》《歷代賦彙》
以"賦者古詩之類流也"爲韻	日本宫内廳那波本的批注
無注	四部叢刊本

一般而言,律賦的限韻文字較容易確認,只需核對其賦文的押韻,多半可以核准。《賦賦》是一篇標準的律賦,全文轉韻五次,共押六個韻部,分別是上聲"馬"韻,上平聲"之·脂"韻,去聲"暮·遇"韻,上平聲"之·脂"韻,上聲"麌·姥"韻,下平聲"尤"韻。而"賦有古詩之風"中的"有"字爲上聲"有"韻,"風"字爲上平聲"東"韻,"賦者古詩之類流也"中的"類"字爲去聲

_____

①［日］後藤昭雄《金剛寺藏〈文集抄〉》,白居易研究會編《白居易研究年報》創刊號,勉誠出版,2000 年。

“至”韻，均不在文中所押韻部。因此《賦賦》題下限韻的韻字只可能是“賦者古詩之流也”或“賦者古詩之流”，兩者只差一“也”字。巧合的是“也”字與“者”字同屬上聲“馬”韻，而且《賦賦》開篇第一句就有“也”字韻腳①，這樣一來，便無法通過文中押韻來判斷“也”字到底是不是原本的官韻字。管見所及，中日所有的校訂本都將此賦的官韻定作：“賦者古詩之流”。但如果將“賦者古詩之流”作爲官韻的唯一可能則有失嚴謹，因爲律賦在實際寫作中存在如下情況：

> 唐律賦限韻中兩字同韻者，或押作一段，或仍押兩段。如王起《白玉琯賦》，“神”“人”二字並押。白居易《賦賦》，“詩”“之”二字分押。李濯《廣達樓賦》，以“珠簾無隔露”爲韻，“珠”“無”同韻，押作兩段。蔣防《登天壇山望海日初出賦》，“日”“出”二字同押。②

這是清代浦銑《復小齋賦話》上卷中的一段話，以幾篇唐代律賦來説明“並押”“分押”兩種情形。在此我們僅以王起《白玉琯賦》和白居易《賦賦》爲例來進行解釋，其餘兩篇不再贅言。

先來看白居易《賦賦》的例子，該賦官韻中“詩”“之”二字同屬上平聲“之”韻。如前所述，白居易在文中第二韻部押了上平聲“之·脂”韻，其中有“詩”字韻腳；他又在文中第四韻部押了上平聲“之·脂”韻，其中有“之”字韻腳。此即浦銑所謂的“‘詩’‘之’二字分押”。再來看王起《白玉琯賦》的例子，該賦官韻爲：“神人來獻、以和八音”，其中“神”“人”二字同屬上平聲“真”韻。王起在文中第一韻部就押了上平聲“真”韻，其中既有“神”字韻腳，也有“人”字韻腳，而該賦其餘文字再無押上平聲“真”韻之處。③ 此即浦銑所謂的“‘神’‘人’二字並押”。再回到白居易的《賦賦》，其第一韻部爲上聲“馬”韻，其中既有“者”字韻腳，也有“也”字韻腳，所以白居易是有可能將“者”“也”二字“並押”的。若果真如此，則《賦賦》的官韻應是“賦者古詩之流也”。

---

① 第一句爲“賦者，古詩之流也。”

② （清）浦銑著，何新文、路成文校證《歷代賦話校證：附復小齋賦話》，上海古籍出版社，2007 年，頁 383、384。

③ 王起《白玉琯賦》的押韻據《文苑英華》卷八六所收賦文分析。

　　另外需要指出的是，後世出現了許多與《賦賦》同題、甚至是擬仿白居易《賦賦》的作品，以清代爲盛①。駢賦如吳錫麒《賦賦》、潘繼李《賦賦》；律賦如①李宗瀚《賦賦》（以"賦非一體、古詩之流"爲韻）②陶澍《擬白居易賦賦》（以"草刱荀宋、恢張賈馬"爲韻）③金長福《賦賦》（以"賦者古詩之流也"爲韻）④章棠《賦賦》（以"賦者古詩之流也"爲韻）⑤楊際春《賦賦》（以"賦者古詩之流"爲韻）⑥施補華《擬白香山賦賦》（以"童子雕蟲篆刻"爲韻）⑦錢寀《擬白居易賦賦》（以"賦者古詩之流也"爲韻）⑧楊曾華《賦賦》（以"登高能賦、可爲大夫"爲韻）等。我們發現其中③④⑤⑦四篇連題下限韻都是仿照白居易《賦賦》而設的，除⑤以"賦者古詩之流"爲韻外，其餘③④⑦全部是以"賦者古詩之流也"爲韻②。顯然，這三人所見的白居易《賦賦》有可能是官韻作"賦者古詩之流也"的版本。雖然至明末起流行的白集版本要屬馬元調本，但也不能排除其他版本或選本存在的可能，比如"絳雲一炬，蕩爲灰燼"的"錢太史宋本"③就尚存于清初。

　　綜上，如果《賦賦》官韻本爲"賦者古詩之流也"，那金澤本則是正確反映了白居易原作的現存唯一傳本。筆者之所以追究到區區一個"也"字，是因爲律賦之體式有別於其他賦體，官韻之限可謂其"命門"，在文字校勘時理應"錙銖必較"。雖然目前沒有更多古鈔本可以旁證"也"字的可能，但只要有一絲可能存在，還是建議出校以饗讀者。

---

① 可參詹杭倫《清代賦家"以賦論賦"作品探論》，收入復旦大學中國古代文學研究中心編《中國文學研究》第 4 輯，江西教育出版社，2001 年；許結《歷代論文賦的創生與發展》，《文史哲》2005 年第 3 期；陳才智《在似與不似之間——白居易賦的後世擬仿》，《中國文學研究》2015 年第 3 期等。

② 押韻據（清）鴻寶齋主人編《賦海大觀》第 4 册，北京圖書館出版社，2007 年，頁 226—229 分析。

③ 即錢謙益所藏宋本白集。胡震亨《唐音統籤》正是利用此本增補了白詩，已有學者通過追查現存白集刊本的闕詩指出，錢謙益所藏宋本白集屬於與紹興本、那波本、馬元調本均有不同的另一個刊本系統。如查屏球撰、稻森雅子譯《〈白氏文集〉刊本佚詩の遡源について——舊鈔本〈白氏文集〉卷六十五を中心に——》，九州大學中國文學會編《中國文學論集》2016 年總第 45 期。

四　餘論

　　任何文獻整理都難免失校、誤校，尤其是在出土文獻等新材料問世卻未廣傳的情況下，更不宜苛求整理者。“謝校本”與《全唐賦》雖然存在“個別出校不甚準確”“部分出校不够全面”這兩個遺憾，但整體而言考訂科學、審校精良，可以説是品質很高的文獻整理力作，爲我國唐代辭賦的研究工作提供了值得信賴的文本基礎。毋庸置疑，“謝校本”與《全唐賦》所取得的巨大成就不容非議，但若要“精益求精”的話，還有一些細緻的工作留待後來學人。

　　就白居易的辭賦而言，仍有必要繼續加强對域外漢籍的利用。前輩學者所留下的一些遺憾，並非是没有利用域外漢籍所致，而多是利用不够充分所致。未來一段時期的整理，會對域外漢籍、尤其是鈔本的利用程度提出更高的要求。鈔本所傳達出的諸種信息，是紙張手抄時代留傳給我們的寶貴財富。這些鈔本最爲突出的作用是爲文字校勘提供豐富可信的材料，但其作用又不僅僅止於文字校勘，有時會幫助我們準確理解原作，有時會促使我們思考歷來看法的可靠性，甚至會爲我們追索版本系統提供重要的綫索。

　　以上雖是以唐代辭賦的文獻整理爲例而言，但亦可以推及其他漢籍的整理工作。在具體的實踐操作上，爲彌補前面所説的遺憾，至少需要做到兩點：一是不宜據他者校勘進行轉引，最好做到核對鈔本的影印件；二是檢閱影印件時要充分留意其中的每一個細節，不放過任何“蛛絲馬迹”。

（作者單位：魯東大學外國語學院）

域外漢籍研究集刊　第二十輯
2020 年　頁 497—516

李仁老《和歸去來辭》

——何以歸？ 歸何之？ 終何歸？*

馮翠兒

一、引言

　　高麗時代和陶作品，存世者只有李仁老（1152—1220）《和歸去來辭》一首，至李氏朝鮮時，情況就很不一樣了，擬和之篇源源不斷。據南潤秀《韓國의"和陶辭"研究》一書的大致統計，從高麗時代到現代（1956 年），涉及和、次、擬、步、敬、倣、反《歸去來辭》的作品就多達 150 餘篇①，實際應不只此數。這當然與隨著性理之學的興起而刮"崇陶（潛）效朱（熹）"之風及時勢的變幻有着密切關係——不斷的黨争、士禍、外患（南有倭寇，北有滿清，1910 後更淪於日據），致使近千年來，朝鮮半島文士對陶淵明的爲人及《歸去來辭》産生强烈的同理心與認同感，繼而萌發追和的衝動。他們是借和作來表達對時勢的不滿，要維護清高的人格及宣揚對平淡真率生活的嚮往。

　　李仁老的《和歸去來辭》可説是開朝鮮"和陶作"之風②，故研究此辭的

＊ 本文爲國家社會科學基金重大項目"國外辭賦文獻集成與研究"（16ZDA198）階段性成果。

① 可參南潤秀《韓國의"和陶辭"研究》，首爾：亦樂出版社，2004 年。

② 該和作是東國存世所見最早的一篇，因爲入選《東文選》，也可以説是早期最有名的一篇。

人絡繹不絕。綜觀李仁老的一生，實未離開官場，但以他詩文所表現的情懷，又不能算作謝朓般"吏隱"之流。因謝朓在《之宣城郡出新林浦向板橋》云："既歡懷禄情，復協滄洲趣。"李仁老卻嫌棄官場，甚而至於"望紅塵而縮頭"的驚懼地步。然而李仁老少有過離世避亂的經驗，相信這對他的思想、性格和人生觀産生了極大的影響。他現存的詩文中有不少嚮往遠離塵囂，過簡樸寧静生活的作品，就是最好的明證。但他所祈盼的避世之所卻未找到而至"歸去來"之夢一直無法實現，故整首《和歸去來辭》，表現了作者對現實的厭棄、人心的九疑與無何有之鄉的渴求。究竟李仁老爲何一開篇就道出"陶潛昔歸吾亦歸"，尋其語意，實有"已歸"之感。究竟他爲何要"歸"？而又終歸於何處？

既然探討李仁老《和歸去來辭》的前人已甚多，本文則只以"文本的探研""何以歸""歸何之"及"終何歸"作深入挖掘，希望能找出個中真意，這當然與作者的心路歷程有着密切關係。爲此，必須結合作者的生平和社會背景，才能透徹理解辭旨，並可藉此了解作者的人生觀。本文在析論的過程中，亦加入陶淵明原作及蘇軾的和作進行比較，盼能透過"知人論世"與"以意逆志"的方法，探尋作者和作的旨趣與心境。

二、和作的誘發：陶潛昔歸吾亦歸

李仁老在《破閑集》中曾云："昨在書樓偶閲《五柳先生集》有《桃源記》。"①可見在高麗朝中期或以前，陶集已東傳。李仁老平生撰著甚豐，惜散佚甚多，但從僅存的《破閑集》和選入徐居正（1420—1492）《東文選》的詩文，便可見他極崇慕陶潛，不但慕淵明的"歸去來"，更嚮往"桃花源"般遠離塵俗、寧静和諧的生活。

説到《歸去來辭》雖爲東國文士認識，但和作之舉卻應來自於蘇東坡（1037—1101）和作的引發。蘇軾在致弟蘇轍（1039—1112）的信中曾説：

---

① ［朝］李仁老《破閑集》卷上。按鄭墡謨《李仁老〈破閑集〉研究》云："高麗時期詩話的研究者及《破閑集》的點校、譯注者對同一版本的《破閑集》所收詩話的條目總數，有 81則、82 則、83 則共三種説法。"因有爭議，故本文不注則數，下同。

"古之詩人，有擬古之作矣，未有追和古人者也。追和古人，則始於東坡。"①細察高麗文壇的情況，實刮起過一股"東坡熱"。林椿（1148—1186）在《與眉叟論東坡文書》②中道："僕觀近世，東坡之文大行於時。"又李奎報於《全州牧新雕東坡文集跋尾》③中云："今古以來，未若東坡之盛行。"由此可見東坡文在當時已非常盛行④，可說是文士們的必讀書。李仁老亦甚推崇蘇軾，他在《破閑集》卷上云："琢句之法，唯少陵獨盡其妙……及至蘇黃，則使事益精，逸氣橫出。琢句之妙，可以與少陵并駕。"崔滋（1188—1260）於《補閑集》曾載："林先生椿贈李眉叟書云：'今觀眉叟詩，或有七字五字從東坡集來。'"喜愛之餘，在創作取向上便會或多或少受其牽引。

　　蘇軾的和陶是很全面的，非獨只有《和歸去來辭》，這自然給予李仁老一定的激發而產生和作的衝動，遂奮而提筆抒懷。此舉更可產生心理紓緩和治療的效果，因爲創作過程可使創作者把潛藏的内心思緒和情感，具體地表現在作品中，作者便得以釋放壓力、重整情緒。⑤ 如此觀之，李仁老《和歸去來辭》的開篇雖云"陶潛昔歸吾亦歸"，實則"歸"之渴慕來自於陶潛，而和作的衝動則來自於蘇軾。

三、心靈的求索：無何有之鄉

　　李仁老的後半生一直處於官場，至死仍未及"歸"，那麼他何以開篇便高呼"陶潛昔歸吾亦歸"？ 又爲何迫切地渴望要擺脱官場，回歸寧靜的生活？ 這些問號的拆解，首先必須把"和辭"逐層拆析，以聆聽李仁老的心聲。

　　"陶潛昔歸吾亦歸"，乃因李仁老有着與陶潛同樣厭棄官場的心態，繼

---

①《蘇軾詩集·和陶詩七十八首》卷 31，北京：中華書局，1982 年。

②林椿《西河先生集》卷 4，書簡 18。

③李奎報《東國李相國集》卷 21。

④可參王水照《蘇軾文集初傳高麗考》，載《蘇軾研究》，石家莊：河北教育出版社，1999年，頁 316—317。

⑤可參蘇珊·朗格著，劉大基等譯《情感與形式》，北京：中國社會科學出版社，1986 年。作者結合了心理學、社會學的元素去分析及揭示藝術（包括音樂、文學、繪畫等）對人類情感的作用。

而他便要申述欲歸之由，并借此獲得心靈的安慰：“得隍鹿而何喜，失塞馬而奚悲。蛾赴燭而不悟，駒過隙而莫追。纔握手而相誓，未轉頭而皆非。”既然官場上的人心是極其奸詐無信，那麽即使享高官厚禄亦不必高興，就算失去職權又何須難過。表現出李仁老對官場上的得與失根本不介懷，不宜以得爲喜，爲失而悲。若不“歸去”，真有如燈蛾撲火，燬身而不自省。又醒覺到光陰似箭，人生短促，若仍留戀於虛僞多端的宦途上，實是浪費生命之舉，所以必須急流勇退。當“歸去來”後，失掉官禄，生計便無所恃，但主人公認爲即使面對衣食皆缺至“摘殘菊以爲飡，緝破荷而爲衣”的境況，只要“既得反於何有，誰復動於玄微。”可見李仁老欲歸“無何有之鄉”①的懇切願望，這亦是步蘇軾《和歸去來辭》“子瞻謫居昌化，追和淵明，蓋以無何有之鄉爲家”之後塵。

　　主人公想像處於“無何有”的情景是“蝸舍雖窄，蟻陣争奔。蛛絲網扇，雀羅設門”。甚而活用了兩則《莊子》之典：“臧穀俱亡”②“荆凡孰存”③來表現他即使甚麽也失了、不存了，仍能透過主觀的精神力量，“以神爲馬④，破瓠爲樽⑤”，委心隨化地善用無用之物，超脱紅塵的精神境界而得以“遊於物而無忤，在所寓以皆安”。既然精神生活如此無礙與安逸，便不介懷於蝸居的狹窄、物質的窘乏，心靈得到無比的快樂——“身將老於菟裘，樂不减於商顔”。李仁老不獨以顔回自況，更兼舉卜商（子夏），實要表達他不僅“貧而樂”，更要説明“雖貧而不能奪其志”。因子夏曾云：“君子漸於飢寒而志不僻，佹於五兵而辭不懾，臨大事不忘昔席之言。”⑥

　　爲何能達如此境界，主人公再翻入一層，鋪陳老莊順應自然的哲理以鞏固自己的理念：“鱗固潛於尺澤，翅豈折於天關。肯逐情而外獲，方收視

① 莊子《逍遥遊》：“今子有大樹，患其無用，何不樹之於無何有之鄉，廣莫之野。”另蘇軾《樂全先生文集·叙》云：“公今年八十一，杜門卻掃，終日危坐，將與造物者遊於無何有之鄉。”
② 典本《莊子·駢拇》。
③ 典本《莊子·田子方》。
④ 語出《莊子·大宗師》：“浸假而化予之尻以爲輪，以神爲馬，予因以乘之，豈更駕哉！”
⑤ 《莊子·秋水》“五石之瓠何不慮以爲大樽”之典。
⑥ 《尸子》下 321 則。

以內觀。途皆觸而無礙，興苟盡則方還。鵬萬里而奚適，鷦一枝而尚寬。信解牛之悟惠①，知斲輪之對桓②。"他闡明鱗類在水裏潛游，翅者於空中飛翔，是自然不過的事情。兼且物類的大小和本性不同，所適者亦自會各適其適，正如鵬鳥遠翔萬里而鷦兒只飛躍於枝間，全因天性所致。若能不違自然，順乎天性，外物無所動其心，便得寧靜地細察內心的世界，達至虛靜與坐忘之境。如此神遊自然暢而無礙，必得以盡興而還。簡而言之，若能隨心而遊，怎會不自適自樂呢！正如"庖丁解牛"及"輪扁斲輪"之寓，可令文惠君與齊桓公得悟至理一樣。只要能順乎自然之理，用志凝神，便能得之於手而應之於心，無往而不利了。李仁老和辭至此，定是激動得欲將滿腹的話要從肺腑中吐出，深感陶辭之句數未能盡其意，於是多添了一韻——"鵬萬里而奚適，鷦一枝而尚寬。"

　　"歸去來兮！問老聃之所遊。"主人公對"歸去來"擬想得頗爲理想，不禁要爲自己尋找可行之路——追隨老聃的腳蹤。李仁老明白"用必期於無用③，求不過於無求"的真義。"無用之爲用"就是萬事萬物都有其用，而"求"是源於"欲"，無欲自然無求。那就是珍愛自然萬物，無欲無求就能融入天地間，得到真正的精神自由與幸福。繼而舉出"化蝶翅而猶悅，續鳧足則可憂④"爲例，闡明"化繭成蝶"及"鳧脛本短"都是自然而然的，順其自然，自得逍遙，反其自然，有乖造化，倒自招憂悲。正如成玄英疏云："雖復修短不同，而形體各足稱事，咸得逍遙。而惑者方欲截鶴之長續鳧之短以爲齊，深乖造化，違失本性，所以憂悲。"李仁老深明此理，於是要過樸實、純淨無欲的生活："閱虛白於幽室，種靈丹於良疇。幻知捕影，癡謝刻舟。保不材於櫟社，安深穴於神丘。功名須待命，遲暝宜歸休。任浮雲之無迹，若枯槎之泛流。"這小段正表現了主人公的清高脫俗、實事求是、不固步自封、不戀棧功名權位，擇幽深之地爲保身安居之所，只求如浮雲與泛流的枯木般逍遙無迹，可謂進入了人生的另一層境界。

　　來到最後一節，主人公從擬想的幻境回歸現實，發出了另一番感慨：

---

①典本《莊子·養生主》。

②典本《莊子·天道》。

③語出《莊子·外物》。

④典本《莊子·駢拇》

“已矣乎！天地盈虚自有時。行身甘作賈胡留，遑遑接淅欲安之。”一切都“算了吧！”天地是按着一定的法則週而復始地運行不息，不爲人力所能改變。人處天地間，與永恒的宇宙相比，只是如“賈胡”般行色匆匆的過客。主人公瞭然了，發出“風斤思郢質①，流水憶鍾期。尿死灰兮奚暖，播焦穀兮何籽”的醒覺。身邊的事與物常會讓人觸景生情，因而懷緬過去的精彩與成就，也會思念親朋摯友，這又有何益呢？即使如尿死灰而令其復燃，能足以取暖嗎？以焦穀播種，能長出作物嗎？都是徒然。倒不如“安於莬裘”，過其“第寬心於飲酒，聊遣興於作詩”的生活。爲的是逃卻紅塵——“望紅塵而縮頭，人心對面真九疑”——這正是對辭首“纔握手而相誓，未轉頭而皆非”的呼應。

四、何以“歸”？

李仁老在和辭中以身居官場爲“齷齪樊籠”，若不及時“歸休”則是“蛾赴燭而不悟，駒過隙而莫追”。全辭表現了官場給他的感覺是“纔握手而相誓，未轉頭而皆非”，因而産生“望紅塵而縮頭，人心對面真九疑”的畏懼。由此可推知，李仁老之欲“歸”實出於“憤世”，故必須結合“知人論世”及心理元素來作剖析。茲以武人專政、官場人心叵測、年少際遇及對宋代士大夫“吏隱”的追慕爲重點探究分述於下：

（一）不滿於時勢政局

高麗王朝一向重文輕武，1171 年，鄭仲夫、李義方和李高等幾位武臣因不滿毅宗和文臣對武官的欺壓而發動政變，流放毅宗而立明宗，開始了武人統治時期。1173 年，金甫發動政變欲迎毅宗復位，李義方殺毅宗，並懷疑文臣參與此事而迫害士大夫。此後武臣掌握了朝中重要官職，文臣沒有實權，武臣甚至可以隨意廢立皇帝。1196 年，另一武臣崔忠獻（1149—1219）誅滅操控大權的武臣李義旼，繼而大殺朝臣，翌年廢明宗，改立明宗弟晫（初名旼）爲新王，是爲神宗。崔忠獻前後立四王（神宗、熙宗、康宗、高宗），二道廢主（明宗、熙宗），其權位世襲至其子怡（原名瑀）。後來武臣政權內部發生衝突，金俊於 1258 年殺死了崔怡，最終於 1270 年，武臣林惟茂被

---

①典本《莊子·徐無鬼》：形容技藝高超，才能卓越，得心應手。蘇軾亦有：“般斤思郢質，鯤化陋鯈緣”之句。

殺,武人時代才徹底結束。

武人時代是指明宗元年(1171)至元宗十一年(1270)的漫長百年間,這段時期,武臣把持了高麗的朝政,國王形同傀儡。不幸的是李仁老的大半生和爲官的全時段都籠在武臣極權統治之下,他卒於1220年,僅爲崔忠獻死後一年。李仁老爲官之年全活在崔氏父子的暴政之下,他們"挾天子以令諸侯",操朝野生殺升黜之大權。《高麗史·崔忠獻》本傳是列於《列傳》卷第四十三"叛逆三"的,可明史家之論了。《朝鮮史略》亦載:"崔忠獻死,史臣曰:忠獻起於微賤,專執國命,貪財好色,鬻爵賣獄,至於放逐二主,多殺朝臣,元惡大憝,上通於天而得保首領,天道之不可知乃如此耶?"李仁老曾借《半月城》①一詩,以憑吊新羅朝滅亡,借古諷今而發出慨嘆:

> 孤城微彎像半月,荆棘半掩猩猱穴。
>
> 鵠嶺青松氣欝葱,雞林黄葉秋蕭瑟。
>
> 自從大阿倒柄後,中原鹿死何人手。
>
> 江女空傳玉樹花,春風幾拂金堤柳。

當時不但朝政爲武臣所把持,也不獨限於文臣與武臣之爭,更有武臣與武臣間的爭權殺伐,其亂象可想而知。

在武臣專政的情況下,身爲文臣的李仁老,從他的自述"僕先祖,世以文章相繼,紅紙相傳今已八葉矣。"②又"昔睿王西巡,與群臣宴飲唱酬,篇什尤多,無不鏤金石、播絲竹,以傳樂府。**吾祖平章李顥**,適在玉堂,扈從登臨,命名"浮碧寮",作詩叙其始末甚備。"③得知他出身書香官宦世家,祖上亦供職於玉堂。從李仁老的詩文中,又可見他對科舉高中及得以入選玉堂④爲官是甚爲光榮與驕傲之事:

1.《破閑集》卷下:東館是蓬萊山,玉堂號醮頂,皆神仙之職。本朝舊制,雖天子莫得擅其升黜。苟有缺,必須禁署諸儒薦引,然後用之。非有三多之譽、七步之才,則世皆謂之處,必未免血指汗顏之誚。

2.長子裎第四人,次讓第三,次楎第二,雖嶄然露頭角,科級巍而未有

---

①[朝]徐居正《東文選》卷6。

②[朝]李仁老《破閑集》卷下。

③《破閑集》卷中。

④在漢朝有玉堂署,文學侍從在玉堂殿待詔,故後世也常稱翰林院爲玉堂或玉堂署。

能卓然處狀頭。得與父同科者,高陽月師作詩賀曰:"三子聯珠繼父風,四枝仙桂一家中;連年雖占黃金榜,尚避龍頭讓老翁。"①

　　若從心理學角度分析,李仁老不因武臣掌權,文臣地位低落而有自抑之想,乃由於高麗朝崇尚宋朝,所以向來重文輕武,這是一種"集體潛意識"作用,如心理學家卡爾·榮格認爲潛意識不獨是個人的,因"人的心理是透過進化而預先確定的,甚至還與有機界的整個漫長進化過程連結。這個往昔,並不只是個人的潛意識,主要是'集體的'潛意識……教育與學習上的機會與環境愈豐富,集體潛意識的各方面便可以變得個體化,并成爲自覺的意識。"②美國心理學者默里·斯坦因更清楚地闡釋了集體潛意識可建樹一個完整時代的時代精神。③

　　由此可分析李仁老雖生於武臣掌控之世,但受着"遺傳集體潛意識"的影響,士人及文臣不會因從文得不到權位和不被重視而易轍,仍然崇儒重文。他在《偶吟》④中便有"白頭不悔儒冠誤,尚把塵編教子孫"這等至老不渝之句,自然無法接受武臣的專橫和壓制。加之李仁老早有輔助君王、建功立業的大志:

　　　•《燈夕》⑤:須知一片丹心在,欲助重瞳日月明。

　　　•《與友人夜話》⑥:試問鄰墻過一壺,擁爐相對暖髭鬚。厭追洛社新年少,閑憶高陽舊酒徒。半夜聞鷄聊起舞,幾回捫虱話良圖。胷中磊磊龍韜策,許補征南一校無。

　　　•《續行路難》其二:我欲飆車叩閶闔,請挽天河洗六合。⑦

他的好友林椿在《送李眉叟序》⑧亦説他:"其好作有爲。"如此一位才學出

①《破閑集》卷下。

②可參卡爾·榮格著,劉國彬、楊德友譯《榮格自傳:回憶·夢·省思》,臺北:張老師文化事業股份有限公司,1997 年,頁 471。

③可參默里·斯坦因著,喻陽譯《變形:自性的顯現·導言》,北京:中國社會科學出版社,2003 年。

④《東文選》卷 20。

⑤《東文選》卷 20。

⑥《東文選》卷 13。

⑦《東文選》卷 6。

⑧《東文選》卷 83。林椿在《送李眉叟序》云:眉叟與余善而喜釋氏,雖吾亦樂而從焉。所疑者其好作有爲,而見釋氏之徒,則莫不合爪而加敬信焉。是豈真能好釋氏者耶?

衆、有心報國、期望整頓天下、幹一番大事業的人，爲何竟仿傚西晉"竹林七賢"與吳世才、林椿、趙通、皇甫沆、咸淳、李湛之組織起"海東七賢"？比對"海東七賢"所處之世與"竹林七賢"的境況實有着相近之處。正始十年/嘉平元年(249)，司馬氏發動了"高平陵事變"，曹氏宗室及黨羽幾被除滅，又動輒誅殺名士，士人們感到生命安全毫無保障，紛紛退隱山林。"竹林七賢"之放浪縱酒，就是爲了遠避政治旋渦而採取的權宜之計，是逃避殘酷政權的無奈之舉。高麗朝武臣掌權之時，亦是政治混亂、危機四伏，正如李齊賢在《櫟翁稗説》中的描述：

> 不幸，毅王季年，武人變起，所忽薰蕕同臭，玉石俱焚，其脱身虎口者，遁逃窮山，蜕寇帶而蒙伽梨，以終餘年。①

"海東七賢"是志同道合者的組成，而且又妙合七人，聚會則任情自然、詩酒爲娛，不也是一種消極抗世，對當時政權的變相控訴嗎？

(二)逃避官場

李仁老在《和歸去來辭》最末寄以重重的感嘆——"望紅塵而縮頭，人心對面真九疑！"可見他并不只哀嘆武臣專橫的亂局，還對當時的世道人情表示不信任和恐懼。他在《贈四友倣樂天·山水友趙亦樂》一詩中已顯出早就萌發隱退之意：

> 陶朱雖相越，一舸泛溟渤。安石在晉朝，雅賞東山月。
> 今我與夫子，豈是愛簪紱。散盡東海金，行採西山蕨。

表明了他雖身在官場，卻并不戀棧權位，願傚范蠡與謝安，棄官而過悠閒的生活。究竟李仁老在官場上遭到些甚麼際遇而令他厭棄官祿？今能見他的作品與事迹有限，故只能舉數事以作推測。

李仁老在和辭中有"纔握手而相誓，未轉頭而皆非"之句，這正是"人心對面真九疑"的註腳。在《東文選》卷六收錄了他一首《贈接花者》的七言古詩：

> 鸞筋鳳喙不易得，煎膠續斷無痕迹。
> 羨君手持造化鑪，玉尺金刀管春色。
> 移紅轉紫在須臾，夢幻不知誰主客。
> 君不見當時扁鵲稱神醫，換易心肝人不識。

---

① 《櫟翁稗説》前集第 1 則。

此詩表面上是歌譽"接花者"的高超技藝,實寄喻了人心的險惡、手段的高超。可在須臾間翻手爲雲、覆手爲雨,移紅轉紫、主客不分,人心叵測。由此可見李仁老對當時的官場多鄙視和感到痛心疾首。

　　另一讓李仁老不快的是他與七賢聚會,得以詩酒相娛,可解心中一時鬱悶,稱作"東海七賢"的組織卻被詬病。李奎報(1169—1241)《七賢説》云:

　　　　先輩有以文名世者某某等七人,自以爲一時豪俊,相與爲七賢,蓋慕晉之七賢也。每相會飲酒賦詩,旁若無人,世多譏之,然後稍沮。時予年方十九,吳德全許爲忘年友,每攜詣其會。其後德全遊東都,予復詣其會。李清卿目予曰:"子之德全,東遊不返,予(疑爲子)可補耶?"予立應曰:"七賢豈朝廷官爵而補其闕耶?未聞嵇、阮之後有承之者。"闔座皆大笑。又使之賦詩,占春人二字。予立成口號曰:"榮參竹下會,快倒甕中春。未識七賢內,誰爲鑽核人?"一座頗有慍色,即傲然大醉而出。

從此可知以李奎報爲代表的世人對七賢實存在不敬的態度,文中竟用了"某某等七人""自以爲"及"世多譏之"等語。本來七賢欲借詩酒相娛,以不畏俗眼之態來消解對亂世的憤懣,竟引來世人之譏,此乃一不幸。二不幸者,從《七賢説》得知李奎報當時年十九(1187),李仁老正官於玉堂,而所謂"德全東遊不返",《破閑集》卷下可證:"濮陽世材(字德全)①,才士也……年至五十得一第,客有(疑爲遊)東都以歿。"吳世材歿於1189年,即從此未回來過。又李奎報於《次韻皇甫書記用東坡哭任遵聖詩韻 哭李大諫眉叟》中談及七賢則云:"六君皆鬼錄,相繼歸黃壤。"即說明七賢中六賢均歿於李仁老之前。可見自1187年以後,六賢或逝或散,七賢之聚會無以繼。知己之日散,更加重了李仁老歸去來之望,對應了和辭中"流水憶鍾期"之句。

　　再從另一綫索探討,崔滋(1188—1260)《補閑集》中隨手可翻見李仁老與李奎報同在文會中唱和的記載,可證七賢聚會以後,李仁老與李奎報仍有唱和之會,但在二李留下的文集和筆記中,除李奎報有《次韻皇甫書記用東坡哭任遵聖詩韻哭李大諫眉叟》一詩外,再無任何其他酬答詩文。又李

―――――――――――

①亦有説:吳德全,字世材。更有材與才相混之況。

奎報曾撰寫《東國諸賢書訣評論序並贊》一文,爲在世及之前能知的書家評品,分列爲神、妙、絶三品。《高麗史·李仁老傳》載:"自幼聰悟,能屬文,善草隸。"可見李仁老是當時頗有名的書家。李奎報卻未見爲李仁老列品。李仁老比李奎報略長,而且同朝爲官,更常一起聚會唱和,不應忽略這位"善草隸"的書家。故有理由推測二人之間存在氣味不相投,甚至欠融洽的關係。

從以上事件的探索與分析,應可理解李仁老爲何空抱一身才華和一腔壯志,卻如《高麗史·李仁老傳》所言:"性偏急,忤當世不爲大用"。這亦引至他不願戀棧官場而慕陶潛之"歸去來"。

(三)兒時經歷

李仁老因着父母早喪和武臣鄭仲夫之亂的關係,渡過了一個頗不平凡的童年和少年時期。這段經歷對他的心理影響甚大,更會導至他成長、甚至中年後對人生前路作出怎樣的抉擇。

默里·斯坦因作出的心理研究認爲:"重要的心理發展發生于嬰幼時期……精神上最重要的心理發展卻出現于成年期,中年生活及其以後。"[1]榮格也認爲:"平淡的童年生活,但那些生活卻可能是未來日子的重要種子"[2]弗洛伊德也有近似觀點:"潛意識根本不是精神生活的廢物……而是處在潛意識的持續壓力下;在看似已被忘卻了的過去中,每一個瞬間都將波濤沖進我們今日的生活中……我們以爲早已埋葬了的去向不明的童年時代的願望,在那兒渴求般地神出鬼没。"[3]

按以上的理論,正切合於李仁老的成長過程。據其子"閤門祇候世黄"在《破閑集》跋尾云:

> 我先人生大金天德四年壬申(1152),早喪考妣無所依歸。有大叔僧統寥一撫養之,常不離左右,訓誨勤勤。三墳五典諸子百家莫不漁

---

① [美]默里·斯坦因著,喻陽譯《變形:自性的顯現》,北京:中國社會科學出版社,2003年,頁7。

② 蔡榮裕《讓榮格讀讀你的樣子》,此文爲卡爾·榮格著,劉國彬、楊德友譯《榮格自傳:回憶·夢·省思》一書之"代序",臺北:張老師文化事業股份有限公司,1997年。

③ [奥]斯蒂芬·茨威格著,沈錫良譯《精神療法》,上海:上海人民出版社,2007,頁249—250。

獵。至乙未(1175)夏提名豹牓。翌年秋月,踵八賢關連捷考藝。又庚子(1180)春場首登龍門,聲動士林。

李仁老父母早亡,幼而無依,得到叔父僧統寥一悉心教養,身處佛門,遠離凡俗,得以專心學習,於是三墳五典諸子百家莫不漁獵。他在《破閑集》中卷的自述詳云:

> 明皇時,大叔僧統寥一,出入禁宇間,不問左右二十餘年,常(嘗)作乞退詩進呈云:"五更殘夢寄松關,十載低佪紫禁間;早茗細含鸞鳳影,異香新屑鷦鴣斑。自憐瘦鶴翔丹漢,久使寒猿怨碧山;願把殘陽還舊隱,不教嚴畔白雲閒。"上大加稱賞,謂師曰:"昔人云:莫訝杖藜歸去早,故山閒却一溪雲。"可謂先得師之奇趣,因和其詩以賜之曰:"祖師心印製機關,即悟真空一瞬間;宴坐爐添沈水瓣,迎賓筑破紫苔班。好將經論傳緇侶,莫以行藏憶舊山;夕磬晨香勤禮念,願令愚俗得安閒。"歷觀古今名緇秀衲,得被君王寵賜以篇章者多矣,未有特次其韻,叙其意如此款密。昨詣大叔丈室,示以御製此篇。宸翰飛動,蘭麝郁然,正冠肅容,跪而讀之。若瞻天日於雲表,祥光瑞色爛溢目。誠可仰也!

從這則叙述,我們可知數點訊息:

其一,上文開篇則云"明皇時",此時期李仁老應已過及冠之年,即其爲避鄭仲夫之亂(1170)而祝髪逃入僧門,在寥一的蔭庇下,得以安穩讀書而不受滋擾之時。

其二,寥一甚得明宗賞識,從君臣唱和得見寥一的文學素養不凡,有如此長輩提攜教導,加上《高麗史·李仁老傳》稱其"自幼聰悟",《破閑集·跋》説他"三墳五典諸子百家莫不漁獵",自然是相當勤奮。如此條件齊備,學有大成便是意料中事。

其三,寥一能出入禁宇間二十餘年,直接與王者對談,其職與身份、見識和能力,一定非同一般。又李仁老能隨意進出"大叔丈室",而且大叔連王上親賦墨迹都讓他捧讀,可見寥一對仁老是何等的愛重。

其四,寥一能出入禁宇間二十餘年,與禁内君臣對語及唱和自當甚多。李仁老卻對大叔作乞退詩進呈一事記憶得如此清晰,在編撰《破閑集》時將此事叙述得如此詳盡,證明乞退之事對年青李仁老的思想産生過深刻影響。

從以上四點的分析,寥一是一位德高望重、見識廣博,且深受君主器重的人物。他對李仁老有養育之恩，兼且愛護有加，李仁老自必然受他的思想和價值觀熏陶。加之寗一身份尊貴，爲李仁老自幼至成年提供了寧静且不沾塵俗的生活。作乞退詩進呈一事，相信亦在李仁老心底烙下印記。當鄭仲夫之亂，時僅十八歲的李仁老即祝髮空門以避就是很好的例證。這些兒時經歷，就印證了心理分析學者的理論，它會影響到一個人的人格，亦"成未來日子的重要種子"。故李仁老在遇到不如己意的世況和官場上的爾虞我詐時，就想逃至一個遠離塵囂、寧静和平的地方。故當他讀到陶淵明《桃花源記》及《桃花源詩》時，簡直就着了迷，自然對陶産生崇拜之感而慕其人格、慕其歸去來的生活，便高呼"陶潛昔歸吾亦歸!"

（四）宋朝士人"吏隱"之風影響

高麗士人崇慕宋朝，"吏隱"在宋代士大夫之間蔚然成風。如文壇領袖、古文大家歐陽修云："因知吏隱樂，漸使欲心窒。"[1]即使身爲宰輔的司馬光亦道："既知吏可隱，何必遺軒冕。"[2]所謂"吏隱"即居官之餘又兼隱逸之意，表現爲在處理政務之餘徜徉山水，讓身心得以安閒與自適。他們除登山臨水外，還可筑園林以達"閉門而歸隱"的願望。從蘇軾《靈壁張氏園亭記》一文就可明其大略：

> 今張氏之先君，所以爲子孫之計慮者遠且週，是故筑室藝園於汴、泗之間，舟車冠蓋之衝。凡朝夕之奉，燕遊之樂，不求而足。使其子孫開門而出仕，則跬步市朝之上；閉門而歸隱，則俯仰山林之下。於以養生治性，行義求志，無適而不可。

再有一途便是借助山水畫的感染力，使得賞畫者如入畫境。宋代山水畫大盛，大師郭熙在《林泉高志·山水訓》道：

> 君子之所以愛夫山水者，其旨安在？丘園養素，所常處也；泉石嘯傲，所常樂也；漁樵隱逸，所常適也；猿鶴飛鳴，所常觀也；塵囂韁鎖，此人情所常厭也；煙霞仙聖，此人情所常願而不得見也……白駒之詩，紫芝之詠，皆不得已而長往者也。然則林泉之志，煙霞之侶，夢寐在焉，耳目斷絕，今得妙手郁然出之，不下堂筵，坐窮泉壑，猿聲鳥啼依約在

---

①（宋）歐陽修《新營小齋鑿地爐輒成五言三十九韻》。
②（宋）司馬光《登封龐國博年三十八自云欲棄官隱嵩山作吏隱》。

耳,山光水色滉漾奪目,此豈不快人意,實獲我心哉!①
這就清楚闡明:君子愛山水,但"此人情所常願而不得見",若"得妙手郁然
出之",君子便可不離堂筵而能置身畫圖中,盡情欣賞山泉幽壑了。簡言
之,就是以欣賞山水畫代替遊覽。

李仁老愛登山臨水,尋幽探青鶴洞,在留下的不多詩文中就有不少紀
遊的詩文,更有八首描繪《宋迪八景圖》的七言絕詩。由此推論,當李仁老
找不到他心中理想的青鶴洞時,便有可能轉念而仿傚宋士人的吏隱——與
玉堂柏互訴心曲,離官衙則回紅桃井第,依泉濯足,枕木小眠。不也逍遥忘
羈嗎?

五、歸去來兮,吾歸何處?②

陶潛的理想歸地是他心中的桃花源,《桃花源記》描寫了整個願境。在
《桃花源詩》中更道出了他期盼的理想:"春蠶收長絲,秋熟靡王税"。那就
是一個寧靜和平,如《擊壤歌》所云"日出而作,日入而息。鑿井而飲,耕田
而食"的先民生活場景——"帝力於我何有哉"的國度。

蘇軾在《滿庭芳·歸去來兮》中道:"歸去來兮,君歸何處?萬里家在岷
峨。"既然不能"歸家",那麼他心目中的"桃源"在哪?他在《和桃花源詩》便
清楚道出乃"仇池":

　　　桃源信不遠,杖藜可小憩。躬耕任地力,絶學抱天藝。
　　　臂雞有時鳴,尻駕無可税。苓龜亦晨吸,杞狗或夜吠。
　　　耘樵得甘芳,齕齧謝炮製。子驥雖形隔,淵明已心詣。
　　　高山不難越,淺水何足厲。不如我仇池,高舉復幾歲。
他在《雙石》詩中亦云:"一點空明是何處,老人真欲住仇池"。

由此二則便可體會蘇軾真心想覓得及居於仇池,而且他在黃州時便建

---

①其典源於宗炳,《宋書·隱逸》列傳53云:"宗炳……好山水,愛遠遊,西陟荆、巫,南登衡
　嶽,因而結宇衡山,欲懷尚平之志。有疾還江陵,歎曰:'老疾俱至,名山恐難遍睹,唯當
　澄懷觀道,卧以遊之。'凡所遊履,皆圖之於室,謂人曰:'撫琴動操,欲令衆山皆響。'"。
②(宋)蘇軾《滿庭芳·歸去來兮》。

造了"雪堂"①,把營建安居之所赴諸實行。元豐七年(1084),蘇軾的謫居地由黃州移至汝州,在太守滕元發的鼓動下,於宜興城外的湖泊區深山中買下一處田莊,上表請居該地。② 這便是蘇軾爲"歸去來"而營設的"菟裘",并寫下《歸宜興留題竹西寺》一詩:"十年歸夢寄西風,此去真爲田舍翁。剩覓蜀岡新井水,要攜鄉味過江東。"但在宜興宅只留了十天便又因復官而離開,此後就沒再回去過。

　　至於李仁老心儀的歸所,在他的詩文中已清楚道出:

　　•《破閑集》卷上便道出對武陵源的渴慕:湍州北仰岩寺,距皇都不遠,山奇水異,窅然有幽奇之致。僕與隴西湛之嘗讀書於此。每日暮,憑欄縱目,漁火明滅,雲沇烟澹,茅茨聯屬,如在武陵源上。

　　•《破閑集》卷上另一則:智異山……古老相傳云:其間有青鶴洞,路甚狹纔通人行,俯伏經數里許,乃得虛曠之境,四隅皆良田沃壤宜播植,唯青鶴棲息其中,故以名焉。盍古之遁世者所居,頹垣壞塹猶在荆棘之墟。昔僕與堂兄崔相國,有拂衣長往之意,乃相約尋此洞……而所謂青鶴洞者,卒不得尋焉,因留詩嚴石云:頭留山迥暮雲低,萬壑千巖似會稽;策杖欲尋青鶴洞,隔林空聽白猿啼。樓臺縹緲三山遠,苔蘚微茫四字題;試問仙源何處是? 落花流水使人迷。

從以上詩文可見李仁老心目中理想的歸處是深受陶淵明《桃花源記》的影響,後發現桃花源"實與青鶴洞無異",便與"堂兄崔相國,有拂衣長往之意,乃相約尋此洞",卻"所謂青鶴洞者,卒不得尋焉"。其實從現見的有限李仁老詩文中可見他只要求一處遠離塵囂的寧靜之所。且看以下數則:

　　•《書豐壤縣公舍》:"峰下人家陽朔境,雲間鷄犬武陵源。使君不許黃牛佩,喜見風前麥浪翻。"③

　　•《崔太尉雙明亭》:"清風冷冷午枕涼,蒼雪陣陣空庭落。求閑得

---

①《東坡八首·引》云:"余至黃州二年,日以困匱。故人馬正卿哀予乏食,爲於郡中請故營地數十畝,使得躬耕其中。"便是"東坡"之由來。詩人於翌年還筑起居室,名之"雪堂",並自稱東坡居士。
②《宋史·蘇軾傳》卷338:"神宗意不允,遂手紥移軾汝州……軾未至汝,上書自言饑寒,有田在常,願得居之。朝奏入,夕報可。"
③《東文選》卷20。

閑識閑味,舊遊不夢翻階藥。群花落盡一株松,白雲深處青田鶴……
六一居士居潁川,著書詫琴自書樂。豈如庭院得蓬瀛,不煩鸞鶴遊寥
廓。"①這詩實是仁老晚年於"紅桃井居"的生活寫照。

　　•《謾興》:"境僻人誰到,春深酒半酣。花光迷杜曲,竹影似城南。
長嘯愁無四,行歌樂有三。静中滋味在,豈是世人諳。"②

　　•《山居》:"春去花猶在,天晴谷自陰。杜鵑啼白晝,始覺卜居深。"③
而且在他《和歸去來辭》中道出了他只求遠離混濁世境的渴望:"閱虛白於
幽室,種靈丹於良疇……保不材於樗社,安深穴於神丘。"即使生活得如何
艱辛,他仍能順乎天命,甘之安之。但在他心中素有"須知一片丹心在,欲
助重瞳日月明"的宏願。有此"出世"與"歸"的内心挣扎,便能理解爲何其
子李世黄在《破閑集•跋》中提及其父"心中洶洶,居常鬱鬱"。這也爲李仁
老欲歸而終未歸,走上"吏隱"一途下了注腳。

六、期望與現實——終何歸?

　　陶淵明、蘇軾及李仁老都有自己心中的樂土。陶淵明幻擬的是桃花
源,蘇軾夢想着的是仇池,李仁老想尋的是智異山的青鶴洞,他們的理想樂
土都不是神仙福地,可惜的是三人都未能抵達夢想之地。

　　陶的《歸去來辭》寫歸之由和歸後之樂,他的歸家躬耕,只求脱離官場
的羈絆。即使面對饑寒與困阨,他以"縱浪大化中,不喜亦不懼。應盡便須
盡,無復獨多慮"④,順乎天命的人生觀終其餘生。

　　蘇軾因對"君不見錢塘宦遊客,朝推囚,暮決獄,不因人唤何時休"⑤
的官場生涯表明厭棄,只求爲國爲民營福。於是唱出"嗟我復何爲,相
得歡有餘。我本不違世,而世與我殊"⑥及"功成頭白早歸來,共藉梨花作

---

① 《東文選》卷 6。
② 《東文選》卷 9。
③ 《東文選》卷 19。
④ （晉）陶淵明《神釋》。
⑤ （宋）蘇軾《和蔡准郎中見邀遊西湖》之一。
⑥ （宋）蘇軾《送岑著作》。

寒食"①之嗟！他曾謫居三地，每到一地均筑舍營園，總以該地爲"無何有之鄉"。他在黄岡筑建了"雪堂"，在惠州修筑了"白鶴居"，到儋州把居所建在桄榔林中而名之"桄榔庵"。每到一謫地便又一次筑室安身與安居，把生平所居之處認同爲自己的故鄉。當他離開海南，獲大赦，并得以任便居住。本計劃回到宜興他早年買下的湖泊居安渡餘年，但天不從願，行至常州便得疾而終。奈何！

　　至於李仁老《和歸去來辭》所提出的心儀生活，其實極其簡單，只要找到一處與智異山青鶴洞般寧静無塵之處便能達成所願。但他不願放棄兼濟天下之志，只要條件允許，他還是希望爲社稷挽狂瀾於既倒。故他至死從未脱離官場，但他又不能完全忘卻歸去之思，究竟他如何解决此矛盾？

　　李仁老爲官主要在翰林院（玉堂），他在玉堂覓得其樂，在精神上擬柏樹爲忘年之友。其《玉堂柏賦》中擬設與柏樹對話，借柏之語："（玉堂柏）冰枯雪瘦，可以配先生（李仁老）之高趣。雨嘯風嘔，可以續先生之秀句。歷千載而愈茂，可以薦先生之遐壽。苟許忘年之契，則不與草木同腐矣。"從此可知，即使李仁老身處官署，雖面對"纔握手而相誓，未轉頭而皆非"的困局，卻覓得高風亮節的君子（庭中柏）爲友②，一解官場混濁之煩。

　　又按其子世黄於《破閑集》跋尾所述："集（《破閑集》）既成，未及聞于上，而不幸有微恙，卒于紅桃井第……及登左諫議大夫，始受選錢之命。未開試席，天不假年，奄然而逝。"由此可見李仁老至死一直居於紅桃井第。

　　在其所賦《紅桃井賦》中得知"柏堂東麓，有泉澄渌……旱而不渴，響如琴筑……遂使傍泉而居者，皆快意於挹掬。"可見在紅桃井第宅之東有一澄渌、清凉的泉水，終年不竭，水聲清脆得像琴筑般，居於泉旁者（自然包括李仁老）皆快意於挹掬。李仁老每於飽餐後愛坐於泉旁石上濯足："隴西子茹蔬得飽，以手捫腹……踞一石，露雙脚，挼碎冰霜，吞吐珠玉。"濯後徐嘯歸家，迎風枕瘦木小睡："復塵纓之已濯，徐嘯歸來。溪風蕭蕭，展八尺之風漪，枕數寸之瘦木。夢白鷗而同戲，任黄粱之未熟。"其樂就如："飄飄乎如駕八龍而到瑶池，聞金母之一曲；浩浩乎若泛枯槎而渡天河，驚蜀都之賣

①（宋）蘇軾《送表弟程六知楚州》。
②李仁老《玉堂柏賦》："有一蒼髯君子，立中庭而不倚。瘦鶴將騫，老龍欲起，斂風雲於尺地，若有待於知己者。"

卜。"李仁老安在第宅中營造及過著簡樸適意的日常,而且認爲此等寫意的生活,更勝於王愷的奢靡、貪贓聚財的官吏,他是不稀罕以金蓮盆來濯足的:"何必錦障紆四十里,胡椒蓄八百斛,打就金蓮盆然後濯吾足。"清楚地彰顯了他的樸實清高的人格,也表明了他仍保着烏紗,爲的只是候機以一展宏志。

機會終於來了:"及登左諫議大夫,始受選錢之命。"然而"未開試席,天不假年,奄然而逝。"天意如此,惜哉!

七、結語

陶淵明賦《歸去來辭》是寫擺脱樊籬之樂和對歸田生活的憧憬,是賦"歸去來"的創始者,他捨棄官場歸家,放下"少時壯且厲"①及"有志不獲騁"②的情懷,甘於過樂夫天命,躬耕安貧的生活。蘇軾是"和歸去來"的倡導者,他遭貶謫而失去"歸"的自由,但他每到一謫居地,均筑建自己的居所,即使甚爲簡陋仍樂此不疲③,又開墾園圃,以躬耕爲樂,得"無何有之鄉"爲"歸"所。他《和歸去來辭》,甚至和陶百篇之舉,是要在貶謫生涯中以陶淵明之後身自況自慰。李仁老是今見朝鮮"和歸去來"的第一人,雖至死仍未"歸",但把玉堂官署和紅桃井第營造成"心靈寄託的歸所",可謂之"吏隱"。使"身"仍能候命"濟世"而"心"則安"歸",所歸的正是既可進亦可守的"心靈無何有之鄉"。李仁老是以追和《歸去來辭》來宣示自我脱俗與清高的人格和形象,藉此求取心靈上的慰藉。

《孟子・盡心上》云:"古之人,得志,澤加於民;不得志,修身見於世。**窮則獨善其身,達則兼濟天下**。"陶、蘇、李三人的賦"歸",表面上是"獨善其身"之舉,然而《周易・賁・彖》有云:"觀乎天文,以察時變,觀乎人文,以化成天下。"縱觀陶淵明之賦《歸去來辭》,影響和安慰了歷代千千萬萬士人的心靈。蘇軾與李仁老的和作,亦開了中華與東國和韻之風,讓廣大和者有

---

① (晉)陶淵明《擬古》第八。

② (晉)陶淵明《雜詩》其二。

③ (宋)蘇軾《般涉調・哨遍》"余治東坡,筑雪堂於上。人俱笑其陋,獨鄱陽董毅夫過而悦之,有卜鄰之意。"

追慕、認同及宣洩之途,營造了一個"歸去來"文學上的精神歸宿。他們表現出的道德和人格力量,難道還没有"化成天下"之功嗎? 三位詩人相同之處均是活於不符理想,甚至處於失望與痛苦的境況,在人生旅途上可謂"鬱鬱不得志"。然而他們在文學史上的貢獻和地位,真有"千秋萬歲後,誰知榮與辱"①之感。當我們讀着這些原作與和作,心靈中不禁萌生"其人雖已殁,千載有餘情"②之嘆,進而要和韻一首!

①(晉)陶淵明《挽歌詩》其一。
②(晉)陶淵明《詠荆軻》。

附録

《和歸去來辭》并序

　　戊戌之年余正逢花甲，本爲與港英政府約定致仕之年，唯性不適於官場，早於十三載前便賦歸去。適值着手李仁老《和歸去來辭》之探研，偶生感觸，便有追和之意。伯偉師聞之即云："昔朝鮮女性徐氏有《和歸去來兮辭》，東人頗以爲榮，謂爲'創聞，雖中原女士無此作也'。惟徐氏乃傳統女性，既未曾出，又何談歸。今汝有此作，東國徐氏不得專美於前矣。"辭曰：

　　歸去來兮，不適於時早已歸！既脱虚誕浮華，亦離仰鼻之悲。悟往學之不足，奮來日以力追。雖逾四十仍有惑，幸將五十而覺非。乘航班以赴寧，更布服爲羽衣。按部策研路，不畏身份微。視力雖有陷，難阻我前奔。素心會友，砥礪同門。所内善本繼置，諸類均存。書櫃之下，美酒列樽。研會啟而賢士集，論辯盛則衆開顔。議餘共宴聚，賓主歡且安。文士歸國而四散，門因潛研而重關。竭所能而流覽，唯無暇以盡觀。生於香江而爲家，蒐得資材便速還。爲求晚年有寄，甘寧港而盤桓。

　　歸去來兮，息酬酢與遠遊。既不足爲世用，捨初服其焉求。居陋室而自樂，啖盒飯而無憂。良師循循以誘我，恪選東國爲研疇。探理究心，慎惕刻舟。撰罷訪摯友，聯袂踏梅丘。歌南京眼之璀璨，賞魚咀江河之匯流。感人性之美善，享身心之得休。

　　已矣乎！人生得意不多時！少壯光陰已東流，來者誓必緊握之。官勳非我份，富貴不復期。讀書南雍研所，勤於筆耕耘耔。抱擁萬卷奥籍，時考域外碑詩。樂述先賢之盛業，實事求是安有疑！

（作者單位：南京大學域外漢籍研究所）

域外漢籍研究集刊　第二十輯
2020 年　頁 517—526

朝鮮人民大學習堂收藏辭賦文獻蠡述[*]

陳　亮　張　佳

　　辭賦是介乎詩、文之間的一種文體，它起源於戰國，興盛於漢代，隨著中國文學歷史的發展而不斷衍變。中國辭賦傳入域外的時間，最早要追溯至唐代之前，在以漢字爲書寫媒介的東亞漢文化圈得到廣泛接受和傳播。其中創作時間最長、作品最多的要屬朝鮮半島上的辭賦文學。中國辭賦主要依託《史記》《漢書》《文選》等文獻傳入朝鮮，由於辭賦“義尚光大”，擅鋪陳、能言志，且兼綜才學，很快成爲朝鮮文人涵養智心、吟詠情性的重要載體；而自光宗九年（958）開始，高麗朝學習中國科舉制，以詩、賦取士，辭賦文體更爲朝鮮士子所重視和學習，産生了大量辭賦作品。因爲衆所周知的原因，朝鮮半島目前分割爲兩個國家，即南北朝鮮。而現有的辭賦文獻資料，以及研究學者和研究對象皆出於韓國，朝鮮的辭賦書目和研究狀況幾無所聞。介於此，楚辭研究中心成員、遼東學院朝鮮學院胡偉副教授借訪學朝鮮之際，對朝鮮人民大學習堂，即朝鮮國家圖書館進行訪問調研，旨在更加全面地了解辭賦在朝鮮半島，尤其是朝鮮的傳播情況。

一　大學習堂所藏辭賦學文獻目録

　　人民大學習堂（以下簡稱大學習堂）是朝鮮的國家圖書館，坐落於平壤

---

* 在本文係國家社科基金青年項目《韓國楚辭學研究》（編號 16CZW016）、江蘇高校哲學社會科學研究項目《民國時期學術思潮與楚辭批評》（編號 2016SJB750011）階段性成果之一。

市中心,1982 年建成面向社會開放,受政務院直接領導和管轄。大學習堂的中心部分是擁有 14 個房間、藏書能力達 3000 萬册的書庫,書庫管理嚴格,非管理人員需經批准方能入内。另外還設有閱覽室、咨詢室、複印室、録音室等,其中包括社會科學、自然科學、書報資料等各類閱覽室十餘個,中央大廳存放著所藏書籍的書名、分類、著者等書目,凡滿 18 周歲的朝鮮公民均可領取圖書證借閱圖書,來往讀者絡繹不絶。胡偉通過調取書籍目録,一一查閱,手批目驗,共發現 18 種與辭賦相關的文獻,分別是《昭明文選》(兩種)《文心雕龍》《文苑英華》《唐文粹》《楚辭補注》《楚辭後語》《楚辭集注》《楚辭通釋》《歷代賦彙》《屈原》話劇、《屈原的故事》《屈原》連環畫、《楚辭論文集》《楚辭要籍解題》《魏晉南北朝賦選粹》《楚辭》《楚辭植物圖鑒》。其版本情況列表如下:

書目	責任者	刊印、出版時間	刊刻、出版社	分類
昭明文選	蕭統	1772	海録軒	詩文總集
昭明文選	蕭統	1986	上海古籍出版社	詩文總集
文心雕龍	劉勰	1956	中華書局	文學理論
文苑英華	李昉、宋白等	2003	中華書局	詩文總集
唐文粹	姚鉉	民國	上海商務印書館	詩文總集
楚辭補注	洪興祖	1957	中華書局	楚辭專著
楚辭後語	朱熹	1953	人民文學出版社	楚辭專著
楚辭集注	朱熹	1979	上海古籍出版社	楚辭專著
楚辭通釋	王夫之	1959	中華書局	楚辭專著
歷代賦彙	陳雲龍	1987	江蘇古籍出版社	辭賦總集
屈原	郭沫若	1957	中國戲劇出版社	話劇
屈原的故事	蘇地	1956	群益堂	傳記小説
屈原	肖仁舒	1981	中國電影出版社	連環畫
楚辭論文集	蔣天樞	1982	陝西人民出版社	楚辭專著
楚辭要籍解題	洪湛侯	1984	湖北人民出版社	楚辭專著

續表

書目	責任者	刊印、出版時間	刊刻、出版社	分類
魏晉南北朝賦選粹	王晨光	1987	天津教育出版社	辭賦選譯
楚辭	劉浩	2001	延邊大學出版社	楚辭專著
楚辭植物圖鑒	潘富俊	2003	上海書店出版社	楚辭專著

　　據上表可知，大學習堂所藏的辭賦文獻數目不豐，種類亦少。按時代劃分，古籍和當代著述各占 9 種，内容上包括楚辭專著八部，文學總集四部，辭賦選集兩部，文學理論專著一部，由屈原事迹改編的小説、話劇和連環畫各一部。除《文選》爲清代刻本、《唐文粹》爲《四部叢刊》初編本外，這些書籍的出版時間都在新中國成立後，多數集中在 20 世紀 50 年代至 80 年代。而本世紀的出版物只有三種，分別是 2001 年的中國古代啟蒙教學叢書《楚辭》、2003 年《楚辭植物圖鑒》和 2003 年《文苑英華》。可見，即使在 20 世紀 80 年代以後“中國大陸賦學批評由復興到熾盛，並帶動了港、臺與海外賦學的發展，從而使在中國古典文學領域中相對冷落的賦學成爲世界漢學復興中的一個較爲醒目的聚焦點”①，辭賦文獻的整理和研究在朝鮮並未受到重視。

二　大學習堂所藏辭賦學文獻考述

　　雖然所藏辭賦文獻並不多，但就書目而言仍有其館藏特點，現就以上書籍分別介紹，其中通俗本從略，古籍或非常見本則詳細論之。

　　1.《昭明文選》，大學習堂藏有兩種《昭明文選》。其一爲 1986 年上海古籍出版社《文選》，此據胡克家刻本校點整理而成，易見。另一種是乾隆三十七年葉樹藩參訂、何焯點評的海録軒朱墨套印本，其書内封題“重刻昭明文選李善注，何義門先生評點，長洲葉涵峰參訂，海録軒藏板”。葉樹藩（1740—1784），號涵峰，字星衛，履蹎場屋，功名不顯，止於國子監生，清代選學家。何焯（1661—1722），初字潤千，後字屺瞻，號義門，清康熙年間進士。二人皆爲長洲人（今江蘇蘇州）。海録軒爲葉氏書齋名，其校刻《文選》始於己丑（1769）仲秋。張之洞《書目答問》"總集"著録《文選》李善注本三種，海録軒本即爲其中之一，與胡克家仿宋本、汲古閣本並列，並推許稱："葉氏海録軒評注本六十卷，亦佳"①。同時，該本也是何焯《文選》點評本的重要來源。

《昭明文選》是中國現存第一部詩文總集，共收賦 56 篇，騷 17 篇，辭 2篇，另有"七""吊文"及其它文類中的賦體作品百餘篇，囊括了先秦至梁代的重要辭賦作品，展現了這一時期辭賦創作全貌，對後世文學影響頗大，爲歷代評論者和研究者所重視。

2.《文心雕龍》，大學習堂所藏爲中華書局 1956 年出版。《文心雕龍》是齊梁間劉勰撰寫的一部文學理論專著。全書共十卷五十篇，其中有關辭賦理論的主要見於《辨騷》《詮賦》篇。此外，如《神思》《通變》《情采》《物色》《誇飾》《時序》等篇也有言及辭賦的内容。在這些篇章中，作者對辭賦創作進行了系統而全面的論述，構建了以"明體"爲中心的賦論觀，討論了關於賦的源流、體制、發展演變、創作原則和社會作用，分析了楚辭與經典的異同及其巨大成就，也對辭賦作家作品進行了具體的評述。《文心雕龍》在中國辭賦理論史上具有深遠影響。

3.《文苑英華》，大學習堂所藏本爲中華書局 2003 年影印版，該書爲我國政府所贈，書内鈐有"中華人民共和國國家出版局贈"印章。《文苑英華》是北宋纂輯的一部詩文總集，内容承接《昭明文選》，上起蕭梁，下至唐五代。全書按文體分賦、詩、歌行、雜文等三十九類，選録作家兩千餘人，作品近兩萬篇。其中唐人作品占全書九成以上，如賦類共收作品一千三百六十二篇，先唐賦十三篇，餘皆唐代賦作，而且在唐賦中律賦占三分之二。就保存文獻的意義而言，《文苑英華》具有重要的參考價值。

4.《唐文粹》，大學習堂所藏《唐文粹》爲上海商務印書館根據校宋明嘉靖刊本縮印的《四部叢刊》初編本。《唐文粹》由宋代姚鉉輯録，共收入唐代詩歌九百餘首，賦、文一千餘篇。由其自序可知，編者不尚聲偶，崇尚復古，故其收録詩文只取古體，不選近體。所選賦亦多爲古賦及騷體，"尤爲可貴者是選入了不少揭露統治者殘酷剥削、壓迫人民和社會上其他醜惡現象的

---

① （清）張之洞撰，范希曾補正《書目答問補正》，上海：上海古籍出版社，2008 年，頁 209。

作品”①。大抵而言,《唐文粹》比《文苑英華》選篇更具鑒裁,也更有特色,
體現了編者的文學思想和批評態度。

　　5.《楚辭補注》,大學習堂所藏爲中華書局 1957 年抽印《四部備要》本。
《楚辭補注》,宋代洪興祖撰。該書先列王逸原注,次補注於後,逐條疏通辨
析,並以“補注”二字加以區別。《四庫全書總目提要》評曰:“於《楚辭》諸注
之中,特爲善本。”②姜亮夫《楚辭書目五種》亦云:“章明句顯,既發王義之
幽微,亦抒個人之見解,爲後代研習者之所宗尚。”③

　　6.《楚辭後語》,大學習堂所藏爲人民文學出版社 1953 年影印本。《楚
辭後語》爲南宋朱熹輯録。此書在晁補之《續離騷》《變離騷》基礎上删補校
定而成,收録範圍上自戰國荀況《成相》,下至北宋吕大臨《擬招》,共六卷五
十二篇。《楚辭後語》選録後代楚辭作品,已然跳脱王逸《楚辭章句》只彰顯
屈原之志的標準,而强調作品對楚辭辭意的發揚和屈原精神的繼承,反復
闡述屈原存君興國之心,既體現了朱熹所處時代的政治特徵和理學立場,
也反映了他的文學觀和學術理念。

　　7.《楚辭集注》,大學習堂所藏本爲上海古籍出版社 1979 年排印標點
本,該本據 1953 年人民文學出版社影印宋端平本標點,以黎庶昌影印元至
正二十三年本、掃葉山房影印元至正二年本、清光緒三年崇文書局本參校。
朱熹撰録《楚辭集注》以王逸《章句》爲底本,删《七諫》《九懷》《九歎》《九思》
四篇,增賈誼《吊屈原》《服賦》二篇;且以屈原作品二十五篇(卷一至卷五)
爲《離騷》,《九辯》以下十六篇(卷六至卷八)爲《續離騷》。此書“將微觀分
析與宏觀把握相結合,故於訓詁名物、考據校勘、旨意大義、情感意象、風格
韻味多方面進行探索,有集大成之功”。④

　　8.《楚辭通釋》,大學習堂所藏爲中華書局 1959 年排印本。《楚辭通
釋》,清代王夫之撰,凡十四卷。是書之編選受朱熹《楚辭集注》影響,依王
逸《章句》而删去《七諫》以下五篇,新增江淹《山中楚辭》《愛遠山》及王夫之
自撰《九昭》。明末之際,注釋《楚辭》的人甚多,大都通過注釋屈原辭作寄

①馬積高《歷代辭賦研究史料概述》,北京:中華書局,2001 年,頁 223。
②(清)紀昀等《欽定四庫全書總目》,北京:中華書局,1997 年,頁 1975。
③姜亮夫《楚辭書目五種》,上海:上海古籍出版社,1993 年,頁 32。
④周建忠、施仲貞《五百種楚辭著作提要》,南京:江蘇教育出版社,2011 年,頁 1。

託一己的故國之思。《楚辭通釋》每篇分段立釋，在這一點上表現得尤爲深切。

9.《歷代賦彙》，大學習堂所藏爲江蘇古籍出版社 1987 年根據清光緒間雙梧書屋俞樾校本整理影印本。《歷代賦彙》由清代陳雲龍纂修，全書共計一百八十四卷，收録自宋玉至明代的賦作三千八百餘篇，其在文獻上最突出的成就是彙集了大量明代的賦作，至今仍是研究辭賦的必備資料。當然由於歷史條件所限，該書也存在很多錯誤與不足，但瑕不掩瑜。《四庫全書簡明目録》評曰："正變兼陳，洪纖畢具，信爲賦家之大觀。"①

10.《屈原》，五幕六場話劇劇本，大學習堂所藏本爲中國戲劇出版社 1957 年出版。該劇本由郭沫若創作於 1942 年，前後僅用時十日。作者參考《史記》《戰國策》及屈原詩歌、傳説進行文學再創作。全劇以楚國對秦國外交上兩條路綫的鬥爭作爲情節綫索，再現了愛國詩人屈原的平生事迹和高尚品質，成功塑造了屈原這個文學典型，以及嬋娟、宋玉、靳尚、鄭袖、楚懷王等人物形象，深刻表現了爲祖國和人民不畏暴虐、堅持鬥爭的時代主題。

11.《屈原的故事》，群益堂 1956 年出版，蘇地編寫。全書根據屈原作品及相關史料、傳説講述了屈原的生平和經歷。一共分爲八章，分別爲：戰國時代的楚國、誕生和成長、愛國愛民的左徒、在漢北和做三閭大夫、淒涼的江南流浪生活、人民熱愛的詩人、詩歌的成就，最後一章"結束的話"，是基於當時歷史條件下對屈原的認識和評價。

12.《屈原》，連環畫，中國電影出版社 1981 年出版。此本連環畫册是由肖仁舒根據香港鳳凰影業公司攝製的故事片《屈原》改編而成。電影《屈原》1975 年出品，由香港演員鮑方編劇、導演並飾演屈原。該書截取電影中楚民暴亂、屈原變法、張儀欺楚、南后饞毁、屈原被疏等片段，著力塑造了屈原、嬋娟等人物形象，用圖文並茂的形式展示了屈原堅貞不屈的一生。這類通俗讀物老少皆宜，具有獨特的藝術魅力。

13.《楚辭論文集》，陝西人民出版社 1982 年出版，今人蔣天樞著。此集共輯録六篇論文，皆爲上世紀五六十年代作者所撰舊稿。蔣天樞對屈原生平、事迹的研究頗爲獨特，他一方面重視對屈原時代的把握，一方面又以

①（清）永瑢等《四庫全書簡明目録》，上海：上海古籍出版社，1986 年，頁 862。

《楚辭》作品爲主要依據探究屈原本事，“將屈原作品置於當時動盪複雜、變化多端之歷史環境中去觀察，由內在聯繫之角度對屈原事迹、功業、才華等作出完整、清晰之勾勒，遂使屈賦之意義自明。”①

14.《楚辭要籍解題》，湖北人民出版社1984年出版，今人洪湛侯主編。該書爲馬茂元主編《楚辭研究集成》第二編，分爲《楚辭要籍解題》和《楚辭專著目録》兩部分。《解題》部分將歷代學術價值較高、影響較大的楚辭專著寫成提要，著録內容包括作者生平、成書經過、基本內容、學術評述、版刻與館藏情況等，實用性較强。

15.《魏晉南北朝賦選粹》，天津教育出版社1987年出版，王晨光譯注。本書收録了魏晉南北朝時期八位作家的十一篇作品。每篇作品都有作者簡介、題解、原文注釋和白話譯文，篇後還附有練習題和參考答案。此書容易理解，適合入門者學習使用。

16.《楚辭》，延邊大學出版社2001年出版，劉浩主編。該書系“中國古代啟蒙教育叢書”之一，收録了戰國著名詩人屈原及其弟子宋玉等人所撰寫的《離騷》《九歌》《天問》《九章》《漁父》《九辯》等作品，並對其進行注釋與翻譯，因屬於啟蒙教學叢書，所以解釋較爲簡單，易於理解。

17.《楚辭植物圖鑒》，上海書店出版社2003年出版，潘富俊著。香草之喻是《楚辭》象徵藝術手法的集中體現，但《楚辭》所稱植物往往與近代名稱不符，造成解讀不暢。該書擷取《楚辭》214種植物，以科學的態度一一介紹其古今名稱、生物特性、文本出處及引喻意義，並配有實物圖片，以便獲得更直觀的認識。從植物學的角度對《楚辭》進行闡釋，能够加深學習者的理解，提升對傳統文學的認知和感受。

三　大學習堂辭賦書籍的收録特點與歷史原因

朝鮮大學習堂所藏辭賦文獻共有18種（其中《昭明文選》算兩種），這對於一座國家圖書館而言，數量相當稀少。而且這些書中沒有一本嚴格意義上的古籍，唯有一部乾隆三十七年海録軒刊刻的《昭明文選》，也是較晚

①邵毅平《蔣天樞先生的〈楚辭論文集〉》，載《復旦學報》（社會科學版），1978年第1期，頁91。

出的版本,其他古籍基本是近代以來的影印本或整理本,反映了大學習堂所收辭賦文獻整體品質不高的現狀。當然,如果就這 18 種辭賦文獻作內容梳理和形式歸類的話,我們依然能得出大學習堂收錄這些辭賦書籍的總體傾向和一般特點,從中或許可以解釋朝鮮辭賦研究整體不顯的一些原因。

朝鮮大學習堂所藏辭賦文獻在內容上可以分爲三類:第一,是具有代表性的文學選集和理論著述。《昭明文選》《文苑英華》和《唐文粹》是早期收錄辭賦的著名文學總集,而且三種選集前後承接,囊括了先秦至唐末五代的主要辭賦作品。《文選》是歷代文士必讀之書,至遲在 7 世紀便傳入朝鮮半島,受到朝鮮文人的尊崇與學習。而《文苑英華》收唐代律賦爲多,《唐文粹》以選古賦爲主,兩者互爲補配,基本反映了唐五代辭賦創作概貌。《文心雕龍》體大慮周,是中國文學批評史上的扛鼎之作,其中有關辭賦的論述至今仍爲學界奉爲圭臬。《楚辭補注》《楚辭集注》是宋代最重要的兩種楚辭注本,包含了許多理解楚辭的真知灼見。《楚辭後語》可以説是一部體現了朱熹對屈賦基本精神和楚辭源流體制一貫認識的騷賦選本。值得一提的是,由於《楚辭》在漢文學史上的巨大影響,以及朱熹在朝鮮儒學史上的一尊地位,《楚辭集注》成爲傳入朝鮮半島最多的《楚辭》注本,《楚辭後語》中的許多篇目則被朝鮮文人借鑒摹擬,產生出大量擬騷作品。《歷代賦彙》儘管未能對歷史上的賦作搜羅殆盡,甚至於存在某些缺陷,但它仍然是至今最爲完備的一部通代辭賦總集,具有較高的文獻價值。第二,強調愛國精神和鬥争意志的楚辭著作。主要有寄寓作者家國之懷和故園之思的《楚辭通釋》、郭沫若話劇《屈原》以及上世紀 50 年代紀念屈原的《屈原的故事》。《屈原》話劇創作於抗戰時期,本身就是體現屈原愛國思想和人格操守的產物,這一時期的楚辭研究大多與現實鬥争相關,“郭氏話劇《屈原》中的許多臺詞,可以看作是他的‘夫子自道’;《屈原研究》中的‘屈原’,亦熔鑄了作者愛國和與惡勢力作鬥争的主觀感情”①。自 19 世紀下半葉開始,朝鮮半島就逐漸成爲東西方列強的争逐對象,到 20 世紀初爲日本殖民統治 36 年,直至第二次世界大戰結束,才迎來其民族復興的時機,但由於戰後東

---

① 周建忠《論二十世紀楚辭研究的第二個高潮——抗日戰争時期的楚辭研究》,載《中國文化研究》,1999 年第 2 期,頁 91。

西方陣營的彼此角逐，導致南北朝鮮的分治，緊接著便是三年朝鮮戰爭。可以説，近半個多世紀以來，朝鮮半島人民一直未停止過爭取自由和民族獨立的鬥爭，即使在南北朝鮮各自建國以後，北朝鮮建立了社會主義國家——朝鮮民主主義人民共和國，也依然保持著對抗外來壓迫的獨特生存方式，實行了比較謹慎的外交政策和文化制度，所以這類書籍無疑帶有時代特徵和國家意志，體現了屈原愛國主義倫理觀念在域外的實踐意義和理論價值。第三，突出普及性和傳播用途的通俗讀物。朝鮮人民大學習堂是朝鮮的國家圖書資料中心，也是普及科學知識、開展文化教育的社會服務機構，其命名由金日成授意，旨在讓朝鮮全體人民都來學習。它不僅提供普通圖書館服務，還設有函授大學、業餘大學這樣的免費教育機構。所以普及性的基本書籍面向更廣大的讀者，滿足閱讀者自我學習和對專業知識的理解感知。連環畫《屈原》是影視作品的再現，符合入門者的閱讀心理和興趣；《魏晉南北朝賦選粹》《楚辭》本身就是面向初學者的基礎作品選譯，易於接受和理解；《楚辭植物圖鑒》是楚辭知識的圖像化呈現，能幫助讀者更好地感受楚辭情境、瞭解文本涵義；而《楚辭要籍解題》《楚辭論文集》是進一步掌握楚辭的工具書和學術參考，有益於學習者進行更加深入地理論研究。

　　朝鮮大學習堂所藏辭賦雖然在內容上兼顧經典性、思想性和普及性，但文獻數量的稀少仍是客觀事實。究其原因，大概有以下幾點：首先，雖然朝鮮半島歷史上與中國的圖書交流較爲頻繁，尤其在朝鮮時期（1392—1910），但當時的經濟、文化中心是現在韓國首都首爾，而非平壤。而且近現代以來平壤地區戰亂頻仍，很多藏書設施被損毀，書籍經過戰火兵燹，多數被劫掠或燒毀。其次，由於地緣環境、文化政策與中國的緊密關係，朝鮮文學曾長期受到中國文學的影響，辭賦也不例外。而漢文學的書寫媒介——漢字一直是朝鮮半島最重要的書寫系統，即使在 15 世紀中葉朝鮮文字創制以後，漢字也爲朝鮮民族所尊崇和使用。但從 19 世紀末開始，朝鮮文字逐漸受到重視，1945 年朝鮮半島光復以後，南北朝鮮均採用了取消漢字、專用朝鮮文字的政策，漢字的影響力在朝鮮漸漸淡化，以漢字書寫的辭賦文學自然成爲外國文學的一部分而易被忽視。況且近半世紀以來，朝鮮政府採取了較爲保守的文化制度和外交政策，研究中國文化可能會被認爲是奉行"事大主義"而遭到批評，辭賦研究也就爲學習者和研究者邊緣化。第三,朝鮮大學習堂所藏外文書籍中,中文書數量較少。由於經費困難,這些外文圖書的主要館藏管道是交換、贈送以及海外朝僑捐贈。"1954年9月起,朝鮮國家館跟中國國家圖書館建立了交換關係,但交換量一直徘徊不前。2000年中國國家圖書館交換給對方114種中文期刊和23種48册的中文圖書"①,從數量上看,每年的書籍交換量並不多。作爲中國的友好鄰邦,朝鮮對中文書籍的需求量日益增大,但出於國家建設的現實考慮,他們更願意獲得自然科技方面的中文圖書。

　　與韓國辭賦文獻的數目和研究成果相較,朝鮮辭賦研究處於下風,整體情況也相當凋敝。這既是歷史造成的,同時也和當代朝鮮的學術交流氣氛不濃有關,朝鮮大學習堂所藏辭賦書目即可見一斑。但是我們相信,隨著朝鮮半島局勢的緩和,朝鮮一定會加強與國際學術界的聯繫,尤其是與中國、韓國在文學、學術上的交流和互訪。而對朝鮮大學習堂所藏辭賦文獻的調研,也僅僅是中、朝學術交往的初步嘗試,將來會有更加全面、更爲深入和更多層次的文學交往。

　　　　　　　　　　　　　　　（作者單位:南通大學楚辭研究中心）

---

①李吉子《朝鮮人民大學習堂一瞥》,載《國家圖書館學刊》,2001年第3期,頁84。

稿　約

一、本集刊爲半年刊，上半年出版時間爲 5 月中旬，截稿日期爲上年 9 月底。下半年出版時間爲 11 月中旬，截稿日期爲當年 3 月底。

二、本集刊實行匿名評審制度。

三、本集刊以學術研究爲主，凡域外漢籍中有關語言、文學、歷史、宗教、思想研究之學術論文及書評，均所歡迎。有關域外漢籍研究之信息與動態，亦酌量刊登。

四、本集刊以刊登中文原稿爲主，並適當刊登譯文。

五、本集刊采擇論文唯質量是取，不拘長短，且同一輯可刊發同一作者的多篇論文。

六、來稿請使用規範繁體字，橫排書寫。

七、來稿請遵從本刊的規範格式：

（一）來稿由標題名、作者名、正文、作者工作單位組成。

（二）章節層次清楚，序號一致，其規格舉例如下：

第一檔：一、二、三

第二檔：（一）、（二）、（三）

第三檔：1、2、3

第四檔：（1）、（2）、（3）

（三）注釋碼用阿拉伯數字①②③④⑤表示，采取當頁脚注。再次徵引，用“同上，頁××”，或“同注①，頁××”。注釋碼在文中的位置（字或標點的右上角）：××××①，××××①。××説，“××××”①，××説：“××××。”①

（四）關于引用文獻：引用古籍，一般標明著者、版本、卷數、頁碼；引用專書，應標明著者、書名、章卷、出版者、出版年月、頁碼；引用期刊論文，應標明刊名、年份、卷次、頁碼；引用西文論著，依西文慣例。兹舉例如下：

①（清）王琦注《李太白全集》卷二《古風五十九首》，中華書局，××年，頁××。

①周勛初《論黄侃〈文心雕龍札記〉的學術淵源》,載《文學遺産》1987 年第 1 期,頁××。

①Hans. H. Frankel,*The Floering Plum and the Palace Lady*,New Haven and London,Yale University Press,1976. p. ××.（請注意外文書名斜體的運用）

（五）第一次提及帝王年號,須加公元紀年,如:開元三年（715）;第一次提及的外國人名,若用漢譯,須附原名;年號、古籍的卷數及頁碼用中文數字,如開元三年、《舊唐書》卷三五等;其他公曆、雜誌的卷、期、號、頁等均用阿拉伯數字。

（六）插圖:文中如需插圖,請提供清晰的照片,或繪製精確的圖、表等,並在稿中相應位置留出空白（或用文字注明）。圖、表編號以全文爲序。

八、來稿請注明真實姓名、工作單位、職稱、詳細通訊地址和郵政編碼（若有變更請及時通知）、電子信箱、電話或傳真號碼,以便聯絡。

九、作者賜稿之時,即被視爲自動確認未曾一稿兩投或多投。凡投寄本刊的稿件,即被視爲作者同意由本刊主編與出版社簽署合同集結出版。本刊擁有録用稿件的紙質、網絡等各種方式的獨家發表權。作者若有特殊要求,請在投稿時説明。來稿一經刊出,即付樣書和抽印本。

十、來稿請電郵至 ndywhj@163.com。